普通高等教育新工科汽车类系列教材（智能汽车·新能源汽车方向）

电动汽车原理与构造

第3版

何洪文　熊　瑞　闫　梅　等编著

机械工业出版社

本书立足电动汽车原理的系统分析和构造的举例说明，介绍了纯电动汽车、混合动力电动汽车、燃料电池电动汽车等整车的结构组成和关键技术，阐述了电机驱动系统、车载能量源系统、电动化辅助系统等部件，探讨了电动汽车的基础设施和应用以及智能化发展等的技术特征。各章节从功能定义、原理分析和典型构造举例三方面进行展开，内容新颖、图文并茂。

本书可作为高等院校车辆工程专业新能源汽车方向的专业基础课教材，也可作为车辆工程专业的专业选修课教材、研究生的参考教材以及从事新能源汽车技术研究、生产管理、技术服务等方面的工程技术人员的参考书。

图书在版编目（CIP）数据

电动汽车原理与构造/何洪文等编著. —3版. —北京：机械工业出版社，2023.12（2025.7重印）

普通高等教育新工科汽车类系列教材. 智能汽车·新能源汽车方向
ISBN 978-7-111-75121-2

Ⅰ.①电… Ⅱ.①何… Ⅲ.①电动汽车 – 高等学校 – 教材 Ⅳ.①U469.72

中国国家版本馆 CIP 数据核字（2023）第 255417 号

机械工业出版社（北京市百万庄大街22号　邮政编码100037）
策划编辑：何士娟　　　责任编辑：何士娟
责任校对：潘　蕊　王　延　　责任印制：常天培
河北虎彩印刷有限公司印刷
2025年7月第3版第7次印刷
184mm×260mm · 22.75 印张 · 563 千字
标准书号：ISBN 978-7-111-75121-2
定价：69.90 元

电话服务　　　　　　　　　网络服务
客服电话：010-88361066　　机　工　官　网：www.cmpbook.com
　　　　　010-88379833　　机　工　官　博：weibo.com/cmp1952
　　　　　010-68326294　　金　　书　　网：www.golden-book.com
封底无防伪标均为盗版　　　机工教育服务网：www.cmpedu.com

前　言

能源短缺、环境污染使汽车工业的可持续发展面临困境，节能减排、动力升级推动汽车技术不断创新。纯电动汽车、混合动力电动汽车、燃料电池电动汽车等多种形式的电动汽车技术取得明显进步，以电动汽车为特色的新能源汽车成为主要选择，市场占有率正逐步提升。

世界各国政府正制定积极的战略发展规划，以推动电动汽车的技术研发和规模化应用。新能源汽车被确定为我国七大战略性新兴产业之一和"制造强国"十大重点产业领域之一。党的二十大报告指出，要推动战略性新兴产业融合集群发展，实施科教兴国战略，强化现代化建设人才支撑。

围绕电动汽车的技术研发、生产管理和运营服务，我国配套的技术开发人员、产业服务人员需求出现短缺，亟须培养一批掌握电动汽车原理与构造技术的人才队伍。本书的主要特点有：

1. 本书从电动汽车原理与结构层面的系统分析出发，配以实际的案例，满足本科生、研究生以及想从事电动汽车行业技术研发的技术人员的阅读需求。

2. 在章节体系的安排上涵盖了纯电动汽车、混合动力电动汽车和燃料电池电动汽车三种整车，电机驱动系统、车载能量源系统和电动化辅助系统三类部件，以及电动汽车基础设施和应用技术，同时补充了近几年出现的新技术，如插电式混合动力电动汽车、增程式电动汽车、智能网联电动汽车等。每个独立章节从功能定义、原理分析、典型构造举例三方面进行展开说明。同时，章节内容安排也与国家对电动汽车技术攻关的关键点布局规划一脉相承（整车集成及电机、电控、电池三大部件）。

3. 本书在第 2 版内容的基础上，根据新能源汽车发展技术趋势的变化，更新并增加了相应的内容，补充了大量中国品牌汽车厂商的先进技术和产品实例，新增了电动汽车的智能与网联相关内容，引入了电动汽车智能化技术、电动汽车网联系统以及电动汽车智能网联技术应用测试等内容并独立成为第 8 章。

4. 本书致力于落实普通高等教育立德树人的根本任务。通过民族汽车企业实际案例，弘扬中国制造与中国创造，培养学生的大国情怀、爱国情怀和工匠精神；通过思考题和实践题，让学生深入思考国家相关政策，了解技术发展方向，培养学生将理论应用于工程实践的能力。

5. 本书配套了附加视频资源（通过微信扫描二维码即可观看），便于学生准确、快速理解电动汽车原理与构造。本教材附带的数字资源均放置在机械工业出版社天工讲堂平台。

本书由北京理工大学电动车辆国家工程研究中心何洪文、熊瑞和燕山大学闫梅等编著，其他编写人员还有北京理工大学电动车辆国家工程研究中心施国标，北京信息科技大学霍为炜，广汽传祺汽车有限公司刘建国，比亚迪汽车工业有限公司姜龙，北京亿华通科技股份有限公司李飞强，燕山大学李梦林、金立生，宇通客车股份有限公司郑维，以及宁德时代新能源科技股份有限公司陈小波。在编写过程中，北京理工大学电动车辆国家研究中心孙逢春院士、张承宁教授、林程教授给予了建设性建议和修改意见。在本书第 3 版的撰写过程中，得到了来自比亚迪、广汽传祺、宇通客车、亿华通等企业的大力协助，提供了一手的前沿资料，在此一并感谢。

在本书完稿之际，对书中所引参考文献的作者致以衷心的感谢！

由于编者水平有限，书中难免存在不足或疏漏之处，恳请广大读者批评指正，以便再版时修订。

编著者

二维码清单

页码	素材名称	二维码	页码	素材名称	二维码
1	发展新能源汽车的意义		194	动力电池发展历程	
18	纯电动汽车组成结构		253	电动助力转向系统概述	
54	混合动力电动汽车组成结构		297	汽车智能网联技术路线	
107	燃料电池电动汽车		322	电动汽车充电设备的类型	
122	驱动电机的特点及应用				

　　本教材附带的数字资源均放置在机械工业出版社的公共服务平台——天工讲堂。该平台按照国家有关规定备案，自主可控，可确保数字资源安全。

目　录

前言

二维码清单

第1章　绪论 ………………………………………………………………………… 1
    1.1　电动汽车发展的技术背景 ……………………………………………… 1
    1.2　电动汽车的概念和种类 ………………………………………………… 2
    1.3　电动汽车的技术现状 …………………………………………………… 5
    1.4　电动汽车的发展趋势和特点 ………………………………………… 11
    习题 ………………………………………………………………………… 13

第2章　纯电动汽车 ……………………………………………………………… 15
    2.1　纯电动汽车的系统组成 ……………………………………………… 16
    2.2　纯电动汽车的工作原理 ……………………………………………… 18
        2.2.1　电气控制系统的工作原理 …………………………………… 18
        2.2.2　传动系统的结构及工作原理 ………………………………… 21
        2.2.3　电源系统的结构及工作原理 ………………………………… 26
    2.3　典型的纯电动汽车结构 ……………………………………………… 29
        2.3.1　改装式的纯电动汽车（福特公司
                纯电动汽车福克斯）…………………………………… 29
        2.3.2　完全开发的纯电动汽车 ……………………………………… 31
        2.3.3　未来的纯电动汽车技术 ……………………………………… 41
    习题 ………………………………………………………………………… 45

第3章　混合动力电动汽车 …………………………………………………… 48
    3.1　混合动力电动汽车的概念和类别 …………………………………… 48
        3.1.1　串联混合动力汽车的概念 …………………………………… 50
        3.1.2　并联混合动力汽车的概念 …………………………………… 51

3.1.3　混联式混合动力汽车的概念 ·· 52
　3.2　串联混合动力电动汽车的系统组成和工作原理 ······································· 54
　3.3　并联混合动力电动汽车的系统组成和工作原理 ······································· 56
　3.4　混联混合动力电动汽车的系统组成和工作原理 ······································· 58
　　　3.4.1　功率分流式混联系统 ··· 58
　　　3.4.2　开关式混联系统 ··· 59
　3.5　插电式混合动力电动汽车的系统组成和工作原理 ····································· 64
　3.6　增程式电动汽车的系统组成和工作原理 ·· 65
　3.7　混合动力电动汽车的关键部件 ·· 66
　　　3.7.1　发动机 ·· 67
　　　3.7.2　动力耦合装置 ·· 69
　　　3.7.3　辅助功率单元 ·· 75
　　　3.7.4　动力电池 ·· 76
　　　3.7.5　整车综合控制器 ·· 77
　3.8　典型的混合动力汽车结构 ·· 78
　　　3.8.1　串联混合动力电动汽车的结构 ·· 78
　　　3.8.2　并联混合动力电动汽车的结构 ·· 81
　　　3.8.3　混联混合动力汽车的结构 ·· 84
　　　3.8.4　插电式混合动力电动汽车的结构 ·· 85
　习题 ··· 91

第4章　燃料电池电动汽车　　94

　4.1　燃料电池系统的组成和工作原理 ·· 96
　　　4.1.1　燃料电池的定义和工作原理 ·· 96
　　　4.1.2　燃料电池系统的组成和工作原理 ·· 97
　　　4.1.3　汽车用燃料电池系统的结构和工作原理 ··· 100
　4.2　燃料电池电动汽车的系统组成和工作原理 ··· 106
　　　4.2.1　燃料电池单独驱动汽车动力系统 ··· 106
　　　4.2.2　燃料电池混合动力汽车动力系统 ··· 108
　4.3　典型的燃料电池电动汽车结构 ··· 113
　习题 ·· 117

第5章　电动汽车的电机驱动系统　　119

　5.1　电动汽车电机驱动系统综述 ··· 119
　5.2　直流电机驱动系统的组成和工作原理 ··· 122
　　　5.2.1　直流电机的结构 ··· 122
　　　5.2.2　直流电机的工作原理 ··· 124
　　　5.2.3　直流电机的四象限工作调控 ··· 130
　5.3　交流感应电机驱动系统的组成和工作原理 ··· 138
　　　5.3.1　交流感应电机的结构 ··· 139

5.3.2　交流感应电机的工作原理 …… 143
5.3.3　交流电机的调速控制 …… 149
5.3.4　逆变器 …… 153
5.3.5　交流感应电机的控制系统 …… 157
5.4　永磁电机驱动系统的组成和工作原理 …… 163
5.4.1　永磁同步电机的结构 …… 163
5.4.2　永磁同步电机的工作原理 …… 165
5.4.3　永磁同步电机的数学模型及控制系统 …… 166
5.5　开关磁阻电机传动系统的组成和工作原理 …… 167
5.5.1　开关磁阻电机的结构 …… 168
5.5.2　开关磁阻电机的工作原理 …… 169
5.5.3　开关磁阻电机的数学模型及工作特性 …… 170
5.6　电动汽车的再生制动 …… 171
5.7　电动汽车电驱动系统关键部件介绍 …… 172
5.7.1　功率器件 …… 172
5.7.2　转速测量元件 …… 180
5.8　电机的冷却形式 …… 183
5.9　典型的电动汽车电驱动系统结构 …… 186
习题 …… 188

第6章　电动汽车的车载能量源系统　191

6.1　电动汽车动力电池的种类及原理 …… 193
6.1.1　电动汽车用动力电池分类 …… 193
6.1.2　常用二次电池比较 …… 194
6.1.3　锂离子电池 …… 196
6.2　电动汽车动力电池的性能 …… 207
6.2.1　动力电池的性能参数 …… 207
6.2.2　锂离子电池的特性 …… 209
6.3　动力电池安全管理系统 …… 211
6.3.1　电池故障类型 …… 212
6.3.2　电池安全防控技术 …… 214
6.4　典型的动力电池系统结构 …… 217
6.4.1　比亚迪刀片电池系统 …… 217
6.4.2　特斯拉电池包系统 …… 223
6.4.3　2022冬奥会新能源汽车用全气候动力电池 …… 227
6.4.4　北京奥运用BK6122EV型电动客车电池组系统 …… 229
6.5　电动汽车的其他能量源 …… 233
6.5.1　锌空气电池 …… 233
6.5.2　太阳能电池 …… 234

6.5.3　飞轮储能装置 ……………………………………………………………… 237
　　　6.5.4　超级电容器 …………………………………………………………………… 239
　　　6.5.5　钠离子电池 …………………………………………………………………… 242
　习题 ………………………………………………………………………………………… 242

第7章　电动汽车的电动化辅助系统 …………………………………………… **245**

　7.1　电动汽车的辅助系统 ………………………………………………………………… 245
　　　7.1.1　电动汽车辅助系统概述 ……………………………………………………… 245
　　　7.1.2　电动汽车辅助系统的特点 …………………………………………………… 245
　7.2　电动转向系统 ………………………………………………………………………… 251
　　　7.2.1　电动助力转向系统 …………………………………………………………… 251
　　　7.2.2　电动液压助力转向系统 ……………………………………………………… 256
　　　7.2.3　电液复合转向系统 …………………………………………………………… 259
　　　7.2.4　线控转向系统 ………………………………………………………………… 262
　7.3　电动制动系统 ………………………………………………………………………… 265
　　　7.3.1　电动真空助力制动系统 ……………………………………………………… 265
　　　7.3.2　电子液压制动系统 …………………………………………………………… 269
　　　7.3.3　电制动 EMB 系统 …………………………………………………………… 272
　7.4　电动空调系统 ………………………………………………………………………… 278
　　　7.4.1　热泵式空调系统结构和原理 ………………………………………………… 278
　　　7.4.2　电动客车一体式电动空调 …………………………………………………… 279
　7.5　电动冷却系统 ………………………………………………………………………… 281
　　　7.5.1　电动冷却系统结构与原理 …………………………………………………… 281
　　　7.5.2　典型车辆的冷却系统 ………………………………………………………… 281
　　　7.5.3　电动冷却系统中的特殊问题 ………………………………………………… 282
　7.6　辅助 DC/DC 变换器 ………………………………………………………………… 283
　　　7.6.1　降压变换器 …………………………………………………………………… 283
　　　7.6.2　升压变换器 …………………………………………………………………… 284
　　　7.6.3　升降压变换器 ………………………………………………………………… 285
　　　7.6.4　带隔离变压器的直流变换器 ………………………………………………… 286
　习题 ………………………………………………………………………………………… 287

第8章　电动汽车的智能与网联 ……………………………………………………… **290**

　8.1　电动汽车的智能化技术 ……………………………………………………………… 290
　　　8.1.1　电动汽车智能化发展现状 …………………………………………………… 290
　　　8.1.2　智能电动汽车电子电气系统 ………………………………………………… 291
　　　8.1.3　车辆行驶状态传感器 ………………………………………………………… 293
　　　8.1.4　环境感知传感器 ……………………………………………………………… 295
　8.2　电动汽车的网联系统 ………………………………………………………………… 297

IX

     8.2.1 电动汽车网联技术发展现状 …………………………………… 297
     8.2.2 地图技术 …………………………………………………… 297
     8.2.3 车载网络 …………………………………………………… 300
     8.2.4 车际网络及通信系统 ………………………………………… 303
   8.3 电动汽车智能网联技术应用模式 …………………………………… 305
     8.3.1 车联网技术在电动汽车中的应用历史 ………………………… 305
     8.3.2 基于车联网技术的电动汽车典型应用 ………………………… 307
     8.3.3 网联电动汽车的节能驾驶技术 ……………………………… 308
   习题 …………………………………………………………………… 310

第9章 电动汽车的基础设施 …………………………………………… 313
   9.1 电动汽车的充电站 …………………………………………………… 313
     9.1.1 电动汽车充电站建设的现状 ………………………………… 313
     9.1.2 电动汽车充电站的功能 ……………………………………… 315
     9.1.3 电动汽车充电站的运行模式 ………………………………… 316
     9.1.4 电动汽车充电机 …………………………………………… 322
     9.1.5 充电站的监控网络系统 ……………………………………… 326
     9.1.6 充电机(站)安全 …………………………………………… 328
     9.1.7 充电站实例——北京公交电动汽车充电站 …………………… 329
   9.2 燃料电池汽车的加氢站 ……………………………………………… 332
     9.2.1 燃料电池汽车加氢站的发展现状 …………………………… 332
     9.2.2 加氢站的构成 ……………………………………………… 333
     9.2.3 加氢站监控系统介绍 ………………………………………… 342
     9.2.4 典型加氢站案例介绍 ………………………………………… 346
   习题 …………………………………………………………………… 350

参考文献 …………………………………………………………………… **353**

第 1 章

绪 论

汽车工业在促进世界经济飞速发展和给人们提供便利的同时,又展现出了其双刃剑的另一面——它将能源与环境问题推到了日益尴尬的处境。"能源、环境和安全成为21世纪世界汽车工业发展的三大主题"。其中,能源与环境问题作为全球面临的重大挑战和制约汽车工业可持续发展的症结所在,更成为重中之重。电动汽车使用电能作为动力能源,而电能具有来源广、清洁无污染等特点。电动汽车被公认为21世纪重要的交通工具。

1.1 电动汽车发展的技术背景

传统汽车工业的可持续发展面临着解决环境污染和能源短缺的双重压力。

扫码观看:发展新能源汽车的意义

环境问题的表现形式为空气污染。我国城市的空气环境污染已由"烟囱"型转变为"尾气"型,汽车有害排放已经成为大中城市空气污染的重要来源。由于大气状况严重恶化引起的一系列异常的自然现象,如光化学烟雾、酸雨以及厄尔尼诺、城市热岛效应等,严重破坏和影响到人类赖以生存的地面生态系统。机动车尾气排放集聚引起的"热岛效应"已导致城市温度平均升高 $2 \sim 4$℃。特别是,全球范围内,温室气体 CO_2 的排放量引起了人们的极大关注。

我国大城市 60% 的 CO、50% 的 NO_x、30% 的 HC 污染均来源于机动车的尾气排放。城市中 80% 的噪声污染由交通车辆造成。我国有 92 个城市的道路交通昼间噪声达到 68.1dB 以上,有 12 个城市达到 70.1dB 以上,远远超过国家规定的标准。同时,我国未来经济发展还面临控制 CO_2 排放量的巨大压力(国际承诺)。

依据我国在巴黎气候大会的承诺:2030 年单位国内生产总值 CO_2 排放比 2005 年下降 60%~65%,非化石能源占一次能源消费比重达到 20% 左右,森林蓄积量比 2005 年增加 45 亿 m^3 左右。

能源问题的表现形式为现有能源供应体系对化石燃料的过度依赖。目前,全世界依赖最深的主要能源集中于第一位的石油以及占第二位、第三位的煤炭和天然气,而汽车消耗的能源几乎完全依赖于石油的制成品。目前世界汽车保有量已突破 14 亿辆,并以每年 3000 万辆的速度递增,预计到 2050 年将增长到 35 亿辆。国际能源机构(IEA)的统计数据表明,2020 年全球 60% 的石油消费在交通领域。尽管交通运输业的石油需求预计到 2050 年将减少一半，但按照目前的转型速度，仍然很难实现《巴黎协定》中设定的目标。石油输出国组织（OPEC）预测2023年四季度的全球石油供需缺口纪录将创30年来新高。美国能源部研究预测，到2050年石油供需缺口将达到每年500亿桶，几乎相当于2000年世界石油总产量的2倍。我国是石油资源相对贫乏的国家，2022年我国原油表观需求7.11亿t，进口原油5.08亿t，石油对外依存度高达71.21%。国家发展和改革委员会（简称国家发展改革委）的研究表明，导致我国今后石油消耗的主要因素将来自于包括汽车在内的交通领域。到2030年，汽车消耗的能源将占到石油总量的60%以上，届时的石油对外依存度将超过80%。我国汽车与石油行业的矛盾愈演愈烈，石油资源愈加短缺，而汽车保有量却井喷式增长。我国汽车保有量从1978年的不足百万辆到2001年的1610万辆，2006年的2200万辆，2010年的8500万辆，2015年的1.72亿辆，2023年6月底达到3.28亿辆。我国已成为汽车工业生产和销售大国。2009年产量1379.1万辆，成为世界汽车产销第一大国起，一直持续至今，其中2010年达到1826.5万辆，2011年1841.8万辆，2012年1927.2万辆，2013年2211.7万辆，2014年2372.3万辆，2015年2450.3万辆，2016年2811.9万辆，2017年2901.5万辆，2018年2780.9万辆，2019年2572.1万辆，2020年2522.5万辆，2021年2608.2万辆，2022年2702.1万辆。

面对能源、环境的挑战，发展节能与新能源汽车技术成为必然。在我国国家发展改革委制定、发布实施的《新能源汽车生产准入管理规则》中对新能源汽车的定义如下：新能源汽车系指采用非常规的车用燃料作为动力来源（或使用常规的车用燃料、采用新型车载动力装置），综合车辆的动力控制和驱动方面的先进技术，形成的技术原理先进、具有新技术/新结构的汽车。新能源汽车包括混合动力汽车、纯电动汽车（包括太阳能汽车）、燃料电池电动汽车、氢发动机汽车及其他新能源（如高效储能器、二甲醚）汽车等。

另外，电网峰谷负荷平衡和储能技术有待突破。我国发电装机容量正迅速增长，截至2023年10月底，全国累计发电装机容量约28.1亿kW，同比增长12.6%，电网夜间"积压"较多。而随着我国核电（其发电功率要求日夜恒定）的不断发展和几个"风电三峡"的建成（我国风场夜间风大），电网调峰的任务日益加重，采用电动汽车夜间充电蓄能避免了传统抽水储能电站的二次回收消耗，效率超过80%。美国等发达国家已把发展电动汽车与蓄电池储能纳入电网发展规划。

1.2 电动汽车的概念和种类

电动汽车是指汽车行驶的动力全部或部分来自电机驱动系统的汽车。它主要以动力电池组为车载能量源，是涉及机械、电子、电力、微机控制等多学科的高科技技术产品。按照汽车行驶动力来源的不同，一般将电动汽车划分为纯电动汽车（Battery Electric Vehicle, BEV）、混合动力电动汽车（Hybrid Electric Vehicle, HEV）、插电式混合动力电动汽车（Plug-in Hybrid Electric Vehicle, PHEV）和燃料电池电动汽车（Fuel Cell Electric Vehicle, FCEV）4种基本类型。

1. 纯电动汽车

纯电动汽车是指行驶动力全部来自于电机的汽车,电机的驱动电能来源于车载可充电的动力电池组或其他电能储存装置。纯电动汽车典型的组成结构如图1-1所示。

纯电动汽车采用全电驱动,线控、轮毂电机等新概念的引入使得其动力传动形式多样,典型实例如图1-2所示。该车采用8个高性能的永磁电机独立驱动8个车轮;整车最高车速可达311.67km/h,0→400m加速时间为15.3s;高能量密度锂离子动力电池的采用,保证了整车至少300km以上的续驶里程;滑板式的底盘设计使整车具有了良好的内部空间和驾驶视野。

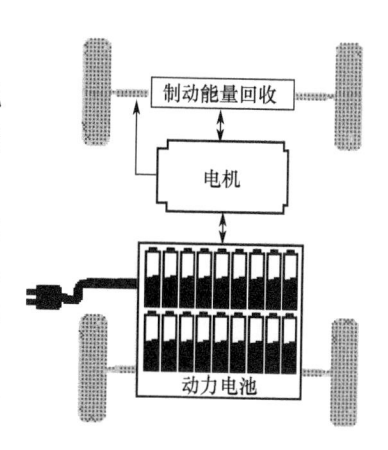

图1-1 纯电动汽车典型的组成结构

图1-2 纯电动汽车典型实例(KAZ)

纯电动汽车是其他类型电动汽车(HEV和FCEV)的基础,具有零排放、噪声小、结构简单、维护较少的优点。相对于燃油汽车和其他类型的电动汽车,纯电动汽车具有最高的能量利用效率,而且电力价格便宜,车辆使用成本低。纯电动汽车可以利用夜间用电低谷充电,因此还具有调节电网系统峰谷负荷、提高电网效能的作用。

2. 混合动力电动汽车

混合动力电动汽车是指能够至少从下述两类车载储存的能量中获得动力的汽车:一为可消耗的燃料;二为可再充电能/能量储存装置。混合动力电动汽车具有至少一条发动机动力传动系统和一条电机动力传动系统,可以简单理解为常规发动机汽车与纯电动汽车的动力系统在动力传递的某个环节上实现了某种程度上的叠加,如图1-3所示。按照具体叠加位置的不同,混合动力电动汽车具有了多种形式。混合动力电动汽车的关键是混合动力系统,其性能直接关系到整车性能。经过十多年的发展,混合动力系统总成已从发动机-电机离散结构向发动机-电机变速器一体化结构发展,即集成化混合动力总成系统。混合动力总成以动力传输路线分类,可分为串联式、并联式和混联式三种;以混合度分类,可分为微混合、轻混合、中混合、完全混合动力系统。

混合动力电动汽车具有至少两条相对独立的动力传动路线,因此可以采用更小排量的发动机,通过电机驱动系统的动力补偿以及"削峰填谷"的功率调节,使得发动机可以经常工作在高效低排放区域。因此,与普通燃油汽车相比,提高了能量转化效率,降低了燃油消

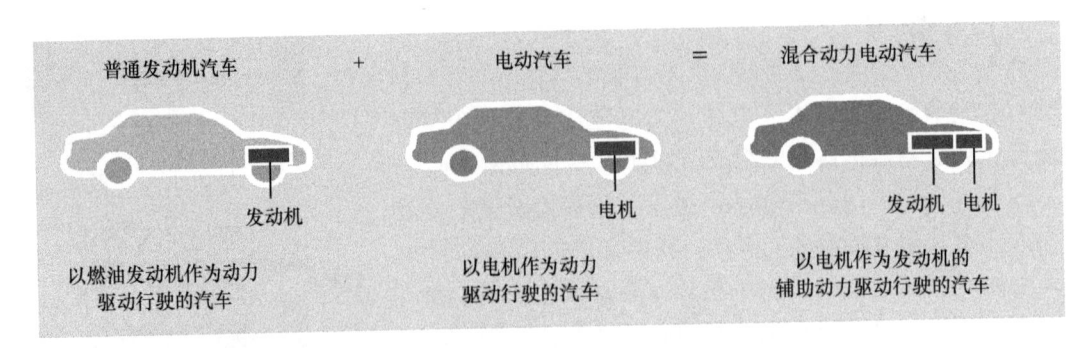

图 1-3 混合动力电动汽车的基本概念

耗和排放。而与纯电动汽车相比，因为混合动力电动汽车可以利用现有的加油设施，所以具有与传统燃油汽车相同的续驶里程，便于克服目前纯电动汽车一次充电续驶里程短的缺陷。

3. 插电式混合动力电动汽车

插电式混合动力电动汽车本身是一种混合动力电动汽车，区别在于其车载的动力电池组可以利用电力网（包括家用电源插座）进行补充充电，具有较长的纯电动行驶里程，必要时仍然可以工作在混合动力模式。因此，与混合动力电动汽车相比，它具有较大容量的动力电池组、较大功率的电机驱动系统以及较小排量的发动机。插电式混合动力电动汽车典型车型——丰田普锐斯，如图 1-4 所示。

图 1-4 插电式混合动力电动汽车典型车型——丰田普锐斯

插电式混合动力电动汽车概念提出的初衷在于充分利用电能，发挥纯电动驱动行驶的技术优点，同时考虑到充电基础设施不完善以及动力电池组充电时间长的技术现状，保留混合动力电动汽车的行驶模式。可以说，插电式混合动力汽车是纯电动汽车和混合动力电动汽车在基础设施上完成的又一次混合。

插电式混合动力电动汽车具有良好的节能潜力和综合性能。

1）采用电网电力，使得原来可降低燃油消耗 40% 的混合动力汽车的综合油耗再降低 50% 左右，达到 60% 以上。

2）具有接受外部公用电网对车载电池组充电的能力，可以在家里对电池组充电，减少去加油站加油的次数，大大降低了整车使用成本。

3）可采用利用再生能源获得的电网电力，降低了国家对石油进口的依赖度，提高了国家的能源安全。

4）具有纯电动汽车的优点。车主可用全电动模式驾车上班，仍可以采用以内燃机为主的混合动力模式进行长途旅游，保持了车辆的驾驶自由度。

5）大大减少了汽车温室气体的排放量。

6）基础设施中的公用电网已经存在，无须新建，并可利用晚间低谷电对电池充电，改善电厂发电机组效率，提高了电力公司的参与积极性。

4. 燃料电池电动汽车

燃料电池电动汽车的动力系统主要由燃料电池发动机、燃料箱（氢瓶）、电机、动力电池组等组成，采用燃料电池发动机发电作为主要能量源，通过电机驱动汽车行驶。上汽某款燃料电池电动汽车的结构示意如图1-5所示。

燃料电池是利用氢气和氧气（或空气）在催化剂的作用下直接经电化学反应产生电能的装置。燃料电池作为电动汽车的动力来源，其特点主要如下。

图1-5 上汽某款燃料电池电动汽车的结构示意图

1）能量转化效率高。燃料电池发电不受卡诺循环的限制。理论上，它的发电效率可达到85%～90%，但由于工作时各种极化的限制，目前燃料电池的能量转化效率为40%～60%。若实现热电联供，燃料的总利用率可高达80%以上。

2）不污染环境。燃料电池的生成物是清洁的水，它本身工作不产生CO和CO_2，也没有硫和微粒排出，没有高温反应，也不产生NO_x，如果使用车载的甲醇重整催化器供给氢气，仅会产生微量的CO和较少的CO_2。

燃料电池曾一度被认为是汽车燃料的终极解决方案，但现阶段，燃料电池的许多关键技术还处于研发试验阶段。此外，燃料电池的理想燃料——氢气，在制备、供应、储运等方面距离产业化还有大量的技术与经济问题有待解决。目前，燃料电池汽车在氢气制备、供应、储运等方面的关键问题在于车端储氢系统成本较高。2023年1—11月，我国累计生产燃料电池汽车5261辆，同比增长35%，保持良好发展态势。在技术方面，燃料电池系统成本下降到3000元/kW，相较2020年降低了80%，电堆体积功率密度达到4000W/L，相较2020年提升了35%。作为燃料电池必不可少的反应催化剂——稀有金属被大量应用。按照现有燃料电池对铂金的消耗计算，即使将地球上所有铂金储量都用来制作车用燃料电池，也仅能满足几百万辆车的需求。因此，如何降低稀有金属用量和探索非贵金属催化剂也是燃料电池电动汽车推广应用的技术和资源瓶颈之一。

1.3 电动汽车的技术现状

自1881年法国电气工程师Gustave Trouve制造出第一辆电动汽车开始，电动汽车经历了曲折起伏的几个发展阶段，其中的决定因素就是动力电池技术和人们对环境、能源的关注程度。但是，电动汽车自身具有的显著优点：可以实现低排放，甚至零排放行驶；采用电能作为驱动能源，能源来源途径广；行驶噪声小；容易实现Drive-by-wire（线控）思想；实现了制动能量回收，降低了摩擦制动器的使用强度和维护费用……决定了它必将成为新能源汽车技术发展的一个重要方向。

1. 纯电动汽车的技术现状

近几年，由于动力电池、电机驱动系统的技术突破，以及电力电子、控制和信息技术的广泛应用，促使纯电动汽车技术深入发展，日臻完美，一批装备了先进动力电池的电动汽车已经进入或即将进入市场销售。

如图1-6所示，在纯电动汽车领域，特斯拉电动汽车公司仍然具有强劲的品牌地位，自2003年成立以来主要从事纯电动汽车的设计、制造和销售。2008年，特斯拉发布旗下首款产品——两门运动型跑车Roadster后，分别于2012年、2015年发布并量产基于新平台打造的大型轿车Model S、7座SUV Model X。2016年，特斯拉发布旗下首款"廉价"车型，即基于全新平台打造的中型轿车Model 3以及2019年发布的中型SUV Model Y。2021年，特斯拉已经在全球48个国家都有产品销售落地。欧洲车企近年来仍然以宝马、奔驰和奥迪作为纯电动领域的主力军。虽然我国纯电动汽车起步比国外晚，但是近几年国产品牌高歌猛进，在无论国内还是国际市场都闯出了自己的一片天地。从2022年全年来看，比亚迪新能源汽车销量超过100万辆，摘得全球销冠。比亚迪凭借着王朝、海洋等新能源汽车品牌、先进的刀片电池技术，继续在日本和欧洲市场开拓创新，展现中国品牌的魅力。

Model Y　　　　　　　　　　　Model 3

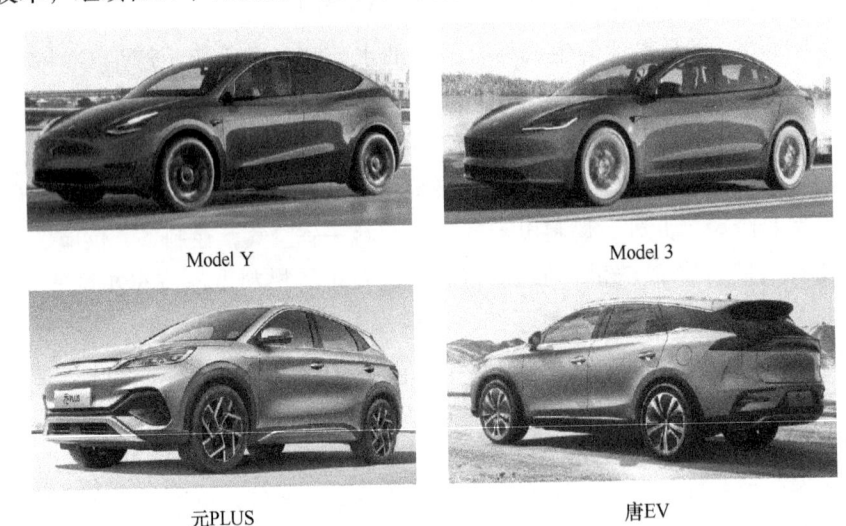

元PLUS　　　　　　　　　　　唐EV

图1-6　投放市场的几款纯电动汽车

各种高新技术开始在纯电动汽车上应用，赋予其新的生命力和发展机遇。

1）动力系统集成优化技术不断进展，节能效果不断提高。

2）动力电池技术得到飞速发展，高性能的三元体系以及高性价比的磷酸铁锂体系锂离子电池得到广泛应用，在比能量、比功率、安全性、可靠性、充电时间、循环寿命和成本等方面持续有可观的提升，同时电池系统结构设计得到简化，轻量化成为趋势。

3）电驱系统技术指标提升速度远超预期，在高效率、高转速、小型轻量化、低噪声、可靠安全方面取得了非常显著的成效。

4）人工智能的发展促进了智能化座舱和自动驾驶水平的提升，智能网联技术取得了很大进步。

5）把纯电动汽车推广应用作为系统工程，不仅重视汽车本身的研发，而且充电站等基

6）在概念车型上，轮毂电机技术发展快速、线控技术趋向智能，由电控到线控、由单独控制到协同控制，应用水平越来越成熟。

近年来，北京公交电动化步伐逐步加快，着力构建绿色低碳交通体系。2017年，北京公交集团更新完成了近5000辆纯电动公交车，新能源及清洁能源公交车占比超过了60%。2022年，北京公交加快车辆能源结构优化调整，更新购置新能源公交车2220辆。截至2022年末，北京现有公交客车约30000辆，清洁能源和新能源公交车占比达94.27%，已完成170余处1000余座充电桩的建设。2017—2022年我国新能源公交累积减少碳排放超5400万t，公交领域成为节能减排和新能源汽车推广应用的"开路先锋"，承载美好出行，赋能绿色发展。2022年冬奥期间，北京理工大学牵头组织研制的面向冬奥环境的纯电动大客车交付各赛区投入使用，承担赛区的车辆运营保障任务。氢燃料客车、纯电动汽车成为承担此次冬奥会交通出行任务的最主要力量。新能源车辆的使用比例为历届冬奥会之最，占比约85%，减排约1.1万t二氧化碳，相当于5万余亩森林一年的碳汇蓄积量。

2. 混合动力电动汽车的技术现状

混合动力电动汽车是在纯电动汽车开发过程中为有利于市场化而产生的一种新车型，国外普遍认为它是投资少、选择余地大、易于满足未来排放标准和节能目标、市场接受度高的主流清洁车型，引起各大汽车公司关注。

丰田的混动技术是最早商业化的混合动力技术，在1997年就推出了第一代普锐斯（最早的混合动力汽车）。2022年，丰田发布了第五代THS双擎混合动力系统，丰田智能电混双擎技术经历了4次大迭代，眼下发展到了第五代。在产品阵容上，丰田智能电混双擎车型充分布局，从卡罗拉/雷凌双擎、到荣放/威兰达双擎、再到皇冠陆放/汉兰达双擎和阿尔法/威尔法双擎等，丰田智能电混双擎第五代技术已经基本覆盖了各级别、各品类的车型。2022年，其除了在中国实现了超200万辆的销售业绩，在全球累计销量更是突破2000万辆。日本的本田公司混合动力电动汽车技术主要有本田IMA混合动力系统、i-DCD混合动力系统、i-MDD双电机混合动力系统和SH-AWD混合动力系统，根据不同车型的定位以及需求来适配不同的混动系统，从而实现整车更优秀的动力性和经济性。近年来，本田汽车聚焦中国、日本以及美国市场，截至2021年，在中国销售量累计就已达50万辆。

近年来，混合动力电动汽车市场增长势头依然强劲，产品系列已经从日本丰田一枝独秀向多元化发展，多车型投入商业化应用。通用、戴姆勒-克莱斯勒、大众、雪铁龙、雷诺、宝马、日产、现代、三菱等世界大型汽车公司纷纷推出具有各自特色的混合动力电动汽车。转向国内市场，虽然我国在2005年才推出自己的第一辆混合动力电动汽车，但随着科技的不断进步，我国混合动力电动汽车也在不断地升级和改进。到2022年，众多国产车企比如比亚迪、长城、吉利、奇瑞、长安等都有了自己在混合动力领域的研究成功并付诸商业的实践应用。比亚迪的DM-i、DM-p混合动力系统已经自成一派，发展水平成熟，在市场上赢得了一定的口碑。

3. 插电式混合动力汽车的技术现状

插电式混合动力汽车（Plug-in Hybrid Electric Vehicle，PHEV）具有较长的纯电动行驶里程，还可以以混合动力模式工作，具有良好的燃油经济性。插电式混合动力（简称插混）汽车技术受到普遍关注，2006年10月第22届国际电动汽车年会首次把PHEV技术作为特别专题进行研讨。在2007年12月第23届国际电动汽车年会上，PHEV已与纯电动汽车、混合动力电动汽车、燃料电池汽车并行作为会议的研讨主题。为了加快对PHEV的推广应用，美国IEEE-USA能源政策委员会建议增加PHEV的应用力度以提高现代交通的适应性和国家交通能源的独立性，在重量、体积、成本、寿命、安全以及功率电子器件和控制等各个方面加大对各种PHEV动力电池的研究力度和支持力度，建议政府采取激励措施和鼓励政策促进PHEV的市场切入，鼓励电力计量、计价等配套设施建设以及电力公司的介入，以真正实现从复杂的动力电池充电系统中获取最大的利益，加大对PHEV应用对电网行业冲击与影响的评估，完善相关法规标准以实现电网行业的最大利润。

2006年11月30日，在洛杉矶汽车展上，通用汽车公司正式宣布进军PHEV研发领域，推出了土星可充电混合动力SUV、可充电混合动力VOLT轿车。分别装有镍氢（NiMH）、锂离子动力电池的6辆戴姆勒-克莱斯勒PHEV乘用车和15台商用PHEV VAN，设计纯电动行驶里程32km，在美国洛杉矶、纽约以及德国汉诺威等地进行了应用性考核试验，被试车辆都表现出具有很好的性能。美国福特公司在其商业化的混合动力车型ESCAPE系列中也推出了PHEV款，具体采用了41A·h、10kW·h锂离子动力电池组，具有48km纯电动行驶里程，并于2007年12月3日把首批20辆PHEV款ESCAPE交付加利福尼亚示范区进行道路试验，目的在于探讨PHEV的商业化模式以及车辆与电网之间的服务模式等。几种投入示范运行的PHEV如图1-7所示。美国加州萨克拉门多市政管理区委托Energy CS在2005款普锐斯轿车上完成的PHEV改进采用了8.5kW·h的锂离子动力电池和专用动力电池组管理系统，加装了输入电压为110V、功率为1.1kW的充电器，整车纯电动续驶里程60km。对比试验结果表明，整车燃料费用与混合动力款普锐斯轿车相比降低21%（发动机参与工作）和46%（全电动模式）。鉴于PHEV良好的综合性能，丰田汽车公司开展了普锐斯PHEV的示范运行和考核，并逐步投放市场。

2021年1月11日，比亚迪正式发布DM-i插电式超级混动技术及首批搭载该技术的秦Plus DM-i、宋Plus DM-i、唐DM-i三款车型，如图1-8所示。DM-i超级混动技术采用P1、P3双电机混联构型和比亚迪自主研发的基于阿特金森循环的骁云-插混专用发动机，具备丰富的动力模式、优秀的油耗表现和高效的制动能量回收。以首批上市的秦Plus DM-i为例，其亏电油耗为3.8L/100km，百公里加速用时仅7.3s，纯电续驶里程可达120km，可油可电综合续驶里程达到1245km，在同级别的车型中具有很好的动力性和经济性。在PHEV市场，比亚迪以94.6万辆的销量位居2022年榜首，占有全球PHEV市场34.5%的份额。

总之，PHEV技术发展呈现出形式多样、发展势头良好、示范应用加快的总趋势，被认为是下一代汽车的典型代表。目前，PHEV面临的技术关键和完善要点表现为动力电池技术在成本、寿命、安全性和低温特性等方面的突破，以及电机驱动系统在工作制、持续工作能力、电压等级、热管理等方面的技术完善。另外，建立适用的充电系统网络也成为PHEV推广应用的关键。

4. 燃料电池电动汽车的技术现状

由于燃料电池电动汽车具有环保意义，各大汽车制造商都在寻找检验产品并最终投放市场的途径。几款有代表性的燃料电池电动汽车如图1-9所示。戴姆勒-克莱斯勒汽车公司是世界上最大的燃料电池电动汽车厂商之一，早在1994年就完成了第一辆燃料电池汽车NECAR的开发。戴姆勒-克莱斯勒汽车公司在A级F-Cell燃料电池汽车继续进行道路试验的同

a) 通用 PHEV 土星 SUV　　　　　　　b) 通用 PHEV Volt

c) 戴姆勒-克莱斯勒PHEV VAN　　　　d) 福特 PHEV ESCAPE

图 1-7　投入示范运行的几款插电式混合动力电动汽车

a) 比亚迪秦Plus DM-i　　　　　　b) 比亚迪宋Plus DM-i

c) 比亚迪唐 DM-i

图 1-8　比亚迪投放市场的几款插电式混合动力汽车

时,又开发了 B 级 F-Cell 汽车。新车采用巴拉德的燃料电池先进技术,通过减少燃料消耗、增加车载储氢量使续驶里程增加到 400km（相比原始 NECAR 增加了 260km）。大众汽车公司通过依赖自身条件并吸收其他制造商的经验开发了 HyMotion。通用汽车公司在欧宝 Zafera 的基础上开发了 Hydrogen3,其应用的新型滑板底盘最先出现在 Hy-Wire（线传操控燃料电

a) B级F-Cell 　　b) HyMotion
c) Hydrogen3 　　d) FCHV-5 
e) MIFA氢 

图1-9　几款有代表性的燃料电池电动汽车

池车）上。燃料电池驱动系统由电堆产生电力，电堆由200块相互串联在一起的燃料电池单体组成，通过68L的氢气储存罐向燃料电池堆提供氢气，其0→100km/h的加速时间约为16s，最高车速达160km/h，一次充气续驶里程达400km。目前日本丰田公司在2021年生产的Mirai氢能源汽车（图1-10）具有一定的技术代表性，并在多个国际场合亮相。本田汽车公司开发出了先进的燃料电池汽车Honda-FCX，该车装有86kW的PEM电池，是唯一一辆通过美国环境保护局（EPA）和加州大气资源委员会（CARB）鉴定的零排放燃料电池汽车，如图1-11所示。上海神力科技有限公司成功研发出三代轿车和城市客车用燃料电池发动机，并分别安装在同济大学的"超越一号""超越二号""超越三号"燃料电池轿车与清华大学的"氢能一号""氢能三号"等燃料电池城市客车上。北京理工大学与航天动力研究所等单位联合开发了一辆实用化的高压氢空燃料电池混合动力汽车并通过了试车场性能测试和2000km连续可靠性考核试验。上汽大通MAXUS研发制造的"MIFA氢"已实现100余台的用户交付，成为全球首批实现商业化运营的氢能源MPV。上汽大通MAXUS MIFA氢搭载了70MPa储氢系统、130kW电堆、高性能三合一电驱动系统以及宁德时代高倍率动力电池系统，NEDC工况续驶里程可达到605km，且仅需3min即可加满6.4kg的高压氢瓶，完全解决了"里程焦虑"的问题。

图 1-10 Mirai 氢能源汽车　　　　　图 1-11 Honda-FCX

针对燃料电池电动汽车的示范运行和考核正在积极开展，具有代表性的有欧洲 CUTE 项目和日本 JHFC 项目。CUTE 项目是一个早在 2001 年由欧盟支持的燃料电池汽车示范运营项目，共分两期开展。首批示范项目在包括阿姆斯特丹等在内的 9 座欧洲城市开展示范运营，所用车辆都是由梅赛德斯-奔驰公司提供的燃料电池客车 Citaro，每个城市 3 辆，共 27 辆。截至 2005 年 12 月，27 辆 Citaro 共行驶里程 850000km 和 62000h，月均行驶里程 35800km，月最长行驶里程 59000km，第二期示范项目累计共有 47 辆燃料电池公交车在欧洲的 8 座城市、澳大利亚珀斯和中国北京等地开展示范运营活动，横跨欧洲、亚洲和大洋洲，是首个真正意义上的全球性燃料电池汽车示范运营项目。日本 JHFC 项目是日本政府 2002 年开始支持的在东京—横滨地区开展的燃料电池汽车示范运行项目，参与的汽车厂商包括丰田、日产、本田、通用等，参与的车辆类型包括轿车和大巴两种，以轿车为主，主要采取了 3 种线路形式：自由行车路线、计划行车路线和活动行车路线（宣传和试乘活动）。截至 2023 年年底，JHFC 共开展了三期示范运行项目，分别在燃料电池电动汽车和加氢站的能源利用效率及油井到车轮全生命周期效率、燃料电池电动汽车及加氢站在实际运行过程中存在的问题、商业化加氢站的建设方案等方面积累了大量经验。

1.4 电动汽车的发展趋势和特点

1. 世界各国制定战略规划支持电动汽车的发展

发展新能源汽车是世界共识，截至 2022 年年底，全球新能源汽车保有量已超过 2700 万辆，中国、美国、德国、日本是全球新能源汽车研发的代表力量[⊖]。我国自"十五"计划以来，连续启动新能源汽车重大专项和重点项目，按照"三纵三横"技术布局，稳步推进新能源汽车整车和零部件的关键技术攻关，取得显著成效。如今，我国新能源汽车"关键技术处于国际先进水平"，新能源汽车市场"稳居世界第一"。以 2008 年北京奥运会为平台，首次实现我国"百辆级"新能源汽车的集中示范，特别是在奥运零排放区昼夜不间断运行的 50 辆纯电动公交车，表现出优良的性能，成功完成"零故障运行"的最高国家目标，为 2008 奥运会做出了重要贡献。以 2010 年上海世博会为平台，首次实现我国"千辆级"新能源汽

⊖ 数据来自 IEA Global EV Outlook 2023。

车的集中示范，其中在世博园区内运行的 120 辆纯电动客车半年内经受住高温高湿环境考验，载客 9018 万人次，车辆完好率 99.8%。以国家新能源汽车"十城千辆"示范城市项目为牵引，25 个示范城市成功推广应用新能源汽车 3.98 万辆，我国新能源汽车应用规模达到"万辆"级。2014 年，在国家新一轮新能源汽车示范项目的拉动下，我国新能源汽车应用规模提升加速，行业称 2014 年为"中国新能源汽车推广元年"，仅 2014 年当年全国新能源汽车销量就达 74 763 辆，其中纯电动汽车占比 60.3%。截至 2023 年 9 月底，我国新能源汽车保有量达到 1821 万辆，其中纯电动汽车保有量为 1401 万辆，占新能源汽车总量的 76.9%，是世界上新能源汽车保有量最大的国家。同时中国新能源汽车国际竞争力正在不断提升，新能源汽车加速"走出去"，在 2023 年第一季度中国正式超越日本成为世界第一大汽车出口国。

2. 电动汽车技术发展呈现多样化趋势

各种高新技术的应用赋予纯电动汽车新的生命力。提升电机驱动系统的功率密度、系统效率和控制性能，提升动力电池系统的能量密度、安全性和耐久性，改进车规级控制系统架构，实现电动汽车的智能化综合控制，降低能耗，提高全气候适应性和全天安全性。纯电动汽车设计理论、动力系统集成优化技术不断发展，节能效果不断提高；高性能的锂离子电池取代传统的铅酸电池，电池成组应用技术受到重视；高效的一体化电力驱动系统取代了传统的直流电机；电动辅助系统的广泛应用提高了整车能量利用效率和性能；网络控制系统的应用促进了电动汽车的模块化和智能化；轻量化技术和电器结构安全性技术得到了系统的应用。纯电动汽车技术表现为以城市公共交通、园艺保洁等应用为主的纯电动公交车、环卫车，以无人零售、无人配送等应用为主的电动物流车和以个人日常代步出行为主的小型纯电动汽车三个发展特点，新型电池技术、车载操作系统、自动驾驶技术的不断创新，推动纯电动汽车向更高性能、更高智能方向升级。

混合动力电动汽车快速步入商业化和规模化应用阶段。受汽车节能和排放法规日趋严格以及各国政府对新能源汽车优惠政策陆续出台的影响，混合动力汽车已由小批量生产进入快速增长阶段。以丰田、本田、比亚迪等公司为代表推出的混合动力和插电式混合动力车型逐渐丰富，商品化程度不断提高。这些车型在纯电续驶里程、动力性、制动能量回收等综合性能上都取得显著提升。同时，从微混合、轻度混合到强混合的多元技术并行发展，为不同用户提供差异化选择。新的电池技术与智能网联技术的融合创新，也使混合动力汽车的经济性与智能化水平不断提高。未来，混合动力汽车有望成为电动化与智能网联化深度融合的典范，推动交通系统电动化转型与升级。

燃料电池电动汽车正加速步入商业化和规模化应用。在政策大力支持下，技术不断突破，系统成本持续下降。加氢站数量不断增加，为燃料电池汽车的大规模普及奠定坚实基础。更多燃料电池轿车车型上市销售，续驶里程能够达到 700km。"提高燃料电池动力系统的可靠性和环境适应性、降低系统成本、完善制氢-储氢-加氢站基础设施网建设"仍是技术攻关的关键，"混合动力、燃料电池和电传动的集成化设计、分布式网络化控制"成为技术发展的主流。氢能产业呈现出高速增长势头，随着配套基础设施和技术进一步成熟，预计到 2030 年左右，燃料电池电动汽车将迎来快速商业化和规模化扩张期。

作为共性技术，电驱动、动力电源、整车集成和控制优化始终是电动汽车技术攻关的核心和焦点，并随着技术的进步，表现出多样化的解决方案、优良的性能和新的特点。作为电动汽车技术发展的关键，高功率密度电驱动技术、动力电池组的成组应用技术、电动汽车的集成设计和综合控制技术、电动汽车的推广应用工程仍将成为电动汽车长期发展的重点和核心。与此同时，解决电动汽车运行安全问题也越发重要，完善基于终端-网络-云的监控体系，构建电池数字孪生模型，丰富 SOH 精确诊断与预警方法，对电池全生命周期实施主动和被动安全防护是确保电动汽车安全的关键技术手段。在智能网联与软硬件深度融合下，电动汽车正朝着线控一体化、模块化功能划分的方向演进。软件定义车辆、底层硬件集成、基于域的控制器以及车云协同，正在为电动汽车增加新的技术特征。

习 题

一、填空题

1. 21 世纪世界汽车工业发展的三大主题为（　　　　　　　　　　　　）。
2. 按照汽车行驶动力来源的不同，一般将电动汽车划分为（　　　　　　　　　　　）4 种基本类型。
3. 混合动力电动汽车是指能够至少从下述两类车载储存的能量中获得动力的汽车：一为（　　　　　　　）；二为（　　　　　　　　　）。
4. 混合动力电动汽车的混合动力总成以动力传输路线分类，可分为（　　　　　　　　）；以混合度分类，可分为（　　　　　　　　　　）。
5. 燃料电池电动汽车的动力系统主要由（　　　　　　　　　）等组成。

二、选择题

1. 下列不属于电动汽车基本类型的是（　　）。
   A. PHEV　　　　B. HEV　　　　C. FHEV　　　　D. FCEV
2. 以下属于 BEV 的车型的是（　　）。
   A. 丰田普锐斯　B. 比亚迪元 PLUS　C. 丰田 Mirai　D. 通用土星 VUE
3. 使用车载的甲醇重整催化器供给燃料电池的氢气，以下（　　）是产生物。
   A. CO　　　　B. CO_2　　　　C. H_2O　　　　D. NO_2
4. 丰田汽车公司于（　　）年推出了第一辆普锐斯。
   A. 1996　　　　B. 1997　　　　C. 1998　　　　D. 1999
5. 截至 2022 年年底，全球新能源汽车保有量已超过（　　）万辆。
   A. 2700　　　　B. 2800　　　　C. 2900　　　　D. 3000

三、判断题

1. 电动汽车被公认为 21 世纪重要的交通工具。（　　）
2. 混合动力汽车功率调节可以起到"削峰填谷"的作用。（　　）
3. 目前燃料电池的能量转化效率可以达到 70%。（　　）
4. 燃料电池是利用氢气和氧气（或空气）在催化剂的作用下直接经电化学反应产生电能的装置。（　　）
5. 截至目前，燃料电池电动汽车正加速步入商业化和规模化应用，电堆体积功率密度能够达到 4000W·h。（　　）

四、简答题

1. 中国电动汽车技术开发"三纵三横"布局具体是什么？
2. 纯电动汽车具有哪些优点？
3. 相比于混合动力电动汽车，插电式混合动力电动汽车有哪些不同？
4. 请简述纯电动汽车的系统组成。
5. 请简述电动汽车电气控制系统组成。

五、思考题

随着工业化进程的加速，二氧化碳等温室气体的排放量大幅增加，这会导致全球气温上升、极端天气频发，严重威胁人类健康和社会经济发展。为了应对化石能源日益枯竭和气候变化日趋严峻的双重挑战，节能减排已经成为国际社会的普遍共识。据统计，截至2023年年底，交通运输领域碳排放量占我国碳排放总量的10%左右。其中，公路运输碳排放量占整个交通运输领域碳排放量的80%以上。

面对紧迫的双碳目标，想一想：

1. 传统燃油汽车是否会被替代？为什么？
2. 大力发展新能源汽车对我国经济社会发展具有哪些意义？
3. 你认为新能源汽车技术创新与发展的前景是怎么样的？

第 2 章

纯电动汽车

纯电动汽车是指利用动力电池作为储能动力源,通过电池向电机提供电能,驱动电机运转,从而推动汽车行驶的一种新能源汽车。其基本结构如图2-1所示。其最大特点就是行驶过程中零排放、零污染、噪声小、结构简单、维修方便,同时有规模、系统地发展纯电动汽车可以有效平抑城市电网的峰谷差,效益可观。各国对纯电动汽车的发展研究投入巨大,纯电动汽车的相关技术和研发理念也日新月异,在现代电力电子技术快速发展背景下,具有如下特点:

1) 对现代社会而言,纯电动汽车不仅是一辆车,而且是实现清洁、高效道路运输的一个全新的系统。

2) 纯电动汽车系统是一个便于和现代交通网络结合的智能系统。电动汽车的设计是工程和艺术的结合。

3) 必须重新定义纯电动汽车的工作条件和工况循环。

4) 必须对用户对于纯电动汽车的期望进行调研,这样就能对用户进行纯电动汽车知识的普及。

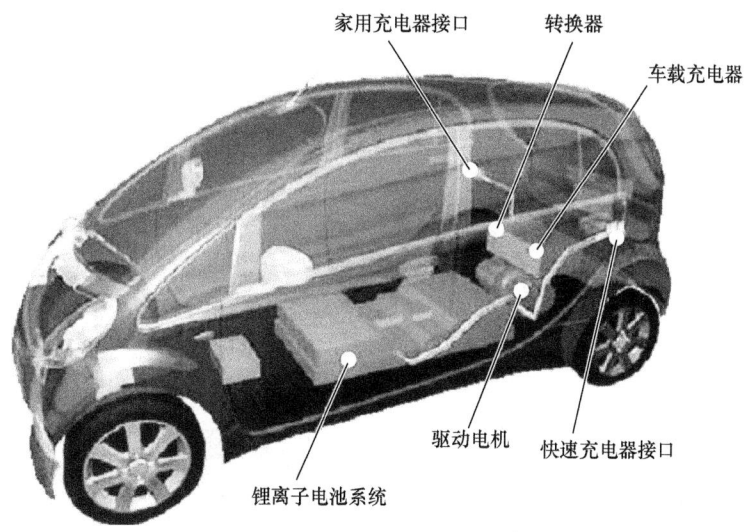

图2-1 纯电动汽车基本结构

2.1 纯电动汽车的系统组成

纯电动汽车作为机械、电子、能源、计算机、信息技术等多种高新技术的集成，是典型的高新技术产品，其最终目标是实现智能化、数字化和轻量化。目前，研制和开发的关键技术主要有电池、驱动电机、电机控制、车身和底盘设计及能量管理技术等。纯电动汽车系统组成框图如图2-2所示。

下面从电气构成和功能实现两大方面对纯电动汽车进行组成分析，见表2-1。从电气构成角度分析便于读者对纯电动汽车系统进行全局把握，从功能实现角度分析便于读者更好地理解纯电动汽车系统的工作原理。下面将从电气构成角度对纯电动汽车各子系统进行介绍并从功能实现角度对纯电动汽车各功能模块进行详细分析。

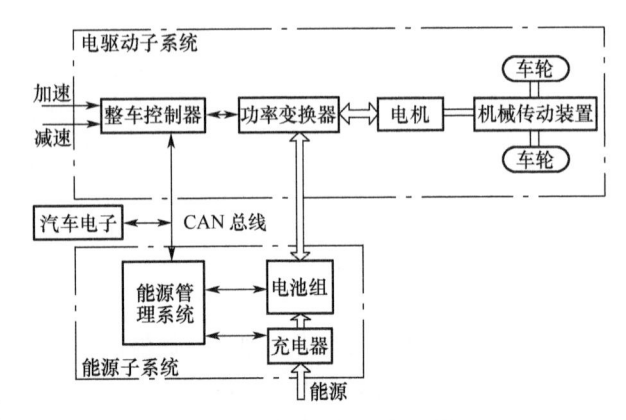

图2-2 纯电动汽车系统组成框图

表2-1 纯电动汽车系统组成分析

从电气构成角度	机械子系统	从功能实现角度	电气控制系统
	电力电子子系统		传动系统
	信息子系统		电源系统
	—		整车能量管理和控制系统

1. 机械子系统

机械子系统由底盘和车身、驱动装置、变速器以及电源箱体等组成，与之相关的因素包括道路特性、防撞性、汽车的内部空间、装配时间、适用性以及价格等。目前纯电动汽车机械子系统的发展趋势是将所有动力和传动系统都集中布置在底盘上，包括动力电池、集成悬架、驱动电机、变速器和制动系统的轮辋等。底盘与车身分离式设计（图2-3）已经成为当前纯电动汽车机械子系统设计制造的主流趋势。在现代线控技术（X-by-Wire）的逐渐普及下，车身和底盘之间可以没有任何机械杆件和液压管路连接，这样的设计理念对整车的总体布置有很大帮助，可以很容易地实现纯电动汽车整车的模块化设计与制造。

例如当前比亚迪开发的纯电平台

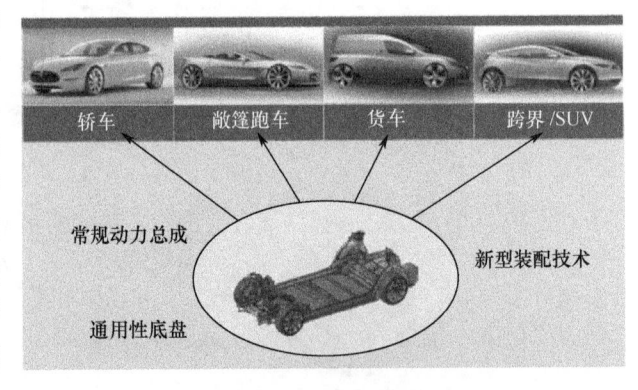

图2-3 底盘与车身分离式设计

3.0,通用化的电动汽车底盘设计可以极大提高电动汽车的可塑性和可拓展性,采用纯电专属的底盘布置增加了电动底盘的安全性,专属设计电动高压安全电气间隙、碰撞断电、高压保护、走线布置等,也极大使得电动汽车设计模块化通用化,通过不同上车身的演化可以设计出各异的车型。

2. 电力电子子系统

电力电子子系统由动力电池、电机及其控制器和能源系统组成,与之相关的因素有安全、规则、标准、效率、可靠性、重量以及价格等。能源系统通过功率转换装置或逆变装置向电机输出能量以使车辆前进或后退,常通过充电器接受来自电网的电能。车辆进行制动时,驱动电机会工作在发电机状态,能量由电机流向能量回收装置,如电池、超级电容、高速飞轮等。一般情况下,驱动电机会在电机控制器的控制下改变工作状态以满足工况需求,有时为了减轻驱动系统的体积和重量,会使用机电一体化技术将电机和逆变器等装置进行整体设计制造。纯电动汽车电力电子子系统如图2-4所示。

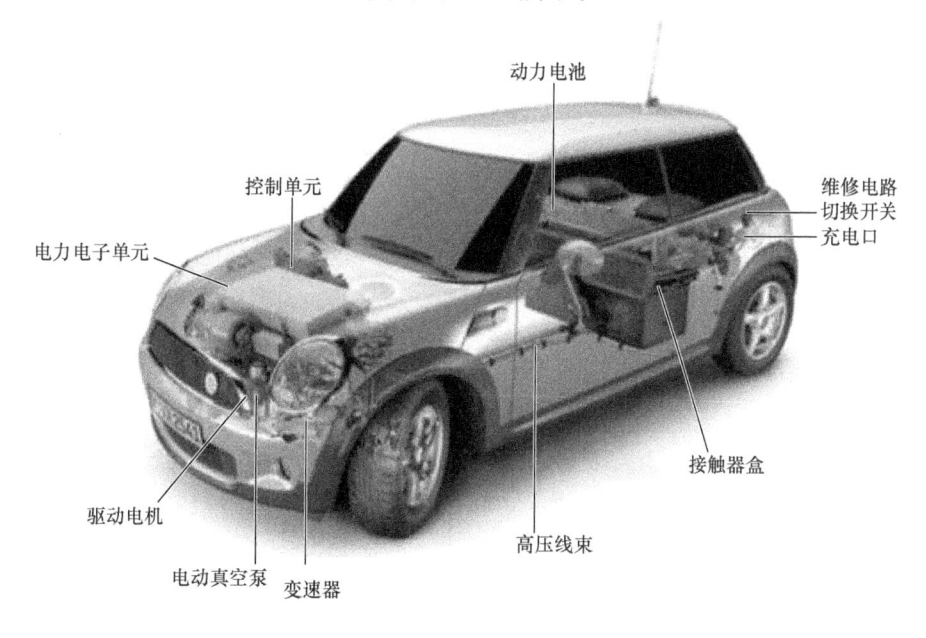

图2-4 纯电动汽车电力电子子系统

3. 信息子系统

信息子系统用于处理驾驶人的意愿,并监控汽车的运行以及电源、电机、控制器和充电器的状态,相关的因素有通信网络、数据处理的算法以及和通信相关的故障诊断和充电控制等。驾驶人作为汽车行驶指令的发出者,是不需要参与汽车内部结构的实际工作的,汽车内部的信息子系统便承担了统筹汽车内部工作的任务。纯电动汽车的各种ECU收集来自踏板、电池、电机以及各种速度、温度等传感器的数据,并进行整合、计算和处理来决定当前汽车各部分应处的工作状态,通过发送控制指令来完成对整车的控制,而驱动系统、能量系统、辅助系统等子系统又由各自的控制装置来确保相应工作的完成。更进一步地,采用域控架构设计的纯电动汽车将整车各项功能的控制逻辑从分布式ECU集成到少数几个域控制器中,由域控制器中的微控制器芯片完成数据计算、判断与控制指令的生成等工作。这样做的好处是减少了整车开发所需要的分布式ECU与相应线束,提高了整车控制功能的可扩展性,能更好地满足纯电动汽车对相关控制功能实时、智能、高效、节能的相关要求。

2.2 纯电动汽车的工作原理

2.2.1 电气控制系统的工作原理

纯电动汽车的电气控制系统通常包含低压电气子系统、高压电气子系统和整车网络化控制子系统三部分。

高压电气子系统主要由动力电池、驱动电机和功率变换器等大功率、高电压的电气设备组成，根据车辆行驶的功率需求完成从动力电池到驱动电机的能量变换与传输过程。低压电气系统采用直流12V或24V电源，一方面为灯光、刮水器等车辆的常规低压电器供电，另一方面为整车控制器、高压电气设备的控制电路和辅助部件供电。纯电动汽车各种电气设备的工作统一由整车控制器协调控制。一般纯电动汽车电气控制系统的结构如图2-5所示。

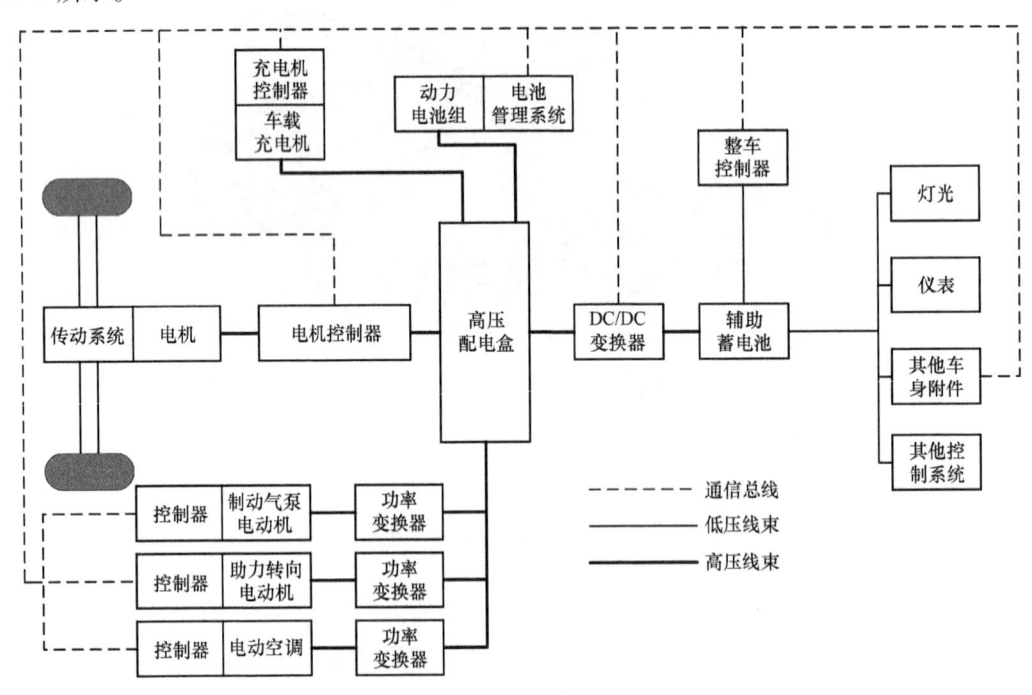

图2-5 纯电动汽车电气控制系统的结构

纯电动汽车低压电气控制系统主要由DC/DC变换器、辅助蓄电池和若干低压电器设备组成。低压电器主要包含灯光系统、仪表系统、娱乐系统、电动车窗、刮水器、除霜装置和各种控制器等。燃油汽车低压电气控制系统与纯电动汽车的主要区别在于，燃油汽车的辅助蓄电池由与发动机相连的发电机来充电，而纯电动汽车的辅助蓄电池由动力电池通过DC/DC变换器来充电。在传统的燃油汽车中，电动助力转向系统、制

扫码观看：纯电动汽车组成结构

动系统等主要由低压电气子系统供电,而在纯电动汽车中,为了节约能源,对于功率较大的子系统如制动气泵电动机和电动空调系统等一般采用高压供电。

纯电动汽车是一个高度集成的电气化系统,包括驱动电机控制系统、电池管理系统、车载充电系统、电动辅助系统、低压电气系统等多个子系统。必须通过一个整车控制系统来进行各子系统的协调控制,从而实现整车的最佳性能。

整车控制系统主要包括整车控制器、电机控制器、电池管理系统、车身控制管理系统、信息显示系统和通信系统等。整车控制器是整车控制系统的核心,承担了数据交换与管理、故障诊断、安全监控、驾驶人意图解析等功能。各子系统之间的信息传递通过网络通信系统实现,目前常用的通信协议是 CAN 协议,它具有较好的可靠性、实时性和灵活性。信息显示系统可以实现整车工作状态的实时显示,如车速、电池状态、电机状态、故障显示等,方便驾驶人了解车辆的实时状态。整车控制系统必须具有较高的可靠性、容错性、电磁兼容性和环境适应性等,以保障纯电动汽车整车安全、可靠地运行。

对于整车控制系统,传统燃油车与纯电动汽车的不同更多地体现在 ECU 的集成上。如比亚迪汽车公司研发的四大集成式域控技术,将传统燃油汽车的分布式 ECU 按位置集成为智能座舱域、智能动力域、智能车控域与智能驾驶域等域控制器,减少了线束和通信时间,提高了通信稳定性和可靠性,进一步优化了整车的控制系统。

作为纯电动汽车核心系统之一,高压电气子系统有两种驱动类型,即直流电机驱动系统和交流电机驱动系统。两者之间最大的区别在电驱动系统部分,因为使用的驱动电机不同,而不同驱动电机的工作特性、控制方式、成本高低是不一样的(详见第 5 章),所以会导致相应结构和工作原理不同。开发整车时要根据汽车型号的定位不同进行分析和论证,以保证整车良好的性能和节能效果。能量子系统不仅包含提供能量的动力电池组,还包含充电装置和能量转换相关系统。因为动力电池组输出的电流一般为直流,所以需要 DC/DC 或 DC/AC 变换装置完成驱动电机的任务。辅助子系统的主要任务是确保整车在合理的状态中工作,以及确保乘坐的舒适性。

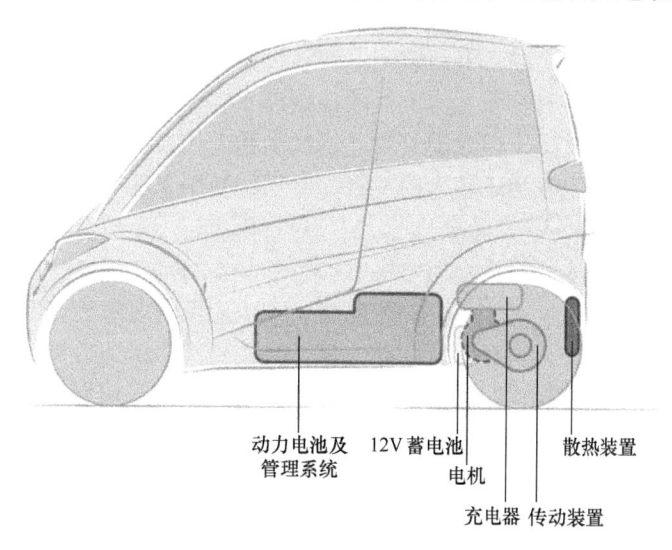

图 2-6 所示为直流电机驱动系统的基本结构。

直流电机驱动系统采用直流电机作为驱动电机,其电机控制器一般采用斩波控制器。斩波控制器既可用于控制电机的电枢电压,实现电机恒转矩调速,也可用于控制励磁绕组电压,改变励磁电流,实现恒功率弱磁调速控制。在电机恒转矩特性区,通常保持励磁电流不变,通过控制电枢电压来实现对电机转速的控制;在恒功率区,保持电枢电压不变,通过控制励磁电流实现对电机转矩和转速的控制。图 2-7 所示为直流电机驱动系统工作原理。

图 2-6 直流电机驱动系统的基本结构

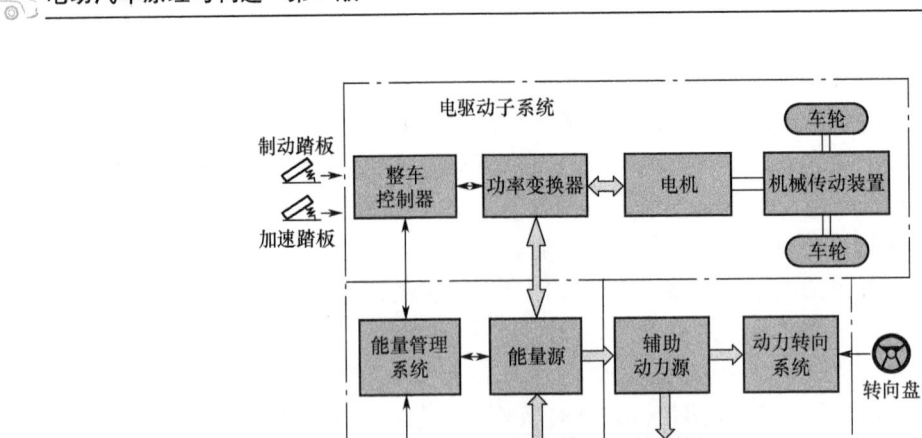

图 2-7 直流电机驱动系统工作原理

直流电机驱动系统的优点在于控制技术简单,动态性能较好。虽然直流电机易于控制,但是由于它采用机械换向结构,维护困难,且电刷与换向器之间很容易产生火花,尤其是对无线电产生干扰,这对高度智能化的未来电动汽车是个致命的弱点。另外,直流电机及其驱动系统体积大,密封较困难,制造成本较高,速度范围有限,质量较大,能量密度较低。所有这些因素都限制和妨碍了直流电机在电动汽车中的进一步应用。

因为目前纯电动汽车的动力电池组只能输出直流电,所以在对交流感应电机供电之前,首先需要安装逆变器将直流电转换成交流电。这样就不可避免地增加了交流驱动系统的制造成本,另外对交流感应电机的控制技术也相对复杂很多,是当前限制交流驱动系统大规模应用的因素之一。但是随着微电子技术和现代控制技术的不断发展和完善,对交流感应电机的控制方法也获得了较大的发展,常用的控制方法有变频变压控制、磁场定向矢量控制和直接转矩控制。

图 2-8 所示为交流电机驱动系统基本结构。图 2-9 所示为交流电机驱动系统工作原理。

近年来,越来越多的智能控制技术应用到电机控制中。例如,模糊控制技术能充分利用其非线性结构自寻优等各种功能,显著提高系统的鲁棒性。此外,由于不需要建立被控对象的精确数学模型,系统的设计也变得较为简便。使用模糊 PID 算法替代传统的 PID 算法,能明显改善系统的稳态和动态性能,有较好的控制效果。

出于对设计布置以及制造成本的考虑,现在的纯电动汽车大多都采用机电一体化技术,将驱动电机、整车控制器与电力电子器件等装置进行一体集成式的设计与制造。以广泛搭载于比亚迪纯电动汽车上的八合一电动总成为例,该总成集成了驱动电机、减速器、整车控制器与各类电力电子变流器件等装置,可以同时完成电机驱动、电机控制、能量回收与充配电等功能。相比分立式电机驱动系统,该类集成式系统可以实现对电子元器件的充分复用,从而有效减小系统占用空间,并降低系统制造成本。

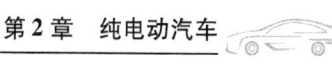

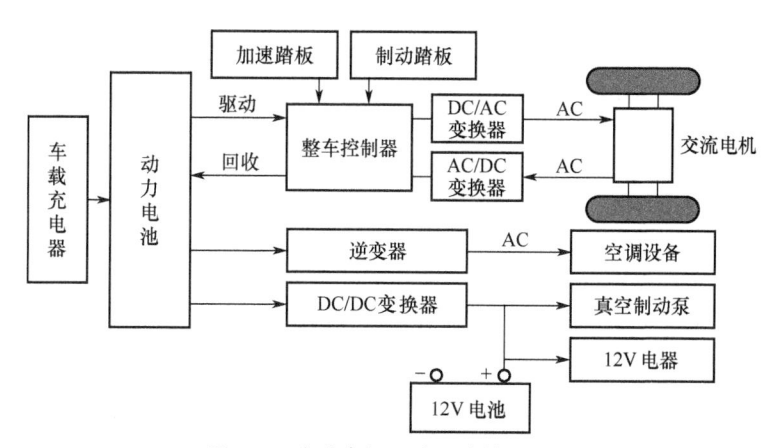

图 2-8 交流电机驱动系统基本结构

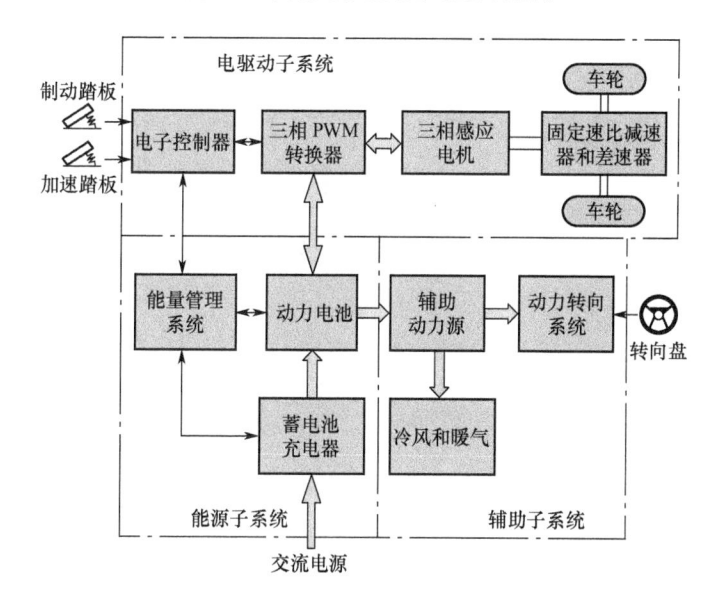

图 2-9 交流电机驱动系统工作原理

2.2.2 传动系统的结构及工作原理

图 2-10 所示为纯电动汽车传动系统布置的常规形式。其结构如图 2-11 所示。在这种形式中，传统内燃机由一组动力电池和一台驱动电机所代替，离合器、变速器和差速器的布置形式与传统内燃机车辆的布置形式一致。其中的离合器和变速器也可被自动变速器所代替，差速器的功能是通过机械传动使车辆曲线行驶时两侧车轮能够在不同速度下行驶。

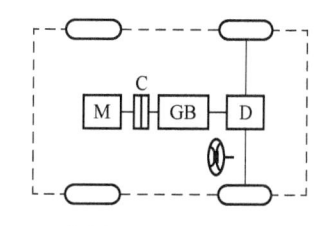

C：离合器；D：差速器；
GB：变速器；M：电机

图 2-10 纯电动汽车传动系统布置的常规形式

驱动电机能够在较长的速度范围内提供相对恒定的功率，因此多速变速器可以被一个固定速比减速器所替代，并且离合器也可省去，即无变速器的传动形式，如图 2-12 所示。其应用实例如图 2-13 所示。这种传动系统一方面可以节省机械传动结构的重量和体积，另一方面可以减少由于换档所带来的控制难度。

对于整车控制系统，传统燃油汽车与纯电动汽车的不同更多地体现在 ECU 的集成上。如比亚迪汽车公司研发的四大集成式域控技术，将传统燃油汽车的分布式 ECU 按位置集成为智能座舱域、智能动力域、智能车控域与智能驾驶域等域控制器，减少了线束和通信时间，提高了通信稳定性和可靠性，进一步优化了整车的控制系统。

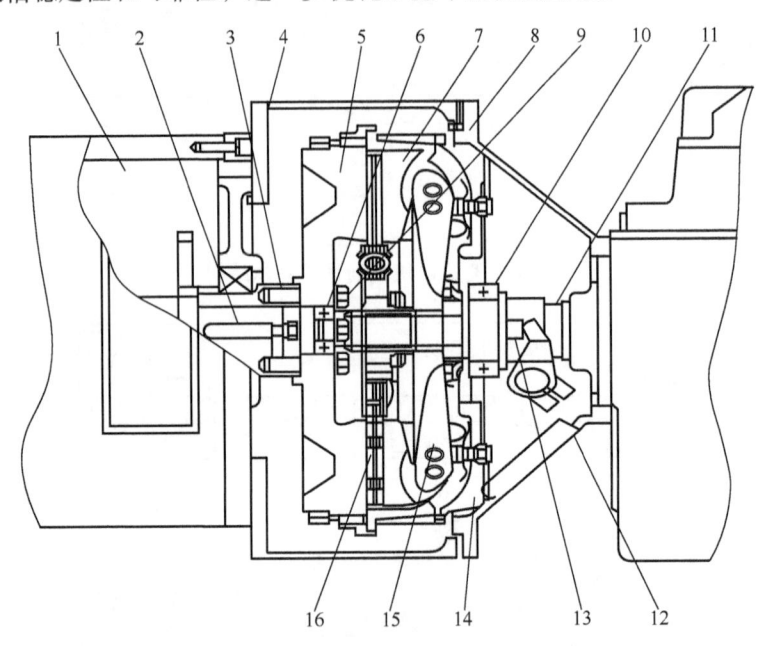

图 2-11 常规纯电动汽车传动装置结构
1—电机 2—螺栓 3—套筒 4—飞轮壳 5—飞轮 6—轴承 7—压盘
8—离合器壳 9—螺栓 10—轴承 11—输入轴 12—分离叉 13—分离套筒
14—离合器盖 15—分离杠杆 16—从动盘

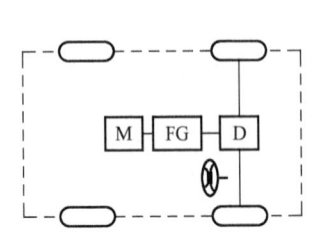

D：差速器；FG：固定速比减速器；
M：电机

图 2-12 固定速比减速器传动系统（无离合器）

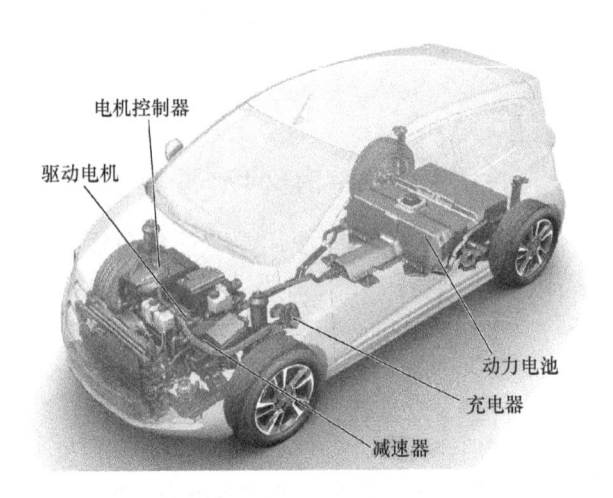

图 2-13 固定速比减速器传动系统（无离合器）应用实例

第三种传动形式与第二种传动形式类似，但是驱动电机、固定速比减速器和差速器被进一步整合为一体，布置在驱动轴上，如图 2-14 所示。其应用实例如图 2-15 所示。整个驱动传动系统被大大简化和集成化。从再生制动的角度出发，这种传动形式可以很容易地实现电能从车轮到电机的回收（驱动轮以外的动能通过制动转化为热能），所以有利于全轮驱动。因为没有传动装置，所以运转更加容易，但是这样的布置形式要求有低速大转矩、速度变化范围大的电机，同时增加了电机和逆变器的容量。

D：差速器；FG：固定速比减速器；
M：电机

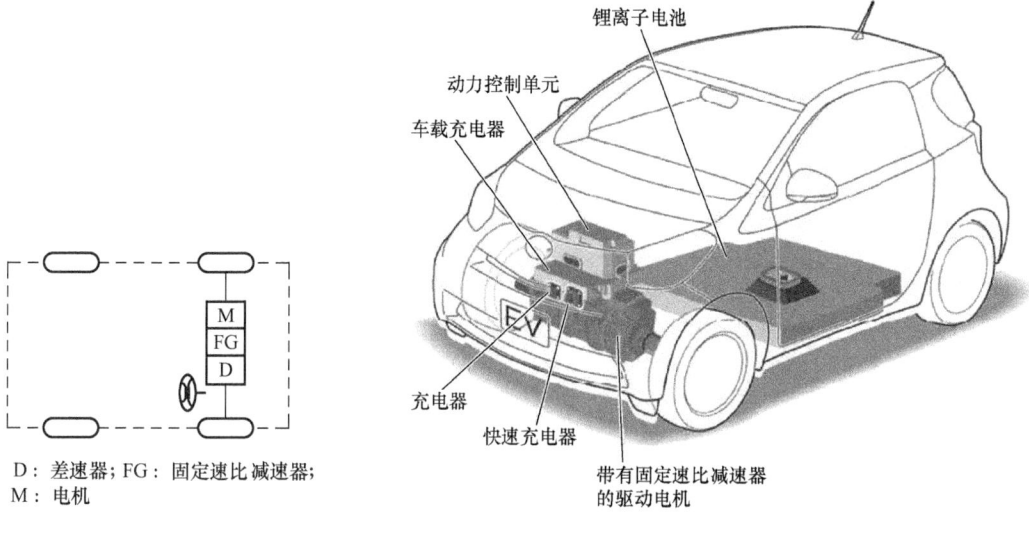

图2-14　第三种传动形式

图2-15　第三种传动形式应用实例

如图2-16所示，在第三种传动形式的基础上，差速器被两个独立的驱动电机所代替。每个驱动电机单独完成一侧车轮的驱动任务，即无差速器的传动形式。在车辆进行曲线行驶时，两侧的电机就会分别工作在不同的速度下。图2-17所示为双电机驱动模式下的底盘结构。前轴两个半桥上分别用一个电机驱动一侧车轮的行驶，但是控制难度较大。当前已经实现量产的有比亚迪汽车公司开发的双电驱系统，其仰望U8车型的后轴双电驱可以独立驱动左、右侧车轮，通过左右轮单独控制转矩输出达到调节左、右轮转速的目的。一方面实现原本机械结构差速器的功能，另一方面提供了更高的差速自由度，可以在车辆失稳情况下主动控制车身横摆，达到更强有力的稳定性控制。

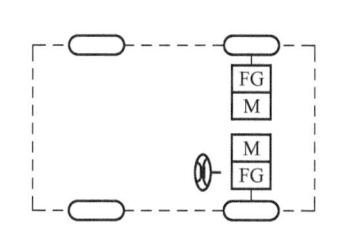

FG：固定速比减速器；M：电机

图2-16　双电机-固定速比减速器
　　　　一体化传动系统

图2-17　双电机驱动模式下的底盘结构

为了进一步简化驱动系统，驱动电机与车轮之间取消了传统的传动轴，由驱动电机直接驱动车轮前进，如图2-18所示。同时一个单排的行星轮用来降低转速和增强转矩，以满足不同工况的功率要求。单排行星轮可以提供良好的减速比和线性的输入输出特性。

在完全舍弃驱动电机和驱动轮之间的机械传动装置之后，轮毂电机的外转子直接连接在驱动轮上。驱动电机转速控制与车轮转速控制融为一体，构成了所谓的双轮毂电机，使车速控制变得简单。然而，这种分布方式需要驱动电机提供更高的转矩来起动和加速车辆，如图2-19所示。轮毂电机实物图如图2-20和图2-21所示。

FG：固定速比减速器；M：电机

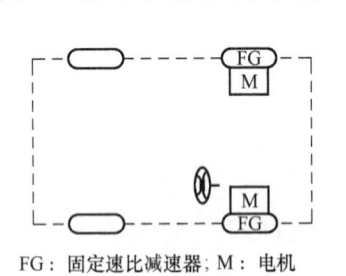

图2-18 双电机-固定速比减速器一体化轮边驱动传动系统

M：电机

图2-19 双轮毂电机驱动系统

图2-20 轮毂电机实物图

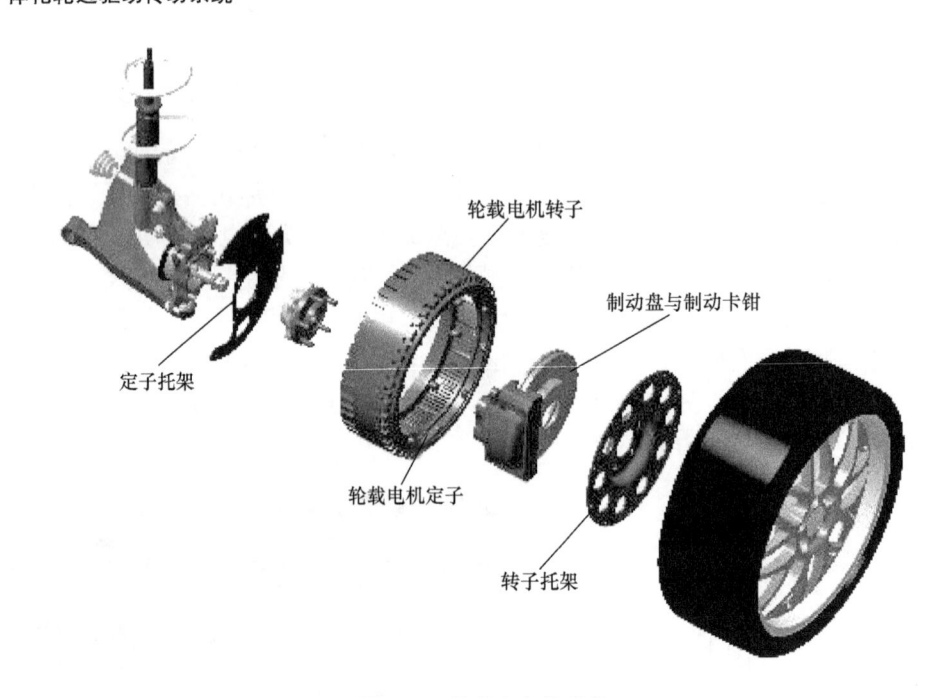

图2-21 轮毂电机结构图

轮毂电机驱动方式有两种：一种为内转子型（图2-22a）；另一种为外转子型（图2-22b）。

四轮毂电机即安装四轮独立控制的电机和逆变器的驱动系统，这样可以使结构更加紧凑，同时能够使车辆达到前所未有的机动性。图2-23所示即为使用这种四轮毂电机驱动系统的实例。依靠这种结构，可以实现下述几个功能。

1) 车轮可以实现±180°的旋转、横向行驶、任意旋转行驶。图2-24所示的照片为

YONDEN PIVOT 轿车依靠车轮控制进行横向行驶、旋转行驶时的示意图，是四轮毂电机独立驱动方式下自由行驶的例子。

2）因为可以进行各车轮任意转矩控制，所以使得防滑控制、制动控制等多种性能得以发挥。

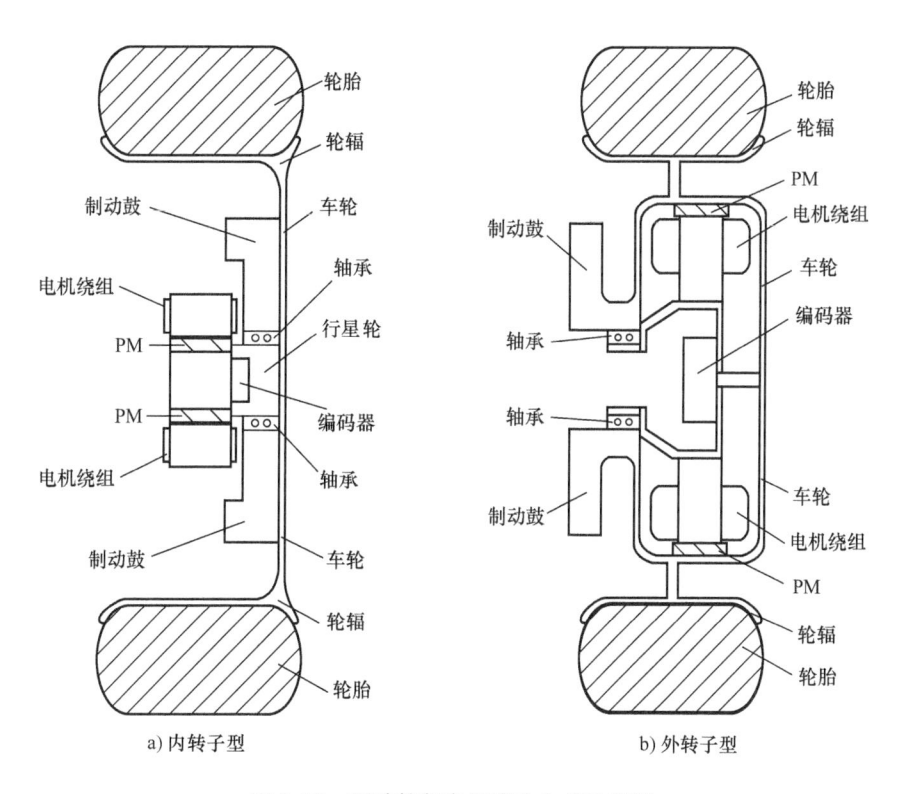

a）内转子型　　　　　　　　　b）外转子型

图 2-22　两种轮毂电机驱动方式示意图

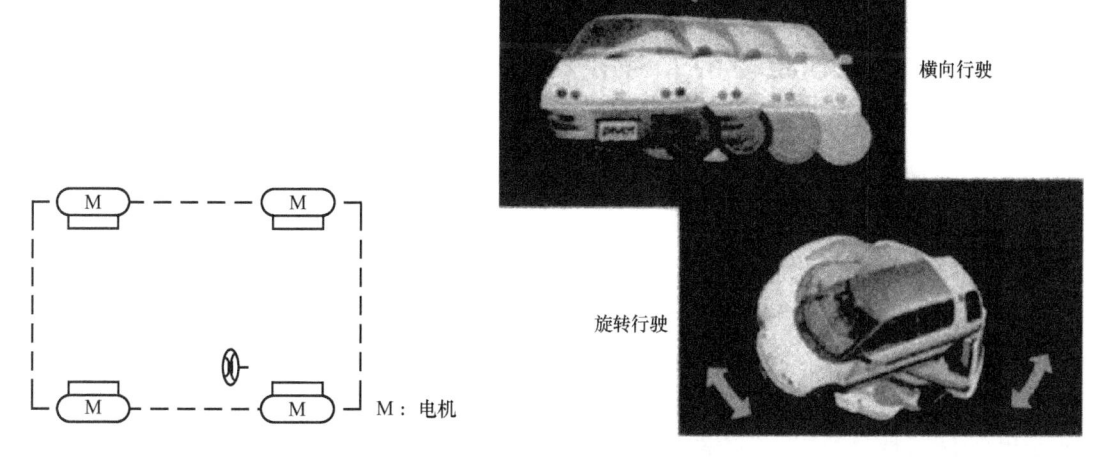

图 2-23　四轮毂电机驱动系统　　M：电机

图 2-24　横向行驶和旋转行驶示意图（YONDEN PIVOT 车型）

3）轮毂电机的大型化较难，但是总功率依靠四台电机分担，可使每台电机的容量变得小一些。此外，因为没有动力传动装置，所以可以提高效率。如图 2-25 所示，为了在公共交通工具中广泛使用，大型客车正向无踏板的低地板化方向发展。在保留通常的差速器的情况下，大幅度降低车地板是相当困难的。相反，采用没有贯通轴的轮毂电机则比较容易实现。

4）低速大转矩电机体积大又昂贵，因此近年来出现了减速器内置的轮毂电机。但同时也有人提出，随着非簧载质量增大等原因，其操作性、乘坐舒适性等性能有所下降，且轮毂电机价格昂贵。但是，这些问题与之成为未来汽车理想的动力传动方式并不相悖。

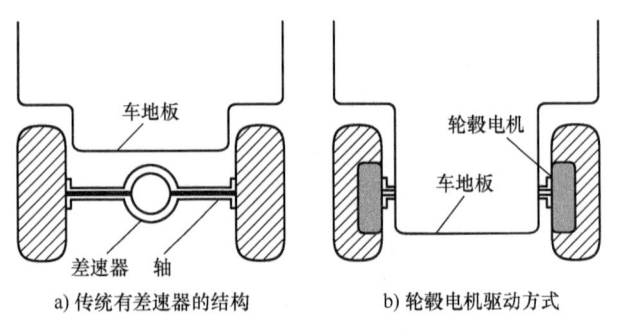

a) 传统有差速器的结构　　b) 轮毂电机驱动方式

图 2-25　低车地板轴

2.2.3　电源系统的结构及工作原理

作为纯电动汽车的能量来源，动力电池组承担着为驱动电机以及为汽车辅助系统供能的作用。而作为动力电池组与外界进行接触的媒介，动力电池箱承担了对动力电池的能量传导、安全防护、性能维护的任务，对动力电池组性能的充分发挥起到了越来越重要的作用。

1. 动力电池组的设计及整车集成技术所涵盖的内容

（1）电池选型　电池材料与结构形式的设计，兼顾电池输出功率、电池容量、电池寿命与安全性。

（2）结构　结构设计和优化，以满足图纸化制造的需求。

（3）热管理　提高热管理效率的设计。

（4）电气构成　传感器的选择，安全系统的设计，高、低压电气元器件的选择和设计。

（5）控制系统　SOC 算法的开发，电池管理系统的设计和开发，整车控制策略的开发和优化。

（6）制造　材料的选择和成本的降低。

（7）集成技术　整车集成，冷却开发，车辆性能和动力经济性的优化调节。

2. 电子产品和电池管理系统设计内容

1）概念的界定和规范发展。

2）电子电路板的设计与开发。

3）SOC/SOH 算法。

4）电池控制功能。

5）故障模式影响分析和危险性分析。

6）诊断和预测，包括模拟故障响应评估的硬件在环仿真。

动力电池应用技术随着电动汽车技术的发展，逐步从简单的电池单体串并联实现高压、大容量电池组发展到模块化封装、集成化应用阶段。例如，为了满足奥运会的需要，BK6122EV 型纯电动大客车在前期动力电池封装技术的基础上，主要针对快速更换电池方式，同时兼顾电池模块化封装，进行功能完善和细化、优化设计，成功研制出了支持快速更换的动力电池箱,并成功应用到奥运电动客车上。

图 2-26 所示为锰酸锂动力电池箱内部结构。多块动力电池单体组合以满足所需要的电流和电压,同时通过动力电池组管理模块来监视电池组的各种工作状态。

其动力电池组的布置形式如图 2-27 所示。镍氢电池能比其他电池更好地保存能量,寿命可达到 600 次循环。在发生错误的过充电或过放电时有良好的"容错"能力,并且可以与不同型号的电池兼容。快速充电性能良好,能够控制在最理想的条件下进行充电。镍氢电池报废后可被安全回收。动力电池组用丁字形支架稳固地安装在车架上,保证了其安装的稳定性。丁字形支架可以从车辆后部抽出,便于动力电池组的安装和维修。

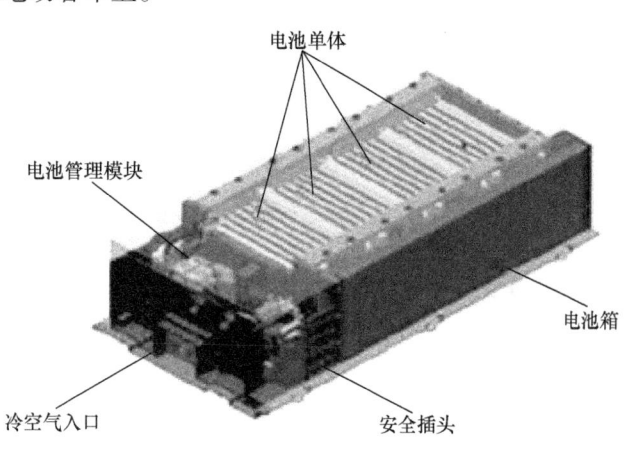

图 2-26 锰酸锂动力电池箱结构

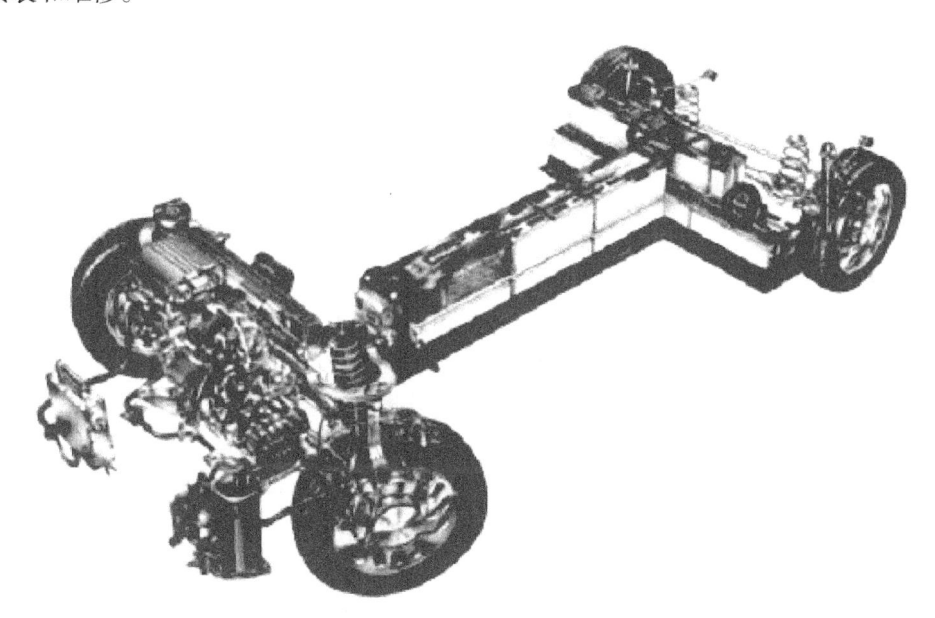

图 2-27 通用 EV-1 纯电动汽车动力电池组的布置形式

在 EV-1 纯电动汽车中,动力电池系统采用动力电池组管理模块对动力电池组进行管理。动力电池组除主要向驱动系统提供电能外,还要向转向系统的电动油泵、空调系统的压缩机和风扇等提供动力电源。动力电池组管理模块能够检测到动力电缆的松动和逆变器盖的松动,在 25ms 内做出反应,用自动/手动断路器装置立即切断各个关键系统的电源,以保证整车高压电系统的安全性。丰田和本田公司使用的镍氢动力电池如图 2-28 所示。

动力电池组管理模块的分流器模块检测动力电池组的电流,控制动力电池组充电、放电

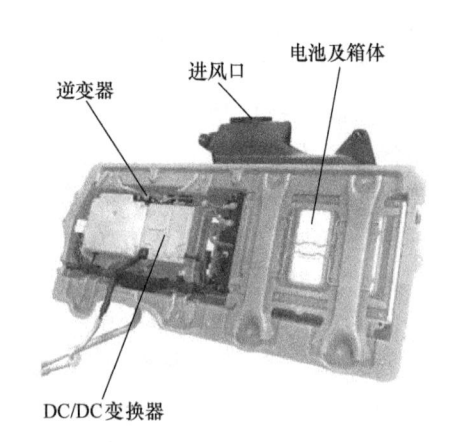

图 2-28　丰田和本田公司使用的镍氢动力电池

的全过程。动力电池组热管理系统和冷却通风系统模块，对动力电池组进行热管理，对电线保护套松动、动力电池组的电压和温度进行测量和控制，保证车载电源系统能够正常运行，以优化动力电池组的性能，延长使用寿命。自我检测和自我保护系统模块，将动力电池组技术状况的信息实时反馈到整车控制器中，并由整车控制器做出相应的处理。

如今的纯电动汽车大多使用锂离子电池作为整车动力的来源。锂离子电池的能量密度远高于铅酸电池和镍氢电池等传统电池，充放电循环寿命也更长，可以更好地满足纯电动汽车对续驶里程和产品寿命的需求。比亚迪汽车公司生产的纯电动汽车采用磷酸铁锂电池为车辆提供高压电力。相比采用镍钴锰作为正极材料的三元锂电池，磷酸铁锂电池活性稍低，但安全性与循环寿命均优于三元锂电池。磷酸铁锂电池在遭受针刺等外力作用时不易出现起火冒烟等危险失控现象，有助于在车辆遭受碰撞时保护乘员的安全。磷酸铁锂电池的质量能量密度为 $160\sim200W\cdot h/kg$，放电功率密度可超过 $1kW/kg$。该类电池在经过 3000 次充放电循环后仍然可以保持 80% 以上的电池容量，在闲置状态下每月仅损失 $1\%\sim3\%$ 的电量，拥有较长的循环寿命与日历寿命。

比亚迪汽车公司通过叠片工艺，将单节磷酸铁锂电池制作成具有较大长宽比的方形电芯，即所谓的"刀片电池"（图 2-29）。刀片电池的方形形状有助于动力电池组的紧密排布。比亚迪汽车公司研发的动力电池包取消了电池模组设计，将若干刀片电池紧密排布在一起，对电池包空间的利用率可以达到 77%。因此，采用刀片电池的动力电池包拥有较高的整包质量能量密度，整包可放出的电量较大，一次充电获得的续驶里程可以达到 1000km。在电池热管理方面，该电池包使用一体冲压冷板覆盖动力电池组下表面，冷板液道中可通入制冷剂，通过制冷剂相变过程中的吸热或放热完成对动力电池组的高效冷却或加热。在热管理系统的帮助下，该动力电池包可支持 230kW 的充电功率与 430kW 的瞬时放电功率，有利于纯电动汽车的快速充电与短时间快速加速。

为监测动力电池包（图 2-30）的状态，在其内设置有电池信息采样模块。电池信息采样模块实时收集动力电池的电压、输出电流与温度等信息，并通过 CAN 报文将这些信息交由电池管理系统处理。在预先标定好的各类参数的帮助下，电池管理系统利用这些信息计算动力电池包的当前容量、健康状态与实时功率等信息，并根据控制算法做出相应的反应。例如，当监测到动力电池组出现较明显的容量不均衡问题时，通过调整与电池并联的电阻阻值来实现容量均衡过程,避免因单体电池电压过低而影响整个动力电池包的可用容量。

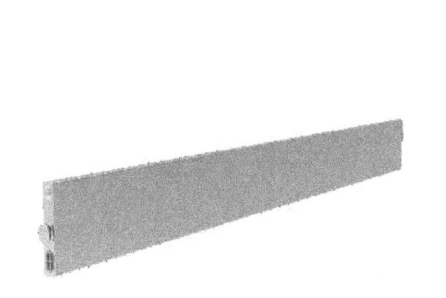

图 2-29　刀片电池

图 2-30　比亚迪汽车公司的动力电池包

2.3　典型的纯电动汽车结构

2.3.1　改装式的纯电动汽车(福特公司纯电动汽车福克斯)

2009 年 6 月 24 日,由福特汽车公司推出的福克斯纯电动汽车在英国展出。该车型是为了满足英国政府关于低碳环保型的需求而对传统福克斯车型进行纯电动改造后推出的。

在 Scottish and Southern Energy 公司的支持下,首批福特福克斯纯电动汽车率先被两家能源公司购进使用和评估。从 2010 年开始,相关公司和大学在试点建立了相应的充电基础设施。随着试点车辆数目的增加,这款纯电动汽车带来的环保效益日渐显露出来。

基于 Tourneo Custom 概念车和纯电动汽车技术,福特福克斯纯电动汽车选用了最新技术水平的动力电池组——一款 23kW·h 的磷酸铁锂电池组,同时由一台最大 90kW、245N·m 的永磁电机搭配单速变速器。这套动力系统可以使该车获得最大 160km 的续驶里程和最高 136km/h 的车速。在 120V 电压下,它的满电充电时间需要 18~20h,而 240V 的电源则仅需充电 3~4h。除了先进的驱动系统,福克斯电动汽车还拥有能量再生制动系统、与汽车互联的手机 App 等先进技术。

独特的远程控制功能也值得一提,用户智能手机上下载控制程序之后就可以随时对车辆进行远程控制:可以通过手机直接查看汽车的充电状态和电容量、充电完成自动提醒;可以直接下载车辆的工作状态,然后远程发送给福特公司,从而判断车辆的故障问题;此外,还可以远程起动和解锁车辆,或者通过 GPS 定位车辆。

福特福克斯纯电动汽车的结构如图 2-31 所示。

(1) 电机控制器及转换装置　电机控制器监视电机的位置、速度、功率和温度等参数,利用这些信息和由驾驶人发出的加速踏板命令,电机控制器和逆变器将电池提供的直流电压转换成 3 个用于精确定时驱动的电机信号以完成对驱动电机的控制。

(2) 高压空调压缩机　高压空调系统是专为纯电动和混合动力汽车而设计应用的,其能量直接从主电池获取。压缩机中需要包含逆变器相关设备。

(3) 电控水冷管路　电控水冷管路为驱动电机、变换器和空调器进行冷却。

图 2-31 福特福克斯纯电动汽车的结构

1—电机控制器及转换装置　2—高压空调压缩机　3—电控水冷管路
4—驱动电机　5—电动助力转向装置　6—变速器　7—模块化动力总成悬架
8—电控真空泵　9—高压制冷/加热装置及控制器　10—整车控制单元
11—电池箱　12—交流充电器　13—DC/DC 变换器

（4）驱动电机　驱动电机承担着将电能和机械能互相转换的作用。同时，相比同样功率的内燃机，电动机的效率要高 3 倍，可以有效减少能量损失和热量的产生。

（5）电动助力转向装置　是从汽油机版本福克斯继承下来的电动助力转向装置。

（6）变速器　电动汽车的变速器传动装置与传统车辆中的传动装置作用相同，但是由于电机不同的高转速特性和高效率及低噪声要求，在对电动汽车的变速器传动装置进行设计时，需要考虑不同的重点。一般电动汽车变速器传动装置是一级变速单元，具有约为 5.4:1 的减速比。

（7）模块化动力总成悬架　相当于传统车辆的发动机舱，将电动汽车各种子系统组建集成起来，并实现与车身的隔离。

（8）电控真空泵　真空泵向制动系统提供真空环境以对动力总成实现辅助。

（9）高压制冷/加热装置及控制器　纯电动汽车和混合动力汽车对所使用的加热系统进行了特殊设计，使用了能量效率 PTC 技术对冷却剂加热并在加热系统中进行循环。

（10）整车控制单元（VCU）　VCU 将驾驶人及车内各个独立的系统与监视器进行连接，同时根据汽车总成系统提供的各种参数对整车进行控制。VCU 还可以将电动汽车中不同的有效能量源和向车轮传送的机械动力进行管理。

（11）电池箱和电池单体　整个电池箱由处于后排座椅后面和下面的两个电池模块组成，并包含有电池管理系统（BMS），对单体电池的温度和电荷状态进行管理。

（12）交流充电器　交流充电器用于将来自电网的电力能源转换为动力电池所需要的直流电，这样就能在约 6h 的时间内完成对动力电池的全状态充电。

（13）DC/DC 变换器　DC/DC 变换器可以使电动汽车的动力电池为车身电气用电池提供 12V 的电压。

福特公司纯电动汽车福克斯实物、前机舱布置及底盘结构如图 2-32 所示。

a) 整车实物

b) 前机舱布置 c) 底盘结构

图 2-32 纯电动汽车福克斯

2.3.2 完全开发的纯电动汽车

1. 通用 EV1/EV2 系列纯电动汽车

通用 EV1 纯电动汽车是通用汽车公司于 1996—1999 年间生产及改进的纯电动车型,是通用汽车公司开展纯电动汽车研发与制造的开山之作。EV1 纯电动汽车属于完全开发型的纯电动汽车,不是对现有车辆的转换,也没有与其他车型共享车型,这有助于其开发和生产适当的动力传动系统。

通用汽车公司于 1999—2003 年推出第二代 EV2,主要改进包括降低生产成本,使车辆运行更安静,大大减轻重量,应用了镍金属氢化物(NiMH)电池,其容量为 77A·h,额定电压为 343V。装配有镍氢电池的车辆续驶里程为 161～225km (100～140mile)。

(1) 整车技术和设计 EV1 纯电动汽车不仅用于展示电驱动系统,而且还担任了技术首演的任务,后来开发的纯电动汽车大多采用了同样的模型和概念。该车是最早利用铝框架结构生产的汽车,其车身面板由塑料制成,而不是金属,使汽车质量很轻。无钥匙进入和点火系统、自动胎压监测系统、电动助力转向、可加热车窗玻璃、可编程的空调系统等先进技术投入应用。

为了提高效率,EV1 纯电动汽车具有非常低的风阻系数(c_d)和迎风面积(A),分别为 0.19 和 0.36m^2。超轻型镁合金轮毂和座椅能有效降低整车质量,米其林开发的自封闭、低滚动阻力轮胎的应用也符合 EV1 高能量效率的设计特点。其结构如图 2-33 所示。

(2) 传动系统 这款车使用的三相交流异步电机可以在 7000r/min 时产生 102kW (137hp) 的功率。与内燃机驱动的汽车不同,EV1 纯电动车有提供充足转矩功率频带的能

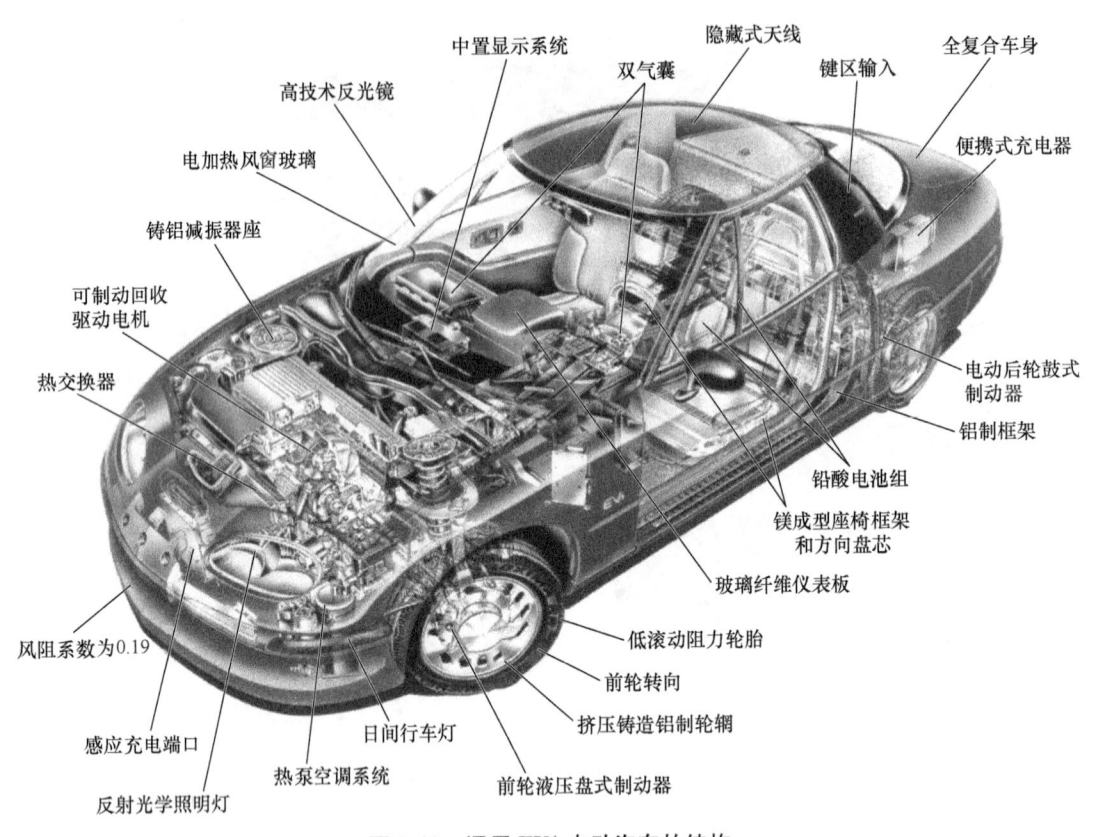

图 2-33 通用 EV1 电动汽车的结构

力,可以在 0~7000r/min 的任何转速下产生 149N·m 的转矩,并通过单级减速装置将动力传输到前轮。

(3) 动力电池　通用汽车公司 1996 年发布的 EV1 纯电动汽车使用铅酸电池,质量为 1400kg (3086lbf)。第二代汽车于 1999 年发布,采用了由松下公司提供的一批新的铅酸电池,具有 60A·h 的电量,并可提供 312V 的电压,有效增加了 EV1 电动汽车的行驶里程,达到 120~160km (75~100mile)。不久后,第二代汽车(EV2)推出,使用了基于镍金属氢化物(NiMH)的"Ovonic"电池组,从而使得 EV2 电动汽车的整备质量降至 1319kg (2908lb)。"Ovonic"镍氢电池组的总电量为 77A·h,可以在 343V 的给定电压下放电,使续驶里程增至 120~240km (75~150mile),超过原来的 2 倍。

"Ovonic"镍氢电池组完全充满电需要约 8h,80% 的容量可以在 1~3h 达到。松下公司提供的铅酸电池组包括 26 个 12V、60A·h 的铅酸电池单体,每个单体有 67.4MJ 的能量 (18.7kW·h)。在镍氢电池包中则为 26 个 13.2V、77A·h 的电池单体,每个单体有 95.1MJ 的能量 (26.4kW·h)。

2. 本田 EV-plus 纯电动汽车

1996 年 4 月,本田公司 Honda EV-plus 纯电动汽车面世,并开始进行道路试验。1997 年 9 月,本田公司开始在日本主要城市的本田销售公司出租装备数据记录器的 EV-plus 纯电动汽车,租期为 36 个月。EV-plus 车型专门针对电动汽车开发了全新车身,能满足美国和日本的安全法规。该车使用的是高性能镍氢蓄电池,充电一次可行驶 210~350km,最高车速可达130km/h。

本田EV-plus纯电动汽车的结构视图如图2-34所示，其局部结构图如图2-35所示。该车只制造了300辆左右，在1999年停止生产，以便本田进行混合动力电动汽车如本田Insight的研发和制造工作。本田汽车公司研发EV-plus车型的原因之一是为了在电动汽车领域赶上通用汽车公司的EV1纯电动汽车。

图2-34 本田EV-plus纯电动汽车的结构视图

EV-plus纯电动汽车使用的电力冷却系统复杂的水冷管路如图2-35所示。

a) 充电接口　　　　　　　　　　b) 电池箱

图2-35 本田EV-plus纯电动汽车局部结构图

与其他使用空冷系统的汽车不同，EV-plus纯电动汽车使用一个中央水冷系统对电机、电机控制器、变换器和逆变器等部件进行集中冷却。驱动电机使用一个单独的冷却水套，同时在电机控制器上也有一个独立的冷却水套以达到最优的冷却效果。一个电动水泵驱动冷却液不断循环，同时根据需求安装有专门设备对冷却液的温度及流动状况进行实时监测。EV-plus纯电动汽车动力舱内实物图如图2-36所示。

EV-plus纯电动汽车拥有两种不同的驾驶模式：常规模式和经济模式。在常规模式下，整车具有良好的行驶性能；在经济模式下，动力性能会下降很多，以便于保证最佳续驶

图 2-36 EV-plus 纯电动汽车动力舱内实物图

里程。与其他几乎所有车辆相同，驾驶风格的不同对车辆行驶里程的影响很大。急加速、高速行驶和频繁起停会降低续驶里程。经济模式下的驾驶可以使 EV-plus 纯电动汽车获得 130～180km（80～110mile）的最大续驶里程。

EV-plus 纯电动汽车参数如下：
1）前/后轮距：1.50m/1.49m（59.1in/58.7in）。
2）传动系统：前轮驱动。
3）乘客数：4 位。
4）电压：288V。
5）电机：直流无刷。
6）功率：49kW（66hp）。
7）电池：12V 镍氢电池模块。
8）充电时间：6～8h。
9）加速性能：4.9s（0～48km/h）。
10）最大速度：130km/h（80mile/h）。
11）续驶里程：100mile，即 160km（80% 放电）。

3. 奥运纯电动大客车

（1）整车概述　BK6122EV 型纯电动客车（图 2-37）的整车动力性、可靠性、安全性、能耗经济性均较好，具有完全的自主知识产权；BK6122EV 型纯电动客车整车造型设计独特，内饰美观高雅，舒适性高，采用专用电动化低地板底盘，整车达到发动机客车超二级相关要求，并解决了与无轨电车电网兼容的电-电混合的关键技术；该车在国际上首次使用先进的锂离子动力电池组、分散式充电快速更换方案、无离合器 3 档机械自动变速电驱动系统、电动涡旋式一体化冷暖空调器等具有自主知识产权的关键部件，综合技术水平和产品化程度高，整车能耗低。

图 2-37 BK6122EV 型纯电动客车的外形

（2）整车布置　BK6122EV 型纯电动客车采用动力装置后置、后轮驱动形式。动力电池组全部放置在车的下部，车内全部采用双排座椅，冷暖一体化空调器放置在车顶前部，电机控制器等高压部件放置在后舱。整车具有合理的轴荷分配和良好的操纵稳定性。其整车布置形式如图 2-38 所示。

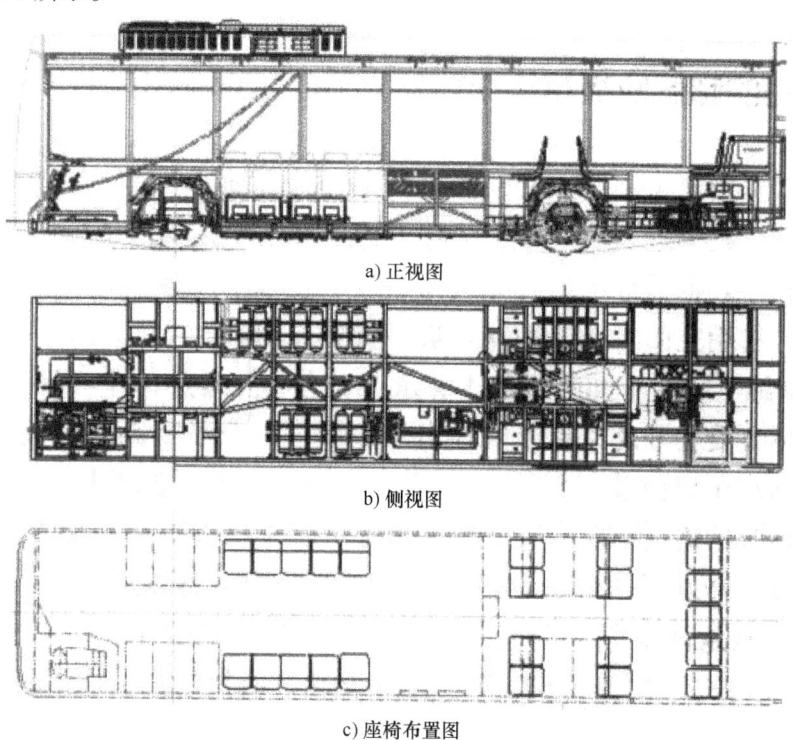

a) 正视图

b) 侧视图

c) 座椅布置图

图 2-38　BK6122EV 型纯电动客车整车布置形式

(3) 整车技术方案（图 2-39）

1) 先进的超低地板结构。低地板公交客车由于采用了方便残疾人的一级踏步设计方案，是国外发达国家的主流高端城市公交车型。我国近 5 年才研发成功内燃机车型专用的低地板底盘，并在此基础上开发出了低地板整车。但低地板结构方式给整车布置带来了困难，对于纯电动客车来说，由于电池组数量多，占用空间大，采用低地板布置更加困难。BK6122EV 型纯电动客车同时服务于北京奥运会和残奥会的中心区，低地板结构是必然选择，也是国际奥委会和北京奥组委提出的要求。围绕整车高效节能的要求和奥运需求，设计时彻底摒弃了纯电动汽车以改装设计为主的传统思路，开发了低地板公交车专用电动化底盘，解决了动力系统的集成与匹配、整车轻量化、结构和高电压安全、二次绝缘、电磁兼容等核心技术困难，开发了国际上首创的电动低地板公交客车，乘客门一级踏步高度为 370mm，车厢地板离地高度为 390mm。该车可参照的技术指标达到了建设部 CJ/T 162—2002 《城市客车分等级技术要求与配置》标准中最高级别——大型客车超二级标准要求，研制的两种基本车型和两种扩展车型通过了国家产品定型试验，并获取了国家汽车产品公告。

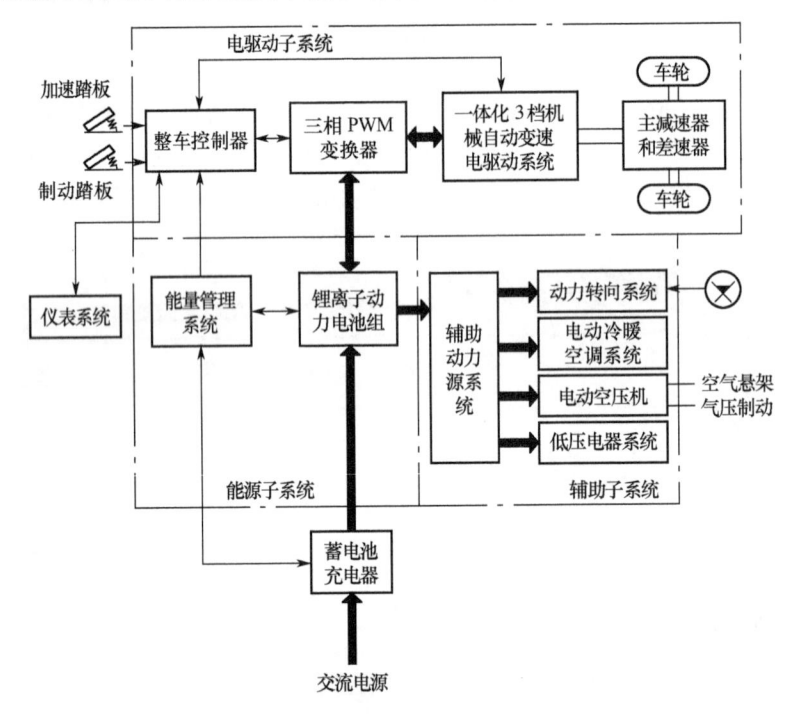

图 2-39　BK6122EV 型纯电动客车的整车技术方案

2) 先进的能量源和动力驱动系统。锂离子动力电池工作电压高（单体达到 3.6V），能量密度高，具有放电电压平台好、循环寿命长、无污染、无记忆效应等优点，是最有发展前景的动力电池类型。随着锂离子动力电池技术的飞速发展，美国、日本和欧洲发达国家等地区已经将电动汽车动力电池从镍氢电池转向锂离子动力电池。但是到目前为止，国外的电动客车基本使用铅酸电池或镍镉电池作为能量源，锂离子动力电池在电动汽车上大规模的应用还没有其他先例。BK6122EV 型纯电动客车是世界上锂离子动力电池第一次大规模的应用（图 2-40），同时为了保证奥运期间 24h 不间断运行，采用了集中充电、快速更换电池的运行方案。为此开发了新型标准化动力电池箱，它具有防水、防尘、防火的功能，支持快速更换；同时开发了手动和自动快速更换装置，建设了充电站。

图 2-40　BK6122EV 型纯电动客车动力电池组

纯电动客车的能量完全来源于动力电池，能量利用效率的高低直接影响到电动客车的续驶里程和经济性。传统电动客车设计方法中多采用无变速器或者二档手动变速器设计，不能很好地保证整车的动力性和经济性。BK6122EV 型纯电动客车采用三相交流感应电机和多档机械自动变速器（AMT）组成的一体化电驱动系统（图 2-41）。整车控制器通过网络化信息系统进行智能监控，提高了整车的能量利用效率，使整车的动力性能和经济性能明显得到改善，可靠性和舒适性大大提高。

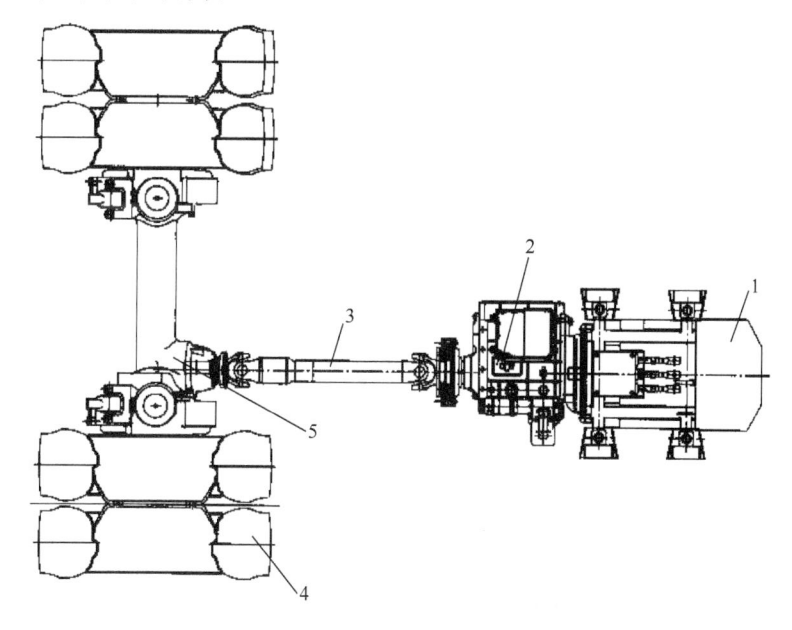

图 2-41　行驶系统简图
1—电机　2—自动变速器　3—传动轴　4—驱动轮　5—后桥

3) 兼容无轨电车的电-电混合方案。为了使 BK6122EV 型纯电动客车具有高技术和高水平，考虑到无轨电车线路、现有无轨弓网充电需求，以及锂离子动力电池可能存在的高成本问题，在纯电动公交车上预留无轨电车接口，并在电动客车底盘系统集成时完善兼容弓网供电方案，这样可以使其进一步升级成为新型电-电混合城市公交车方案（图2-42）。该方案能使现有的无轨电车向无网区域延伸，技术上向前大大跨越一步，并具有实用性。具体方案如下。

① 在车顶上预留无轨电车座圈结构基础，车顶预埋高压线路、低压控制线路和通信线路。

② 按照无轨电车的技术要求，整车高压部件和车身均要有二级绝缘。

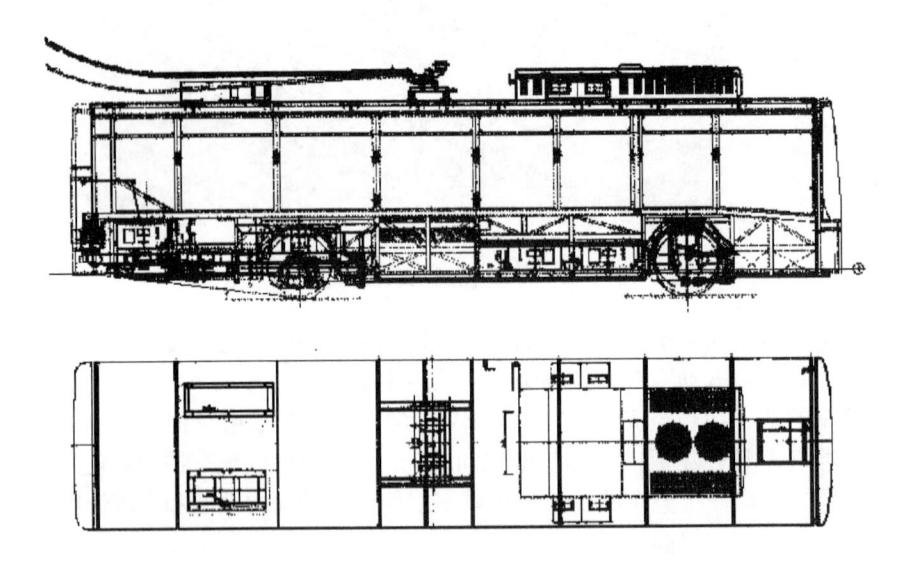

图 2-42 新型电-电混合城市公交车方案

③ 整车尺寸参数。

a) 外形尺寸（长×宽×高）：11850mm×2540mm×3300mm。

b) 轴距：5800mm。

c) 轮距（前/后）：2096mm/1836mm。

d) 前悬/后悬：2560mm/3490mm。

e) 接近角≥7°。

f) 离去角≥7°。

g) 最小离地间隙：152mm。

h) 乘客门一级踏步高度：370mm。

i) 车厢地板离地高度：390mm。

j) 车厢内最大宽度：2430mm。

k) 乘客座位数：22～32个。

④ 整车质量参数。

a) 整备质量：14500kg。

b）乘客数：50 人。

c）总质量：18000kg。

d）轴荷分配：空车时，前轴为 4500kg，后轴为 10000kg；满载时，前轴为 6500kg，后轴为 11500kg。

⑤ 整车主要性能参数如下。

a）最高车速≥80km/h。

b）0～50km/h 加速时间≤25s。

c）最大爬坡度（满载）≥20%。

d）制动距离（30km/h）＜9.5m。

e）续驶里程（40km/h 等速）：360A·h 电池组≥180km（标准型）；480A·h 电池组≥240km（扩展型）。

f）最小转弯直径：24m。

4. 比亚迪海豹 EV 纯电动汽车

海豹 EV 是比亚迪汽车公司于 2023 年 5 月推出的新一代纯电动乘用汽车。海豹 EV 基于比亚迪纯电专属平台 e 平台 3.0 开发，其上搭载了若干专用于纯电动汽车的新兴技术，在动力经济性、驾驶操纵性与乘员舒适性等方面都达到了较高的水平，同时拿到了 C-NCAP 中国五星安全认证（图 2-43）。

海豹 EV 的后置驱动电机为永磁同步电机，该电机通过单级减速器直接驱动后轴转动，峰值输出功率为 230kW，峰值输出转矩可达 360N·m，最大转速为 16000r/min，是海豹 EV 的主要驱动电机。该驱动电机克服了电磁力热声等多物理场耦合的困难，集成了电机、减速器、电机控制器、整车控制器、电池管理系统、充配电系统与各类电力电子变流器件等模块，同时担负电机驱动控制、制动能量回馈、直流/交流充配电与实时电池管理等任务。高度集成化的设计不仅减少了驱动电机等模块的制造成本与占用空间，也提升了驱动系统整体运行的效率，使得海豹 EV 的综合工况效率达到了 90% 以上。

图 2-43 海豹 EV

海豹 EV 四驱版本车型的前轴驱动电机为交流异步电机，峰值输出功率为 150kW，峰值输出转矩为 310N·m。海豹 EV 的前驱动电机同样采用集成化设计，将电机、减速器与电机控制器集成为一体，以降低制造成本，缩小占用空间，如图 2-44 所示。在车辆加速时，海豹 EV 的前驱动电机与后驱动电机同时输出功率转矩，使整车的 0→100km/h 加速时间可快至 3.9s 以内。海豹 EV 的前异步电机在空载状态下拖滞力较小，这使整车在匀速驾驶等工况下能保持较低的能耗。海豹 EV 四驱架构如图 2-45 所示。

海豹 EV 采用由磷酸铁锂刀片电池组装成的电池包作为整车动力的来源。该电池包的体积利用率高，质量能量密度高，整包电量可达 82.5kW·h，可以支持车辆在 CLTC 循环工况下行驶 700km。海豹 EV 同时支持交流电慢充与高压直流电快充，其中直流电快充的最大功率为 150kW，仅需 30min 便可给动力电池完成 0→80% SOC 的充电。

图 2-44 海豹 EV 后驱八合一

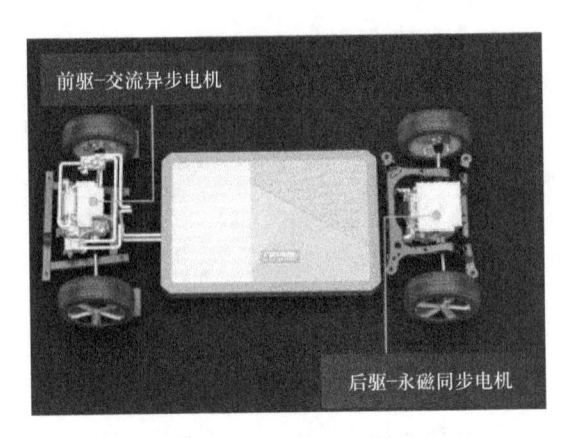

图 2-45 海豹 EV 四驱架构

该动力电池包采用电池车身一体化（Cell To Body，CTB）技术（图 2-46），将电池包与车身进行深度集成。为避免动力电池包打断车身的传力路径，海豹 EV 取消了车身正中的横梁，转而让动力电池包整体参与传力，使得车辆在遭受碰撞时传力更加均匀顺畅。在碰撞测试中，海豹 EV 的正碰、侧碰与侧柱碰性能相比未采用 CTB 技术的车辆均有明显提升，其中侧柱碰侵入量由 310mm 减少到 180mm，并且电池包未出现起火冒烟等热失控现象，有效保护了车辆乘员的安全。海豹 EV 的电池包上盖采用蜂窝铝板结构设计，同时将电池包上盖与车身地板集成为一体，形成地板-电池-托盘的整车"三明治"结构。该结构不仅在垂向上增加了车内乘员空间，同时让整车的扭转刚度达到甚至超过了 40000N·m/(°)。

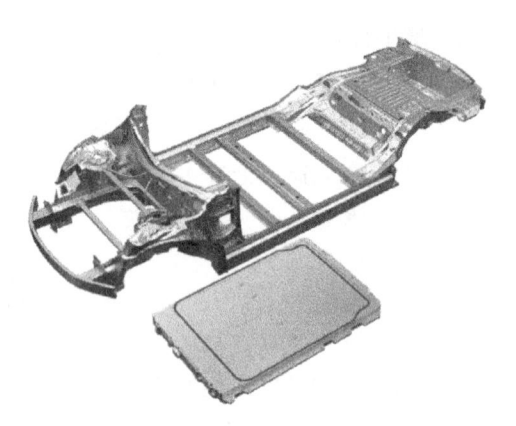

图 2-46 CTB 的结构

在热管理方面，海豹 EV 搭载了整车级别的高效宽温域热泵系统（图 2-47）。相较传统的电池包液冷方式，海豹 EV 整合了车辆的空调制冷系统与电池热管理系统，用通有制冷的冷板直接对电池包进行冷却，将电池包冷却效率提升了 20%。在低温环境下，制冷剂可在驱动电机附近吸收电机工作时产生的余热，在循环至电池包冷板处以及乘员舱时再放出热量，由此提升了整车热量的利用效率，使整车在低温环境下的续驶里程增加了 20%。该整车热泵系统的工作范围可至 -30~60℃，有效解决了动力电池在低温下功率降低以及高温下容易热失控的问题。

为适配不同的驾驶工况，海豹 EV 为驾驶人提供了四种驾驶模型。在运动模式下，车辆拥有更好的动力性能，可以为驾驶人带来接近跑车的驾驶体验。在经济模式下，车辆将会限制自身的动力性能，以降低行车能耗。标准模型的目的是为乘员提供较为舒适的驾驶体验。而在雪地等低附着路面上，驾驶人可以开启雪地模式，海豹 EV 将根据 iTAC 智能转矩分配算法精细控制驱动轮的输出转矩，避免车轮打滑情况的发生，从而提升整车的驾驶操纵性与安全性。

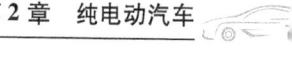

图 2-47 热泵系统

2.3.3 未来的纯电动汽车技术

1. KAZ 纯电动汽车

图 2-48 所示为由日本庆应大学环境情报系清水皓教授主持、东京 R&D "JZA" 和环境厅国立环境研究所共同参与开发的 KAZ 大型多用途纯电动汽车。

图 2-48 日本 KAZ 大型多用途纯电动汽车

该车可乘坐 8 人，装有 6 个车门、4 根车轴和 8 个车轮。每个车轮上都安装有 1 台功率为 55kW 的电机，车辆总功率达 440kW，采用 168 只 3.75V 高性能锂离子电池作为动力源。一次充电续驶里程为 300km，最高车速达 311.67km/h。卓越的加速性能和宽敞的空间是 KAZ 纯电动汽车的最大特点，同时较为成熟的轮毂电机技术也使得该车具有较好的操控性。另外，KAZ 纯电动汽车所使用的锂离子电池寿命较长，是整车较长使用年限的保证。其座舱布置及低地板设计如图 2-49 所示。

b) 平车底

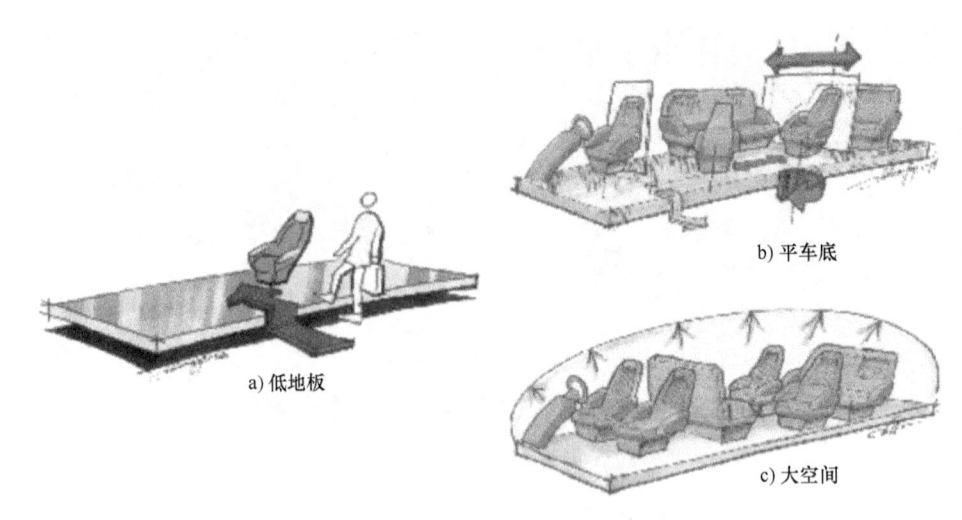

a) 低地板

c) 大空间

图 2-49　KAZ 纯电动汽车的座舱布置及低地板设计

KAZ 纯电动汽车总体开发理念如图 2-50 所示。它应用了 3 个创新技术，如图 2-51 所示，其中最重要的技术是高性能锂离子电池，具有高比能量和高比功率的特点；智能功率模块（IPM）的应用可以有效降低不必要的能量损耗，同时可以将逆变器的体积做得很小；钕铁硼稀土永磁电机实现了能量的高效率利用，同时可以提供很高的转矩和车速，结构尺寸紧凑。

a) 低地板设计　　　　b) 精细化现有组件技术　　　　c) 应用原创性技术

图 2-50　总体开发理念

锂离子电池　　　高效变换器　　　永磁电机

图 2-51　创新型部件设计

KAZ 纯电动汽车的结构分解图如图 2-52 所示。

2. 米其林轮毂电机

米其林研发的轮毂电机能够将电机和电子主动悬架都集成到轮内。其结构如图 2-53 所示，实物图如图 2-54 所示。

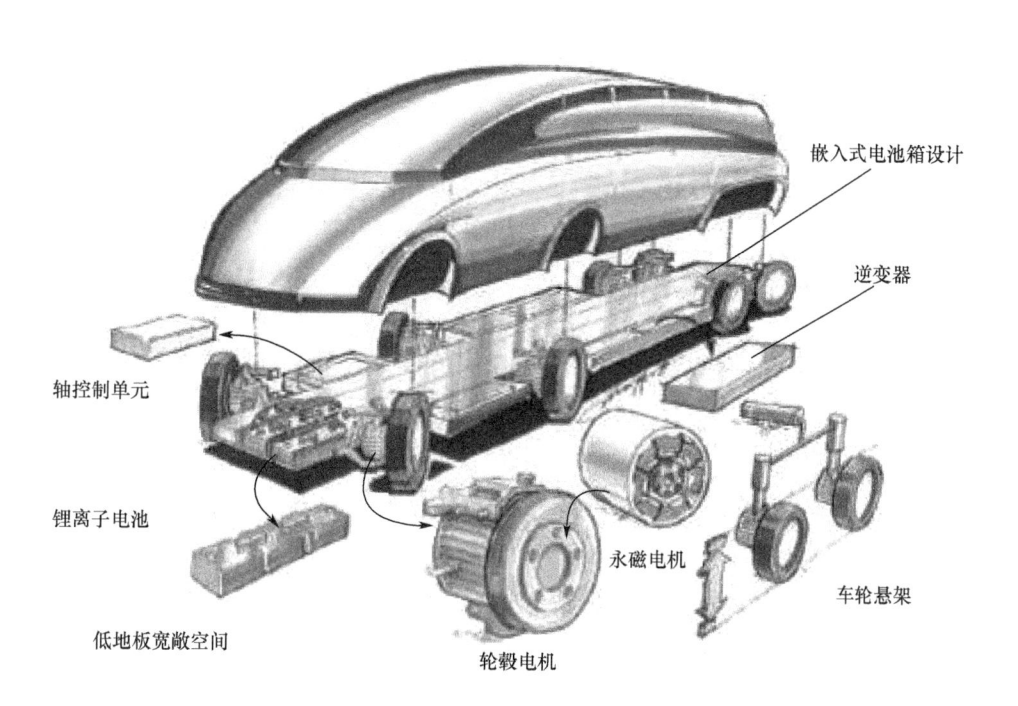

图 2-52 KAZ 纯电动汽车的结构分解图

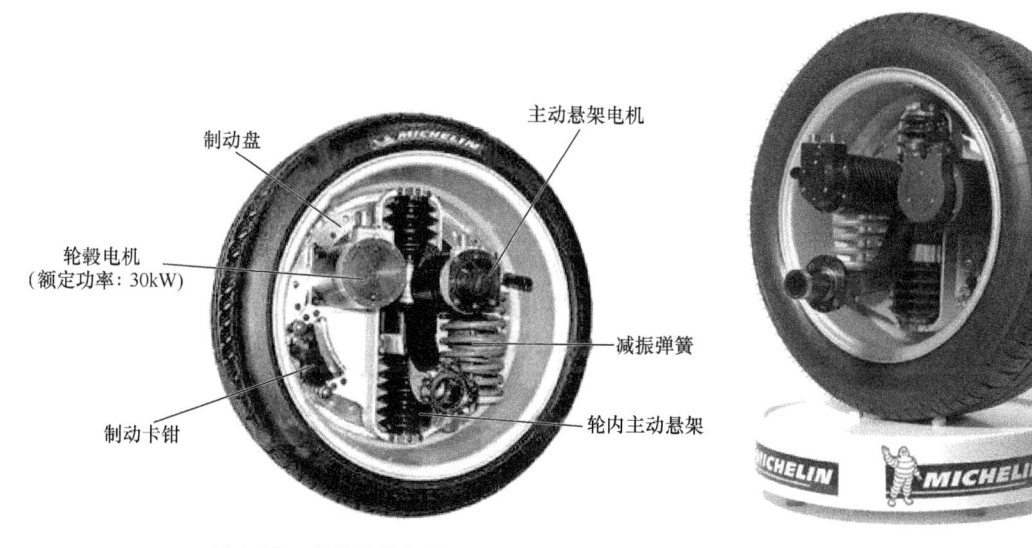

图 2-53 米其林轮毂电机结构　　图 2-54 米其林轮毂电机实物图

每个米其林轮毂电机的重量为 42kg，包括一个同样大小的 30kW 的驱动电机。该电机拥有一套完整的水冷系统并被连接到传统的起动机上。第二个电机通过齿轮齿条和小齿轮运行主动悬架，有效取代了传统的液压减振器。同时有一个螺旋弹簧来承担整车的静载荷，一个小的外转子盘式制动器进行制动。轮毂电机由一个单一的低控制臂式悬架连接到整车底盘上。

早期的原型 Hy-light（图 2-55）有四个轮毂电机，可以进行两轮驱动和四轮驱动的切换。两个前轮电机提供总共 60kW（82hp）的动力，峰值可达 120kW（163hp）。整车 0→

100km/h (0→62mile/h) 的加速时间在 10s 内，最大速度为 140km/h （87mile/h）。

图 2-55 米其林基于其轮毂电机开发的主动控制汽车底盘（Hy-light）

（1）米其林轮毂电机的优点

1）省略大量传动部件，让车辆结构更简单。

对于传统车辆来说，离合器、变速器、传动轴、差速器乃至分动器都是必不可少的，而这些部件不但质量不轻，而且使车辆的结构更为复杂，同时也存在需要定期维护和易发故障的问题。但是轮毂电机就很好地解决了这个问题。除了使结构更为简单之外，采用轮毂电机驱动的车辆可以获得更好的空间利用率，同时传动效率也有所提高。

2）可实现多种复杂的驱动方式。

轮毂电机具备单个车轮独立驱动的特性，因此无论是前驱、后驱还是四驱形式，它都可以比较轻松地实现。即便是全时四驱，在轮毂电机驱动的车辆上实现起来也非常容易。同时轮毂电机可以通过左右车轮的不同转速甚至反转实现类似履带式车辆的差动转向，大大减小了车辆的转弯半径，在特殊情况下几乎可以实现原地转向（不过此时对车辆转向机构和轮胎的磨损较大），这对于特种车辆很有价值。

3）便于采用多种新能源汽车技术。

采用轮毂电机可以匹配包括纯电动汽车、混合动力汽车和燃料电池电动汽车等多种新能源车型，轮毂电机可以和传统动力并联使用，这对于混合动力车型很有意义。

新能源汽车大多采用电驱动，因此轮毂电机驱动也就派上了大用场。无论是纯电动汽车还是燃料电池电动汽车，抑或是增程电动车，都可以用轮毂电机作为主要驱动装置；即便是混合动力汽车，也可以采用轮毂电机作为起步或者急加速时的助力装置，可谓一机多用。同时，新能源汽车的很多技术，如制动能量回收（即再生制动）技术，也可以很轻松地在轮毂电机驱动车型上得以实现。

（2）米其林轮毂电机的缺点

1）增大了簧下质量和轮毂的转动惯量，对车辆的操控性能有所影响。

对于普通民用车辆来说，常常用一些相对轻质的材料（如铝合金）来制作悬架的部件，以减轻簧下质量，提高悬架的响应速度。可是轮毂电机恰好较大幅度地增大了簧下质量，同时也增加了轮毂的转动惯量，这对于车辆的操控性能是不利的。不过考虑到电动汽车大多限于代步而非追求动力性能，这一点尚不是最大缺陷。

2）电制动性能有限，维持制动系统运行需要消耗不少电能。

现在已经有不少传统动力商用车装备了利用涡流制动原理（即电阻制动）的辅助减速设备，如很多货车所用的电动缓速器。而由于能源的关系，电动汽车采用电制动也是首选。不过对于轮毂电机驱动的车辆，轮毂电机系统的电制动容量较小，不能满足整车制动性能的要求，因此需要附加机械制动系统。但是对于普通电动乘用车，没有了传统内燃机带动的真空泵，就需要电动真空泵来提供制动助力，但也意味着更大的能量消耗。即便是再生制动能回收一些能量，但为了保证制动效能，制动系统消耗的能量也会影响电动汽车的续驶里程。此外，轮毂电机工作的环境恶劣，面临水、灰尘等多方面影响，在密封方面也有较高要求，同时在设计上也需要为轮毂电机单独考虑散热问题。

与电机集中动力驱动相比，轮毂电机技术具有很大的优势，它布局更为灵活，不需要复杂的机械传动系统，同时也有自己显著的不足。例如：密封和起步电流/转矩间的平衡关系，以及转向时驱动轮的差速问题等。如果能在工程上解决这些难题，则轮毂电机驱动技术将在未来的新能源汽车中拥有广阔的前景。

习 题

一、填空题

1. 在（　　　　　　　）的逐渐普及下，车身和底盘之间可以没有任何机械杆件和液压管路连接，这样的设计理念对整车的总体布置有很大帮助，可以很容易地实现纯电动汽车整车的模块化设计与制造。

2. 车辆进行制动时，驱动电机会工作在（　　　　　　　）状态，能量由（　　　　　　　）流向能量回收装置，如（　　　　　　　）、（　　　　　　　）、（　　　　　　　）等。

3. 纯电动汽车低压电气控制系统主要由（　　　　　　　）、（　　　　　　　）和（　　　　　　　）组成。

4. 动力电池组管理模块的分流器模块检测动力电池组的电流，控制动力电池组（　　　　　　　）、（　　　　　　　）的全过程。

5. 电池信息采样模块实时收集动力电池的（　　　　　　　）、（　　　　　　　）与（　　　　　　　）等信息，并通过 CAN 报文将这些信息交由电池管理系统处理。在预先标定好的各类参数的帮助下，电池管理系统利用这些信息计算动力电池包的（　　　　　　　）、（　　　　　　　）与（　　　　　　　）等信息，并根据控制算法做出相应的反应。

二、选择题

1. 纯电动汽车的电气控制系统低压电气系统采用直流（　　）电源。
  A. 12V 或 36V B. 12V 或 24V C. 24V 或 36V D. 36V 或 48V

2. 下列不属于纯电动汽车的电气控制系统的是（　　）。
   A. 低压电气子系统　　　　　　　B. 高压电气子系统
   C. 整车网络化控制子系统　　　　D. 信息子系统
3. 因为动力电池组输出的电流一般为直流，所以需要（　　）变换装置完成驱动电机的任务。
   A. AC/AC　　B. AC/DC　　C. DC/AC　　D. DC/DC
4. 镍氢电池能比其他电池更好地保存能量，寿命可达到（　　）次循环。
   A. 500　　B. 600　　C. 700　　D. 800
5. 磷酸铁锂电池在经过3000次充放电循环后仍然可以保持（　　）以上的电池容量。
   A. 60%　　B. 70%　　C. 80%　　D. 90%

三、判断题
1. 四轮毂电机即安装四轮独立控制的电机和逆变器的驱动系统。（　　）
2. 如今的纯电动汽车大多使用锂离子电池作为整车动力的来源。（　　）
3. 海豹 EV 采用由三元锂电池组装成的电池包作为整车动力的来源。（　　）

四、简答题
1. 依靠四轮毂电机驱动系统，可以实现哪些功能？
2. 动力电池组的设计及整车集成技术涵盖哪些内容？
3. 电子产品和电池管理系统设计包括哪些内容？
4. 纯电动汽车存在的关键技术有哪些？
5. 未来纯电动汽车的发展趋势是什么？

五、思考题
2024（第十八届）北京国际汽车展览会（下称"2024北京车展"）上，1500家参展商云集北京，117款新车全球首发，概念车41台，新能源车型278款。多款重磅新车联袂出击，电动化完成了全面覆盖、百花齐放，智能化、大模型成为所有车企瞄准的"爆点"。小米SU7、极氪007、上汽高端智能电动品牌智己L6、华为与北汽蓝谷联合打造的全新智选车型享界S9、比亚迪海豹06和秦L、问界新M5等正式发布或上市。

本次北京车展上，智能座舱和智能驾驶几乎成为各品牌新车型标配。代表汽车智能化实力的新技术与新产品层出不穷，AI大模型正在加速"上车"。多家车企和供应商发布端到端方案：小鹏汽车发布AI天玑系统；华为发布乾崑ADS智能汽车解决方案；商汤绝影面向量产的端到端自动驾驶解决方案UniAD完成上车演示首秀；极越07车型首发亮相，将搭载8295芯片和高阶智驾系统，以及百度智舱2.0大模型；极氪、理想、比亚迪等均已确定与相关企业合作，支持大模型部署。

想一想：
1. 纯电动汽车的动力电池技术发展经过了哪几个阶段？
2. 在各种温度条件下，纯电动汽车的续航焦虑可以通过哪些技术得以解决？
3. 大模型在纯电动汽车智能化领域的应用场景有哪些？

六、实践题：通过轮毂电机拆解和安装，分析轮毂电机结构的优点和缺点
目的：通过对米其林轮毂电机进行拆解和安装，认识轮毂电机的结构与传统集中式驱动

的差异，分析轮毂电机在车辆结构、驱动方式、应用潜力、车辆操纵性能、能耗等方面的优点或缺点。通过本实践项目，学生可以认识轮毂电机的结构和特性，提高分析和解决问题的能力。

背景说明：轮毂电机技术的发展和应用是简化车辆结构、提升空间利用率、提升驱动性能的重要途径。而囿于其簧下质量的增加，轮毂电机对车辆的操控性能存在负面影响，此外，电制动性能有限也会降低车辆的能耗经济性。因此，了解和分析轮毂电机的结构与特性对发挥技术优势、解决现存难题具有重要意义。

要求：

1. 学生须按照安全操作规范进行轮毂电机的拆解与安装。在拆解过程中，要仔细观察并记录电机的各部件组成、连接方式以及关键参数。在安装过程中，要确保各部件正确安装，紧固件拧紧力矩符合规定要求。

2. 学生在拆解与安装过程中，需结合所学知识分析轮毂电机的工作原理和性能特点。通过对电机的内部结构和组成部件的深入了解，为后续的学习和研究提供有力支持。

3. 学生在完成轮毂电机的拆解与安装后，须对实验结果进行总结和分析。通过对比轮毂电机结构与传统的集中式驱动结构，分析轮毂电机结构的优势与不足，并提出相应的改进措施。同时，学生还须撰写实验报告，详细记录实验过程、结果和体会，以便后续的学习和参考。

第 3 章

混合动力电动汽车

混合动力电动汽车并不是一个新概念。自 1881 年首辆纯电动汽车问世、1896 年内燃机汽车诞生以来，人们就在不断想办法提高汽车综合性能，1894 年出现了第一辆混合动力电动汽车，1905 年出现了第一个混合动力电动汽车专利（图 3-1）。该专利的目的在于通过一个电机为内燃机助力以获得更高的车速。混合动力电动汽车出现的原因在于当初单一的纯电动汽车（续驶里程短和动力电池性能差）、单一的内燃机汽车（内燃机功率小、使用不方便）均存在技术弱点。不过，随着内燃机技术的进步和汽车的流水线批量生产，混合动力电动汽车遭遇了与纯电动汽车相同的命运，逐渐没落，直至 20 世纪 90 年代，立足解决环境和能源问题的需要，才重新引起重视，并取得了明显的技术进步。

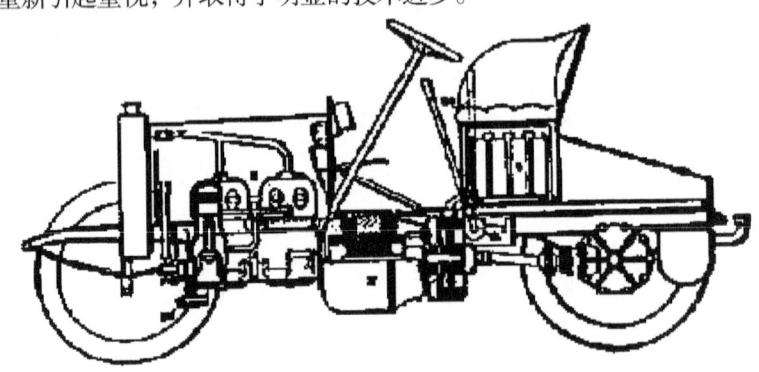

图 3-1　第一个混合动力电动汽车专利

从目前混合动力电动汽车已取得的研究成果来看，混合动力电动汽车已成为一股不可阻挡的力量，正在改变着汽车产品的结构和构成，取得了明显的节能效果，并逐渐走向实用化。

3.1　混合动力电动汽车的概念和类别

如图 3-2 所示，混合动力电动汽车具有油电混合、气电混合、电电混合等多种不同的形式。即使对应其中的一种混合形式，由于动力传动系统的组成不同，混合动力电动汽车仍存在多种不同的结构。在详细分析各种不同结构的定义、特点和工作原理之前，给出如下几个基本概念。

（1）动力传动系　这是汽车上用于存储、转化和传递能量并使汽车获得运动能力的所有部件的总称，具体包括车载能量源、动力装置、传动系和其他辅助系统四部分。

（2）车载能量源　这是在汽车动力传动系中，用于能量存储或进行能量初始转化以向动力装置直接供能的所有部件的总称，由能量直接存储装置或能量存储、调节和转化装置组成。例如，对传统内燃机汽车，车载能量源为油箱（能量直接存储）；对于燃料电池电动汽车，车载能量源由氢气罐/储氢金属（能量存储）和燃料电池堆（能量转化）两部分组成。

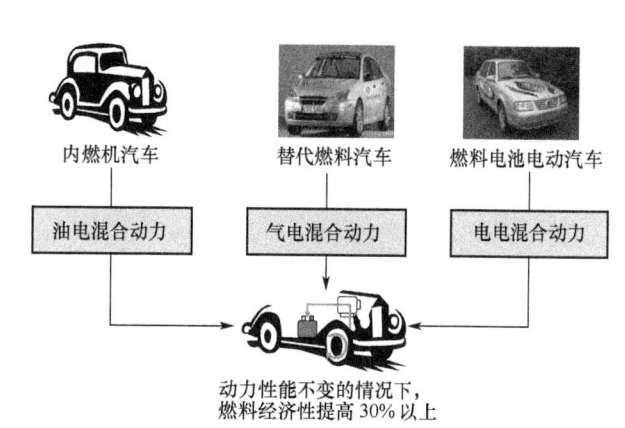

图 3-2　混合动力技术在汽车中的应用

（3）动力装置　这是在汽车动力传动系中，用于把其他形式的能量转化为机械动能（旋转动能）的装置，并直接作为传动系的输入，如常规汽车上的内燃机、纯电动汽车上的电机等。

（4）传动系　这是在汽车动力传动系中，用于调节和传递动力装置输出的动力，使之与汽车行驶时驱动轮处要求的理想动力达到较好匹配的所有部件的总称，具有减速、变速、倒车、中断动力、轮间差速和轴间差速等功能。传动系与动力装置配合工作，能保证汽车在各种工况条件下的正常行驶，并具有良好的动力性和经济性。传动系一般由离合器、变速器、万向传动装置、主减速器、差速器和半轴等组成。

（5）辅助系统　是指在汽车动力传动系中，用于从动力装置中获取动力，区别于直接驱动车辆，主要用于维持汽车良好的操控特性、舒适性等所有部件的总称，如转向助力系统、制动助力系统、空调系统（动力装置直接拖动）、辅助电气系统（12/24V 发电机系统）等。

基于上述给出的基本概念，汽车动力传动系可抽象为图 3-3 所示的简化模型。常规汽车和纯电动汽车中汽车动力传动系的基本组成见表 3-1。

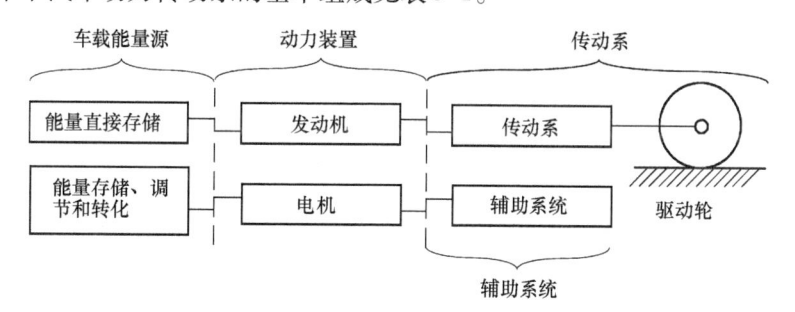

图 3-3　汽车动力传动系简化模型

表 3-1　汽车动力传动系的基本组成

组成要素	纯电动汽车	常规汽车
能量补给方式	从电网充电	从加油站加油
车载能量源	动力电池组	汽（柴）油箱
动力装置	电机	发动机
传动系	变速器等	离合器、变速器、传动轴、差速器等
辅助系统	车身电气、低压供电、整车控制、制动/空调/转向等	车身电气、低压供电、制动/空调/转向等

基于图 3-3 建立的汽车动力传动系的简化模型，对混合动力电动汽车的概念重新定义如下：混合动力汽车是指汽车动力传动系由两个或多个能同时运转的单个动力传动系联合组成的汽车。汽车的行驶功率依据实际的汽车行驶状态由单个动力传动系单独或多个动力传动系共同提供，如图 3-4 所示。若其中的一个动力传动系为纯电动汽车动力传动系，则该混合动力汽车为混合动力电动汽车。本章仅针对混合动力电动汽车展开分析。相比常规内燃机汽车和纯电动汽车，图 3-4 所示的混合动力汽车动力传动系增加了整车能量管理和综合控制系统，其主要作用在于以优化发动机的工作效率为目标，协调发动机和驱动电机之间的动力分配，同时进行动力电池组的电量管理。

图 3-4 混合动力汽车动力传动系组成

根据组成混合动力汽车的两个或多个能同时运转的单个动力传动系之间动力联合位置的不同，混合动力汽车还具有串联、并联和混联三种基本的类型。

3.1.1 串联混合动力汽车的概念

串联混合动力汽车是混合动力汽车的一种基本结构，其单个动力传动系间的联合是车载能量源环节的联合，即非直接用于驱动汽车的能量的联合，并同时向动力装置供能。典型的串联混合动力汽车动力传动系的组成如图 3-5 所示。

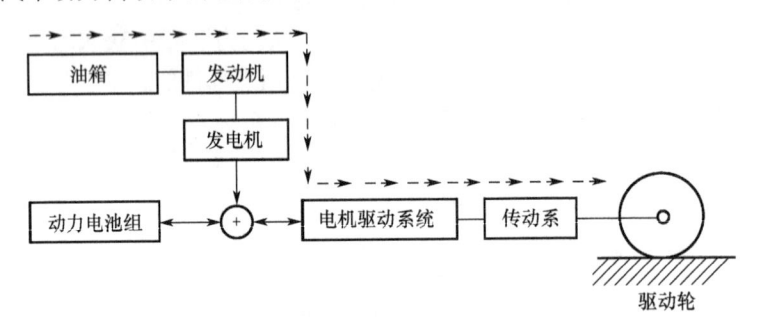

图 3-5 典型的串联混合动力汽车动力传动系的组成

串联混合动力汽车具有如下特点：
1）车载能量源环节的混合。
2）单一的动力装置。
3）车载能量源由两个以上的能量源联合组成。

对应图 3-5，油箱-发动机-发电机与动力电池组共同组成车载能量源，共同向驱动电机提供电能，驱动电机和传动系组成单一的电驱动系统。

串联混合动力汽车实现了车载能量源的多样化，可充分发挥各种能量源的优势，并通过适当的控制实现它们的最佳组合，满足汽车行驶的各种特殊要求。例如，采用发动机-发电机和动力电池组两种车载能量源的串联混合动力电动汽车既可满足汽车一定的零排放行驶里程，同时通过发动机-发电机的工作为动力电池组进行补充充电，延长了汽车的有效续驶里程，为实现纯电动汽车的实用化提供了解决方案。

3.1.2 并联混合动力汽车的概念

并联混合动力汽车是混合动力汽车的一种基本结构，其单个动力传动系间的联合是汽车动力或传动系环节的联合，通过对不同动力装置输出的驱动动能的联合或耦合，并经过相应的传动系输出到驱动轮，满足汽车的行驶要求。典型的并联混合动力汽车动力传动系如图3-6所示。

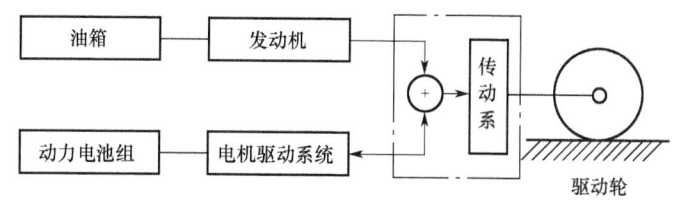

图3-6 典型的并联混合动力汽车动力传动系

并联混合动力汽车具有如下特点：
1) 机械动能的混合。
2) 具有两个或多个动力装置。
3) 每一个动力装置都有单独的车载能量源。

对应图3-6，发动机和电机驱动系统输出的机械动能经过动力耦合后输出到传动系驱动汽车行驶，发动机具有自己独立的车载能量源——油箱，电机驱动系统具有自己独立的车载能量源——动力电池组。

依据动力耦合方式的不同，并联混合动力汽车具有单轴联合式、双轴联合式和驱动力联合式三种布置方案，具体如图3-7所示。单轴联合式机械动力的耦合是在动力装置输出轴处完成的，传动系的输入为单轴。其结构示意如图3-7a所示，实际应用如图3-8所示。发动机的输出轴通过离合器与电机的转子轴直接相连，而动力电池组通过控制器的调节作用于电机定子，实现了发动机与电机输出转矩的叠加。单轴联合式实现了把不同动力装置的机械动

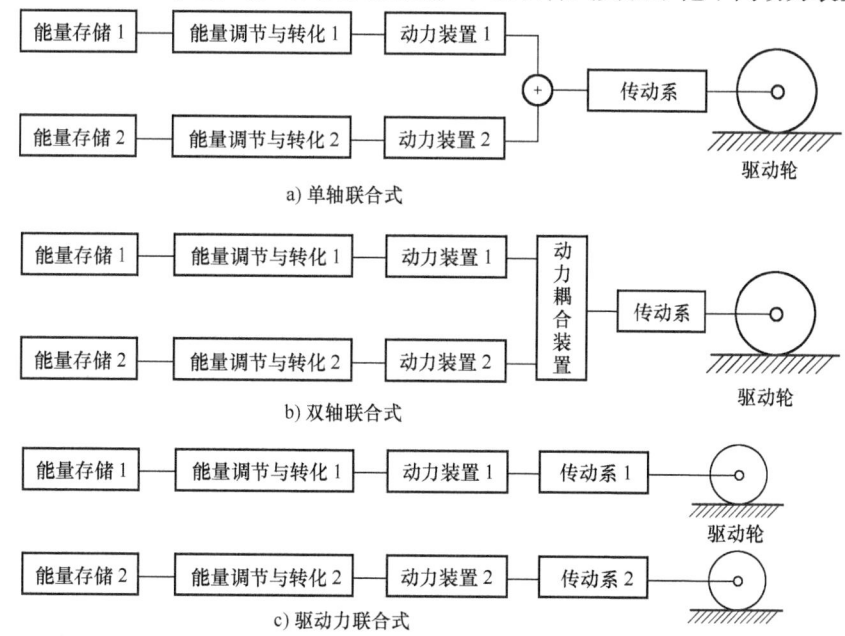

图3-7 并联混合动力汽车动力传动系的三种基本类型

力输出一体化，结构紧凑，但电机要经过特殊设计。

双轴联合式机械动力的耦合是在传动系的某个环节中完成的，通常称位于传动系中的这种耦合部件为动力耦合装置，它具有两个或多个输入轴，而输出轴仅有一根并直接与驱动轴相连，其结构示意如图3-7b所示。双轴联合式只是把不同动力装置的输出进行动力合成，因此系统元件可选用已有的现成产品，开发成本较低。

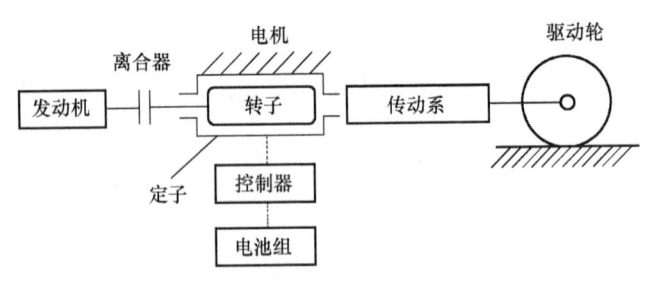

图 3-8 单轴联合式并联混合动力汽车实际应用举例

驱动力联合式机械动力的混合是在汽车驱动轮处通过路面实现的，其结构示意如图3-7c所示。因为具有两套独立的动力传动系直接驱动汽车，所以在充分利用地面附着力方面具有优势。通过合理的控制，该方式可大大改善汽车的动力性能，但系统组成比较庞大，控制复杂。

3.1.3 混联式混合动力汽车的概念

为优化动力传动系的综合效率，充分发挥汽车的节能、低排放潜力，在实际应用中，混合动力电动汽车动力传动系并非单纯是简单的串联式结构或并联式结构，而是由串联式结构和并联式结构复合组成的串并联综合式结构，即所谓的混联式结构。典型的混联式混合动力电动汽车动力传动系如图3-9所示。

在图3-9中，混联式混合动力电动汽车动力传动系中具有两个电机系统，即发电机和电机驱动系统，兼备了串联混合动力车载能量源的混合以及并联混合动力机械动能的混合。在实际应用中主要有两种方案：开关式和功率分流式，分别如图3-10和图3-11所示。

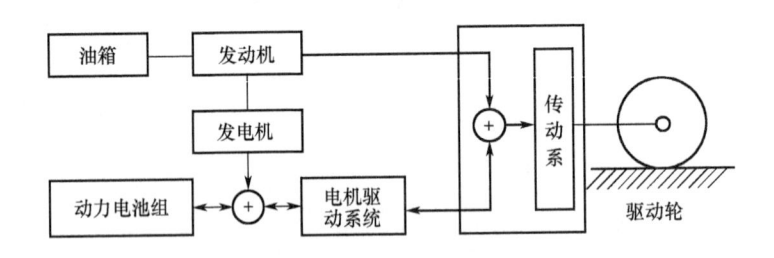

图 3-9 典型的混联式混合动力电动汽车动力传动系

在图3-10中，离合器起到了串联结构和并联结构的切换作用。若离合器打开，则该混合动力传动系即为简单的串联式结构；若离合器接合且发电机不工作，则该混合动力传动系即为简单的并联式结构；若离合器接合且发电机工作于发电模式，则该混合动力传动系即为复杂的混联式结构。

在图3-11中，巧妙地利用了行星轮系功率分流以及3个自由度的特点，发动机、发电机以及驱动轴分别与行星轮系的3个轴相连。在正常工作时，发动机的输出动力自动分流为两部分：一部分直接输出到驱动轴，与电机驱动系统输出的动力联合组成并联式结构；一部分输出到发电机，发电机发出的电能与动力电池组组成串联式结构。

a) 结构示意图

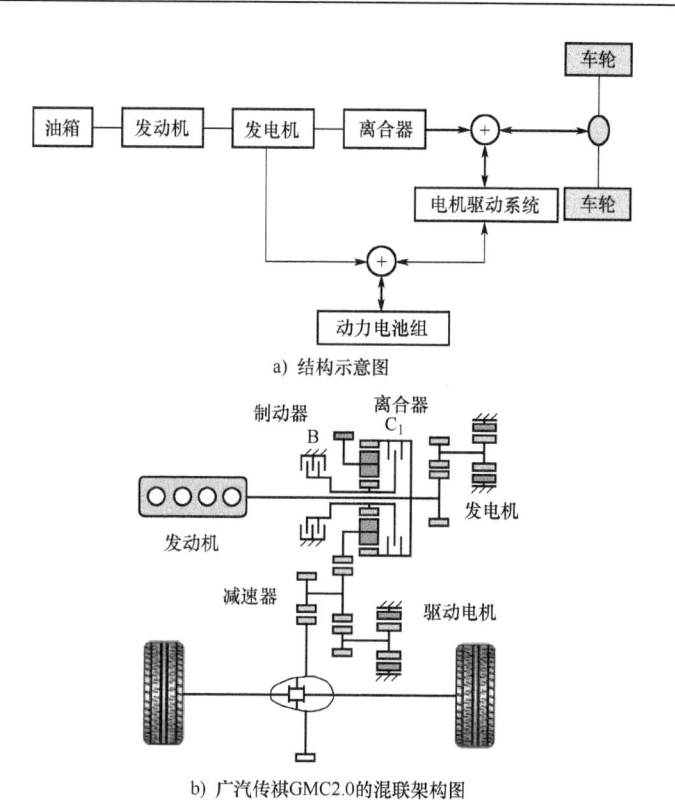

b) 广汽传祺GMC2.0的混联架构图

图 3-10 开关式混联式混合动力汽车

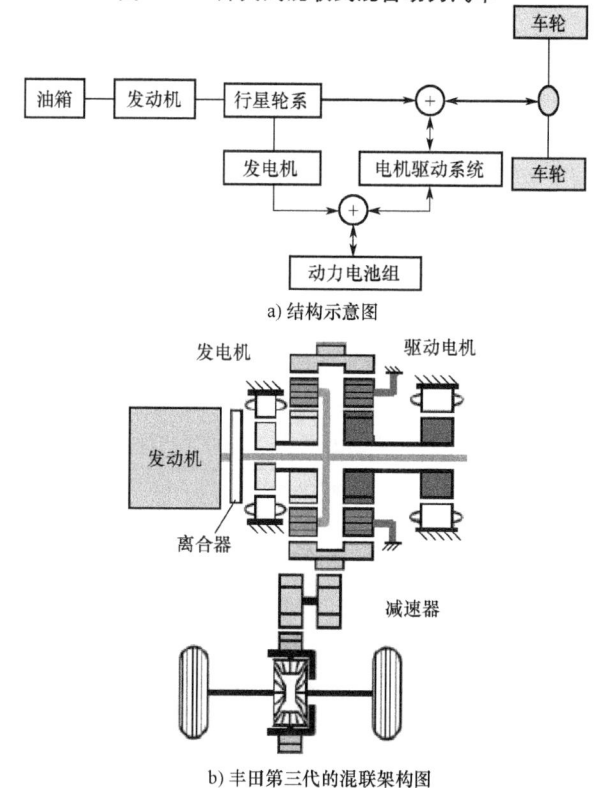

a) 结构示意图

b) 丰田第三代的混联架构图

图 3-11 功率分流式混联式混合动力汽车

3.2 串联混合动力电动汽车的系统组成和工作原理

串联混合动力电动汽车的结构简图如图 3-12 所示。汽车由电动机-发电机驱动行驶，电机控制器的供电来自于发动机-发电机-发电机控制器（以下简称发动机-发电机组）与动力电池组组成的串联式结构。整车综合控制器、电机控制器、发动机控制器、发电机控制器、电池管理系统等通过通信线缆连接组成整车控制系统，依据控制系统的状态信息以及驾驶人操控指令、车速等整车反馈信息，由整车控制器实施既定的控制策略，并输出指令到电机控制器，实施电动机-发电机的电动（驱动汽车行驶）、发电（再生制动能量回收）控制，输出指令到发动机控制器、发电机控制器，实施发动机-发电机组的开关控制以及输出功率控制，输出指令到电池管理系统，实施动力电池组的充电、放电能量管理。

扫码观看：混合动力电动汽车组成结构

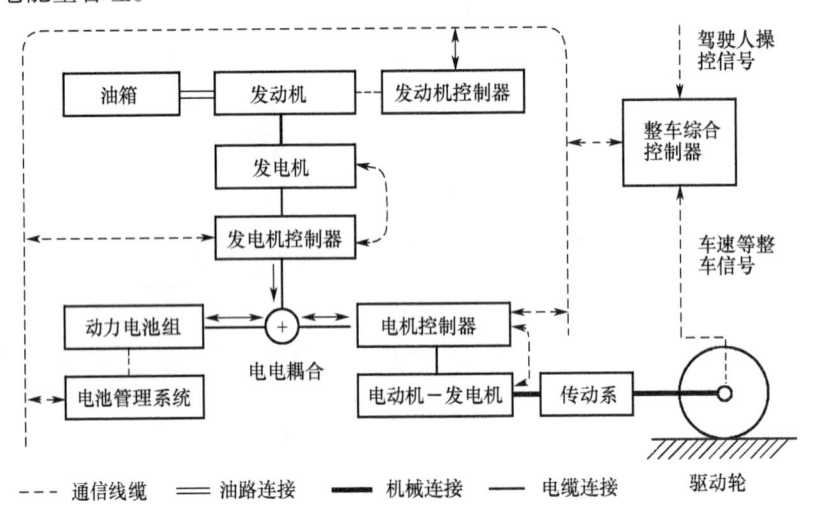

图 3-12 串联混合动力电动汽车的结构简图

依据发动机-发电机组的工作状态以及动力电池组的充、放电状态，串联混合动力电动汽车具有 7 种工作模式，具体见表 3-2。

表 3-2 串联混合动力电动汽车的工作模式列表

工作模式	发动机-发电机组	动力电池组	电动机-发电机	整车状态
纯电池组驱动	关机	放电	电动	驱动
再生制动充电	关机	充电	发电	制动
混合动力驱动	发电	放电	电动	驱动
强制补充充电	发电	充电	电动	驱动
混合补充充电	发电	充电	发电	制动
纯发动机驱动	发电	既不充电也不放电	电动	驱动
停车补充充电	发电	充电	停机	停车

各种工作模式的具体说明如下：

1）当动力电池组具有较高的电量且输出功率满足整车行驶功率需求时，串联混合动力电动汽车以纯电池组驱动模式工作,此时发动机-发电机组处于关机状态。

2)当汽车以纯电池组驱动行驶时,若汽车减速制动,则电动机-发电机工作于再生制动状态。汽车制动能量通过再生发电回收到动力电池组中,即工作于再生制动充电模式。

3)当汽车加速或爬坡需要更大的功率输出且超出了动力电池组的输出功率限制时,发动机-发电机组起动发电,并与动力电池组一起输出电功率,实施混合动力驱动工作模式。

4)当动力电池组的电量不足且发动机-发电机组输出功率在驱动车辆的同时有富余时,实施动力电池组强制补充充电工作模式。

5)当电池电量不足时,如果驱动需求未超出动力电池组的输出功率限制,但发动机-发电机组输出功率在驱动车辆的同时没有富余(小于驱动需求功率)的时候,为提升保电能力,也要发电,此时动力电池的状态为放电。

6)当动力电池组的电量不足且发动机-发电机组处于发电状态时,若汽车减速制动,则电动机-发电机工作于再生制动状态,汽车制动能量通过再生发电与发动机-发电机组输出功率一起为动力电池组充电,实施动力电池组的混合补充充电。

7)当动力电池组的电量在目标范围内,且发动机-发电机组输出功率满足汽车行驶功率需求时,为提高串联混合动力系统的能量利用效率,采用纯发动机驱动工作模式,此时发动机-发电机组输出功率与汽车行驶功率需求相等。

8)若动力电池组的电量过低,为保证整车行驶的综合性能,就需要对动力电池组进行停车补充充电,此时发动机-发电机组输出的功率全部用于为动力电池组进行补充充电。

图3-13所示为某串联混合动力电动汽车的一个典型的工作过程。可以看出,在整车控制器的控制下,汽车的起步阶段采用了纯电池组驱动模式。当加速功率超过发动机-发电机组的起动阈值时,发动机-发电机组起动发电并输出相对平稳的发电功率,剩余驱动功率由动力电池组补充,整车以混合动力驱动模式工作;当汽车加速完成进入正常行驶和巡航模式时,整车需求功率减小,此时发动机-发电机组仍输出较高的发电功率,除满足整车行驶外,为动力电池组实施强制补充充电;当汽车减速,整车需求功率减小且低于发动机-发电机组的关机阈值时,发动机-发电机组关机,此时采用纯电池组驱动模式满足车辆行驶的能量要求;当汽车进一步减速进入制动阶段时,采用再生制动充电模式,回收制动能量,为动力电池组充电。在此过程中,发动机-发电机组仅工作在一个功率区间内且输出功率相对平稳,

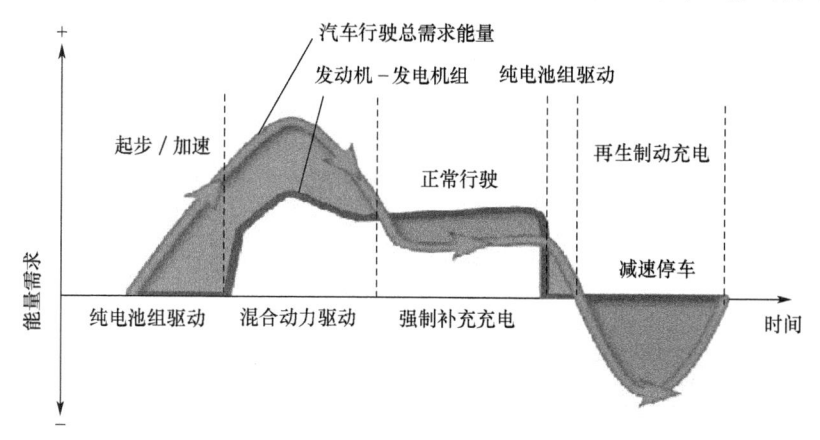

图3-13 某串联混合动力电动汽车一个典型的工作过程

保证了发动机具有一个相对稳定的工作区间，提高了发动机的工作效率。

3.3 并联混合动力电动汽车的系统组成和工作原理

并联混合动力电动汽车的结构简图如图 3-14 所示。

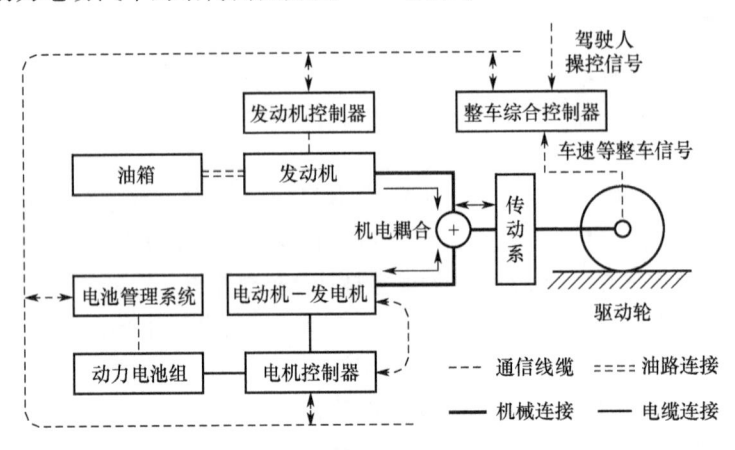

图 3-14 并联混合动力电动汽车的结构简图

汽车的行驶动力由发动机、电动机-发电机通过机电耦合装置单独或联合提供。整车综合控制器、电机控制器、发动机控制器、电池管理系统等通过通信线缆连接组成整车控制系统，依据控制系统的状态信息以及驾驶人操控信号、车速等整车反馈信息，由整车控制器实施既定的控制策略，并输出指令到电机控制器，实施电动机-发电机的电动（驱动汽车行驶）、发电（再生制动能量回收）控制，输出指令到发动机控制器，实施发动机的开关控制以及输出功率控制，输出指令到电池管理系统，实施动力电池组的充电、放电能量管理。

依据发动机、电动机-发电机的工作状态以及动力电池组的充放电状态，并联混合动力电动汽车具有 6 种工作模式，具体见表 3-3。

表 3-3 并联混合动力电动汽车的工作模式列表

工作模式	发动机	动力电池组	电动机-发电机	整车状态
纯电动机驱动	关机	放电	电动	驱动
再生制动充电	关机	充电	发电	制动
混合动力驱动	机械动力输出	放电	电动	驱动
强制补充充电	机械动力输出	充电	发电	驱动
纯发动机驱动	机械动力输出	既不充电也不放电	不工作	驱动
停车补充充电	机械动力输出	充电	发电	停车

各种工作模式的具体说明如下：

1) 当动力电池组具有较高的电量且输出功率满足整车行驶功率需求或整车需求功率较小时，为避免发动机工作于低负荷和低效率区，并联混合动力电动汽车以纯电动机驱动模式工作，此时发动机处于关机状态。

2) 当汽车以纯电动机驱动行驶时，若汽车减速制动，电动机-发电机工作于再生制动状态，汽车制动能量通过再生发电回收到动力电池组中，即工作于再生制动充电模式。

3）当汽车加速或爬坡需要更大的功率输出时，发动机起动工作，并同电动机一起输出机械功力，经机电耦合装置后联合驱动汽车行驶，实施混合动力驱动工作模式。

4）当动力电池组的电量不足且发动机输出功率在驱动汽车的同时有富余时，电动机-发电机工作于发电模式，实施动力电池组强制补充充电工作模式。

5）当动力电池组的电量在目标范围内，且发动机输出功率满足汽车行驶功率需求时，为提高并联混合动力系统的能量利用效率，采用纯发动机驱动工作模式，此时发动机输出功率与汽车行驶功率需求相等。

6）当动力电池组的电量过低时，为保证整车行驶的综合性能，需要对动力电池组进行停车补充充电。此时发动机输出的电功率全部用于为动力电池组进行补充充电，电动机-发电机工作于发电模式。

图3-15所示为某并联混合动力电动汽车的一个典型的工作过程。在汽车起步加速时，依据驾驶人踩下加速踏板的深度，控制器判断是采用纯电动机驱动还是混合动力驱动，图3-15中采用了混合动力驱动；汽车缓慢加速时，若发动机起动，则采用纯发动机驱动，否则仍采用纯电动机驱动，图3-15中采用了纯发动机驱动；汽车低速巡航行驶时，总需求功率较小，为避免发动机的低负荷低效率工作，采用纯电动机驱动；汽车由低速巡航行驶开始加速时，随着驱动功率需求的增加，当驱动功率需求满足发动机高效工作区时，发动机起动，整车实施混合动力驱动；发动机在高效区工作时，通过增加电动机的功率输出满足汽车急加速的动力需求；当汽车进入高速巡航行驶时，汽车驱动功率相对较高，为提高并联混合动力系统的能量利用效率，采用纯发动机驱动工作模式；当汽车减速并进行制动停车时，发动机关闭，电动机-发电机工作于再生制动状态，实施动力电池组的再生制动充电。在汽车行驶过程中，依据动力电池组的电量状态和实际的控制目标，在必要时还将对动力电池组实

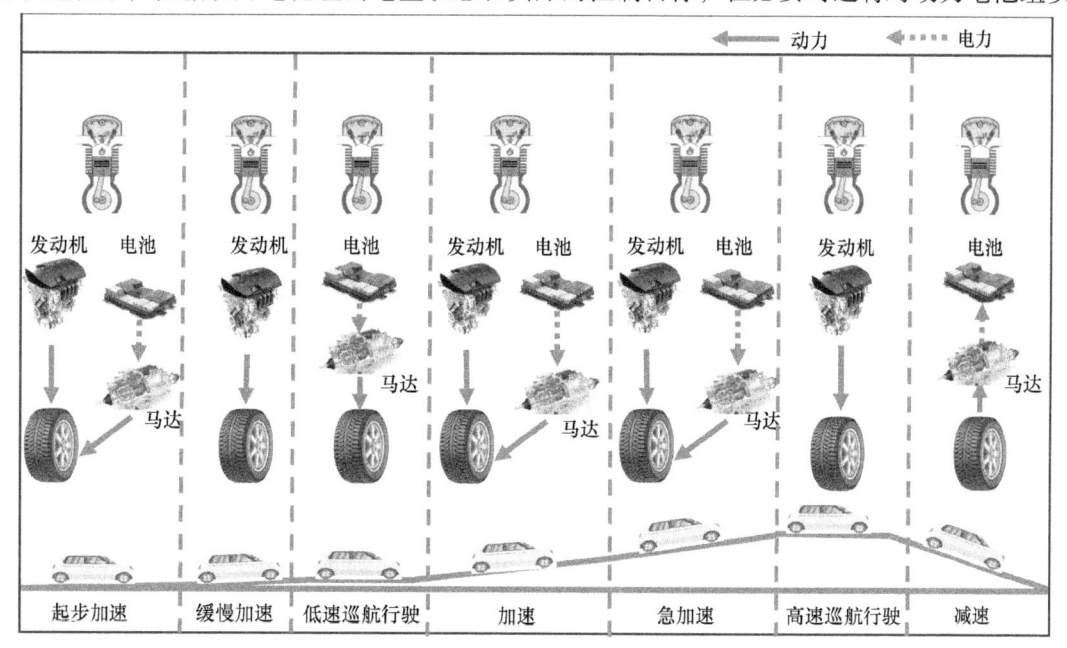

图3-15 某并联混合动力电动汽车的一个典型的工作过程

施强制补充充电,以控制动力电池组始终具有适中的电量。

在并联混合动力电动汽车的工作过程中,发动机仅工作在一个适中的功率区间内且输出功率相对平稳,剩余的峰值功率通过电动机-发电机来补偿,以保证发动机具有一个相对稳定的高效工作区,提高了整车的燃料经济性。

3.4 混联混合动力电动汽车的系统组成和工作原理

混联混合动力电动汽车的系统分为功率分流式和开关式。

混联混合动力电动汽车同时具备了并联混合动力电动汽车机电耦合以及串联混合动力电动汽车电电耦合的特点。汽车的行驶动力由发动机、电动机-发电机通过机电耦合装置单独或联合提供。电机控制器的供电来自于发动机-发电机组与动力电池组组成的串联式结构。整车综合控制器、电机控制器、发动机控制器、发电机控制器、电池管理系统等通过通信线缆连接组成整车控制系统,依据控制系统的状态信息以及驾驶人操控信号、车速等整车反馈信息,由整车控制器实施既定的控制策略,并输出指令到电机控制器,实施电动机-发电机的电动(驱动汽车行驶)、发电(再生制动能量回收)控制;输出指令到发动机控制器,实施发动机的开关控制以及输出功率控制;输出指令到发电机控制器,实施发电机的工作状态控制(工作转速或发电功率);输出指令到电池管理系统,实施动力电池组的充电、放电能量管理。

3.4.1 功率分流式混联系统

以功率分流式混联混合动力电动汽车为例,其结构简图如图3-16所示。

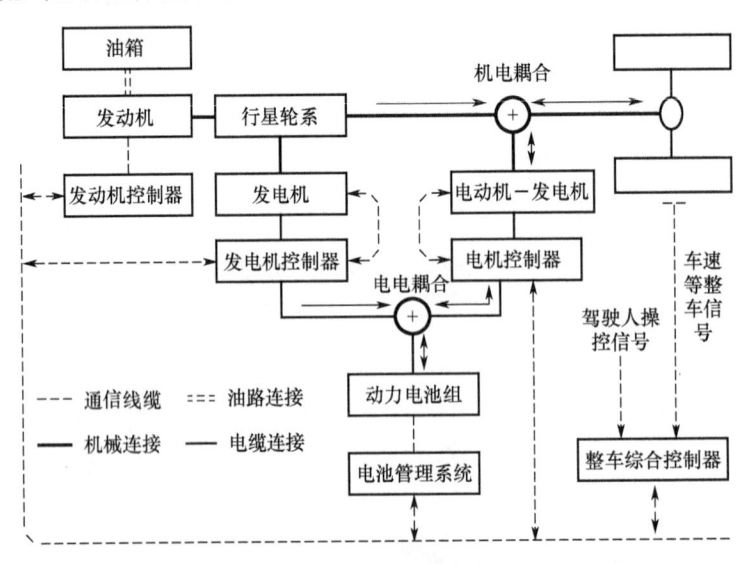

图3-16 功率分流式混联混合动力电动汽车的结构简图

依据发动机、发电机、电动机-发电机的工作状态以及动力电池组的充放电状态,混联混合动力电动汽车功率分流工作模式有五种,具体见表3-4。

表 3-4　混联混合动力电动汽车功率分流工作模式

工作模式	发动机	发电机	动力电池组	电动机-发电机	整车状态
纯电动机驱动	关机	关机	放电	电动	驱动
再生制动充电	关机	关机	充电	发电	制动
纯发动机驱动	起动	发电	既不充电也不放电	电动	驱动
混合动力驱动	起动	发电	放电	电动	驱动
强制补充充电	起动	发电	充电	电动	驱动

各种工作模式的具体说明如下：

1）当动力电池组具有较高的电量且输出功率满足整车行驶功率需求或整车需求功率较小时，为避免发动机工作于低负荷和低效率区，混联混合动力电动汽车以纯电动机驱动模式工作，此时发动机处于关机状态。

2）当汽车以纯电动机驱动行驶时，若汽车减速制动，电动机-发电机工作于再生制动状态，汽车制动能量通过再生发电回收到动力电池组中，即工作于再生制动充电模式。

3）当汽车需求功率增加或动力电池组电量偏低时，发动机起动工作。当发动机输出功率满足汽车行驶功率且动力电池组不需要充电时，整车以纯发动机驱动模式工作，此时动力电池组既不充电也不放电。发动机输出的功率分两部分：一部分直接输出到驱动轮；一部分经过发电机、电动机转化后输出到驱动轮。

4）当汽车急加速需要更大的功率输出时，整车以混合动力驱动模式工作，此时发动机工作，动力电池组放电。发动机的输出功率分两部分：一部分直接输出到驱动轮；一部分经过发电机、电动机转化后输出到驱动轮。另外，动力电池组放电输出额外的电功率到电机控制器，使得电动机输出更大的功率，以满足汽车总功率需求。

5）当动力电池组的电量不足且发动机输出功率在驱动汽车的同时有富余时，实施动力电池组强制补充充电工作模式。此时，发动机工作，发动机输出的功率分三部分：一部分直接输出到驱动轮；一部分经过发电机、电动机转化后输出到驱动轮；一部分经过发电机后为动力电池组进行充电。

图 3-17 所示为丰田凯美瑞混联混合动力电动汽车的几个典型的工作过程。

丰田凯美瑞混联混合动力电动汽车以纯电动机驱动模式起步。当汽车需求功率达到发动机起动阈值时，发动机起动，汽车进入正常工作模式，如图 3-17a 所示。发动机输出动力经过行星轮系分成两条路径：一条驱动发电机发电，产生的电功率又直接输出到电动机-发电机，电动机-发电机电动运转并驱动车轮；另一条直接驱动车轮，整车综合控制器自动对两条路径的动力进行最佳分配，以最大可能地优化系统效率。当汽车高速行驶需要较高的动力输出时，动力电池组进行放电，额外增大了电动机-发电机的输出功率，整车获得的功率为发动机输出功率与动力电池组放电功率之和，如图 3-17b 所示。当汽车减速制动时，混合动力系统自动实施再生制动能量回收，如图 3-17c 所示。当汽车遇到红绿灯停车时，发动机自动熄火，避免了发动机怠速运转引起的不必要的油耗和污染物排放。

3.4.2　开关式混联系统

开关式混合动力电动汽车的结构简图如图 3-18 所示。

a) 纯发动机驱动模式

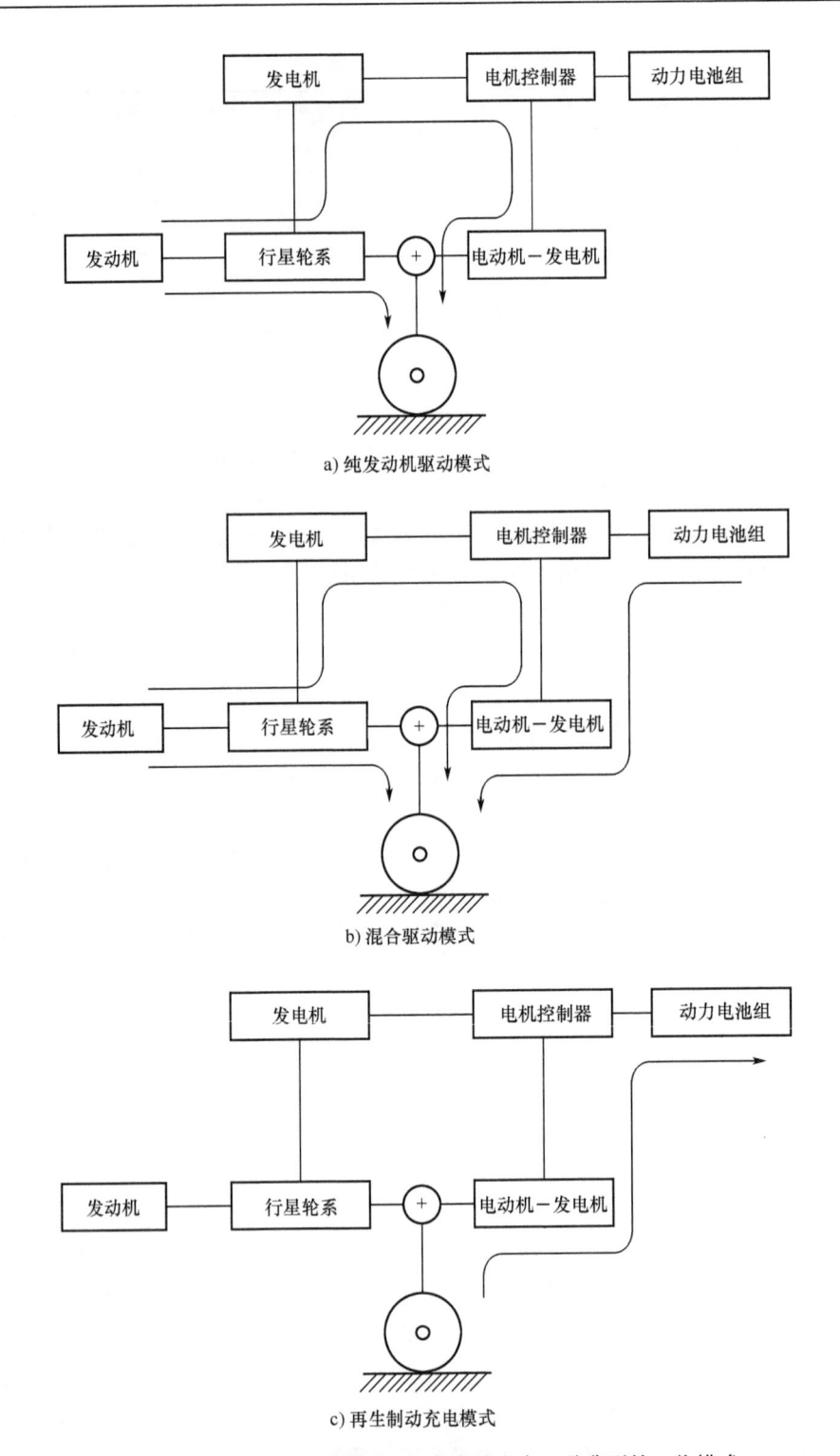

b) 混合驱动模式

c) 再生制动充电模式

图 3-17 丰田凯美瑞混联混合动力电动汽车几种典型的工作模式

依据发动机、发电机、电动机-发电机的工作状态以及动力电池组的充放电状态，开关式混联混合动力电动汽车具有十种工作模式，具体见表 3-5。

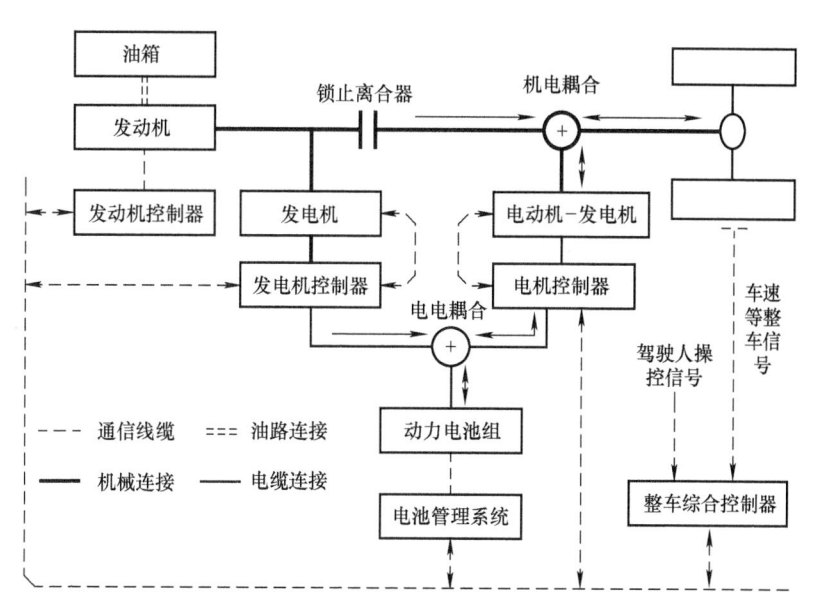

图 3-18 开关式混合动力电动汽车的结构简图

表 3-5 开关式混联混合动力电动汽车的工作模式列表

工作模式	发动机	发电机	动力电池组	电动机-发电机	整车状态
纯电动机驱动	关机	关机	放电	电动	驱动
再生制动充电	关机	关机	充电	发电	制动
纯发动机驱动1	起动	发电	既不充电也不放电	电动	驱动
纯发动机驱动2	机械动力输出	关机	既不充电也不放电	不工作	驱动
混合动力驱动1	起动	发电	放电	电动	驱动
混合动力驱动2	机械动力输出	关机	放电	电动	驱动
强制补充充电1	起动	发电	充电	电动	驱动
强制补充充电2	机械动力输出	发电	充电	发电	驱动
混合补充充电	起动	发电	充电	发电	制动
停车补充充电	起动	发电	充电	停机	停车

各种工作模式的具体说明如下：

1）当动力电池组具有较高的电量且输出功率满足整车行驶功率需求或整车需求功率较小时，为避免发动机工作于低负荷和低效率区，混联混合动力电动汽车以纯电动机驱动模式工作，此时发动机处于关机状态。

2）当汽车以纯电动机驱动行驶时，若汽车减速制动，电动机-发电机工作于再生制动状态，汽车制动能量通过再生发电回收到动力电池组中，即汽车工作于再生制动充电模式。

3）当汽车需求功率增加或动力电池组电量偏低时，发动机起动工作。当发动机输出功率满足汽车行驶功率且动力电池组不需要充电时，整车以纯发动机驱动模式工作，此时动力电池组既不充电也不放电。发动机输出的功率分为两种方式：一种是直接输出到驱动轮；另一种是经过发电机、电动机转化后输出到驱动轮。

4）当汽车急加速需要更大的功率输出时，整车以混合动力驱动模式工作，此时发动机工作，动力电池组放电。发动机的输出功率分为两种方式：一种是直接输出到驱动轮；另一种是经过发电机、电动机转化后输出到驱动轮。另外，动力电池组放电输出额外的电功率到电机控制器，使得整车输出更大的功率，以满足汽车总功率需求。

5）当动力电池组的电量不足且发动机输出功率在驱动汽车的同时有富余时，实施动力电池组强制补充充电工作模式。此时，发动机工作，发动机输出的功率分为两种方式：一是驱动功率直接输出到驱动轮，富余部分功率通过发电机发电补充至电池组；二是经过发电机发电后，驱动功率经电动机转化后输出到驱动轮，富余部分功率补充至电池组；此时若是同时进行制动，则电动机-发电机工作于再生制动状态，发动机发电能量与汽车制动回收能量同时补充到动力电池组中。

6）若动力电池组的电量过低，为保证整车行驶的综合性能，就需要对动力电池组进行停车补充充电，此时发动机通过发电机输出的功率全部用于为动力电池组进行补充充电。

目前国产品牌混合动力电动汽车主要以开关式混合动力为主，包括广汽、上汽、比亚迪、吉利等。图 3-19 所示为广汽传祺 GS4 PHEV（开关式混合动力电动汽车）的几个典型的工作过程。

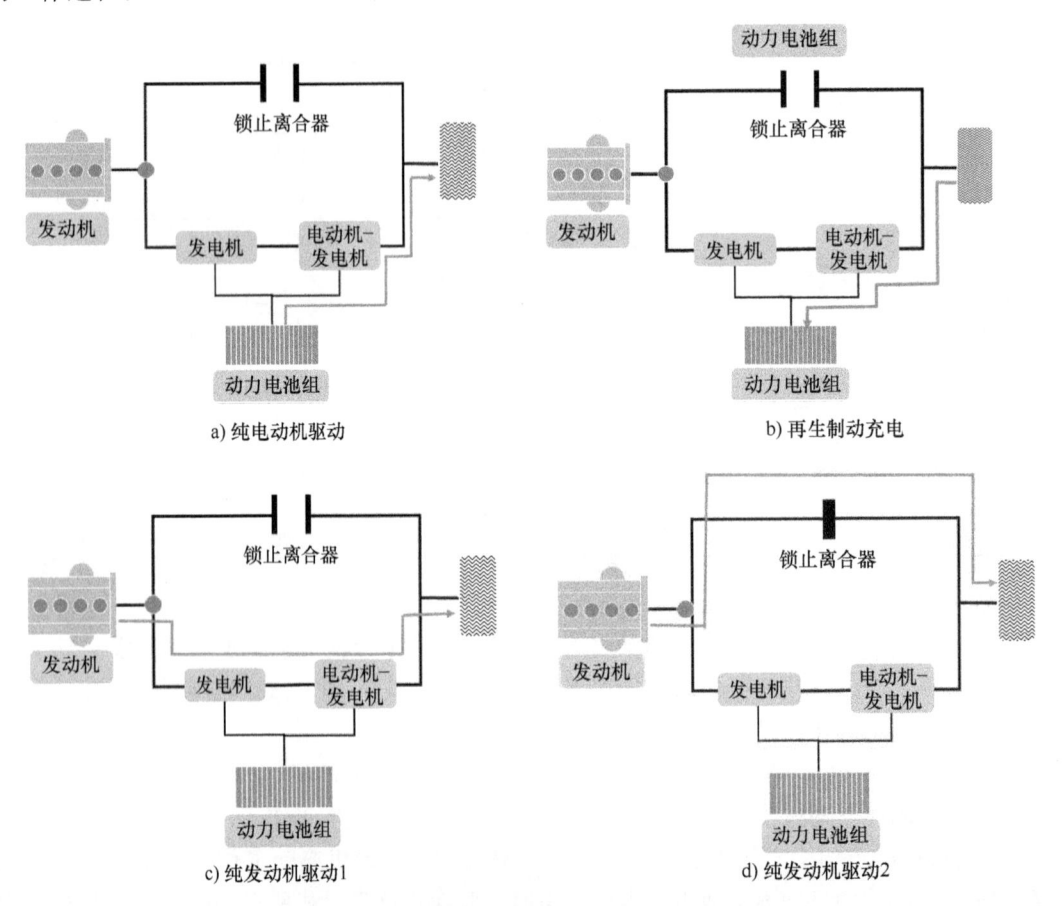

图 3-19 传祺混联混合动力电动汽车典型的工作模式

a）纯电动机驱动　　b）再生制动充电　　c）纯发动机驱动1　　d）纯发动机驱动2

第 3 章 混合动力电动汽车

e) 混合动力驱动1　　　　　　　　　　f) 混合动力驱动2

g) 强制补充充电1　　　　　　　　　　h) 强制补充充电2

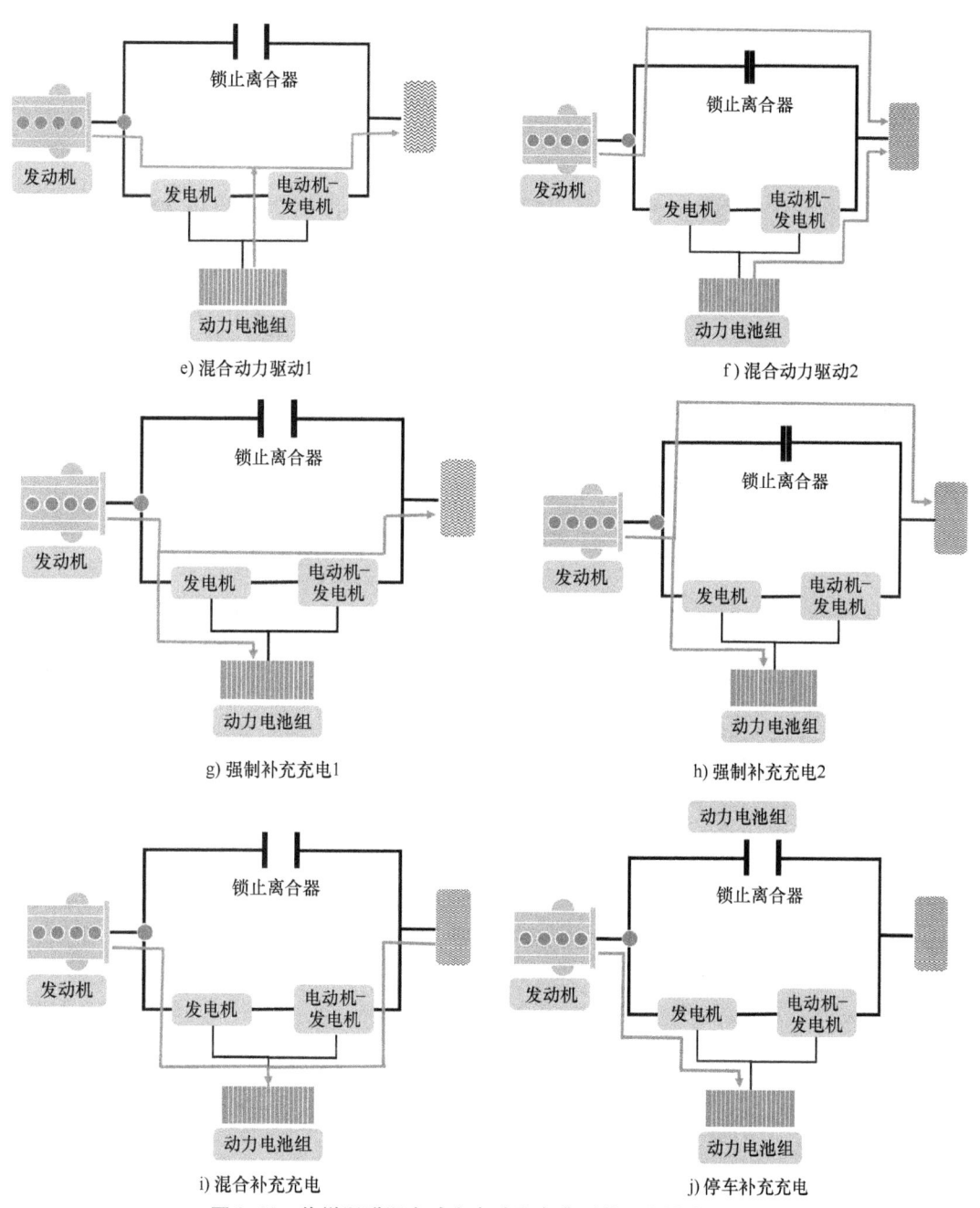

i) 混合补充充电　　　　　　　　　　　j) 停车补充充电

图 3-19　传祺混联混合动力电动汽车典型的工作模式（续）

　　传祺 GS4 PHEV 混联混合动力电动汽车以纯电动机驱动模式起步，如图 3-19a 所示。当汽车需求功率达到发动机起动阈值时，发动机起动，汽车进入正常工作模式，低速时锁止离合器断开，为串联模式，根据不同工况分为三种模式：纯发动机驱动 1、混合动力驱动 2、强制补充充电 1，如图 3-19c、e、g 所示。当汽车高速行驶需要较高的动力输出时，锁止离合器接合，发动机进入直驱状态，根据不同工况同样分为三种模式：纯发动机驱动 2、混合动力驱动 2、强制补充充电 2，如图 3-19d、f、h 所示。当汽车减速制动时，混合动力系统自动实施再生制动充电（能量回收），如图 3-19b 所示。当动力电池组需要补充电量同时减速制动时，发动机通过发电机进行发电同时混合动力系统自动实施再生制动能量回收，如图 3-19i 所示。当汽车停车时，电量充足情况下发动机自动熄火，避免了发动机怠速运转引起的不必要的油耗和污染物排放；当电量不足时，发动机起动进行原地充电，如图 3-19j 所示。

3.5 插电式混合动力电动汽车的系统组成和工作原理

为满足纯电动行驶的需要，插电式混合动力电动汽车的辅助系统均为电动化的辅助系统，如电动助力转向、电动真空助力、电动空调等，而且额外增加了车载充电机。图 3-20 所示为某插电式混合动力电动汽车的结构。

插电式混合动力电动汽车的工作原理：当动力电池组通过电力网充满电后，汽车优先以纯电池组驱动模式工作，直至动力电池组电量达到纯电池组驱动模式工作的下限时，发动机起动，整车自动切入常规混合动力电动汽车控制模式。动力电池组在满足混合动力行驶功率需求的前提下，维持在一个较低的电量状态，直至下一次通过电力网充满电。

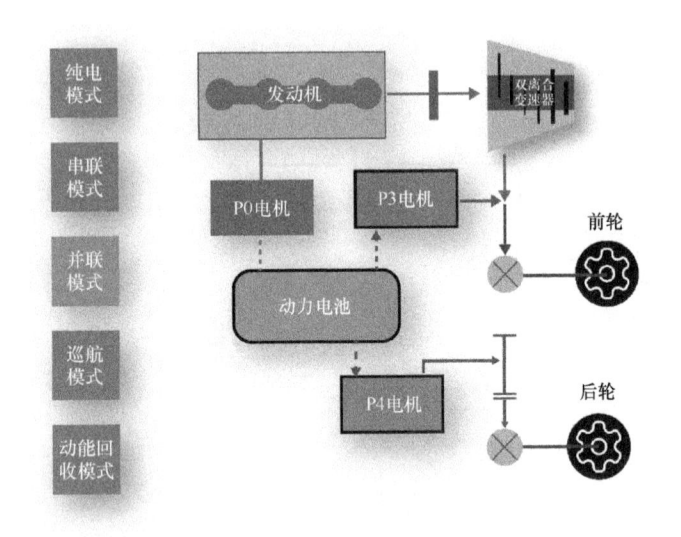

图 3-20 某插电式混合动力汽车的结构

在我国政策持续支持下，自主品牌 PHEV 呈现出"百花齐放"的局面，销量也迅速增长，2023 年占新能源汽车销量的比例接近 10%。其中销量比较好的车型有：比亚迪秦 PLUS、宋 PLUS、宋、海豹、汉、唐，吉利领克 08，长城哈弗猛龙，广汽传祺 E8 等。2023 年 6 月我国发布的新能源车购置税减免的"长效政策"㊀有利于各大车企制定 PHEV 长期规划和布局，未来 3~5 年将加速 PHEV 的市场投放！

与非插电式混合动力汽车相比，PHEV 的电池容量更大，可以支持行驶的纯电里程更长，可以根据客户需求进行匹配，比如 50km、100km、150km 甚至更长续驶里程的版本。如果短途行驶较多，有较好的充电条件，则 PHEV 可以不用加油，可当作纯电动汽车使用，具有纯电动汽车的优点。与纯电动汽车相比，虽然 PHEV 的电池容量要小很多，但是依靠混动专用发动机、机电耦合系统、高压油箱等特有混动架构，亏电情况下就是一台媲美油电混合车型的混合动力汽车，行驶里程不受充电条件的制约，可以消除里程焦虑。

大家都知道电机的工作特性，电机在车辆起动及低速行驶时，是"恒转矩模式"，此区域内电机能够以最高转矩工作、持续输出，起步加速快；在高速行驶时，是"恒功率模

㊀ 长效政策是指：两免两减半，即对购置日期在 2024 年 1 月 1 日至 2025 年 12 月 31 日期间的新能源汽车免征车辆购置税，其中，每辆新能源乘用车免税额不超过 3 万元；对购置日期在 2026 年 1 月 1 日至 2027 年 12 月 31 日期间的新能源汽车减半征收车辆购置税，其中，每辆新能源乘用车减税额不超过 1.5 万元。

式",此区域内电机能够以最高功率工作,也意味着转矩低、转速高,如图 3-21 所示。此时电机效率不在高效区间,因此高速的电耗明显更高。从用户感知来讲,就是跑高速的时候,纯电续驶里程明显缩短。

恰恰兼具动力电池、发动机与机电耦合系统等组成的混动系统,二者优势互补,凸显出其优势。比如利用电机起步加速快、能耗低的优点,弥补发动机起步慢、能耗高的弱势;比如利用发动机与机电耦合系统组合实现高速直驱、能耗低的优点,弥补电机高速在"恒功率模式"下转速高,电耗高的弱势。PHEV 通过并联模式,让发动机和电机都工作最高效的区间,表现出动力强、能耗低的特点。

图 3-22 所示为比亚迪 DM-p 混动系统的结构,这是一种并联式混合动力构型,其由发动机-起动机 P0、驱动电机 P3 和变速器构成前轴动力单元,由驱动电机 P4 构成后轴驱动单元,形成典型的插电混合动力四驱构型。

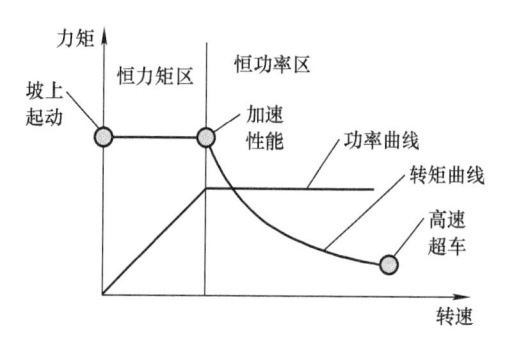

图 3-21 电机工作的外特性曲线

其工作模式有:
1) 纯电模式:适用于城市路况上下班通勤。
2) 串联模式:发动机与发电机串联发电,驱动电机驱动。
3) 并联模式:发动机与驱动电机共同驱动,百公里加速时间为 4.5s。
① 行驶发电:发动机通过变速器驱动前轮并带动 P3 电机发电,而 P4 电机根据工况调整输出功率。此时,从前桥的动力总成来看,就是一种"发动机直驱"的模式。
② 行驶不发电:发动机通过变速器驱动前轮,但不发电,P3 电机、P4 电机根据工况调整输出功率,只为保证动力最强。

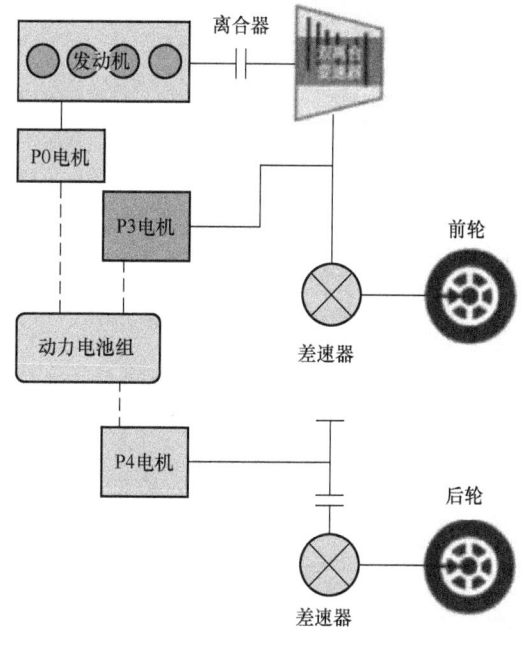

图 3-22 比亚迪 DM-p 混动系统

③ 电量紧急补充模式——驻车发电:发动机通过变速器的发电档驱动 P3 电机发电。
4) 巡航模式:发动机驱动及发电,高速公路匀速行驶,发动机在高效区间进行驱动,既保证动力又实现经济节油。
5) 动能回收模式:发动机和前后轴的电机同时进行动能回收。

3.6 增程式电动汽车的系统组成和工作原理

增程式电动汽车(REEV)属于新能源汽车的一种,2020 年以前在新能源汽车中占比不足 0.2%。在国家双碳战略引领下,自主品牌增程式电动汽车呈现出"满园春色"的局面,销量也迅速增长，到 2023 年占比接近 4%。其中销量比较好的车型有：理想 L9/L8/L7、深蓝 SL03/S7、吉利银河 L7/L6、长安启源 A05 等。

2023 年 6 月国家还发布新能源车购置税减免的"长效政策"，有利于各大车企制定"增程式电动车型"长期规划和布局，未来 3~5 年增程式电动汽车将加速市场投放！

增程式电动汽车本身是一种串联式混合动力电动汽车，其设计理念是在纯电动汽车动力传动系的基础上，增加一个增程器（通常为小功率的发动机-发电机组或燃料电池发电系统等），延长动力电池组一次充电续驶里程，满足日常行驶的需要。相比纯电动汽车，增程式电动汽车可以采用较小容量的动力电池组，有利于降低动力电池组的成本。相比串联混合动力电动汽车，增程器功率偏小，动力电池组容量配置偏高。图 3-23 所示为某增程式电动汽车的结构简图。

图 3-23 某增程式电动汽车的结构简图

增程式电动汽车从本质上讲，是在纯电动汽车的基础上，增加一个内燃机给动力电池充电，或者直接驱动电机增加续驶里程，这样就可以缓解车主的"里程焦虑"，也能弥补纯电动汽车续驶里程缩减的不足。在日常驾驶过程中，增程式车型的工作原理也比较简单——电池系统为电机驱动系统提供动力的同时，也为增程器发动机的起动提供反拖电流。因为增程式车型也搭载了一款小排量的发动机，而这款发动机又和发电机组成增程器，通过将发电机的交流电整流成为动力电池电压相匹配的直流给动力电池充电，因此既具有节能属性，又能延长续驶里程。

但是，REEV 的能量转化效率较低。REEV 在工作时会先由发动机给动力电池发电，然后蓄电池再给电机供电，需要经过多次的能源转换才能完成车辆的驱动，这期间自然存在能量耗损。从用车角度来看，因为搭载了大电池，还有发动机、油箱等组件，所以车型更重，动力性、经济性相对较差。

增程式电动汽车完全靠电动机-发电机驱动，在起步或者短途行驶时，由车载大容量的动力电池组通过电机控制器为电动机-发电机提供动力，电动机-发电机带动汽车行驶。当动力电池组的电量低于设定工作下限时，车载增程器启动，整车工作于串联混合动力电动汽车工作模式，以满足汽车的行驶动力需求。值得注意的是，增程式电动汽车和插电式混合动力电动汽车的区别在于，增程式电动汽车的发动机功率更小，而且由于在串联混合动力电动汽车工作模式下，增程器的输出功率不足以补充动力电池组的电量消耗，从而难以像常规串联混合动力电动汽车那样无限制长距离行驶，必须及时对动力电池组进行补充充电。

3.7 混合动力电动汽车的关键部件

除了电动汽车常规的动力电池组和电机驱动系统之外，混合动力电动汽车特有的关键部件还包括发动机、动力耦合装置、辅助功率单元以及整车综合控制器等。

3.7.1 发动机

在混合动力电动汽车上,发动机作为唯一的一个耗油部件,其性能和控制特性的好坏直接决定了整车的燃油经济性。由于混合动力电动汽车上还具有电机驱动系统以及动力电池组等电能存储单元,因此发动机的工作过程和控制特性与常规汽车发动机有了明显的区别,这也为混合动力电动汽车中发动机的优化奠定了基础。

常规汽车中发动机为唯一的动力装置,不利于节油的原因在于:

1)具有怠速工作工况。

2)传统奥托循环发动机通过加浓混合气满足输出功率增加的需要,浓混合气在发动机内并不能完全被利用,作为 HC 排放物被排到大气中或者在催化转化器中被氧化掉,降低了燃油利用率。

3)为满足整车动力性要求,发动机后备功率大,大部分工作于低负荷非经济区域。

在混合动力电动汽车中,由于电机驱动系统的参与,发动机的工作过程有了优化的基础。

汽车行业内众多厂家针对混合动力汽车开发了专用发动机,国外品牌如丰田、本田,国内品牌如比亚迪、广汽传祺、长安汽车等厂家均开发了混动专用阿特金森发动机,图3-24所示为某阿特金森循环发动机剖面图。图3-25所示为阿特金森循环与奥托循环的对比。阿特金森循环发动机在奥托循环发动机的基础上增加了一个回流过程,即包括进气、回流、压缩、膨胀和排气5个过程。阿特金森循环利用进气门晚关来控制负荷。进气门晚关时刻是由气缸内充气量的多少来决定的,也就是由负荷的大小来确定气门的关闭时刻。气门关闭后才是压缩行程的实际开始点,而膨胀行程还是和原奥托循环相似或稍长,这就减少了进气过程的泵气损失和压缩行程压缩功。膨胀比大于压缩比时能够更大限度地将热能转换为机械能,提高发动机的指示热效率,降低燃油消耗。另外,进气门晚关使实际压缩比降低,因此缸内燃烧温度降低,有利于改善 NO_x 排放。

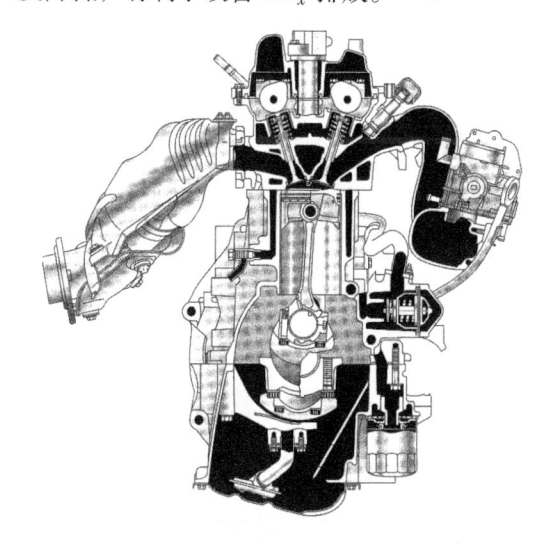

图 3-24 阿特金森循环发动机

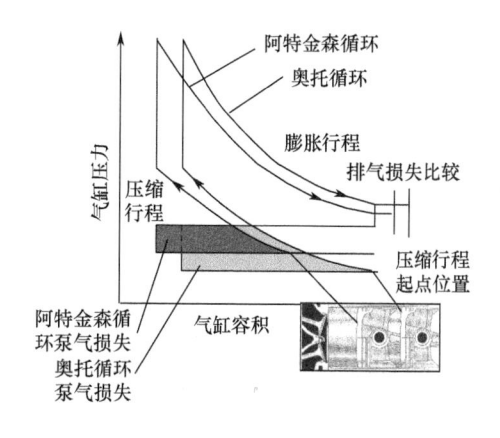

图 3-25 阿特金森循环与奥托循环的对比

阿特金森循环发动机具有较高的热效率是因为它降低了两方面的损耗：一是在部分负荷时它工作在最佳膨胀比下，燃料的热效率高；二是进气行程中没有节气门的节流作用，从而减少了泵气损失。虽然具有较高热效率，但阿特金森循环却存在功率偏低的缺点，特别在低速低负荷下更加明显。混合动力汽车技术的出现弥补了这一缺陷，在低速小负荷下可以使用电机驱动系统驱动，既发挥了电动机低速大转矩的优点，又避开了阿特金森循环低速小负荷下的弱点，使发动机主要工作在中高速下，充分发挥了阿特金森循环发动机热效率高的优点，提高了整车的燃油经济性。在大部分负荷范围内没有节气门作用，因此不存在额外的泵气损失。为了提高燃油的做功能力，阿特金森循环发动机采用了较大的膨胀比，在需要提供大的功率输出时，混合动力汽车通过电机、动力电池输出能量辅助汽油机提供动力，从而解决了传统汽油机通过使用过浓混合气增加功率输出的缺陷。因此，阿特金森循环发动机是混合动力汽车采用的较理想的发动机。

图 3-26 所示为发动机怠速停机系统组成图，起动机-发电机集成了常规发动机起动机、发电机两个功能，起动机-发电机通过传动带与发动机曲轴常连接，因此也被称为 BSG（Belt Starter Generator）系统。其工作原理为：当汽车遇到红灯时，驾驶人踩制动踏板，汽车停车，发动机自动熄火并经电机控制器精确控制在一个便于快速起动的活塞位置；红灯变绿灯后，驾驶人踩加速踏板，电机控制器控制起动机-发电机快速起动，输出动力。博世公司开发的发动机怠速停机系统（ISA）已经在多款发动机上得到应用，将发动机的起动时间控制在 0.3s 以内。

图 3-27 所示为发动机灭缸控制工作原理图。混合动力电动汽车在起步加速需要大功率输出时，6 缸发动机全缸工作。若动力不足，则 6 缸发动机和电机联合驱动。加速完成进入

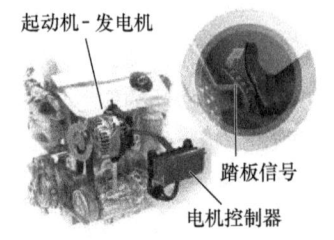

图 3-26　发动机怠速停机系统组成

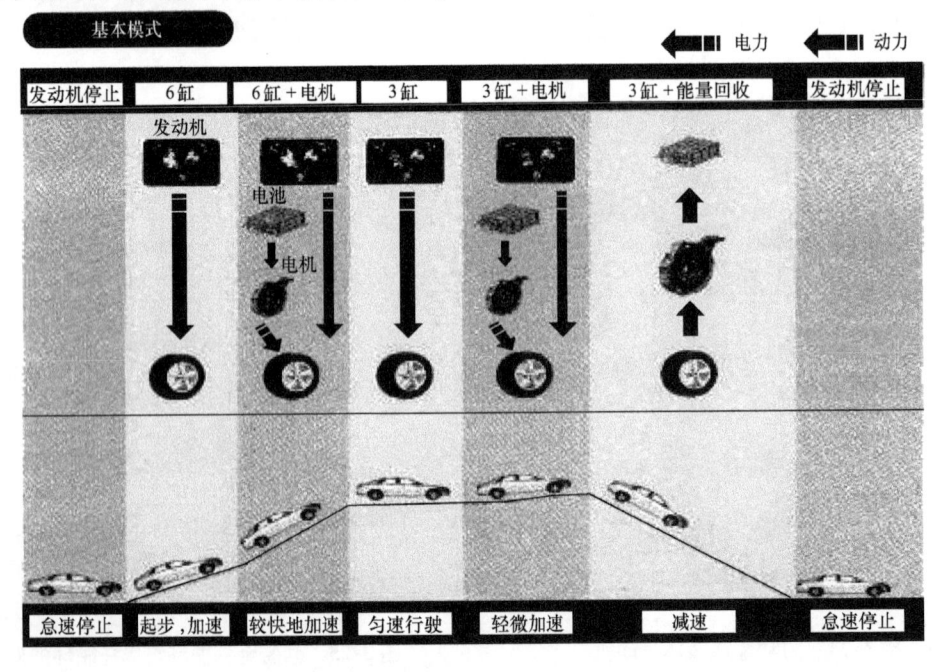

图 3-27　发动机灭缸控制工作原理图

巡航行驶时，驱动功率大幅度减小，发动机采用灭缸控制，改为3缸工作。若动力不足，则采用3缸发动机和电机联合驱动。汽车减速时，采用3缸发动机驱动。汽车制动时，采用再生制动能量回收。

3.7.2 动力耦合装置

动力耦合装置是混合动力电动汽车实施两条或多条独立动力传动系，联合输出动力的所有部件的统称。在串联混合动力电动汽车上，为电电耦合装置；在并联混合动力电动汽车上，为机电耦合装置。

1. 电电耦合装置

在串联混合动力电动汽车中，发动机-发电机组输出的直流电与动力电池组输出的直流电经过电电耦合装置的调整后，共同向电机控制器提供电能。在实际的应用中有图 3-28 所示的几种典型方案。发动机-永磁发电机经三相整流后的直流输出特性如图 3-29 所示。

图 3-29 所示的发动机-永磁发电机组直流输出是发动机工作转速的函数。在同一发动机转速下，直流输出电压和电流之间为固定的线性关系。电电耦合采用发动机-永磁发电机组与动力电池组直接并联的方案（图 3-28a）。为了实现串联混合动力电动汽车的各种工作模式，必须依据动力电池组的端电压进行发动机的转速控制，以实现动力电池组的充放电管理。因为仅转速一个控制变量，所以发动机的工作点难免受到整车实际功率需求变化的影响，改进方案如图 3-28b、图 3-28c 和图 3-28d 所示。在图 3-28b 中，把永磁发电机改为励磁（可调）发电机，从而实现了发动机-发电机组直流输出的双参数调整，即发动机的转速和励磁发电机的励磁电流两个参数调整。若系统参数匹配合理，可以实现相同输出功率条件下发动机以最佳效率工作点工作。在图 3-28c 中，在发动机-永磁发电机组直流输出端增加了一个 DC/DC 变换器。DC/DC 变换器可以实现输出直流电压的升压或降压变换，实现发动机-永磁发电机组直流输出与动力电池组输出的解耦，实现发动机-发电机组输出的双参数调整，即发动机的转速和 DC/DC 变换器的输出电流，还可以实现相同输出功率条件下发动机以最佳效率工作点工作。图 3-28d 中，在动力电池组的输出端增加了一个双向 DC/DC 变换器。通过对 DC/DC 变换器的升压/降压控制，实现了动力电池组充放电的主动管理以及发动机-永磁发电机组输出电压的主动匹配，也实现了发动机-发电机组输出的双参数调整，即发动机的转速和双向 DC/DC 变换器的电压的调整，同样可以实现相同输出功率条件下发动机以最佳效率工作点工作。

2. 机电耦合装置

在并联混合动力电动汽车中，机电耦合装置负责将混合动力汽车的多个动力装置的输出机械动力组合在一起。它将多机械动力合理地分配并传给驱动桥，实现各种工作模式，在并联混合动力电动汽车开发中处于重要地位。

混合动力电动汽车机电耦合装置应具有以下 4 个功能：

1）动力合成功能：机电耦合装置将来自不同动力装置的机械动力进行动力的合成，实现混合动力驱动工作模式。

2）动力输出不干涉功能：机电耦合装置应保证来自不同动力装置的机械动力单独地输出或让多个动力装置共同输出以驱动汽车行驶，彼此之间不发生运动干涉，不影响传动效率。

3）动力分解与能量回馈功能：机电耦合装置应允许将发动机动力的全部或一部分传递

a) 直接并联(永磁发电机)

b) 直接并联(励磁发电机)

c) 间接并联(DC/DC变换器)

d) 间接并联(双向DC/DC变换器)

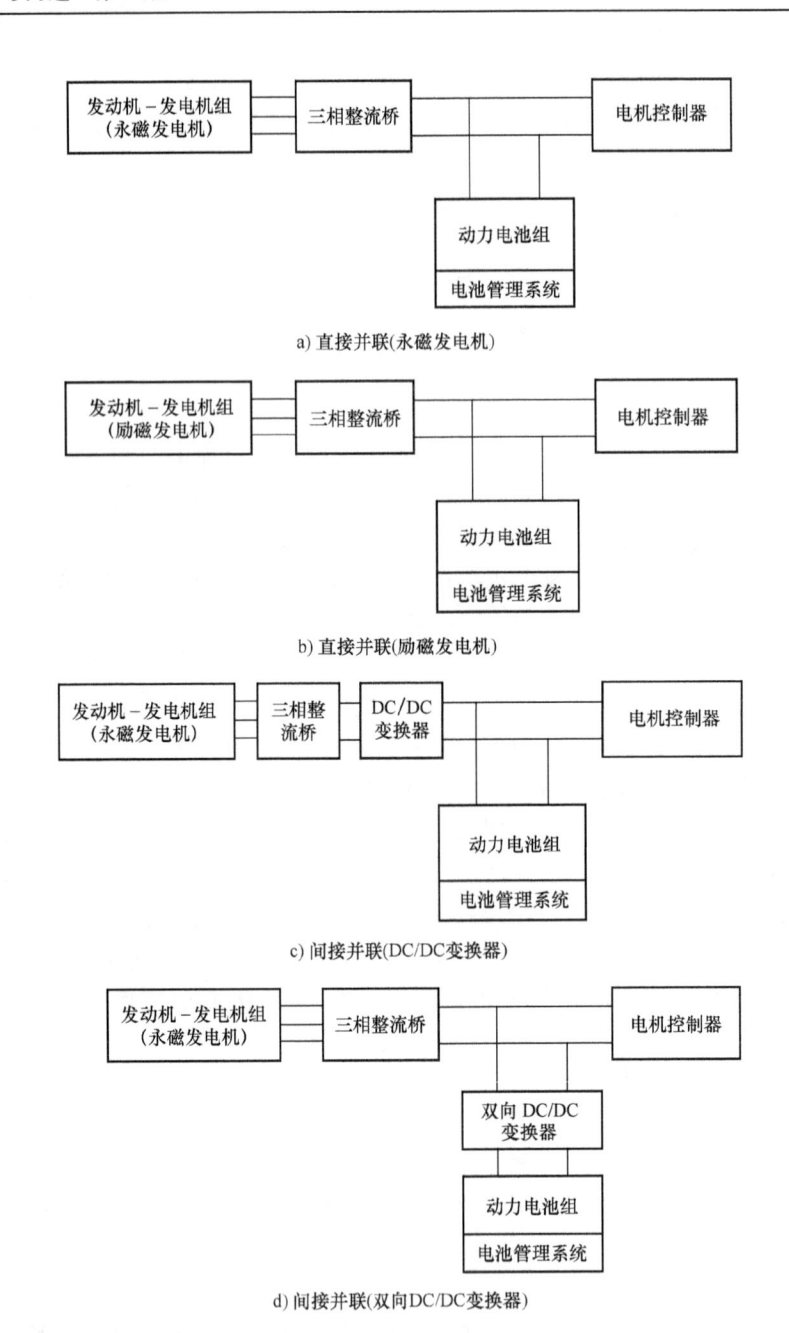

图3-28 串联混合动力电动汽车电电耦合方案

给电机,电机以发电模式工作,为动力电池组充电,还可以在整车制动时实施再生制动,回收制动能量。

4) 辅助功能:机电耦合装置最好能充分发挥电机低速大转矩的特点来实现整车起步,利用电机的反转来实现倒车,从而取消倒档机构。

从机电耦合装置实现动力耦合的机理出发,具体可分为转矩耦合、转速耦合和功率耦合三大类。

(1) 转矩耦合装置 转矩耦合装置定义为两个动力装置输出机械转矩的叠加,而工作

转速之间为比例关系，数学表达式为

$$T = \eta_e T_e i_e + \eta_m T_m i_m \quad (3-1)$$

$$n = \frac{n_e}{i_e} = \frac{n_m}{i_m} \quad (3-2)$$

式中，T、T_e、T_m 分别为机电耦合装置的总输出转矩、发动机输出转矩和电动机输出转矩；n、n_e、n_m 分别为机电耦合装置、发动机、电动机的工作转速；i_e、i_m 分别为发动机、电动机与机电耦合装置之间的机械传动比；η_e、η_m 分别为发动机、电动机与机电耦合装置之间的机械传动效率。

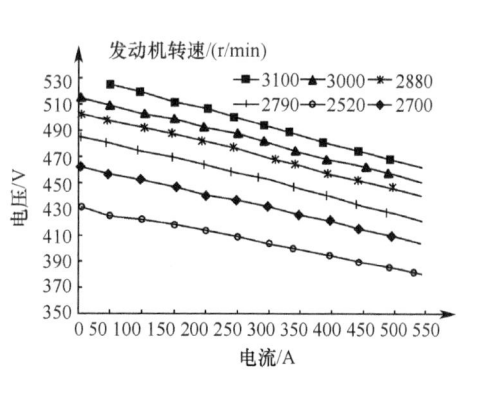

图 3-29 发动机-永磁发电机组直流输出特性

典型的转矩耦合装置有两大类：传动系耦合和同轴电机耦合，分别如图 3-30 所示。

传动系耦合是并联混合动力电动汽车较普遍采用的一种耦合方式，如我国东风汽车公司 EQ7200 基于 AMT 的机电耦合装置（图 3-31）、比亚迪公司的 DMi 机电耦合装置（图 3-32）等。可以看出，传动系耦合均采用了固定速比齿轮传动实现了转矩耦合。

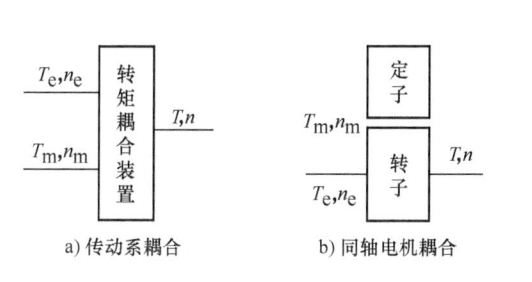

图 3-30 典型的转矩耦合装置

图 3-31 东风汽车公司混合动力客车的机电耦合装置

同轴电机耦合也是目前采用较多的机电耦合方式，最为典型的是本田 Insight 采用的 IMA 系统（图 3-33）、长安的 ISG 系统（图 3-34）、沃尔沃的 I-SAM 混合动力系统（图 3-35）和美国伊顿的混合动力系统（图 3-36）等。同轴电机耦合即单轴耦合并联混合动力系统，发动机输出轴与电机的输出轴同轴，各种具体实施方案的差异在于发动机与电机之间是否增加了离合器。图 3-33 和图 3-34 所示均为发动机与电机直接集成连接，中间无离合器，而图 3-35 和图 3-36 所示方案均在发动机和电动机之间增加了一个自动离合器，以实现更多的工作模式。为提高系统的集成度，同轴电机耦合均采用了盘式电机设计，特别是图 3-33 和图 3-34 所示的方案，直接用盘式电机替换了发动机的飞轮。因此，该电机也被称为飞轮电机。

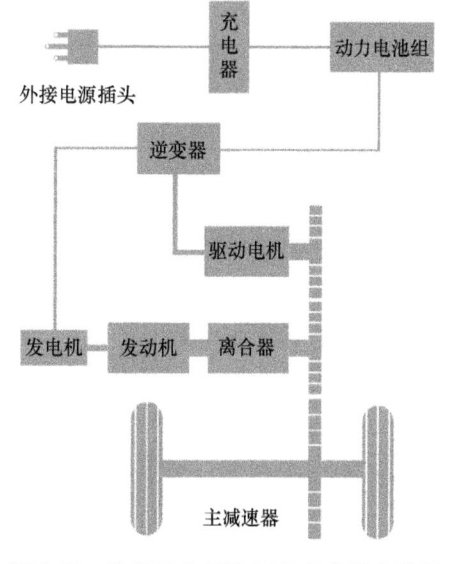

图 3-32 比亚迪公司的 DMi 机电耦合装置

图 3-33 本田 IMA 混合动力系统 　　　　图 3-34 长安 ISG 混合动力系统

图 3-35 沃尔沃 I-SAM 混合动力系统 　　图 3-36 美国伊顿混合动力系统

（2）转速耦合装置　转速耦合装置定义为两个动力装置工作转速的叠加，而输出转矩之间为比例关系，数学表达式为

$$T = \eta_e T_e i_e = \eta_m T_m i_m \tag{3-3}$$

$$n = \frac{n_e}{i_e} + \frac{n_m}{i_m} \tag{3-4}$$

典型的转速耦合装置有两大类：行星排耦合（图 3-37a）和定子浮动式电机耦合（图 3-37b）。

行星排是混合动力汽车机电耦合装置中经常使用的机构，按照形式不同又可分为单行星排、双行星排和多行星排。北京理工大学与波兰华沙工业大学联合设计的混合动力汽车用单行星排动力耦合系统如图 3-38 所示。

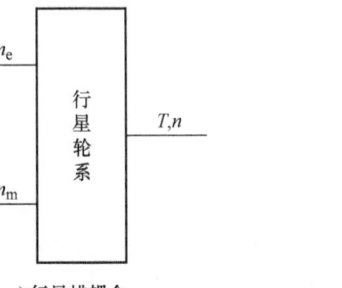

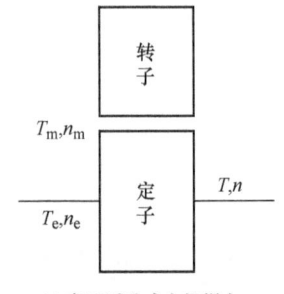

a) 行星排耦合　　　　b) 定子浮动式电机耦合

图 3-37 典型的转速耦合装置

发动机与行星排太阳轮相连，电机经过一对齿轮减速后与行星排齿圈连接，经过行星排行星架输出到驱动桥，显然稳态下其输入输出之间存在如下关系：

$$T = \eta_e T_e (k+1) = \eta_m T_m \frac{k+1}{k} \quad (3\text{-}5)$$

$$n = \frac{n_e}{k+1} + \frac{k n_m}{k+1} \quad (3\text{-}6)$$

式中，k 为行星排齿圈与太阳轮的齿数比。

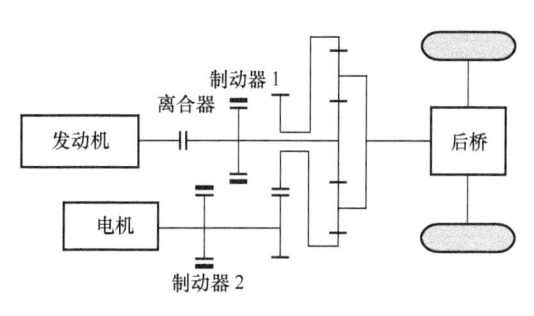

图 3-38 单行星排动力耦合系统

定子浮动式电机耦合系统输入与输出之间的关系为

$$T = \eta_e T_e = \eta_m T_m \tag{3-7}$$

$$n = n_e + n_m \tag{3-8}$$

转速耦合装置的输出转矩与发动机和电机转矩成比例关系，工作转速是发动机和电机工作转速的线性和。因此，在汽车行驶过程中，发动机的转矩不可控，发动机的转速可以通过电机的转速调整而得到控制，从而实现发动机的无级调速。

（3）功率耦合装置　功率耦合装置兼顾了转速耦合和转矩耦合的特点，其输出转矩为两个动力装置输出转矩的线性和，其工作转速为两个动力装置工作转速的线性和，即式（3-1）和式（3-4）同时成立。

典型的功率耦合装置实施方案如图 3-39 所示。图 3-39a 对应的实际应用举例为丰田普锐斯混合动力汽车所采用的 THS 混合动力系统（单行星排功率耦合）。如图 3-40 所示，发

a) 单行星排功率耦合　　b) 双行星排功率耦合

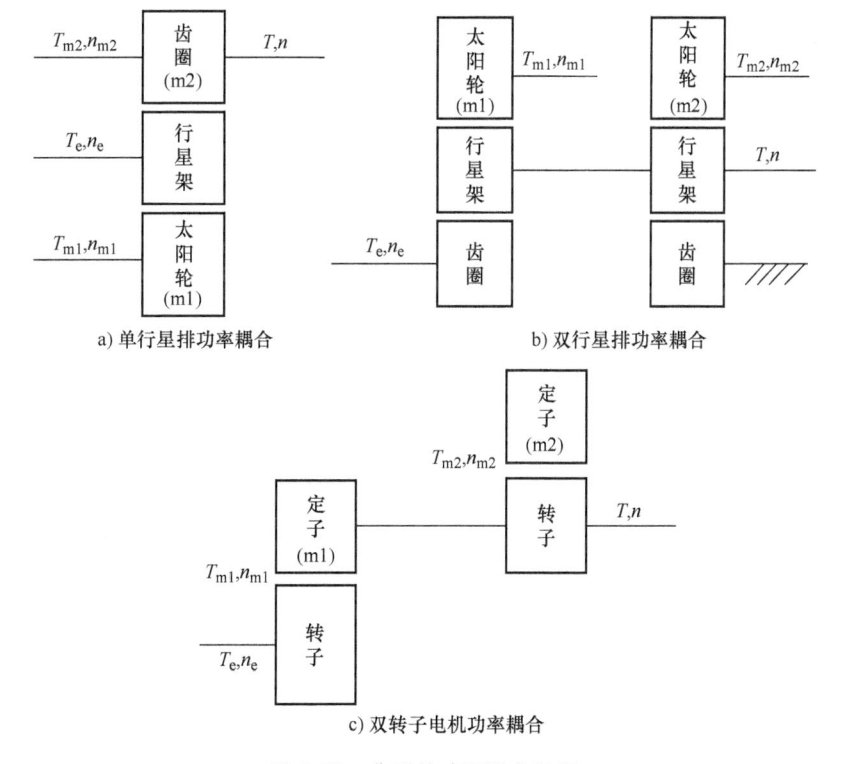

c) 双转子电机功率耦合

图 3-39　典型的功率耦合装置

动机与行星排行星架相连，发电机（对应图 3-39a 的 m1）与太阳轮相连，齿圈输出并与电动机（对应图 3-39a 的 m2）直接同轴连接，经过减速传动到驱动轮。实际上 THS 混合动力系统为单行星排转速耦合与同轴电机转矩耦合集成的功率耦合系统。图 3-39b 对应的实际应用举例为通用双模混合动力系统（双行星排功率耦合）。如图 3-41 所示，双行星排的行星架直接相连并作为输出轴，两个电动机-发电机分别与两个行星排的太阳轮相连，发动机与第一个行星排齿圈相连，第二个行星排的齿圈直接固定。这样，第一个行星排三个轴同时

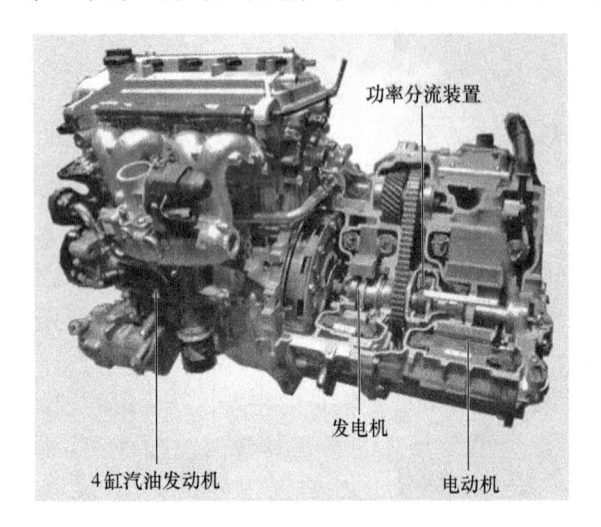

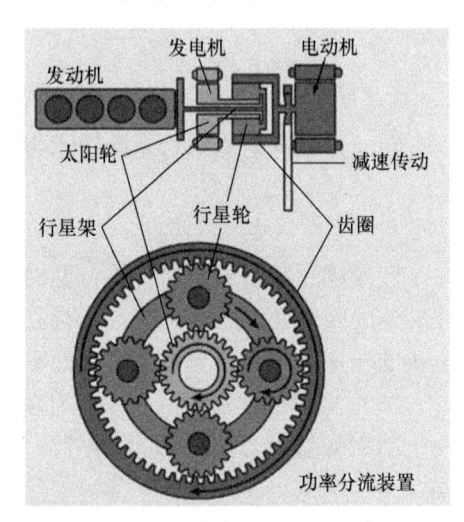

图 3-40 丰田 THS 混合动力系统

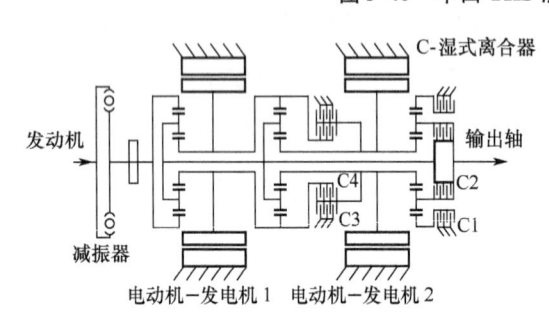

图 3-41 通用双模混合动力系统

运转，起到功率分流的作用；第二个行星排齿圈固定，相当于一个减速传动。该种方案实际上为发动机与电动机 1 组成的单行星排转速耦合、电动机 2 经过第二个行星排减速传动与第一行星排输出轴组成的转矩耦合。图 3-39c 实际上为发动机与电动机 1 组成的定子浮动式转速耦合、电动机 2 与电动机 1 定子轴组成的同轴电机转矩耦合。实际应用实例为图 3-42 所示的北京汽

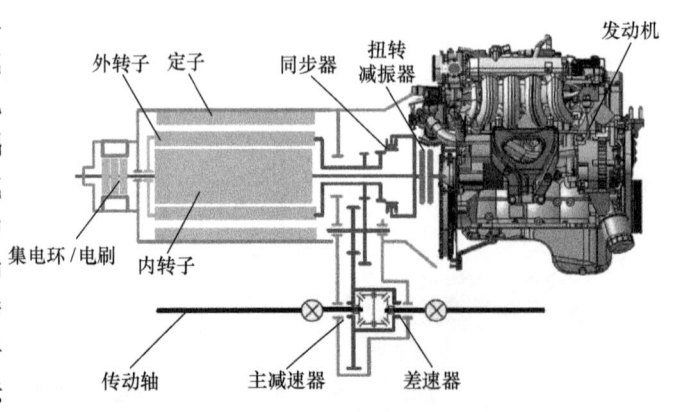

图 3-42 北京汽车集团的 EVT 混合动力系统

车集团的 EVT 混合动力系统。综上，功率耦合系统均集成了至少一种转矩耦合装置、一套转速耦合装置，具有至少两个电动机-发电机。

3.7.3 辅助功率单元

辅助功率单元（Auxiliary Power Unit，APU）是串联混合动力电动汽车的一种车载能量源，通常选用发动机-发电机组，如图 3-43 所示。以优化发动机工作特性为准则具有两种控制方案：发动机最低燃油消耗率曲线控制和发动机最佳燃油消耗点控制。采用发动机最低燃油消耗率曲线控制，发动机的工作区间对应图 3-44 中 AB 段。在整车综合控制器的作用下，依据汽车的功率需求选择合理的工作点。采用发动机最佳燃油消耗率点控制，发动机工作点对应图 3-44 中的 C 点，发动机-发电机组一般采用开关控制。

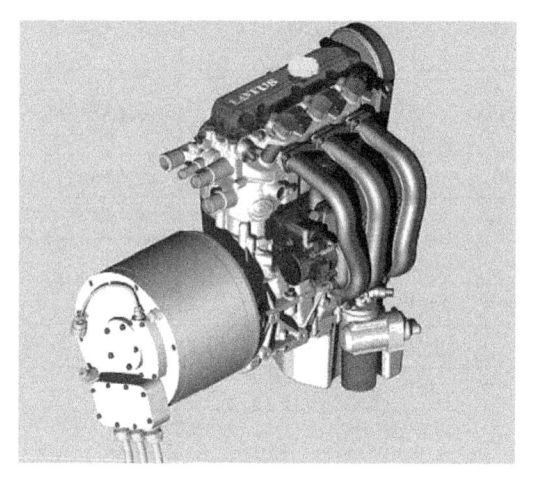

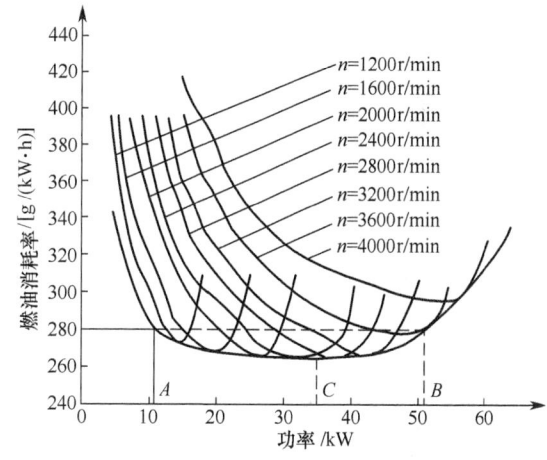

图 3-43　发动机-发电机组　　　　图 3-44　发动机油耗特性曲线

在增程式电动汽车中，小功率、模块化设计的辅助功率单元也被称为增程器，如图 3-45 所示。其中的盘式发电机除了具有发电功能外，还集成了发动机的起动功能。表 3-6 为莲花公司推出的系列化增程器产品技术参数。

图 3-45　增程式电动汽车中的增程器

表 3-6 莲花公司系列化增程器产品

型号	RE50	RE35	RE30	RE20
发动机排量/L	三缸 1.299	三缸 1.299	两缸 0.866	两缸 0.866
发动机功率/kW [对应转速/(r/min)]	55 [3500]	38 [3500]	33 [3500]	23 [3500]
发动机转矩/N·m [对应转速/(r/min)]	150 [2500]	107 [2500]	93 [2500]	66 [2500]
最低燃油消耗/[g/(kW·h)]	<250	<240	<240	<240
发动机质量/kg	55~58	51~54	<50	<45
发动机排放	欧Ⅵ标准			
发动机安装	可横置、纵置以及按照设计角度灵活安装			
发电机	无刷永磁发电机			
发电机输出电压/V	直流 285~420（额定 360）			
发电机输出电流/A	最大 180			
发电机冷却	水冷 50℃			
发电机输出功率/kW	50 连续	35 连续	30 连续	20 连续
发电机电动转矩/N·m	150 最大起动转矩	107 最大起动转矩	93 最大起动转矩	66 最大起动转矩
发电机最大效率（%）	>91			
总线控制	CAN 2.0B			
发电机质量/kg	发电机<33，控制器<10		发电机和控制器<25	

辅助功率单元除了采用常规发动机外，其他形式的发动机（如气体涡轮机、二冲程发动机）以及其他形式的发电系统（如燃料电池发电系统）等也有采用。

3.7.4 动力电池

混合动力电动汽车动力电池按电池实用性能分类可分为功率型电池和能量型电池。功率型电池指单位时间内可放出更多电量的电池，以高功率密度为特点，普遍用于 HEV 电池，电量通常为 1.2~2kW·h，充放电倍率可达 10C 以上，可布置在舱内座椅底部、行李舱处和车身底部。能量型电池指总放电量更多的电池，以高能量密度为特点，普遍用于 PHEV 和 BEV 车型，由于对电池的纯电续驶里程要求较高，通常在 50km 以上，电量通常均在 10kW·h 以上，当前 PHEV 车型最高达 40kW·h 以上，充放电倍率通常在 3~7C 左右，通常布置在车身底部,如图 3-46 所示。

图 3-46 动力电池布置位置

动力电池按照材料体系分类大致可分为两大类:镍氢电池和锂离子电池。镍氢电池目前还是以丰田等日系车应用为主;而锂离子电池为当前动力电池主流体系,具有安全性好、循环寿命长、能量密度高等优点,其中磷酸铁锂电池为比亚迪全车系运用的电池,广汽、吉利、理想以三元锂电池为主,两者的 OCV-SOC 曲线如图 3-47 所示。

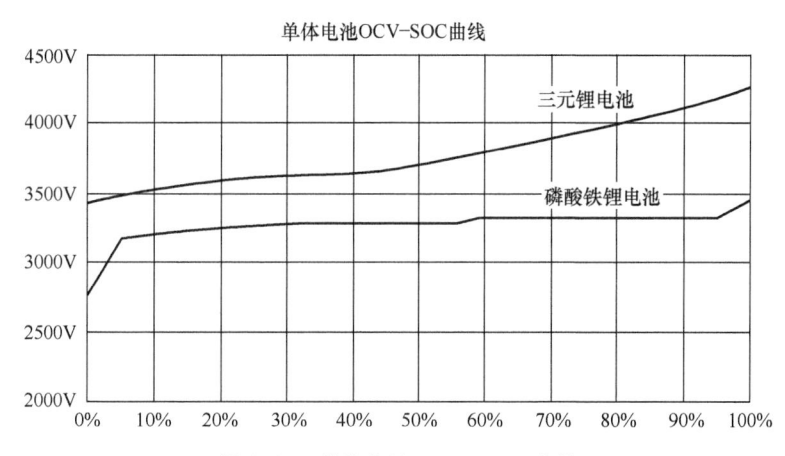

图 3-47 单体电池 OCV-SOC 曲线

3.7.5 整车综合控制器

整车综合控制器是混合动力电动汽车的关键部件。它基于驾驶人的操控指令、车速等整车的状态信息、混合动力系统组成部件的状态信息等,实施驾驶人的指令解析、依据制定的控制策略进行动力分配控制、依据动力电池组等的能量状态进行能量管理、对混合动力系统组成部件进行信息监控和故障诊断等,并输出合理的指令到电机、发动机以及动力耦合装置等,满足汽车的行驶要求。

整车综合控制器硬件包括微处理器、电源及保护电路模块、CAN 通信模块、A/D 模块、I/O 接口、调试模块等。微处理器负责数据计算和存储,是整车综合控制器的大脑;电源及保护电路模块为微处理器提供稳定的 12V 或 24V 电源,并在电源意外接错的情况下切断电路保护整车控制器的安全;CAN 通信模块通过内嵌的 CAN 控制器和外接的 CAN 收发器实现了 CAN 网络通信;A/D 模块负责采集加速和制动踏板等模拟量信号的输入;I/O 接口负责接收钥匙、模式开关指令并实现继电器的开关控制;调试模块用来实现程序的下载更新和在线调试。图 3-48 所示为某整车综合控制器实物。

整车综合控制器软件包括四部分：芯片使用模块的初始化、信息采集和控制指令的发送、整车动力分配和能量管理策略、系统状态监控和故障诊断。其中整车动力分配和能量管理策略是整车综合控制器软件的重点。整车动力分配的原则在于最大限度地降低发动机的燃油消耗，保证发动机工作于高效区。常用的控制策略包括基于逻辑规则的控制策略，举例说明如图3-49所示。在发动机低速、低负荷的非经济工作区，发动机尽可能关机，采用纯电动机驱动，如图3-49的区域A、B；在发动机经济工作区，采用纯发动机驱动，如图3-49的区域C；当需求功率超过发动机的经济工作区时，如图3-49的区域D，发动机以经济工作区的节气门上限工作，剩余功率由电动机提供，即采用"发动机＋电动机"的混合驱动；当需求功率超过发动机的全负荷工作区时，如图3-49的区域E，则发动机以全负荷工作，剩余功率由电动机提供。基于逻辑规则的控制策略算法简单，易实现，且具有很好的鲁棒性。

图3-48 某整车综合控制器实物

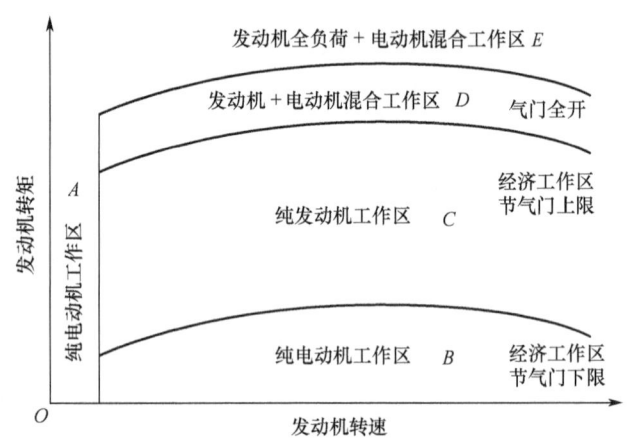

图3-49 基于逻辑规则的动力分配控制策略

但该策略基于工程经验，对汽车行驶工况的动态变化考虑不充分，难以获得最佳的控制效果，因此又出现了基于模糊规则的控制策略、基于静态全局优化的控制策略以及基于动态实时优化的控制策略等。整车能量管理策略围绕动力电池组的电量消耗变化主要有两大类：一为电量消耗型管理策略，即动力电池组的电量状态在汽车行驶前后处于衰减的状态，在必要时需要对动力电池组进行外接充电；二为电量维持型管理策略，即动力电池组的电量状态在汽车行驶前后基本保持不变，不需要对动力电池组进行外接充电，整车使用和常规汽车相同，只需要加油即可。

3.8 典型的混合动力汽车结构

3.8.1 串联混合动力电动汽车的结构

串联式混合动力系统除了在专用车辆如城市公交车、超大型工程车上有广泛应用外，随着增程器小型化及动力电池技术的发展,在乘用车上也有搭载。图 3-50 所示为国内部分自主品牌串联式混合动力乘用车的动力系统分布图。

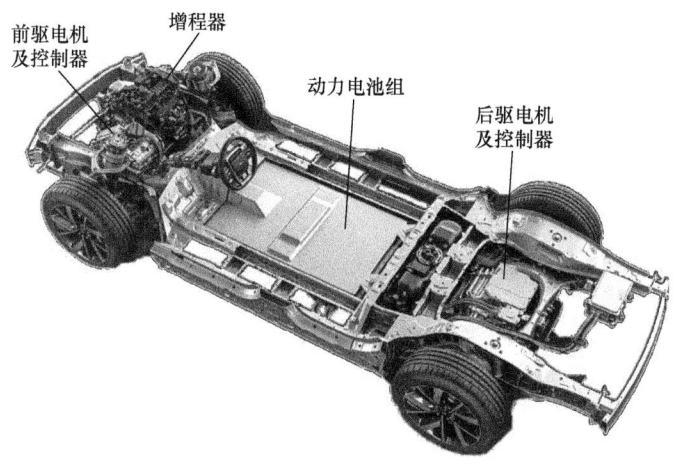

a) 理想L7动力系统分布图

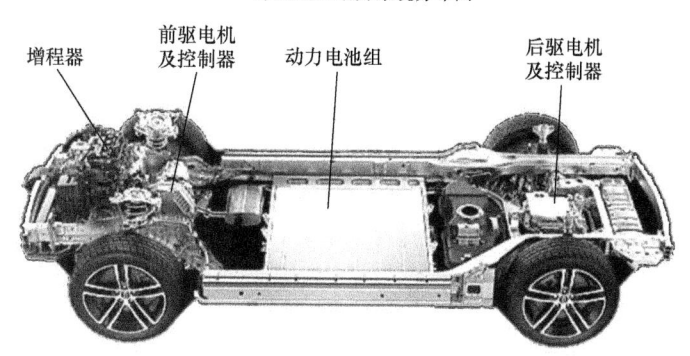

b) 问界M5动力系统分布图

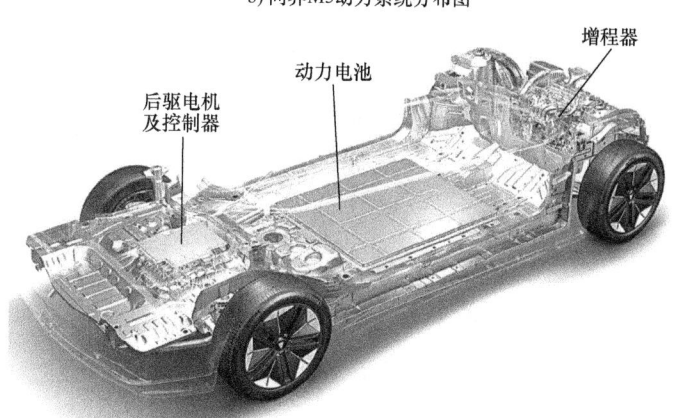

c) 长安深蓝SL03动力系统分布图

图 3-50　串联式混合动力乘用车动力系统分布图

由于没有动力耦合装置,串联式混合动力汽车无须配备复杂的液压控制系统,其系统组成较为简单,通常由增程器、驱动电机及其控制器、动力电池组等组成,驱动电机根据布置位置的差异,可分为前驱电机和后驱电机。串联式混合动力系统各组成部分有如下特点。

1. 增程器

增程器由发动机和电机组成，当动力电池组电量低时，发动机带动电机转动发电，为动力电池补充电能，此时电机用作发电，如图3-51箭头①所示。增程器上的发动机一般不单独带起动机，当需要起动发动机时，动力电池组为电机提供电能，电机带动发动机起动，此时电机用作起动机。如图3-51箭头②所示。增程器与整车驱动端之间无任何机械连接，和车速始终处于解耦状态，发动机转速较为稳定，大部分时间工作在最佳燃烧效率区间，从而实现比较低的油耗。

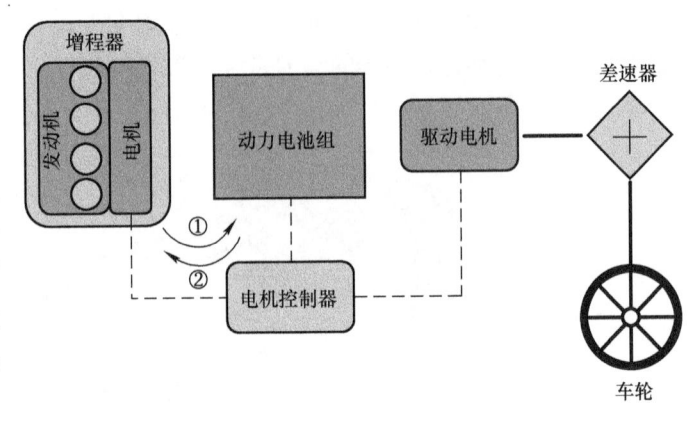

图 3-51 串联式混合动力汽车架构图

2. 驱动电机及其控制器

为满足整车空间布置需求，驱动电机和电机控制器通常集成为一体，同时选用扁线电机等技术实现电机高功率密度要求。驱动电机作为串联式混合动力汽车唯一的驱动单元，往往选用大功率电机，如理想L7前驱电机峰值功率为130kW，峰值转矩为220N·m，后驱电机峰值功率为200kW，峰值转矩为400N·m。

3. 动力电池组

串联式混合动力乘用车普遍搭载大容量动力电池，以满足驱动电机大功率输出需求。如理想L7搭载了42.8kW·h三元锂电池，问界M5搭载了40kW·h三元锂电池，长安深蓝SL03搭载了28.39kW·h磷酸铁锂电池。图3-52所示为理想L7动力电池爆炸图。

图 3-52 理想L7动力电池爆炸图

3.8.2 并联混合动力电动汽车的结构

1. 吉利博瑞 GE 轻度混合动力轿车

吉利汽车公司生产的博瑞 GE 混合动力汽车采用 48V 轻度混合动力系统，如图 3-53 所示，由 1.5T 涡轮增压三缸发动机、BSG 电机、DC/DC 变换器、48V 锂电池模块及管理系统、能量回收系统、混动模块控制系统等组成。BSG 电机发出的三相交流电经过内部整流模块转换后，除了为 48V 锂电池组充电外，还通过 DC/DC 变换器转换后为 12V 蓄电池补充充电。发动机停机时，12V 蓄电池也可以直接从 48V 锂电池组通过 DC/DC 变换器转换后为整车 12V 低压供电。

图 3-53 吉利 48V 轻度混合动力系统

吉利博瑞 GE 轻度混合动力系统可实现以下功能：

1）扩展停机：当车速小于 15km/h 时发动机停止运行，并使用 BSG 电机进行停机辅助，缩短停机时间，减小停机抖动。

2）舒适起动：快速、平稳、安静地起动发动机。

3）低速助力：使用 BSG 电机来提升车辆低速性能，车辆行进过程中通过发动机工况优化和整车能量管理，使之始终工作在经济区域。

4）停机滑行：高速滑行时关闭发动机，脱开传动链，整车零排放行驶。

5）改变意图：发动机停机过程中，随时根据驾驶人的意图进行快速重新起动。

6）全速助力：BSG 电机可提升车辆高速超车能力。

7）能量回收：制动和滑行时，将动能转换成电能高效储存在 48V 锂电池模块内。

图 3-54 所示为吉利博瑞 GE 轻度混合动力系统能量流。

2. 长安 UNI-K 混合动力汽车

长安 UNI-K 混合动力汽车搭载长安蓝鲸 iDD 混动系统，其结构如图 3-55 所示。该系统主要包括采用米勒循环技术的 1.5T 混动专用发动机、三离合电驱变速器、30.74kW·h 大

a) 怠速充电

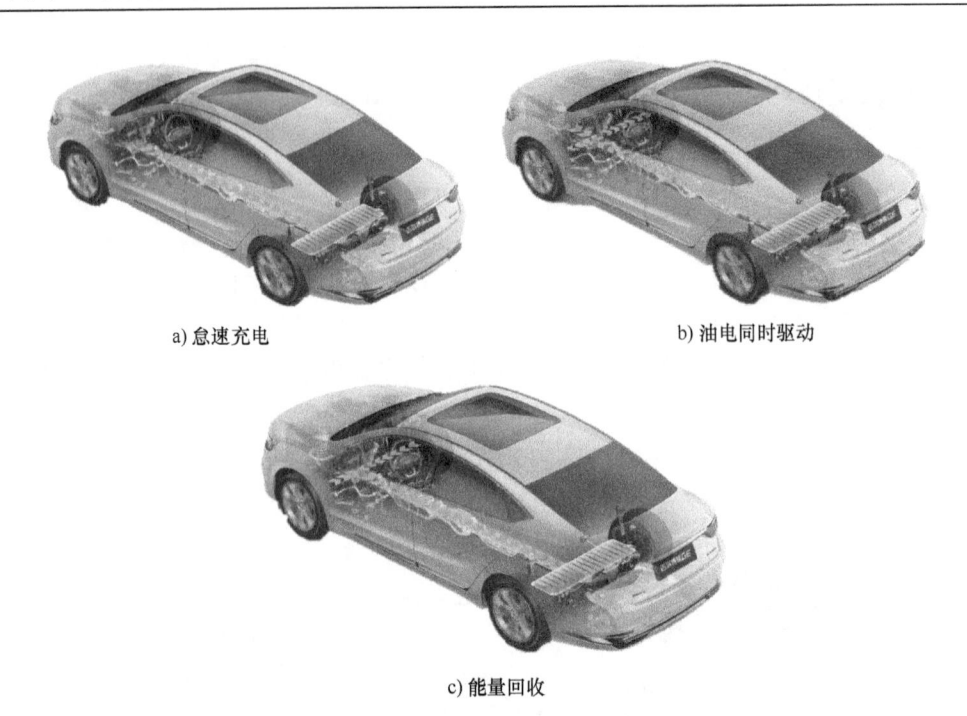

b) 油电同时驱动

c) 能量回收

图 3-54　吉利博瑞 GE 轻度混合动力系统能量流

容量电池组。UNI-K iDD 还配备智慧控制系统，使得发动机、电机、变速器等关键零部件长期维持在高效区间。

1.5T混动专用发动机

30.74kW·h大容量动力电池组

三离合电驱变速器

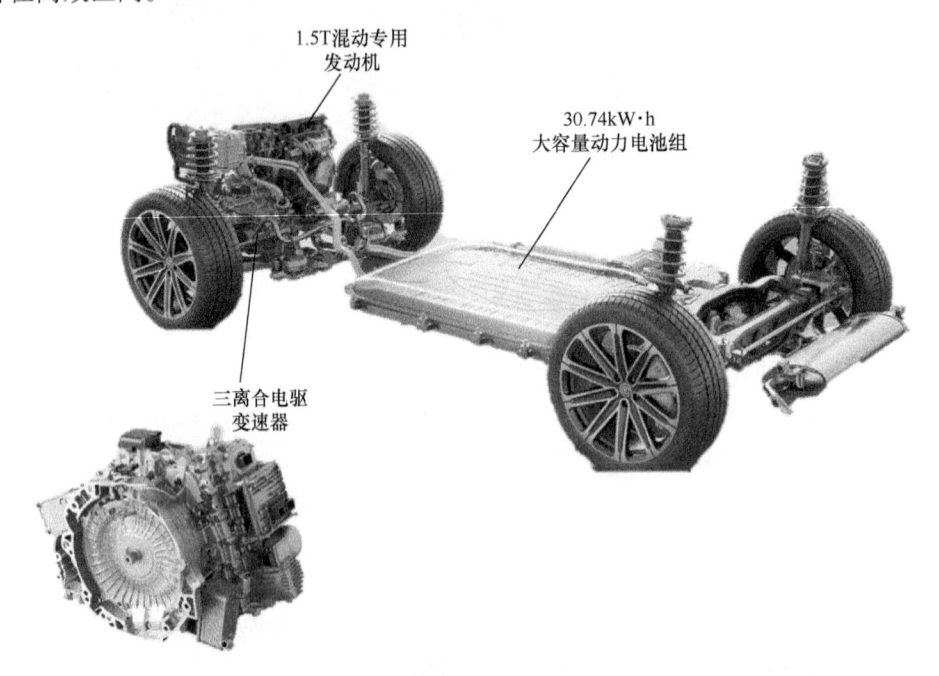

图 3-55　长安蓝鲸 iDD 混动系统

图 3-56 所示为长安蓝鲸 iDD 混动系统架构图，其工作模式主要有纯电模式、混动模式、发动机直驱模式、动能回收模式和充电模式 5 种。

1）纯电模式：发动机不参与工作，动力电池组通过电机控制器带动 P2 电机，纯电驱动，适用于城市路况。

2）混动模式：当有大功率输出需求时，离合器 C1 闭合，发动机输出功率，同时 P2 电机作为动力增强器提供更多的功率，经双离合变速器调整，将动力最终输出至车轮，整套系统并联驱动。

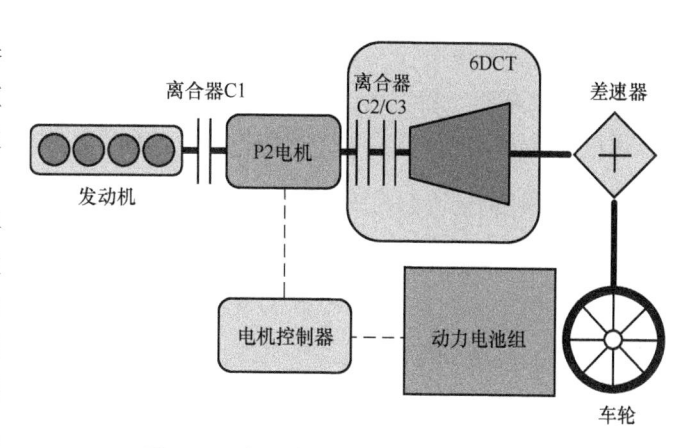

图 3-56　长安蓝鲸 iDD 混动系统架构图

3）发动机直驱模式：控制发动机介入的离合器 C1 耦合，此时可以将整车看作一辆传统的燃油汽车。

4）动能回收模式：动能回收模式指车辆制动时，轮端动能通过 P2 电机进行回收，通过电机控制器回收至动力电池组。

5）充电模式：充电模式包含驱动充电和怠速充电两种模式。驱动充电时，由于 P2 电机直接套在双离合变速器的输入轴，故此，当发动机在驱动时，带动 P2 电机，从而为动力电池组补能；怠速充电指车辆停止时，发动机继续运转，带动 P2 电机发电，从而为动力电池组充电。

长安 UNI-K 混合动力汽车搭载了 1.5T 混动专用发动机，实际最大功率为 122kW，最大转矩为 255N·m，使得该车的最高车速可达 200km/h。该发动机采用了"AGILE 敏捷高效燃烧系统"（高压直喷）、智能热管理系统、米勒循环、智能润滑系统等一系列技术，配合"蓝鲸电驱变速器"，在确保低油耗的情况下，同时满足在城市起步、高速超车等动力需求较大情况下，也能保持充沛的动力；长安 UNI-K 搭载的三离合电驱变速器，拥有 4 项核心技术："高压液压系统""电子双泵技术""S-winding 绕组技术"和"三离合器集成技术"。整套变速器可实现电驱动综合效率 90%、电机控制器最高效率超过 98.5%、电机功率密度达到 10kW/kg、液压系统压力 60bar。图 3-57 是长安蓝鲸 iDD 混动系统实物图。

图 3-57　长安蓝鲸 iDD 混动系统实物图

动力电池组采用 30.74kW·h 三元锂电池，NEDC 纯电续驶里程为 130km，符合 IP68 防尘防水规格，并配备了全天候不间断"电池热失控监控系统"，比如在无人驻车的情况下，系统仍会持续保持监控动力电池的情况，若发生动力电池的热失控，系统会向用户发送消息。而在行车工况发生热失控时，能保证 30min 内不会出现明火，高于国标 5min 不能出现明火的要求。

在整车混动控制方面，长安 UNI-K 混合动力汽车搭载了"智慧控制系统"，该系统可保证发动机、电驱变速器、动力电池协同工作在最优区域内，亏电状态节油效果超过 40%，同时还可实现动力属性的自定义，让用户通过调整动力参数智能组合驾驶风格。

3.8.3 混联混合动力汽车的结构

除了丰田混合动力汽车普锐斯采用的功率分流式混联混合动力系统外，典型的混联混合动力系统还有本田汽车于 2005 年开始推出的 iMMD 系统，也称智能多模式驱动系统，如图 3-58 所示。其结构组成和工作原理如图 3-59 所示，工作模式见表 3-7。

图 3-58 iMMD 混合动力系统

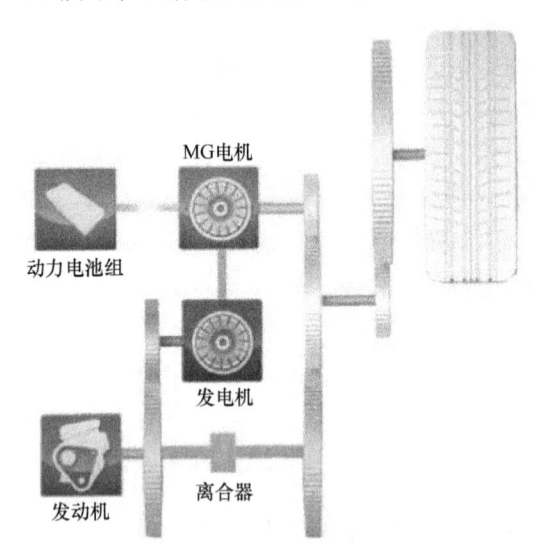

图 3-59 iMMD 混合动力系统的结构组成和工作原理

表 3-7 iMMD 混合动力系统工作模式

工作模式	离合器	发电机	MG 电机
纯电模式	断开	停止	运行
串联模式	断开	运行	运行
并联模式	接合	运行	运行
发动机直连	接合	停止	运行/停止

iMMD 混合动力系统有多种动力驱动模式，分别是纯电模式、串联模式、并联模式、发动机直连模式。多种模式实现了汽车在高、低速等不同工况下发动机的高效工作。该系统驱动电机与车轮为常连接状态，采用一个离合器控制发动机与车轮接合，决定发动机在不同模式下的作用。本田的雅阁 e：Hev、CR-V e：Hev、思域 e：Hev 等混动车型的混合动力系统均是采用 iMMD 智能多模式驱动系统。

本田公司的 iMMD 智能多模式驱动系统以及在本田思域上的应用如图 3-60 所示，具体包括 2.0L 缸内直喷阿特金森循环发动机和驱动电机、发电机、齿轮组、离合器组成的混合动力变速器、锂离子动力电池组以及控制器等。其工作过程如下：

1) 在车辆轻载运行、起步时，车辆以纯电模式工作，此时仅由动力电池组为驱动电机供电，由驱动电机驱动车辆。

2）当车辆高负载提升，系统将以串联模式工作，发动机运行带动发电机发电，发电机与电池协同为驱动电机供电，由驱动电机驱动车辆。当车辆负载需求小于发电量时，发电机部分发电量将被存储在电池组包中。

3）发动机起动工作后，可以通过离合器接合参与直接为车辆输出动力，在部分急加速超车等工况下，电机可以与发动机同时为车辆提供动力。

4）汽车在制动时，驱动电机的动能将转换为电能存储至动力电池组内实现能量回收。

为进一步提升全车速范围的发动机动力性和经济性的平衡，本田 iMMD 在第四代上改进增加两档变速器以及调整双电机平行布置的方式，如图 3-61 所示。

图 3-60 本田混合动力汽车思域 e：Hev

图 3-61 本田第四代 iMMD 混合动力系统

3.8.4 插电式混合动力电动汽车的结构

1. 广汽传祺 E9

国内众多自主品牌均推出插电式混合动力电动汽车，图 3-62 所示为广汽传祺推出的插电式混合动力电动汽车 E9。该车的动力系统由 25.57kW·h 三元锂离子动力电池组、2.0TM 发动机、GMC2.0 机电耦合系统及充电接口等组成。

图 3-62 插电式混合动力汽车传祺 E9

该车带有 350V 直流快充及 220V 交流慢充充电接口，快充时间为 0.5h（80%SOC），慢充时间约 3.5h。得益于高效节能的混动系统，传祺 E9 WLTC 综合续驶里程为 1032km，

CLTC 纯电续驶里程为 136km，WLTC 百公里亏电油耗 6.05L。

传祺 E9 混合动力系统的组成和结构原理如图 3-63 所示。

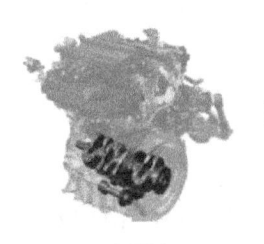

a) 2.0TM
米勒循环高热效发动机

b) GMC2.0
集成式双电机2档DHT

c) 三元锂电池

图 3-63　传祺 E9 混合动力系统的组成

传祺 E9 的搭载的 GMC2.0 机电耦合系统采用双电机平行轴串并联两档 DHT 方案，双电机控制器与 DHT 本体的结构集成，实现双电机、双电机控制器、变速机构等多合一集成，属国内首次开发。如图 3-64 所示，其主要构成包括驱动电机、发电机、电机控制器、换档减速机构、液压模块以及壳体。

传祺 GMC2.0 机电耦合系统采用离合器/制动器作为执行机构，相对于同步器，可实现更平顺、无冲击的换档和模式切换。如图 3-65 所示，GMC2.0 机电耦合系统可实现纯电、增程、发动机直驱 1 档、发动机直驱 2 档、并联混动 1 档、并联混动 2 档、驻车发电、制动能量回收等多档多模式工作。通过控制系统智能切换实现各种驾驶场景下动力与油耗的平衡，WLTC 工况混动系统热效利用率 95.5%。

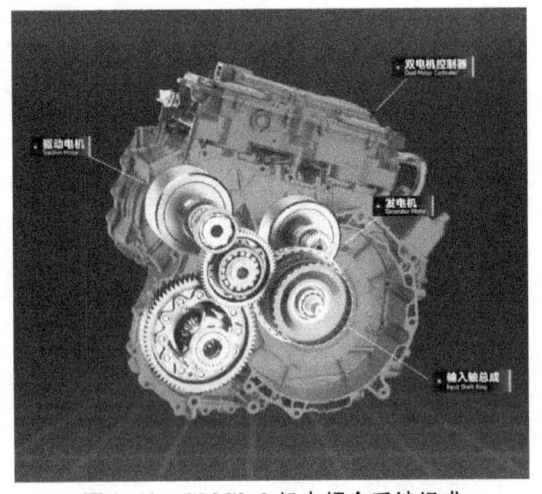

图 3-64　GMC2.0 机电耦合系统组成

系统构型	发动机直驱/并联混动1档模式	发动机直驱/并联混动2档模式
纯电模式/制动能量回收模式	串联增程模式	驻车发电模式

图 3-65　GMC 2.0 系统构型及工作模式

传祺 E9 PHEV，通过识别车辆工况与用户使用场景，智能控制 GMC2.0 机电耦合系统工作模式。如图 3-66 所示，在市区工况下，动力电池组电量充足时使用 EV 模式，亏电时 EV 模式与串联模式智能切换，发动机保持在最高效区域；在城郊工况下，巡航时采用低速串联、中高速发动机直驱模式，大负荷需求时采用并联提高动力响应；在高速亏电工况下，采用并联直驱模式，提高动力响应速度的同时实现高效输出。

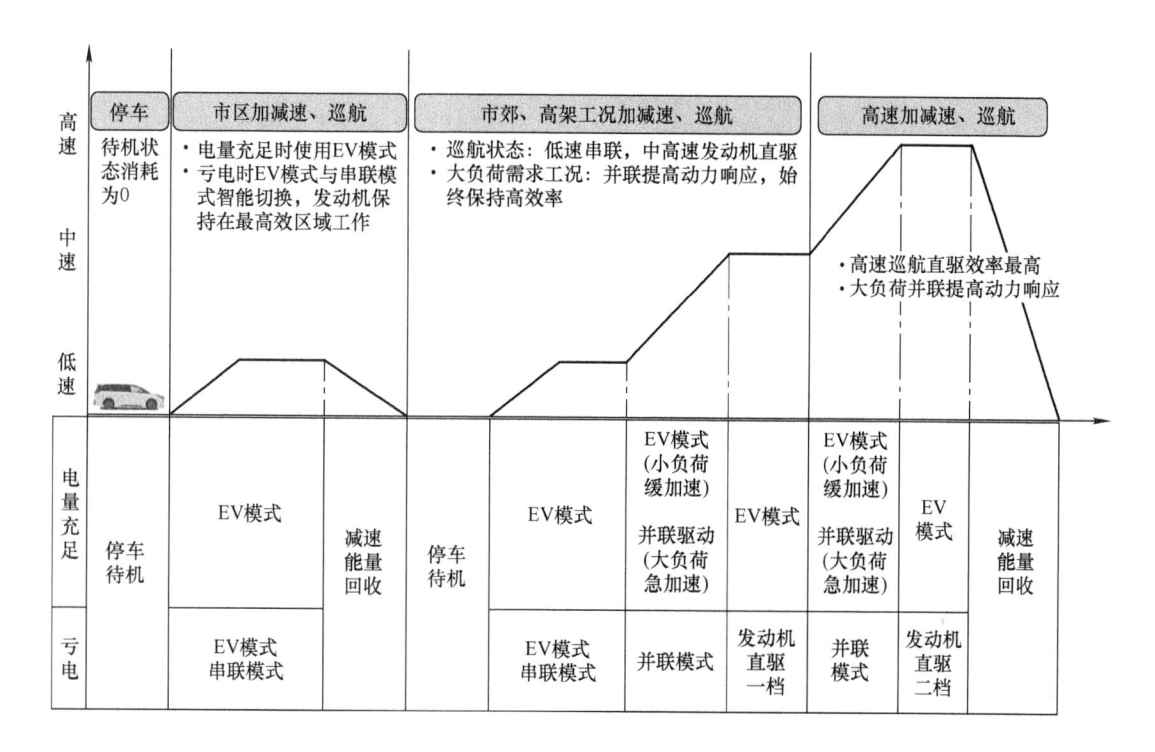

图 3-66 GMC 2.0 机电耦合系统全速域全场域工作模式

为满足整车多模式行驶的需要，传祺 E9 选用了广汽自主研发的第三代增压直喷发动机，采用广汽燃烧控制技术、米勒循环、35MPa 高压直喷系统、双流道增压器、电控废气阀、进排气 VVT、水冷中冷、低压 EGR、可变机油泵、平衡轴等先进技术。最大输出功率 140kW（转速区间 4500~5000r/min），最大工作转矩为 320N·m（转速区间为 1750~4000r/min）。通过采取起动排放优化、简化辅助系统、省略了传统起动机和发电机、限制工作转速、与发电机的效率匹配等措施，使整车获得了良好的动力经济性。图 3-67 所示为传祺 E9 发动机和发电机的工作特性曲线。

动力电池组选用 25.57kW·h 锂离子动力电池组，由 96 个单体串并联组成，额定工作电压为 355.2V。动力电池组采用了液冷系统，可以适应 -30~55℃ 使用环境。动力电池组管理系统实时监控动力电池的状态并实施性能最优的管理策略和控制。动力电池组箱体采用三明治结构，布置于车体中部的底盘下，如图 3-68 所示。

2. 比亚迪 DM-i 技术

比亚迪 DM-i 技术是目前先进的串并联混合动力技术，其结构如图 3-69 所示。

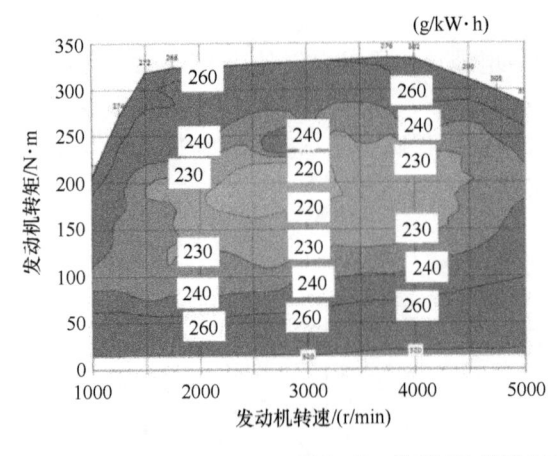

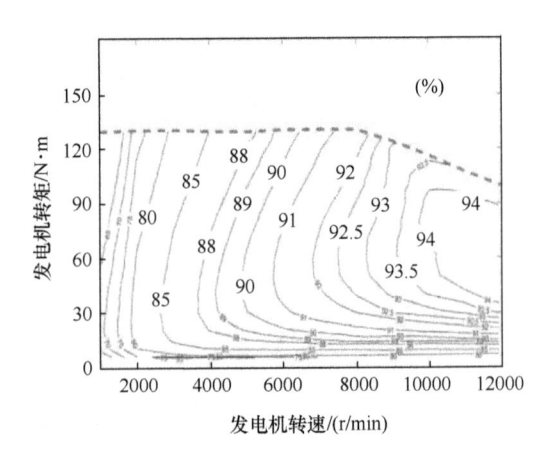

图 3-67 传祺 E9 发动机和发电机的工作特性曲线

图 3-68 广汽弹匣电池

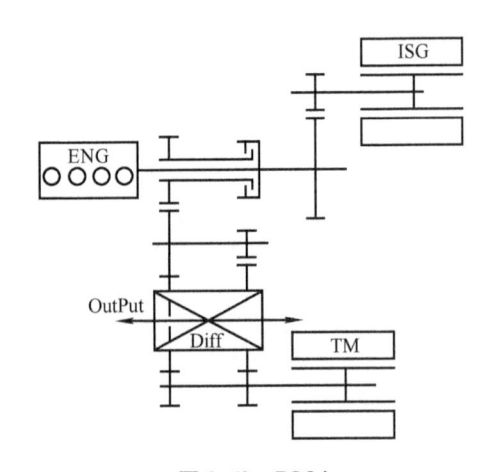

图 3-69 DM-i

简单来说，DM-i 混动系统是通过在 P1 和 P2 位置增加两台电机，其峰值功率分别为 25kW 和 50kW，在两台电机、电池组与发动机的配合下，能够实现 EV 纯电模式、HEV 串联模式、HEV 并联模式和发动机直驱模式，共 4 种能量输出模式。

(1) EV 纯电模式下的工作原理　EHS 电混系统在切换为纯电模式下，驱动电机由动力电池供能驱动车辆，无须换档，打造出纯电车型才具有的线性驾乘体验，同时采用扁线电机、高转速以及直喷式油冷技术等行业先进技术，使得驱动电机性能高超，且 NVH 极其优异，打造出超静谧的驾乘环境。

(2) HEV 串联模式下的工作原理　EHS 电混系统在 HEV 串联模式下，发动机轴与发电机相连，发动机带动发电机发电，再通过双电控优异的控制性能，将电能输出给驱动电机，直接用于驱动车轮，整个能量流传递过程简约而不简单，极大地提升了能量利用率，提升了串联传动效率。

同时，为了提升能量利用率，整车中低速行驶或者加速时，如果车辆 SOC 值较高，则整车控制策略会智能地将驱动方式切换为纯电模式，发动机停机，油耗消耗量为零；如果车辆 SOC 值较低，则整车控制策略会智能地使发动机工作在油耗最佳效率区，同时将富余能量通过发电机转化为电能暂存到动力电池组中，在低油耗下极大地提升了保电性能，实现全工况使用不易亏电。

而且整个串联模式工作中，发动机的 NVH 控制得恰到好处，既满足低油耗，又提升了驾驶质感，提升了用户的驾乘体验。

（3）HEV 并联模式下的工作原理　EHS 电混系统在 HEV 并联模式下，会让电池在合适的时间介入，提供电能给驱动电机，与发动机直驱路径形成并联模式。在该模式下，总成会爆发出极致的动力性能，提供充足的推背感，营造出卓越的加速体验氛围。

当整车行车功率需求太高、脱离发动机经济功率时，整车一般处于高速超车或者超高速行驶，此时，采用并联模式，驱动电机并联驱动，得益于 DM-i 超级混动专用功率型刀片电池的加持，整车不但操控自如，动力强劲，而且油耗相比于传统燃油车更低。

（4）发动机直驱模式下的工作原理　高速巡航时，发动机直驱，无须换档，简化了传动路径，油耗更低。

为了降低高速工况下的油耗，在车速高于某一阈值时，整车控制策略会智能地切换为高速巡航模式，通过 EHS 电混系统内部的离合模块及液压系统，将发动机动力直接作用于车轮，并且控制发动机工作在效率最高区域，降低发动机油耗。而且为了避免发动机能量的浪费，发电机和驱动电机随时待命，在发动机直驱功率有富余时，及时介入将能量转化为电能，存储在电池中，提高整个模式的能量利用率。

当行车功率进入发动机经济功率范围时，整车一般处于中高车速，此时，采用直驱模式，充分发挥发动机效率，得益于单档直驱的架构设计和热效率 43.04% 的骁云——插混专用 1.5L 高效发动机的加持，油耗远低于传统燃油车。

知识拓展

比亚迪 DM-i 超级混动技术三大核心技术提升系统全维度性能

1. EHS 电混系统

- 传动效率：最高可达 97.5%。
- 按功率划分有三款总成分为 EHS132、EHS145、EHS160，适配 A 级到 C 级全部车型。

（1）超高转速双电机

1）超高转速达 16000r/min。

2）体积小，功率高。

3）恒功率区更长，后备功率更充足。

电机设计基于电磁场、转子动力学、温度场、流体场与应力场等多物理场耦合及跨学科优化，使得电机转速达到 16000r/min，同时具备优秀的高速区功率、强度、散热性能，最大限度地减小体积，提高电机的功率密度。

比亚迪精选高转速轴承结合轴承油冷却及润滑技术，提高电机的高速负载能力，提高寿命；高转速电机结合变速器的大速比，使整车同时拥有卓越的起步和高速超越性能，提升驾驶体验。

(2) 高度集成化双电机控制器

1) 驱动电控、发电电控高度集成化设计，功率大，体积小，重量轻。

2) IGBT模块集成化设计。

(3) 成型绕组技术

1) 散热性能大幅提升。

2) 电机最高效率达97.5%。

3) 效率>90%占比90.3%。

(4) 油冷技术

1) 直接冷却热源，散热能力增强。

2) 使电机功率密度提升至44.3kW/L。

(5) IGBT4.0技术

1) 比亚迪第四代IGBT技术。

2) 电控综合效率高达98.5%。

3) 完全自主知识产权。

2. 发动机

(1) 骁云插混专用1.5L高效发动机

1) 全球量产最高热效率43.04%，获得了中国汽车技术研究中心的认证。

2) 峰值功率：81kW/6000r/min。

3) 峰值转矩：135Nm[4500r/min]。

4) 15.5超高压缩比、阿特金森循环、EGR冷却、低摩擦设计、取消传统轮系——革命性的变化，得到了专家的认可，并且获得了中国汽车工业科技进步奖、中国机械工业科学技术奖等众多奖项。

(2) 骁云-插混专用涡轮增压1.5Ti高效发动机

1) 热效率高达40%，达到全球领先水平。

2) 峰值功率：102kW/5200r/min。

3) 峰值转矩：231N·m [1350~4000r/min]。

4) 12.5高压缩比、米勒循环、VGT可变截面涡轮增压器、低摩擦设计等前沿技术，使发动机效率得到进一步提升。

3. DM-i超级混动专用功率型刀片电池

1) 电池电量：8.3~21.5kW·h，涵盖更多区间。

2) 纯电续驶里程：51~120km，满足不同需求。

3) 超级安全：符合针刺测试标准。

4) 高空间利用率：无模组结构，体积效率高达65%。

5) 高强度：类似蜂窝铝板结构，强度更高。

6) 灵活性强：扁平模块化设计，电池包尺寸灵活性更强。

第 3 章 混合动力电动汽车

习 题

一、填空题

1. 动力传动系具体包括（　　　　）、（　　　　）、（　　　　）、（　　　　）四部分。
2. 根据组成混合动力汽车的两个或多个能同时运转的单个动力传动系之间动力联合位置的不同，混合动力汽车具有串联、并联和混联三种基本类型，下图为（　　　）类型。

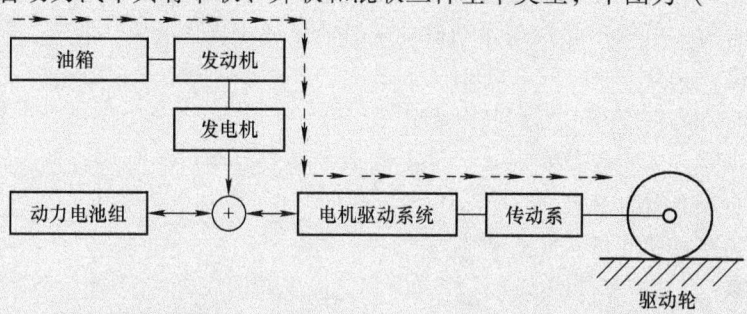

```
┌─────┐   ┌─────┐
│ 油箱 │──│发动机│───────────────┐
└─────┘   └─────┘               │
              │                  │
          ┌─────┐                │
          │发电机│               │
          └─────┘                │
              │                  ↓
┌────────┐   ↓   ┌──────────┐ ┌──────┐      ○
│动力电池组│──→⊕──│电机驱动系统│─│传动系│─────│
└────────┘       └──────────┘ └──────┘     ┴┴┴
                                          驱动轮
```

3. 并联混合动力汽车是混合动力汽车的一种基本结构，其单个动力传动系间的联合是（　　　　　　　　　　）的联合。
4. 混联混合动力电动汽车的系统分为（　　　　　　　　）。
5. 除了电动汽车常规的动力电池组和电机驱动系统之外，混合动力电动汽车特有的关键部件还包括（　　　　　　　　　　　　　　　　　　　　　　　）等。

二、选择题

1. 依据发动机、电动机-发电机的工作状态以及动力电池组的充放电状态，并联混合动力电动汽车具有6种工作模式，下列不属于其工作模式的是（　　　）。
   A. 再生补充充电　　　　　　　　B. 混合动力驱动
   C. 强制补充充电　　　　　　　　D. 停车补充充电
2. 依据发动机、发电机、电动机、发电机的工作状态以及动力电池组的充放电状态，混联混合动力电动汽车功率分流工作模式有（　　　）种。
   A. 4　　　　　　B. 5　　　　　　C. 6　　　　　　D. 7
3. 下面不属于串联混合动力汽车特点的是（　　　）。
   A. 车载能量源环节的混合　　　　B. 单一的动力装置
   C. 车载能量源由两个以上的能量联合组成　　D. 用于驱动汽车的能量的联合
4. 下列说法正确的是（　　　）。
   A. 依据发动机-发电机组的工作状态以及动力电池组的充、放电状态，串联混合动力电动汽车具有6种工作模式
   B. 并联混合动力电动汽车的系统分为功率分流式和开关式
   C. 动力耦合装置不属于混合动力电池汽车特有的关键部件
   D. 在增程式电动汽车中，小功率、模块化设计的辅助功率单元也被称为增程器

三、判断题

1. 混合动力电动汽车具有油电混合、气电混合、电电混合、油气混合等多种不同的形式。（　）
2. 混联混合动力电动汽车在混合补充充电工作模式时，其发动机处于起动状态。（　）
3. 增程式电动汽车从本质上讲，是在纯电动汽车的基础上，增加一个内燃机给动力电池充电，或者直接驱动电机增加续驶里程。（　）
4. 动力输出干涉功能是混合动力电动汽车机电耦合装置的基本功能。（　）
5. 转速耦合装置的输出转矩与发动机和电机转矩成正比例关系。（　）

四、简答题

1. 串联混合动力汽车具有哪些特点？
2. 与一般混合动力电动汽车相比，插电式混合动力电动汽车有哪些特点？
3. 动力耦合装置是什么？
4. 混合动力电动汽车的关键技术有哪些。

五、思考题

在《新能源汽车产业发展规划（2021—2035年）》及《节能与新能源汽车技术路线图（3.0版）》的战略背景下，混合动力电动汽车的发展迎来了新的机遇与挑战。目前，混合动力电动汽车主要分为串联式、并联式、混联式和插电式四种结构形式，各自具有不同的技术特点和应用场景。随着动力电池技术的进步，能量密度不断提升，成本逐渐下降，混合动力电动汽车的性能和市场竞争力显著提高。同时，智能化控制技术的发展，使得混合动力系统的能量管理更加高效，车辆的动力性和经济性得到了极大的提升。想一想：

1. 混合动力电动汽车能量管理系统的优化方法有哪些？并讨论不同控制算法在提升燃油经济性方面的优势和挑战。
2. 可再生能源在混合动力电动汽车中的应用前景如何？请查阅相关资料，分析氢能和其他可再生能源在汽车中的集成方式和技术挑战。
3. 串联、并联和混联混合动力系统的结构和工作原理的差异有哪些？并分析它们在不同应用场景下的优缺点。

六、实践题：混合动力电动汽车能量管理策略的仿真与优化

目的： 旨在使学生通过仿真软件搭建混合动力电动汽车动力系统的模型并掌握能量管理策略的基本原理和设计方法，培养学生的系统分析能力和创新设计能力。

背景说明： 能量管理策略是混合动力电动汽车的关键的技术之一，它决定了车辆在不同行驶条件下如何合理分配和使用能量，直接影响到车辆的经济性、动力性和排放性能。通过建立能量管理优化策略，可以提高混合动力电动汽车的整体性能。

要求：

1. 学生需要选择合适的仿真软件（如 MATLAB/Simulink、Carsim 等），建立混合动力电动汽车的动力学模型，包括内燃机、电动机、电池、传动系统等关键部件的模型。设计并实现至少两种不同的能量管理策略，如基于规则的策略、优化型策略、学习型策略，并通过仿真软件进行仿真分析。

2. 学生分组进行实践，每组 3~4 人，明确分工，确保每个成员都参与到模型搭建、策略设计和仿真分析中。

3. 实践过程中，学生需要记录详细的仿真数据，包括不同行驶工况下的内燃机和电动机输出功率、电池充放电状态、燃油消耗率等。

4. 根据仿真结果，分析比较不同能量管理策略的性能，探讨各自的优缺点，并提出改进方案。每组学生需要撰写一份实践报告，内容包括实践目的、背景、模型建立、策略设计、仿真分析、结果比较、改进方案和结论等。报告要求条理清晰、数据准确、分析深入。

5. 实践结束后，每组进行口头报告，展示实践成果，听取教师和同学的提问和建议，并进行相应的修改。实践报告具体应包含以下部分：实践目的和重要性的讨论、混合动力电动汽车能量管理策略的理论知识、动力学模型的建立和关键部件的仿真模型描述、不同能量管理策略的设计思路和实现方法、仿真数据的记录和分析结果、不同策略的性能比较和改进方案的提出、结论和对未来能量管理策略发展的展望。

第 4 章

燃料电池电动汽车

燃料电池电动汽车（Fuel Cell Electric Vehicles，FCEV）是一种节能、无污染、环保型汽车，是未来汽车发展的趋势。随着近年来燃料电池技术的日趋成熟，燃料电池电动汽车的发展倍受关注，世界各国政府和各大汽车厂商都纷纷投入巨资进行研究与开发。

日本在氢燃料电池方面具有一定的先发优势，其在氢燃料电池领域的专利数目遥遥领先于其他国家，其专利数目超过 1500 项，是第二名——美国专利数目的 5 倍。2014 年，日本经济产业省发布《氢燃料电池车普及促进策略》，将氢燃料、氢燃料电池车相关的国际技术标准引入日本国内，并将其作为国内行业标准。此外，还修改《高压气体保安法》，将每次补给的氢燃料压力上限由 700 个大气压提升至 875 个大气压，从而扩大氢气瓶容量，使续驶里程提升了 20%。同年，日本氢能/燃料电池战略协会对外公布了日本的《氢能/燃料电池战略发展路线图》，第一阶段是从当前至 2025 年，快速扩大氢能的使用范围，旨在将日本户用燃料电池装机数量在 2020 年的基础上提高到 140 万台，第二阶段是从 2025 年中期至 2040 年，将日本户用燃料电池装机数量在 2040 年提高到 530 万台。第三阶段从 2040 年开始，旨在通过收集和储存二氧化碳，全面实现零排放的制氢、运氢、储氢。

欧盟 Horizon 2020 计划中，氢和燃料电池的投入预算为 220 亿欧元。此外，欧盟还在评估讨论 CPT 项目，该项目计划投入 1.23 亿欧元、建设 77 个加氢站，针对 15 个已建有加氢站的成员国实现国与国之间的互联互通，最终，欧洲大部分国家和地区将建成连贯的氢气基础设施网络。欧洲燃料电池和氢能联合组织在《欧洲氢能路线图：欧洲能源转型的可持续发展路径》中提出：到 2030 年，氢能源将得到较为广泛的应用，氢气将会取代 7% 的天然气；规划指出，2030 年，欧洲氢能产值预计达到 1300 亿欧元，到 2050 年，欧洲氢能产值将突破 8000 亿欧元。

中国也十分重视和积极发展燃料电池电动汽车。早在"十五"期间的 863 重大专项中，就明确指出要支持 FCEV 的研发，拨款 3.8 亿元；"十一五""十二五""十三五"规划中，在节能与新能源汽车重大项目中，都把 FCEV 列为重点项目，大力支持其发展；2014 年 1 月，"中国燃料电池技术创新战略联盟"在上海成立，目的是加紧实行产、学、研联合，更好地攻克核心技术，促进 FCEV 产业更好更快发展；2017 年 4 月，工业和信息化部、发展改革委、科技部发布的《汽车产业中长期发展规划》中，对 FCEV 的战略地位进一步加强，提出三个时间节点要求：2020 年在特定地区的公共服务车辆领域进行小规模示范应用，2025 年在私人用车和公共服务用车领域批量应用，不低于 1 万辆，到 2030 年在私人乘用车、大型商用车领域进行规模化推广，不低于10万辆。2022年，国家发展改革委、国家能源局联合印发《氢能产业发展中长期规划（2021—2035年）》，提出有序推进交通领域示范应用，重点推进氢燃料电池中重型车辆应用，有序拓展氢燃料电池等新能源客、货汽车市场应用空间，逐步建立燃料电池电动汽车与纯电动汽车的互补发展模式。2023年，工信部等七部门在《工业和信息化部等七部门关于印发汽车行业稳增长工作方案（2023—2024年）的通知》中提出，鼓励地方加快氢能基础设施建设，推动中远途、中重型燃料电池商用车示范应用。由此可见，国家在宏观层面对氢能和燃料电池电动汽车给予了足够的重视和支持。图4-1所示为燃料电池电动汽车底盘结构。

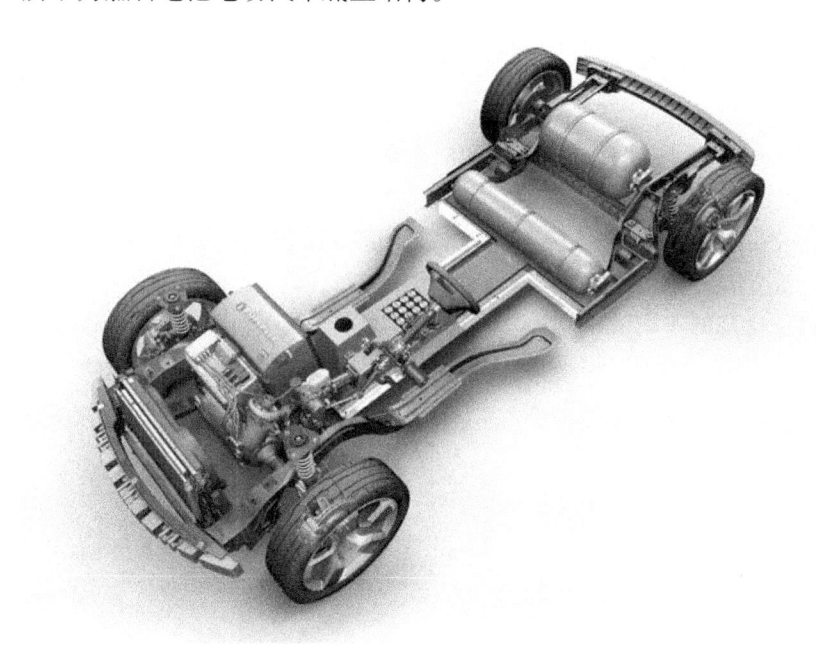

图 4-1　燃料电池电动汽车底盘结构图

燃料电池电动汽车作为未来汽车发展的方向，具有以下优势：

（1）工作效率高　内燃机汽车的效率为11%左右，而以氢气为能源的燃料电池电动汽车效率可达到50%~70%，甲醇重整制氢的燃料电池电动汽车效率可达到30%左右。可见燃料电池电动汽车的效率高于内燃机汽车。

（2）节能、环保　燃料电池电动汽车使用的能源主要是氢气，排放的主要物质是水，对于环境污染日益突出问题和实现"双碳"目标，燃料电池电动汽车是内燃机汽车的理想替代。

（3）结构简单和运行平稳　燃料电池电动汽车能量转换不涉及燃烧和热机做功，因此所需零件少，结构简单，振动和噪声小。

在燃料电池电动汽车的普及和推广方面，仍面临很多问题：

（1）造价高　目前燃料电池电动汽车处于产业化导入期，燃料电池产业链企业供应规模较小，研发投入和固定资产投入较大，使得质子交换膜燃料电池的成本居高不下，但大规模运用后，成本可以快速下降。

（2）氢气的储存、制备和运输还未有效解决　地球上的氢气资源丰富，但是如何获取且安全地应用到汽车上是燃料电池电动汽车所面临的一个难题。

（3）加氢站等基础设施尚未普及 目前制约燃料电池电动汽车商业化的难题之一就是加氢站和基础设施的建设。燃料电池电动汽车的普及和商业化必须加强基础设施的建设，建立大量的加氢站，这就需要政府在政策和资金上的支持。

4.1 燃料电池系统的组成和工作原理

4.1.1 燃料电池的定义和工作原理

燃料电池是一种把燃料所具有的化学能不经燃烧直接转换为电能的"发电装置"，是电化学反应的发生器。质子交换膜燃料电池具有无污染、运行温度低、能量转换效率高等优点，使其在车辆动力源领域具有更为广泛的应用潜能。其基本工作原理是电解水的逆反应，通过氢氧的化学反应生成水并释放电能。氢气和氧气分别是燃料电池在电化学反应过程中的燃料和氧化剂。图4-2是质子交换膜燃料电池原理图，其反应过程如下：

1）氢气通过导气管到达阳极。

2）在阳极催化剂的作用下，一个氢分子分解为两个氢原子，并释放出两个电子，阳极反应为：

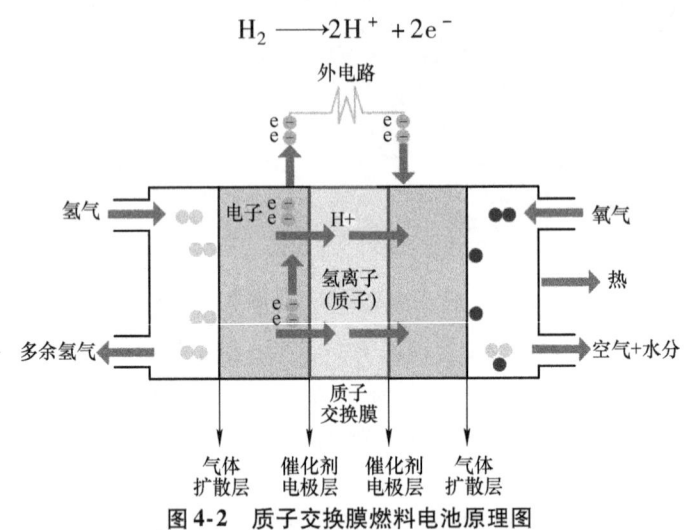

$$H_2 \longrightarrow 2H^+ + 2e^-$$

图4-2 质子交换膜燃料电池原理图

3）在电池的另一端，氧气（或者空气）通过导气管到达阴极，同时，氢质子穿过电解质到达阴极，电子通过外电路也到达阴极。

4）在阴极催化剂的作用下，氧和氢离子与电子发生反应生成水，阴极反应为：

$$O_2 + 4H^+ + 4e^- \longrightarrow 2H_2O$$

总的化学反应为：

$$2H_2 + O_2 \longrightarrow 2H_2O$$

与此同时，流经外电路的电子形成电流，为负载供电。

燃料电池的工作原理和普通电化学原电池和充电电池类似，都是通过电化学反应将化学能转换为电能，但两者存在本质的差别。普通的原电池或充电电池是一个封闭系统。封装后它与外界只存在能量交换而没有物质交换。当电池内部的化学物质耗尽或反应条件发生变化时，系统就无法继续输出能量。而燃料电池则不同，参与反应的化学物质（如氢和氧）是由燃料电池外部的单独供气系统供给的。只要保证物质供应的连续性，就可以持续输出能量。从这个意义上来讲，燃料电池本身是一个开放的发电装置，这正是燃料电池与普通电池的最大区别。

燃料电池的种类较多，按工作温度来分，可分为低温（<100℃）、中温（100~300℃）和高温（500~1000℃）燃料电池。根据燃料电池电解质的不同，燃料电池可以分质子交换膜燃料电池、直接甲醇燃料电池、碱性燃料电池、磷酸燃料电池、熔融碳酸盐燃料电池和固体氧化物燃料电池。表4-1是各种燃料电池的主要电化学反应：

表4-1 燃料电池的种类及其基本电化学方程式

中文名称	英文缩写	正极反应	通过电解质移动的离子	负极反应
质子交换膜燃料电池	PEMFC	$H_2 \rightarrow 2H^+ + 2e^-$	H^+	$O_2 + 4H^+ + 4e^- \rightarrow 2H_2O$
直接甲醇燃料电池	DMFC	$CH_3OH + H_2O \rightarrow CO_2 + 6H^+ + 6e^-$	H^+	$3/2O_2 + 6H^+ + 6e^- \rightarrow 3H_2O$
碱性燃料电池	AFC	$H_2 + 2OH^- \rightarrow 2H_2O + 2e^-$	H^+	$O_2 + 2H_2O + 4e^- \rightarrow 4OH^-$
磷酸燃料电池	PAFC	$H_2 \rightarrow 2H^+ + 2e^-$	H^+	$O_2 + 4H^+ + 4e^- \rightarrow 2H_2O$
熔融碳酸盐燃料电池	MCFC	$H_2 + CO_3^{2-} \rightarrow H_2O + CO_2 + 2e^-$	CO_3^{2-}	$O_2 + 2CO_2 + 4e^- \rightarrow 2CO_3^{2-}$
固体氧化物燃料电池	SOFC	$H_2 + O^{2-} \rightarrow H_2O + 2e^-$	O^{2-}	$O_2 + 4e^- \rightarrow 2O^{2-}$

4.1.2 燃料电池系统的组成和工作原理

单独的燃料电池电堆无法直接作为动力系统，需要构成完备的燃料电池系统以持续发电来驱动车辆行驶。燃料电池系统主要由燃料电池堆、阳极氢气供给与循环子系统、阴极氧气供给子系统以及电堆温度、进气气体的温湿度控制等电子控制系统组成（图4-3）。燃料电池系统工作原理是利用空气压缩机将经过滤器后的空气进行压缩，并传输到阴极供气歧管，然后经过中冷器和增湿器后到达电堆阴极流道。存储在高压氢气瓶中的氢气在压力作用下经流量控制阀输出，通过二级减压阀、增湿器后进入电堆阳极。在电堆内部中，阳极侧的氢离子与阴极中的氧气离子相结合反应生成水，电子流经外电路进而形成电流，为负载供电。反应过程中多余的空气与生成的水从阴极排气歧管排出，避免电堆内部发生水淹现象。未参与反应的氢气则通过回流歧管后，由循环泵加压并输送至阳极的进气歧管中参与下一次反应，提高了氢燃料的利用率。

燃料电池空气供给系统的主要作用是对进入燃料电池的空气进行过滤、加压、加湿等处理，保证燃料电池堆阴极侧的温度、压力、湿度及流量处于比较舒适的范围内。燃料电池空气供给系统主要由以下几个部件组成：

（1）空气滤清器　将空气中的杂质灰尘和有毒气体过滤掉，为燃料电池阴极供给纯净的空气。

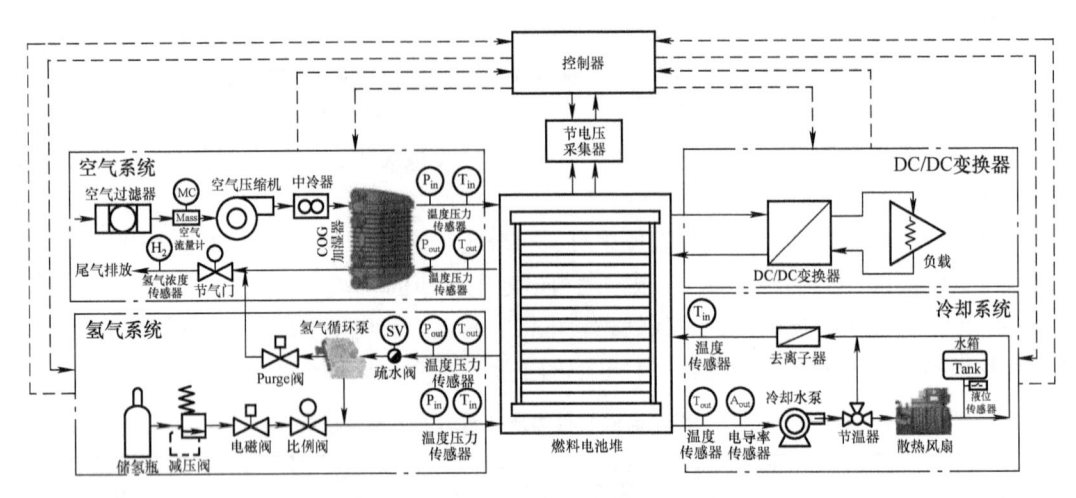

图 4-3 典型的燃料电池系统结构示意图

(2) 空气压缩机 将空气增压，为燃料电池提供适当压力的气体，使得燃料电池的阴极侧的压力始终让燃料电池处于较为高效的工作区间。

(3) 中冷器 将空气压缩后的温度降低，使燃料电池高效运行，保证阴极侧的温度不过高。

(4) 增湿器 将空气进行加湿，以提升燃料电池的输出性能，提升燃料电池的效率。

(5) 节气门 控制进入燃料电池的空气流量和压力，根据工况需求进行相应调整。

燃料电池空气供给系统是燃料电池系统的重要组成部分，对燃料电池的性能和耐久性有着重要的影响。不同的燃料电池系统可能会有不同的空气供给系统设计，以满足不同的需求和场景。作为空气供给系统的核心部件，空气压缩机性能好坏和工作效率的高低尤为关键。图 4-4 所示为四种主要类型的压缩机结构。

a) 涡旋式空压机 b) 罗茨压缩机

c) 螺杆式压缩机 d) 离心式压缩机

图 4-4 常见的空气压缩机结构

图 4-4a 所示为涡旋式空压机。其工作原理是通过两个双函数方程型线的动、静涡盘相互咬合来进行压缩气体工作的回转式空压机。该压缩机在工作时振动小、噪声低、运转平稳。但是涡旋式电动空压机密封是依靠其运动机件之间保持一定的运动间隙来达到的，高压气体通过间隙势必引起泄漏，因此涡旋式电动空压机难以达到较大的压缩比。

图 4-4b 所示为罗茨压缩机。其工作原理是通过两个部件旋转来推动气体通过，从而抽进和压缩各种气体。这种压缩机结构简单，价格低廉，能在很大的流速范围内工作，但是效率较低、噪声大。

图 4-4c 所示为螺杆式压缩机。压缩机内两个螺杆相互反向旋转从而驱使气体进入两个螺杆之间的区域并被压缩。螺杆式压缩机可以完成大范围压缩比（8 倍甚至更大）的气体压缩，也能在较宽流速范围内保持高效工作，但是成本高且对制造精密性要求高。

图 4-4d 所示为最常见的离心式压缩机。气体在中心处被吸入，随后被高速抛向叶片外部的漩涡处，从而实现增压。由于原理简单、实现容易、成本低廉，这种压缩机使用广泛，且其关键部件经过多次改进，技术趋于成熟。但是离心式压缩机只能在特定流速和压力下保持很高的效率，转子需求转速也远高于其他类型的压缩机。

燃料电池氢气供给系统是燃料电池系统的核心子系统之一，它的主要功能是将储存的氢气输送到燃料电池堆，并调节氢气的流量和压力，使其适合燃料电池的电化学反应。燃料电池氢气供给系统还可以实现氢气的循环利用，提高氢气的利用率，减少氢气的排放，保证燃料电池的性能和寿命。燃料电池氢气供给系统主要由以下几个部件组成：

（1）氢气喷射器　氢气喷射器用于控制进入燃料电池堆的氢气压力和流量，并可以根据工况需求进行相应调整。

（2）氢气循环泵　氢气循环泵将燃料电池堆出口未发生反应的氢气循环至燃料电池堆入口，同时也将出口处的水蒸气循环至入口，起到对进气增湿的作用，如图 4-5 所示。

（3）氢气引射器　氢气引射器利用高速氢气的引射作用，将燃料电池堆出口的氢气和水蒸气吸入，形成氢气循环流，如图 4-6 所示。

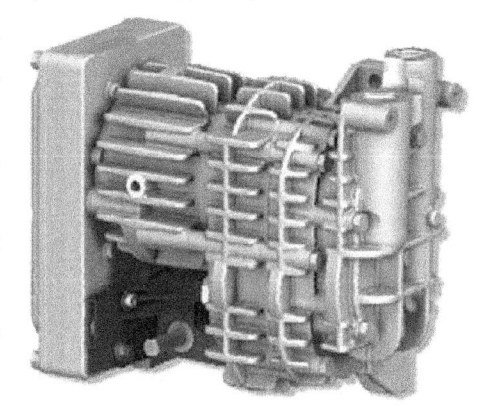

图 4-5　氢气循环泵

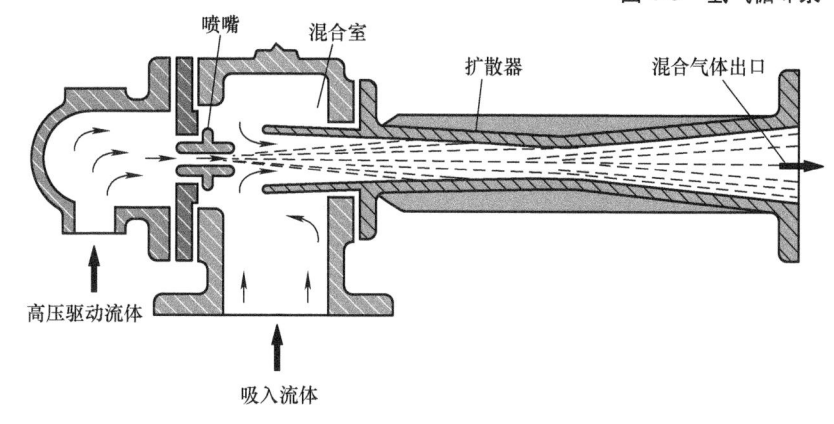

图 4-6　氢气引射器结构

不同的燃料电池系统可能会采用不同的氢气供给方案，如死端模式、引射器加旁路喷射回氢模式等，以满足不同的性能和成本要求。

燃料电池系统的水/热管理是燃料电池的难点和重点，也是影响电池性能的关键。如图4-7所示，热管理系统中循环水泵持续运转，冷却水携带电堆内部产生的大量热量从电堆流出，经过外部管路依次流经冷却水泵和散热器，监测控制系统实时检测电堆出入口的温度及温差。节温器将冷却水循环分为大小循环两个部分，实现两支路冷却水流量的自动调节。热管理系统的控制目标为电堆冷却水入口温度和出入口温差，冷却水泵由变频器控制的三相交流电机驱动，带动冷却水循环并带出电堆内部产生的热量，控制对象为电堆冷却水进出口温差；散热器风扇由直流调速器控制的直流电机驱动，高温冷却水流过散热器后实现降温，控制对象为电堆入口冷却水温度。燃料电池热管理系统是一个强耦合、大滞后的非线性控制过程，冷却水泵和散热器协同作用、相互配合，才能保证燃料电池系统的水热平衡。

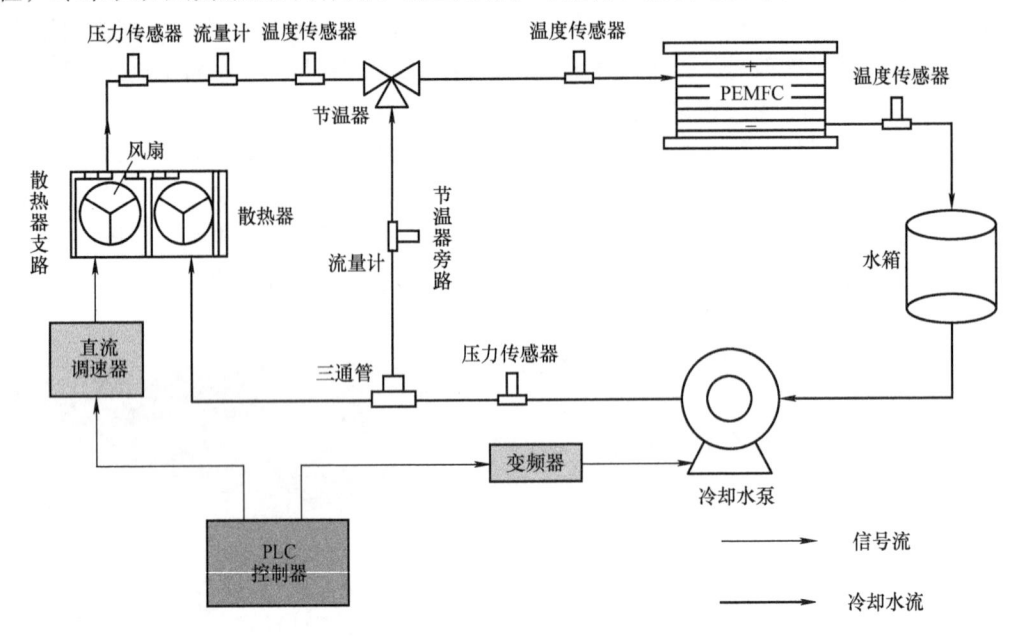

图 4-7 典型燃料电池系统水/热管理系统结构图

燃料电池控制系统由功能不同的传感器、阀件、泵、调节控制装置、管路、控制单元等组成。随着电堆技术的日趋成熟，控制系统成为决定燃料电池系统性能和制造成本的瓶颈，因此必须对这些零部件进行系统的耐久性和安全性研究，并且制定适合车辆应用的统一标准。

燃料电池系统的主要研究热点包括：通过使用轻质材料和优化设计，提高燃料电池系统的比功率；提高质子交换膜燃料电池系统快速冷起动能力和动态反应性能；研究具有负荷跟随能力的燃料处理器；对蓄电池或超级电容、氢气存储进行系统优化设计，提高系统的效率和调峰能力，回收制动能量等。

4.1.3 汽车用燃料电池系统的结构和工作原理

燃料电池电动汽车属于电动汽车的一种，在车身、动力传动系统、控制系统等方面，燃料电池电动汽车与普通电动汽车基本相同，主要区别是燃料电池与动力电池的工作原理不同。

在汽车上使用的车载燃料电池系统必须满足以下要求：
1) 保证常温下正常运行，并且电化学基本性能不变。
2) 满足汽车功率需求，能提供较高的电流密度。
3) 具有良好的免维护性能。
4) 耐振性和耐冲击性能好。
5) 能够从低负荷到高负荷进行高效率运转。
6) 可以在冰点以下环境中正常运行。

图 4-8 为典型的汽车用燃料电池系统的结构组成，其子系统包括：强制通风系统、储气系统、氢安全系统、水管理系统、热管理系统、反应物排放后处理系统、压力调整前处理系统和测试控制平台。

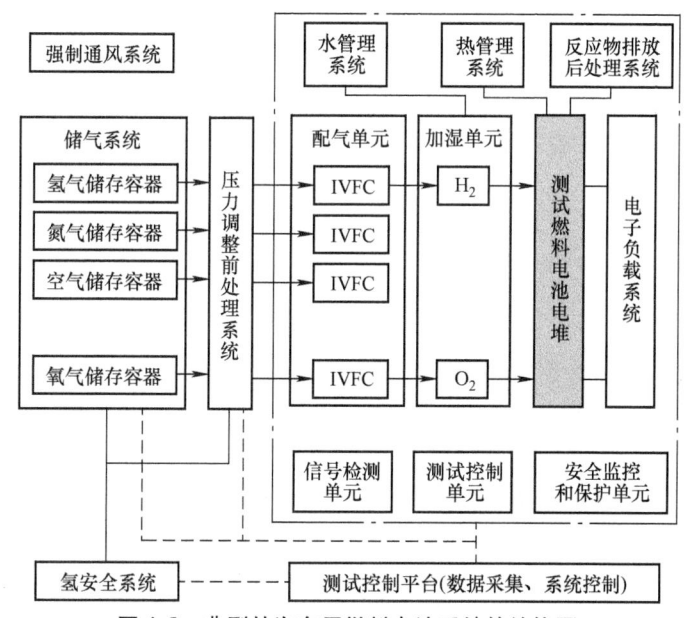

图 4-8 典型的汽车用燃料电池系统的结构图

燃料电池系统按增湿类型的不同，可分为内增湿型和外增湿型两类，如图 4-9 所示。

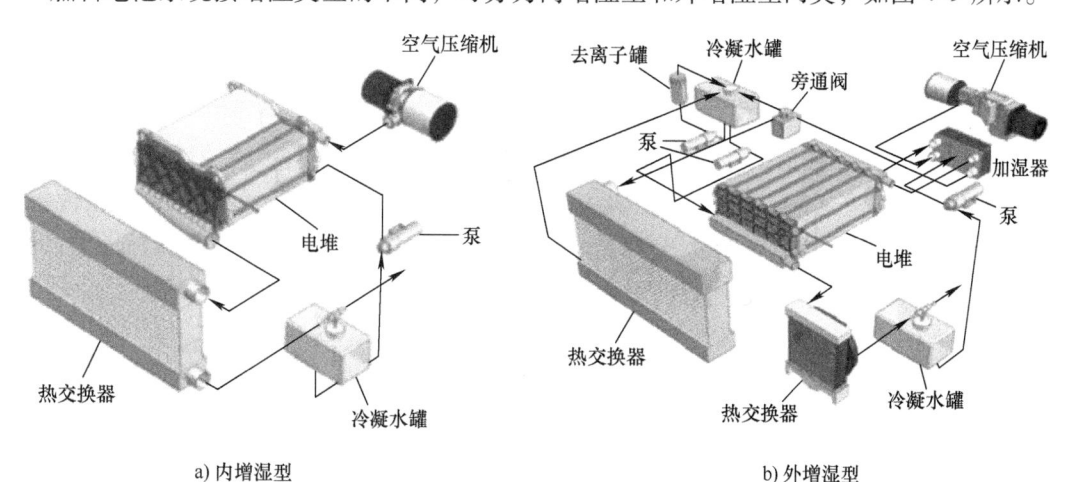

a) 内增湿型   b) 外增湿型

图 4-9 内增湿型及外增湿型燃料电池系统

按燃料的供应方式的不同，可分为直接和间接供氢型。直接供氢就是直接用氢作燃料，没有中间重整过程；间接供氢是通过重整装置先将氢从其他形式的燃料中分离出来。

1. 直接供氢型

最早开发的燃料电池电动汽车多是直接采用氢燃料，氢气的储存可采用液化氢、压缩氢气或金属氢化物储氢等形式。直接供氢型燃料电池系统中，氢气被储存在单独的高压储氢瓶中，通过一定的减压装置进行减压并完成配气、加湿等配置之后再进入燃料电池堆中进行化学反应。

车载纯氢方案的燃料链包括了氢集中制备、分离纯化及储运分配等过程。在燃料电池电动汽车本身的设计中，主要考虑车载纯氢的储存技术。车载纯氢储存方法主要分为：高压氢气储存、液态氢储存、金属氢化物储氢、活性炭吸附储氢、碳纳米材料储氢等。

（1）高压氢气储存　用氢气压缩机把氢气压缩后灌入车上携带的压力容器中，是目前最简单和最常用的车载纯氢储存方法（图4-10）。世界上已有的燃料电池大客车示范项目中，采用这种车载储氢方法的就占了大多数。耐高压的储氢压力容器及材料是这种方法的关键。高压氢气存储方法的主要问题是：①容量小。我国大量使用的是以普通钢材制成的压力容器，储氢压力为35MPa时，质量储氢密度不足3%。而当使用特种高强度奥氏体钢材料制成的容器时，储氢重量可达总重量的2%～6%。②实施问题。容器压力愈高，加氢站的建设费用、压缩运行所花的代价愈高，而且充装$1m^3$氢气要耗电0.5kW·h左右、而$1m^3$氢气经燃料电池发电仅得2kW·h电。

图4-10　高压储氢型燃料电池

（2）液态氢储存　液态储氢是一种深冷的氢储存技术，如图4-11所示。氢气经过压缩之后，深冷到-252℃或以下变为液氢，密度大大提高，是气态氢密度的845倍。对同等体积的储氢容器，其储氢量大幅度提高，因此特别适用于储存空间有限的场合，如汽车发动机等。戴姆勒-克莱斯勒公司研制开发的NECAR3型和NECAR4型以及通用公司研制开发的"氢动一号"燃料电池电动汽车均采用液氢为燃料。理论上，在各种储氢方式中，无论是从体积密度还是从质量密度的角度看，只有氢气以液态储存才能达到最高的储存密度。目前，液氢存储的重量比为5%～7.5%，体积容量约0.04kg/L。不过，由于低温容器的热漏损失，液氢的生产、储存、运输、加注，以及氢气液化消耗大量的能量等问题，大规模使用液态氢储存技术是不可行的。

（3）金属氢化物储氢　该方法首先使氢与金属形成金属氢化物，加热后，金属氢化物

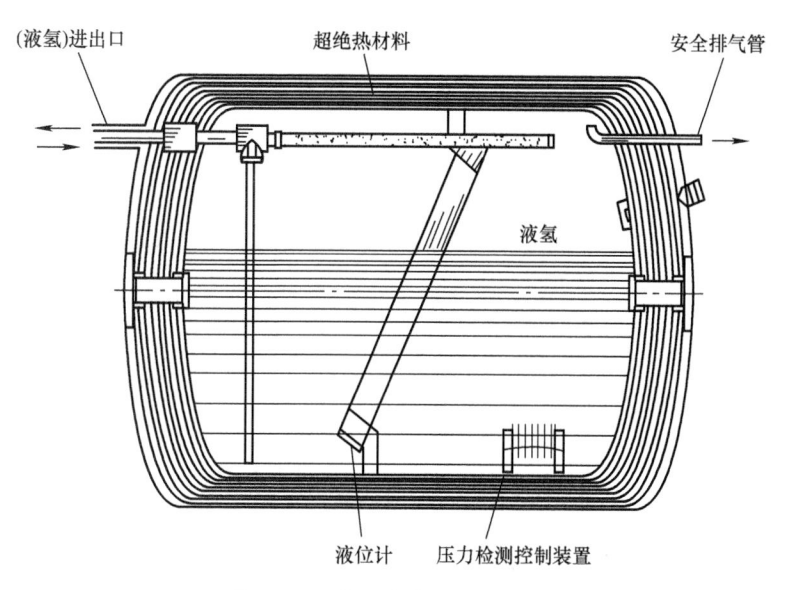

图 4-11 液氢储罐结构示意图

分解脱氢而得氢气。金属氢化物储氢与压力容器储氢相比有以下特点：①单位重量的储氢量并不高，储氢材料加上容器后，单位重量的储氢量低于高性能材料的压力容器，储氢重量不及总重量的 1.5%。②单位体积的储氢容量有所提高，为 0.05kg/L。③储氢压力为 1~7MPa，远低于压力容器，提高了安全性，加氢站要求及加氢能耗皆降低。④金属氢化物对氢气中的少量杂质如 O_2，H_2O，CO 等有较高的敏感度，高于燃料电池电极催化剂的敏感度，因而提高了对原料氢纯度的要求。⑤存在金属氢化物的力学性能降低、反复充放后的粉碎等问题。目前，金属氢化物可反复充放的次数不多且价格昂贵，所以以金属氢化物作为储氢方法的运行费用是很高的。⑥储存氧化物的容器要耐高压，且要有足够的换热面积，保证能迅速地传递吸氧和放氢反应过程中释放或者需要的热量。

（4）活性炭吸附储氢　活性炭储氢是利用超高比表面积的活性炭作为吸附剂，在中低温（-196~0℃）、中高压（1~10MPa）下的吸附储氢技术。活性炭吸附储氢性能与储氢的温度和压力密切相关。但由于其超低温的储存条件，在车载端的应用受到约束。

（5）氨-氢转换技术　氨-氢转换技术是一种新兴的能源储存技术，可以有效解决氢能产业链存在的储运难问题。氨-氢转换技术是利用高效合成氨催化剂把氢气与氮气进行氨氢化反应生成液氨，以液氨作为安全高效燃料加注，氨作为高效储氢介质，如果克服高温氨制氢与燃料电池系统发电等技术瓶颈，即可实现氢能在汽车上的即产即用。

（6）碳纳米材料储氢　碳纳米管被认为是一种非常有潜力的高容量的储氢材料。然而目前对其高储氢容量的报道争议很大。此外，碳纳米管的价格昂贵，目前还未解决其规模制备的方法，加上碳纳米管放氢难，储氢的容量低，放氢速率低，实际应用困难，所以其技术的发展难以预测，至少在较短的时间内是无法实际应用的。

不同的储氢方法对氢气纯度的要求也不尽相同。高压氢用的是纯氢，而其他储氢方法要求的是高纯氢或超纯氢。氢的纯化分离能耗成本很高，因此对氢的纯度要求越高则存储方法的成本越大。

综上，现阶段在中国发展燃料电池电动汽车，从技术难度、成本、能耗等方面考虑，在对储氢容器体积要求较低的燃料电池城市客车上，高压氢气储氢具有一定的优势。

2. 间接供氢型

车载制氢需要内部高温的燃料处理器，通过重整或部分氧化等方式由燃料中获得氢，如图 4-12 所示。用于车载制氢的燃料可以是醇类（甲醇、乙醇、二甲醚等）、烃类（柴油、汽油、LPG、甲烷等）。其他物质如氨、金属或金属氢化物等也可以作为制氢原料。

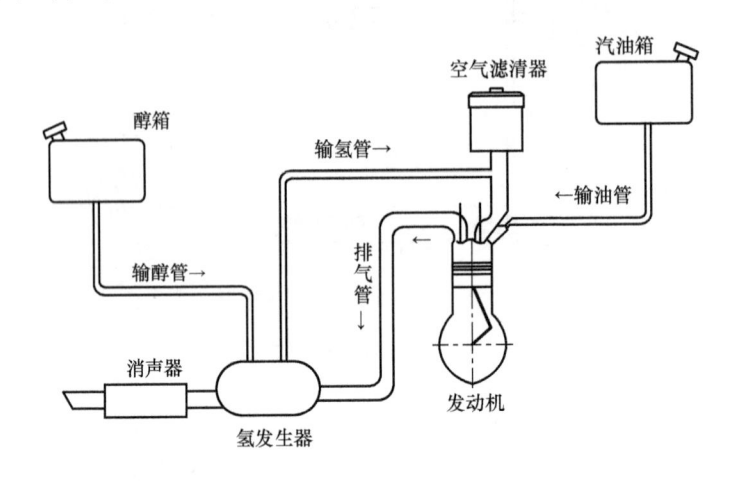

图 4-12 汽油重整氢发生器工艺流程示意图

从技术上看，醇类燃料制氢的温度较低，制氢反应容易实现。其中甲醇通常被认为是最为合适的车载制氢燃料。戴姆勒-克莱斯勒公司的 NECARS，于 2002 年 6 月 4 日完成了横穿美国东西部的壮举，行程 3000 余英里，充分证明甲醇车载重整制氢燃料电池电动汽车的技术可行性。图 4-13 所示为车载甲醇重整制氢系统原理图。由于甲醇是大宗化学产品，成本较低，在能源与环保的压力下，世界上许多国家，尤其是我国对甲醇作为汽车替代燃料已经做了大量工作。

烃类比醇类制氢难度大，主要表现在重整反应的温度很高和硫的脱除较困难。气态烃类燃料如天然气等存在车载储运困难、车载重整难度大等问题；液态烃类燃料如柴油、汽油、液化石油气等存在车载重整温度高等问题，因此一般都不作为燃料电池车载重整制氢的燃料。从石油炼制的烃类燃料主要有汽油、柴油及 LPG 等。烃类制氢过程均包括氧化重整、高温变换、脱硫、低温变换、一氧化碳净化及燃烧等过程。图 4-14 为车载汽油重整制氢的系统原理图。目前已开发的烃类车载重整燃料电池电动汽车的车型之一是美国通用公司的 25kW 雪佛兰-10 汽油重整示范车。

其他制氢方法中，氨因为作为制氢原料成本高、有较大的腐蚀性，且目前氨存在完全裂解温度高，不能稳定燃烧和 NO_x 排放控制等技术挑战，这些难题限制了氨在车用场景下的普及应用。而金属或金属氢化物水解制氢，由于其高能耗和高成本，以及原料制备过程中的高排放，只能用于特殊的场合，不适合于在汽车行业大规模应用。

车载制氢避免了固定的氢制取、运输和加注等基础设施及车载储氢系统的技术问题，减少了成本投入。不过，在目前中国进行燃料电池电动汽车自主开发的起步阶段，选用车载纯

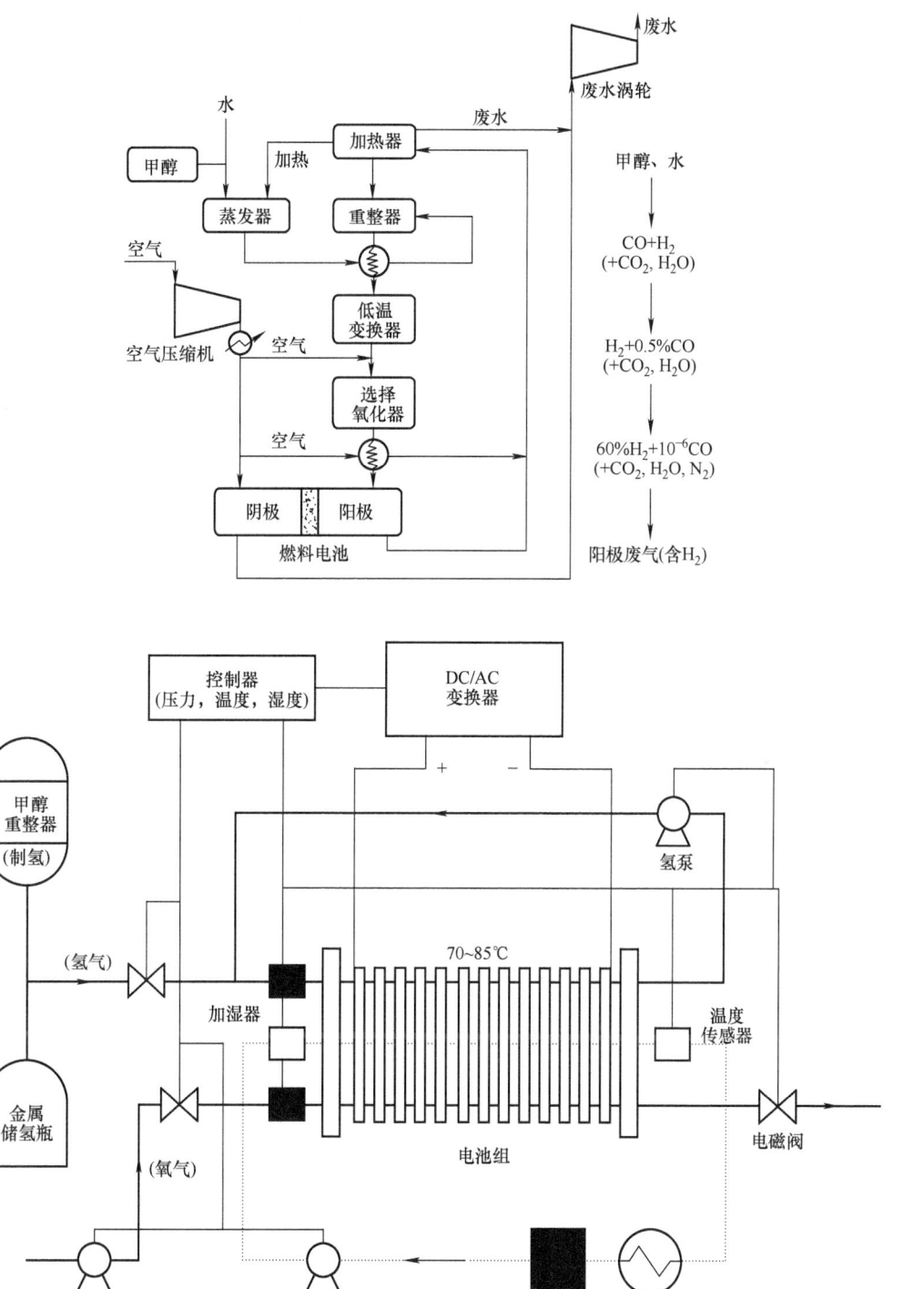

图 4-13 车载甲醇重整制氢系统原理图

氢方案更加合理。首先，车载制氢需要复杂的高温燃料处理器，其技术成熟度不及车载纯氢方案。其次，有研究表明，车载纯氢方案在整车能量效率、预期总成本（包括基础设施、

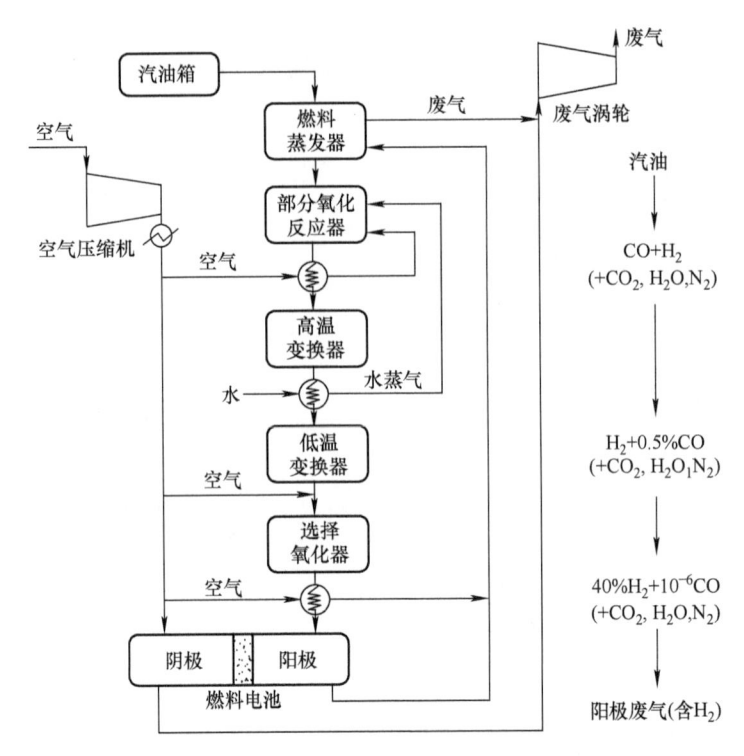

图 4-14 车载汽油重整制氢系统原理图

燃料和车辆)、减少污染和温室气体排放、减少石油依赖和可持续性发展方面,都比车载制氢方案有利。

4.2 燃料电池电动汽车的系统组成和工作原理

燃料电池电动汽车的定义是以燃料电池系统作为动力源或主动力源的车辆。燃料电池电动汽车为能源问题和环境污染问题提供了一个有效的解决方案。随着燃料电池技术的不断发展,如何将燃料电池应用于车辆系统,实现与车辆复杂子系统合理匹配等问题随之出现。燃料电池电动汽车与其他电动汽车的根本区别是所用的动力源以燃料电池为主,其余电动机驱动、传动机构以及汽车所需的各种辅助功能等基本类同。

燃料电池电动汽车的结构按照驱动形式,可分为纯燃料电池驱动和混合驱动两种形式;按照燃料电池系统的能量来源,又可分为车载纯氢和燃料重整两种方式。由于燃料电池电动汽车正处在研究的初期阶段,各种技术竞相试用并各有优缺点。

4.2.1 燃料电池单独驱动汽车动力系统

由于燃料电池的种类不同和选配的辅助动力源种类不同,也构成了动力路线的多样性,一般由燃料箱、燃料电池、控制器、功率转换器、电动机、空气压缩机等组成,如图 4-15 所示。

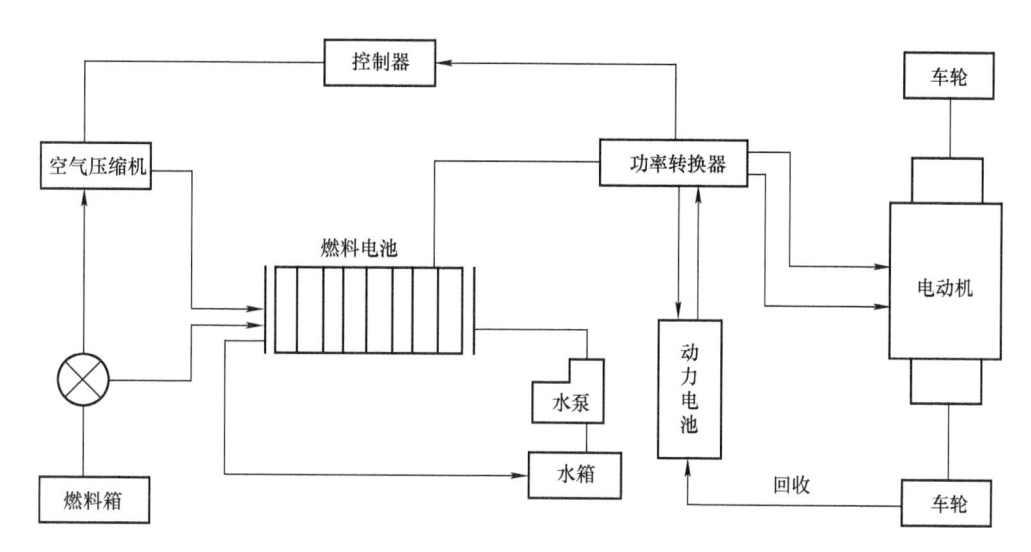

图 4-15 燃料电池单独驱动车型燃料电池系统结构图

燃料电池单独驱动车型动力系统结构如图 4-16 所示。燃料电池系统将氢气与氧气反应产生的电能通过高压母线传给驱动电机，驱动电机将电能转化为机械能再传给传动系，从而驱动汽车。这种系统结构的优点有：①系统结构简单，便于实现系统控制和整体布置；②系统部件少，有利于整车的轻量化；③较少的部件使得整体的能量传递效率高，从而提高整车的燃料经济性。

扫码观看：燃料电池电动汽车

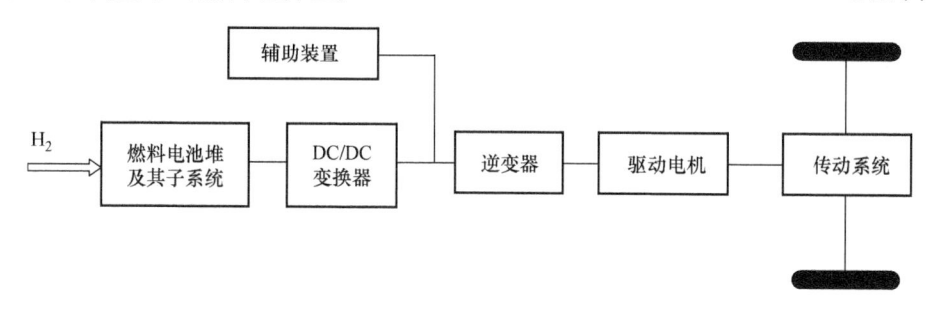

图 4-16 燃料电池单独驱动车型动力系统结构图

但是，这种系统也对燃料电池提出了较高的要求：①为了减少整车成本，燃料电池必须有较低的价格；②为了提高经济型，燃料电池应在较大的输出范围内有较高的效率；③燃料电池应具有较快的动态响应；④燃料电池应具有较好的冷启动性能。

由于燃料电池系统无法充电，因此该结构形式的燃料电池电动汽车无法实现制动能量回馈，系统能量效率较低。单一燃料电池结构形式的汽车以巴拉德和戴姆勒-奔驰公司的车型为代表。加拿大巴拉德公司已经开发出了四代样车。戴姆勒-奔驰公司与 1997 年推出 NEBUS 计划，计划制造 30 辆燃料电池大客车在欧洲城市示范运行；该公司开发的燃料电池大客车长度为 9~12m，燃料电池系统功率为 200~250kW，最高车速可达 80km/h，续驶里程为 200~400km，如图 4-17 所示。

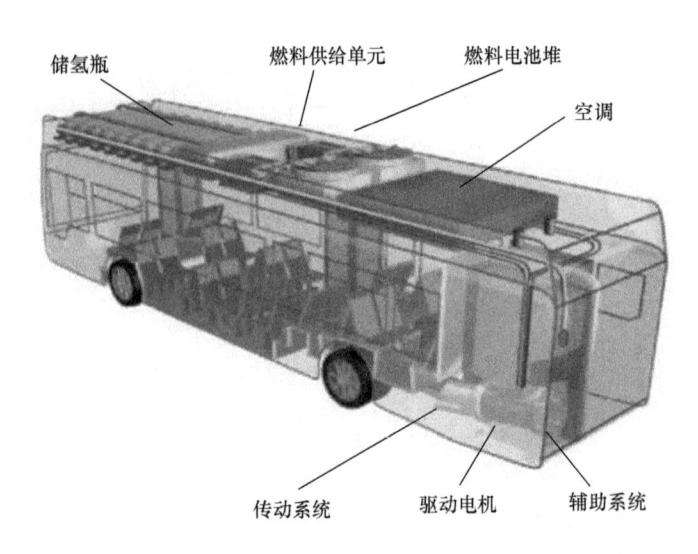

图 4-17 奔驰汽车公司生产的 FC 型燃料电池电动汽车

4.2.2 燃料电池混合动力汽车动力系统

基于纯燃料电池电动汽车上述因素，目前较多车型采用了混合驱动这种结构形式。即以燃料电池系统作为主动力源，以蓄电池组或超级电容作为辅助动力源，如图 4-18 所示。图 4-19 所示是混合驱动型燃料电池电动汽车的动力系统结构原理图，从图中可知它主要由燃料电池系统、DC/DC 变换器、辅助动力源、驱动电机以及各相应的控制器，再加上机械传动与车辆行驶机构等组成。

根据燃料电池所提供的功率占整车总需求功率的比例不同，燃料电池混合动力汽车也可分为能量混合型和功率混合型两类。

图 4-18 混合驱动型燃料电池电动汽车

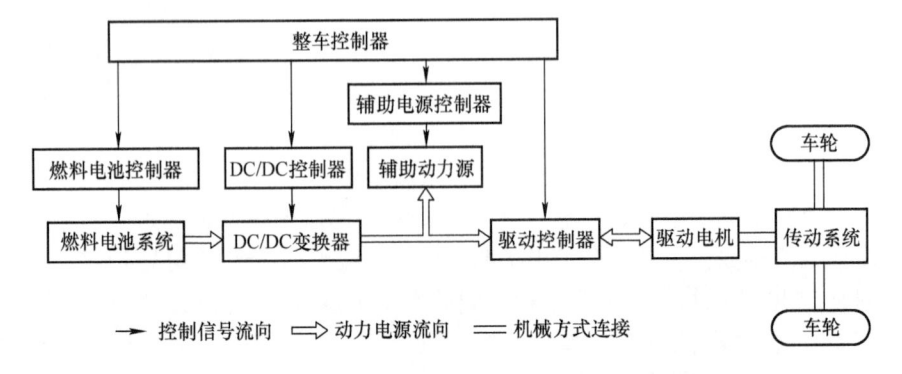

图 4-19 混合驱动型燃料电池电动汽车动力系统结构图

能量混合型主要用在燃料电池电动汽车开发的初期，由于技术水平的限制，燃料电池的功率较小，还难以满足车辆的功率需求。在车辆行驶过程中燃料电池只能提供整车功率需求的一部分，不足部分即需要辅助动力源来提供。能量混合型燃料电池电动汽车为了满足一定的性能指标，往往需要配备较大容量的动力电池组，从而导致整车自重增加、空间布置紧张，也增加了动力电池的维护和更换费用。能量混合型燃料电池电动汽车的燃料电池可以经常工作在系统效率较高的功率区域内。

随着燃料电池技术的不断成熟，燃料电池所提供的功率比例增大，减少动力电池需求，从而减轻车载自重、提高动力性能。但为了回收制动能量，还需要一定容量的动力电池，但动力电池组只提供一部分整车所需功率。燃料电池作为主动力源，动力电池为辅助动力源，车辆需要的功率主要由燃料电池提供，动力电池只是在燃料电池起动、汽车爬坡或加速时输出能量，而在汽车下坡或降速制动时回收制动能量。采用这种大功率燃料电池系统，动力性小电池组混合驱动形式的汽车即为功率混合型燃料电池电动汽车。

图 4-20 是采用"燃料电池 + 动力电池"（FC + B）混合动力驱动形式的燃料电池电动汽车的动力系统结构图。考虑到目前燃料电池系统自身的一些特殊要求，例如，在起动空气压缩机或鼓风机时需要供电，电堆需要加热，氢气和空气需要加湿等，同时也为了能够回收制动能量，因而将动力电池和燃料电池系统组合起来，形成混合动力系统。该系统降低了对燃料电池的功率和动态性的要求，同时也降低了燃料电池系统的成本，但却增加了驱动系统的重量、体积和复杂性，从而增加了电池的维护、更换费用。

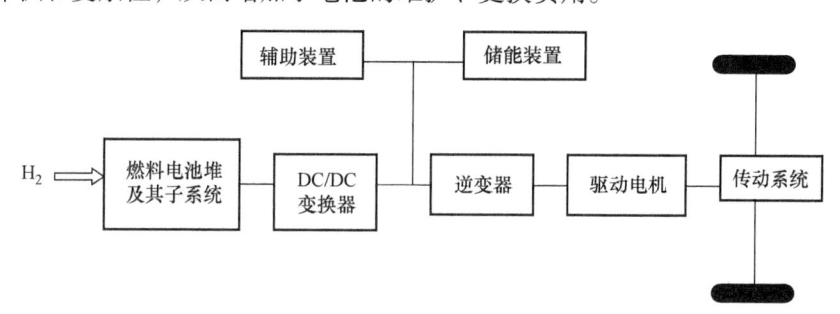

图 4-20　混合驱动型燃料电池电动汽车系统结构图

1. DC/DC 变换器

考虑到燃料电池的功率输出特性，即随输出电流的增加，电压下降幅度较大，其输出电压一般比电动汽车动力电源所要求的电压要低，且特性较软。为了实现燃料电池系统输出电压与电动机驱动电压相匹配，需经过 DC/DC 变换起到升压和稳压的调节作用。它不仅为适应驱动电机的输入电压要求，也需与其辅助动力源的工作电压相匹配，并且 DC/DC 变换器也对燃料电池的最大输出电流和功率进行控制，起到控制和保护燃料电池系统的目的。DC/DC 变换器的工作原理主要是通过功率晶体管的开关调制来实现，具体可参考第 5 章直流电机中驱动控制线路的相关内容。

2. 辅助动力源

辅助动力源可以由动力电池、超级电容或动力电池 + 超级电容三种方式构成，所构成的混合动力驱动系统也分别被简称为"FC + B""FC + C"或"FC + B + C"三种结构形式。考虑到在燃料电池启动时，空压机需要供电，电堆在低温环境下需要预加热，氢气和空气需要预加湿等，需要提前向燃料电池辅助系统供电。同时，也为了在汽车起动、加速、爬坡等工况下，驱动功率需求大于燃料电池系统可提供的功率时，由辅助动力源提供部分电能，从而降低燃料电池的峰值功率需求，使燃料电池工作在一个较稳定的工况下；在汽车怠速、低速等低负荷工况下，燃料电池的功率大于驱动功率时，即可把富余能量存储于辅助动力源内；在汽车滑行、下坡及减速制动工况下，又可通过电机发电回馈来吸收其制动能量，从而提高整个动力系统的经济性。由辅助动力源和燃料电池系统组合起来的混合动力驱动系统不仅降低了对燃料电池功率和动态特性的要求，同时也降低了整体系统的成本。

在"燃料电池+动力电池"动力系统结构（图4-21、图4-22）中，燃料电池和动力电池一起为驱动电机提供能量，驱动电机将电能转化成机械能传给传动系，从而驱动汽车前进；在汽车制动时，驱动电机变成发电机，动力电池将储存回馈的能量。在燃料电池和动力电池联合供能时，燃料电池的能量输出变化较为平缓，随时间变化波动较小，而能量需求变化的高频部分由动力电池分担。

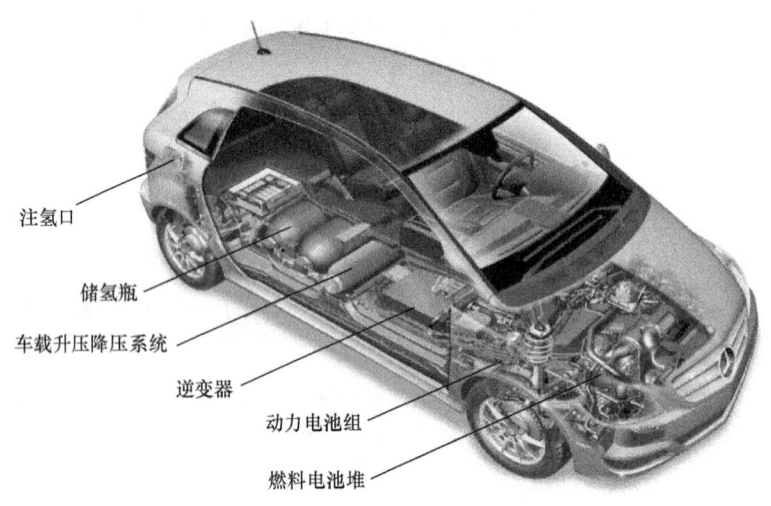

图 4-21 FC + B 型燃料电池电动汽车

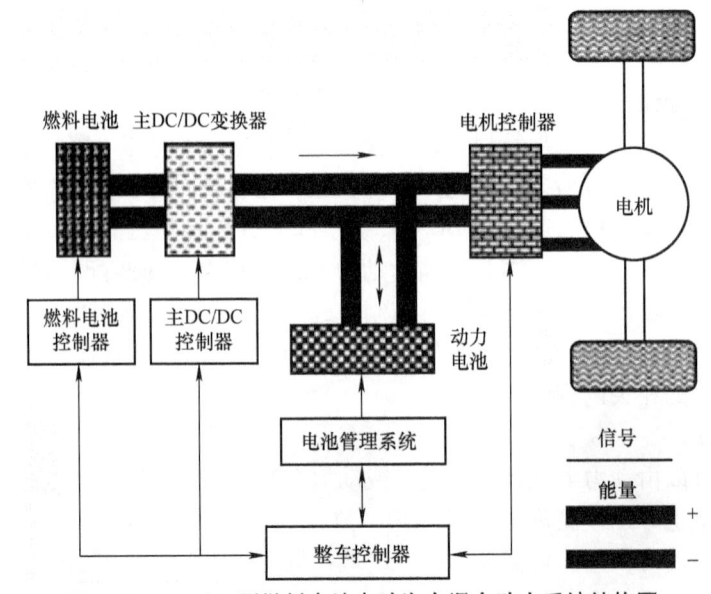

图 4-22 FC + B 型燃料电池电动汽车混合动力系统结构图

这种结构的优点有：①整车成本较低；②燃料电池可稳定工作在高效区；③燃料电池的动态响应性能要求较低；④汽车的冷起动性能较好；⑤制动能量回馈增加整车的能量效率。

而这种结构形式也存在一些缺点：①整车质量较大，在能量复合型混合动力汽车上表现更为明显；②动力电池充放电过程存在能量损耗；③系统控制和整体布置难度增加。

燃料电池混合动力汽车的动力系统主要由动力控制单元、电动机、电池组、燃料箱、储能装置（动力电池等）及加气口装置等组成。图 4-23 和图 4-24 所示分别为丰田 FCHV-K-2 型燃料电池电动汽车动力系统布置示意图和系统底盘。

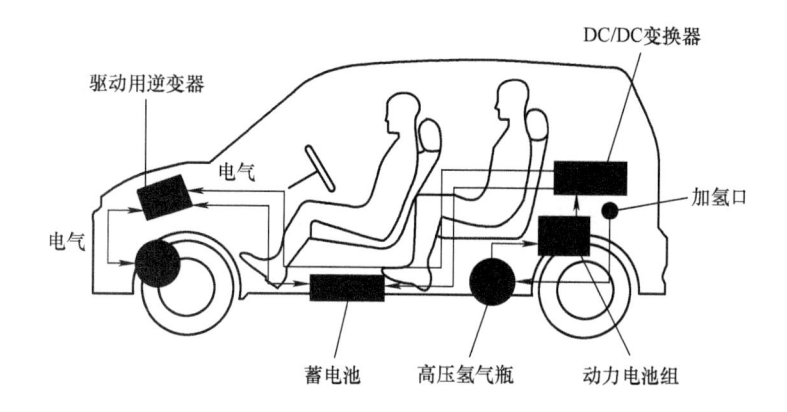

图 4-23　丰田 FCHV-K-2 型燃料电池电动汽车动力系统布置图

图 4-24　丰田 FCHV-K-2 型燃料电池电动汽车动力系统底盘

该车的动力系统主要由动力控制单元、电动机/发电机、动力电池组、高压氢气瓶、蓄电池和加氢口等组成。燃料电池系统向动力系统提供能量或向动力电池和蓄电池充电。图 4-25 为丰田 FCHV-BUS2 型燃料电池巴士的组成，由于空间较大，动力系统容易布置，故其结构与燃料电池电动轿车有较大的差别，如高压储氢瓶可以布置在车顶上。

图 4-25 丰田 FCHV-BUS2 型燃料电池巴士

燃料电池 + 动力电池 + 超级电容结构（FC + B + C）的动力系统如图 4-26 所示。在该动力系统结构中，燃料电池、动力电池和超级电容一起为驱动电机提供能量，驱动电机将电能转化成机械能传给传动系，从而驱动汽车前进；在汽车制动时，驱动电机变成发电机，动力电池和超级电容可储存回馈的能量。

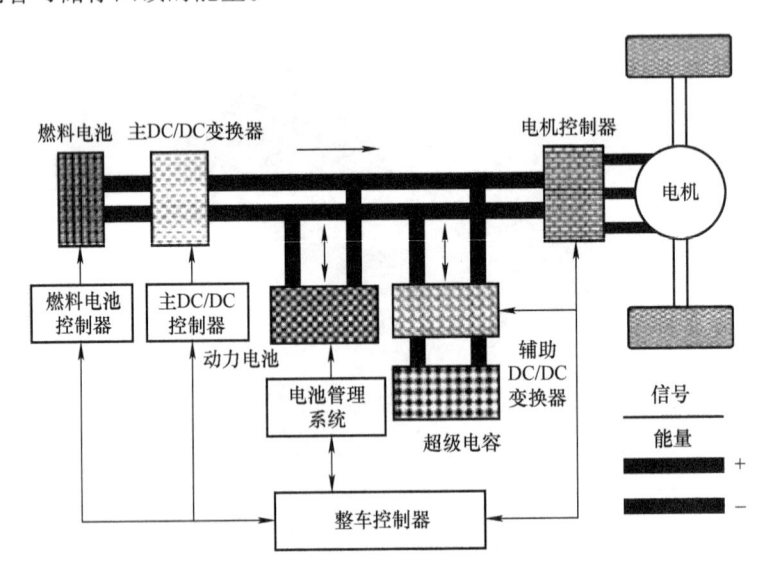

图 4-26 FC + B + C 型燃料电池电动汽车动力系统结构图

在燃料电池、动力电池和超级电容联合供能时，燃料电池的功率输出较为平缓，随时间变化波动幅度较小、频率较低，而功率需求变化的低频部分由动力电池承担，功率需求变化的高频部分由超级电容承担。在这种结构中，各动力源的分工更加明细，因此它们的优势也得到更好的发挥。这种结构的优点相比燃料电池 + 动力电池（FC + B）的结构形式的优点更加明显，尤其是在部件效率、动态特性、制动能量回馈等方面。而其缺点也一样更加明显：

①增加的超级电容,整个系统的质量增加;②系统更为复杂化,系统控制和整体布置的难度也随之增大。总体来说,若能实现系统的匹配和优化,这种结构带来的汽车良好的性能具有很大的吸引力。

综上所述,燃料电池和辅助电池混合驱动是一种比较流行的结构。燃料电池和辅助电池的双动力源结构的优势如下:

1) 当前燃料电池的动态性能欠佳,而汽车路面功率需求动态性需求较高,燃料电池不能随时满足汽车的功率需求的,增加辅助电池可以起到快速调节功率的作用。

2) 燃料电池最佳的负荷率在额定功率30%~70%的范围内,为了实现整车能量效率最佳,增加辅助电池调节燃料电池的功率输出,可使其工作点尽量保持在效率最佳的范围内。

3) 目前燃料电池的成本还很高,从降低整车价格的方面来考虑,可适当减小燃料电池系统的额定功率,用辅助电池来弥补不足的功率输出,可以在一定程度上降低整车成本。

燃料电池电动汽车不同动力驱动系统结构特性见表4-2。

表4-2 燃料电池电动汽车不同动力驱动系统结构特性比较

特性	动力系统结构		
	FC 单独驱动	FC + B 能量混合型	FC + B + C 功率混合型
结构	结构最简单	结构较为复杂	结构复杂
特点	无法实现制动能量回收	动力电池重量、体积较大	动力电池重量、体积较小
燃料经济性	最差	较优	最优
燃料电池寿命与安全性	当汽车功率需求较大时,燃料电池易发生过载,难以满足动态响应要求,寿命短	当汽车功率需求较大时,燃料电池发生过载概率小,寿命较长	汽车功率需求较大时,燃料电池可控制在最高效率点恒功率输出,不易发生过载,寿命长

4.3 典型的燃料电池电动汽车结构

近年来,国际上一些车企如丰田、现代、宝马、奔驰等公司都开发了自己的燃料电池电动汽车。国内的很多车企也开发了多种燃料电池电动汽车,如上汽、长安、一汽等。

1. 丰田MIRAI燃料电池电动汽车

丰田MIRAI是一款氢燃料电池车,于2014年12月15日在日本正式上市。MIRAI使用了气态氢作为动力能源,氢气被储存在位于车身后半部分的高压储氢瓶中。MIRAI所使用的高压储氢瓶可以承受70MPa压力,并分别置于后轴的前后。氢气添加的过程与汽油或者柴油相似,但对于安全性和加注设备具有独立的安全标准。充满储氢瓶需要3~5min,在JC08工况(日本车辆排放试验条件Japanese Cycle 2008)下,MIRAI的氢储量可以支持700km续驶里程。减压后的氢气进入位于乘员舱下方的燃料电池中,与氧气产生电化学反应产生电能。多个燃料电池单体的串联使得输出电压达到使用的标准。

丰田MIRAI第二代车型于2021年上市(图4-27)。MIRAI二代轴距由一代的2780mm升级到2920mm,由一代的前驱布局改成了后驱布局。MIRAI二代采用了固态聚合物燃料电池，体积较一代有了明显提升，同时功率密度更高。而燃料电池 DC/DC 变换器也比第一代小了 21%，减重 2.9kg。而最重要的是储氢瓶还升级为三个，并且呈 T 字形布局设置在后排座椅和行李舱的下方，同时三个储氢瓶可装载 5.6kg 氢气（第一代为 4.6kg）。最长续驶里程也由一代的 650km 提升至 850km。丰田 MIRAI 汽车参数见表 4-3。

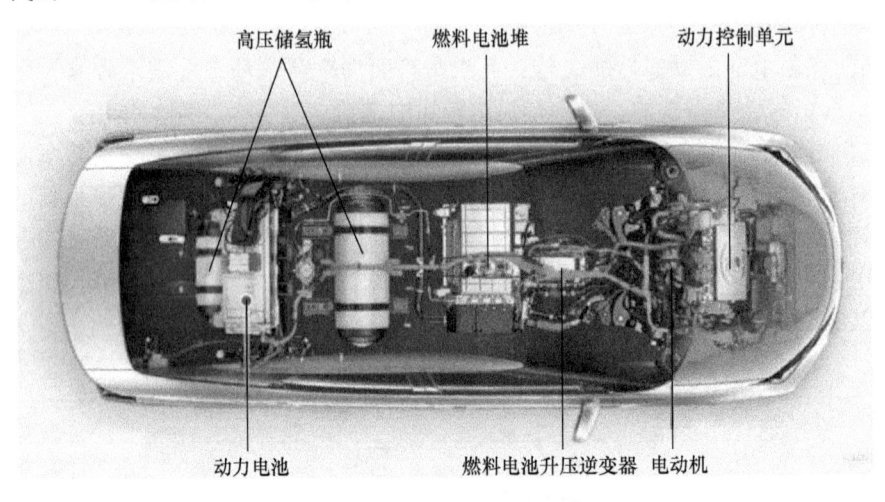

图 4-27 丰田 MIRAI 燃料电池电动汽车

表 4-3 丰田 MIRAI 汽车参数

	性能	车型	
		第二代 MIRAI	第一代 MIRAI
车辆	长/宽/高/mm	4975/1885/1470	4890/1815/1535
	轴距/mm	2920	2780
	驱动方式	后轮驱动	前轮驱动
	核定载客	5	4
	续驶里程/km	最高约 850（WTLC 工况）	约 650（JC08 工况）
	最高车速/(km/h)	175	175
燃料电池堆	输出功率密度/(kW/L)	5.4（4.4:含链接部件）	3.5（3.1:含链接部件）
	最高输出功率/(kW)	128	114
高压储氢瓶	储氢方式	高压气罐 3 个	高压气罐 2 个
	充填压力/MPa	70	70
电机	最高输出功率/kW	134	113

2. 现代燃料电池电动汽车

早在 2013 年，现代汽车就推出了全球首款量产氢燃料电池汽车 ix35 FCEV。2018 年，新一代氢燃料电池 SUV 车型 NEXO 问世（图 4-28）。截至 2021 年 10 月，氢燃料电池车 NEXO 全球累计销量已经突破 20000 辆。现代 NEXO 中国版在前机舱内部装配了最大功率为

95kW 的氢燃料电池堆，其高压储氢瓶可储存 3.99kg 的液态氢，在 CLTC-P 工况下续驶里程达 596km，与传统燃油车满油续驶里程相当，注氢时只需要 5min 便能加满。第三代 i-Blue 燃料电池电动车采用全新的现代第三代燃料电池技术，拥有 100kW 和 200kW 两种功率规格。相比当前的氢燃料电池系统，新一代 100kW 氢燃料电池系统尺寸减小 30%，使其更容易适用于不同的车型和应用领域。200kW 规格与第二代氢燃料电池系统尺寸相近，但输出功率提升至 2 倍，同时价格相比第二代氢燃料电池系统降低了 50% 以上。

图 4-28 现代燃料电池电动汽车

3. 宝马燃料电池电动汽车

2019 年，宝马集团在法兰克福车展全球首秀 BMW i Hydrogen NEXT 氢燃料电池概念车；2021 年 9 月，宝马集团推出全球首款经过国际认证的采用氢燃料电池驱动系统的防弹安全车——BMW iX5 Hydrogen Protection VR6 概念车；同时，BMW iX5 Hydrogen 氢燃料电池车首次亮相慕尼黑车展（图 4-29）。

宝马 iX5 Hydrogen 集成了氢燃料电池技术与第五代 BMW eDrive 电力驱动技术。独

图 4-29 宝马燃料电池电动汽车

特的驱动系统由两个储氢瓶、一个燃料电池系统和电机构成。供应燃料电池所需的氢气储存在两个由碳纤维增强型复合材料制成的 70MPa 高压储氢瓶中。这两个压力罐总共可容纳近 6kg 的氢气。宝马 iX5 Hydrogen 氢燃料电池车最大输出功率可达 295kW（401ps），6s 内完成 0→100km/h 的加速。其中，高性能燃料电池可连续输出 125kW（170ps）的电能。在 WLTP 工况下，宝马 iX5 Hydrogen 氢燃料电池车可以达到最高 504km 的续驶里程，充满储氢瓶只需要 3~4min 的时间。

4. 奔驰燃料电池电动汽车

作为奔驰旗下第一款量产燃料电池电动汽车，GLC F-CELL 燃料电池插电混动 SUV 早在 2017 年就在法兰克福车展发布，如图 4-30 所示。奔驰 GLC F-CELL 燃料电池 SUV 搭载了氢燃料电池和锂离子电池的插电式混动系统，由 400 片燃料电池单体组成的金属极电堆峰值功率 75kW，锂离子电池组容量 13.5kW·h。与奔驰上一代燃料电池电动汽车相比，新一代燃

料电池系统体积减小约 30%，贵金属铂催化剂使用量降低 90%。基于全球标准化的 70MPa 储氢瓶技术，奔驰 GLC F-CELL 搭载的 2 个储氢瓶分别位于底盘和后排座椅下方，储氢容量达到 4.4kg。该车采用后轮驱动，位于后轴的异步电机最大功率达 160kW（217hp），峰值转矩 375N·m。在锂离子电池组满电情况下，NEDC 循环工况续驶里程达到 487km，其中纯电续驶里程 50km，纯氢续驶里程 437km。此外，插电混动系统配备了功率为 7.4kW 的充电器，可在 1.5h 内将电池电量从 10% 充至 100%。

图 4-30　奔驰燃料电池电动汽车

5. 上汽燃料电池电动汽车

2014 年，上汽荣威 750 燃料电池轿车成为国内首款实现公告的燃料电池电动汽车；2016 年，荣威 950 燃料电池轿车成为国内首款实现公告、销售和上牌的燃料电池轿车，荣威 950 也是国内首款应用 70MPa 储氢系统的燃料电池车型。在 2022 年 8 月 4 日的"国家燃料电池电动汽车示范应用上海市第一批车辆集中发车仪式"上，上汽大通 MAXUS MIFA 氢燃料电池 MPV（图 4-31）、上汽红岩氢燃料电池重卡、上汽轻卡燃料电池冷链物流车共计 410 辆上汽燃料电池电动汽车（氢动力汽车）计划投入商业化运营。

6. 长安燃料电池电动汽车

2022 年 5 月，长安汽车推出了一款全新的新能源品牌——长安深蓝，SL03 是该品牌旗下的首款车型，有纯电、插电（增程式）、氢电（氢燃料电池）三种新能源版本，如图 4-32 所示。长安深蓝 SL03 氢能源版搭载 160kW 功率输出的电机和 28.39kW·h 的磷酸铁锂电池，整个系统核心部件实现 100% 国产化，系统氢电转换效率高于 60%，1kg 氢气可发电 20.5kW·h，馈电氢耗低于 0.65kg/100km 以下（CLTC 工况）。按照氢气 25 元/kg 计算，相当于 1km 行驶成本低于 0.2 元。新车的综合工况续驶里程可达 730km，3min 即可完成氢燃料加注。

图 4-31　上汽大通 MAXUS MIFA 燃料电池电动汽车　　图 4-32　长安深蓝 SL03 燃料电池电动汽车

7. 一汽燃料电池电动汽车

2021年6月，红旗氢燃料电池车H5-FCEV在第六届国际氢能与燃料电池电动汽车大会亮相，如图4-33所示。该车的燃料电池系统发动机由中国一汽自主开发，型号为CAFS300P50-1，采用金属双极板单堆技术，额定功率为50kW，最大功率为54kW，配备2个高压储氢瓶，最大可承受70MPa的压力，每一个储氢瓶可存储2kg氢气，总共可存储4kg氢气，行驶100km耗氢量小于0.82kg，NEDC工况下的续驶里程约为520km。电力驱动系统中，搭载的驱动电机最大功率为140kW，官方公布的0—100km/h加速用时小于10s，最高车速可达160km/h。

图4-33 红旗H5燃料电池电动汽车

2022年7月，中国一汽首台全新红旗H5燃料电池电动汽车在研发总院试制完成。全新红旗H5燃料电池电动汽车搭载了动力总成部自主研发的第二代燃料电池发动机，体积比功率密度694W/L，较上一代提升40%，额定功率65kW，实现-30℃的快速冷启动。

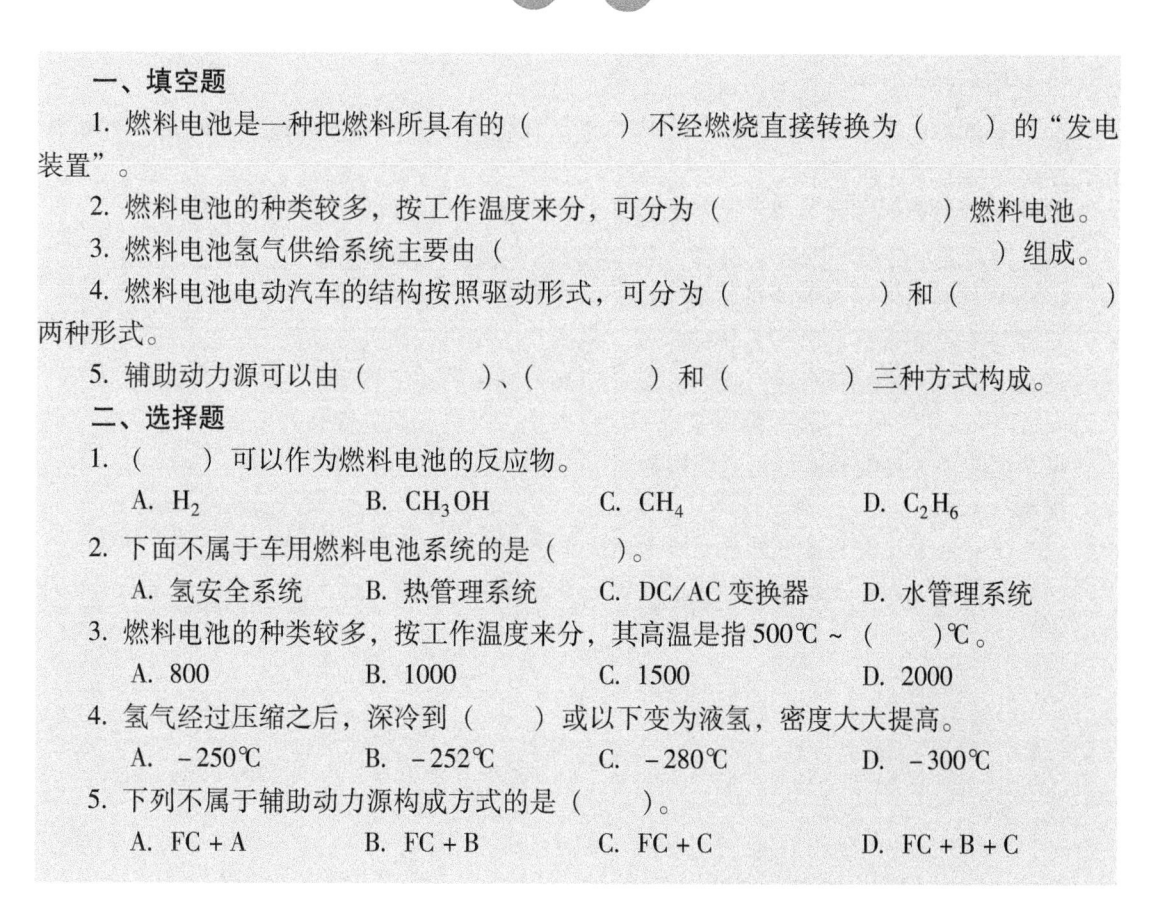

习 题

一、填空题

1. 燃料电池是一种把燃料所具有的（　　　　）不经燃烧直接转换为（　　　）的"发电装置"。
2. 燃料电池的种类较多，按工作温度来分，可分为（　　　　　　　）燃料电池。
3. 燃料电池氢气供给系统主要由（　　　　　　　　　　　　）组成。
4. 燃料电池电动汽车的结构按照驱动形式，可分为（　　　　）和（　　　　　）两种形式。
5. 辅助动力源可以由（　　　　）、（　　　　）和（　　　　）三种方式构成。

二、选择题

1. （　　）可以作为燃料电池的反应物。
   A. H_2　　　B. CH_3OH　　　C. CH_4　　　D. C_2H_6
2. 下面不属于车用燃料电池系统的是（　　）。
   A. 氢安全系统　　B. 热管理系统　　C. DC/AC变换器　　D. 水管理系统
3. 燃料电池的种类较多，按工作温度来分，其高温是指500℃~（　　）℃。
   A. 800　　　B. 1000　　　C. 1500　　　D. 2000
4. 氢气经过压缩之后，深冷到（　　）或以下变为液氢，密度大大提高。
   A. -250℃　　　B. -252℃　　　C. -280℃　　　D. -300℃
5. 下列不属于辅助动力源构成方式的是（　　）。
   A. FC+A　　　B. FC+B　　　C. FC+C　　　D. FC+B+C

三、判断题

1. 从技术上看，醇类燃料制氢的温度较低，制氢反应容易实现。其中甲醇通常被认为是最为合适的车载制氢燃料。（   ）
2. 烃类比醇类制氢难度大，主要表现在重整反应的温度很低。（   ）
3. 能量混合型主要用在燃料电池电动汽车开发的初期。（   ）
4. 燃料电池的功率输出特性，即指随输出电流的增加，电压增大幅度较大。（   ）

四、简答题

1. 质子交换膜燃料电池按照反应压力分为哪几种？两种在空气供应上的区别是什么？
2. 燃料电池电动汽车的动力系统形式有哪几种？
3. 燃料电池电动汽车的车载储氢方式有哪些？
4. 燃料电池空气供给系统主要由哪几个部件组成？
5. 燃料电池和辅助电池的双动力源结构的优势是什么？

五、思考题

2024年4月9日，两辆装载20多t货物的氢能重卡从北京市大兴区青云店油氢合建站出发，从北京到上海，1500km，跨越6个省市，通过高速公路，4月11日到达上海市青浦区青卫油氢合建站，全程约1500km，跨越京、津、冀、鲁、苏、沪6个省市，沿途在7座加氢站加氢补能。这是我国氢能车辆首次大范围、长距离、跨区域的实际运输测试，京沪氢能走廊也成为截至目前全国乃至全球最长的氢能走廊。如今，我国新能源乘用车渗透率超过50%，首次超过传统燃油乘用车。想一想：

1. 我国为什么要大力发展燃料电池汽车？
2. 目前燃料电池的效率在40%~60%之间，而锂离子电池的效率超过90%，燃料电池相比于锂电池的优势在哪里？
3. 未来通过哪些方式可以提高燃料电池系统的能量转化效率？

六、实践题：分析一款现有的燃料电池电动汽车模型完成以下任务：

1. 分析燃料电池系统的能量转换效率，并提出至少两项改进建议。
2. 设计一个智能能源管理系统的框架，说明其工作原理和关键功能。
3. 制定一项性能测试计划，列出至少三个需要测试的关键指标。
4. 提出至少一项针对氢气供应系统的优化措施，以提高稳定性和效率。

请根据实践项目的要求撰写实践报告。

提示：

在优化过程中，需要考虑燃料电池电动汽车的实际应用场景和用户需求。
强调系统的可持续性和环境友好性，例如通过优化能源利用效率来减少碳排放。

第 5 章

电动汽车的电机驱动系统

5.1 电动汽车电机驱动系统综述

电动汽车的电机驱动系统把电能转化为机械能,并通过传动装置(或直接)将能量传递到车轮进而驱动车辆按照驾驶人意志行驶,是电动汽车的关键系统之一。它在电动汽车上的具体任务是:在驾驶人操纵控制下,将动力电池组的电能转化为车轮的动能驱动车辆,并在车辆制动时把车辆的动能再生为电能反馈到动力电池中,以实现车辆的再生制动。

作为电动汽车的关键子系统,为了满足汽车的动力性、经济性和可靠性,电机驱动系统具有以下特点:

1)以电磁转矩为控制目标,加速踏板和制动踏板的开度是电磁转矩给定的目标值,要求转矩响应迅速,波动小。

2)电动汽车要求驱动电机有较宽的调速范围,电机能在四象限内工作。

3)为保证加速时间,要求电机低速时有大的转矩输出和较大的过载倍数(2~4),峰值功率一般为额定功率的1.5倍以上,且峰值转矩和峰值功率的工作时间一般要求在30s以上。

4)为保证汽车能达到最高车速,要求电机高速区处有一定的功率输出。

5)驱动系统高效,电磁兼容性好,易于维护。

6)良好的可靠性、耐温、耐潮湿,可以在恶劣的环境条件下长时期运转,结构简单,适合批量生产。

目前常用的驱动系统主要有两类:直流电机驱动系统和交流电机驱动系统。直流电机驱动系统即由直流电源供给电机的驱动系统,交流电机驱动系统即由交流电源供给电机的驱动系统。

目前常用的电驱动系统有四种:

1)直流电机(DCMotor)驱动系统:电机控制器一般采用脉宽调制(PWM)斩波控制方式。

2)交流感应电机(ACIM)驱动系统:电机控制器采用PWM方式实现高压直流到三相交流的电源变换,采用变频调速方式实现电机调速,采用矢量控制或直接转矩控制策略实现电机转矩控制的快速响应。

3）永磁同步电机（PMSM）驱动系统：包括正弦波永磁同步电机及其控制系统和矩形波无刷直流电机（BDCM）及其控制系统。前者的低速转矩脉动更小且高速恒功率区调速更稳定，因此比后者具有更好的应用前景。正弦波永磁同步电机及其控制系统中的电机控制器采用PWM方式实现直流到三相交流的电源变换，采用变频调速方式实现电机调速。

4）开关磁阻（SR）电机驱动系统：转子无永磁体或绕组设计，控制方式类似步进电机控制，可以认为是大步距角、利用磁阻效应控制的功率型驱动电机系统。

还有一种新型电机驱动系统——续流增磁电机及其控制系统。它结合永磁直流电机高效和串励电机大转矩的特点，采用永磁加增磁绕组复合励磁的方式。增磁绕组接到电机控制系统的续流回路中，电机低速时利用续流增磁输出大转矩，电机高速时增磁绕组自动提速，电机及其控制系统与车辆驱动需求能得到很好的匹配，且系统具有效率高、高效工作区范围宽的特点。

电机是电动汽车驱动系统的核心部件，其性能的好坏直接影响电动汽车驱动系统的性能，特别是影响电动汽车的最高车速、加速性能及爬坡性能等，所以当电机控制器选择恰当时，驱动系统的性能就取决于驱动电机。

电动汽车驱动系统对于电机有以下要求：

1）高电压。在允许的范围内尽可能采用高电压，以减小电机的尺寸和导线截面积，特别是可以降低功率变换器的成本。

2）小质量。电机应尽量采用铝合金外壳，以降低电动机的质量，还要设法降低电机控制器和冷却系统的质量。

3）较大的起动转矩和较大的调速范围，使电动汽车有好的起动性能和加速性能，从而获得起动、加速、行驶、减速、制动所需的功率与转矩。

4）高效率，低损耗。应在车辆减速时，实现再生制动能量回收，再生制动回收能量能达到总能量的10%~15%。

5）电气系统和控制系统的安全性必须符合国家（或国际）有关车辆电气控制安全性能的标准和规定，装备有高压保护设备。

6）高可靠性。耐温和耐潮性能强，运行时噪声低，能够在较恶劣的环境下长时间工作，结构简单，适合大批量生产，使用维修方便。

根据驱动电机的工作电源、结构以及工作原理的不同，对电动汽车用驱动电机进行分类，如图5-1所示。

电动汽车电机驱动系统电机的主要性能参数如下：

1）额定电压。在额定工况运行时，电机定子绕组应输入的线电压值。

2）额定电流。在额定电压下，电机轴上输出的机械功率为额定功率时，电机定子绕组通过的线电流值。

3）额定转速。在额定电压输入下，以额定功率输出时对应的电机最低转速。

4）额定功率。在额定条件下，电机轴上输出的机械功率。

5）峰值功率。在规定的时间内，电机允许输出的最大输出功率。

6）最高工作转速。相应于电动汽车最高设计车速的电机转速。

7）最高转速。在无带载条件下，电机允许旋转的最高转速。

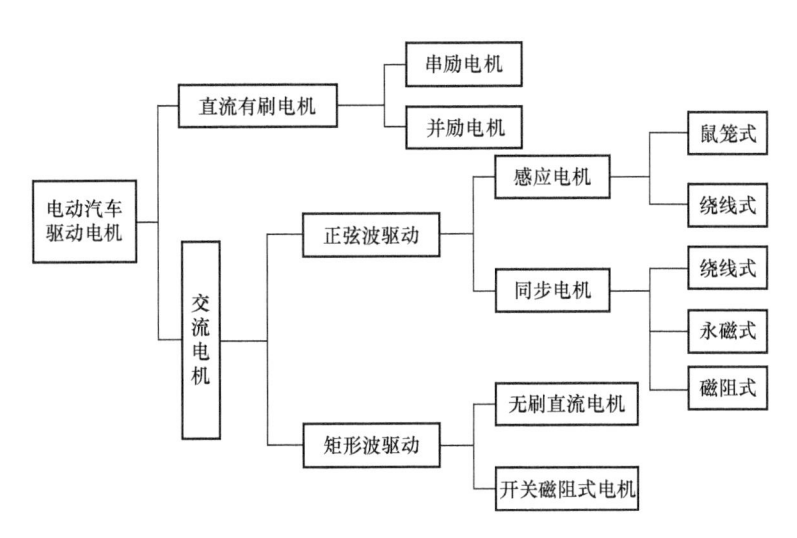

图 5-1 电动汽车驱动电机的分类

8) 额定转矩。电机在额定功率和额定转速下的输出转矩。

9) 峰值转矩。电机在规定的持续时间内允许输出的最大转矩。

10) 堵转转矩。电机转子在所有角位堵住时所产生的转矩最小测得值。

11) 机械效率。在额定运行时电机轴上输出的机械功率与电机在额定运行时电源输入到电机定子绕组上的功率之比值。

12) 电机及控制器整体效率。电机转轴输出功率除以控制器输入功率。

13) 温升。电机在运行时允许升高的最高温度。

电动汽车最早采用的是直流电机。随着电子技术和自动控制技术的发展以及电动汽车技术要求的提高,无刷直流电机、交流异步电机、永磁同步电机和开关磁阻式电机等显示出比直流电机更为优越的性能,在电动汽车中应用越来越广泛。

主要电动汽车用驱动电机的基本性能比较见表5-1。

表5-1 主要电动汽车用驱动电机的基本性能比较

对比项目	交流异步电机	永磁同步电机	开关磁阻电机
功率密度	一般	高	一般
转矩转速特性	好	好	好
最高转速范围/(r/min)	9000~18000	4000~18000	≥18000
调速性能	好	好	好
功率单元	通常为三相	通常为三相	四相或六相
位置传感器	相对位置	绝对位置	绝对位置
可靠性	高	一般	高
结构坚固性	好	一般	好
尺寸及重量	一般,一般	小,轻	小,轻
电机成本	较低	高	较低
控制器成本	高	高	较高

5.2 直流电机驱动系统的组成和工作原理

直流电机驱动系统即由直流电源供给电机的驱动系统，如图 5-2 所示。在控制器的作用下，将直流电源转化为用以驱动电机的电量形式，从而将电源能量转化为机械能。

由于控制性能好，早期的电动汽车用驱动电机多采用直流电机。20 世纪 80 年代前，几乎所有车辆的驱动电机均为直流电机，这是因为直流电机具有起动加速转矩大、电磁转矩控制特性良好、调速比较方便、控制装置简单、控制成本较低等优点。缺点是有机械换向器，当在高速大负荷下运行时，换向器表面会产生火花，所以电机的转速不能太高，且电刷需要定期维护，这也在一定程度上造成了其使用方面的不便。采用机械式电刷和换向器的直流电机，其过载能力、转速范围、功率体积比、功率重量比、系统效率、使用维护性均受到限制。

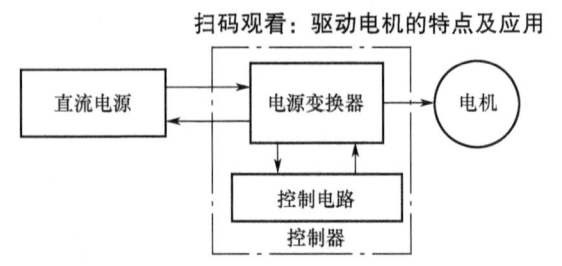

扫码观看：驱动电机的特点及应用

图 5-2 直流电机驱动系统框图

5.2.1 直流电机的结构

1. 电机的结构原理

电机是当导线（绕组）置于由磁铁（或永久磁铁）形成的磁场内时，将绕组中流过电流时产生的电磁力转变为旋转力（转矩）的装置。这一原理可通过弗莱明左手定则来说明（图5-3）。其中拇指指向电磁力 F 的方向，食指指向磁通密度 B 的方向，中指指向电流 I 的方向。在使线圈顺时针方向旋转的情况中，N 极侧就由里侧向外侧，S 极侧由外侧向里侧开始流过电流（图 5-4）。为了使转子产生连续的旋转，中途必须更换电流的流向，而这一更换在换向器和电刷的接触点旋转的同时得以实现。

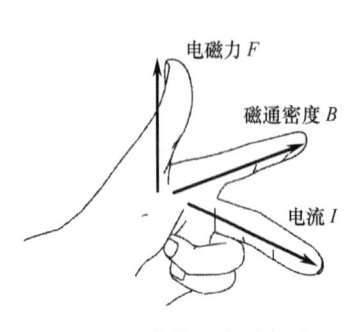

图 5-3 弗莱明左手定则

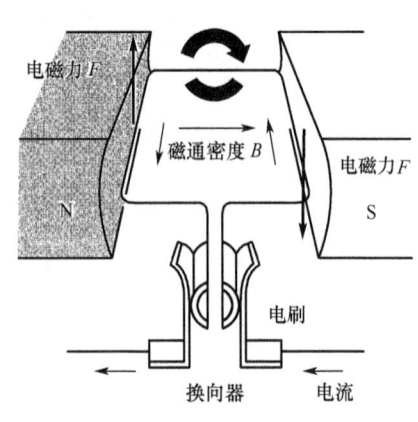

图 5-4 电机原理图

2. 直流电机的结构

由电机的结构原理可知，为了使转子产生连续的旋转，需要在中途实现电流的换向。目前市场上直流电机电流换向主要通过两种方式来实现，有刷直流电机（图5-5）和依靠晶体管实现电流换向的无刷直流电机（图5-6）。

图5-5　有刷直流电机 　　　　图5-6　无刷直流电机

直流电机是由静止的定子和可旋转的转子（电枢）两大部分组成的。定子和转子之间的间隙称为气隙。图5-7所示为有刷直流电机的剖视图，下面分述其各个组成部分的结构。

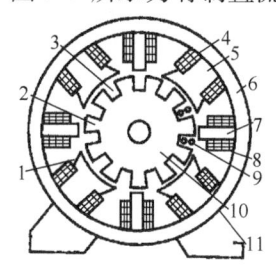

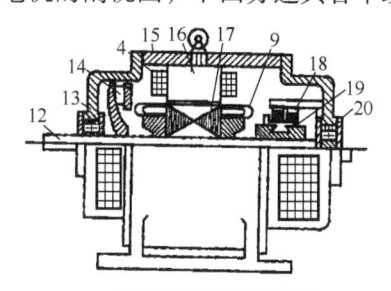

a) 直流电机径向剖视图　　　　b) 直流电机横向剖视图

图5-7　直流电机的剖视图

1—极靴　2—电枢齿　3—电枢槽　4—励磁绕组　5—主磁通铁心　6—磁轭　7—换向极
8—换向极绕组　9—电枢绕组　10—电枢铁心　11—底脚　12—轴　13—端盖　14—风扇
15—机座　16—磁极　17—电枢　18—电刷　19—换向器　20—轴承

定子的主要作用是产生气隙磁场，它由主磁极、换向极、机座和电刷装置等组成，其外形如图5-8所示。

1）主磁极：由主磁极铁心及套装在铁心上的励磁绕组构成，作用是建立主磁场。
2）换向极：由铁心和绕组构成，起改善换向、均匀气隙磁场等作用。
3）机座：为主磁路的一部分，同时构成电机的结构框架，由厚钢板或铸钢件构成。
4）电刷装置：由电刷、刷盒、刷杆和连线等构成，是电枢电路的引出（或引入）装置，如图5-9所示。

图5-8　直流电机定子 　　　　图5-9　直流电机电刷

转子由电枢铁心、电枢绕组、换向器、转轴和风扇组成。

1）电枢铁心：是电枢绕组的支撑部件，也是主磁路的一部分，由硅钢片叠压而成，如图 5-10 所示。

2）电枢绕组：直流电机的电路部分，由绝缘的圆形或矩形截面的导线绕成。

3）换向器：换向器由很多换向片组合成圆筒状，片间用云母绝缘，如图 5-11 所示。换向器的作用是与电刷配合，将直流电机槽导体中感应出的交流电变成直流电输出，所以换向器也称整流子；或者将直流电机输入的直流电流转变为电枢槽导体中的交变电流，以保证转子朝一个方向旋转。

图 5-10　直流电机电枢铁心　　　　图 5-11　直流电机换向器

图 5-12 所示为直流电机的爆炸图，各个组成部件如图所示。

此外，部分直流电机在电枢电路中还布置了附加绕组，以抵消电枢交轴反应对直轴磁通造成的影响。

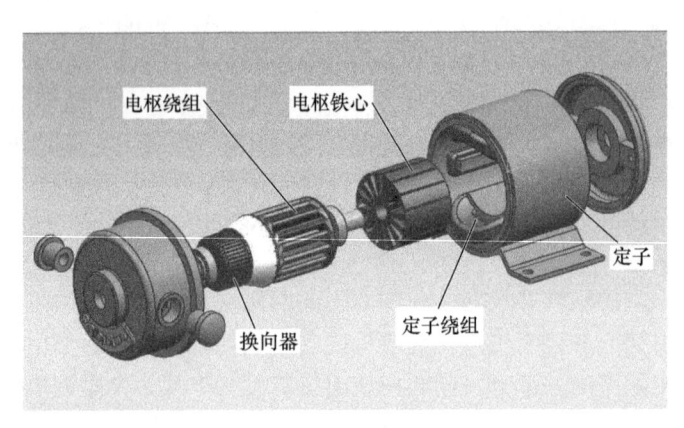

图 5-12　直流电机的爆炸图

5.2.2　直流电机的工作原理

根据励磁绕组的不同，直流电机分为他励和自励两种。他励指励磁与电枢回路在电气上相对独立，自励则说明两者有直接的电气联系。自励多应用于小功率电机，而他励则多应用于中、大功率电机。自励的励磁方式又包括并励、串励及复励等，其中复励又有积复励和差复励之分。直流电机的励磁方式如图 5-13 所示。

图 5-13a 所示为他励方式，励磁绕组与电枢绕组无连接关系，用外加电流进行励磁。其他为自励方式，与电枢绕组共用电源励磁。

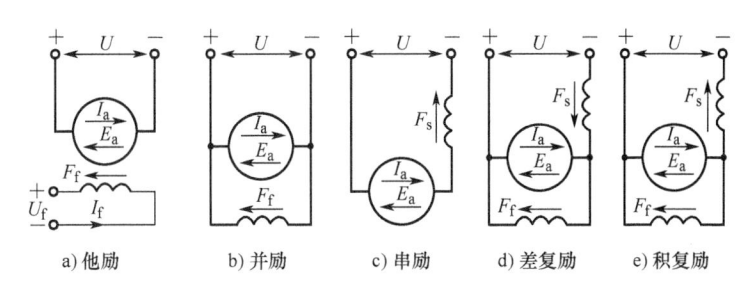

图 5-13 直流电机的 5 种励磁方式

I_a—电枢电流　E_a—电枢反电势　F_f—他励和并励方式下的励磁电流　F_s—串励和复励方式下的串励电流

图 5-13b 所示为并励方式，励磁绕组与电枢绕组共用同一直流电源，并且励磁绕组与电枢绕组呈并联关系。从性能上讲，他励电机与并励电机的性能接近，具有较硬的机械特性，转速随负载变化小，磁通为一常值，转矩随电枢电流成正比变化。但起动转矩小于串励电机，适用于转速要求稳定而对起动转矩无特别要求的负载。

图 5-13c 所示为串励方式。励磁绕组与电枢绕组相串联并共用电源，励磁电流即电枢电流。串励直流电机具有软的机械特性，转速随负载的大小变化较大，转矩近乎与电枢电流的平方成正比。起动转矩较他励、并励直流电机大，适用于要求起动转矩特别大而对转速的稳定无要求的负载。

图 5-13d、e 所示为复励方式，复励直流电机有两个励磁绕组：一为与电枢并联的并励绕组；一为与电枢串联的串励绕组。若串励绕组产生的磁通势与并励绕组产生的磁通势方向相同，则为积复励；若相反，则为差复励。复励直流电机具有并励和串励电机"折中或复合"的特点，其特性介于并励和串励电机之间。

直流电机的电枢反应：当直流电机电枢绕组中通过电流时，电流产生的磁场将使主磁场的分布发生畸变。

电枢反应使得畸变的主磁场在电刷位置处各换流片间产生较大的电位差，因而电刷短路有电位差的换向片，产生火花；长期运行，则导致换向片烧灼，内阻增加，铜损增大并造成电机效率下降。

直流电机的运行注意事项（由运行特性和转矩特性所决定）：

1) 并励直流电机的励磁绕组在运行中不能断开，否则易发生飞车。当励磁绕组断线后，励磁电流为 0，使得主磁极上仅存有很少的剩磁，此时电枢绕组中的反电动势很小，使得电枢电流急剧增加，电机转速也将迅速增大以补偿减小的反电动势，从而引起"飞车"事故。

2) 他励直流电机的励磁电流在运行中不能太小，否则易导致飞车。当他励直流电机的励磁电流过小时，同样会引起电枢绕组中的反电动势减小，引发飞车的过程同 1) 类似。

3) 串励电机则不允许空载运行，否则易发生飞车。当串励电机空载运行时，转矩需求较小，电枢电流相应减小，引起电枢绕组中励磁磁通减小，而依据电枢电压方程，此时电枢绕组反电动势增大，故串励电机转速会迅速攀升引发"飞车"。

电动汽车所使用的直流电机主要是他励直流电机（包括永磁直流电机）、串励直流电机和复励直流电机三种类型。本节针对他励直流电机的工作原理进行说明。

1. 直流电机的工作原理

（1）直流电机在发电/电动两种模式下的工作状态（再生制动）　对于一台直流电机，

如何识别它运行于发电状态或是运行于电动状态是熟悉直流电机可逆原理的基本条件。区分电机这两种运行状态的依据，是电机运行中电流和电压以及转矩和功率的相互关系及其特征。图5-14a表示一台与直流电源并联运行的直流发电机。作为发电机状态运行时的特征是：

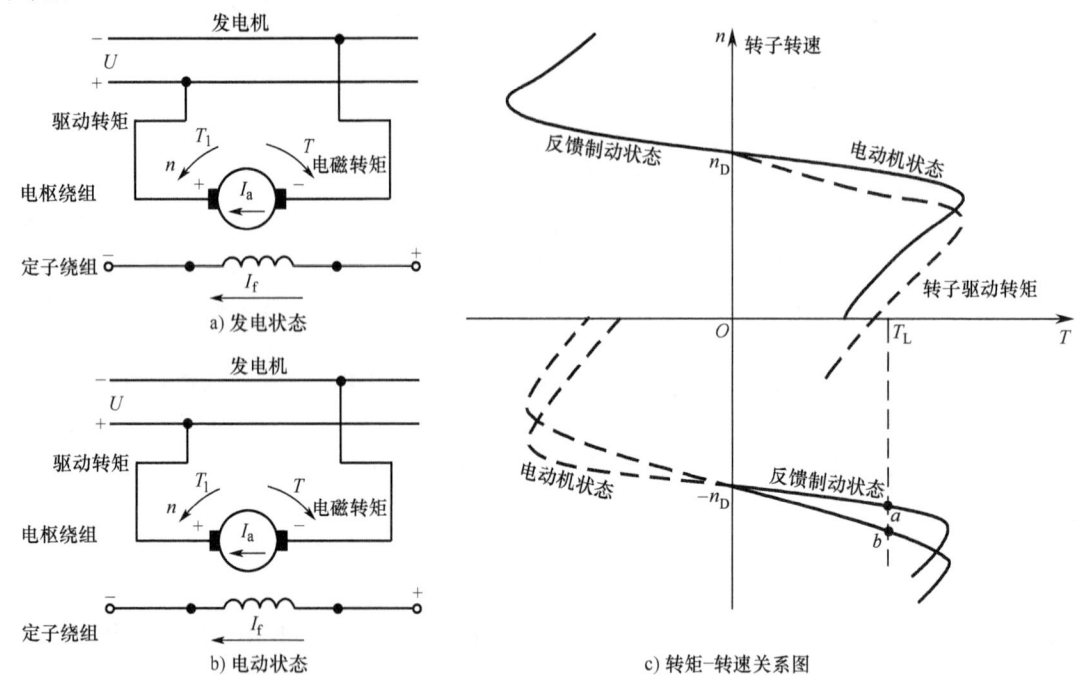

图5-14 电机可逆原理

1) 电枢电流 I 与电枢电动势 E（方向由电枢两端正负号表示）的方向相同。
2) 电磁转矩 T 与发电机的转向相反。

如图5-14所示，假定电机处于他励运行状态，定子绕组中电流方向始终为自右向左，电枢绕组供电电源正方向亦不发生变化。图5-14中假定电机逆时针旋转时，绕组电动势方向为自右向左。

如图5-14a所示，假定发电机空载运行，且绕组中电阻为零，忽略欧姆压降，当驱动转矩 T_1 克服轴承摩擦力及风阻带动转子转动时，在绕组电路中产生自右向左的反电动势，并输出至供电线路。

如图5-14b所示，假定电动机空载运行，且绕组中电阻为零，则当供电电源向电动机通以自左向右的电动势时，电动机转子需在磁场中产生自右向左的反电动势与之平衡，即产生方向为逆时针的驱动转矩克服轴承摩擦力及风阻带动转子运动。

在以上分析的基础上，倘若视两电机为电动汽车某一驱动轮，并以逆时针旋转为前进方向，则在驱动状态下（图5-14b），电机将作为电动机在电磁转矩 T 的驱动下逆时针加速行驶。在再生制动状态下（图5-14a），电机则作为发电机在路面摩擦阻力 T_1（制动时摩擦力向后，故方向为逆时针）驱动下发电，并在绕组电流同励磁磁场产生的电磁力矩作用下逐渐减速，以达到制动的目的。

将图5-14a、b两图中的电源线连接起来，以发电机作为供电电源，以电动机作为用电器联合分析。忽略一切摩擦阻力及内阻发热,当发电机在大小为 T_1 的转矩驱动下以恒定转速逆时针旋转时,电动机能够以驱动力矩 T 牵引大小为 T_1 的负载力矩匀速运行。由于能量守恒,易知此时两电机逆时针转速相同。倘若此时增大电动机处的负载力矩 T_1,则此时电动机转速下降。在供电电源电压稳定的情况下,电枢电流增大以提高电动机驱动力矩 T,此时发电机中电枢电流亦增大。在励磁电流不变的情况下,电磁力矩 T 增大,发电机需要提高牵引力矩 T_1 以维持其转速不变,保证供电线路电压恒定,从而保证电动机转速恒定。

由以上分析可知,直流电机在发电机同电动机之间的切换由能量在定转子间流动的方向决定,而与转子旋转方向无关。如图 5-14c 所示,无论电机工作在正转状态还是反转状态,当作用在定转子间的电磁力矩做正功时,能量自定子流入转子,为电动机;反之,能量自转子流入定子,则为发电机。

(2)直流电机的运行特性(电动特性) 直流电机的运行特性主要包括直流电机的工作特性和机械特性。

对于一定的电机拖动系统而言,当负载的工作状况改变时,电机的输出机械功率也会改变。根据电机的运行原理(功率、转矩、电压平衡规律),电机的转速 n、转矩 T、电枢电流 I_a 以及效率 η 都随电机输出机械功率 P_2 的变化而变化,这种变化规律称为电机的工作特性。它是表明电机运行性能的最基本的特性。

下面着重讨论电机的转速和转矩,以及它们之间的关系。

1)转速 n 和电枢电流 I_a 的关系,即 $n = f(I_a)$,称为转速特性。

2)转矩 T 和电枢电流 I_a 的关系,即 $T = f(I_a)$,称为转矩特性。

3)将转速 n 与电磁转矩 T 之间的关系,即 $n = f(T)$,称为机械特性。

以上三种特性,称为电机的运行特性。其中以机械特性最为重要,它指明了电机在静态运行(电机的转速和转矩以及电枢电流保持恒定运行)时的性能,并且决定着电机拖动系统过渡过程(电机的转速和转矩以及电枢电流随时间而变化)的特性。

2. 他励直流电机的特性

在早期的电动汽车中,他励直流电机应用较多。下面以他励直流电机为代表分析直流电机的运转特性。

(1)转速特性 图 5-15 所示为直流电机电枢绕组等效电路示意图,由此可得电机转速特性的一般表达式为

$$n = \frac{U}{C_E\phi} - \frac{r_a + R_s}{C_E\phi}I_a = \frac{U}{C_E\phi} - \frac{R_0}{C_E\phi}I_a \quad (5-1)$$

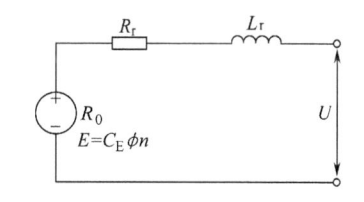

式中,R_s 为电枢回路中附加电阻;$R_0 = r_a + R_s$ 为电枢回路总电阻;C_E 为系数;ϕ 为磁通。

图 5-15 直流电机电枢绕组等效电路示意图

将 $U = U_N$、$\phi = \phi_N$(额定每极主磁通,由额定励磁电流产生)及 $R_0 = r_a$($R_s = 0$)代入式(5-1),得

$$n = \frac{U}{C_E\phi_N} - \frac{r_a}{C_E\phi_N}I_a \quad (5-2)$$

式(5-2)为转速特性方程式。固有特性是相对于人为特性而言,在 $U \neq U_N$、$\phi \neq \phi_N$ 或 $R_0 \neq r_a$ 时的特性称为人为特性。仅在固有转速特性中,将 $I_a = I_N$(额定电枢电流)代入,

才可以得到 $n = n_N$（额定转速），这是转速特性固有的特点，如图 5-16 所示。

在电刷位于几何中线上并忽略交轴电枢反应（一般交轴反应可以通过连接附加电阻消除，也可以认为其作用方向同直轴磁通垂直而对其影响不大）磁场的去磁作用时，则 $\phi = \phi_0$ 保持为常数，不随电枢电流而变化。

当 $I_a = 0$ 时，转速 $n = n_0 = \dfrac{U_N}{C_E \phi_N}$，称为额定理想空载转速，是一个常数。当 I_a 由零加大时，式（5-2）等号右边第二项 $\dfrac{r_a}{C_E \phi_N} I_a$ 加大，因而 n 低于 n_0，故转速特性是一条向下倾斜的直线。

常将 $\dfrac{r_a}{C_E \phi_N} I_a$ 称为转速降 Δn，故有

$$\Delta n = \dfrac{r_a}{C_E \phi_N} I_a \tag{5-3}$$

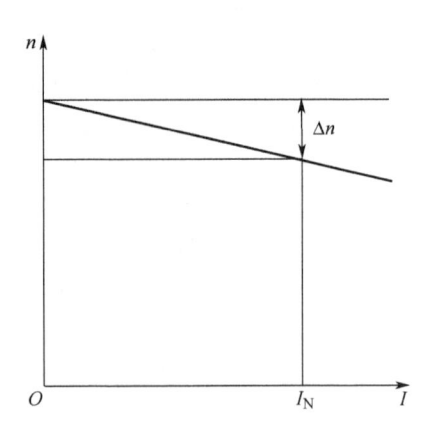

图 5-16 他励电机的转速特性

从式（5-3）可以看出，引起转速下降的原因是电枢电阻 r_a 的存在。ϕ_N 和 I_a 是产生电磁转矩使电机旋转的必要条件，而不是产生转速降的原因，但转速降的大小也与 ϕ_N 和 I_a 的大小有关。在电枢电流为额定值，即 $I_a = I_N$ 时有

$$\Delta n_N = \dfrac{r_a}{C_E \phi_N} I_N \tag{5-4}$$

Δn_N 称为额定转速降。一般情况下，对他励电机而言，$\Delta n_N = (0.03 \sim 0.08) n_N$，其值很小。因此，直流他励电机的转速特性是一根微微向下倾斜的直线。此外，在额定条件下，与式（5-1）相对应，有理想空载转速 $n_0 = \dfrac{U_N}{C_E \phi_N}$ 以及转速降 $\Delta n = \dfrac{r_a}{C_E \phi_N} I_a$。

（2）转矩特性　转矩特性指 $U = U_N$ 及 $\phi = \phi_N$ 时，$T = f(I_a)$ 的关系。根据电磁转矩公式，可得到转矩特性的一般表达式为

$$T = C_T \phi I_a \tag{5-5}$$

将 $\phi = \phi_N$ 代入式（5-5），得固有转矩特性方程为

$$T = C_T \phi_N I_a \tag{5-6}$$

在电刷位于几何中线上并忽略交轴电枢磁场的去磁作用时，固有转矩特性是一根通过原点的直线，如图5-17所示。当 $I = I_N$ 时，从固有转矩特性上可以获得 $T = T_N$，即额定电磁转矩。当电机轴上负载转矩为 0 时，即实际空载时，电枢仍有电流 I_0。一般 $I_0 = (5\% \sim 10\%) I_N$。由它与气隙磁通相互作用而产生的空载转矩 T_0，用以平衡电机本身的机械摩擦等产生的反转矩。此时，电机的转速仅略低于理想空载转速，称为实际空载转速。

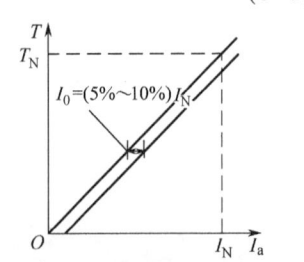

图 5-17 他励电机的转矩特性

(3) 机械特性 机械特性是指 $U = U_N$ 及 $\phi = \phi_N$ 时，$n = f(T)$ 的关系。由电压平衡方程式 $U = E_a + I_a(r_a + R_s)$、转矩公式 $T = C_T \phi I_a$ 以及电动势公式 $E_a = C_E \phi n$ 得

$$n = \frac{U}{C_E \phi} - \frac{r_a + R_s}{C_E C_T \phi^2} T = \frac{U}{C_E \phi} - \frac{R_0}{C_E C_T \phi^2} T \tag{5-7}$$

式（5-7）为机械特性的一般表达式。如将 $U = U_N$ 和 $\phi = \phi_N$ 以及 $R_0 = r_a$ 代入式（5-7），可得固有机械特性方程式为

$$n = \frac{U}{C_E \phi} - \frac{r_a}{C_E C_T \phi^2} T = n_N - \Delta n \tag{5-8}$$

式中，$n_N = \frac{U_N}{C_E \phi_N}$ 为固有机械特性上的理想空载转速；Δn 为固有机械特性上的理想空载转速降，$\Delta n = \frac{r_a}{C_E C_T \phi^2} T = \frac{r_a}{C_E \phi_N} I_a$。

在电刷位于几何中线上并忽略交轴电枢磁场的去磁作用时，ϕ 保持为常数。因此，固有机械特性是一根向下倾斜的直线，如图 5-18 所示。

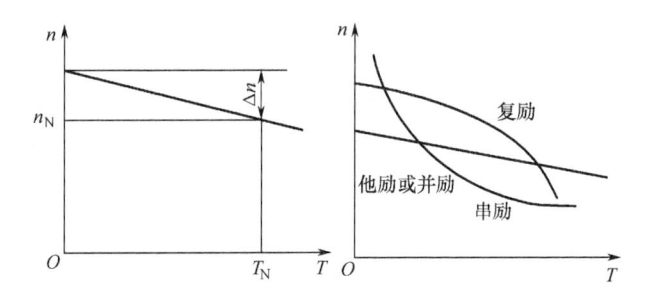

图 5-18　他励及采用其他励磁方法电机的机械特性

$T = T_N$ 时，可得 $n = n_N$（额定转速）以及 $\Delta n = \frac{r_a}{C_E C_T \phi^2} T_N = \frac{r_a}{C_E \phi_N} I_N$（额定转速降）。而 $\Delta n_N = (0.03 \sim 0.08) n_N$，其值很小，说明他励电机的机械特性的倾斜度很小，是一根微向下倾斜的直线。

电机的机械特性指出了电机在静态运行时的性能，并且决定着电机拖动系统在过渡过程的特征。所谓静态运行，是指电机的转速、电流和转矩保持恒定的运行。而在过渡过程中，电机的转速、电流和转矩随时间而变化。在为负载选择电机类型时，机械特性是主要的衡量标准之一。

对他励电机而言，当气隙磁通恒定时，电机的 T 和 I_a 有固定的比例关系，故转速特性 $n = f(I_a)$ 能代表机械特性 $n = f(T)$，并且 I_a 比 T 更容易测量。

(4) 电机的电枢电流和电机轴上的负载转矩的关系 从实践中可知，他励电机在电枢电压及气隙磁通恒定的条件下，电枢电流的大小随电机轴上负载转矩的大小而变化，从而可以根据电枢电流的变化情况知道负载转矩变化的情况。

电机负载的静阻转矩一般是阻碍运动的。但是，在一定条件下，负载的静转矩也可以促进运动。

负载的转速 n 和其转矩 T_j 的关系 $n = f(T_j)$ 被称为负载的机械特性。图 5-19 中的特性 b

和 c 便是某些负载的机械特性。其转矩大小与转速无关，因而机械特性是一根与纵坐标平行的直线。

拖动系统能以一定的转速匀速运行，必要的条件是电机的机械特性和负载的机械特性具有交点。例如，在图 5-19 中，特性 a 为电机的固有机械特性，当负载转矩为 T_{j1} 时，电机运行于转速 n_1；当负载转矩为 T_{j2} 时，电机运行于转速 n_2。固有特性与两条负载特性分别交于点 1 和点 2。

结合图 5-19，当负载转矩由 T_{j1} 增大到 T_{j2} 时，分析他励电机的电枢电流和电磁转矩以及转速的变化情况。

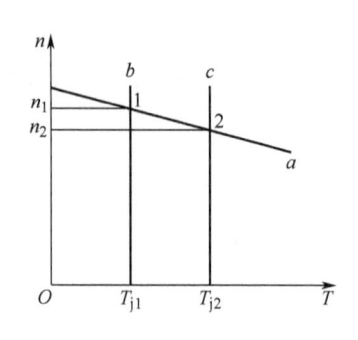

图 5-19 额定工作点工作示意图

当负载转矩为 T_{j1} 时，电机的电磁转矩为 T_1，其方向与 T_{j1} 相反而大小相等，系统稳定运行于转速 n_1。当负载转矩由 T_{j1} 增大到 T_{j2} 时，由于 $T_{j2} > T_1$，转矩平衡状态被破坏，因而转速下降，使转速由 n_1 向低速 n_2 过渡。电枢转速的下降引起电枢反电动势的降低，故反电动势由 E_{a1} 向较低值 E_{a2} 过渡。依据电枢电压公式，反电动势的降低又引起电枢电流的增大，因而电枢电流由 I_{a1} 向较大值 I_{a2} 过渡，电机的电磁转矩也由 T_1 向较大值 T_2 过渡。当 T 增大到 T_2 并等于 T_{j2} 时，转矩重新处于平衡状态。这时，拖动系统稳定运行于较低转速 n_2，电枢电流稳定于较大值 I_{a2}，电磁转矩为 T_2。如上所述，电机轴上的负载越大，电枢电流越大；反之，电机轴上负载越小，电枢电流越小。也就是说，电机的静态电枢电流取决于电机负载转矩的大小。机械特性是静态特性，常用来描述电机拖动系统的静态运行。

如上所述，当电机运行于一定的机械特性上时，电机的电枢电流和电磁转矩的大小以及转速的高低取决于电机的负载的大小。当电机运行于固有机械特性上时，如果负载是额定负载，则电机的电枢电流和电磁转矩以及转速分别达到额定值 I_N 和 T_N 以及 n_N，此点称为额定工作点。

如果电机轴上机械负载为零，并且在轴上外加一个与电枢旋转方向一致的转矩，用于平衡由于电机本身摩擦所造成的反转矩时，则电机的电枢电流以及电磁转矩均为零，此时的转速称为理想空载转速，该点称为理想空载工作点。

（5）电机的正反转切换特性 由直流电机的工作原理可知，要想使电机反转，改变电机两端极性电压即可，如图 5-20 所示。

通过控制四个开关器件的通断，即可改变电机两端电压极性，获得反转特性。具体分析见直流电机的四象限工作调控。

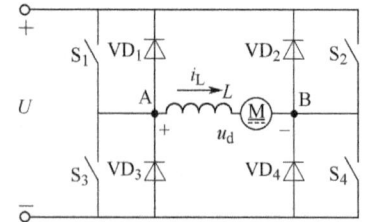

图 5-20 电机的正反转切换特性

5.2.3 直流电机的四象限工作调控

电动汽车的运行模式一般包括前进、倒车、制动、空档、驻车和停车六种运行模式。在实际行驶工况中，也常会遇到上坡、平路以及下坡等不同路况。电机的正反转切换特性使得它能够在转速/转矩平面上实现四象限运行，保证了驱动系统能够在不同行驶需求下提供适宜动力。此外，再生反馈制动模式也为充分利用能源、延长续驶里程提供了有力支持。下面以直流电机为代表,着重从控制特点上介绍它在功率开关驱动调节下的四象限工作过程。

1. 直流电机的单象限调速控制

图 5-21 所示为一个单象限直流斩波器的驱动原理图。假设二极管 VD 为理想器件,若开关 V 闭合,则电流 i_o 从 0 开始逐渐增大到稳态。当开关 S 断开时,由于电枢是感性负载,负载电流通过二极管 VD 续流。

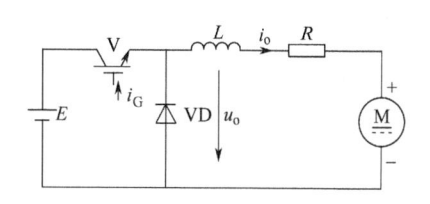

单象限直流斩波器工作时不同变量的稳态波形如图 5-22 所示。这一过程也可以被视作降压斩波控制。目前常见的控制方法有:①固定频率控制 TRC:保持开关导通或者中断周期不变;②变频 TRC 控制:保持开关导通时间不变;③限流控制 CLC:将通过开关的负载电流始终控制在特定的范围内。后两种方法常常会引起电路中较大的电势变化,因此实际控制过程中常采用第一种控制方法。

图 5-21 单象限直流斩波器驱动电路原理图

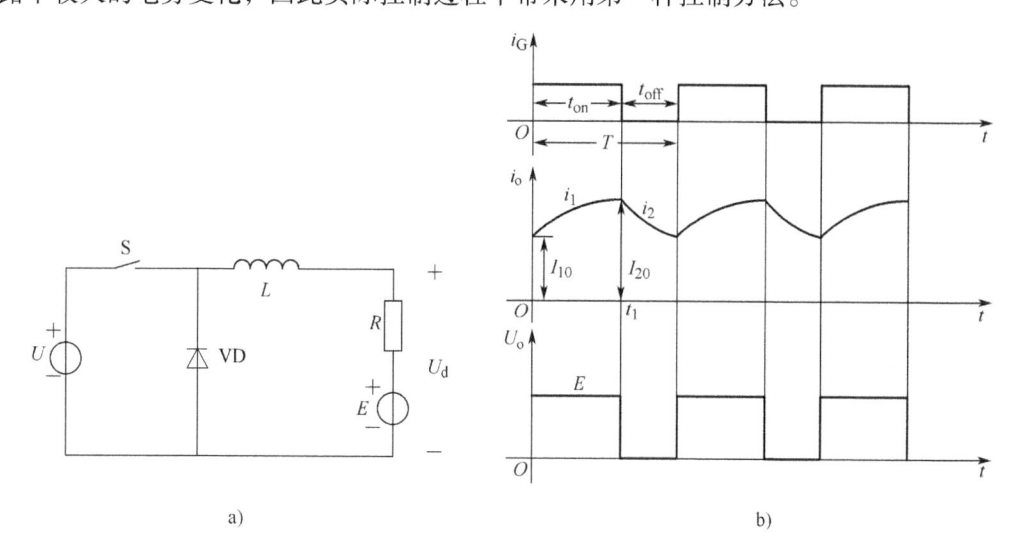

图 5-22 单象限直流斩波器驱动电路简图及稳态波形

t_{on} 为开关 S 闭合时间,t_{off} 为开关 S 断开的时间,T 为开关 S 的开关周期,i_o 为通过电机的电流,i_G 为通过功率开关管的电流,D 为占空比,E 为旋转电动势。平均输出电压 U_d 的表达式为

$$U_d = \frac{t_{on}}{t_{on}+t_{off}}U = \frac{t_{on}}{T}U = DU \tag{5-9}$$

电机稳定运行时,电子开关在一定的占空比下工作,U_d、E 和转子电流 I_d 均保持不变,转子电流产生的转矩恰好抵消负载的阻力矩;在加速过程中,占空比增大,使得 U_d 有效值增大,转子电流也随之增大,电动力矩大于阻力矩,电机加速运行;随着速度的上升,旋转电动势 E 也在增大,转子电枢电流和电动力矩因之而减小,当电动力矩减小到又与负载的阻力矩相等时,电机停止加速,保持匀速运行。

这种单象限运行方案对于直流电机的减速过程同加速过程类似,即采用减小占空比的方法使 U_d 有效值减小,降低转子电枢电流 I_d,此时电动力矩小于负载的阻力矩,产生负的加速度；或者令 U_d 直接小于 E，使电机在电磁力矩反拖作用下减速。这种减速过程效果不明显，要想快速制动只能采取能耗制动或摩擦制动等措施，使电机在较短的时间减速或停机，然而电机的制动能量却不可能回馈到电网。

2. 直流斩波器调节下的二象限工作模式

图5-23所示为二象限型直流斩波器驱动电路的原理图。电路中有两个电力电子开关 S_1、S_2 和两个续流二极管 VD_1、VD_2。其中 S_1、VD_2、电感、直流电源和负载组成降压型斩波器；S_2、VD_1、电感、直流电源和负载组成升压型斩波器。

在电动状态下，S_2 保持关断状态，S_1 按占空比的要求周期性地通断。在 S_1 接通时，电源通过 S_1 向电机供电，并向电感补充能量，此时两个二极管都不导通，$U_d = U$。在 S_1 关断后，电源与负载之间的通路被断开，

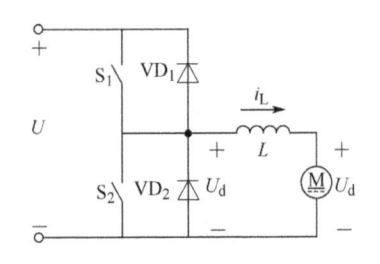

图5-23 二象限直流斩波器驱动电路的原理图

在电感的作用下，电流 i_L 经 VD_2 形成回路。此时 VD_2 端的电压 $U_d = 0$。不难看出，这种状态下电机的端电压与电源电压之间的关系为

$$U_d = DU \tag{5-10}$$

在再生制动状态下，电机工作在第二象限，此时电子开关 S_1 保持关断，S_2 周期性地通断。这时的电路可视为一个升压型斩波器，直流电机在断电制动的情况下，转子绕组反电动势相当于直流发电电源（图中的 U_d 近似等于旋转电动势 E），而此时左侧直流电源相当于此升压斩波电路的负载。能量由电动机供出，被直流电源吸收，所以电感电流 i_L 为负值。S_2 导通时，电机、电感和 S_2 形成回路，电流逆时针方向流动，电机输出电能储存至电感磁场。当 S_2 关断时，由于电感中的电流不能突变，电流只能通过二极管 VD_1 流向电源，此时电流的途径为（实际方向）：电动机上端→电感→VD_1→直流电源正极→直流电源负极→电动机下端。电感储存的电能被电源吸收。

此外，无论是在降压状态还是在升压状态，电感电流 i_L 都是波动的。在 i_L 的平均值较大时，电流尽管波动但可以保证方向不变，即 i_{Lmax} 和 i_{Lmin} 同时大于0或小于0。但在电流平均值较小时，如果电流波动的幅度较大，就可能出现 i_{Lmax} 和 i_{Lmin} 符号不同的现象，此时在一个工作周期中电感电流的方向改变两次，如图5-24所示。

在这种状态下的一个周期中，S_1、S_2、VD_1 和 VD_2 这4个开关器件是交替配合工作的，其控制规律如下：在电感电流 i_L 的上升阶段，为电子开关 S_1 加导通控制信号 u_{K1}；在电感电流 i_L 的下降阶段，为电子开关 S_2 加导通控制信号 u_{K2}。由于电子开关实际上

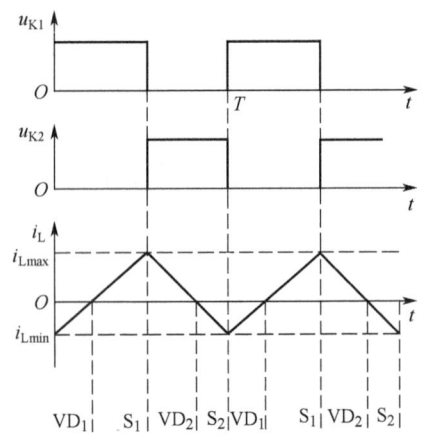

图5-24 单象限直流斩波器驱动电路稳态波形

都是单向导电的全控型电力电子器件，对其施加开通驱动信号未必就能够导通，还必须要求电感电流的实际方向与电子开关的导通方向一致。因此可能出现两个电子开关都不导通的现象，在这种情况下电感电流就要通过两个二极管中的

一个形成回路。下面分析一个开关周期中各阶段电路的工作情况。

设两个电子开关的导通方向均是从上到下。在负载电流（也就是电感电流）为最小值（即 $i_L=i_{Lmin}$）时为 S_1 发出开通驱动信号，但此时电感电流的方向为负，S_1 不能导通，电感电流只能通过二极管 VD_1 流向电源正极。负载电流从最小值上升（从负大→负小），电感储存的能量传送到电源。当负载电流上升到 0 后，继续向正的方向上升，此时电感电流方向与 S_1 的导通方向一致，S_1 导通，形成以下回路：电源→S_1→电感→电动机→电源。电流由电源正极流出，向负载供电。

当负载电流增大到最大值后，为 S_2 发出开通驱动信号，但此时电感电流的方向为正，与 S_2 的导通方向相反，S_2 不能导通。电流只有通过二极管 VD_2 形成回路，其导电路径为：电感→电机→VD_2→电感。此阶段电源与负载没有能量交换。电感电流从最大值逐渐下降，（从正大→正小）下降到 0 后继续向负的方向增长，但此时电感电流的方向与 S_2 导通方向一致，S_2 导通，形成以下回路：电机→电感→S_2→电机。电机发出的电能被电感吸收储存。当电流下降到最小值时，一个工作周期结束。

由前面的分析可以看出，图 5-23 所示的调速系统负载电流的平均值可以为正，也可以为负。但是当电机转速保持正向旋转时，负载端的电压方向始终不发生变化，即 $U_d \geq 0$。因为对于直流电机而言，当电机主磁场方向不发生变化时，此控制电路只允许电机正向旋转。在驱动模式下，仅当 S_1 间歇导通时，电机被电磁力矩拖动正向旋转；在再生制动模式下，仅当 S_2 间歇导通时，电机被制动力矩拖动正向旋转。在描述机械特性的 M-n 平面上，此控制电路可以工作在第一象限和第二象限。位于不同象限工作时，图 5-23 可以等效成图 5-25 所示电路。

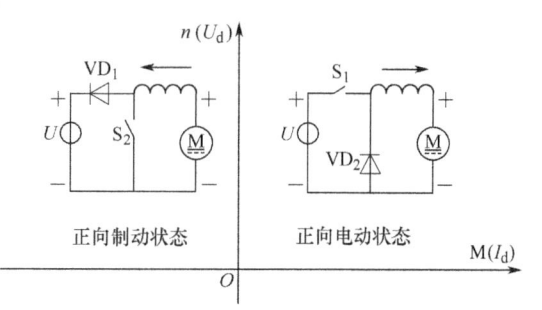

图 5-25 二象限直流斩波器的机械特性

3. 直流斩波器调节下的四象限工作模式

图 5-26 所示为电机四象限工作模式下的直流斩波器驱动电路原理图。该电路由 4 个电力电子开关和 4 个二极管组成，在不同的控制信号作用下，可以组合成两种降压型斩波器和两种升压型斩波器，共 4 种电路形式。对于正向电动、正向制动、反向电动和反向制动这四种工况，各对应 4 种电路形式中的一种。从图中可以看出，电路的拓扑结构为"H"型，所以这种电路又叫 H 桥型电路。

从图中看，H 型结构的电路是对称的，但对于 4 个桥臂，控制信号是不对称的。通常通过 S_2、S_4 所在的桥臂控制电机的正转和反转，因此这两个桥臂又称为方向臂。设负载端电压 U_d 的参考方向如图 5-26 所示，A 点为正，B 点为负。在电机的正转状态（无论电动还是制动），S_4 始终保持导通状态，S_2 始终保持截止状态。电路中 B 点与电源负极连接。不难看出，此时的等效电路与二象限斩波电路相同。当分别接通 S_1 和 S_2 时，电机对应工作于正向驱动及正向制动状态，此在二象限直流斩波电路中已有详细解释，在此不做过多赘述。

要想使电机反转，则应使 S_2 始终保持导通状态，S_4 始终保持截止状态，电路中 B 点与电源正极连接。此时电路也是一种二象限斩波电路，只是电源的极性反接。

在电机正转时,如果S_3保持截止,S_1做周期性的通断,则S_1和VD_3组成降压型斩波器,负载电压始终为正,电感电流也始终保持正值,电源向负载输送能量。系统工作在机械特性的第一象限。

电机正转时,若S_1保持截止,S_3做周期性的通断,则S_3和VD_1组成升压型斩波电路,电机两端的电压仍为正,但电感电流方向为负,说明电机的转矩为负。此时电机的电枢相当于升压型斩波器的电源,向外供出能量,直流电源相当于升压型斩波器的负载,吸收能量。系统工作在第二象限。

反向电动状态是指电机端电压和电流均为负值,属于机械特性的第三象限。此时S_2导通而S_4截止,电路中B点与电源正极连接。左侧两个桥臂的工作状态为S_1保持截止,S_3做周期性的通断,这与第二象限相同,但由于右侧桥臂的通断发生了变化,此时S_3和VD_1组成的是降压型斩波电路。尽管电压的方向变了,但电流从直流电源的正极流出而流入负载的正极,能量传递路径仍然是由电源到负载,为反向电动状态。

第四象限为反向制动状态,反向必须是电机两端的电压为负,而制动则必须是电流与电压反向,电机向外输出能量。4个电子开关的控制规则是,S_2导通S_4截止,保证电路中B点与电源正极连接,S_3保持截止,S_1做周期性的通断。此时S_1和VD_3组成的是升压型斩波电路。

各工作状态对应的象限如图5-27所示。

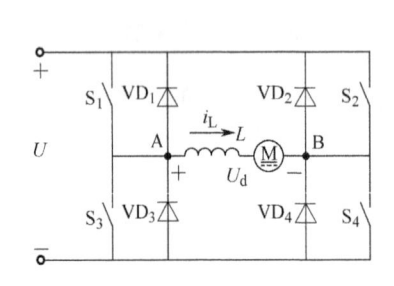

图5-26 四象限直流斩波器驱动电路原理图

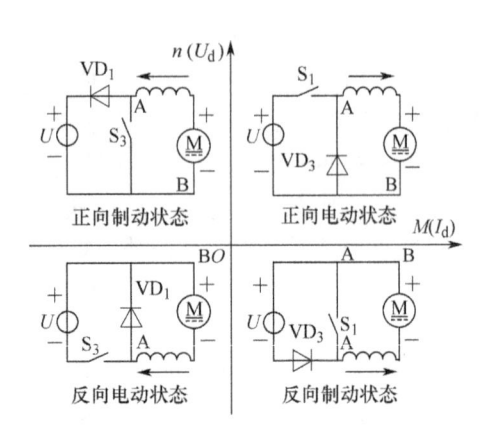

图5-27 四象限直流斩波器的机械特性

比较可知,单象限型直流斩波器适用于电动模式,能量从能量源流向负载。而二象限型斩波器还可用于再生制动模式,使能量从负载流向电源。二象限型斩波器非常适用于电动汽车的驱动和再生制动。四象限型直流斩波器不需要借助于机械式接触器,通过电子控制即可实现正向的电动模式和反向的再生制动模式。

至此,以上以直流电机为代表,介绍了基于直流斩波器的电机单象限调速以及四象限切换工作模式,诸如交流感应电机、永磁同步电机等电机的四象限工作模式皆与以上过程类似,读者有兴趣可进一步参考相关文献资料。

4. 有关车用直流电机调速控制的几个问题

(1)直流电机的调速特性要求 如前所述,车用电机驱动系统须在低速时保证有大的转矩输出,在高速时保证恒功率输出转矩,此外应具有较宽的调速范围。针对直流电机调速系统的要求具体如下：

1）当低于额定转速时，电枢电流和励磁电流被设定为其额定值，从而保证电机始终输出额定转矩。

2）在额定转速时，电枢电压达到其额定值。

3）当电机运行于恒功率区时，采用弱磁控制，且反电动势和电枢电流必须保持不变。

如图 5-28 所示，由前述直流电机转矩公式易知，直流电机转矩仅同转子绕组电枢电流以及励磁磁场有关。当直流电机运行于低速区时，保持励磁电流及转子电枢电流不变，则电机输出转矩保持恒定。当转子电枢电流为额定电流时，输出转矩为额定转矩。随着转子转速不断提升，转子绕组中的反电动势也在不断增大。在保持转子电枢电流不变的原则下，须同步提高转子侧供电电压，如图 5-28b 所示。

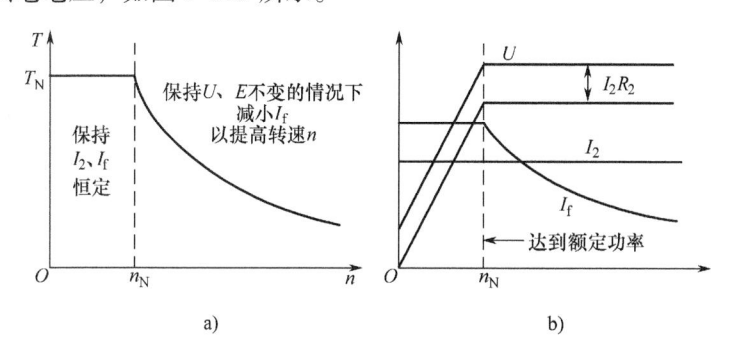

图 5-28 直流电机弱磁控制原理图

$$E = C_e \varphi n$$
$$U = E + IR$$
$$T = C_t \varphi I$$
$$\varphi = k I_f$$
$$P = nT = \frac{E}{C_e \varphi} C_t \varphi I = \frac{C_t}{C_e} EI$$

当电机转速增大至额定转速时，转子侧供电电压及转子绕组中的反电动势同时达到最大值，此时供电电压即为额定电压，直流电机功率达到最大值，转子电压和电流保持额定值不变，直流电机将保持恒功率运行。由转子绕组反电动势公式可知，在转子绕组反电动势大小不变的情况下，要想进一步提高转子转速，需降低直流电机励磁磁通，即进一步降低转子转矩输出以获得更高转速。直流电机转速理论上可提升至无限大。当电机连接负载时，电机转子转矩降低至与负载相同时，直流电机经弱磁升速达到最大值，此即为弱磁升速原理及过程。

（2）直流电机的反转　在直流电机的四象限工作控制中，直流电机的正反转可通过控制功率开关 VD_2 和 VD_3 的导通和切断来控制，但这种方法本质上是在调节直流电机转子侧的输入电压。除此以外，有关直流电机的反转控制方法可以归纳如下：

1）改变电枢供电电压极性，通过采用供电开关或者接触器切换供电电压极性。

2）改变励磁绕组的供电电压极性。

注意：通过改变励磁极性，可以改变电机的正反转，但工程中不宜采用这种方法，因建立磁场的定子绕组常常具有较强的电感和剩磁，反复切换励磁电流方向会产生较大的磁场损耗和磁滞损耗。此外，转子电枢绕组在通电前往往须事先建立稳定、可靠的磁场，否则会在转子绕组中产生较大的电流烧毁转子绕组。

如图 5-29 所示，当功率半导体开关 V_3 导通、V_4 截止时，电机处于正转工作状态，此时 V_1、VD_1 与 V_2、VD_2 间歇工作，使电机分别处于降压电动调速和升压制动反馈状态。当功率半导体开关 V_4 导通、V_3 截止时，电机处于正转工作状态，此时 V_2、VD_2 与 V_1、VD_1 间歇工作，使电机分别处于降压反向电动调速和升压反向制动反馈状态。此过程在直流电机四象限调速小节中已有具体介绍，在此不做赘述。

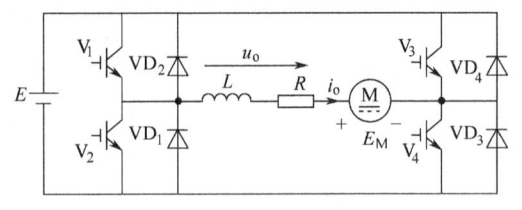

图 5-29 利用功率开关改变电机两端电压极性的方法控制电机反转

（3）电动汽车直流电机控制器　如前所示，当直流电机处于四象限工作状态时，根据加速或者制动需要，可通过调节控制降压调速或者升压反馈功率半导体开关 V_1、V_2 来实现直流电机的调速以及反馈发电需要。作为升压和降压电路，功率开关 V_1、V_2 的导通时间相比于截止时间的长短决定了单位时间内加载在直流电机转子绕组上电压有效值的大小，也直接决定了直流电机的转矩大小和调速过程。图 5-30 所示为一种基于 PID 闭环调控、通过控制 PWM 信号占空比来实现电机调速的控制过程。

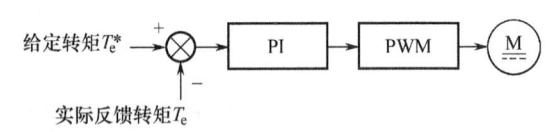

图 5-30 基于 PID 的直流电机转矩控制简图

当电机处于正向电动状态时，关断 V_2，在 V_1 上施加具有一定占空比的 PWM 脉冲信号，通过参考电机实际反馈转矩与给定转矩的大小来设定合适的占空比，从而实现直流电机在一定电压驱动下的转速跟随。

当电机处于制动回馈时，关断 V_1，在 V_2 上施加具有一定占空比的 PWM 脉冲信号，通过调节占空比来实现电机反电动势的升压调节，从而对供电电源进行反向充电。

在电驱动系统中，电动汽车的加速踏板和制动踏板给定的是转矩信号，电机控制器实现的是转矩闭环控制，通过调节占空比来控制电枢电压，从而实现对电磁转矩的控制。

5. 续流加增磁绕组电机驱动系统

图 5-31 所示为一种永磁加励磁调节电机驱动系统。当电机以恒定转子电流及励磁电流运行至额定转速时，采用励磁调节器逐渐减弱励磁电流，降低磁通，以提高直流电机转子转速。此即为前述直流电机的弱磁升速过程。

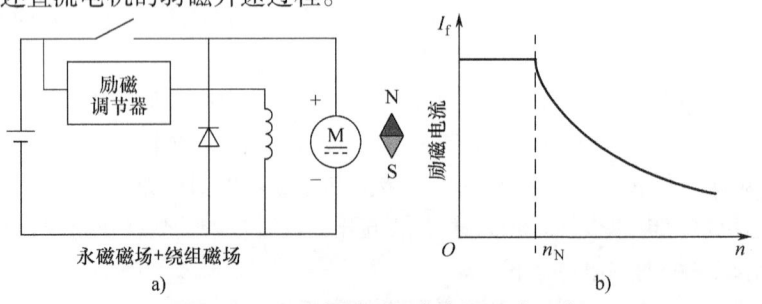

图 5-31 永磁加励磁调节电机驱动系统

与图 5-31 相比，图 5-32 所示的续流加增磁电机驱动系统将增磁绕组接入续流回路，使得在功率开关斩波调节下，电机运行于低速状态时，开关占空比较低，此时二极管的续流作用增强了直流电机的励磁磁场，从而增大了转子的输出转矩，以提高直流电机低速时的相应转矩。当电机运行于高速状态时，开关占空比较大，此时二极管的续流时间减小，因此其上的励磁作用也减小，减弱了转子工作主磁通，从而实现了高速状态下的自动弱磁提速。

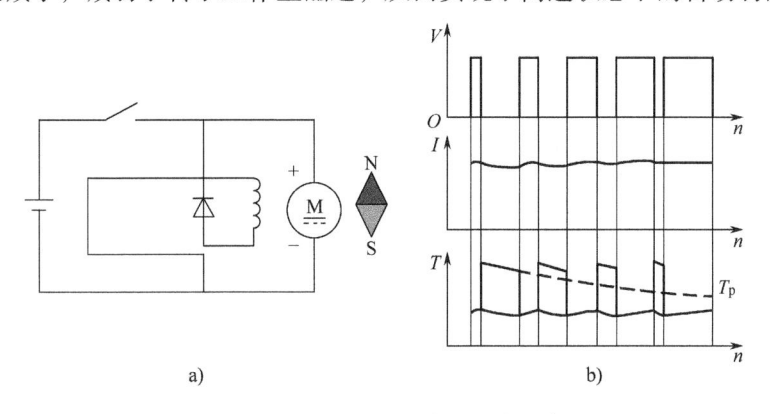

图 5-32 续流加增磁电机驱动系统

可见，基于续流增磁的电机驱动系统不需要附加额外的励磁调节装置以及额外的能量，其在提高效率的同时又能降低成本，同时也提高了控制系统的可靠性。

如图 5-33 所示，驱动时，U_2 中的 IGBT 一直关断，电源开关 K_1 合上后，踩下加速踏板给控制单元提供加速信号 ACCE 后，控制单元给出控制信号 S_1，控制 K_2 主触点闭合，接通电池组高压电源。控制单元发出高频脉冲信号 S_3，通过 DRIVE1 驱动，控制 U_1 中的 IGBT 处在高频 PWM 开关状态。导通角的大小根据 U_4 的电流反馈信号 S_4 自动调节，调节原则是确保驱动电枢电流 i 的大小与 ACCE 信号的大小相对应，以实现电传动车辆驱动电机输出驱

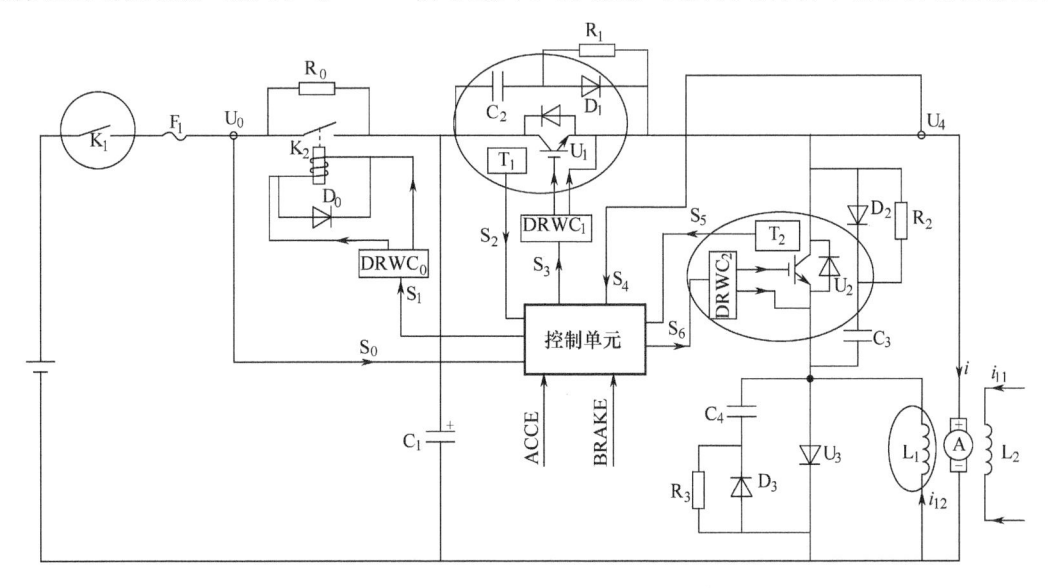

图 5-33 基于续流增磁控制的直流电机电路（一）

动转矩的控制。在 U_1 中的 IGBT 导通时，驱动电流由电池组的正极通过 K_1、F_1、U_0、K_2、U_1 中的 IGBT、U_4 到电机电枢的正极，再由电机电枢的负极流出到电池组的负极。在 U_1 中的 IGBT 关断时，电机电枢电流经过由增磁绕组 L_1 和 U_2 中的反并联二极管构成的续流回路，续流过程中，增磁绕组的电流产生的磁场与永磁磁场是一致的，即增磁。

如图 5-34 所示，再生制动时，电机处在发电制动运行状态。在制动过程中 U_1 的 IGBT 一直关断。电源开关 K_1 合上后，踩制动踏板向控制单元提供制动信号 BRAKE 后，控制单元控制 K_2 主触点闭合，控制单元发出 PWM 高频脉冲信号 S_6，通过 $DRIVE_2$ 驱动，控制 U_2 中的 IGBT 处在高频开关状态。该 IGBT 导通角的大小根据 U_4 的电流反馈信号 S_4 自动调节，调节原则是确保电机电枢电流的大小与 BRAKE 信号大小相对应，以实现车辆通过制动踏板实现制动力矩的控制。U_2 的 IGBT 导通时，电枢电流由电机电枢 A 的正极流出，经过 U_4、U_2 中的 IGBT、U_3 再流向 A 的负极。由于二极管 U_3 的存在，L_1 中没有电流通过，电机由永磁部分提供稳定的励磁磁场，保证了制动力矩的稳定和有效的控制。在 U_2 的 IGBT 关断时，电枢电流由 A 的正极流出，经过 U_4，再经过与 U_1 中的反并联二极管后，通过 K_2、U_0、F_1 和 K_1 给电池组充电，然后由电池组的负极流出到 A 的负极。

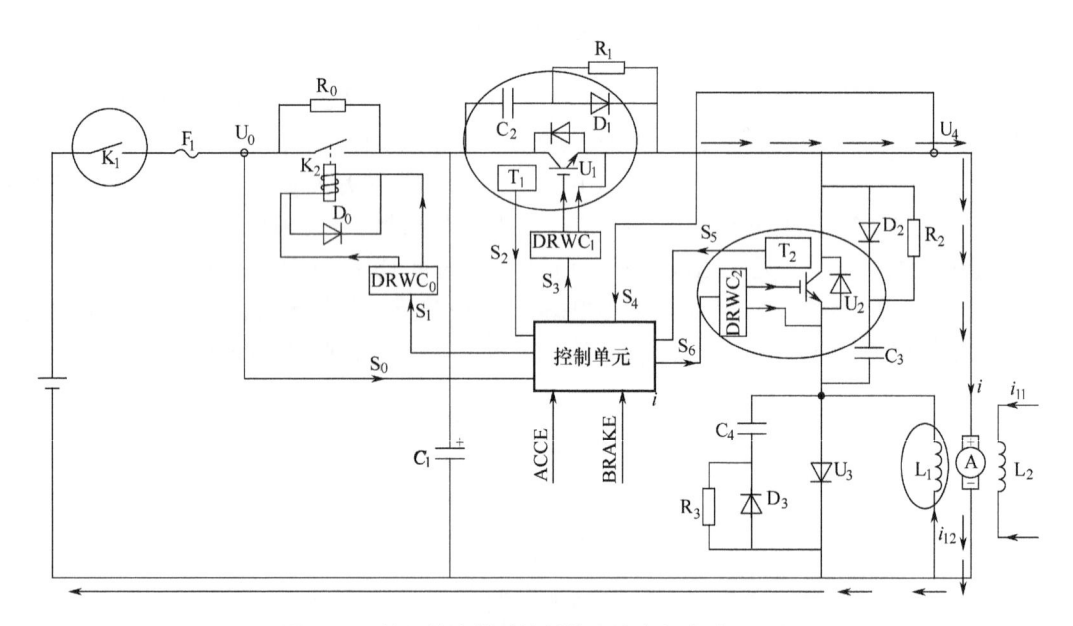

图 5-34 基于续流增磁控制的直流电机电路（二）

5.3 交流感应电机驱动系统的组成和工作原理

交流感应电机（AC Induction Motor）又称异步电机，与直流电机相比其结构简单，从技术水平来看，感应电机驱动系统是电动汽车用电驱动系统的理想选择，尤其是驱动系统功率需求较大的大型电动客车。目前，国内外高性能的感应电机驱动系统主要采用矢量控制和直接转矩控制这两种控制方法。

5.3.1 交流感应电机的结构

1. 交流感应电机的结构原理

三相对称绕组通以三相对称电流时,在定子绕组中就有励磁电流通过,励磁电流在定子铁心中产生一个圆形旋转磁势。该磁势在电机气隙中形成相应的圆形旋转磁场,如图 5-35 所示。转子导条切割旋转磁场并在其中生成感应电动势,因为转子绕组是一个闭合绕组,在感应电动势的作用下绕组中就会产生电流,如图 5-36 所示。当定子旋转磁场旋转时,转子导体产生的感应电流与电动势同向。转子载流导体在磁场中又受到电磁力的作用并形成电磁转矩 T,其方向与旋转磁场同向。如果此转矩足够大,则转子在其作用下也将顺着旋转磁场方向旋转。

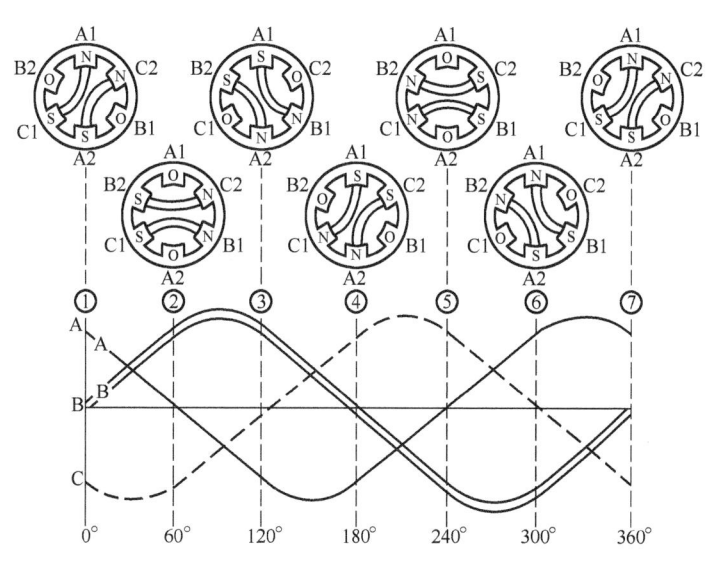

图 5-35 不同时刻三相合成旋转磁场的位置

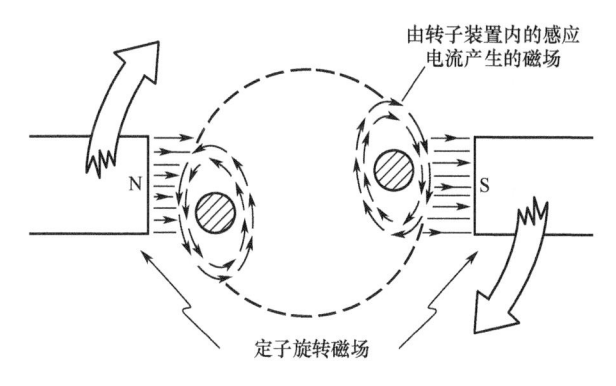

图 5-36 三相异步电机的工作原理

可以看出,转子的旋转方向与旋转磁场的旋转方向相同,但它们的转速不可能相等。因为一旦转子的转速与旋转磁场的转速相等,则二者之间便无相对运动,转子绕组中就无感应电动势和感应电流产生,也就没有了电磁转矩。只有当两者转速有差异时,转子才能产生电磁转矩。"异步"电机由此而得名。

异步电机转子的导体电流是感应产生的，因此又被称为感应电机。这里的感应作用依赖于转子导条对旋转磁场的切割运动。转子速度 n 与旋转磁场速度 n_1 之差 Δn_1 与磁场转速 n_1 的比值称为转差率 s，即

$$s = \frac{n_1 - n}{n_1}$$

转差率反映了定子磁场同转子磁场间的相对运动的快慢，是决定异步电机运行状态的重要变量，异步电机的负载情况发生变化，转子导体中的电动势、电流和电磁转矩相应变化，则转子转速和转差率随之变化。按照转差率的大小与正负，异步电机可分为电动机运行、发电机运行和电磁制动三种状态，如图 5-37 所示。

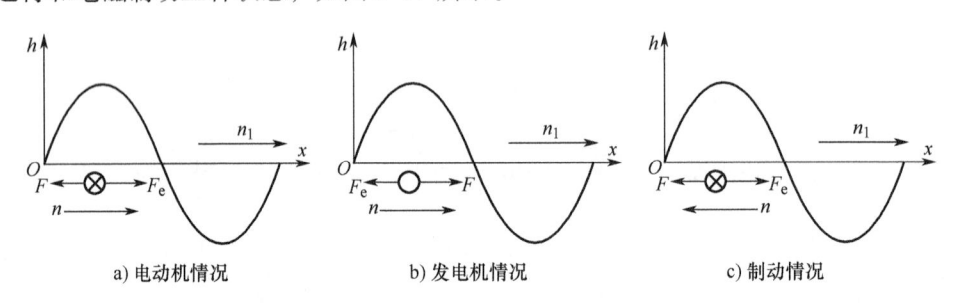

图 5-37 异步电动机的三种运行情况
a) 电动机情况　b) 发电机情况　c) 制动情况

如图 5-37a 所示，当感应电机同步磁场转速大于转子转速且方向相同时，感应电机处于电动机工作模式，此时能量由定子流向转子，磁场力 F_e 通过气隙拖动转子克服阻力 F 带动电机正向旋转。如图 b 所示，当 n_1 小于 n 且方向相同时，感应电机处于发电机工作模式，此时能量由转子流向定子，电磁转矩反拖原动机从而通过气隙于定子绕组中产生电能。如图 c 所示，当感应电机工作在制动工况下时，须改变定子电流相序以产生反向旋转同步磁场，使转速差大于 1，增大转子绕组感生电流以达到迅速制动停车的目的。

2. 交流感应电机的结构

三相异步电机的本体如图 5-38 所示，其中图 a 所示为西门子公司的交流感应电机。

图 5-38 交流感应电机本体图

所有的旋转电机从机械结构上看，都是由静止的定子和可以转动的转子组成的。定子、转子之间留有气隙。三相异步电机的气隙一般为 0.25~2mm。气隙的大小对异步电机的性

能有很大影响。下面介绍三相异步电机的基本构造,如图 5-39 所示。

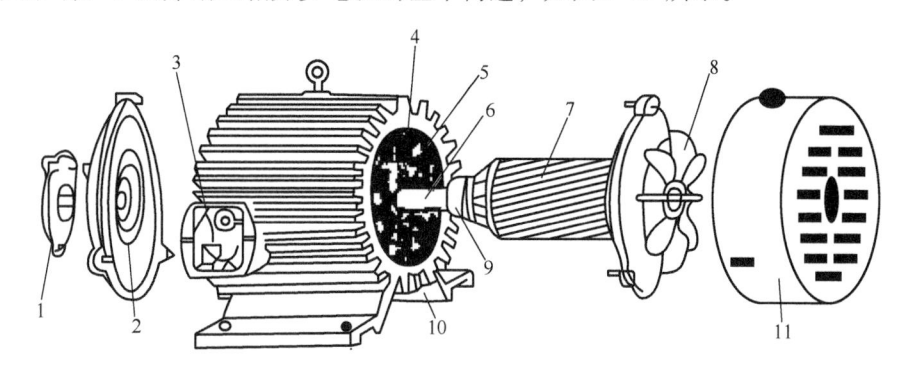

图 5-39 交流感应电机的基本构造
1—轴承盖 2—端盖 3—接线盒 4—定子铁心 5—定子绕组
6—转轴 7—转子 8—风扇 9—轴承 10—机座 11—罩壳

（1）定子 三相异步电机的定子主要由定子铁心、定子绕组和机座三部分组成。

1）定子铁心。定子是电机中静止不动的组件,也是电机主磁路的一部分,起着放置定子三相绕组的作用。为了降低铁心中的损耗,铁心一般采用厚度为 0.25mm、表面涂有绝缘层并冲有一定槽形的硅钢片叠成,如图 5-40 所示。

2）定子绕组。三相异步电机定子绕组的作用是产生旋转磁场和吸收电功率。它是由三个完全相同且在定子表面对称分布的绕组（每个为一相）根据需要连接成星形或三角形构成的三相对称绕组,其结构如图 5-41 所示,接法如图 5-42 所示。

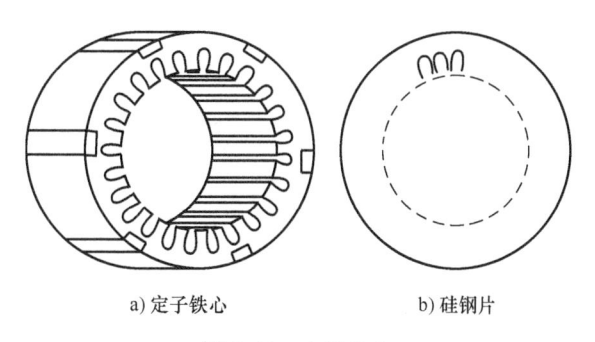

a) 定子铁心　　b) 硅钢片

图 5-40 定子铁心

图 5-41 三相定子绕组的结构

3）机座。机座主要起固定和支撑定子铁心的作用,一般不作为工作磁路的组成部分,大多机座采用铸铁铸造而成,也可用铸铝或塑料制成。根据电机防护方式、冷却方式和安装方式的不同,机座的形式也不同。在封闭式三相异步电机中,热量要通过机座散发出去,机座外面有许多散热筋,以增大散热面积。

（2）转子 三相异步电机的转子主要由转子铁心和转子绕组两部分组成。

1）转子铁心。转子铁心的作用与定子铁心相同,也是用 0.5mm 的硅钢片叠制而成,再套在转轴上。其结构如图 5-43 所示。

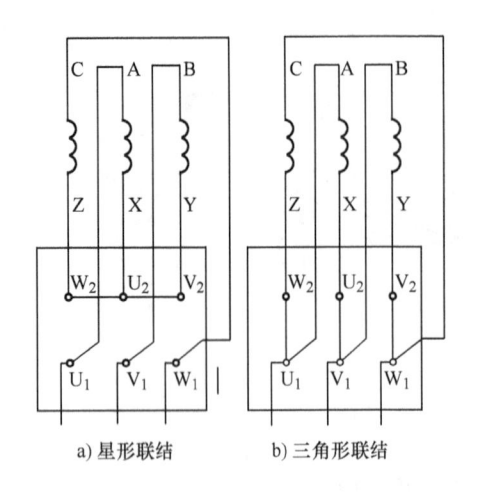

图 5-42　三相定子绕组的接法 　　　　　　　　图 5-43　三相转子铁心的结构

a) 星形联结　　b) 三角形联结

2) 转子绕组。三相异步电机转子绕组的作用是感应电动势和电流，并与定子磁场作用产生转矩输出机械功率。转子绕组有笼式和绕线式两种。

① 笼式转子绕组。在转子铁心的每一槽内插入一根铜条，并在铁心两端备用一铜环（称为端环）把导条连接起来，形成一个闭合的多相（每根导条为一相）对称绕组，如图 5-44a 所示。也可用铸铝的方法，把转子导条、端环和风叶用铝液一次浇铸而成，如图 5-44b 所示，这种转子也称铸铝转子。

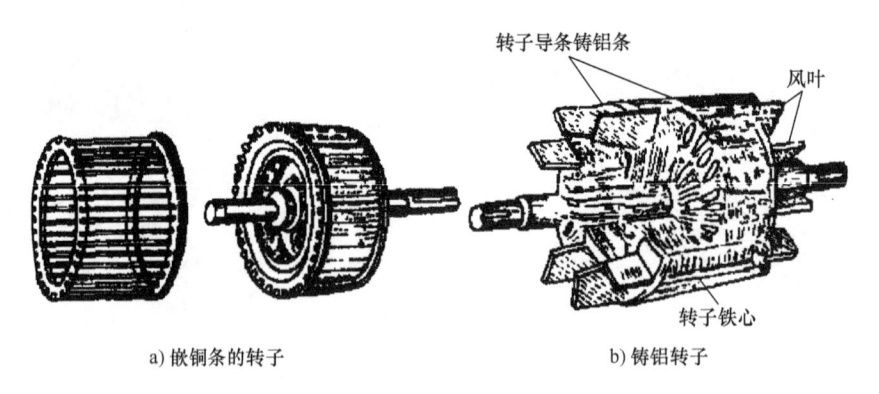

a) 嵌铜条的转子　　　　　b) 铸铝转子

图 5-44　笼式转子

② 绕线式转子绕组。绕线式转子绕组是一个与定子绕组相似的三相对称绕组，一般接成星形，3 个出线端分别接到转轴上的 3 个与转轴绝缘的集电环上，再通过安装在定子端盖上的电刷装置与外电路相连（与外接电阻串联后短接或直接短接），如图 5-45 所示。

这种三相异步电机称为三相绕线式转子异步电机。它可以通过改变外电路参数来改善电机的运行性能。

其他部分包括端盖和风扇等。端盖用来起保护作用和支撑转子轴，风扇用来通风冷却。

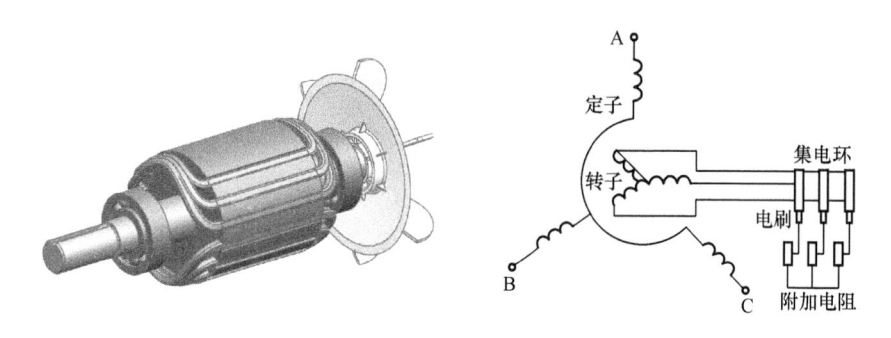

图 5-45 绕线式转子

5.3.2 交流感应电机的工作原理

1. 三相异步电机的等效电路

三相异步电机的每相绕组等效电路如图 5-46 所示。图中 R_1 和 X_1 分别为每相定子绕组的电阻和漏磁感抗。$\dot{E}_1$ 为定子绕组中产生的感应电动势，$\dot{E}_2$ 为转子绕组中产生的感应电动势。每相定子电路的电压方程为

$$\dot{U}_1 = R_1 \dot{I}_1 + jX_1 \dot{I}_1 - \dot{E}_1$$

a) 定子电路 b) 转子电路

图 5-46 三相异步电机定转子等效电路图

因为 R_1、X_1 较小，可忽略不计，故 $\dot{U}_1 \approx -\dot{E}_1$，与变压器分析类似，其大小可以表示为

$$U_1 \approx E_1 = 4.44 f_1 N_1 \phi K_1$$

式中，ϕ 为旋转磁场的每极磁通；f_1 为电源频率；N_1 为每相定子绕组的匝数；K_1 为定子绕组分布系数，且 $0 < K_1 < 1$。因为电机每相绕组分布在不同的槽中，使定子绕组所产生的感应电动势比绕组集中放置时的感应电动势小，所以引入系数 K_1。

每相转子电路的电压方程为

$$\dot{E}_2 = R_1 \dot{I}_1 + jX_2 \dot{I}_2$$

转子感应电动势

$$E_2 = 4.44 f_2 N_2 \phi K_2$$

式中，N_2 为每相转子绕组的匝数；f_2 为转子电量的频率；K_2 为转子绕组分布系数。由于 $K_2 \approx 1$，故在下面式中将其略去。因为旋转磁场和转子间的相对转速为 $n_0 - n$，所以 f_2 为

$$f_2 = \frac{p(n_0 - n)}{60} = sf_1$$

式中，p 为磁极对数。

可见转子电量频率与转差率以及定子绕组电频率有关。转子电动势也可写成

$$E_2 = 4.44 s f_1 N_2 \phi$$

转子电流为

$$I_2 = \frac{E_2}{\sqrt{R_2^2 + X_2^2}}$$

又

$$X_2 = 2\pi f_2 L_2 = 2\pi s f_1 L_2$$

当 $n=0$，转子静止，$s=1$，令

$$E_{20} = 4.44 f_1 N_2 \phi$$
$$X_{20} = 2\pi f_1 L_2$$

可以看出，E_{20} 为转子静止时的感应电动势有效值，X_{20} 为转子静止时的感抗，则转子漏磁感抗、电动势、电流可分别表示为

$$E_2 = sE_{20},\ X_2 = sX_{20}$$

$$I_2 = \frac{sE_{20}}{\sqrt{R_2^2 + (sX_{20})^2}}$$

转子的 $\dot{I}_2$ 比 $\dot{E}_2$ 滞后 ϕ_2 角，转子电路的功率因数为

$$\cos\phi_2 = \frac{R_2}{\sqrt{R_2^2 + X_2^2}} = \frac{R_2}{\sqrt{R_2^2 + (sX_{20})^2}}$$

在定子绕组电源频率及幅值保持恒定的条件下，由 I_2 及 ϕ_2 同转差率之间的关系可得转子电流、无功功率与转差率的关系曲线，如图 5-47 所示。可以看出，转子电流 I_2 在 $s=1$ 时最大，而功率因数 $\cos\phi_2$ 在 $s=1$ 时最小。转差率 s 本质上反映了定转子间感应现象的强弱，它作为异步电机磁场能量传递的主要影响因素，与电机运行过程中的很多参数都有关系。

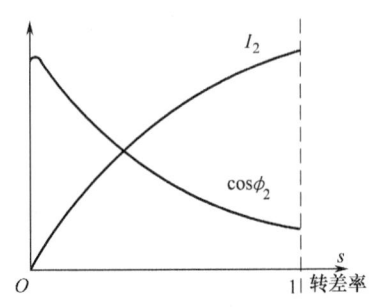

图 5-47　转子电流及功率因数随转差率的变化曲线

2. 三相异步电机的工作特性

异步电机的工作特性是指电机在保持额定电压和额定频率不变的情况下，其转速 n、电磁转矩 T、定子电流 I_1、效率 η 和功率因数 $\cos\phi_1$ 随输出功率 P_2 变化的特性。一般通过负载试验来测取。图 5-48 所示为异步电机的工作特性。

工作特性是异步电机的重要特性。转速特性和转矩特性关系到电机与机械负载匹配的合理性；定子电流特性可以表明电机的发热情况，关系到电机运行的可靠性和使用寿命；效率特性和功率因数特性关系到电机运行的经济性。

（1）转速特性 $n = f(P_2)$　异步电机的转差率 s 是很重要的，它不但与转速有关，而且与功率有关。

$$s = \frac{P_{Cu2}}{P_M} = \frac{I_2'^2 r_2'}{E_2' I_2' \cos\phi_2'} = \frac{I_2' r_2'}{E_2' \cos\phi_2'}$$

式中，P_{Cu2} 为转子铜损。

当电机正常工作时，E_2' 和 $\cos\phi_2'$ 变化不大，所以转差率 s 差不多与转子电流 I_2 成正比。

理想空载时，$I_2=0$，则 $s=0$，故 $n=n_1$。随着负载的增加，转子电流 I_2 增大以产生更大的电磁转矩与负载转矩平衡。因此随着输出功率 P_2 的增大，转差率 s 也增大，转速 n 则降低。为了保证电机有较高的功率，负载时的转子铜耗不能太大，因此负载时的转差率限制为一个很小的数值，额定负载时的转差率 $s_N=0.02\sim 0.06$，相应的额定转速 $n_N=(1-s_N)n_1=(0.98\sim 0.94)n_1$，所以异步电机的转速特性 $n=f(P_2)$ 是一根对横轴稍微下降的曲线。

（2）定子电流特性 $I_1=f(P_2)$ 由磁势平衡方程式的电流形式 $\dot{I}_1=\dot{I}_0+\dot{I}_2'$ 可知，空载时 $\dot{I}_2'=0$，所以 $\dot{I}_1=\dot{I}_0$。随着负载的增加，转子电流增大，定子电流及磁势也随之增大，抵消转子电流产生的磁势，以保证磁势的平衡，所以定子电流随 P_2 的增大而增大。

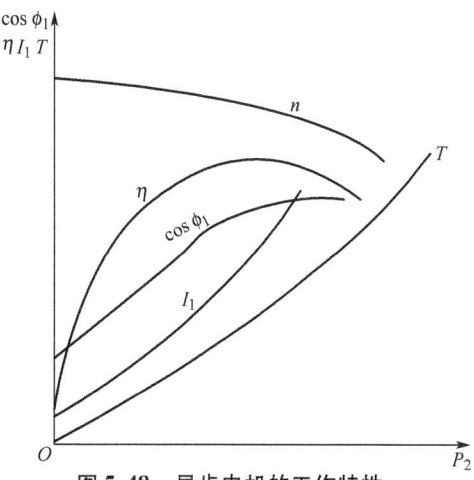

图 5-48 异步电机的工作特性

（3）功率因数特性 $\cos\phi_1=f(P_2)$ 异步电机是从滞后的无功功率进行励磁的，空载时定子电流基本上是励磁电流，功率因数很低，仅为 $0.1\sim 0.2$。随着负载的增加，$\dot{I}_2'$ 增大且转子电路功率因数 $\cos\phi_2'=\dfrac{\dfrac{r_2'}{s}}{\sqrt{\left(\dfrac{r_2'}{s}\right)^2+X_2'^2}}$（$r_2'$ 为转子电阻，X_2' 为转子漏抗）较高，所以定子电流 $\dot{I}_1$ 中的有功分量增加，使功率因数上升。在额定负载附近，功率因数达到最大值。超过额定负载后，由于转速降低但转差率 s 明显增大，转子电流功率因数下降较多，使定子电流中与之平衡的无功分量增大，功率因数有所下降。

（4）转矩特性 $T=f(P_2)$ 稳态运行时异步电机的电磁转矩为

$$T=T_0+T_2=T_0+\frac{P_2}{\Omega} \tag{5-11}$$

由于异步电机转差率同电机转子电磁效率相关，为限制铜损，随着输出功率的增大，须将转差率限定在一定范围内，考虑到异步电机从空载到满载，转速 Ω 变化不大，而空载制动转矩 T_0 又可以认为基本不变，因此电磁转矩特性 $T=f(P_2)$ 近似为一条斜率为 $\dfrac{1}{\Omega}$ 的直线。

（5）效率特性 $\eta=f(P_2)$ 效率的计算公式为

$$\eta=\frac{P_2}{P_1}=\frac{P_2}{P_2+P_{Cu1}+P_{Fe}+P_{Cu2}+P_\Omega+P_s} \tag{5-12}$$

式中，P_2 为感应电机的输出功率；P_{Fe} 为定子铁心中的涡流损耗及磁滞损耗；P_{Cu1}、P_{Cu2} 分别为定子、转子绕组中的铜损；P_s 为空载损耗。由式（5-12）可知，当异步电机损耗功率中的不变损耗等于可变损耗时，效率最高。对于中小型异步电机，最大效率大约出现在额定负载的 3/4 处。

3. 三相异步感应电机的机械特性

驱动三相异步电机旋转的电磁转矩是由旋转磁场 ϕ 和转子绕组中的电流 I_2 相互作用而

产生的，而且它还与转子的功率因数 $\cos\phi_2$ 的大小有关（因为电磁转矩是由电流的有功分量产生的），由此得电磁转矩表达式为

$$T = C_T \phi I_2 \cos\phi_2$$

式中，C_T 是与电机本身结构有关的比例常数。将 I_2 和 $\cos\phi_2$ 的表达式代入上式，可以得到

$$T = K_1 \frac{sR_2 U_1^2}{R_2^2 + (sX_{20})^2}$$

式中，K_1 为常数。由上式可以看出，电磁转矩 T 除了与转子电阻 R_2、转子电抗 X_{20}、转差率 s 有关外，还与每相定子绕组电压 U_1 的平方成正比，所以 U_1 的变化对电磁转矩 T 的影响很大。

电机的电磁转矩 T 也可由电机轴上输出的机械功率 P 求出。在忽略空载损耗情况下，电磁转矩（N·m）为

$$T \approx \frac{P}{\Omega} = \frac{P}{\frac{2\pi n}{60}} = 9.55 \frac{P}{n} \tag{5-13}$$

式中，n 为电机转子转速（r/min）；P 为电机轴上输出的机械功率（W）。若电机轴输出的是额定功率 P_N，转速是额定转速 n_N，这时电机输出的转矩为额定转矩 T_N。这也是求电机输出额定转矩经常使用的公式。

异步电机的机械特性是指电机在恒定电压和恒定频率的情况下，其转速与转矩之间的关系，是电机的重要特性。机械特性曲线一般包括异步电机的起动转矩、起动过程的最小转矩、最大转矩、额定转速、同步转速等重要技术数据，以及电机转速随转矩变化的情况。

异步电机的机械特性分为自然机械特性和人为机械特性。

在电源电压和频率恒定且定、转子回路不接入任何附加设备时的机械特性称为自然机械特性，转矩与转差率 s 的关系曲线 $T=f(s)$ 和 $n=f(T)$ 分别如图 5-49 和图 5-50 所示。

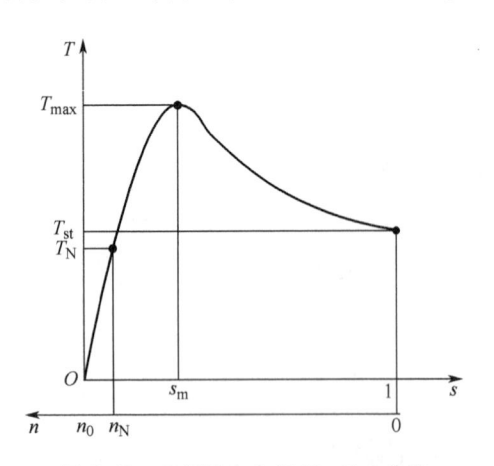

图 5-49 三相异步电机 $T=f(s)$ 曲线

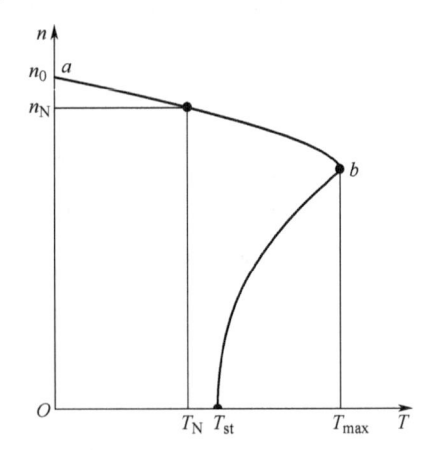

图 5-50 三相异步电机 $n=f(T)$ 曲线

若将 $T=f(s)$ 曲线及坐标顺时针旋转 90°，并将横轴 T 向下平移至转差率为 1 时所对应的点，则得到了转子转速同转矩之间的关系曲线 $n=f(T)$。这一关系曲线被称为电机的机械特性，如图 5-51 所示。

在机械特性曲线上有三个重要的特征转矩，下面将分别进行讨论。

(1) 额定转矩 T_N 额定转矩是电机在额定状态运行下的电磁转矩,如某台电机的铭牌给出的额定功率 P_N 为 2.2kW,额定转速 n_N 为 1430r/min,则额定转矩为

$$T_N = 9.55\frac{P_N}{n_N} = 9.55 \times \frac{2.2 \times 10^3}{1430} = 14.69(\text{N}\cdot\text{m})$$

(2) 最大转矩 T_{max} T_{max} 是在一定的电源电压下,电机所能提供的最大转矩,对应于最大转矩的转速差为 s_m。

由 $\dfrac{dT}{dx}=0$ 求得 $s_m = \dfrac{R_2}{x_{20}}$,可得到最大转矩表达式为

$$T_{max} = K_1\frac{U_1^2}{2X_{20}} \tag{5-14}$$

可以看出,最大转矩 T_{max} 与电源电压 U_1 平方成正比,但与转子电阻 R_2 无关。而 s_m 与 R_2 成正比,它们之间的关系曲线如图 5-52 所示。

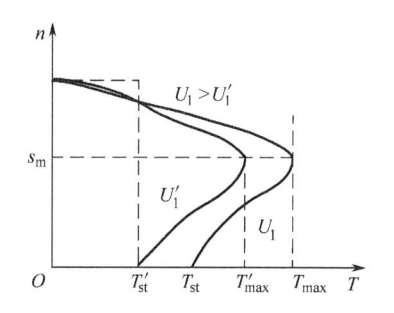

图 5-51 异步电机的变压机械特性

图 5-52 转子电阻增大时的机械特性

(3) 起动转矩 T_{st} T_{st} 是电机刚刚接入电源尚未转动时的转矩,此时 $n=0$,$s=1$,代入上述转矩公式中可得

$$T_{st} = K_1\frac{sR_2U_1^2}{R_2^2 + X_2^2} \tag{5-15}$$

可见,T_{st} 也与电源电压 U_1 平方成正比,并与 R_2 有关。改变 U_1 会改变起动转矩的大小,增大转子电阻会使起动转矩增大,如图 5-52 所示。

(4) 机械特性曲线的稳定运行区域 机械特性曲线中存在两个性质不同的区域(图 5-53):ab 段为电机自适应调整区,也称为稳定运行区;bc 段为过渡区,也称为不稳定区。分析如下:

当电机起动时,若起动转矩大于负载转矩,电机便转动,其输出转矩随着转速提升而沿着 bc 段曲线变化。起动初期,由于转速差较大,转子绕组中的感生电流较大,此时转子功率因数也在上升,电机转矩增大,转子持续加速。当电机运行至曲线上 b 点后,电机进入 ab 段,此时转差率逐渐减小,转子功率因数虽然增大,但感生电流明显减小。随着转速上升,当电机输出转矩同负载转矩相等时,电机运行稳定下来。假设此时负载转矩为额定负载转矩,电机电压幅值、频率皆为额定值,则此时 Q 点对应的转速转矩分别为额定转速和额定转矩。

当负载转矩发生变化时，电机在 ab 区及 bc 区的运行状态分析如下：

假设在一定负载转矩下，电机稳定工作于 ab 段 Q 点，此时若增大负载转矩，则转子转速减小，功率因数有所下降，但转子中感生电流增加，电机转矩增大，当电机输出转矩增至同负载转矩相等时，电机稳定运行于 ab 段上 Q' 点。

假设增加负载转矩过程中，电机转子减速至 bc 段，此时虽然转子中的感生电流进一步增大，但转子功率因数较低，转子输出转矩会进一步下降，转子加剧减速直至 $n=0$，此时旋转磁场与转子之间的相对运动达到最大，转子中感生电流可达额定电流的 $4\sim7$ 倍。若不及时切断电源而使电机长时间运行，则会导致电机过热烧毁。

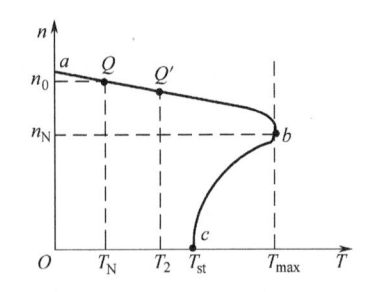

图 5-53 异步电机的稳定运行区域

由以上也可知，当电机运行于稳定工作区间内，电机输出转矩由负载转矩所决定。负载转矩增大，电磁转矩随之增大，转子转速减小，电流增大，输入电功率也增大。

4. 三相异步感应电机的制动特性

三相异步感应电机可以工作于两种运动状态，即电动运转状态和制动运转状态。

（1）电动运转状态　在三相异步感应电机处于电动运转状态时，供电系统向三相异步感应电机供给电能，产生正向旋转的驱动转矩。三相电源中任何两相接线交换，都产生反相旋转的驱动转矩。通过简单的换相接线，即可实现电动汽车电动逆向行驶（倒车）。

（2）制动运转状态　三相异步感应电机有三种制动运转状态：反馈制动、反接制动和能耗制动。一般情况下，电动汽车利用反馈制动回收的能量可以达到车辆所消耗能量的 $10\%\sim15\%$，这对于电动汽车的节能有重要意义。

由于制动时车辆的惯性作用，带动异步感应电机运转，此时电机转速大于电机的同步转速，即 $n>n_0$，$s=(n_0-n)/n_0$ 且 $s<0$，转换为发电状态，转子导线切割旋转磁场的方向与电动状态时相反，电流 I_2' 也改变了方向，电磁转矩 T' 也随之改变方向，T' 与 n 的方向相反，起制动作用。

$$I_2' = \frac{E_2'}{\sqrt{R_2'^2+(X_2')^2}} = \frac{sE_{20}'}{\sqrt{R_2'^2+(sX_{20}')^2}}$$
(5-16)

$$T' = K\Phi I_2'\cos\phi$$

式中，R_2' 为转子电阻；X_2' 为转子漏抗；Φ 为磁通；I_2' 为转子电路电流；E_2' 为转子感应电动势；X_{20}' 为电动状态的转子阻抗；E_{20}' 为发电状态下转子阻抗。

在反馈制动状态，感应电机被电动汽车带动，其中一部分惯性能量转换为转子铜耗，而大部分通过气隙进入定子。除去定子铜耗与铁耗后，电能反

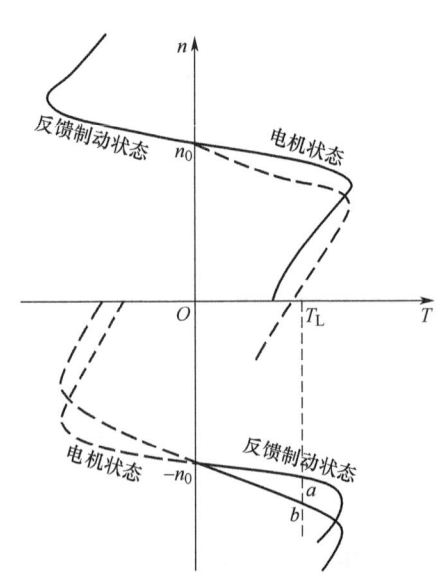

图 5-54 三相异步感应电机运转状态和反馈制动状态的机械特性

馈到电流变换器被转换并储存到动力电池组，因此又称为发电制动。因为 T 为负，$s<0$，所以反馈制动状态的机械特性是电动状态机械特性向第二象限的延伸，如图 5-54 所示。

当三相异步感应电机进行四象限工作时，其中一、三象限与二、四象限的区别仅在于电机转子转速方向的不同，有关调速控制以及再生制动模式的切换原理均无差别。因此一般仅需了解感应电机在一、二象限的机械特性即可。

当电机工作于第一象限时，电机处于电动工作状态，三相电源中任何两相接线交换时，即由第一象限正向驱动模式转为第三象限中的反向驱动模式。

当电机工作于第二象限时，三相异步感应电机处于再生制动状态。不同于产生反向驱动转矩的再生制动以及串接电阻的能耗制动，这种制动方法可以在路面制动力的牵引下使电机工作于发电模式并产生制动回收能量。一般情况下，电动汽车利用反馈制动回收的能量可以达到车辆所消耗能量的 10% ~ 15%，这对于电动汽车的节能具有重要意义。

5.3.3 交流电机的调速控制

在某一确定负载下，改变电机转速的过程被称为调速。依据电机的转速表达式

$$n = (1-s)n_0 = (1-s)\frac{60f_1}{p} \tag{5-17}$$

可见，改变电机转速的方法有：改变磁极对数 p、改变转差率 s、改变电源频率 f。此外，如前所述，感应电机转矩大小同电源电压幅值平方成正比，因此改变电源幅值 U 也是一种调节电机转速的方法。

改变定子绕组布置以改变磁极对数以及改变电源频率的方法适用于笼型异步电机，通过改变磁场同步转速 n_0 的大小来进行调速。改变转差率的方法只适用于绕线式异步电机，此方法不改变同步转速 n_0，而是通过在转子绕组电路中串联电阻，改变转差率来实现对电机的调速控制。

概括起来说，感应电机的调速控制方法主要包括恒压变频控制（CVVF）、变压变频控制（VVVF）以及磁场定向矢量控制（FOC）。其中前两种方法出现较早，属于开环控制，通用型电机变频器基本上都是采用这两种控制方式。电机控制精度和鲁棒性一般，而 FOC 是基于矢量坐标变换理论而提出的闭环控制思路，使三相电机机械特性的调节过程实现了类似于 DC 电机磁场/转矩解耦控制的效果。

具体来说，无论是对于三相感应电机还是永磁同步电机，其实际输入量均为具有一定频率及幅值的定子电枢电流。本质上对于电机运行状态的调节，都离不开对于电源电压频率和幅值的控制，即变频/变压。本节将对恒压变频调速（CVVF）、变压变频调速（VVVF）、变极对数调速、变转速差调速以及矢量控制（FOC）依次进行介绍。

1. 变频调速控制

变频调速是通过改变电动机定子绕组的电源频率来进行调速。电源频率 f_1 可以得到连续改变，因此转子速度的改变也是连续的。此方法通过降低定子旋转磁场的同步转速，以达到限制转子转速的目的。

如前所述，在忽略定子绕组电阻以及漏阻抗的情况下，异步电机的感应电动势 E_1 近似等于电源电压 U_1，即

$$U_1 \approx E_1 = 4.44 f_1 N_1 \phi K_1$$

当定子绕组电源电压幅值不变时，磁通 ϕ 将会随电源频率 f_1 的减小而增大。一般在设计时，为了充分利用铁心材料，常常将磁通 ϕ 设计使用在接近饱和值的位置上。因此，如果电源频率 f_1 从额定值（一般为工频 50Hz）往下调，磁通会增加，这将造成磁路过饱和，使得励磁电流增加引起铁心过热，铜损增大。而当电源频率 f_1 往上调节时，则会引起磁通减小，造成电机欠励磁，影响转子转矩的输出。为此，也可以采用同时调节电源电压、频率的调速方法（VVVF），在调节电源频率的同时同步调节电源电压幅值，保持 U_1/f_1 大小不变，从而维持磁通恒定不变。

然而在实际应用中，由于受逆变器以及电机额定电压的限制，某些情况下无法始终保持 U_1/f_1 比值恒定，因而提出了不同的变频调速控制方式。

(1) 恒压变频方式（CVVF） 当提高电源频率 f_1 时，由于电源电压会受到额定电压 U_N 的限制，往往在电源电压 U_1 不变的情况下，只调节电源频率 f_1 进行调速。当增大 f_1 时，磁通 ϕ 相应减小，输出转矩随之减小，电机将在稳定运行区域减速直至输出转矩增大至同负载转矩相同时，重新进入稳定状态。当减小 f_1 时，感应电机转差率减小，转子漏感抗也减小，但由于定子铁心中主磁通 ϕ 增大，因此此时转子输出转矩增大。当电机转子的转速升高直至转子输出转矩减小至与负载转矩相同时，重新进入稳定运行状态。但当电源频率增加过多时，可能使定子铁心出现过饱和，从而引起定子电流增大，铁心发热。对于恒功率负载，由于转速升高，其输出转矩需求将减小。因此在这种调节方式下，异步电机的电磁功率将基本不变。因此这种调速方式也称为恒压弱磁变频调速，如图 5-55a 所示。

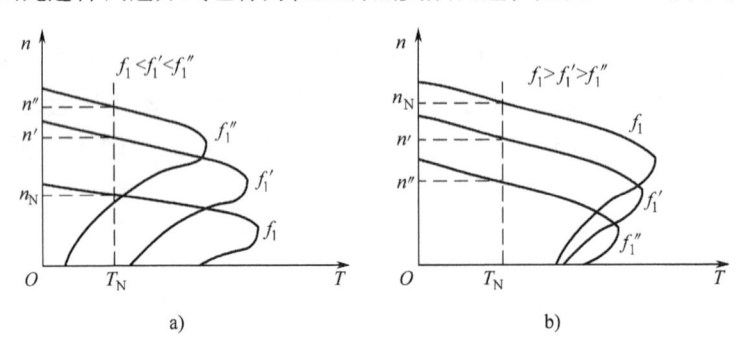

图 5-55 VVVF 和 CVVF 调速模式下的机械特性

(2) 保持 U_1/f_1 比值恒定的变压变频调速，也称恒转矩变频调速方式（VVVF） 这种调速方式是将频率 f_1 从额定值往下调节（同时减小 U_1），由于频率减小，电机转子转速随同步磁场的降速而减小。

依据以上推导得到的转子电流、功率因数表达式为

$$T = C_T \phi I_2 \cos\varphi_2 = K_1 \frac{sR_2 U_1^2}{R_2^2 + (sX_{20})^2} \tag{5-18}$$

依据感应电机的机械特性，当电机运行于自适应稳定区间时，如果保持负载转矩不变，同步调节电源电压 U_1 以及电源频率 f_1 以保持 U_1/f_1 比值恒定，则气隙磁通 ϕ 保持不变，由转矩公式可得，当电机重新进入稳态运行时，转子电流不变，即电机输出转矩保持不变，因此上述调节过程称为恒转矩调速。这种保持磁通恒定而输出转矩不变的变频调速机械特性如图 5-55b 所示。

基于 VF 的调速方法的机械特性偏软，调节电源频率时引起的转速降较大。这种调速方式也称为恒压弱磁变频调速。

基于 VVVF 的调速方法的机械特性较硬，原因在于调节电源频率的同时调节电源电压，使得电机的主磁通变化不大，电机转矩变化的幅值较小，因而转速降较小。这种方法调速范围较宽，但低速时由于转矩提升不明显，低速性能较差。如果在逆变器允许的情况下，电源频率 f_1 能够实现连续调节，就能实现无级变频调速。

通常在实际应用中可对不同负载采用不同的调速方式。通常恒转矩负载采用 VVVF 调速方式，恒功率负载则采用 VF 调速方式。

2. 变极调速控制

变极调速是通过改变定子绕组连接方式以改变磁极对数，进而改变气隙中同步磁场转速 n_0 以实现电机转子调速的变速方法。每当磁极对数增加 1 倍时，旋转磁场的转速 n_0 就降低一半，转子的转速也将降低一半，这种调速方法属于有级调速。

通常改变异步电机的磁极对数是通过改变定子绕组的接线方式来实现的。例如：对于一台四级三相异步电机，其每相绕组一般由两个等效集中线圈串联而成。以 U 相绕组为例，连接顺序为 $U_2' - U_1' - U_2 - U_1$，如图 5-56a 所示。当绕组中通以图示方向电流时，可根据右手定则判断出旋转磁场具有四个磁极，如图 5-56b 所示，此时磁极对数为 $p=2$。

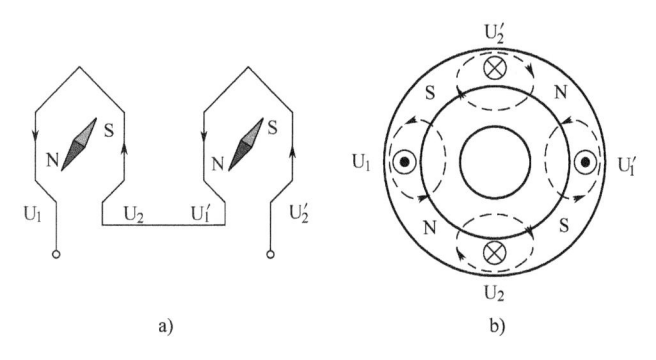

图 5-56 异步电机的变极调速控制（一）

此时，当将线圈中通入的电流改为 $U_1' \rightarrow U_2' \rightarrow U_2 \rightarrow U_1$ 时，如图 5-57a 所示，此种连接方式下定子绕组产生的旋转磁场有两个磁极，如图 5-57b 所示，此时磁极对数为 $p=1$。

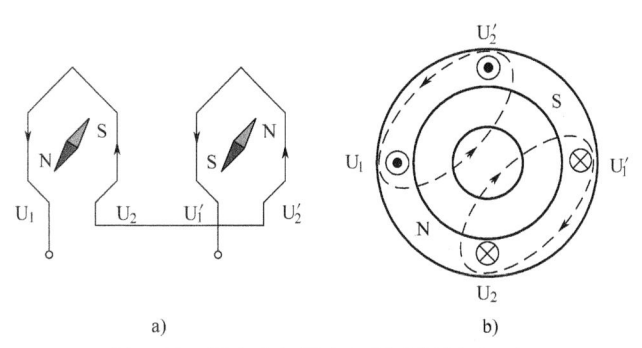

图 5-57 异步电机的变极调速控制（二）

通常，普通电机的磁极对数不能改变。为了达到变极调速的目的，人们也研制出了可改变磁极调速的电机,称为变极电机。这种电机调速方式简单、容易实现,但由于属于有级调速,不太适用于电动汽车驱动系统,适用于工况较为单一的电机调速系统。

3. 变转差率调速控制

如前所述,感应电机的转差率同转子绕组中的铜损效率有关。

$$s = \frac{P_{Cu2}}{P_M} = \frac{I_2^2 R_2}{E_2 I_2 \cos\phi_2} \tag{5-19}$$

当增大转子绕组中的电阻 R_2 时,转子绕组等效电路中的铜损率必然增大,此时 s 增大。在电源频率保持不变的情况下,转子转速减小。这一过程也可以理解成,当转子绕组中的电阻增大时,转子的感生电流减小,输出转矩下降,使得转子的转速减小。随后由于转差率上升,转子绕组中的感应电动势增大,转矩随转速下降逐渐回升,当转矩恢复至与负载转矩相同时,重新进入稳定运行状态,但此时电机转速降到 n'。如图5-58所示,这种调速方法也称为变转差率调速。

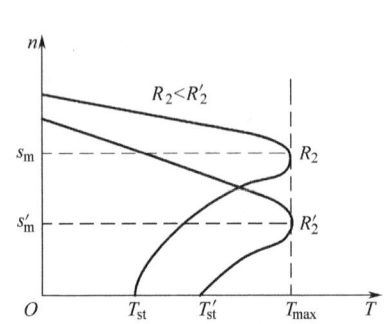

图 5-58 异步电机转子串接电阻调速时的机械特性

这种调速方法的特点:无须对电源属性进行调节,旋转磁场转速不变,但是在调节转子绕组电阻的过程中也改变了电机机械特性,运行斜率随转子中串入电阻的增大而增大,机械特性也随之变软。随着负载的增加,转速下降很快,详见前述章节中对最大转矩的推导。此外,这种调速方法对设备要求不高,也可实现连续调速,缺点是效率不高,电机转子绕组中铜损增大,效率较低。

4. 交流感应电机的调速特性要求

在交流感应电机 VVVF 调速控制过程中,随着定子绕组电源频率的升高,为保证感应电机气隙中磁通保持不变,须同步提高电机定子电压,保持定子电压同电源频率比值为定值以维持气隙磁通恒定。由于电机供电电压幅值有限,当电机转速达到额定转速时,定子电压也达到额定值,电压不能再随频率成正比例增加,由 $U_1 \approx E_1 = 4.44 f_1 N_1 \phi K_1$ 可知,气隙磁通将随电源频率的上升而下降,电磁转矩也随之减小,转矩与转子电流频率近似为一常数,使得感应电机在近似恒功率的方式下运行。

为实现图 5-59 中所需求的感应电机驱动系统机械特性,需要了解感应电机调速过程中各控制量及状态量的具体变化过程(图 5-60),以实现电机驱动系统的低速恒转矩、高速恒功率控制。假设感应电机在控制作用下从静止起动,当电机运行在额定转速以下时,保持定子电压随定子电源频率恒比例变化,此时气隙中的磁通保持不变,且由于电源频率及转子转速同时增加,转差率短时间内变化也不大,故转子中感生电流大小也保持恒定,在合适的转差率及恒定磁通的作用下,转子输出的转矩最大且为额定转矩。

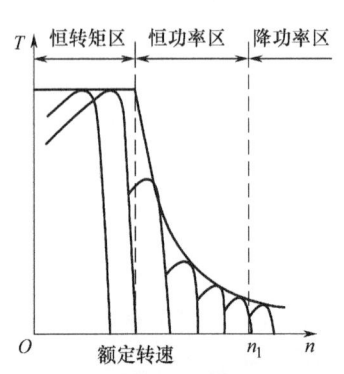

图 5-59 感应电机驱动系统调速特性变化示意图

随着转子转速的提升,当电机转子转速达到额定转速时，电机达到额定功率，此时定子电压也达到额定值。此时采用前述恒压变频调速（CVVF），即保持额定电压不变，继续提高电源电压频率。随着电压频率升高，感应电机气隙中的磁通下降，转矩输出减小，转子提速放缓，转差率开始升高。由图结合前述公式可知，转子中的感生电流在电压频率升高和转差率上升的共同作用下依旧近似保持恒定。

当转子转差率继续增大到限值时，如欲进一步提升电机转速，须采取弱磁控制。通过调节电源电压频率，以进一步降低磁场磁通。在保持转子转速差不

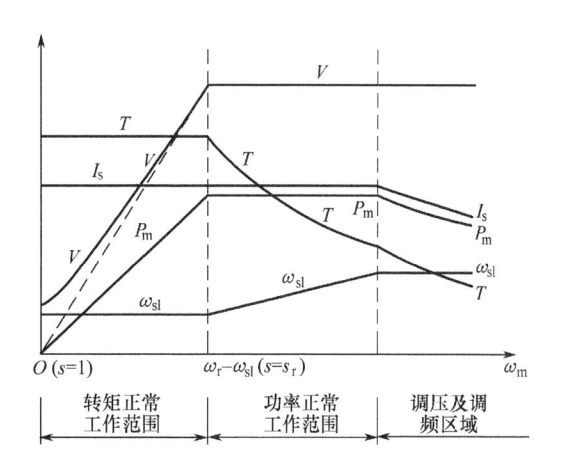

图 5-60 感应电机驱动系统调速过程中各状态变化

变的情况下，转子中的感生电流开始下降，受感应电流及气隙磁通同时下降的影响，转子的输出转矩也会明显下降，电机输出功率降低，但随之转子会获得更高转速。由此可见，在输入功率限值恒定的情况下，弱磁升速往往也伴随着电机输出转矩的下降。

5.3.4 逆变器

逆变器是一种将直流电源调制成定频/定压或变频/变压交流电的电气装置，它由滤波电容、可控型半导体开关元件以及控制逻辑组成，在一系列开关脉冲信号的驱动下驱动各逆变桥中半导体元件导通或截止，从而在输出端得到期望的三相交流电。近十余年来，以 MOSFET、IGBT 等为代表的全控型功率开关器件，以及以 SPWM、SVPWM 为代表的逆变调制技术有了长足的进步，极大地促进了三相电机的应用和普及。

下面以 PWM（Pulse-width Modulation）技术为基础，主要介绍采用 SPWM 方法进行三相电流逆变的逆变器技术。

PWM 控制技术是一种利用一连串 PWM 信号驱动控制电路将输入直流电压斩波生成一系列等幅不等宽的脉冲电压的方法，具体来说，它通过控制生成脉冲电压的宽度及周期调节输出端有效电压，以达到变频变压的目的。PWM 控制技术种类繁多，目前仍在发展丰富之中，但从控制思想上可大体将其分为四类：等脉宽 PWM、正弦波 PWM（SPWM）、磁链追踪型 PWM 以及电流跟踪型 PWM。其中基于 SPWM 技术驱动工作的逆变器具有以下主要特征：

1）逆变器能够同时实现调频调压，且系统的动态响应不受中间直流环节滤波器参数的影响。

2）相比于常规六拍阶梯波，SPWM 调制出的三相正弦波形所包含的低次谐波较少，在电驱动系统中，可使传动系统的转矩脉冲大大减少。

3）组成变频器时，主电路只有一组可控的功率环节，简化了结构。由于采用不可控整流器，使电网功率因数接近于1，且与输出电压大小无关。

图 5-61 所示为电动汽车的功率逆变模块。

1. SPWM 控制原理

SPWM（Sinusoidal PWM）法是一种比较成熟的、目前使用较广泛的 PWM 法。由于冲量相等而形状不同的窄脉冲加在具有惯性的环节上时，其效果基本相同。SPWM 法就是以该结论为理论基础，用脉冲宽度按正弦规律变化而和正弦波等效的 PWM 波形，即 SPWM 波形控制逆变电路中开关器件的通断。过程中保持矩形脉冲的幅值不变，各脉冲的中点与正弦波每一等分的中点重合，从而使其输出的脉冲电压的面积与所希望输出的正弦波在相应区间内的面积相等。通过改变调制波的频率和幅值，即可调节逆变电路输出电压的频率和幅值。

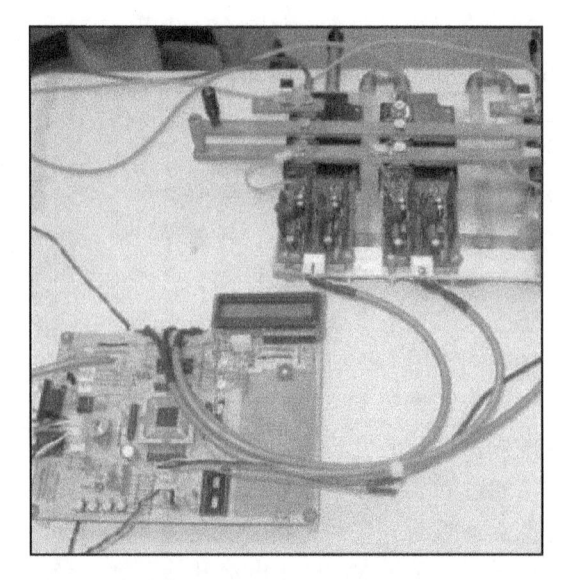

图 5-61 电动汽车用功率逆变模块

图 5-62 所示的 SPWM 波形的滤波线是等效正弦波 $U_m \sin\omega_1 t$。SPWM 脉冲序列波的幅值为 $U_s/2$（图 5-63），各脉冲不等宽，但中心间距相同为 π/n（n 为正弦波半个周期内的脉冲数）。令第 i 个矩形脉冲宽度为 δ_i，其中心点相位角为 θ_i，则根据面积相等的等效原则，可得

$$\delta_i(u_d/2) = U_m \int_{\theta_i - \pi/2n}^{\theta_i + \pi/2n} \sin\omega_1 t \, d(\omega t)$$

$$= U_m \left[\cos\left(\theta_i - \frac{\pi}{2n}\right) - \cos\left(\theta_i + \frac{\pi}{2n}\right) \right]$$

$$= 2U_m \sin\frac{\pi}{2n} \sin\theta_i$$

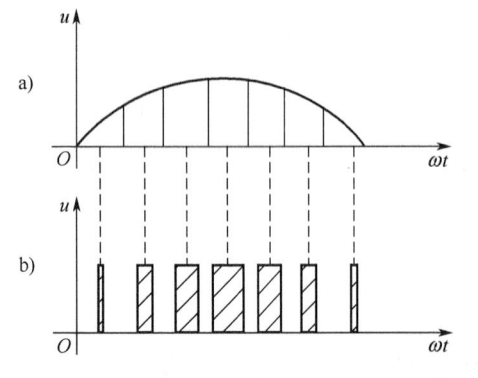

图 5-62 与正弦波等效的等幅不等宽矩形脉冲序列波

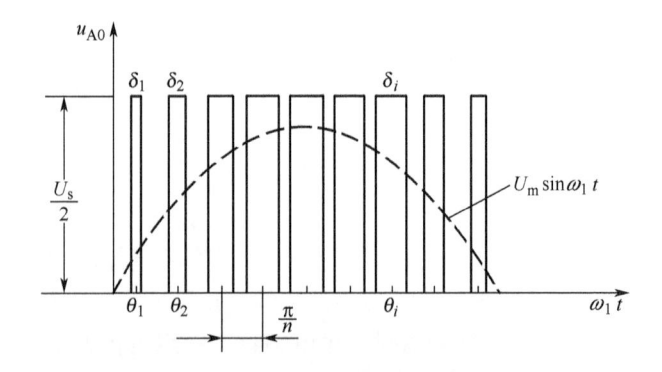

图 5-63 单极式 SPWM 电压波形

当 n 值较大时，可知 $\sin\frac{\pi}{2n} \approx \frac{\pi}{2n}$，所以有

$$\delta \approx 2\pi U_m \sin\theta_i / nU_d \tag{5-20}$$

式中，U_m 为正弦波幅值。

这就是说，第 i 个脉冲的宽度与该处正弦波值近似成正比。因此半个周期正弦波的 SPWM 波是两侧窄、中间宽，脉宽按正弦规律逐渐变化的序列脉冲波形。

2. SPWM 的逆变器主电路

SPWM 三相逆变器主电路（图 5-64）由 6 个全控式功率开关器件构成三相逆变桥，它们各有一个续流二极管反并联结，整个逆变器由三相不可控整流器提供电压为 U_s 的直流电压。图 5-65 所示为单极式脉宽调制波的形式。图 5-65a 中 U_t 为等腰三角形的载波，U_{ra} 及 U'_{ra} 为正弦调制波，调制波和载波的交点决定了 SPWM 脉冲序列的宽度和脉冲间的间隔宽度，如图 5-65b 所示。当 A 相的 $U_{ra} > U_t$ 时，VT_1 导通，输出正弦脉冲电压 $U_s/2$。当 $U_{ra} < U_t$ 时，VT_1 关断，A 相输出电压 $U_{ao} = 0$。在 U_{ra} 负半周，用同样方法控制 VT_4，输出负的脉冲电压序列。改变调制波频率时，输出电压基波频率随之改变，降低调制波幅值时如 U_{ra}，各段脉冲的宽度变窄，输出电压基波幅值减少。这种 SPWM 每相只有一个开关器件反复通断，称单极性 SPWM 波形。

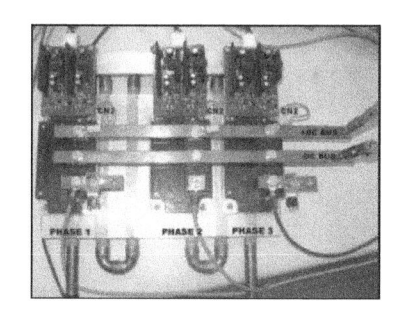

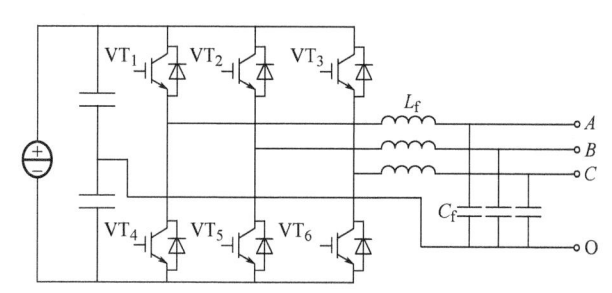

图 5-64 SPWM 的（DC/AC）逆变器主电路

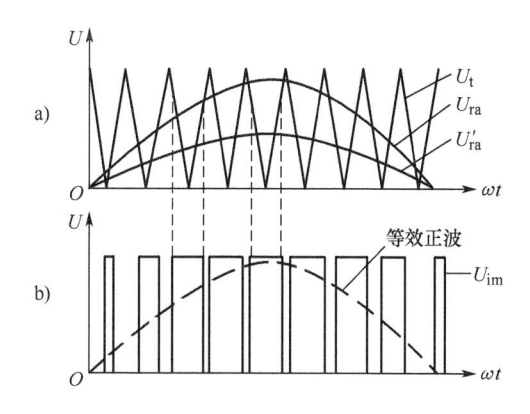

图 5-65 单极式脉宽调制波的形式

若有同一桥臂上下两个开关交替地导通与关断,则输出脉冲在"+"和"-"之间变化,这样得到双极式的 SPWM 波形,如图 5-66 所示。其调制方法与单极式相似,只是输出脉冲电压的极性不同。当 $U_{ra} > U_t$ 时,VT_1 导通,VT_4 关断,$U_{ao} = +U_s/2$;当 $U_{rs} < U_t$ 时,VT_1 关断,VT_4 导通,输出相电压 $U_{AO} = -U_s/2$。同理,VT_3 和 VT_6、VT_2 和 VT_5 交替导通得到 U_{BO}、U_{CO},如图 5-66c 和 d 所示,$U_{AB} = U_{AO} - U_{BO}$,可得逆变器输出的线电压波形 $U_{AB} = f(t)$,如图 5-66e 所示。

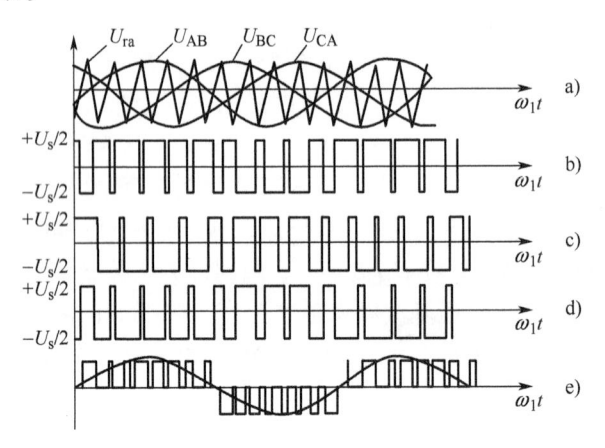

图 5-66 三相双极式 SPWM 波形

对负载(交流异步电机)来说,有用的是电压的基波,希望 SPWM 波形中基波成分越大越好,通过对 SPWM 脉冲序列波 $U(t)$ 展开成傅里叶级数分析可知,输出基波电压幅值 U_m 与 δ_i 有着直接的关系,它说明调节调制波幅值从而改变各个脉冲宽度时,可使逆变器输出电压基波幅值平滑调节。

SPWM 逆变器输出脉冲序列波的基波电压正是调制时所要求的等效正弦波,当然这必须是在满足 n 不太小,即 $\sin\frac{\pi}{2n} \approx \frac{\pi}{2n}$、$\sin\frac{\delta_i}{2} \approx \frac{\delta_i}{2}$ 近似条件下得到的。

但 SPWM 逆变器输出相电压的基波幅值有常规六拍阶梯波的 86%～90%,为弥补这一不足,常在 SPWM 逆变器的直流回路中并联相当大的滤波电容,以提高逆变器的直流电压 U_s。

由以上分析可知,n 越大,即功率开关器件半周内要开关 n 次,脉冲数 $n = N/2$,其中 N 为载波比,即

$$N = f_t/f_r = 载波频率/参考调制波频率$$

即希望 N 越大越好。但从功率开关器件本身的允许开关频率来看,N 不能太大,应满足

$$N \leqslant 功率开关器件的允许开关频率/最高的正弦调制信号频率$$

上式中的分母实际上就是 SPWM 变频器的最高输出频率。现常用功率开关频率为:①BJT,1～5kHz;②GTO,1～2kHz;③MOSFET,50kHz;④IGBT,20kHz。

随着全控型快速半导体器件性能价格比的提高、PWM 技术的日渐完善和新技术新工艺新材料的使用,SPWM 技术将在电气传动及电力系统中得到更广泛的运用。

5.3.5 交流感应电机的控制系统

第三节中所介绍的四种三相电机的调速方式曾在过去的三相电机变频控制器中得到过广泛应用，但这种基于感应电机稳态特性设计的开环调速方式，对于工况变换复杂的负载难以有效适应。因此在矢量控制思想提出之前，早期的三相电机仅仅适用于负载较为稳定的场合。

直到1971年，西门子公司的工程师F. Blashke等人提出了"感应电机磁场定向控制原理"，才彻底解决了交流感应电机动态性能控制差的特点。如今，伴随着矢量控制算法及高功率全控型开关器件的发展，基于矢量控制的高水平电机控制器已经可以与直流电机相媲美。

三相感应电机中包含有以定、转子绕组为代表的大功率电感元件，它在数学模型上属于高阶、非线性、强耦合的多变量系统。传统设计难以对其动态性能实现精确控制。磁场定向矢量控制方法从直流电机调速系统的特点出发，基于异步电机按转子磁链进行定向的动态模型，将通入三相定子绕组中的电流分解为相互垂直且随转子旋转的励磁分量以及转矩分量。按照不同的工况需求，参照直流调速系统的控制方法，分别对两个解耦后的电流分量进行独立调节，类似直流调速系统中的双闭环控制方式，从而实现类似于直流电机的控制性能。

矢量控制也称磁场定向矢量控制，其基本过程为：依据三相电机气隙中磁场磁势及功率不变的原则，通过正交投影，利用Clarke变换将A-B-C三相坐标系下的数学模型等效至α-β二相静止坐标系，随后采用Park变换将两相静止坐标系等效至d-q两相旋转坐标系中来。在三相静止坐标系至两相旋转坐标系的坐标变换过程中（3s/2r），电机定子电流矢量被分解为固定在转子坐标系上的两个互相垂直的直流分量i_d和i_q。其中i_d为励磁电流分量，i_q为转矩电流分量。通过在控制端对两者大小进行独立调节，分别控制磁通和转矩，从而实现类似直流电机的控制。

下面将从三相电机的矢量控制变换方法出发，并对三相电机的坐标转换及控制进行简单介绍，以帮助读者了解矢量控制。

1. Clark变换

Clark（克拉克）变换完成三相静止/两相静止坐标的转化，具体如图5-67所示。根据三相电流所形成的磁动势方向，设A-B-C三相坐标系在空间上分别间隔120°分布，α轴与A轴重合，β轴顺时针超前α轴90°。假定定子每相匝数均为N_3，两相静止绕组每相匝数均为N_2，则源坐标系下，每相绕组在新坐标轴上的磁动势投影应与α、β轴的磁动势大小相同。

即有

i_A, i_B, i_C：三相静止坐标系
i_α, i_β：两相静止坐标系
i_d, i_q：两相旋转坐标系

图 5-67 三相交流电机的矢量变换坐标系

$$N_3 i_A - N_3 i_B \cos 60° - N_3 i_C \cos 60° = N_3(i_A - i_B - i_C) = N_2 i_\alpha$$

$$N_3 i_B \sin 60° - N_3 i_C \sin 60° = \frac{\sqrt{3}}{2} N_3 (i_B - i_C) = N_2 i_\beta$$

由此可得到矩阵：

$$\begin{bmatrix} i_\alpha \\ i_\beta \\ i_o \end{bmatrix} = \frac{N_3}{N_2} \begin{bmatrix} 1 & -\frac{1}{2} & -\frac{1}{2} \\ 0 & \frac{\sqrt{3}}{2} & -\frac{\sqrt{3}}{2} \\ Q & Q & Q \end{bmatrix} \begin{bmatrix} i_A \\ i_B \\ i_C \end{bmatrix} = \boldsymbol{C}_{3s/2s} \begin{bmatrix} i_A \\ i_B \\ i_C \end{bmatrix}$$

$$\boldsymbol{C}_{3s/2s} = \frac{N_3}{N_2} \begin{bmatrix} 1 & -\frac{1}{2} & -\frac{1}{2} \\ 0 & \frac{\sqrt{3}}{2} & -\frac{\sqrt{3}}{2} \\ Q & Q & Q \end{bmatrix}$$

为了遵循变换前后功率不变原则，须将 $\boldsymbol{C}_{3/2}$ 矩阵变换为正交矩阵，通过定义 $QN_3(i_A + i_B + i_C) = N_2 i_o$，专门引入一相零轴电流。

由于 $\boldsymbol{C}_{3s/2s}$ 为正交矩阵，因此有

$$\boldsymbol{C}_{3s/2s}^{-1} = \boldsymbol{C}_{3s/2s}^{\mathrm{T}}$$
$$\boldsymbol{C}_{3s/2s} \boldsymbol{C}_{3s/2s}^{-1} = \boldsymbol{I}$$

即有

$$\boldsymbol{C}_{3s/2s}\boldsymbol{C}_{3s/2s}^{-1} = \left(\frac{N_3}{N_2}\right)^2 \begin{bmatrix} 1 & -\frac{1}{2} & -\frac{1}{2} \\ 0 & \frac{\sqrt{3}}{2} & -\frac{\sqrt{3}}{2} \\ Q & Q & Q \end{bmatrix} \begin{bmatrix} 1 & 0 & Q \\ -\frac{1}{2} & \frac{\sqrt{3}}{2} & Q \\ -\frac{1}{2} & -\frac{\sqrt{3}}{2} & Q \end{bmatrix} = \frac{3}{2}\left(\frac{N_3}{N_2}\right)^2 \begin{bmatrix} 1 & 0 & Q \\ 0 & 1 & Q \\ 0 & 0 & 2Q^2 \end{bmatrix} = \boldsymbol{I}$$

所以有

$$\frac{N_3}{N_2} = \sqrt{\frac{2}{3}} \quad Q = \frac{1}{\sqrt{2}}$$

因此有

$$\boldsymbol{C}_{3s/2s} = \sqrt{\frac{2}{3}} \begin{bmatrix} 1 & -\frac{1}{2} & -\frac{1}{2} \\ 0 & \frac{\sqrt{3}}{2} & -\frac{\sqrt{3}}{2} \\ \frac{1}{\sqrt{2}} & \frac{1}{\sqrt{2}} & \frac{1}{\sqrt{2}} \end{bmatrix}$$

2. Park 变换

Park 变换用于将经 Clark 变换得到的两相静止坐标系投影到在磁场中旋转的两相旋转坐标系 d-q 轴上，如图 5-67 所示。d-q 轴固定在转子永磁体上，因为空间磁场矢量 i_s 以转速 ω 旋转，所以 i_s 在 d、q 轴的分量大小不变，即可以将其视为直流磁动势。但是 α 轴与 d 轴的夹角 φ 时刻变化，而变换前后所产生的磁场也应等效，因此有：

$$i_\alpha \cos\varphi + i_\beta \sin\varphi = i_d$$
$$i_\beta \cos\varphi - i_\alpha \sin\varphi = i_q$$

由此可得到矩阵：

$$\begin{bmatrix} i_d \\ i_q \end{bmatrix} = \begin{bmatrix} \cos\varphi & \sin\varphi \\ -\sin\varphi & \cos\varphi \end{bmatrix} \begin{bmatrix} i_\alpha \\ i_\beta \end{bmatrix}$$

$$C_{2s/2R} = \begin{bmatrix} \cos\varphi & \sin\varphi \\ -\sin\varphi & \cos\varphi \end{bmatrix}$$

对于电机电压和磁链矩阵，其旋转变换与之相同。

类似地，为遵循功率恒定的原则，须将 $C_{2s/2R}$ 转变为正交矩阵。

所以有：

$$\begin{bmatrix} i_d \\ i_q \\ i_o \end{bmatrix} = \begin{bmatrix} \cos\varphi & \sin\varphi & 0 \\ -\sin\varphi & \cos\varphi & 0 \\ 0 & 0 & 1 \end{bmatrix} \begin{bmatrix} i_\alpha \\ i_\beta \\ i_o \end{bmatrix}$$

3. 矢量控制算法

经 Clark、Park 变换，原先通入三相电机定子绕组的三相电流被换算为固定在转子 $d\text{-}q$ 轴坐标系上的 d、q 轴电流。由于 $d\text{-}q$ 轴坐标系本身随转子同步转动，且交直轴电流 i_d、i_q 能够代替原先三相电流完全描述电机气隙中的磁场能量和转矩关系，可以通过对 i_d 和 i_q 电流理想值的设置，实现对电机输出转矩的控制，进而调节电机转速，如图 5-68 所示。

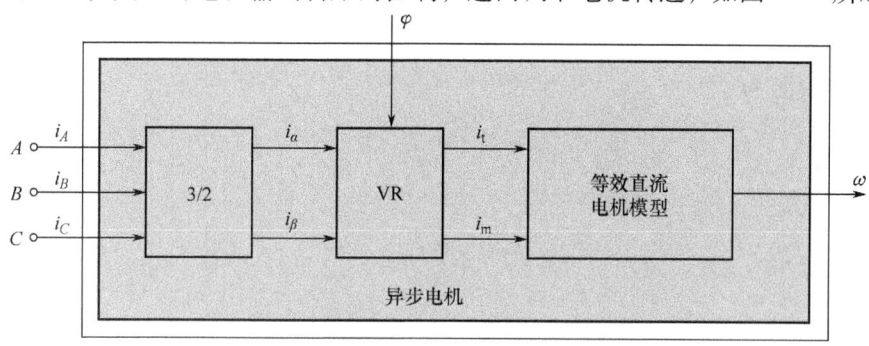

图 5-68　异步感应电机在矢量变换后的解耦控制

由于永磁同步电机和异步感应电机在控制算法上类似，唯一区别在于在永磁同步电机中利用永磁体替代了转子绕组从而简化了转子绕组中的电路方程。但从矢量控制的过程和思想来看，两者是完全一致的。下面将基于永磁同步电机三相静止数学模型的 $d\text{-}q$ 轴坐标的变换结果，对三相感应电机、永磁同步电机等三相交流电机矢量控制进行一个原理性的介绍。

对于感应电机，其数学模型可以表达为如下形式：

$$u_s = (p + j\omega_0)\psi_s + R_s i_s$$
$$u_r = [p + j(\omega_0 - \omega)]\psi_r + R_r i_r$$
$$\Psi_s = L_s i_s + L_m i_r$$
$$\Psi_r = L_m i_s + L_r i_r$$

式中，u_s、u_r 分别为定子和转子的电压；i_s、i_r 为定子和转子的电流；R_s、R_r 分别为定子和转子的电阻；ω_0、ω 分别为定子电压及转子转速角频率；p 为微分算子。

依据电机气隙中磁动势不变的原理，分别对感应电机模型中定转子电流及磁链进行 Clarke 和 Park 变化，从而得到异步电机在 $d\text{-}q$ 轴坐标下的电压及磁链表达式为

$$\begin{bmatrix} u_{sd} \\ u_{sq} \\ 0 \\ 0 \end{bmatrix} = \begin{bmatrix} R_s + L_s p & -L_s \omega_0 & L_m p & -L_m \omega_0 \\ L_s \omega_0 & R_s + L_s p & L_m \omega_0 & L_m p \\ L_m p & -L_m \omega_{s1} & R_r + L_r p & -L_r \omega_{s1} \\ L_m \omega_{s1} & L_m p & L_r \omega_{s1} & R_r + L_r p \end{bmatrix} \begin{bmatrix} i_{sd} \\ i_{sq} \\ i_{rd} \\ i_{rq} \end{bmatrix}$$

$$\begin{bmatrix} \Psi_{sd} \\ \Psi_{sq} \\ \Psi_{rd} \\ \Psi_{rd} \end{bmatrix} = \begin{bmatrix} L_s & 0 & L_m & 0 \\ 0 & L_s & 0 & L_m \\ L_m & 0 & L_r & 0 \\ 0 & L_m & 0 & L_r \end{bmatrix} \begin{bmatrix} i_{sd} \\ i_{sq} \\ i_{rd} \\ i_{rq} \end{bmatrix}$$

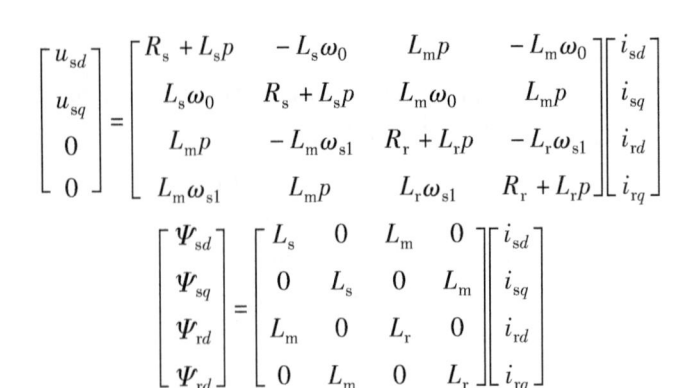

式中，ω_{s1} 为转差频率。

类似地，对三相永磁同步电机静止坐标系依次进行 Clark、Park 变换，可得如下公式

$$u_d = \frac{d\Psi_d}{dt} - \Psi_q \frac{d\varphi}{dt} + R_A i_d$$

$$u_q = \frac{d\Psi_q}{dt} + \Psi_d \frac{d\varphi}{dt} + R_A i_q$$

此外，根据 d-q 坐标轴定义可知：

$$\Psi_d = L_d i_d + \Psi_t$$
$$\Psi_q = L_q i_q$$

电机电磁转矩为

$$T_e = \frac{3}{2} n_p (\Psi_d i_q - \Psi_q i_d) \tag{5-21}$$

负载转矩同电磁转矩之间的关系为

$$T = T_e - J \frac{d^2 \varphi}{dt^2} - B \frac{d\varphi}{dt} \tag{5-22}$$

式中，Ψ_d、Ψ_q 分别为定子磁链在 d、q 轴上的分量；Ψ_t 为转子磁链，其方向与 d 轴重合；L_d、L_q 分别为定子绕组等效在 d、q 轴上的电感；n_p 为永磁同步电机极对数；J 为电机转动惯量；B 为电机黏滞系数。显然，通过矢量坐标变换，电机的输入输出完全可以由 i_d 和 i_q 及其导数、转速及其导数这 6 个状态变量完全描述出来。下面将在此基础上，从电机的转矩公式出发，对矢量控制的核心原理进行简单介绍。

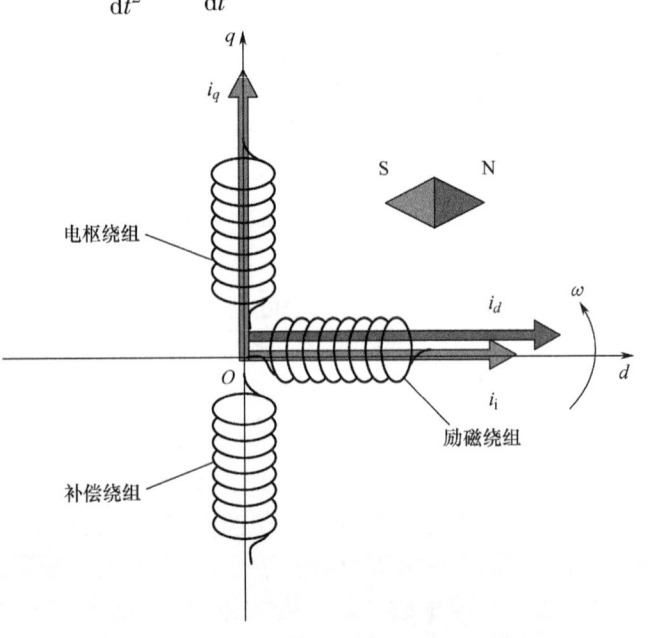

如图 5-69 所示，d-q 为固定在转子上的坐标系，i_d 和 i_q 分别

图 5-69 基于 d-q 轴坐标系的矢量控制原理

为经坐标变换得到的直轴励磁电流和交轴转矩电流;i_i为转子绕组在一定转差率及定子电源幅值下产生的感生电流。可见,当同步旋转坐标系的 d 轴放在转子磁场上时,直轴电流 i_d 同转子感生电流 i_i 共同产生了旋转磁场在转子 d 轴方向上的主磁通分量,而转矩电流分量 i_q 则可视为通入布置在 q 轴方向上的带电线圈,在 d 轴所形成的磁场中产生电磁力带动转子转动。因此此时电磁转矩有最简单的形式:

$$T_e = p_n \frac{L_m^2}{L_r} i_q (i_d + i_i)$$

由上式可知,电磁转矩与励磁电流 i_d 和转矩电流 i_q 的乘积成正比。在额定转速以下时,保持励磁电流 i_d 为额定值,只需调节 i_q 即可改变转矩,实现恒转矩控制;在额定转速以上时,按照给定转子转速 ω_r,减小励磁电流 i_d,进一步增大交轴电流,从而在电机额定功率不变的情况下实现恒功弱磁控制。

此外,交轴电流所产生的电枢磁动势也会对绕组磁动势产生影响,其作用可以利用补偿绕组磁动势抵消,或者由于其作用方向与 d 轴垂直而对主磁通影响甚微。因此在直流电机 dq 轴模型中,主磁通基本上是唯一地由励磁绕组的励磁电流决定。

以上即为三相电机矢量控制的基本思想。此外,有关电机矢量控制过程中的其他考虑因素,诸如极限电流圆、极限电压圆、弱磁升速轨迹等,读者有兴趣可以参阅其他相关文献。

4. 常见的两种基于 d-q 轴矢量控制的调速方法

基于 d-q 轴坐标系控制的异步电机的控制过程如图 5-70 所示。在控制策略的作用下,控制器给定预期的转矩电流和励磁电流,经 Park 和 Clarke 变换得到电机三相电流的预期控制值,经逆变器变化调制出实际三相电压驱动异步电机工作。逆变器控制器在此基础上基于电机实际输出状态,如三相电流,对逆变器功率开关工作进行调节。

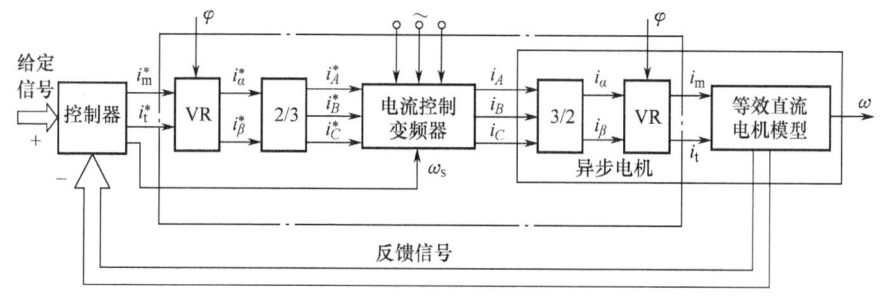

图 5-70 基于 d-q 轴矢量控制的异步电机调速的基本思路

目前最常见的基于 d-q 轴矢量控制的调速方法有磁场定向控制方法(FOC)和直接转矩控制方法(DTC)。两类方法均是从三相交流电机的 d-q 轴坐标方程出发,FOC 方法着眼于电机机械特性在 i_d-i_q 电流平面上的分布特点,通过检测电机 d-q 轴实际电流,依据给定的期望转矩和转速分配合理的 i_d 和 i_q,从而结合实际转速,利用逆变器生成一定频率和幅值的电压对电机进行控制。DTC 方法,顾名思义,直接以电机输出转矩和估计出的磁链为控制目标,通常采用 bang-bang 控制对两者进行调节,从而实现对电机的调速控制。下面针对 FOC 以及 DTC 各举一例,以帮助读者具体理解两种控制方法的实现过程。

(1)磁场定向矢量控制 图 5-71 所示为基于转子磁链定向的车载感应电机驱动系统控制框图,通过给定加速踏板开度来设定系统转矩的目标值,控制系统中要同时实现转矩闭环和磁链闭环控制。在额定转速以下时，保持转子磁链恒定；在额定转速以上时，实现恒功率控制，逆变器的调制信号用空间矢量 PWM（Space Vector PWM，SVPWM）来实现。

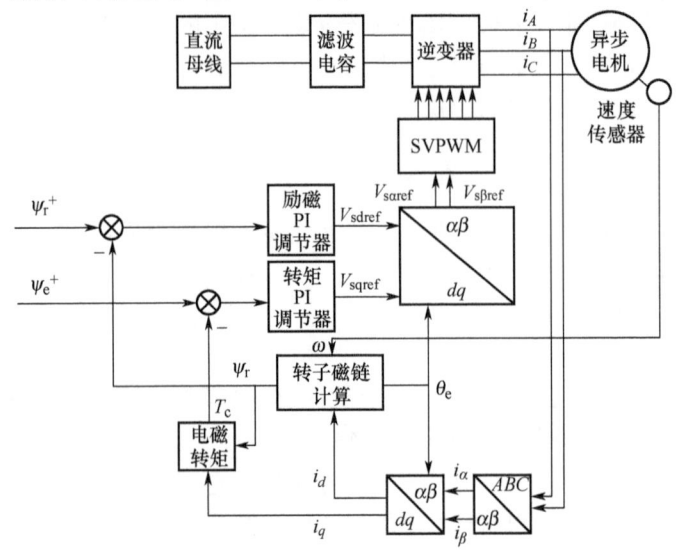

图 5-71　基于转子磁链定向的车载感应电机驱动系统框图

磁场定向的矢量控制算法具有优良的动态和静态特性，但是控制算法的实现十分依赖于电机的参数 R_r、R_s、L_m、$L_{s\sigma}$ 和 $L_{r\sigma}$ 等。在电机运行过程中，这些参数都是在变化的：电阻 R_r 和 R_s 随着温度的变化而变化，L_m、$L_{s\sigma}$ 和 $L_{r\sigma}$ 随磁场的饱和程度发生变化。这些因素都会造成转子磁链定向的失败，因此为达到高性能的控制效果，需要通过参数辨识或自适应控制算法来实现。

目前矢量控制理论比较完善，而且日趋成熟，在线能准确辨识出电机的参数，控制性能是非常优越的。由于微处理器运算能力越来越强，处理复杂算法的实时性也有保障，国内外许多公司已向市场推出了多种型号的基于矢量控制的控制器，控制性能已基本满足电动汽车的动力性要求。

（2）直接转矩控制　1985 年，德国学者 M. Depenbrock 教授首次提出了基于感应电机动态模型的直接转矩控制的理论，随后日本学者也提出了类似的控制方案。不同于矢量技术，直接转矩控制不需复杂的坐标变换，改估计转子磁通为估计定子磁通。由于定子磁通的估计只牵涉定子电阻，对电机参数的依赖性减弱。采用直接转矩控制方法，通过检测电机定子电压、电流，借助空间矢量理论（主要是 3/2 变换原理）来计算电机的磁链和转矩，并用快速"砰砰"（Bang-Bang）调节器对定子磁链与电磁转矩实施控制，分别将磁链和转矩值的脉动限制在预先设定的一定容差范围内。Bang-Bang 调节器是进行比较与量化的环节，然后根据定子磁链幅值与电机转矩（滞环式 Bang-Bang 调节器输出量），以及定子磁链矢量空间位置等查表所需的信息，从最优开关信号模式表中直接查出应施加的电压矢量对应的开关信号，以此来控制逆变器。直接转矩控制原理如图 5-72 所示。

直接转矩控制算法的特点是，电机模型在定子坐标系下只需 3/2 变换，观测的是定子磁链，受电机影响小。由于是"砰砰"（Bang-Bang）控制，没有电流闭环，容易产生过电流。在低速时，定子磁链是圆形，电流近于正弦波，但是进入高速区后，电流波形已很不规则，

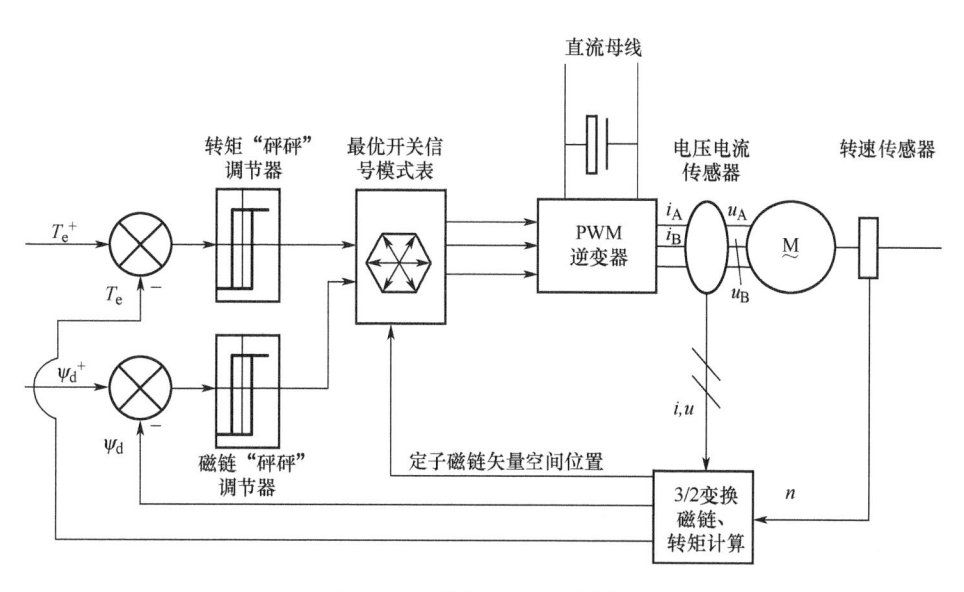

图 5-72 直接转矩控制原理

谐波很大，电磁噪声大。如何保证转矩快速响应的同时，又能平滑电流的波形，是一个迫切需要解决的课题。

5.4 永磁电机驱动系统的组成和工作原理

永磁电机主要包含两大类：永磁同步电机（Permanent Magnet Synchronous Motor，PMSM）和无刷直流电机（Brushless DC Motor，BDCM）。两者最主要的区别在于永磁体励磁磁场在定子相绕组中感应出的电动势波形：PMSM 每相感应出的电动势波形为正弦波，而 BDCM 为梯形波，如图 5-73 所示。

图 5-74a 所示为交流永磁电驱动系统，包括永磁同步电机和控制器。图 5-74b 所示为控制器内部结构。

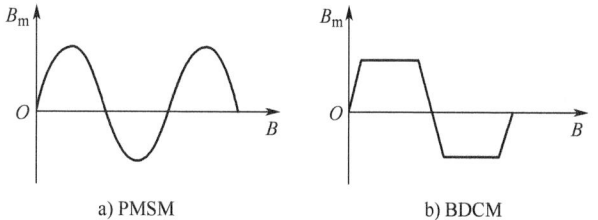

图 5-73 PMSM 和 BDCM 每相励磁磁场强度波形

5.4.1 永磁同步电机的结构

永磁同步电机是用永磁体取代绕线式同步电机转子中的励磁绕组，从而省去了励磁线圈、集电环和电刷。永磁电机转子分为凸装式、嵌入式和内埋式三种基本结构。前两种形式又称为外装结构。

凸装式转子永磁体的分类如图 5-75 所示，图 5-75a 具有圆套筒型整体磁钢，每极磁钢的宽度与极距相等，可提供接近梯形的磁场分布。在小直径转子的电机中，可以采用这种径向异极的永磁环。但在大容量电机中，必须利用若干个分离的永磁体。如果永磁体厚度一

a) 交流永磁电驱动系统　　　　b) 永磁电机控制器内部结构

图 5-74　交流永磁电驱动系统

致，宽度又小于一个极距，则整个磁场分布接近为梯形。

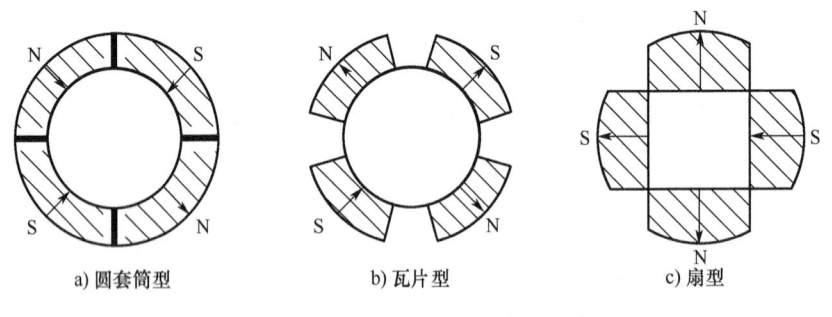

a) 圆套筒型　　　　b) 瓦片型　　　　c) 扇型

图 5-75　凸装式转子永磁体的分类

在图 5-76 中，不将永磁体凸装在转子表面上，而是嵌于转子表面下，永磁体的宽度小于一个极距，这种结构称为嵌入式。对于凸装式和嵌入式转子，一般是用环氧树脂将永磁体直接粘在转轴上，这两种结构可使转子直径小，惯量小，电感也较小，有利于改善电机的动态性能。

内埋式永磁转子的结构如图 5-77 所示。它是将永磁体埋装在转子铁心内部，每个永磁体都被铁心包着。这种结构机械强度高，磁路气隙小，与外装式转子相比，更适用于弱磁。

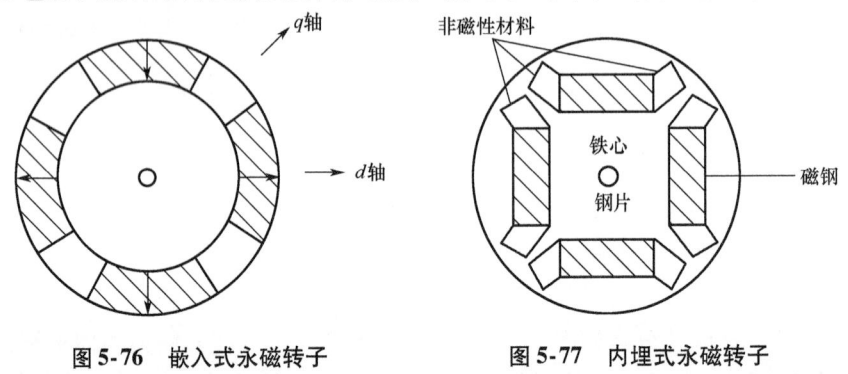

图 5-76　嵌入式永磁转子　　　　图 5-77　内埋式永磁转子

此外，随着电机设计技术的不断发展。扁线电机逐渐应用于新能源汽车。顾名思义，扁

线电机就是定子绕组中用扁铜线代替传统电机中的圆铜线,如图 5-78 所示。扁线电机与传统电机相比,通常具有以下优势:

1)较高的功率体积密度。空间不变的情况下,用扁线替代圆线,可以增大电机的槽满率,产生更强的磁场强度,所以相同功率下通常扁线电机体积更小。

2)较低的电磁噪声。扁线的应力、刚性比圆线大,电枢刚度强,多数噪声能够得到抑制;同时,齿槽力矩较低,也能降低电机噪声。

3)更好的散热性能。扁线电机线与线之间、绕组和铁心之间接触面大,散热好。

4)更便于实现轻量化。传统的圆线电机为了防止铜线损伤,通常端部较长,但是扁线电机由于扁铜线的刚性和硬度较强,端部可以减小,实现轻量化。

图 5-78 扁线电机绕组

5)更宽的高效区。虽然扁线电机的最高效率相较圆线电机不一定有大幅度提升,但可以获得更宽的高效工作区域。

当然,扁线电机也存在着诸多弊端:

1)加工工序复杂、精度要求高。精度等级会影响产品的可靠性和一致性,对制造提出了较高要求。

2)高集肤效应。随着新能源汽车电机转速越来越高,高功率密度下的转速要求也随之提高,这对于扁线电机是一个挑战。

3)系列化设计困难度高。与圆线电机相比,扁线电机发展时间短,系列化程度低,生产成本较高。

4)专利壁垒多。针对扁线电机的先进技术,目前主要掌握在日本以及欧美国家,中国需要未来在技术上不断探索创新。

5.4.2 永磁同步电机的工作原理

永磁同步电机是用永磁体取代绕线式同步电机转子中的励磁绕组,从而省去了励磁线圈、集电环和电刷,定子中通入三相对称交流电。永磁同步电机模型如图 5-79 所示,由于电机定子三相绕组接入三相对称交流电而产生旋转磁场,用旋转磁极 S、N 来模拟。根据磁极异性相吸、同性相斥的原理,不论定子旋转磁极与永磁转子起始时相对位置如何,定子的旋转磁极总会由于磁拉力拖着转子同步旋转。同步电机转速可表示为

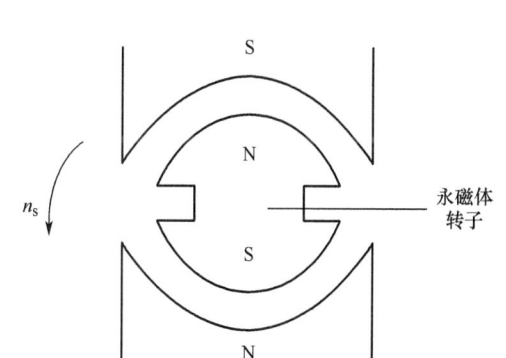

图 5-79 永磁同步电机模型

$$n = n_s = \frac{60f_s}{p_n}$$

式中,f_s 为电源频率;p_n 为电机极对数;n_s 为同步转速。从上式可以看出,电机转速与同步

转速之间没有相对运动。

5.4.3 永磁同步电机的数学模型及控制系统

高性能永磁同步电机系统通常采用矢量控制算法，把同步旋转磁场坐标系 d 轴放在转子磁链上，在转子参考坐标系下 d、q 轴上的电压方程可表示为

$$u_q = R_s i_q + L_q p i_q + \omega_r L_d i_d + \omega_r \psi_f$$
$$u_d = R_s i_d + L_d p i_d - \omega_r L_q i_q \tag{5-23}$$

磁链方程为

$$\psi_q = L_q i_q$$
$$\psi_d = L_d i_d + \psi_f \tag{5-24}$$

式中，u_d、u_q 分别为 d、q 轴绕组电压；i_d、i_q 分别为 d、q 轴绕组电流；L_d、L_q 分别为 d、q 轴绕组电感；R_s 为定子相电阻；ω_r 为转子角速度；ψ_f 为永磁体基波励磁磁场链过定子绕组的磁链；p 为微分算子。

式（5-23）和式（5-24）可由图 5-80 来表示。

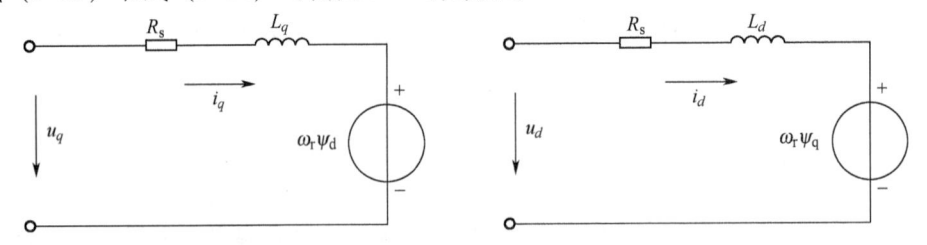

图 5-80 PMSM 动态等效电路（d、q 轴）

电磁转矩为

$$T_e = p_n [\psi_f i_q + (L_d - L_q) i_d i_q] \tag{5-25}$$

在转子参考系中，若取 d 轴的反方向为虚轴，取 q 轴为实轴，则在这个复平面上，可将定子电流空间向量 i_s 表示为

$$i_s = i_q - j i_d$$

i_s 与 d 轴的夹角为 β，可有

$$i_d = i_s \cos \beta$$
$$i_q = i_s \sin \beta$$

将这两个式子代入转矩方程可得

$$T_e = p_n \left[\psi_f i_s \sin\beta + \frac{1}{2}(L_d - L_q) i_s^2 \sin 2\beta \right] \tag{5-26}$$

β 角实质是定子三相合成旋转磁通势轴线与永磁体励磁磁场轴线间的夹角。可见，电磁转矩由两部分组成：第一部分是两个磁场相互作用所产生的电磁转矩；第二部分是磁阻转矩，并与两轴电感参数差值成正比。嵌入式或内埋式 PMSM 电机中 $L_d < L_q$，通过调整 β 角可以提高输出转矩和扩大转速范围，实现宽范围电机恒功率运行，满足车载电机驱动要求。

永磁同步电机系统以其高效、高控制精度、高转矩密度等特点在电动汽车电驱动系统中具有很高的应用价值。但是，由于电动汽车复杂运行工况造成的电机参数随温度、转速等因

素的变化会对系统的控制性能产生很大的影响，同时由于目前大容量永磁体制作工艺的限制，决定了只能在小功率电动汽车中应用。

5.5 开关磁阻电机传动系统的组成和工作原理

开关磁阻电机是一种新开发的机电一体化电机，由于其结构和控制系统简单，以及电力电子器件的发展，使其近20年来备受重视。

开关磁阻电机传动系统（简称SRD系统）主要由4部分组成：开关磁阻电机、功率转换器、控制器和检测器。它们之间的关系如图5-81所示。

开关磁阻电机传动系统综合了感应电机传动系统和直流电机传动系统的优点，是这些传动系统的有力竞争者，它有以下主要优点：

1）电机转子无绕组，成本低，无明显的热量产生，延长了轴承寿命，凸极转子转动惯量低，易于调速控制。

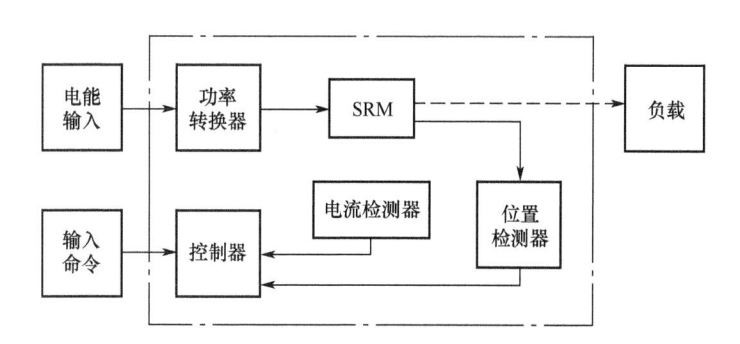

图5-81 开关磁阻电机传动系统框图

2）定子整体线圈嵌装容易、牢固，热耗大部分集中于定子，易于冷却，转子无永磁体，可有较高的最大允许温升。

3）起动电流小、起动转矩大的优点在低速运行段同样明显，十分适合需要频繁起动和较长时间低速重载运行的机械。

开关磁阻电机驱动系统（SRD系统）有以下主要缺点：

1）能量转换密度低于电磁式电机。

2）转矩脉动大，由转矩脉动所导致的噪声及特定频率下的谐振问题也较为突出。

3）相数越多，主接线数也越多，主电路越复杂。

上述缺点通过对电机进行精心设计，采取适当措施，并从控制角度考虑采用合理策略可以得到改进。图5-82所示为一组开关磁阻电机传动系统实物图。

图5-82 开关磁阻电机传动系统实物图

5.5.1 开关磁阻电机的结构

开关磁阻电机（SRM）是 SRD 系统的执行元件，其结构如图 5-83 所示。它不像传统的交流/直流电机那样依靠定子、转子绕组电流所产生磁场间的相互作用形成转矩和转速。它与磁阻（反应）式步进电机一样，遵循磁通总是要沿着磁导最大路径闭合的原理，产生磁拉力形成转矩-磁阻性质的电磁转矩。因此，它的结构原则是转子旋转时磁路的磁导要有尽可能大的变化，一般采用凸极定子和凸极转子，即双凸极型结构，并且定子、转子的齿极数（简称极数）不相等。图 5-84 所示为常用开关磁阻电机的横截面示意图。

a) 四相8/6极SRM定子、转子结构　　b) SRM外部结构实物图

图 5-83　开关磁阻电机（SRM）结构

定子装有简单的集中绕组，直径方向相对的两个绕组串联成为"一相"；转子由叠片构成，没有任何形式的绕组、换向器、集电环等。

开关磁阻电机按相数分，有单相、两相、三相、四相和多相；按气隙方向分，有轴向式、径向式和径向轴向混合式结构。图 5-85 所示为单相径向-轴向磁通外转子电机，按每齿极的小齿数分，有每极单小齿结构和每极多小齿结构。

一般来说，小容量家用电器用的开关磁阻电机常做成单相或两相径向-轴向式结构。工业用电机多采用图 5-86 所示的三相、四相径向单小齿式结构。图 5-87 所示为三相 12/10 齿极 SR 电机结构的铁心冲片图。

a) 6/4开关磁阻电机　　b) 8/6开关磁阻电机

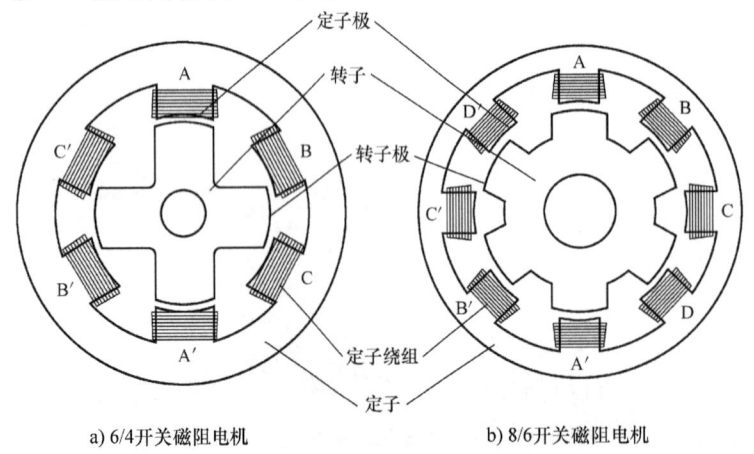

图 5-84　常用开关磁阻电机的横截面示意图

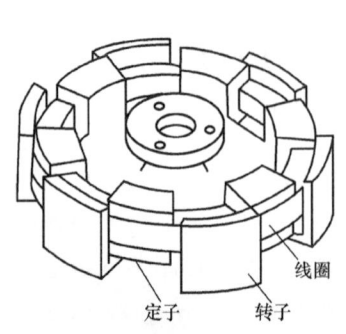

图 5-85　单相径向-轴向磁通外转子电机

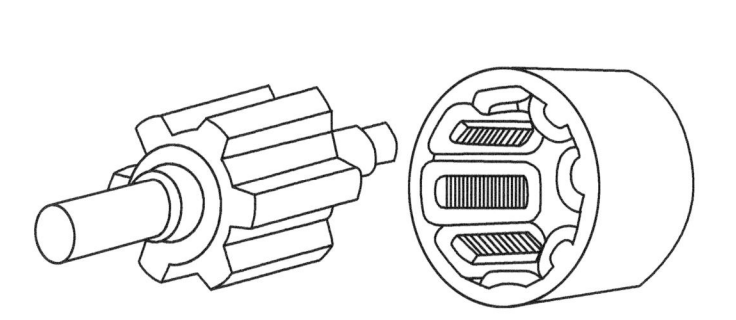

图 5-86 开关磁阻电机的基本结构

图 5-87 三相 12/10 齿极 SR 电机结构的铁心冲片图

5.5.2 开关磁阻电机的工作原理

SRM 结构简单,为定子、转子均由普通硅钢片叠压而成的双凸极结构。转子中没有绕组,定子装有简单的集中绕组,一般径向相对的两个绕组串联成一相。SRM 可以设计成多种不同相数结构,且定转子的极数有多种不同的搭配,如三相(6/4)结构、四相(8/6)结构等。SRM 气隙磁场有 3 类形式:径向磁场、轴向磁场和混合磁场。

定子极和转子极是凸极结构,因此每相绕组的电感 L 随转子位置的变化而变化。开关磁阻电机的工作原理遵循磁阻最小的原则,当 B 相绕组受到激励时,为减小磁路的磁阻,转子顺时针旋转,直到转子极 2 与定子极 B 相对,此时磁路的磁阻最小(电感最大)。然后,切断绕组 B 的激励,给绕组 A 施加激励,磁阻转矩使转子极 1 与定子极 A 相对。转矩方向一般指向最近的一对磁极相对的位置。因此,根据转子位置传感器的反馈信号,相绕组按 B→A→D→C 的顺序导通,使转子沿顺时针方向连续旋转。

开关磁阻电机是根据磁场力原理工作的,图 5-88 所示的四相(8/6)SRM 是由有绕组的 8 极定子和无绕组的 6 极转子构成。当沿径向相对的两个定子极通以直流电时,便形成一个磁场。该磁场使对应的一对转子磁极受力旋转与定子磁极中心线重

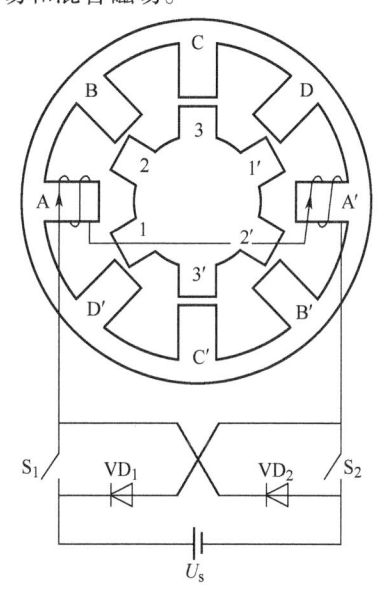

图 5-88 四相(8/6)SRM 的工作原理

合,SRM 的运行原理遵循"磁阻最小原理"——磁通总要沿着磁阻最小的路径闭合,而具有一定形状的铁心在移动到最小磁阻位置时,必使自己的主轴线与磁场的轴线重合。当定子 D-D′ 极励磁时,所产生的磁力使转子旋转到转子轴线 1-1′ 与定子极轴线 D-D′ 重合的位置,并使 D 相励磁绕组的电感最大,若依次给 D→A→B→C 相绕组通电,转子会按励磁顺序以逆时针方向连续旋转;反之,若依次给 B→A→D→C 相通电,则电机即会沿顺时针方向转

动。通过控制加到 SRD 电机绕组中电流脉冲的幅值、宽度及其与转子的相对位置，即可控制 SRM 转矩的大小与方向。

5.5.3 开关磁阻电机的数学模型及工作特性

1. 数学模型

与传统的交流电机不同，SRM 采用凸极铁心结构，并且只在定子上安装各相励磁绕组。绕组电流的非正弦与磁心磁通密度的高饱和是 SRM 运行的两个特点。由电路基本定律列写包括各相回路在内的电气主回路的电压平衡方程式。电机的每一相均需要一个方程式，电机第 k 相电压平衡方程式为

$$U_k = R_k i_k + \frac{\mathrm{d}\psi_k}{\mathrm{d}t} \tag{5-27}$$

式中，U_k 为加于 k 相绕组的电压；R_k 为 k 相绕组的电阻；i_k 为 k 相绕组的电流；ψ_k 为 k 相绕组的磁链。

ψ_k 为绕组电流 i_k 和转子位移角 θ 的函数，即

$$\psi_k = \psi_k(i_k, \theta) \tag{5-28}$$

电机的磁链可用电感和电流的乘积来表示，即

$$\psi_k = L_k(\theta_k, i_k) i_k \tag{5-29}$$

则动态电感 $L_k(\theta_k, i_k) = \dfrac{\partial \psi_k}{\partial i_k}$。

在开关磁阻电机一相简化模型中，SRM 的转矩是由磁路选择最小磁阻结构的趋势产生的，适当的饱和有利于提高 SRM 的总体性能，因此，电机磁路的饱和是 SRM 的又一个重要特征。由于电机磁路的非线性，通常 SR 电机的转矩应根据磁共能来计算，即

$$T(\theta, i) = \frac{1}{2} i^2 \frac{\partial L}{\partial \theta} = \frac{1}{2} i^2 \frac{\mathrm{d}L}{\mathrm{d}\theta} \tag{5-30}$$

2. 工作特性（图 5-89）

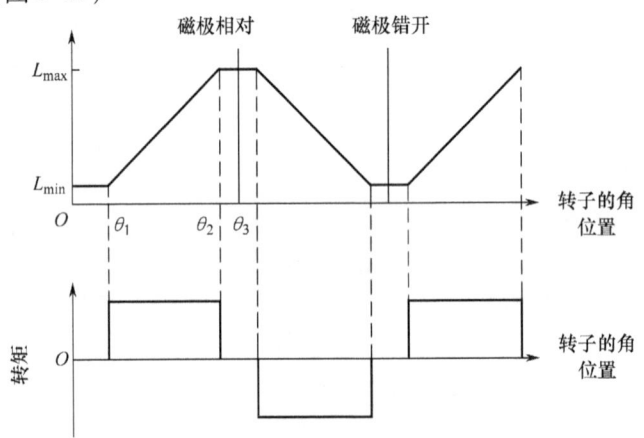

图 5-89 SRM 中转矩随电感变化的工作特性

电机的转矩方向不受电流方向的影响，仅取决于电感随转角的变化。若 $\mathrm{d}L/\mathrm{d}\theta > 0$，则相绕组有电流流过，产生电动转矩；若 $\mathrm{d}L/\mathrm{d}\theta < 0$，则流过电流方向不变而产生制动转矩，

每相只在半极距内产生正转矩，因此易产生转矩波动。因此，通过控制加到电机绕组中电流脉冲的幅值、宽度及其与转子的相对位置，即可控制电机转矩的大小和方向。在转矩方向不变的情况下，平均转矩的调节可通过对电流的调节来实现。电流调节通常有两种方法：在绕组导电期间，进行 PWM 斩波控制；改变绕组的导电角大小。

如图 5-90 所示，SRM 的运行特性可分为 3 个区域：恒转矩区、恒功率区和自然特性区。在恒转矩区，因为电机转速较低，电机反电动势小，所以需对电流进行斩波限幅，这称为电流斩波控制方式。在恒功率区，通过调节主开关管的开通角和关断角取得恒功率特性，称为角度位置控制方式。在自然特性区，电源电压、开关角和关断角均固定，由于自然特性与串励直流电机的特性相似，也称为串励特性区。

3. 开关磁组电机驱动系统的特点

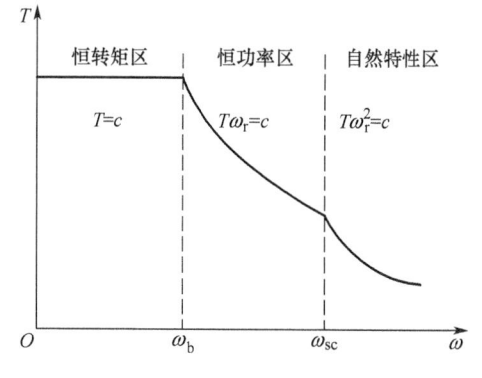

图 5-90　SRM 外特性曲线

（1）优点

1）电机转子无绕组，成本低，无明显的热量产生，延长了轴承寿命，凸极转子转动惯量低，易于调速控制。

2）定子绕组整体嵌装容易、牢固，热耗大部分集中于定子，易于冷却，转子无永磁体，可有较高的最大允许温升。

3）起动电流小，起动转矩大，这一优点在低速运行段同样明显，十分适合需要频繁起动和较长时间低速重载运行的机械。

（2）缺点

1）能量转换密度低于电磁式电机。

2）转矩脉动大，由转矩脉动所导致的噪声及特定频率下的谐振问题也较为突出。

3）相数越多，主接线数也较多，主电路复杂。

5.6　电动汽车的再生制动

电动汽车，是指全部或部分使用电能驱动电机提供动力的汽车。20 世纪末，随着能源和环保问题的日益突出，电动汽车以其清洁无污染、能量效率高及能量来源多样化、结构简单和维修方便等优点成为汽车发展的新热点。再生制动是电动汽车一个鲜明的特点，它将原本被消耗于摩擦制动的能量回收利用，可降低电动汽车的能耗，改善汽车的经济性能。因此，在目前的电动汽车技术研究中，再生制动已成为一种降低能耗、提高续驶里程的重要技术手段。

再生制动又称再生回馈制动，其原理是在制动时将汽车行驶的惯性能量通过传动系统传递给电机，电机以发电方式工作，为动力电池充电，实现制动能量的再生利用。与此同时，产生的电机制动力矩又可通过传动系统对驱动轮施加制动，产生制动力。

传统的燃油汽车在制动时是将汽车的惯性能量通过制动器的摩擦转化成热能散发到周围

环境中去。对于电动汽车而言，因为电机具有可逆性，即电动机在特定的条件下可以转变成发电机运行，所以可以在制动时采用回馈制动的办法，使电机运行在发电状态。通过设计好的电力装置将制动产生的回馈电流充入储能装置中。这样就可以回收一部分可观的惯性能量，提高电动汽车的续驶里程。

一般而言，再生发电系统只能起到限制电机转子速度过高的作用，即不让转子的速度比同步速度高出很多，但无法使其限制到小于同步转速。也就是说，再生发电制动仅仅能起到稳定运行的作用。因此，在考虑设计再生制动发电的几种使用场合时，应全面综合考虑制动、下坡滑行、高速运行和减速运行等多种场合。电动汽车制动能量回馈发电系统原理如图 5-91 所示。

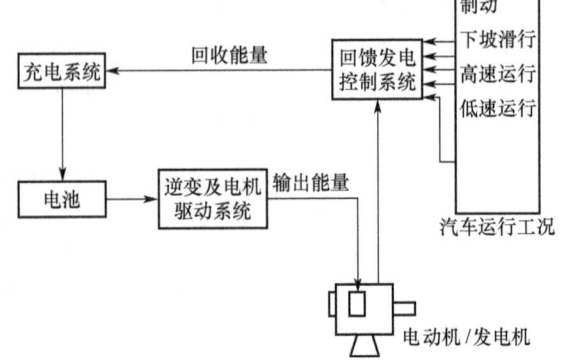

图 5-91 电动汽车制动能量回馈发电系统原理框图

5.7 电动汽车电驱动系统关键部件介绍

5.7.1 功率器件

1. 金属-氧化物-半导体场效应晶体管（功率 MOSFET）

（1）MOSFET 的结构 功率 MOSFET 是用半导体的场效应制作的功率晶体管。半导体的场效应指通过垂直于半导体表面的外加电场，可以控制或改变靠近表面附近薄层内半导体的导电特性。它是由金属、氧化物（SiO_2 或 SiN）及半导体 3 种材料制成的器件。所谓功率 MOSFET（Power MOSFET）是指它能输出较大的工作电流（几安到几百安），用于功率输出级的器件。功率场效应晶体管元件符号如图 5-92b 所示。图 5-92 中 G、D、S 分别代表其栅极、漏极和源极。功率 MOSFET 是最重要的一种功率场效应晶体管，除此之外，还有 MISFET、MESFET、JFET 等几种。功率 MOSFET 为功率集成器件，内含数百乃至上万个相互并联的 MOSFET 单元。为提高其集成度和耐压性，大都采用垂直结构（即 VMOS），如 VVMOS（V 形槽结构）、VUMOS、SIPMOS 等。

图 5-92 所示为典型平面 N 沟道增强型场效应管。它用一块 P 型硅半导体材料作为衬底（图 5-92a），在其面上扩散了两个 N 型区（图 5-92b），再在上面覆盖一层二氧化硅（SiO_2）绝缘层（图 5-92c），最后在 N 区上方用腐蚀的方法做成两个孔，用金属化的方法分别在绝缘层上及两个孔内做成三个电极：G（栅极）、S（源极）及 D（漏极），如图 5-92d 所示。

由图 5-92e 和 d 可知，栅极 G 与漏极 D 及源极 S 是绝缘的，D 与 S 之间有两个 PN 结。一般情况下，衬底与源极在内部连接在一起。

图 5-92e 所示为 N 沟道增强型 MOSFET 的基本结构图。为了改善某些参数的特性，如提高工作电流、提高工作电压、降低导通电阻、提高开关特性等有不同的结构及工艺，构成所谓的 VMOS、DMOS、TMOS 等结构。图 5-93 所示为一种 N 沟道增强型功率 MOSFET 的结

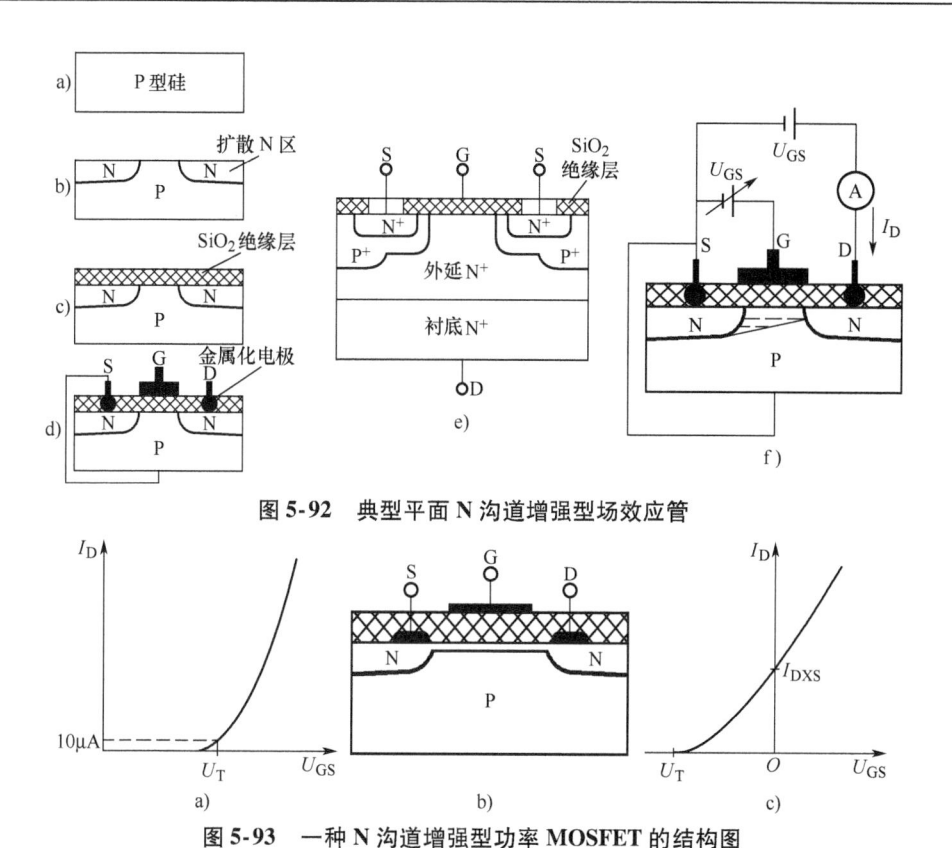

图 5-92 典型平面 N 沟道增强型场效应管

图 5-93 一种 N 沟道增强型功率 MOSFET 的结构图

构图。虽然有不同的结构,但其工作原理是相同的。

要使增强型 N 沟道 MOSFET 工作,就要在 G、S 之间加正电压 U_{GS} 及在 D、S 之间加正电压 U_{DS},则产生正向工作电流 I_D。改变 U_{GS} 的电压可控制工作电流 I_D,如图 5-93a 所示。若先不接 U_{GS}(即 $U_{GS}=0$),在 D 极与 S 极之间加一正电压 U_{DS},则漏极 D 与衬底之间的 PN 结处于反向,漏源之间不能导电。如果在栅极 G 与源极 S 之间加一电压 U_{GS}。此时可以将栅极与衬底看作电容器的两个极板,而氧化物绝缘层作为电容器的介质。当加上 U_{GS} 时,在绝缘层和栅极界面上感应出正电荷,而在绝缘层和 P 型衬底界面上感应出负电荷(图 5-93b)。这层感应的负电荷和 P 型衬底中的多数载流子(空穴)的极性相反,所以称为"反型层",这个反型层有可能将漏极与源极的两 N 型区连接起来形成导电沟道。当 U_{GS} 电压太低时,感应出来的负电荷较少,将被 P 型衬底中的空穴中和,因此在这种情况时,漏源之间仍然无电流 I_D。当 U_{GS} 增加到一定值时,其感应的负电荷把两个分离的 N 区沟通形成 N 沟道,这个临界电压称为开启电压(或称阈值电压、门限电压),用符号 U_T 表示(一般规定在 $I_D=10\mu A$ 时的 U_{GS} 作为 U_T)。当 U_{GS} 继续增大,负电荷增加,导电沟道扩大,电阻降低,I_D 也随之增加,并且呈较好的线性关系,如图 5-93c 所示,此曲线称为转换特性。因此在一定范围内可以认为,改变 U_{GS} 来控制漏源之间的电阻,达到控制 I_D 的作用。

因为这种结构在 $U_{GS}=0$ 时 $I_D=0$,所以被称为增强型 MOSFET。还有一种 MOSFET 在 $U_{GS}=0$ 时也有一定的 I_D(称为 I_{DSS}),被称为耗尽型。它的结构和转移特性如图 5-94a、b 所示,U_P 为夹断电压($I_D=0$)。耗尽型与增强型 MOSFET 的主要区别是在制造 SiO_2 绝缘层中有大量的正离子,使在 P 型衬底的界面上感应出较多的负电荷,即在两个 N 型区中间的 P

型硅内形成一 N 型硅薄层而形成一导电沟道。所以在 $U_{GS}=0$ 时，由于 U_{DS} 的作用也会有一定的 I_D（I_{DSS}）；当 U_{GS} 有电压时（可以是正电压或负电压），改变感应的负电荷数量，从而改变 I_D 的大小。U_p 为 $I_D=0$ 时的 $-U_{GS}$，称为夹断电压。

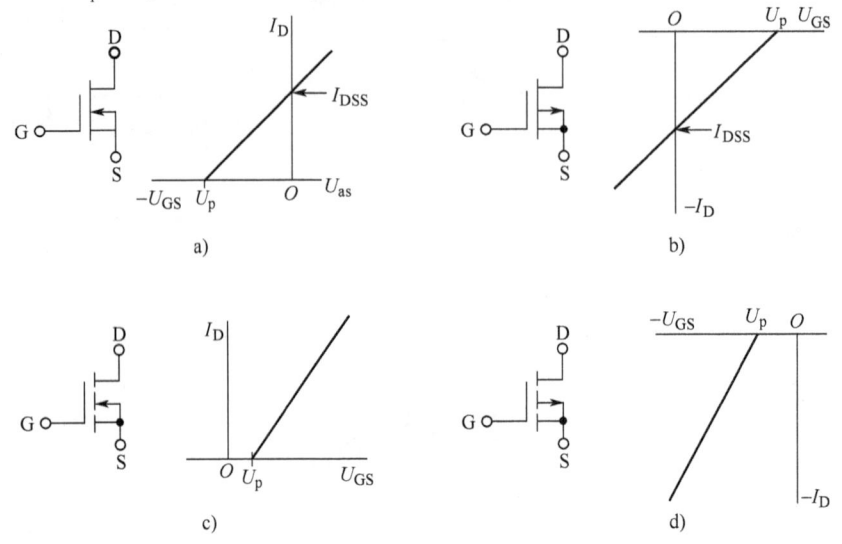

图 5-94　MOSFET 的分类

除了上述采用 P 型硅作为衬底形成 N 型导电沟道的 N 沟道 MOSFET 外，也可用 N 型硅作为衬底形成 P 型导电沟道的 P 沟道 MOSFET。MOSFET 的分类如图 5-94 所示。

耗尽型：N 沟道（图 5-94a）、P 沟道（图 5-94c）；增强型：N 沟道（图 5-94b）、P 沟道（图 5-94d）。

为防止 MOSFET 接电感负载时，在截止瞬间产生感应电压与电源电压之和击穿 MOSFET，一般功率 MOSFET 在漏极与源极之间内接一个快速恢复二极管，如图 5-95 所示。

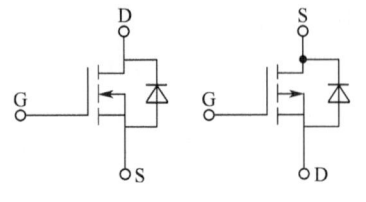

图 5-95　加入快速恢复二极管

（2）MOSFET 的开关特性　在电动汽车的电驱动系统中，MOSFET 的开关特性应用最多。

1）静态特性。MOSFET 管作为开关元件，同样是工作在截止或导通两种状态。因为 MOSFET 管是电压控制元件，所以主要由栅源电压 U_{GS} 决定其工作状态。图 5-96a 所示为由 NMOS 增强型管构成的开关电路。

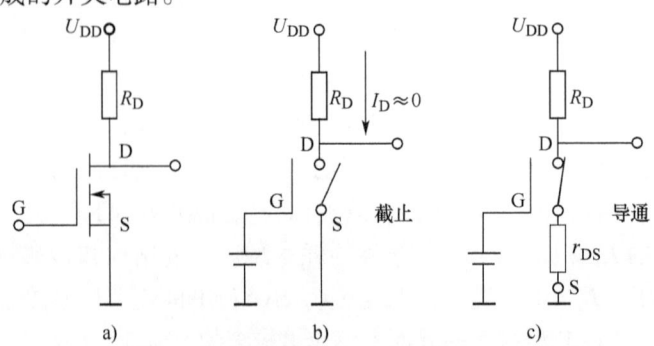

图 5-96　NMOS 管构成的开关电路及其等效电路

MOSFET 管工作特性如下：

① U_{GS} < 开启电压 U_T：MOSFET 管工作在截止区，漏源电流 I_{DS} 基本为 0，输出电压 $U_{DS} \approx U_{DD}$，MOSFET 管处于断开状态，其等效电路如图 5-96b 所示。

② U_{GS} > 开启电压 U_T：MOSFET 管工作在导通区，漏源电流 $I_{DS} = U_{DD}/(R_D + r_{DS})$。其中，$r_{DS}$ 为 MOSFET 管导通时的漏源电阻。输出电压 $U_{DS} = U_{DD}r_{DS}/(R_D + r_{DS})$，如果 $r_{DS} \ll R_D$，则 $U_{DS} \approx 0V$，MOSFET 管处于接通状态，其等效电路如图 5-96c 所示。

2）动态特性。MOSFET 管在导通与截止两种状态发生转换时同样存在过渡过程，但其动态特性主要取决于与电路有关的杂散电容充放电所需的时间，而管子本身导通和截止时电荷积累和消散的时间是很短的。图 5-97a 和 b 分别给出了一个 NMOS 管组成的电路及其动态特性示意图。

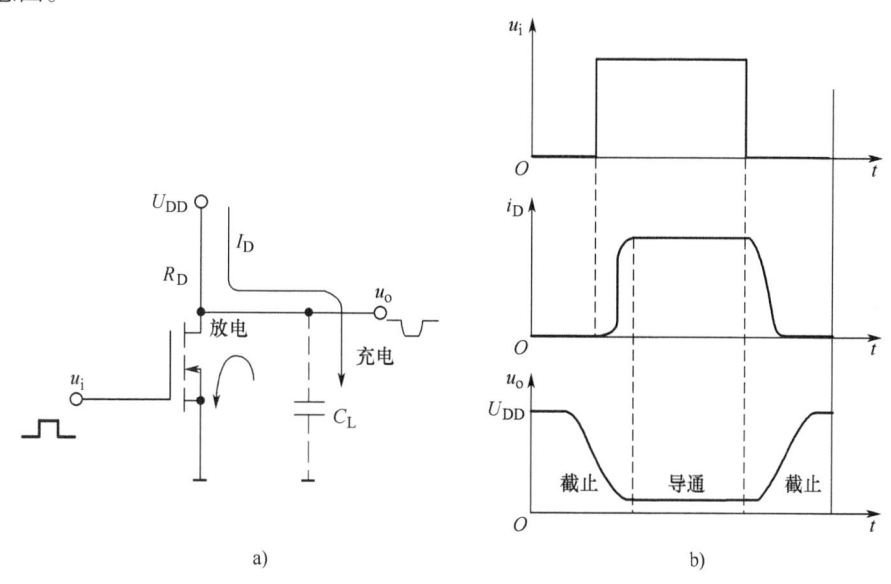

图 5-97 NMOS 管组成的电路及其动态特性

当输入电压 u_i 由高变低，MOSFET 管由导通状态转换为截止状态时，电源 U_{DD} 通过 R_D 向杂散电容 C_L 充电，充电时间常数 $\tau_1 = R_D C_L$。所以，输出电压 u_o 要通过一定延时才由低电平变为高电平；当输入电压 u_i 由低变高，MOSFET 管由截止状态转换为导通状态时，杂散电容 C_L 上的电荷通过 r_{DS} 进行放电，其放电时间常数 $\tau_2 \approx r_{DS} C_L$。由此可见，输出电压 u_o 也要经过一定延时才能转变成低电平。但因为 r_{DS} 比 R_D 小得多，所以由截止到导通的转换时间比由导通到截止的转换时间要短。

因为 MOSFET 管导通时的漏源电阻 r_{DS} 比晶体管的饱和电阻 r_{CES} 要大得多，漏极外接电阻 R_D 也比晶体管集电极电阻 R_C 大，所以，MOSFET 管的充放电时间较长，使 MOSFET 管的开关速度比晶体管的开关速度低。不过在 CMOS 电路中，充电电路和放电电路都是低阻电路，因此其充放电过程都比较快，从而使 CMOS 电路有较高的开关速度。

功率 MOSFET 开关频率很高，栅极输入阻抗高，是电压控制型功率器件，导通呈电阻型，小电流通过时损耗小，故常用在小功率场合。

2. 绝缘栅双极型晶体管（IGBT）

（1）IGBT 的结构　绝缘栅双极型晶体管（Insulated Gate Bipolar Transistor，IGBT）是由

BJT（双极型晶体管）和MOS（绝缘栅型场效应晶体管）组成的复合全控型电压驱动式功率半导体器件，兼有MOSFET高输入阻抗和GTR低导通压降两方面的优点。GTR饱和压降低，载流密度大，但驱动电流较大；MOSFET驱动功率很小，开关速度快，但导通压降大，载流密度小。IGBT综合了以上两种器件的优点，驱动功率小而饱和压降低，非常适合应用于直流电压为600V及以上的变流系统，如交流电机、变频器、开关电源、照明电路、牵引传动等领域。

图5-98所示为一个N沟道增强型绝缘栅双极晶体管结构，它的结构和MOSFET基本相似，不同之处是它在MOSFET集电极的N+耗尽层上加了一个P+层。该器件具有MOSFET的高输入阻抗，但又有类似BJT的导通特性。如果栅极对射极的电压为正，那么在P区就会产生一个N通道。它使PNP晶体管的基极-发射极PN结正向偏置，导致晶体管导通并引起N-区电导率的改变，从而得到远低于MOSFET的导通压降。

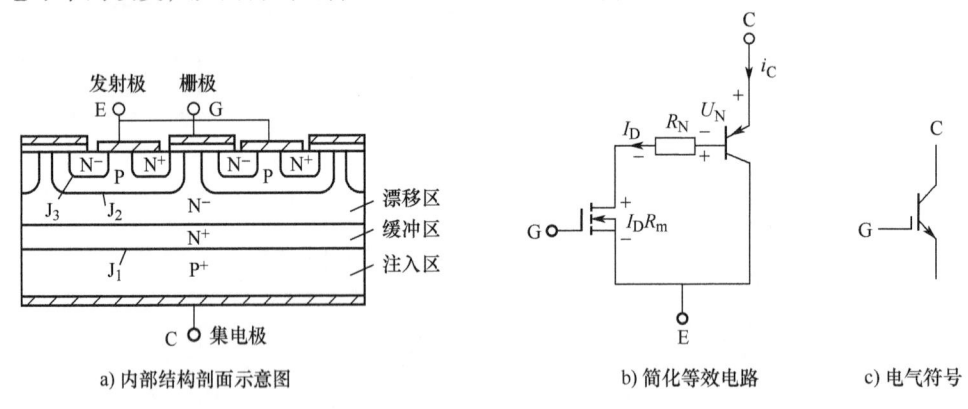

图 5-98 IGBT 的内部结构剖面示意图、简化等效电路、电气符号

IGBT的开关作用是通过加正向栅极电压形成沟道，给NPN晶体管提供基极电流，使IGBT导通。反之，加反向门极电压消除沟道，切断基极电流，使IGBT关断。IGBT的驱动方法和MOSFET基本相同，只需控制输入极N沟道MOSFET即可，因此具有高输入阻抗特性。

（2）IGBT的静态特性　IGBT的静态特性主要包括转移特性和输出特性，如图5-99所示。

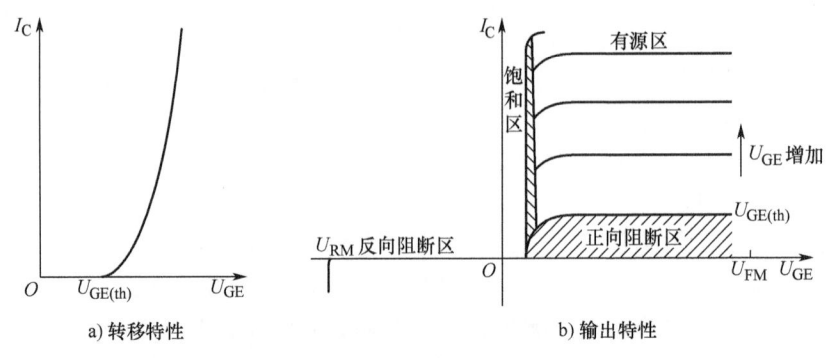

图 5-99 IGBT 的转移特性和输出特性

图 5-99a 所示为 IGBT 的转移特性曲线,它表示输入电压 U_{GE} 与输出电流 I_C 之间的关系。由此图可以看出,当栅-射电压 U_{GE} 小于开启电压 $U_{GE(th)}$ 时,IGBT 处于关断状态。当电压 U_{GE} 接近 $U_{GE(th)}$ 时,集电极开始出现电流 I_C,但很小。当 U_{GE} 大于 $U_{GE(th)}$ 时,在大部分范围内,I_C 与 U_{GE} 呈线性关系变化。因为 U_{GE} 对 I_C 有控制作用,所以最大栅极电压受最大集电极电流 I_{CM} 的限制,其典型值为 15V。

图 5-99b 所示为 IGBT 的输出特性曲线,它表示以 U_{GE} 为参变量时,I_C 与 U_{CE} 之间的关系。此特性与 GTR 的输出特性相似,不同之处是参变量,GTR 为基极电流 I_b,而 IGBT 为栅-射电源 U_{GE}。IGBT 的输出特性分为三个区域:正向阻断区、有源区和饱和区。当 $U_{CE}<0$ 时,器件呈现反向阻断特性,一般只流过微小的反向电流。在电力电子器件电路中,IGBT 工作在开关状态,因此是在正向阻断区和饱和区之间交替转换。

(3) IGBT 的动态特性　IGBT 的动态特性如图 5-100 所示。

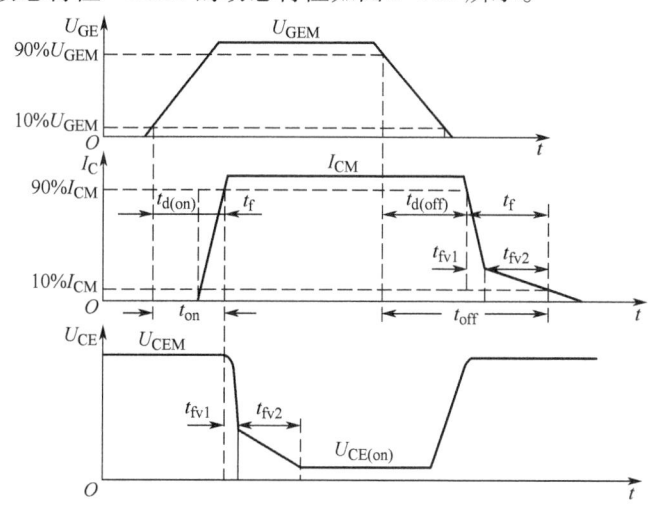

图 5-100　IGBT 的动态特性

IGBT 的开通过程与功率场效应管相似,因为 IGBT 在开通过程中,大部分时间作为 MOSFET 来运行。其开通过程是:从栅极电压 U_{GE} 的前沿上升至其幅值 10% 的时刻开始,到栅源电压达到开启电压 $U_{GE(th)}$、集电极电流 I_C 上升至其幅值 10% 的时刻止,这段时间称为开通延时时间 $t_{d(on)}$。此后,从 10% I_{CM} 开始到 90% I_{CM} 这段时间,称为电流的上升时间 t_r。IGBT 开通时间 t_{on} 为开通延时和电流上升时间之和。

开通时,集射极间电压 U_{CE} 下降的过程:在 IGBT 开通时,首先 IGBT 中的 MOSFET 要有一个电压下降过程,这段时间称为电压下降第一段时间 t_{fv1}。在 MOSFET 电压下降时,致使 IGBT 中的 PNP 晶体管也有一个电压下降过程,此段时间称为电压下降第二段时间 t_{fv2}。U_{CE} 下降时,IGBT 中 MOSFET 的栅漏极电容增大,并且 IGBT 中的 PNP 晶体管需由放大状态转移到饱和状态,因此 t_{fv2} 时间较长。

IGBT 的关断过程:从栅极电压下降沿到其幅值 90% 的时刻起,至集电极电流降到 90% I_{CM} 止,这段时间称为关断延时时间 $t_{d(off)}$。集电极电流从 90% I_{CM} 降至 10% I_{CM} 这段时间,称为电流下降时间 t_f,而两者之和称为关断时间 t_{off}。仔细分析,电流下降时间 t_f 由两部分组成:一部分是 IGBT 内部的 MOSFET 关断过程时间 t_{fi1};另一部分是 IGBT 内部的 PNP 晶体管

关断过程时间 t_{f2}。

当 IGBT 和 MOSFET 都作为功率开关器件时，损耗高低取决于通过其电流大小，功率 MOSFET 通态阻抗一定，其压降随着电流的增大而线性增大；而 IGBT 通态压降基本一定，不因电流变化而明显改变。因此，大电流时，IGBT 的损耗低于 MOSFET。

3. SiC 功率器件

1）SiC（碳化硅）是一种半导体材料，它由硅（Si）和碳（C）构成。SiC 在多个方面超越了硅（Si），例如其绝缘击穿场强是硅的 10 倍，带隙是硅的 3 倍，电压更能达到数十倍。在器件制造过程中，由于碳化硅中碳硅键能高，杂质原子在碳化硅中难以扩散，因此制备碳化硅器件时 PN 结的掺杂只能依靠高温下离子注入的方式实现。从理论上看，对于相同耐压水平的器件而言，SiC 的单位面积漂移层阻抗可以降低到硅（Si）的 1/300。在硅材料中，为了克服伴随高耐压特性引起的导通电阻增加问题，通常采用少数载流子器件，如绝缘栅极双极型晶体管（IGBT）。然而，这些器件存在着开关损耗较大的问题，导致发热严重，限制了 IGBT 的高频驱动能力。与之不同的是，SiC 材料能够通过多数载流子器件，如肖特基势垒二极管和金属氧化物半导体场效应晶体管（MOSFET）实现高耐压特性。因此，SiC 材料在实现高耐压、低导通电阻和高频等三个关键特性上表现出色。SiC-MOSFET 内部晶胞单元沟槽结构如图 5-101 所示。

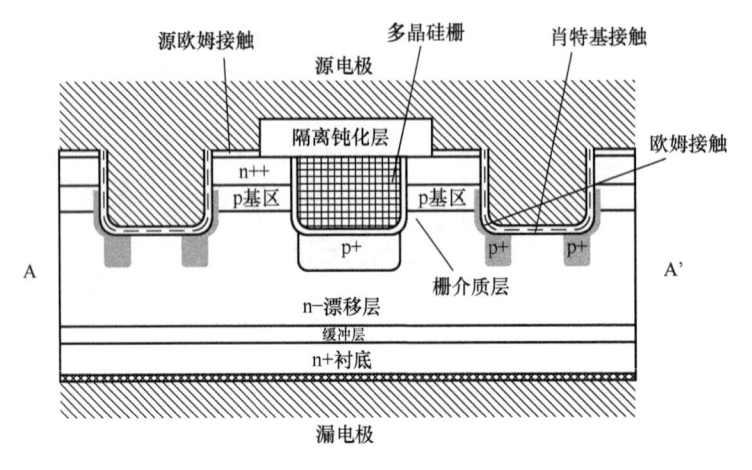

图 5-101 SiC-MOSFET 内部晶胞单元沟槽结构

在硅（Si）材料中，随着器件耐压水平的提高，单位面积的导通电阻也呈现增加趋势。因此，对于较高的电压范围，主要采用 IGBT 这类器件。然而，由于少数载流子的积聚，IGBT 在关断时会产生尾电流，导致较大的关断损耗。

SiC-MOSFET 内部晶胞单元结构主要有两种形式：平面型和沟槽型。相较于平面型，沟槽这种结构将栅极嵌入半导体基体中，形成垂直的沟槽结构。由于需要创造这样的沟槽，制程变得相对复杂，而且在单元一致性和雪崩能量方面不如平面结构。然而，这种结构的独特之处在于它能够增加单元密度，减弱 JFET 效应的出现，并实现沟槽晶面的最佳电子迁移率。相比平面结构，这种设计能够显著降低导通电阻。此外，由于减小了寄生电容，该结构的开关速度更快，且开关损耗非常低。正因如此，新一代半导体器件都在研究和采用这种垂直沟槽结构，以在性能上取得更为显著的优势。

SiC 器件的漂移层阻抗相较于 Si-IGBT 更小，无须进行电导率调制，可以通过 MOSFET 实现高耐压和低阻抗。并且，SiC-MOSFET 在原理上不产生尾电流，因此用 SiC-MOSFET 替代 IGBT 能够显著减少开关损耗，并且实现散热部件的小型化。

此外，SiC-MOSFET 能够在高频条件下工作，这是 IGBT 无法胜任的。因此，SiC-MOSFET 的应用可以实现小型封装的优势。

2）SiC-MOSFET 器件导通电阻特性。导通电阻特性，即 VD-ID 特性、SiC 材料绝缘击穿场强是硅的 10 倍，因此其标准化导通电阻相对更低。SiC 在导通时压降在大电流区域仍低于 IGBT，因此导通损耗仍会降低。而且 SiC 应用于高开关频率场合，因此 SiC 器件总损耗仍低于 IGBT。与此相对比，Si-MOSFET 在高温下导通电阻上升至室温条件下的 2 倍以上（高温通常指 150℃ 以上），SiC 的热导率是 Si 的 3 倍以上，SiC 器件的工作温度可以达到 600℃，而一般的 Si 器件最多能坚持到 150℃，且在高温条件下的导通电阻也保持在较低水平。这使得 SiC-MOSFET 在高温环境下表现更为出色，同时也提供了更宽的工作温度范围。

4. 电容器

电容器通常简称为电容，用字母 C 表示，是一种容纳电荷的元件。电容是电子设备中大量使用的电子元件之一，广泛应用于隔直、耦合、旁路、滤波、调谐、能量转换、控制电路等方面。任何两个彼此绝缘且相隔很近的导体（包括导线）间都会构成一个电容。图 5-102 所示为不同种类的电容。

图 5-102 不同种类的电容

（1）电容的充电特性　使电容带电（储存电荷和电能）的过程称为充电。这时电容的两个极板总是一个极板带正电，另一个极板带等量的负电。把电容的一个极板接电源（如电池组）的正极，另一个极板接电源的负极，两个极板就分别带上了等量的异种电荷。充电后电容的两极板之间就有了电场，充电过程是把从电源获得的电能储存在电容中。

$$U = \frac{\int i\mathrm{d}t}{C}$$

（2）电容的放电特性　使充电后的电容失去电荷（释放电荷和电能）的过程称为放电。例如，用一根导线把电容的两极接通，两极上的电荷互相中和，电容就会放出电荷和电能。放电后电容两极板之间的电场消失，电能转化为其他形式的能。

在一般的电子电路中，常用电容来实现旁路、耦合、滤波、振荡、相移以及波形变换等，这些作用都是其充电和放电功能的演变。

$$i = C\frac{\mathrm{d}U}{\mathrm{d}t}$$

（3）电容的主要特性参数

① 标称电容量和允许偏差。标称电容量是标志在电容上的电容量。电容实际电容量与标称电容量的偏差称为误差，在允许的偏差范围内则称精度。精度等级与允许误差的对应关系：00（01）—±1%；0（02）—±2%；Ⅰ—±5%；Ⅱ—±10%；Ⅲ—±20%；Ⅳ—（+20% -10%）；Ⅴ—（+50% -20%）；Ⅵ—（+50% -30%）。

一般电容常用Ⅰ、Ⅱ、Ⅲ级，电解电容用Ⅳ、Ⅴ、Ⅵ级，根据用途选取。

② 额定电压。在最低环境温度和额定环境温度下可连续加在电容的最高直流电压有效值，一般直接标注在电容外壳上。如果工作电压超过电容的耐压，则电容会被击穿，这是不可修复的永久损坏。

③ 绝缘电阻。直流电压加在电容上，并产生漏电电流，两者之比称为绝缘电阻。

对于陶瓷电容器、薄膜电容，绝缘电阻越大越好；而对于铝电解电容之类，绝缘电阻越小越好。为恰当地评价大容量电容的绝缘情况而引入了时间常数，它等于电容的绝缘电阻与容量的乘积。

④ 损耗。电容在电场作用下，在单位时间内因发热所消耗的能量叫损耗。各类电容都规定了其在某频率范围内的损耗允许值。电容的损耗主要由介质损耗、电导损耗和电容所有金属部分的电阻所引起的。

在直流电场的作用下，电容的损耗以漏导损耗的形式存在，一般较小；在交变电场的作用下，电容的损耗不仅与漏导有关，而且与周期性的极化建立过程有关。

⑤ 频率特性。随着频率的上升，电容的电容量一般呈现下降的规律。

（4）电驱动系统中的预充电路　电容有最高耐压，如果工作电压超过电容的耐压，电容就会被击穿，造成不可修复的永久损坏。因此，需要在电驱动系统中添加预充电路。

5.7.2　转速测量元件

1. 光电码盘式传感器

光电码盘式传感器（图5-103）是一种数字式传感器，可以把输入量转换成数字量输出。这种传感器建立在编码器的基础上，只要编码器保证一定的制作精度，并配合合适的读出部件，就可以达到较高的精度。它的结构简单，测量精度和分辨率高，抗干扰能力强，能避免读标尺和曲线图时产生人为误差，便于计算机处理。

图5-103　光电码盘式传感器

编码器分为增量式编码器和绝对编码器两大类，这里仅讨论绝对编码器。

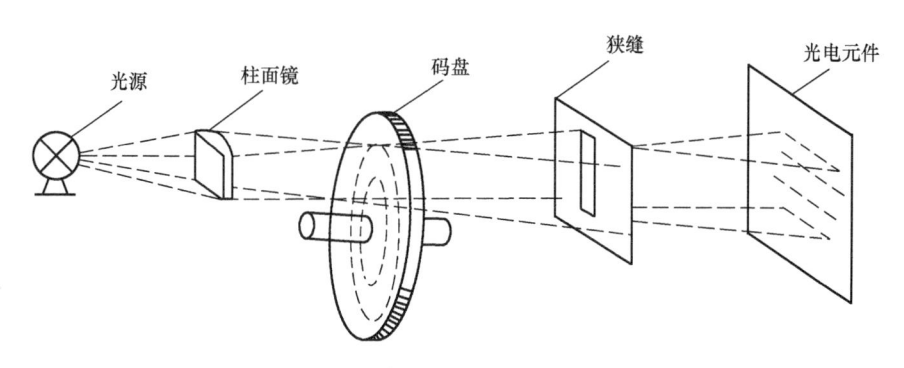

图 5-104 光电码盘式传感器的工作原理

光电码盘式传感器是用光电方法把被测角位移转换成以数字代码形式表示的电信号的转换部件。图 5-104 所示为光电码盘式传感器的工作原理。由光源发出的光线，经柱面镜变成一束平行光或汇聚光，照射到码盘上。码盘由光学玻璃制成，其上刻有许多同心码道，每位码道上都有按一定规律排列着的若干透光和不透光部分，即亮区和暗区。通过亮区的光线经狭缝后，形成一束很窄的光束照射在光电元件上。光电元件的排列与码道一一对应。当有光照射时，对应于亮区和暗区的光电元件的输出相反，如前者为 "1"，后者为 "0"。光电元件的各种信号组合，反映出按一定规律编码的数字量，代表了码盘转角的大小。由此可见，码盘在传感器中是将轴的转角转换成代码输出的主要元件。

2. 旋转变压器

旋转变压器属于电磁式位置检测传感器。它将机械转角变换成与该转角成某一函数关系的电信号。在结构上与绕线式异步电机相似，由定子和转子组成。定子绕组为变压器的一次侧，转子绕组为变压器的二次侧，励磁电压接到定子绕组上。其频率通常为 400Hz、500Hz、1000Hz 和 5000Hz；转子绕组输出感应电压，该电压随被测角位移的变化而变化。它具有结构简单、动作灵敏、工作可靠、对环境要求低、输出信号幅度大、抗干扰能力强和测量精度较低的特点。

（1）旋转变压器的结构　根据转子绕组引出方式的不同，可将旋转变压器分为有刷和无刷两种结构形式。有刷旋转变压器的定子与转子上两相绕组轴线分别互相垂直。转子绕组的端点通过电刷与集电环引出。无刷旋转变压器没有电刷和集电环，其结构如图 5-105 所示。

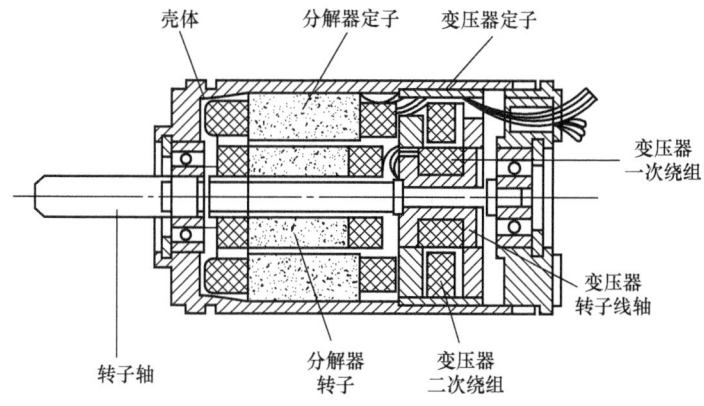

图 5-105 无刷旋转变压器结构

旋转变压器由两大部分组成：一部分为分解器，由转子绕组和定子绕组组成；另一部分为变压器，它的一次绕组与分解器转子轴固定在一个线轴上，与转子一起转动，其二次绕组绕在与转子同心的定子轴线上。工作时，分解器的定子绕组外接励磁电压，转子绕组即耦合出与偏转角相关的感应电压。此信号接在变压器的一次绕组上，经耦合从变压器的二次绕组引出最后的输出信号。

无刷旋转变压器具有输出信号大、可靠性高、寿命长等优点。

（2）旋转变压器的工作原理　旋转变压器是根据互感原理工作的（图5-106）。旋转变压器在结构上保证定子与转子之间的气隙内磁通分布呈正弦规律。因此当定子绕组加上励磁电压时，通过电磁耦合，转子绕组产生感应电动势。其输出电压的大小取决于定子和转子两绕组磁轴在空间的相对位置。若定子和转子绕组匝数之比为 k，两绕组轴线间夹角为 θ，则转子绕组产生的感应电动势为

$$u_2 = ku_1\cos\theta = kU_m\sin\omega t\cos\theta \tag{5-31}$$

只要测出转子绕组输出电压的幅值，即可得出转子相对定子角位移的大小。

实际应用中多使用正、余弦旋转变压器，其定子和转子绕组各有相互垂直的两个绕组，如图5-107所示。其中定子上的两个绕组分别为正弦绕组（励磁电压为 U_{1s}）和余弦绕组（励磁电压为 U_{1c}）。转子绕组中的一个绕组输出电压为 U_2，另一个绕组接高阻抗作为补偿。θ 为转子偏转角。当定子绕组接入不同的励磁电压时，可得到相位和幅值两种工作方式。

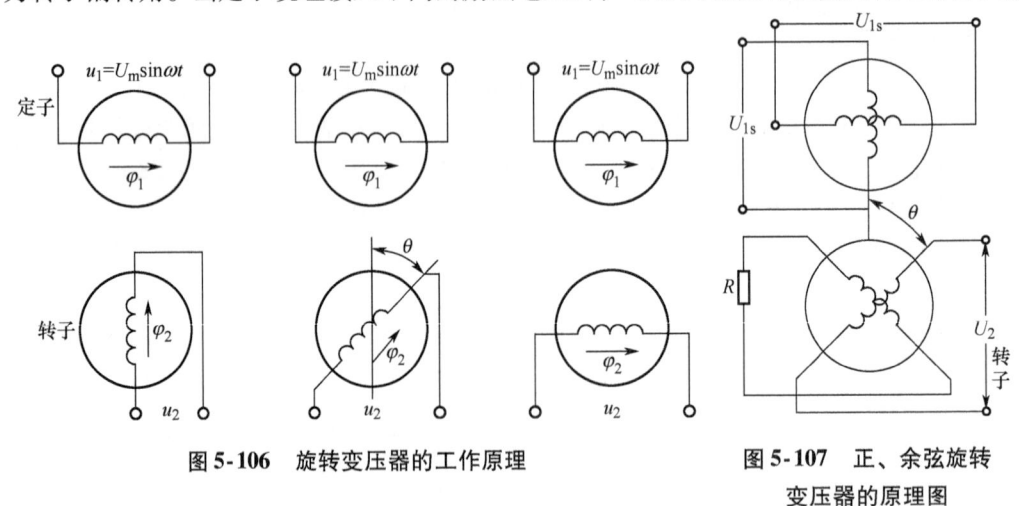

图5-106　旋转变压器的工作原理

图5-107　正、余弦旋转变压器的原理图

1）相位工作方式。给定子上的两个绕组通以相同幅值、相同频率且相位差为90°的交流励磁电压，可得

$$u_{1s} = U_m\sin\omega t$$
$$u_{1c} = U_m\sin(\omega t + \pi/2) = U_m\cos\omega t$$

在转子绕组中的感应电压即为这两个信号电压分别感应的电压的叠加，应用叠加原理，有

$$u_2 = kU_m\cos(\omega t - \theta) \tag{5-32}$$

式中，U_m 为励磁电压幅值；k 为电磁耦合系数；θ 为转子偏转角。

由式（5-32）可见，转子的输出电压 u_2 和转子偏转角 θ 之间有严格的对应关系。因此，

通过检测出转子的输出电压，就可以求得转子的偏转角，也就能得到被测轴的角位移 θ（因为在结构上被测轴与旋转变压器的转子连接在一起）。

2）幅值工作方式。在定子的两个绕组上分别通以频率相同、相位相同、幅值分别为 U_{sm} 和 U_{cm} 的交流励磁电压，有

$$u_{1s} = U_{sm}\sin\omega t$$
$$u_{1c} = U_{cm}\sin\omega t$$

当给定电气角为 α 时，交流励磁电压幅值分别为

$$u_{sm} = U_m\sin\alpha$$
$$u_{cm} = U_m\sin\alpha$$

应用叠加原理，在转子上产生的感应电压 u_2 为

$$u_2 = kU_m\cos(\alpha - \theta)\sin\omega t$$

由以上分析可以看出，转子感应电压的幅值随转子偏转角 θ 的变化而变化，测量出 u_2 的幅值即可求得被测轴的角位移。

图 5-108 所示为旋转变压器的实物图。

图 5-108　旋转变压器的实物图

5.8　电机的冷却形式

在电驱动系统中，电机的运行会散发大量的热量，采用何种方式冷却，关系到各类电动机、发电机、电磁炮等电机类装置的参数选择、结构设计及安全稳定运行等，是机电领域长期以来一直重点探索的课题。具有电磁能转换特点的这一类机电系统，核心部分就是绕组，如电机的定子和转子，电磁炮中的驱动绕组和电枢。绕组由导线和绝缘材料组成，其中导线主要为铜制材料，在长期工作运行中，导线内电阻损耗均转换成热能，引起自身和其他部分的温升。电机中的热源，主要是绕组及铁心中的损耗，其中绕组中的损耗与电流的平方成正比，铁心内部的热量是涡流产生的。为了保证绕组能够在允许温度下长期工作，就必须把损耗的热量排出去，否则绕组长期在过高的温度下工作，会使绝缘材料加速老化，降低其绝缘性能和使用寿命，严重时会使其烧坏，甚至造成重大事故。

为解决这一问题，就必须对这些装置进行冷却，把各部分温升控制在允许的范围内。现

在电机的冷却方式,主要有气体冷却和液体冷却。

1. 气体冷却

空气冷却是气体冷却的一种。空冷就是用流动的空气带走电机产生的热量。一般电机均采用密闭通风,就是将电机空间加以密闭,其中包含一定体积的空气,利用电机转子强迫空气流动,冷空气通过转子绕组,经过定子中的通风沟,吸收电机绕组和铁心等处的热量成为热空气。热空气通过电机四周的空气冷却器,经冷却后重新进入电机内,形成循环冷却。图5-109所示为发电机密闭式冷却系统示意图。

(1) 空气冷却的优点 空气冷却具有结构简单、辅机系统少、费用低廉、安装维护方便和运行可靠等优点。

图5-109 发电机密闭式空气冷却系统

(2) 空气冷却的缺点 由于空气的导热性低等缘故,这种冷却方式也存在明显的不足:绕组内导体散发的热量经过绝缘线或经过铁心向外传导,从而导致绝缘线和铁心温升过高,影响绝缘寿命以及引起铁心应力集中。而且随着电机容量的加大,电磁损耗也相应增大,电机发热量增加,要强化冷却就必须加大通风量,这必然引起通风损耗的增大,而通风损耗(含风摩耗)约占总损耗的40%,这就使得电机的效率降低。

(3) 氢气作为冷却系统传导介质的优越性 在空气冷却暴露出诸多不足的同时,氢气作为冷却系统传导介质,则显示了其优越性。氢气的密度小,纯氢的密度仅为空气的1/14,导热系数为空气的7倍;在同一温度和流速下,放热系数为空气的1.4~1.5倍;在相同气压下,氢气冷却的通风损耗、风摩耗均为空气的1/10,而且通风噪声亦可减小。但是由于电机内的氢气必须维持规定纯度,需要额外设置一套供氢装置,而且氢冷电机安装修理操作程序非常复杂,造成了一定的困难。另外,密封防爆也是氢气冷却电机安全运行的一个突出问题。图5-110所示为全封闭式风冷电机。

图5-110 全封闭式风冷电机

2. 液体冷却

水冷是液体冷却的一种,专用冷却液的比热、导热系数比气体大得多,因此水冷的散热能力较气冷大为提高。

(1) 水冷的优点 专用冷却液作为冷却介质,具有价廉、无毒、不助燃、无爆炸危险等多种优点。采用水冷却技术,使发电机定子绕组损耗产生的热量不再经过铁心,定子铁心的温升由其自身损耗产生,温升大幅度降低。内冷电机由于铁心与机座温差相对较小,铁心热应力较易控制。因此,水冷的冷却效果极为显著,允许承受的电磁负荷比空冷、氢冷都高,提高了材料的利用率。而且水冷方式能有效减小绕组线棒的温差,使整个发电机定子绕组温度分布均匀,可延长绝缘寿命。

(2) 水冷的缺点 和气冷一样,水冷也存在其不可避免的缺点:水的净化程度不够时,易产生结垢及氧化物堵塞冷却水管；整套管路存在着锈蚀、堵塞、渗漏等隐患，继而产生绕组局部过热而烧毁、空心铜导线的腐蚀，直接危及发电机的安全与经济运行；水管接头及各个密封点处，由于承受水压漏水的问题，易造成短路和漏电危险。水冷式电机如图5-111a所示。

油冷也是液体冷却的一种，同水冷系统相似，只是用专用冷却油替代水作为冷却介质。油冷系统也具有较高的热传递。但与冷却水不同，油液具有隔热特性，将油液在电机内循环，电机中的热量生成装置可以得到直接高效的冷却。但是，同水冷系统相同，油冷却同样需要水套、冷却器以及循环泵等，结构更复杂。同时，如果装置允许油液流入转子和定子之间，那么摩擦阻力也会增加。油冷式电机如图5-111b所示。

a) 水冷式电机　　　　b) 油冷式电机

图5-111　水冷式和油冷式电机

3. 电机的结构形式

（1）盘式电机　一般电机的转子和定子是里外套着装的。盘式电机为了更薄而将定子装在平的基板上，转子是盖在定子上的。一般定子是绕组，转子是永磁体或粘有永磁体的圆盘。其实物图如图5-112所示。

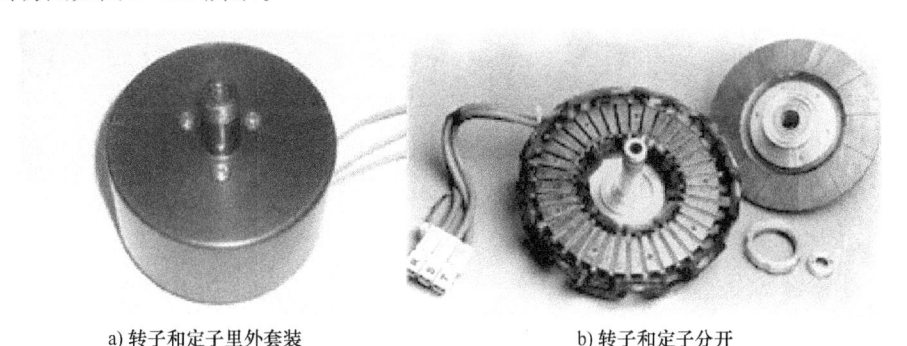

a) 转子和定子里外套装　　　　b) 转子和定子分开

图5-112　盘式电机的转子和定子实物图

（2）轴向磁通电机　感磁线圈沿轴向分布，如图5-113a所示。
（3）径向磁通电机　感磁线圈沿径向分布，如图5-113b所示。

a) 轴向磁通电机线圈　　　　　　　　b) 径向磁通电机线圈

图 5-113　电机线圈

5.9　典型的电动汽车电驱动系统结构

1. Tesla 公司的交流感应电动机

交流感应电动机与直流电机相比，具有效率高、结构简单、坚实可靠、免维护、体积小、重量轻、易于冷却、寿命长等许多优点。感应电机本身比直流电机成本低，只是其逆变器比直流电机控制器成本高，但随着功率电子技术的不断进步，两者的成本差距越来越接近。从目前来看，交流感应电机系统总成本要比直流电机驱动系统高，但由于其重量轻、效率高及能有效地实现再生制动，因而在电动汽车上使用的运营成本要比使用直流电机驱动系统时低，尤其在大功率电动汽车中更有广泛的应用。图 5-114 所示为 Tesla 公司的一款交流感应电动机。

产品型号：Tesla Model S/Model X

性能参数

冷却形式：风冷

额定电压：400V

最大功率：193kW

最大转矩：660N·m

最高转速：18000r/min

电机质量：52kg

功率密度：3.71kW/kg（基于功率 193kW）

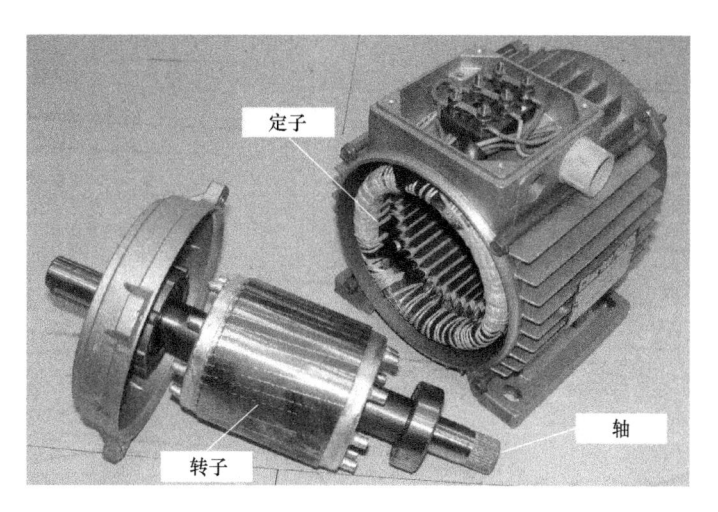

图 5-114　Tesla 公司的交流感应电机

2. 比亚迪公司的永磁同步电动机

永磁同步电动机由于效率高、功率密度高、可靠性高、噪声振动低，是目前车用驱动电机市场的主流类型，广泛应用于 Tesla Model3、比亚迪、丰田 Prius、宝马 i3 等乘用车和奔驰、MAN、宇通等商用车。图 5-115 所示为比亚迪公司的永磁同步电动机。

图 5-115　比亚迪公司的永磁同步电动机

性能参数

冷却形式：油冷

额定电压：720V

最大功率：180kW

最大转矩：330N·m

最高转速：14000r/min

电机质量：54kg

功率密度：3.33kW/kg（基于功率 180kW）

3. AEM 公司的开关磁阻电机

开关磁阻电动机调速系统是同步磁阻电动机系统中的一种。由于它在性能和结构上具有一系列的特点，如启动和低速运行时转矩大电流小、具有串级电机机械特性、系统高效区宽、电动机结构简单坚固、特别适用于高速、功率电路可靠性高等，十分适合电动车辆使用。因此，该系统的诞生和发展始终与电动车辆相伴。英国 AEM（Advanced Electric Machines）公司研发出多种规格的车用开关磁阻电机，图 5-116 所示为电动汽车用开关磁组电机。

产品型号：HDSRM300
性能参数
冷却形式：水冷
额定电压：700V
最大功率：214kW
最大转矩：380N·m
最高转速：30000r/min
电机质量：75kg
功率密度：2.85kW/kg（基于功率214kW）

图 5-116 英国 AEM 公司开关磁阻电机

习 题

一、填空题

1. 电动汽车驱动系统对于电机有以下要求：（　　　　　　　　　　　）。
2. 工作特性是异步电机的重要特性。转速特性和转矩特性关系到电机与机械负载匹配的（　　　）；定子电流特性可以表明电机的（　　　），关系到电机运行的（　　　）；效率特性和功率因数特性关系到电机运行的（　　　）。
3. 目前最常见的基于 d-q 轴矢量控制的调速方法有（　　　　　）和（　　　　　）。
4. 开关磁阻电机传动系统主要由 4 部分组成：（　　　）、（　　　）、（　　　）和（　　　）。
5. 碳化硅材料在实现（　　　）、（　　　）、（　　　）等关键特性上表现出色。

二、选择题

1. 下列不属于电动汽车的运行模式的是（　　）。
   A. 前进　　B. 制动　　C. 停车　　D. 加速
2. 三相异步电机的气隙一般为 0.25~（　　）mm。
   A. 1　　B. 2　　C. 3　　D. 4
3. SPWM 三相逆变器主电路由（　　）个全控式功率开关器件构成三相逆变桥。
   A. 4　　B. 5　　C. 6　　D. 7
4. 下列不属于永磁电机转子基本结构的是（　　）。
   A. 凸装式　　B. 嵌入式　　C. 内埋式　　D. 外埋式
5. SiC 在多个方面超越了 Si，例如其绝缘击穿场强是 Si 的（　　）倍。
   A. 8　　B. 9　　C. 10　　D. 11

三、判断题

1. 对于交流感应电机，当定子旋转磁场旋转时，转子导体产生的感应电流与电动势同向。转子载流导体在磁场中又受到电磁力的作用并形成电磁转矩 T，其方向与旋转磁场同向。如果此转矩足够大，则转子在其作用下将逆着旋转磁场方向旋转。（　　）

2. 三相异步感应电机可以工作于两种运动状态，即电动运转状态和制动运转状态。（　　）

3. FOC 是基于矢量坐标变换理论而提出的开环控制思路，使三相电机机械特性的调节过程实现了类似于 DC 电机磁场/转矩解耦控制的效果。（　　）

4. 变极调速是通过改变定子绕组连接方式以改变磁极对数，进而改变气隙中同步磁场转速以实现电机转子调速的变速方法。（　　）

5. 开关磁组电机驱动系统的能量转换密度高于电磁式电机。（　　）

四、简答题

1. 电机驱动系统具有哪些特点？
2. 结合直流电机驱动，分析如何通过系统控制满足电动汽车的使用要求？
3. 基于 SPWM 技术驱动工作的逆变器具有哪些特征？
4. 扁线电机与传统电机相比，具有哪些优势？
5. 简述交流感应电机矢量控制的基本过程。

五、思考题

在三电系统取代发动机和变速器成为一辆汽车的"心脏"之后，电控环节的逆变器也就随之成为一个重要零部件。它的价值在于，将直流电转换为交流电的过程中，为应用系统"降本+增效"：碳化硅作为第三代半导体材料，适合制作高温、高频、抗辐射及大功率器件，相比硅基 IGBT 功率转换效率更高（ST 测算为 3.4%，小鹏测算为 3%~4%），电动汽车续驶里程可延长 5%~10%，即在同样续驶里程的情况下可削减电池容量，降低电池成本；碳化硅的高频特性可使逆变器线圈、电容小型化，电驱尺寸可大幅减少，可降低噪声、减少电机铁损，被视为新能源汽车领域的理想材料。在汽车市场，特斯拉在 2018 年推出的第四款车型 Model 3 中，将主逆变器由传统的硅基 IGBT 替换为意法半导体（ST）公司生产的 SiC MOSFET 功率模块。特斯拉之后，比亚迪、蔚来、小鹏、华为等众多车企、供应商纷纷将碳化硅装车。但碳化硅也有掣肘，如成本、产能等。

想一想：

1. 电动汽车对电机驱动系统的特性要求有哪些？
2. 请查阅资料，试分析未来电驱动系统节能增效的发展方向？SiC 在新能源汽车功率模块的优势在哪里？电驱动系统在效率提升方面的关键技术和问题有哪些？
3. 除了提升效率，新能源车辆电驱动系统还有哪些关键技术？未来主流的发展和研究方向有哪些？

六、实践题：SVPWM（空间矢量脉宽调制）仿真实现

1. 目的

本实验旨在通过仿真平台实现空间矢量脉宽调制（Space Vector Pulse Width Modulation，SVPWM）算法，以深入理解 SVPWM 的工作原理及其在电机控制中的应用。通过仿真实验，

学生能够掌握 SVPWM 的基本原理、算法实现步骤以及参数调整对系统性能的影响，为后续电机控制系统的设计和优化打下基础。

2. 背景说明

SVPWM 是一种高性能的脉宽调制技术，广泛应用于电机控制领域。相较于传统的正弦脉宽调制（SPWM），SVPWM 具有更高的电压利用率、更低的谐波含量以及更优化的控制性能。随着电力电子技术和电机控制理论的不断发展，SVPWM 已成为现代电机控制系统中的关键技术之一。因此，本实验通过仿真实现 SVPWM 算法，帮助学生深入理解 SVPWM 的工作原理和应用。

3. 要求

（1）SVPWM 算法实现：学生需根据 SVPWM 的基本原理，在 MATLAB 仿真平台上编写相应的算法程序。程序应能够根据输入的调制比和扇区信息，计算出相应的开关序列和占空比，并生成相应的 PWM 波形。

（2）仿真模型搭建：搭建一个包含电机、逆变器以及 SVPWM 控制器的仿真模型。模型应能够模拟电机在不同工况下的运行状态，并通过 SVPWM 控制器实现对电机的精确控制。

（3）实验结果分析：对仿真实验结果进行分析，包括 PWM 波形的正确性、电机运行状态的稳定性以及控制性能的优化等。学生还须通过调整 SVPWM 控制器的参数，观察参数变化对系统性能的影响，并给出相应的分析和结论。最后，撰写实验报告，详细记录实验过程、实验结果以及分析结论。

第 6 章

电动汽车的车载能量源系统

动力电池是各种电动汽车的主要能量载体和动力来源，也是电动汽车整车成本的主要组成部分。电池的历史可以追溯到一个半世纪前。1859 年，法国科学家普兰特（Plante）发明的铅酸电池是世界上第一个可充电的电池。1889—1901 年，瑞典的杨格纳（Jungner）和美国的爱迪生（Edison）先后研制成功了镍铁电池和镍镉电池。这些电池在实际应用中都经历了数次结构、工艺、材料方面的改进，性能得到大幅度的提高。随着 20 世纪 80 年代镍氢电池（全称为金属氢化物镍电池）的问世以及 90 年代锂离子电池的出现，电池的性能和寿命有了长足进步。同时，电池从研制成功到规模化生产的周期也大大缩短。材料和电池制造技术的进步为电动汽车产业的快速发展提供了支撑。锂离子电池具有比能量高、自放电低、寿命长等优点，是目前最具实用价值的电动汽车电池，在纯电动汽车、混合动力汽车和燃料电池汽车上均得到了广泛应用。

电池的基本组成为电池单体，多个电池单体串并联组成动力电池组。图 6-1 所示为锂离子电池的基本原理。锂离子电池实际上是一种锂离子浓差电池，正负电极由两种不同的锂离子嵌入化合物组成。充电时，Li^+ 从正极脱嵌经过电解质嵌入负极，负极处于富锂态，正极处于贫锂态，同时电子的补偿电荷从外电路供给到碳负极，保证负极的电荷平衡。放电时则相反，Li^+ 从负极脱嵌，经过电解质嵌入正极，正极处于富锂态。在正常充放电的情况下，锂离子在层状结构的碳材料和层状结构氧化物的层间嵌入和脱出，一般只引起层面间距变化，不破坏晶体结构。在充放电过程中，负极材料的化学结构基本不变。因此，从充放电反应的可逆性看，锂离子电池反应是一种理想的可逆反应。图 6-2 所示为电动汽车常用动力电池的性能比较。

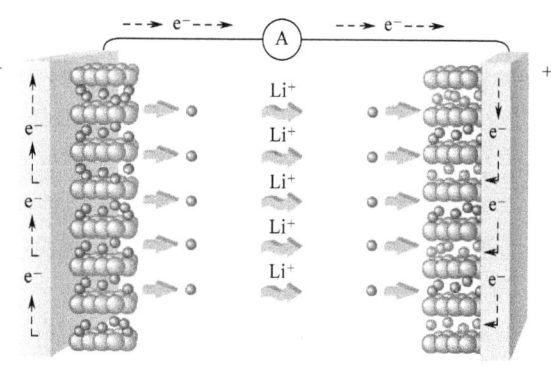

图 6-1 锂离子电池的工作原理

锂离子电池是一种理想的汽车动力源，虽然其新产品不断出现，性能不断提高，技术不断进步，但仍不能完全满足电动汽车的使用要求，其存在问题可归纳如下：

（1）能量密度低　电池质量能量密度和体积能量密度都很低，当前锂离子电池质量能量密度有望达 250～300W·h/kg，而汽油则为 10000～12000W·h/kg。一辆小汽车携带

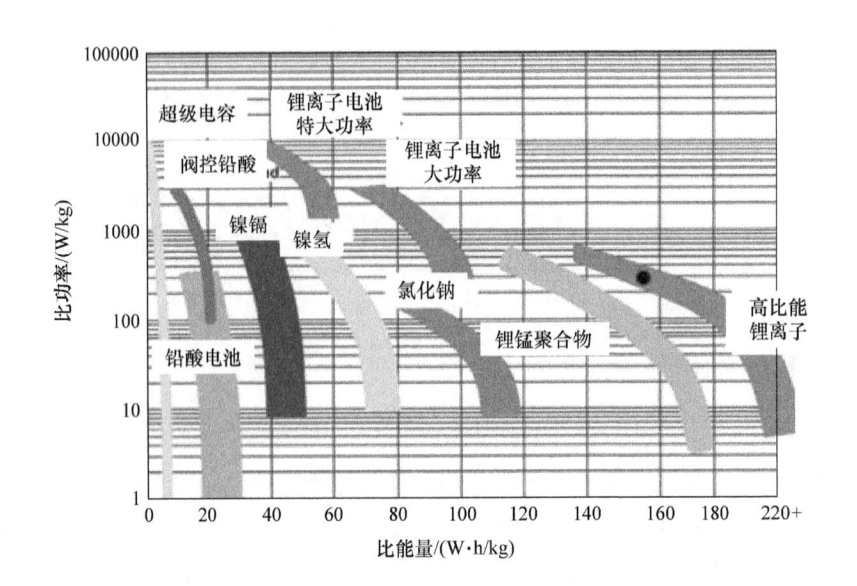

图 6-2 电动汽车常用动力电池的性能

50kg 的汽油可以行驶 600km 以上，而同类型的电动汽车携带 400kg（30.4kW·h）的锂离子电池一次充电只能行驶 260km 以内。由于电池的能量密度低，汽车不得不携带大量的电池。如比亚迪公司研制的纯电动汽车比亚迪汉 EV，整车整备质量为 1940kg，采用的磷酸铁锂电池组重量约为 350kg，整车整备质量与电池重量的比例约为 50:9。

（2）快速充电接受能力差，充电时间长　从目前电池的充电接受能力以及智能充电设备来看，还很难做到像内燃机汽车加油那样快速地为电动汽车电池组充电。目前锂离子电池为了安全及保障电池使用寿命，推荐使用小于 $0.5C$ 的电流充电，这样为全放电的电池充满电需要约 2h。考虑到目前锂离子电池的充电接受能力，即使采用比较快速的 $1C$ 恒流充电，也需要 1h 以上。充电时间长是电动汽车推广应用的另一个难题。

（3）电池价格昂贵　虽然当前锂离子电池的价格有显著下降，单体电池的价格最低 1~1.2 元/W·h，但是对于一辆小轿车而言，电池系统价格仍在 4 万元以上。如果采用相对便宜的铅酸电池，则一辆轻型电动客车所需的电池组价格近 2 万元，但一次充电却只能行驶不到 100km。使用锂离子电池的电动汽车，虽然一次充电续驶里程比铅酸电池大大提高，但目前价格仍比铅酸电池高出许多倍。

（4）汽车附件的使用受到限制　由于电动汽车中电池所能携带的电能有限，不得不对电能的使用慎重考虑。车用电动辅助系统（如空调、动力转向、制动系统等）的选用必须充分考虑到对电动汽车电能消耗的影响。

随着技术的发展，电池性能已经取得长足进步，上述问题对电动汽车发展的制约程度在不断降低。在能源与环保压力的推动下，电池技术还将继续进步和发展，有关问题也有望得到根本解决。

6.1 电动汽车动力电池的种类及原理

6.1.1 电动汽车用动力电池分类

根据动力电池容量的大小和输出功率的能力，动力电池可以分为能量型动力电池、功率型动力电池、能量/功率兼顾型动力电池。

(1) 能量型动力电池　能量型动力电池通常具有比较大的容量，能够为用电设备提供比较持久的能源供给，常用于纯电动汽车、中度或重度混合动力电动汽车。这种电池总能量在整车的能源配置中占有较大的比例，常常超过10kW。这样不仅可以部分吸收车辆制动回馈的能量，而且可以提高车辆纯电动模式运行时的续驶里程，降低污染物的总排放量。

(2) 功率型动力电池　功率型动力电池的容量通常比较小，可以为用电设备提供瞬间大电流供电，主要用于电动工具、轻度混合动力电动汽车。其在电动汽车中主要用于吸收制动回馈的能量，同时为车辆起动、加速工况提供瞬间的额外能量。

(3) 能量/功率兼顾型动力电池　能量/功率兼顾型动力电池能量密度高，同时要求电池在低SOC时有大功率输出，在高SOC时有大功率输入，即要求电池具有高能量、大功率兼顾的特性，主要用于插电式混合动力汽车。

由于不同种类电动汽车的构型和工作模式不同，对动力电池的要求应结合不同的车型，下面分别予以说明。

1. 纯电动汽车对电池的工作要求

纯电动汽车行驶完全依赖电池的能量，电池容量越大，可以实现的续驶里程越长，但电池的体积、重量也越大。纯电动汽车要根据设计目标、道路情况和行驶工况的不同来选配电池。具体要求归纳如下：

1) 电池组要有足够的能量和容量，以保证典型的连续放电不超过$1C$，典型峰值放电一般不超过$3C$；如果电动汽车具有回馈制动功能，电池组必须能够接受高达$5C$的脉冲电流充电。

2) 电池要能够实现深度放电（如80%）而不影响其寿命，在必要时能实现满负荷甚至全负荷放电。

3) 需要安装电池管理系统和热管理系统，以显示电池组的剩余电量和实现温度控制。

4) 由于动力电池组体积和质量大，电池箱的设计、电池的空间布置和安装问题都需要认真研究。

2. 混合动力汽车对电池的工作要求

与纯电动汽车相比，混合动力汽车对电池的容量要求有所降低，但要求为整车实时提供足够的瞬时功率，即要实现"小电池提供大电流"。

由于混合动力汽车构型的不同，串联式和并联式混合动力汽车对电池的要求也有差别。

1) 串联式混合动力汽车完全由电机驱动，发动机-发电机总成与电池组一起为电机提供需要的电能，电池SOC处于较高的水平，对电池的要求与纯电动汽车相似，但容量要小一些。

2）并联式混合动力汽车发动机和电机都可直接为车轮提供驱动力，整车的驾驶需求可以由不同的动力组合来满足。动力电池的容量可以更小，但是电池组瞬时提供的功率要满足汽车加速或爬坡要求，电池的最大放电电流有时可能高达 $20C$ 以上。

在不同构型的混合动力汽车上，由于工作环境、汽车构型、工作模式存在巨大差异，对混合动力汽车用动力电池提出统一的要求是比较困难的，但一些典型的、共性的要求可以归纳如下。

1）电池的峰值功率要大，能短时大功率充放电。
2）循环寿命要长，达到 1000 次以上的深度放电循环和 40 万次以上的浅度放电循环。
3）电池的 SOC 应尽可能保持在 50%~85% 的范围内。
4）需要配备电池管理系统和热管理系统。

3. 插电式混合动力汽车（PHEV）对电池的工作要求

PHEV 对动力电池的要求应兼顾纯电动和混合动力两种模式。图 6-3 所示为 PHEV 的工作模式。PHEV 在设计上既要实现在城市里以纯电动汽车模式行驶，又要实现在高速公路上以混合动力模式行驶。PHEV 期望纯电动工作模式的行驶里程能够达到几十千米，而且期望电池在低 SOC 时也能提供很高的功率。

图 6-4 表示了 PHEV、EV 和 HEV 对电池要求在功率密度和能量密度上的差别。从成本角度来讲，由于电池成本高，PHEV 的售价会比传统汽车和无纯电动里程的混合动力汽车高。可见，PHEV 对电池的要求是非常高的。

图 6-3 PHEV 的工作模式

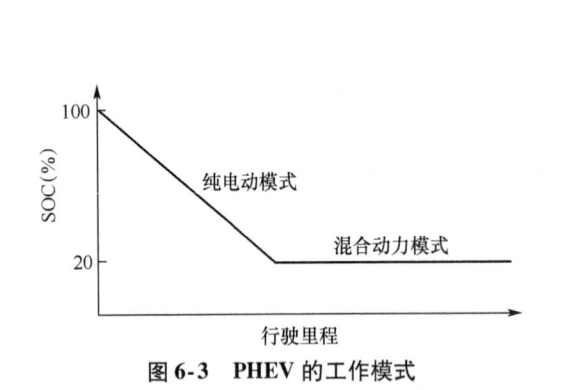

图 6-4 PHEV、EV 和 HEV 对电池要求的差别

6.1.2 常用二次电池比较

镍镉电池、镍氢电池、铅酸电池和锂离子电池都被用于电动汽车和电动工具中。这四类电池的主要性能比较见表 6-1。

扫码观看：动力电池发展历程

表 6-1 锂离子电池与其他二次电池的比较

名称	铅酸电池	镍氢电池	镍镉电池	锂离子电池
工作电压	2.0V	1.2V	1.2V	3.2~3.7V
能量密度	小于 30W·h/kg	60~80W·h/kg	50W·h/kg	100~250W·h/kg

(续)

名称	铅酸电池	镍氢电池	镍镉电池	锂离子电池
循环寿命	300 次左右	500 次左右	500 次左右	大于 1000 次
记忆效应	无	有	有	无
优点	可靠性好、技术成熟、价格低	可快速充电，高功率放电；能量密度较高，循环寿命较长	可快速充电，价格便宜，循环寿命较长	可快速充电，高功率放电，能量密度高，循环寿命长
缺点	不可快速充电，能量密度低，体积大，寿命短，对环境污染大	具有一定的记忆效应，价格较高，充放电效率差	有记忆效应，能量密度低，对环境有污染	价格较高，在发生强烈碰撞或是温度过高等情形下，稳定性差
行业生命周期	成熟期后期	成熟期	衰退期	步入成熟期

铅酸电池是一种常见的电池类型，它是以铅及其氧化物作为电极材料，以硫酸溶液作为电解质的电池。自 1859 年问世以来，已有 100 多年的发展历史，其技术成熟、可靠性好、价格便宜，广泛应用于内燃机汽车的起动动力源，是最成熟的车用蓄电池。但由于其能量密度低、体积和质量大以及循环寿命短的缺陷制约其在电动汽车上的应用。单体铅酸电池一般由正极板、负极板、硫酸、隔板、槽（壳体）和密封盖组成，铅酸电池通过极板与溶液的电化学反应实现充放电过程。铅酸电池有多种改进方案，如免维护铅酸电池和阀控密封式铅酸电池，其中免维护铅酸电池最大的特点就是"免维护"，这种电池的电解液消耗非常小，在循环寿命内基本不需要补充蒸馏水，它还具有耐振、耐高温、体积小、自放电小的特点，相较于普通铅酸电池，具有更长的使用寿命，但其售价也更高；阀控密封式铅酸电池的特点是使用期间不需加酸加水，电池为密封结构，不会漏酸，也不会排酸雾，当电池内部气体超过一定阈值时，排气阀自动打开，并在排气完成后自动关闭以防止空气进入电池内部。

镍氢电池是 20 世纪 90 年代发展起来的一种新型电池，它的正极主要由镍制成，负极活性物质主要由储氢合金组成，是一种碱性蓄电池。镍氢电池具有高比能量、高功率、可大倍率放电和循环充放电等优点，被誉为"绿色能源"，但其成本高、自放电率较高且具有一定记忆效应，距离全面投入生产制造还有一定距离。世界各发达国家均在加紧研制此产品技术，并实现产业化，如日本三洋电机株式会社、松下 EV 电池公司、美国 Cobasys 公司、德国 Varta 公司和法国 Salt 公司等均已取得相当进展。我国镍氢电池技术正趋于成熟，如中科院上海微系统与信息技术研究所、北京有色总院、中山电池公司、湖南神州科技、鞍山三普等单位均从不同角度入手抓紧研制，已取得很大进展。镍氢电池按形状可分为圆柱形、方形电池等，其中圆柱形镍氢电池内部主要由正极板、负极板、正极集电体、负极集电体、正极接线柱（内藏排气阀）、负极接线柱（电池壳）、绝缘膜等部分组成。当镍氢电池过充电时，壳内的气体压力逐渐上升，该压力达到一定数值后，正极接线柱内藏的排气阀打开，这样可以避免镍氢电池内部压力过大而爆炸。

从能量密度、循环寿命、电压平台以及无记忆效应等方面可见，锂离子电池较其他两类电池具有明显的优势。随着技术的发展，锂离子电池越来越普及，可用于军事、纯电动汽车和航空航天应用。下面将重点介绍锂离子电池。

6.1.3 锂离子电池

锂离子电池是1990年由日本索尼公司首先推向市场的新型高能电池，是目前世界最新一代的充电电池。与其他蓄电池比较，锂离子电池具有电压高、比能量高、充放电寿命长、无记忆效应、无污染、快速充电、自放电率低、工作温度范围宽和安全可靠等优点，已成为未来电动汽车较为理想的动力电源。相比于镍氢电池，混合动力汽车采用锂离子电池，可使电池组的质量下降40%～50%，体积减小20%～30%，能源效率也有一定程度的提高。

目前世界范围内动力电池研发和产业化的三个集中区域分别位于德国、美国和中日韩所在的东亚地区，而锂离子动力电池的生产目前主要集中在中日韩三个国家。随着动力电池产能规模的扩大、成本的急剧降低和性能的大幅度提高，许多汽车生产厂家开始投入使用锂离子电池。全球主要国家已有20余家企业进行锂离子电池研发，如富士重工、NEC、东芝等。中国锂离子电池行业正在占据世界领先地位。国务院发布的《节能与新能源汽车产业发展规划（2021—2035年）》，重点提升动力电池的产业能力。当前，我国动力锂电池的市场集中度较高。2021—2022年，龙头企业市场占有率CR3保持在70%以上，CR5保持在80%左右，CR10保持在10%以上，我国动力锂电池行业较为成熟，行业格局已经形成，市场集中度较高。2022年，宁德时代、比亚迪、中创新航、国轩高科、欣旺达、孚能科技全球市场占有率合计达60.4%。我国主要动力电池企业近两年的装机量和未来规划见表6-2。

表6-2 我国主要动力电池企业近两年的装机量和未来规划 （单位：$GW \cdot h$）

企业名称	2022年装机量	2023年上半年	2025年规划
宁德时代	191.6	66.03	670
比亚迪	70.4	45.41	600
中创新航	20	12.56	360
国轩高科	14.1	6.05	300
欣旺达	9.2	3.74	138
孚能科技	7.4	1.87	150

锂离子电池的工作原理及特点如下：

1. 工作原理

锂离子电池正极材料采用锂化合物 $LiCoO_2$、$LiNiO_2$、$LiMn_2O_4$ 和三元材料的 $Li(NiCoMn)O_2$，负极采用锂-碳层间化合物 Li_xC_6，电解液为有机溶液。

典型的电池体系为

$$(-)C|LiPF_6 - EC + DEC|LiCoO_2(+)$$

图6-5所示为锂离子电池的工作原理。电池在充电时，锂离子从正极材料的晶格中脱出，通过电解液和隔膜嵌入负极中；放电时，锂离子从负极脱出，通过电解液和隔膜嵌入正极材料晶格中。在整个充放电过程中，锂离子往返于正负极之间。

以 $LiCoO_2$ 为正极材料，石墨为负极材料的锂离子电池，正负极的电化学反应为

$$LiCoO_2 \longrightarrow Li_{1-x}CoO_2 + xLi^+ + xe^-$$

$$6C + xLi^+ + xe^- \longrightarrow Li_xC_6$$

总反应为

$$LiCoO_2 + 6C \longrightarrow Li_{1-x}CoO_2 + Li_xC_6$$

锂离子电池只涉及锂离子而不涉及金属锂的充放电过程，从根本上解决了由于锂枝晶的产生而带来的电池循环性和安全性的问题。

2. 特点分析

（1）优点　锂离子电池的优点主要表现如下：

1）工作电压高。锂离子电池工作电压为 3.6V，是镍氢电池和镍镉电池工作电压的 3 倍。

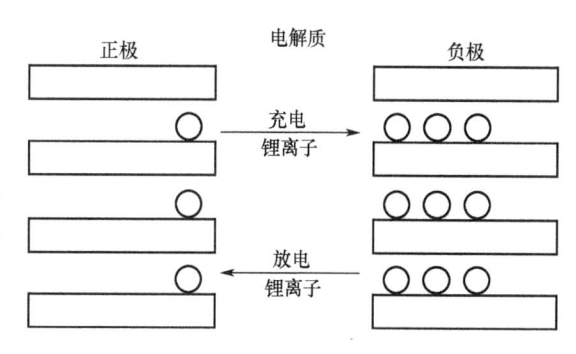

图 6-5　锂离子电池的工作原理

2）比能量高。锂离子电池的比能量已达到 250W·h/kg，是镍镉电池的 3 倍、镍氢电池的 1.5 倍。固态锂离子电池更是有望突破 500W·h/kg。

3）循环寿命长。目前锂离子电池循环寿命已超过 3000 次，在低放电深度下可达几万次，超过了其他几种二次电池。

4）自放电率低。锂离子电池月自放电率仅为 2%～5%，远低于镍镉电池（25%～30%）和镍氢电池（15%～20%）。

5）无记忆性。可以根据要求随时充电，而不会降低电池的性能。

6）对环境无污染。锂离子电池中不存在有害物质，是名副其实的"绿色电池"。

7）能够制造成任意形状。

（2）缺点　锂离子电池也有一些不足，主要表现在以下几个方面：

1）成本高。正极材料 $LiCoO_2$ 的价格高，但按单位瓦时的价格来计算，已经低于镍氢电池，与镍镉电池持平，但高于铅酸电池。

2）必须有特殊的保护电路，以防止过充。

3. 结构

按照外形形状，锂离子电池可以分为方形和圆柱形。

锂离子电池由正极、负极、隔膜、电解液（图中未画出）和安全阀等组成。圆柱形锂离子电池的结构如图 6-6 所示。

（1）正极　正极物质在锰酸锂离子电池中以锰酸锂为主要原料，在磷酸铁锂离子电池中以磷酸铁锂为主要原料，在镍钴锂离子电池中以镍钴锂为主要材料，在镍钴锰锂离子电池中以镍钴锰锂为主要材料。在正极活性物质中再加入导电剂、树脂黏合剂，

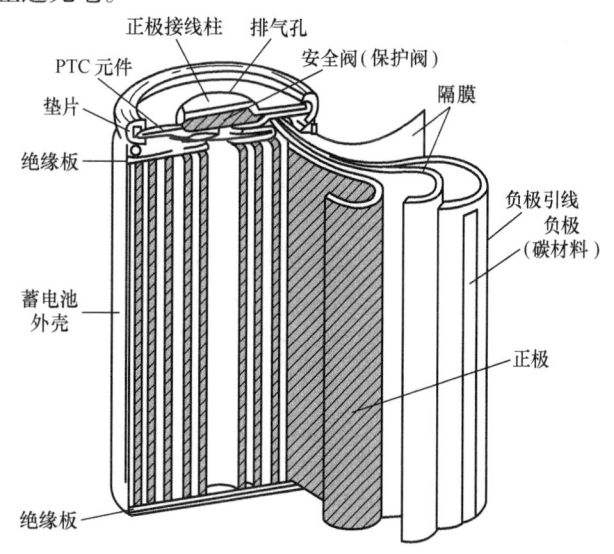

图 6-6　圆柱形锂离子电池

并涂覆在铝基体上，呈细薄层分布。

（2）负极　负极活性物质由碳材料与黏合剂的混合物再加上有机溶剂调和制成糊状，并涂覆在铜基上，呈薄层状分布。

（3）隔板　隔板的功能是关闭或阻断通道，一般使用聚乙烯或聚丙烯材料的微多孔膜。所谓的关闭或阻断功能，是在电池出现异常温度上升时，阻塞或阻断作为离子通道的细孔，使电池停止充放电反应。隔板可以有效防止因外部短路等引起的过大电流而使电池产生异常发热现象。这种现象只要产生一次，电池就不能再正常使用。

（4）电解液　电解液是以混合溶剂为主体的有机电解液。为了使电解液主要成分——锂盐溶解，必须采用具有高电容率且与锂离子相容性好的溶剂，即不阻碍离子移动的低黏度的有机溶液为宜。而且在锂离子电池的工作温度范围内，必须呈液态，凝固点低，沸点高。电解液对于活性物质具有化学稳定性，必须良好适应充放电反应过程中发生的剧烈的氧化还原反应。又由于使用单一溶剂很难满足上述严酷条件，电解液一般混合不同性质的几种溶剂使用。

（5）安全阀　为了保证锂离子电池的使用安全性，一般通过对外部电路的控制或者在蓄电池内部设有异常电流切断的安全装置。即使这样，在使用过程中也有可能因其他原因引起电池内压异常上升。这时，安全阀释放气体，以防止蓄电池破裂。安全阀实际上是一次性非修复式的破裂膜，一旦进入工作状态，就会保护电池使其停止工作，因此是电池的最后保护手段。

方形锂离子电池的结构如图6-7所示，与圆柱形锂离子电池一样，方形电池的盖子上也有一种特殊加工的破裂阀，以防止电池内压过高而可能出现的安全问题。这种阀一旦打开，电池即失效。同样，方形锂离子电池的极片也是卷绕起来的，它完全不同于方形MH-Ni或Cd-Ni电池的叠片结构。与圆柱形电池不同，方形电池的正极柱是一种金属-陶瓷或金属-玻璃绝缘子，它实现了正极与壳体之间的绝缘。

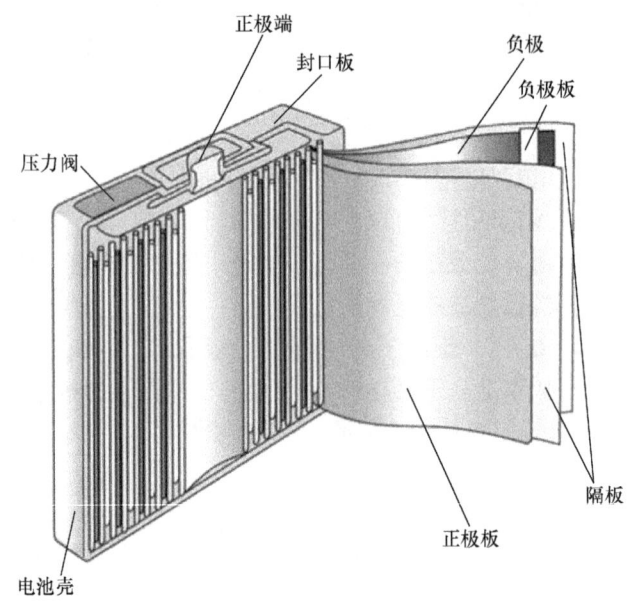

图6-7　方形锂离子电池的结构

4. 典型的几种锂离子电池

锂离子电池内部主要由正极、负极、电解质及隔膜组成。正、负极及电解质材料及工艺上的差异使电池有不同的性能，并且有不同的名称。目前市场上的锂离子电池正极材料主要是氧化钴锂（$LiCoO_2$），另外还有少数采用氧化锰锂（$LiMn_2O_4$）及氧化镍锂（$LiNiO_2$）的，一般将采用后两种正极材料的锂离子电池称为"锂锰电池"及"锂镍电池"。磷酸铁锂电池是用磷酸铁锂（$LiFePO_4$）材料做电池正极的锂离子电池，它是锂离子电池家族的新成员。下面主要介绍钴酸锂电池、锰酸锂电池、磷酸铁锂电池以及镍钴锰酸锂三元材料电池的工作原理、特点以及放电特性。

（1）钴酸锂电池　目前用量最大、使用最普遍的锂离子电池是钴酸锂电池，其结构稳定，比容量高，综合性能突出，但是其安全性差，成本非常高，主要用于中小型号电芯，标称电压为3.7V。其理论容量为274mA·h/g，实际容量为140mA·h/g左右，也有报道实际容量已达155mA·h/g。

1) 钴酸锂电池的工作原理。图6-8所示为钴酸锂电池的工作原理。实验证明，钴酸锂（$LiCoO_2$）电池在正常充电结束后（即充电至截止电压4.2V左右），$LiCoO_2$正极材料中的Li还有剩余。此时若发生过充电等异常情况，$LiCoO_2$正极材料中的Li^+将会继续脱嵌，游向负极，而此时负极材料中能容纳Li^+的位置已被填满，故Li^+只能以金属的形式在其表面析出，聚结成锂枝晶，埋下了使电池内部短路的安全隐患。

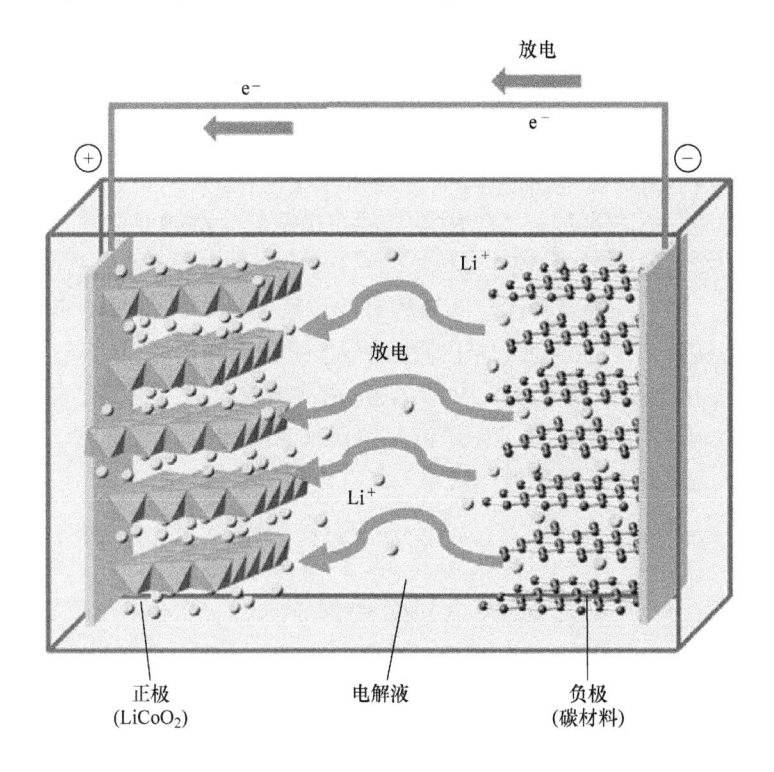

图6-8　钴酸锂电池的充放电示意图

其充电反应式为

$$LiCoO_2 \longrightarrow 0.5Li + Li_{0.5}CoO_2$$

2) 钴酸锂电池的特点：

① 主要优点：工作电压较高（平均工作电压为3.7V），充放电电压平稳，适合大电流充放电，比能量高，循环性能好，电导率高，生产工艺简单，容易制备等。

② 主要缺点：价格昂贵，抗过充电性较差，循环性能有待进一步提高。

3) 钴酸锂电池的放电特性及寿命。图6-9a所示为钴酸锂电池在不同放电率时的放电特性曲线。最小的放电率是$0.5C$，最大的放电率是$20C$。5种不同的放电率形成对比组成一组放电曲线。随着放电倍率的增加，放电初期电压下降速度加快且不平稳。

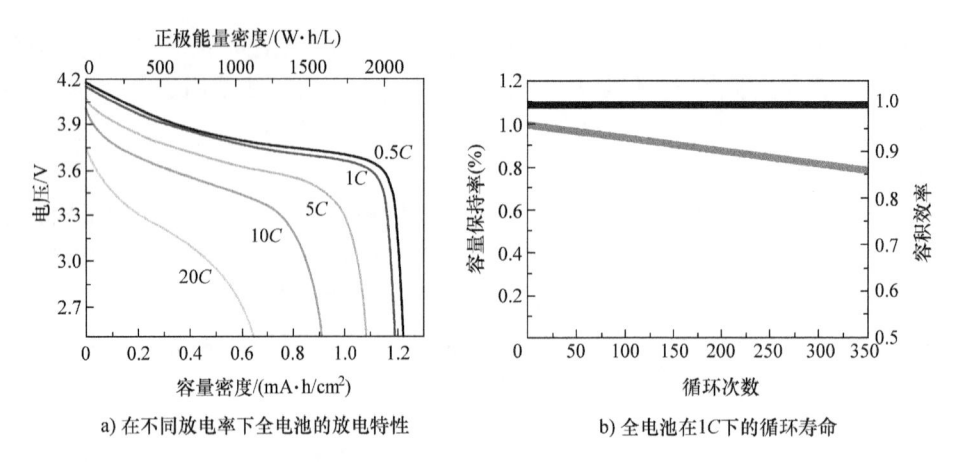

图6-9 钴酸锂电池放电特性曲线

a) 在不同放电率下全电池的放电特性
b) 全电池在1C下的循环寿命

图6-9b所示为钴酸锂电池全电池循环曲线图。由图可知电池的循环性能比较好,当其经过350周后,电池容量保持率还很高,大约在87%。

(2) 锰酸锂电池 合成性能好、结构稳定的正极材料锰酸锂是锂离子电池电极材料的关键。锰酸锂是较有前景的锂离子正极材料之一,但其较差的循环性能及电化学稳定性却大大限制了其产业化,掺杂是提高其性能的一种有效方法。掺杂有强M-O键、较强八面体稳定性及离子半径与锰离子相近的金属离子,能显著改善其循环性能。

1) 锰酸锂电池的工作原理。图6-10所示为锰酸锂电池的工作原理。电池在充电时,锂离子从正极材料的晶格中脱出,通过电解液和隔膜嵌入负极中;放电时,锂离子从负极脱出,通过电解液和隔膜嵌入正极材料晶格中。其电极反应式为

正极:$\quad Li_{1-x}Mn_2O_4 + xLi^+ + xe^- = LiMn_2O_4$

负极:$\quad Li_xC = C + xLi^+ + xe^-$

电池:$\quad Li_{1-x}Mn_2O_4 + Li_xC = LiMn_2O_4 + C$

图6-10 锰酸锂电池的工作原理

2）锰酸锂电池的主要性能。表 6-3 所示为某款编号为 SPIM 14245190 的锰酸锂电池的主要性能参数。

表 6-3 锰酸锂电池的主要性能参数

额定容量	35A·h	脉冲输入功率	1800W/kg（50% SOC, 10s）
额定电压	3.7V	脉冲输出功率	2700W/kg（50% SOC, 10s）
充电截止电压	4.2V	循环寿命（20℃左右）	≥1800 次（剩余70%额定容量）
放电截止电压	3.0V		
能量密度	≥140W·h/kg, ≥220W·h/L	工作环境温度	充电：0~40℃ 放电：-20~55℃
最大充电电流	140A		
最大放电电流	280A	储存环境要求	温度：-10~45℃（推荐为0~35℃）

3）锰酸锂电池的特点：

① 优点：安全性略好于镍钴锰酸锂三元材料；电压平台高，$1C$ 放电中值电压为 3.80V 左右，$4C$ 放电平台在 3.7V 左右；电池低温性能优越；对环境友好；成本低。

② 缺点：电池高温循环性能差；极片压实密度低于三元材料，只能达到 3.0g/cm^3 左右；锰酸锂电池比容量低，一般只有 105mA·h/g 左右；循环性能比三元材料差。

4）锰酸锂电池的放电特性及寿命。图 6-11 所示为 SPIM14245190 锰酸锂离子电池在不同放电倍率时的放电特性曲线。最小的放电倍率是 $1C$，最大的放电倍率是 $4C$。随着放电倍率的增加，放电初期电压下降速率加快，放电平台电压下降，同时放电时间缩短，这是因为随着放电电流的增加，电池欧姆压降升高。图 6-12 所示为锰酸锂离子电池在 $4C$ 放电时的循环寿命曲线图。

由图 6-11 和图 6-12 可知，SPIM14245190 锰酸锂离子电池的放电容量与循环次数紧密相关。随着当前电池生产工艺和技术提高，不同倍率的充放电容量和库伦效率的差异已经不是特别显著。

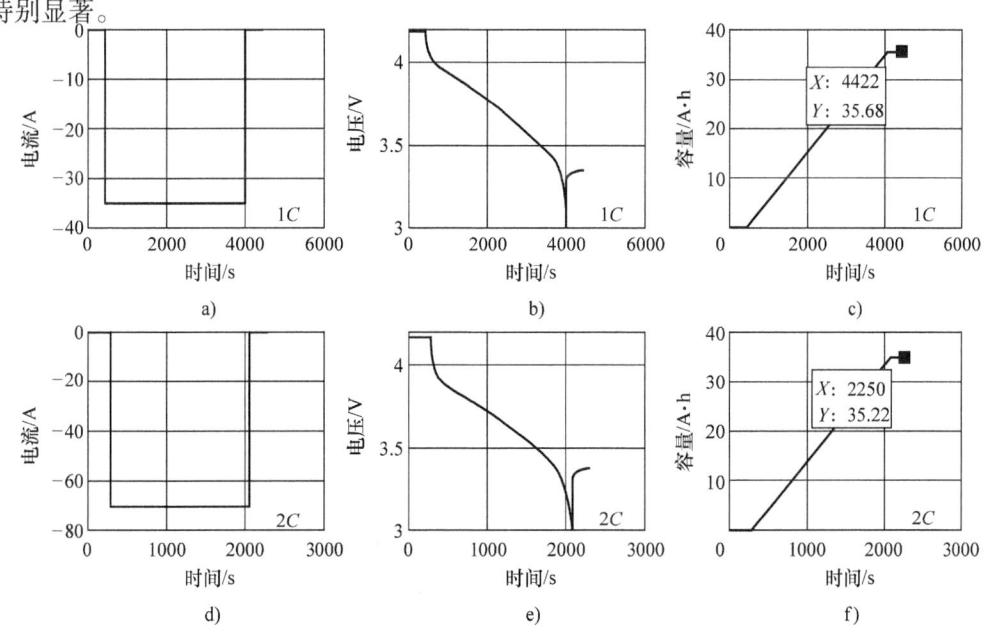

图 6-11 锰酸锂体系电池不同倍率放电过程下的电流、电压和容量

图 6-11 锰酸锂体系电池不同倍率放电过程下的电流、电压和容量（续）

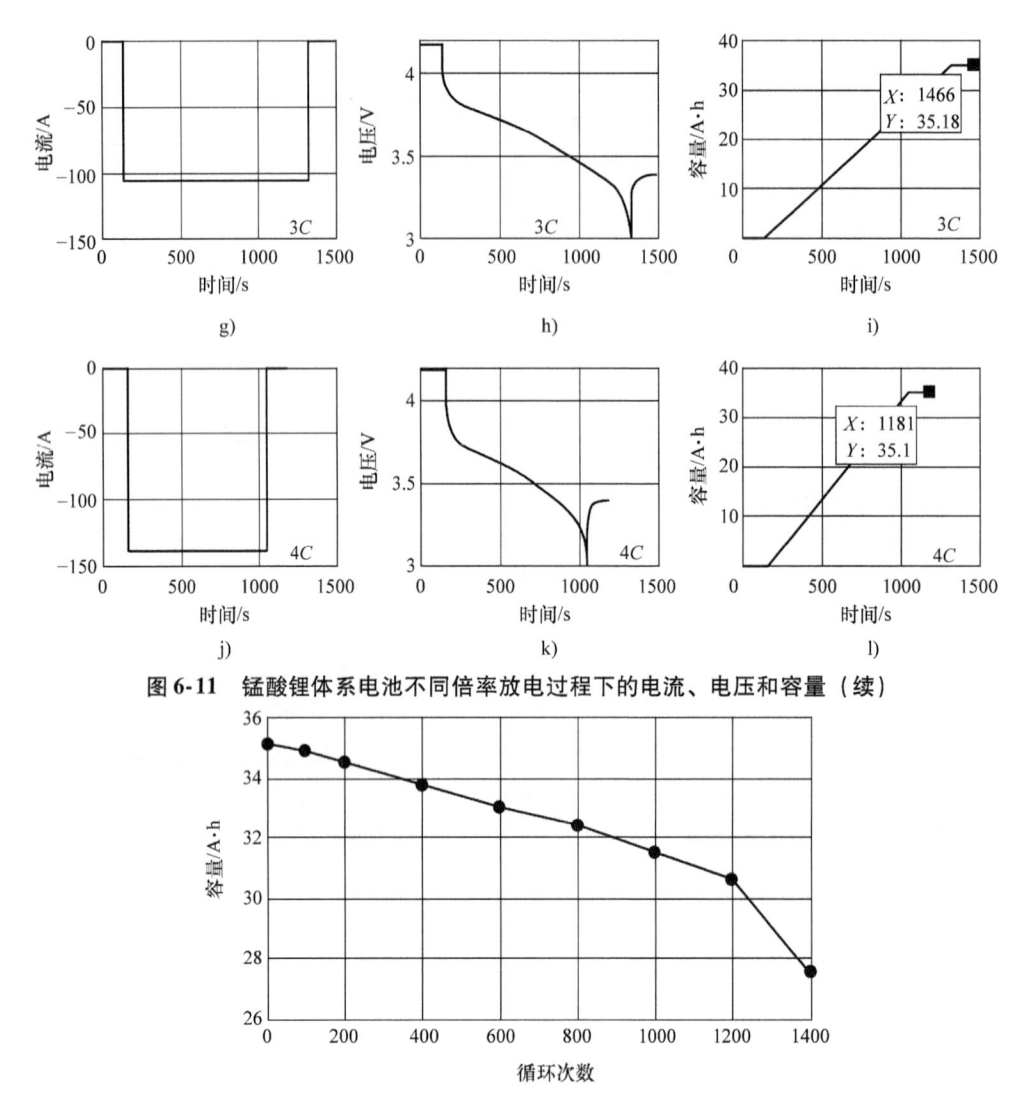

图 6-12 锰酸锂体系电池 4C 循环寿命

图 6-13 所示为锰酸锂离子电池在不同温度下 1C 放电的测试曲线图。其温度范围为 -10~45℃。图 6-13 表明，在低温（-10℃）放电时有一个明显的低头，直接影响电池在低温下的放电性能，低温容量衰退速率和容量值较 10℃ 以上差异明显。此外，相比于 25℃，高温 45℃ 下的容量衰退速率较快；相比于 4C 倍率，1C 条件电池具有更长久的循环寿命，即耐久性更好。因此，将动力电池控制在合适的工作温度和充放电倍率是很重要的。

（3）磷酸铁锂电池　磷酸铁锂电池的全称是磷酸铁锂锂离子电池，由于它的性能特别适于动力方面的应用，故在名称中加入"动力"两字，即磷酸铁锂动力电池，也有人把它称为"锂铁（LiFe）动力电池"。

1）磷酸铁锂电池的结构与工作原理。磷酸铁锂电池的内部结构如图 6-14 所示。右边是橄榄石结构的磷酸铁锂（$LiFePO_4$）作为电池的正极，由铝箔与电池正极连接，中间是聚合物的隔膜，它把正极与负极隔开，但锂离子 Li^+ 可以通过而电子 e^- 不能通过；左边是由碳

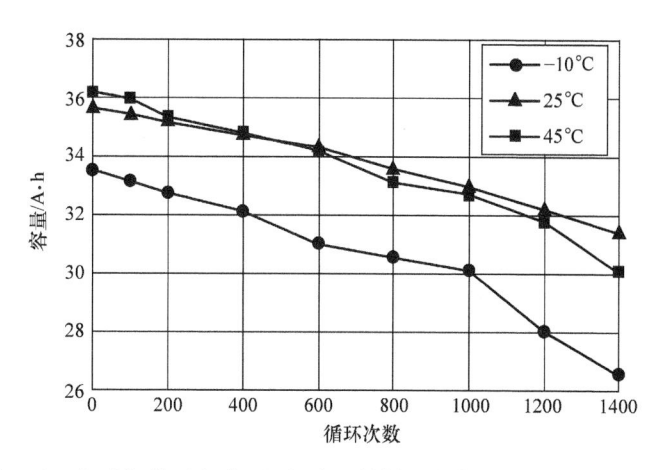

图 6-13 锰酸锂体系电池不同温度下的循环寿命曲线（1C 放电倍率）

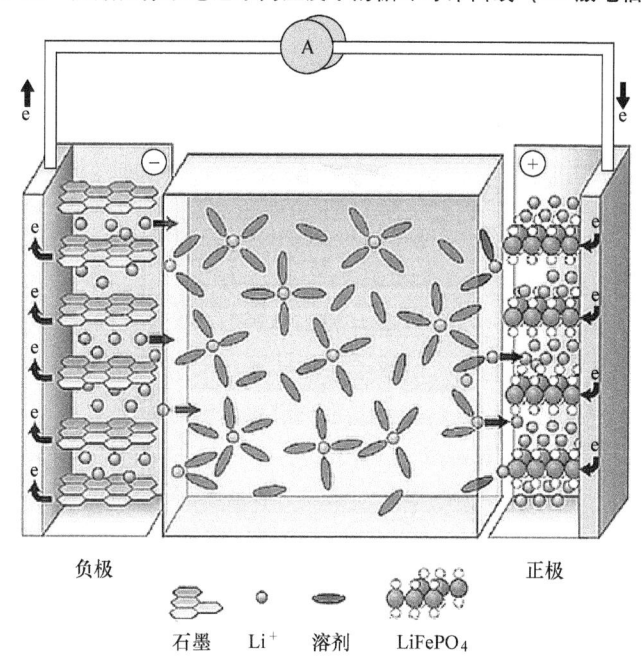

图 6-14 LiFePO$_4$ 电池的内部结构

（石墨）组成的电池负极，由铜箔与电池的负极连接。电池的上下端之间是电池的电解质，电池由金属外壳密闭封装。

2）磷酸铁锂电池主要性能。磷酸铁锂电池的标称电压是 3.2V，终止充电电压是 3.6V，终止放电电压是 2.0V。由于各个生产厂家采用的正、负极材料及电解质材料的质量及工艺不同，其性能上会有些差异。例如，同一种型号（同一种封装）的标准电池，其电池的容量有较大差别（10% ~ 20%）。

磷酸铁锂电池的容量有较大差别，可以分成 3 类：小型电池的容量为零点几到几毫安，中型的几十毫安，大型的几百毫安。不同类型电池的同类参数也有一些差异。这里介绍一种目前应用较广的小型标准圆柱形封装的磷酸铁锂电池的参数。其外廓尺寸：直径为 18mm，高 650mm（型号为 18650），其参数性能见表 6-4。

表 6-4 小型标准圆柱形封装的磷酸铁锂动力电池的参数

性能参数	参数值	性能参数	参数值
典型容量/A·h	1.5, 2	一般充电电流/C	0.2~0.5
标称电压/V	3.2	最大放电电流/C	5~10
终止充电电压/V	3.6±0.05	一般放电电流/C	0.5~1
终止放电电压/V	2.0	工作温度范围/℃	充电：0~45
内阻/mΩ	30~80		放电：-20~60
最大充电电流/C	1~1.5		

3) 磷酸铁锂电池的特点：

① 高效率输出：标准放电为 $2\sim5C$，连续高电流放电可达 $10C$，瞬间脉冲放电（10s）可达 $20C$。

② 高温时性能良好：外部温度为 65℃ 时，内部温度则高达 95℃，电池放电结束时温度可达 160℃，电池的结构安全、完好。

③ 即使电池内部或外部受到伤害，电池也不会燃烧或爆炸，安全性最好。

④ 循环寿命极好，经 500 次循环，其放电容量仍大于 95%。

⑤ 过放电到 0V 也不会损坏。

⑥ 可快速充电。

⑦ 成本低。

⑧ 对环境无污染。

4) 典型的放电特性及寿命。一种型号为 LP2714897 的磷酸铁锂动力电池（容量为 20A·h，当前容量为 16A·h）在不同放电率时的放电特性如图 6-15 所示。最小的放电率为 $0.3C$，最大的放电率为 $2C$，3 种不同的放电率形成一组放电曲线。由图 6-15 可看出，不管哪一种放电率，其放电过程中的电压都是很平坦的（即放电电压平稳，基本保持不变），只有快到终止放电电压时，曲线才向下弯曲（放电量达到 14A·h 以后才出现向下弯曲）。在 $0.3\sim2C$ 的放电率范围内，输出电压大部分在 2.8~3.3V 内变化，这说明该电池有很好的放电特性。

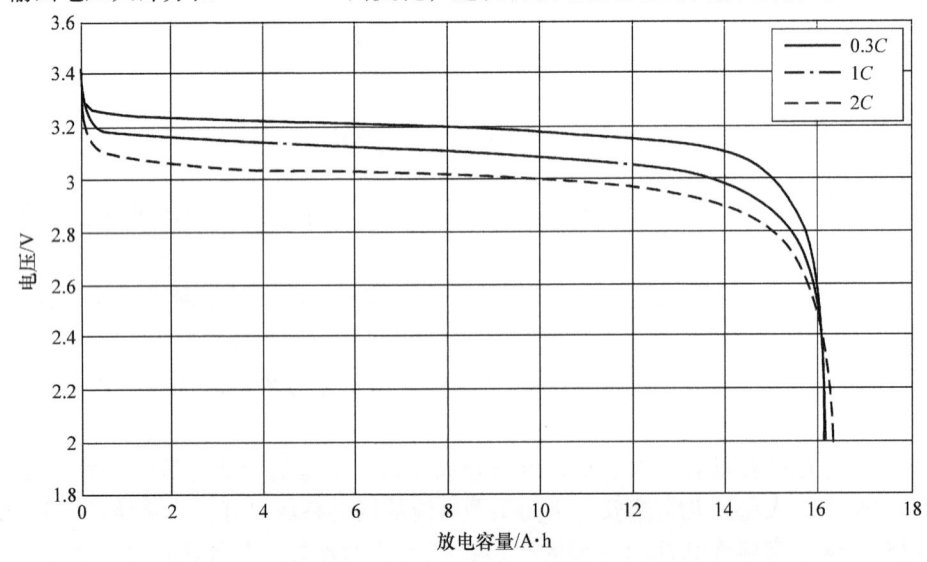

图 6-15 LP2714897 的放电特性

STL18650 在不同温度条件下（10~40℃）的放电曲线如图 6-16 所示。不同温度下电池所能放出的容量基本一致。

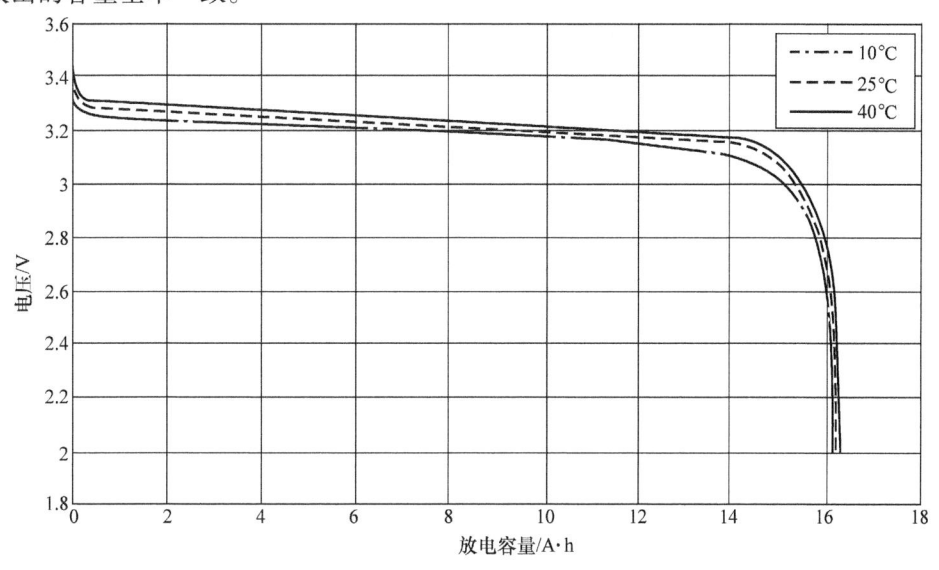

图 6-16　STL18650 在多温度条件下的放电曲线

LP2714897 的充放电循环寿命曲线如图 6-17 所示。其充放电循环的条件是：以 $1C$ 充电率充电，以 $2C$ 放电率放电，历经 500 次充放电循环，容量保持率在 94% 以上。从图 6-17 的特性曲线可看出，在经过 500 次充放电循环后，其放电容量下降很少，说明该电池有很高的寿命。

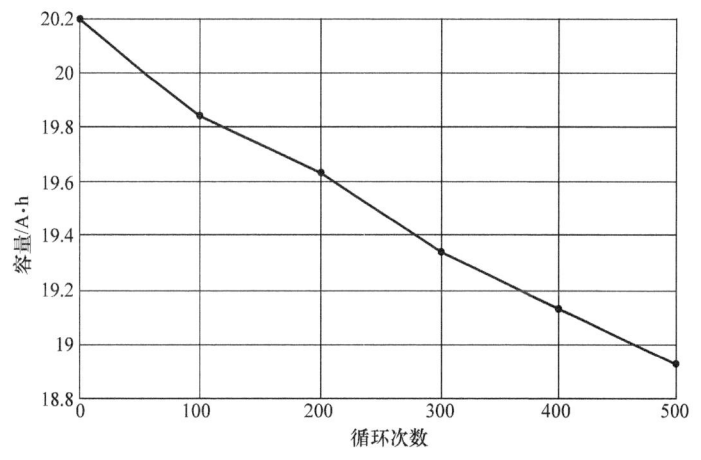

图 6-17　LP2714897 的充放电循环寿命曲线

（4）镍钴锰酸锂三元材料电池　钴镍锰酸锂三元电池融合了钴酸锂电池和锰酸锂电池的优点，在小型低功率电池和大功率动力电池上都有应用。但该种电池的材料之一——钴是一种贵金属，价格波动大，对钴酸锂的价格影响较大。钴处于价格高位时，三元材料价格较钴酸锂低，具有较强的市场竞争力；但钴处于低价位时，三元材料相较于钴酸锂的成本优势就大大减小。随着性能更加优异的磷酸铁锂的技术开发，三元材料大多被认为是磷酸铁锂未大规模生产前的过渡材料。

1) 镍钴锰酸锂电池的特点：

① 优点：镍钴锰酸锂材料比容量高，可以达到 145mA·h 以上，18650 型电池的容量可达 3A·h 以上；电池循环性能好，4C 放电循环可以达到 800 次以上；高低温性能优越；极片压实密度高，可以达到 3.4g/cm³ 以上。

② 缺点：电压平台低，1C 放电中值电压为 3.66V 左右，4C 放电平台在 3.6V 左右；电池安全性能相对差一点；成本较高。

2) 镍钴锰酸锂电池的放电特性及寿命。图 6-18 所示为镍钴锰酸锂三元材料电池在不同放电率时的放电特性曲线。最小的放电率是 0.3C，最大的放电率是 2C。三种不同的放电率形成一组放电曲线。

图 6-19 所示为三元体系电池 3C 循环容量衰退曲线。图 6-20 所示为三元体系电池在不同温度下的放电曲线图，其温度范围是 10~40℃，可以看出，其性能受到温度的影响很大。

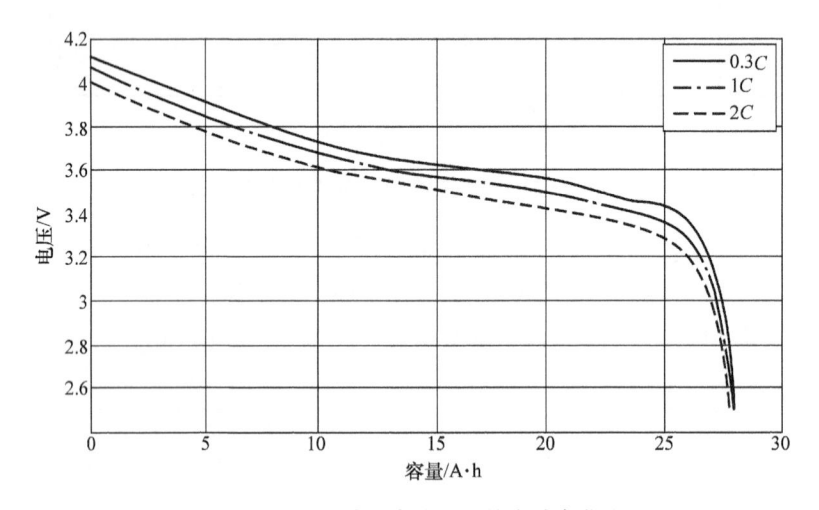

图 6-18 三元体系电池不同倍率放电曲线

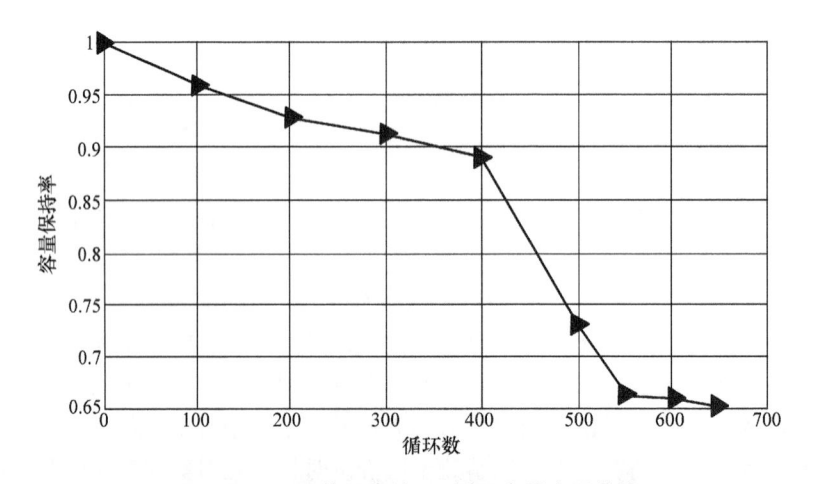

图 6-19 三元体系电池 3C 循环容量衰退曲线

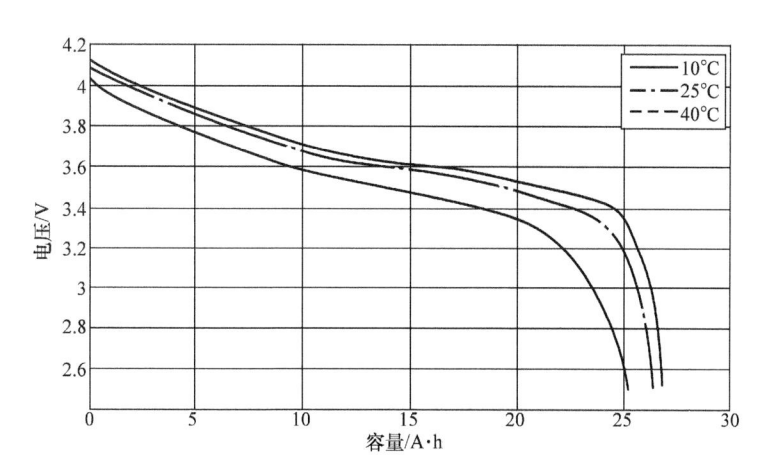

图 6-20 三元体系电池不同温度放电曲线

最后，给出钴酸锂电池、镍钴锰酸锂电池、锰酸锂电池以及磷酸铁锂电池的性能应用领域的对比，见表 6-5。

表 6-5 钴酸锂电池、镍钴锰酸锂电池、锰酸锂电池以及磷酸铁锂电池的对比

性能	钴酸锂（$LiCoO_2$）	镍钴锰酸锂（$LiNiCoMnO_2$）	锰酸锂（$LiMn2O_4$）	磷酸铁锂（$LiFePO_4$）
振实密度/(g/cm³)	2.8~3.0	2.0~2.3	2.2~2.4	1.0~1.4
比表面积/(m²/g)	0.4~0.6	0.2~0.4	0.4~0.8	12~20
克容量/(mA·h/g)	135~140	140~180	90~100	130~140
电压平台/V	3.7	3.5	3.8	3.2
循环次数	≥500 次	≥500 次	≥300 次	≥2000 次
过渡金属	贫乏	贫乏	丰富	非常丰富
原料成本	很高	高	低廉	低廉
环保	含钴	含镍、钴	无毒	无毒
安全性能	差	较好	良好	优秀
适用领域	中小电池	小电池、小型动力电池	动力电池、低成本电池	动力电池、超大容量电源

6.2 电动汽车动力电池的性能

6.2.1 动力电池的性能参数

1. 电池的放电制度

电池的放电制度是指放电率、放电形式（恒流、变流或脉冲）、终止电压和温度。终止电压指充放电结束时的电池电压，分为充电终止电压和放电终止电压。在研究电池容量时要规定统一的放电电流，常用 i 小时率表示。如果以电流 I 放电，电池在 i 小时内放出的电量为额定容量，则这个放电率称为 i 小时放电率。

2. 电池的容量

电池的容量是指充满电的电池在指定的条件下放电到终止电压时输出的电量，单位为 A·h。关于电池的容量，有理论容量、i 小时率放电容量、额定容量、实际容量和剩余容量等概念，下面分别予以说明。

1）理论容量：假定电池中的活性物质全部参加成流反应，根据法拉第定律计算所能给出的电量。理论容量是电池容量的最大极限值。电池实际放出的容量只是理论容量的一部分。

2）i 小时率放电容量：在恒流放电条件下，正好用 i 小时把充满电的电池放电到终止电压时能够放出的电量，通常用 C_i 表示。通常起动电池用 C_{zo} 表示，牵引电池用 C_s 表示，电动汽车用电池用 C_3 表示。

3）额定容量：在规定条件下电池应放出的电量。额定容量是制造厂标明的安时容量，是验收电池质量的重要技术指标。我国的国家标准使用 3h 率放电容量来定义电动汽车用动力电池的额定容量。

4）实际容量：充满电的电池在一定条件下所能输出的电量。它等于放电电流和放电时间的乘积。

5）剩余容量：经过使用后，在指定的放电率和温度状态下可以从电池中放出的电量。

6）最大可用容量：动力电池在当前温度和老化条件下从充满电放电至截止条件所能够释放的最大容量。

3. 电池的能量

电池的能量是指在标准规定的放电制度下，电池所输出的电能，单位为瓦时（W·h）或千瓦时（kW·h）。

4. 能量密度

电池的能量密度有质量能量密度和体积能量密度之分。质量能量密度是指电池单位质量所能输出的电能，单位为瓦时每千克（W·h/kg）。体积能量密度是指电池单位体积所能输出的电能，单位为瓦时每升（W·h/L）。

5. 电池的功率与功率密度

电池的功率是指在一定的放电制度下，单位时间内电池输出的能量，单位为瓦（W）或千瓦（kW）。单位质量的电池输出的功率称为质量功率密度，单位为 W/kg。单位体积的电池输出的功率称为体积功率密度，单位为 W/L。

6. 电池的荷电状态

电池的荷电状态（State of Charge，SOC）描述电池剩余容量占额定容量的百分比。工作过程中电池的荷电状态的计算式为

$$\mathrm{SOC} = \mathrm{SOC}_0 + \frac{\int_0^t I_{\mathrm{bat}} \mathrm{d}t}{C} \times 100\%$$

式中，SOC_0 为初始 SOC（%）；I_{bat} 为 t 时刻电池的工作电流，充电时为正，放电时为负（A）；t 为充放电时间（h）；C 为电池的额定容量（A·h）。

7. 放电深度

放电深度（Depth of Discharge，DOD）是电池已经放出的电量与电池额定容量的比值，其数学表达式为

$$\text{DOD} = 100\% - \text{SOC} = 100\% - \text{SOC}_0 - \frac{\int_0^t I_{\text{bat}} \mathrm{d}t}{C} \times 100\%$$

8. 电池的循环使用寿命

电池的循环使用寿命（Cycle Life）是指以电池充电一次和放电一次为一个循环，按一定的测试标准，当电池容量降到某一规定值（我国标准规定为额定值的80%）以前，电池经历的充放电循环的总次数。

9. 抗滥用能力

抗滥用能力（Abuse Tolerance）是指电池对短路、过充电、过放电、机械振动、撞击、挤压以及遭受高温和着火等非正常使用情况的容忍程度。

6.2.2 锂离子电池的特性

1. 充电特性

20A·h 的磷酸铁锂（LFP）锂离子电池，标称电压3.20V，充电截止电压为3.65V，放电截止电压为2.0V。其初始状态在25℃的充电特性曲线如图6-21所示，单体锂离子电池的充电电压必须严格保持在3.65V以内，充电电流通常应限制在3C以下。若充电电压超过4.0V，则可能造成LFP锂离子电池永久性损坏。锂离子电池通常都采用恒流转恒压充电模式，首先用0.3C或1/3C（这里选用6.0A）标准电流充电，在此过程中充电电流稳定不变，电池电压逐渐上升。当单体电池的电压上升到3.65V时，充电器应立即转入恒压充电。在恒压充电过程中，充电电流逐渐减小。当电池充足电时，电流下降到涓流充电电流，充电截止电流为1000mA。

a) 电流曲线

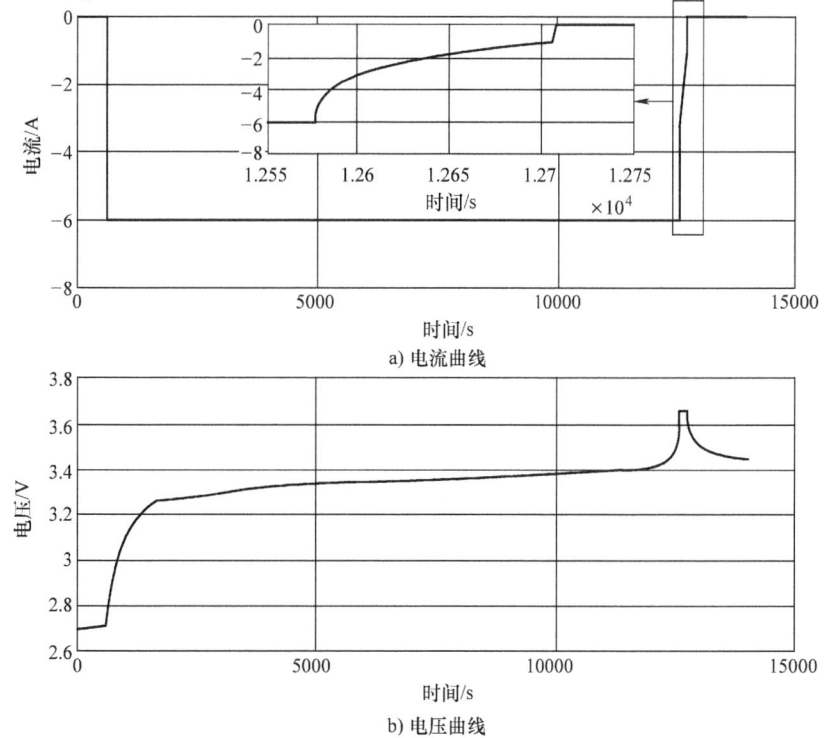

b) 电压曲线

图6-21 LFP锂离子电池充电特性

c) 充电容量曲线

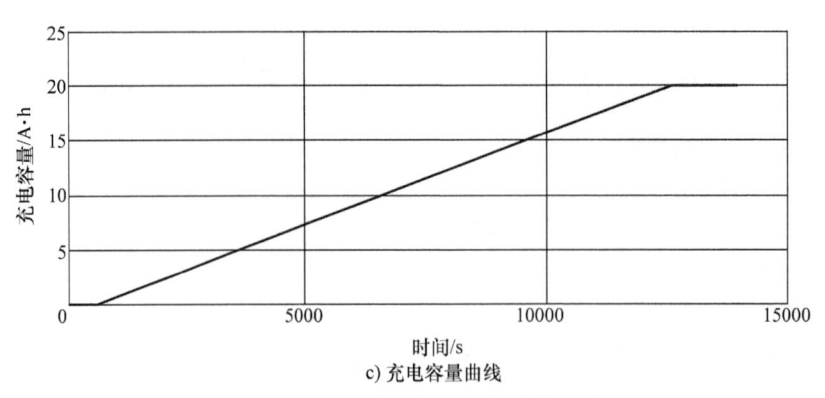

图 6-21 LFP 锂离子电池充电特性（续）

用这种方法，4h 内电池可充到最大可用容量。

2. 放电特性

当环境温度为 25℃时，该锂离子电池的放电特性曲线如图 6-22 所示。该锂离子电池放电电流通常不应超过 $4C$。放电时单体电池电压不得低于 2.0V。如果电池电压低于 1.5V，就会造成永久性损坏，因此一般需要在 2.0V 以上使用。采用 $0.3C$ 放电速率（即放电电流为 6A）

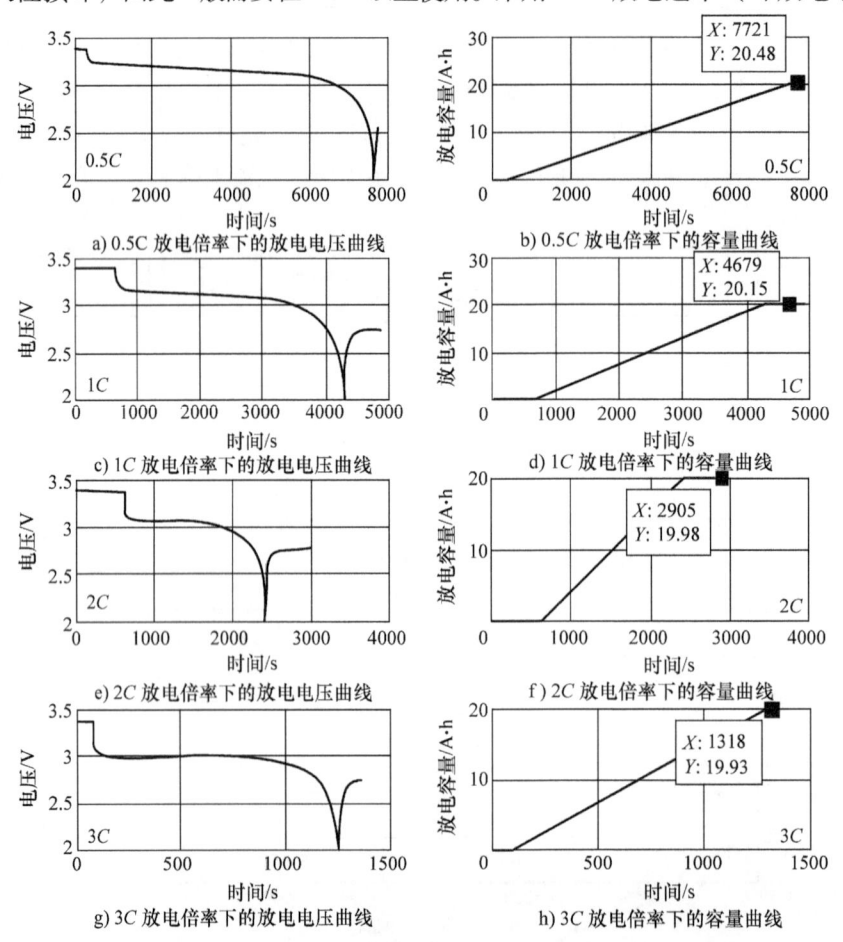

a) 0.5C 放电倍率下的放电电压曲线
b) 0.5C 放电倍率下的容量曲线
c) 1C 放电倍率下的放电电压曲线
d) 1C 放电倍率下的容量曲线
e) 2C 放电倍率下的放电电压曲线
f) 2C 放电倍率下的容量曲线
g) 3C 放电倍率下的放电电压曲线
h) 3C 放电倍率下的容量曲线

图 6-22 锂离子电池放电特性曲线

且单体电池电压下降到 2.0V 时，可放出 20.48A·h；采用 1C 放电速率（即放电电流为 20A）时，能够放出 20.15A·h；采用 2C 放电速率（即放电电流为 40A）时，能够放出 19.98A·h；采用 3C 放电速率（即放电电流为 60A）时，能够放出 19.93A·h。可见，放电倍率对 LFP 锂离子电池容量有一定的影响，但是不是特别显著。

图 6-23 所示为该 LFP 锂离子电池在不同温度和循环次数下的容量数据，采用标准的 0.3C 进行充放电。图 6-23 表明锂离子的放电容量与其老化程度和环境温度有较大影响，容量随着循环次数的增加而降低，随着环境温度的降低而降低。综上，电池的应用需要考虑环境温度、倍率和老化的影响。

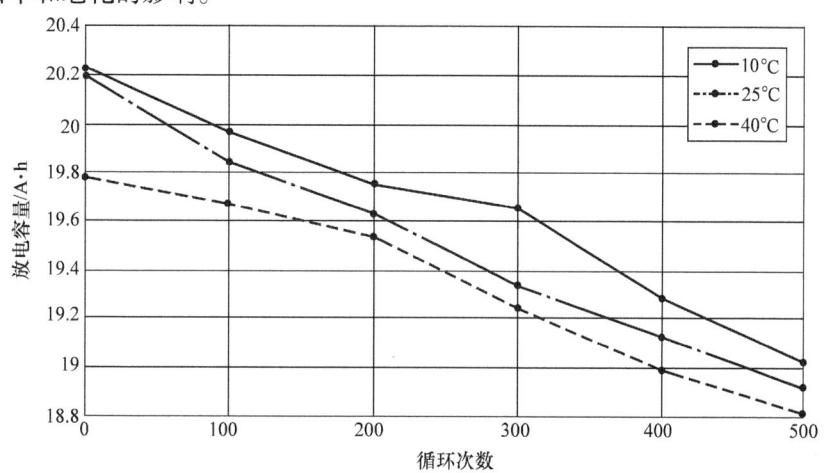

图 6-23 环境温度与电池容量衰退轨迹的关系

6.3 动力电池安全管理系统

动力电池是电动汽车的核心部件，对动力电池安全性能进行检测和评价是发展电动汽车产业的重要工作之一。在电动汽车起火事故中，90%以上的原因是动力电池热失控。电池安全问题已成为社会关注焦点，严重影响了电动汽车产业的健康发展和消费者的信心。在电动汽车的实际运行过程中，电池系统受到使用行为、各种滥用和天气的影响，使得热失控的原因错综复杂。准确及时的电池安全管理一方面可以及时发现动力电池的潜在安全风险，为电池系统的定期维护提供依据，另一方面可以实现热失控预测，进而避免乘员生命财产的损失。

电池系统的安全管理根据特定保护控制策略实现对储能电池本体的有效管控，从而保证整个电池储能单元安全可靠地运行，主要包含以下功能：

1) 故障诊断：检测电池组中可能出现的故障或异常，如损坏的单体、电池内部短路等。
2) 保护措施：当检测到异常情况时，BMS 采取措施，如切断电流、发出警报，以防止电池进一步损坏。
3) 报警和通知：在发生故障或异常时，BMS 向系统管理员或用户发送警报，提醒其采取必要的措施。

电池安全管理系统通过实时在线监测电池 SOC、SOH 等运行状态，防止电池本体和系统出现安全风险，延长电池的使用寿命，提高电池使用的安全性、稳定性和电池之间的均衡性，达到高效使用电池的目的。

6.3.1 电池故障类型

根据故障特点，动力电池的故障类型可以分为 5 类，主要包括机械故障、电气故障、热故障、不一致故障以及老化故障。图 6-24 展示了各类故障相互关系和故障表现。

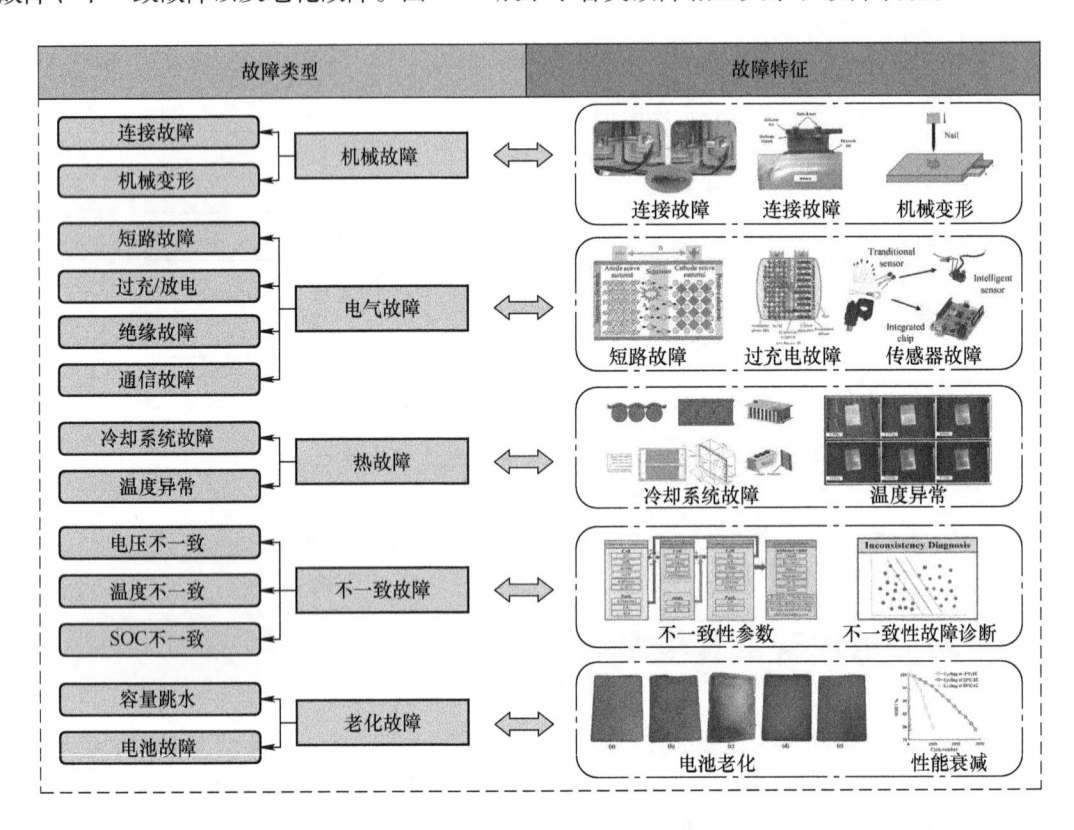

图 6-24 动力电池故障之间的相互关系和故障表现

1. 机械故障

（1）连接故障　由于强烈振动、杂质腐蚀等因素导致单体电池之间的连接部位出现松动的现象称为机械连接故障。机械连接故障会使单体电池的电阻急剧增大，导致并联电路电流差异。机械连接故障具有很强的不确定性和随机性，并且表现出的外部特性与电池内阻变化的外部特性相似，诊断较为困难。

（2）机械变形　机械变形是指动力电池受到外力作用后发生结构变形，这将会影响到电池的正常使用。常见的外部冲击包括挤压、碰撞、针刺等。在较大外部冲击下所造成机械变形将会导致动力电池出现更严重的后果，主要包括电解液泄漏、电极和隔膜破坏等危险情况，并引发电池发生热失控。通过压痕试验可以观察到电池内部的剪切带，随着压痕的加深,电极的颗粒涂层出现剪切偏移,金属箔开始韧性断裂,最终发生内短路。因此,电池出现机械变形十分危险,需要引起重视并及早处理。

2. 电气故障

(1) 短路故障　电池短路故障分为内短路故障和外短路故障。电池内部正、负极材料直接连接的现象称为内短路故障。

(2) 过充电故障　电池在充电至饱和状态后,仍然继续充电的现象称为过充电故障。轻微的过充电故障在短期内不会影响电池状态,严重的过充电故障则会导致过渡金属溶解、材料相变、阴极电解液分解等现象。对于电池系统而言,传感器故障造成的电池管理系统对电池状态的误判可能引发过充电故障。

(3) 过放电故障　电池在放电时,放电电压低于电池额定的放电截止电压称为过放电故障。与过充电故障相似,过放电故障的严重性与放电深度有着直接关系。

(4) 绝缘故障　电气系统的绝缘故障是指导体与地面或者导体与导体之间绝缘性能降低或消失的情况。对于动力电池来说,绝缘故障可以分为内部问题和外部问题。内部问题主要是电解液泄漏或者外部液体进入造成绝缘层破坏,电池组内部出现导电回路。外部问题主要是外部高压回路的绝缘性能降低。车辆行驶过程中受到的振动、冲击和扭转等外部因素以及运行时温度和湿度等环境问题都可能导致电池系统的绝缘故障。

(5) 通信故障

1) 传感器故障:BMS 进行电池管理依赖于传感器采集的数据,传感器采样失效会影响对电压、电流和温度的判断,导致电池状态估算不准,进一步将引起过充电、过放电、过温等问题。

2) 控制器局域网(CAN)通信故障:汽车中的电力电子器件在频繁开关作用下会产生电磁干扰,引发 BMS 通信异常。

3) 接触器故障:在电动汽车中,接触器是用来频繁地接通或切断带有负载的主电路、辅助电路或大容量的控制电路,当电池系统发生热失控时,需要控制接触器断开高压回路。然而接触器在切断大负载的时候可能会出现粘连故障,使得高压回路无法断开。

3. 热故障

(1) 冷却系统故障　电池正常工作的温度范围通常为 25~40℃,冷却系统的作用就是保持动力电池的温度在正常工作范围内。若冷却系统由于元件损坏或温度传感器异常造成系统无法正常工作,最直观的表现就是电池系统的温度迅速升高。当电池温度超过正常使用范围后,轻则会造成电池容量衰减和功率损失,影响使用寿命。严重时会引发电池内部结构溶解,电解液分解并伴随着其他放热副反应,最终导致热失控。

(2) 温度异常　电池温度异常主要包含温度过高和温升过快。短时间内的温升过快往往是电池内部内阻增大或者冷却系统存在问题,如果不及时采取干预措施,就可能造成不可逆转的危害。

4. 不一致故障

不一致故障是指单体电池或者电池模组之间存在差异。不一致故障直接的后果就是使某些电池性能加速衰减，主要包括电压不一致、温度不一致和 SOC 不一致。电池的制造是一个复杂过程，这就导致即使同一生产线上产出的电池也不可避免地存在不一致性问题。同时外部环境变化和侵蚀会加剧这种初始不一致特性，导致运行参数不一致。不一致故障虽不如其他故障表现剧烈，但它是一直存在于电池内部的安全隐患。

5. 老化故障

随着电池服役时间增加，电池的容量和功率均会下降，同样也会引发电池安全性的问题。对于卷绕电芯，尤其是圆柱电芯，电极在充放电过程中的体积变化使得正负极片发生相对位移，导致隔膜有被刺破的可能，进而引发内短路。在高比容量圆柱电芯中，由于极片卷绕应力非常大，更容易引发极片变形，导致内短路，最终产生严重的电池安全性事故。

6.3.2 电池安全防控技术

1. 电池本体安全

可以从材料和工艺等角度提升电池安全性。材料方面通过添加 TPP、CDP、IPPP 等阻燃添加剂，以及阻燃添加剂和内部灭火协效的方法，研发出兼备电化学性能和高安全性的难燃型和不燃电解液。

（1）选用安全系数更高的原材料加强电芯整体安全性设计　通过选用安全系数更高的原材料、正负极活性材料、隔膜材料和电解液来提升安全性。

（2）加强电芯整体安全性设计　电芯是将电池各种物质组合起来的纽带，是正极、负极、隔膜、极耳和包装膜等系统的集成，电芯结构设计，不仅影响到各种材料性能的发挥，还对电池的整体电化学性能、安全性能产生重要的影响。材料的选择与电芯结构设计正是一种局部与整体的关系，在电芯设计上，应该结合材料特性来制定合理的结构模式。

（3）提高工艺水平　做好电芯生产过程中的标准化和规范化。在混料、涂布、烘烤、压实、分切和卷绕等步骤中，制定标准化生产工艺，改进工艺手段，做好工艺控制，保证工艺质量，缩小产品间的差异；对安全有影响的关键步骤设置特殊工步，实施标准化质量监控，消除缺陷部位，排除有缺陷产品；保持生产场所的整洁、清洁，实施5S管理和6-sigma质量控制，防止生产中混入杂质和水分，尽量减少生产中的意外情况对安全性的影响。

2. 电池系统层面的防控措施

系统层面的防范措施主要是防止热扩散，阻止外部氧气的持续提供，以及减少由于外部因素如机械滥用、电滥用、热滥用等引发的热失控。

（1）热隔离　当电芯出现热失控时，为了避免出现热扩散的连锁反应，一种方法是散热，将热失控电芯的热量尽快散发出去或者将相邻电芯的热量散发控制其温度，另一种方法就是将热失控电芯进行热隔离，避免附近电芯温度升高。由于热失控电芯温度上升速度非常快,现有办法很难将其热量快速散发。热失控时电芯热量的传递大部分是靠热辐射引起的,所以进行热隔离是避免热失控连锁反应的有效方法。

(2) 机械防范　在车体以及电池包的外层设计出有效的防护结构,在车辆发生碰撞的时候可以抗下所有冲击或者在一定程度上缓解冲击,就能很好地避免电芯受到外力的挤压。动力电池普遍安装在乘员舱的正下方,汽车原本的结构能够对前、后方的冲击起到有效的缓冲防护,一些车型甚至还额外进行了加固。例如奔驰的 EQC 就在车头设计了由多条钢管组成的安全笼结构,当面对来自侧向的冲击时,除了依靠车辆的 B 柱以及车身框架作为缓冲之外,电池包外壳的两侧还会额外设计有类似防撞梁的吸能结构,能够抵御对电池包本体的冲击。但光应付外部的冲击还不够,内部也需要有框架来进行固定,即使冲击已经传到内部,也能保证电芯有足够的"生存空间"。

(3) 散热设计　通过散热可以降低热失控电芯附近的电芯温度,有效延缓热扩散的时间,甚至消除热扩散,提高电池组安全性能。液冷系统比风冷要更有效,风冷还会扩大热蔓延。虽然方形电芯产热大多集中在上端,但上端液冷系统不好设计,接触面小,通常将液冷板放在底部来散热。蔚来将铝制液冷板铺于模组下,在模组与液冷板之间加上一层导热垫,并在液冷板与壳体底部之间再铺设有隔热和绝缘材料,进一步确保电池整系统的恒温和安全。工作时,电芯的温度传递到模组与冷板接触的底部,再通过导热垫传给液冷板,液冷板外壁再把热量传导到冷却液,而在电池温度过低时也可以反向给电池加热。通用旗下别克 VELITE6 使用的则是软包电池,内部的一片片软包电芯如同扑克牌一样竖直排列在一起。两个软包电芯、一片冷却片,再加上一个模组框架和一片隔热泡棉就组成了一个完整的"MINI 堆垛单元",而一个电池模块总成由 26 个"MINI 堆垛单元"组成。此外,也可以通过线圈加热冷却液使电池升温,即使在极端寒冷环境下,也能确保电池处于最适宜的工作温度。

(4) 滥用控制　滥用控制包括电滥用控制、机械滥用控制、热滥用控制等。

1) 电滥用控制　主要为防止过充电、过放电以及低温充电等。过充电阶段,发生热失控的情况比较大。这与充电期间的特征有关,充电期间产热量大,发生热失控时电池荷电量高,危险程度高。解决过充电主要从以下几方面考虑:一是电池组设计时要有一定的设计冗余。二是要将应用的控制参数控制在一定范围内,保证电池组在合理 SOC 范围内正常运行。三是多重控制方法的应用,从温度、压力、内阻变化等方面尽可能预知热失控。

2) 机械滥用控制　主要是防撞击设计。目前通常采用的是高强度金属电池包,可以考虑采用蜂窝结构进行加强。在电池组设计中使用更多的刚性结构、能量吸收结构和单体电池的正确放置是增强电池组机械滥用抗性的三种有效方法。

3) 热滥用控制　控制的目标在于控制电池的工作温度在安全工作范围内。电池温度控制通常通过热管理系统来实现。考虑到潜在的外部燃烧带来的风险,热管理系统设计时可以引入不可燃材料以实现防火。另外,已经探明的一种热滥用情况是由电池组汇流排松动导致的局部过热。对于这种故障,可以开发基于电压特性的接触内阻故障诊断方法来进行检测。

3. 电池使用过程中的安全策略

(1) 主动安全管理策略　主动安全能够积极主动地避免安全事故的发生。主动安全从软件控制层面来讲,主要是制定安全有效的管理策略,实现电源系统安全,主要策略如下:

1) 电源系统功率状态(SOP)估算。电源系统功率状态为电源系统在任意时刻允许的充放电功率限值。精确的 SOP 估算直接影响电池的过充电与过放电,对于电池安全至关重要。精确估算 SOP 需要考虑电源系统状态,包括温度、SOC 以及故障等;SOP 的应用需要与整车控制相结合,并在整车上动态平滑地变化,确保电源系统安全和整车可靠性。

2) 绝缘检测。绝缘检测是主动安全管理的重要部分。车辆行驶过程中出现部件之间的相互碰撞、摩擦、挤压等现象,可能会导致导线绝缘层出现破损使得整车环路绝缘下降。另外,下雨天易导致电池箱体内出现喷水或溅水,也会引起电源系统与整车绝缘性能下降。主动安全管理策略加载绝缘检测能够确保电源系统和整车的安全性。

3) 主动安全管理需要精确信息显示。电动汽车仪表显示内容包括 SOC、电压、电流、温度以及告警信息等。有效信息的显示,能够提醒驾驶人及时采取措施,主动出击,确保整车资源及人员安全。信息的误导会导致驾驶人的误判,严重者会导致车辆抛锚,以及电池着火等重大安全事故的发生。

4) 充电安全。充电安全是主动安全策略的重要组成部分。为充电机与电池管理系统建立通信手段,从而能够实时获取电池的安全限值,实现主动保护;为电池管理系统增加充电安全的保护策略,比如电池管理系统主从板生命帧判断、容量不匹配判断等。

5) 基于电池极限信息的安全管理。电源系统是由电芯串并联组成,由于木桶效应,电池在使用过程中,总是以电池极限信息达到保护而终止使用。例如,充电过程中,需要检测最高单体电压和最高温度,若是最高单体电压显示到极限值,那么需要停止充电,防止系统过充电。极限信息还包括:最高温度、最低温度、温差信息、压差信息等。极限信息的安全保护策略,能够有效防止系统安全事故的发生。

6) 动力电池箱体的安装。动力电池箱体尽可能布置在车辆碰撞的非变性吸能区域,尽可能避免电源系统在碰撞中发生挤压变形。电池支架具有足够的强度,能够经受电池巨大的惯性力冲击,保证电池系统不脱离车身,更不会侵入乘客舱。动力电池箱体的固定方式尽量采用与车身纵梁等固件连接,且单体电池采用独立、稳定的整体框架式结构进行固定。高压线路的配置应尽量与车身非变形结构相连,同时加强高压线的绝缘保护。设计电池避让机构,当汽车发生碰撞时,该机构能使电池系统自动脱离原来位置而避免直接撞击,采用吸能型电池架,使电池系统的一部分能量由电池支架变形吸收,从而降低电池碰撞的剧烈程度。

(2) 被动安全管理策略 当危害事故发生时,被动安全管理策略应及时采取有效措施,避免恶性事态进一步发展。被动安全管理策略可从如下两个方面开展:

1) 灭火系统设计。电源系统着火无疑是重大安全事故,对整车资源及人身安全存在极大威胁。在电池着火或即将着火没有蔓延时,控制局势的发展非常重要。灭火系统包括预测系统和实施部分。只有对火灾的精确预测和判断,才能及时告警并采取灭火措施。灭火系统的预测系统包括传感器、检测系统以及控制系统;其中控制系统分为主从结构,主机需要与 BMS 控制器、整车控制器仪表控制器通信,能够及时将火灾预警信息进行显示和处理。灭火系统的实施部分,是对起火部位实施灭火,灭火剂的成分有干粉、泡沫和固体胶等种类。选型主要考虑因素:灭火机理、灭火效果、预防复燃能力、环境影响、灭火系统空间及重量、安全性、使用维修成本。灭火剂布置需要考虑方便检修、维护,为了兼顾灭火效果,灭火剂释放时要能覆盖电池表面,所以电池包的防护设计、结构设计会影响到灭火剂类型的选择和放置。例如比亚迪 K9 动力电池以电池模组的形式集成在车厢内部两个塑料箱体,灭火剂(气体灭火剂)统一放置在车厢尾部,通过气管将灭火剂引入箱体,后期能够对灭火器进行维护保养。

2）24小时监控系统设计。24小时监控指对电源系统全天候、无缝隙监控，任意时刻监控到电源系统存在严重告警信息，及时通过整车终端，同时将信息传输到后台监控并通知售后及时对告警信息处理，避免恶性事件发生。

6.4 典型的动力电池系统结构

6.4.1 比亚迪刀片电池系统

2020年3月，比亚迪发布其创新技术刀片电池。比亚迪刀片电池是在磷酸铁锂电池上改进的新一代磷酸铁锂电池，将电芯宽度无限拉长，厚度做薄，实现900mm甚至将近1m的超长电芯，通过阵列的方式排布在一起，就像"刀片"一样插入电池包里面。与传统方形电池相比，呈现扁平和长条形状，如图6-25所示。刀片电池一方面可提高动力电池包的空间利用率、增加能量密度；另一方面能够保证电芯具有足够大的散热面积，可将内部的热量传导至外部，从而匹配较高的能量密度。结构上，刀片电池借鉴了蜂窝铝板的原理，通过结构胶把电芯固定在两层铝板之间，让电芯本身充当结构件来增加整个系统的强度。刀片电池安全性优于三元锂电池，其他性能与三元锂电池接近。

图6-25 刀片电池外形

1）安全性方面：通过针刺试验，刀片电池表现为无明火、无烟，电池表面温度在30~60℃（三元锂电池针刺瞬间表面温度超500℃，且剧烈燃烧）。

2）能量密度方面：刀片电池空间利用率高，重量比能量密度相较于传统铁锂电池提升了9%，体积比能量密度提升了50%。

3）循环性能方面：刀片电池具备超过4500次的充电循环寿命。

2022年5月，比亚迪发布了CTB（Cell to Body）电池车身一体化技术，利用电池包上盖替代车身底板，减少底板零部件，该技术能够顺利通过50t重型货车碾压的极端测试，车身扭转刚度轻松超过40000N·m，动力电池的系统体积利用率提升至66%，系统能量密度提升 10%。

目前，搭载比亚迪刀片电池的车型有比亚迪 e2、比亚迪 D1、王朝网（比亚迪秦、比亚迪唐、比亚迪宋、比亚迪元、比亚迪汉）和海洋网（驱逐舰 05、驱逐舰 07、海豚、海豹）。

1. 刀片电池的安装

比亚迪刀片电池安装在座椅底下，将电芯插入电池包，再集成到车架上，如图 6-26 所示。

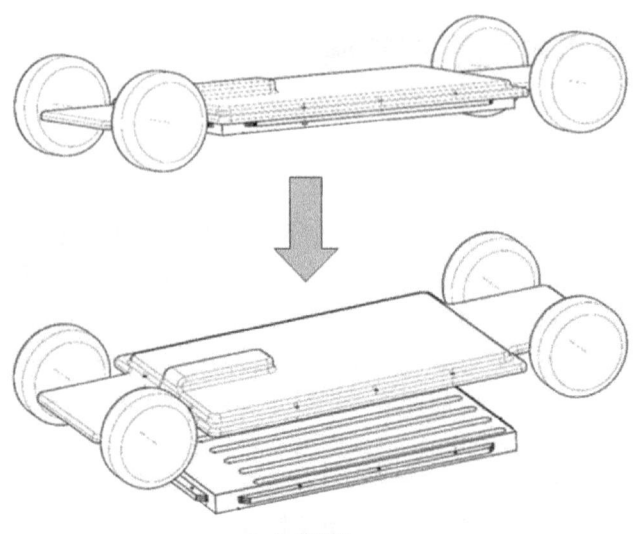

a) 示意图

b) 虚拟透视图

c) 实际车辆底盘

图 6-26　刀片电池的安装位置

2. 刀片电池

刀片电池是一种磷酸铁锂电池的结构创新,电池设计成了长薄形似刀片的单体电池,所以叫作刀片电池。刀片电池包由长电芯构成,比亚迪刀片电池将电芯进行扁长化设计和减薄设计,减薄电芯的厚度并增大电芯的长度。例如,应用在比亚迪汉 EV 车型上的电芯长度为 1m,宽约 10cm,厚度仅为 2cm,单体电压 3.34V,容量可达 100A。

刀片电池采用 CTP(Cell to Pack)无模组方案,由于电芯结构的变化,电池包的设计也改变了,取消传统电池的壳体结构,由刀片电池来充当电池的"梁",也充当电芯,如图 6-27 所示。

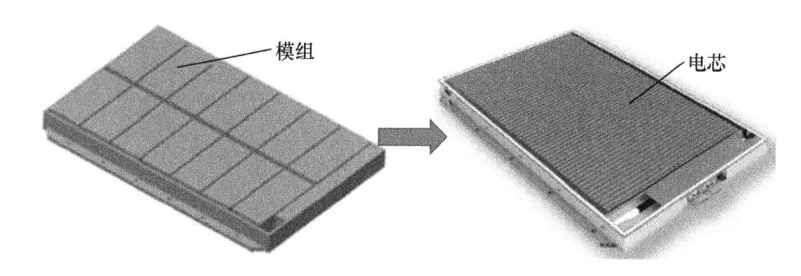

图 6-27 刀片电池的"去模组"化

刀片电池电芯本质是一种方形硬壳电池,只是采用长薄型结构设计。外形尺寸为 (960.0±10) mm × (90.0±1.0) mm × (13.5+2.5/−1.5) mm。不同的型号尺寸略有不同,比如 138A·h 规格的刀片电池厚度约为 12mm,而 202A·h 的刀片电池厚度约为 13.5mm。不同规格的刀片电池的参数见表 6-6。

表 6-6 刀片电池电芯参数

项目	电芯 1	电芯 2	电芯 3	电芯 4	电芯 5
电芯尺寸/mm×mm×mm	435×118×13.5	905×118×13.5	1280×118×13.5	2000×118×13.5	2500×118×13.5
容量/A·h	95	202	286	448	561
电压/V	3.2				
能量/W·h	304	646.4	915.2	1434	1795
能量密度/(W·h/L)	439	448	449	450	452

刀片电池电芯包括一个很长的电池小"模组",包括壳体和里面的卷芯组件,以及多个极芯组,这些极芯可以串联,也可以并联。串联情况下,两个相邻的极芯组之间设置有隔板,将电芯的空间分隔成若干个容纳腔,这些容纳腔形成类似的蜂巢结构,并且具备密封和注液通道,电芯结构如图 6-28 所示。隔离膜可用于在壳体和电芯组之间隔离电解液与壳体接触,防止由于串联不同电芯组之间的电压差导致的铝壳局部电位过低。

制造工艺方面,刀片电池采用先进的高速叠片工艺,将正负极极片、隔膜裁成规定尺寸的大小,随后将正极极片、隔膜、负极极片叠合成小电芯单体,再将小电芯单体叠放并联组成大电芯,然后装配盖板、侧板、隔圈等和套壳形成单个刀片电池电芯,如图 6-29 所示。相比于卷绕工艺,叠片工艺制造出来的电池寿命更长、安全性更好。

在随机振动载荷下,模组形式变形量大,刀片电芯变形量小。通过改变电池包结构,刀

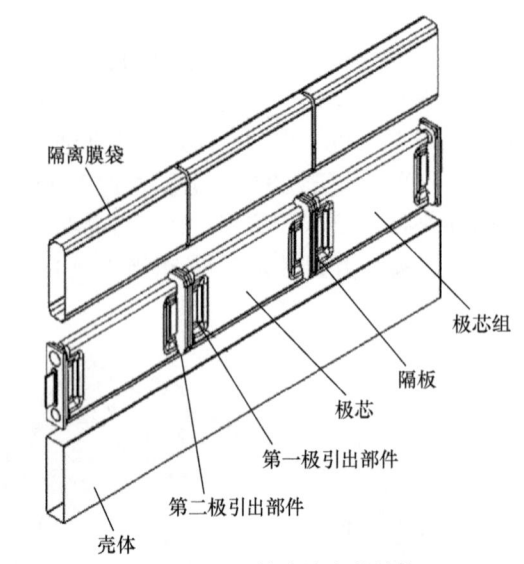

图 6-28 刀片电池电芯结构

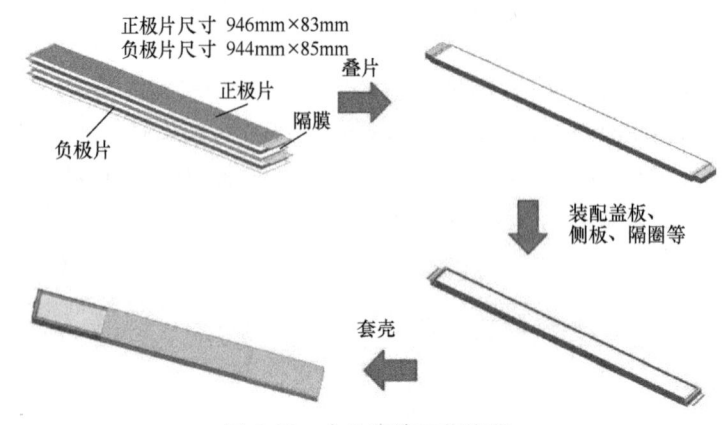

图 6-29 电芯制造工艺流程

片电池取消了 CTM（Cell to Module）过程中的电池模组，长方形电池竖直排列插入电池包，电池组结构简化，提升包内空间利用率，刀片电池电芯安装流程如图 6-30 所示。

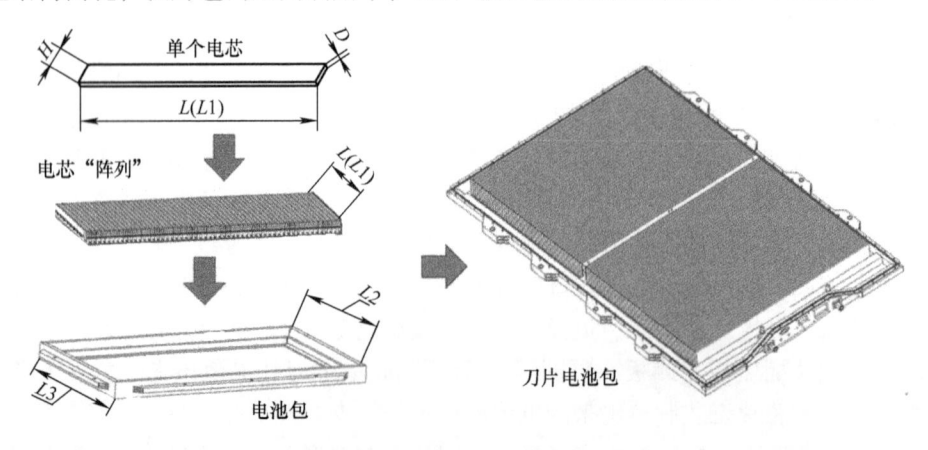

图 6-30 刀片电池电芯安装流程

3. 刀片电池热管理

刀片电池水冷方案是把换热板放在整个电池包的上面，如图 6-31 所示，与模组顶板直接接触，对电芯侧面窄边进行冷却。同时，为提高导热效率，模组顶板与电芯侧面之间有导热板，整个包的温度差控制在 1℃ 以内。此外，电芯的另一侧面与模组底部之间有隔热层，以隔绝电芯与外界的热交换，起到保温作用。

对于热失控情况，正对着防爆阀设计进气孔，如图 6-32 所示，将热失控发生后的气体、火焰等引导到排气通道，经排气通道排向周围环境，避免火焰、烟雾或气体聚集在模组内，对电芯造成二次伤害。

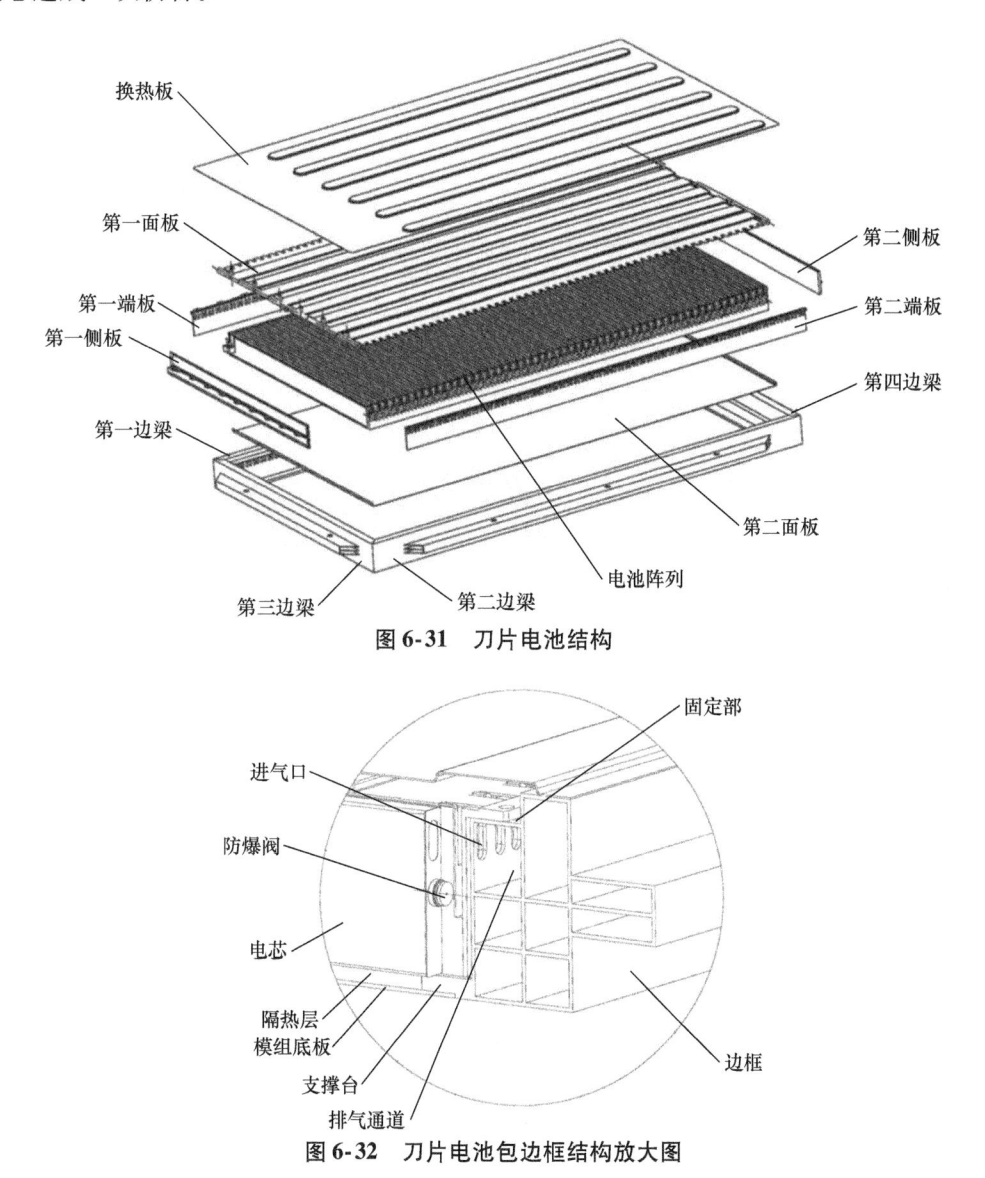

图 6-31 刀片电池结构

图 6-32 刀片电池包边框结构放大图

电池加热：采用热泵空调压缩机及高压系统发热对电池包进行制冷剂直接加热，如图 6-33 所示，用于低温行驶和怠速两种工况。

电池冷却：大功率充电时，为使电池处于最佳的充电工作状态，防止充电时电池温度过高,通常限制其充电功率,利用热泵空调系统对电池包进行制冷剂直接冷却,冷却原理如图 6-34 所示。

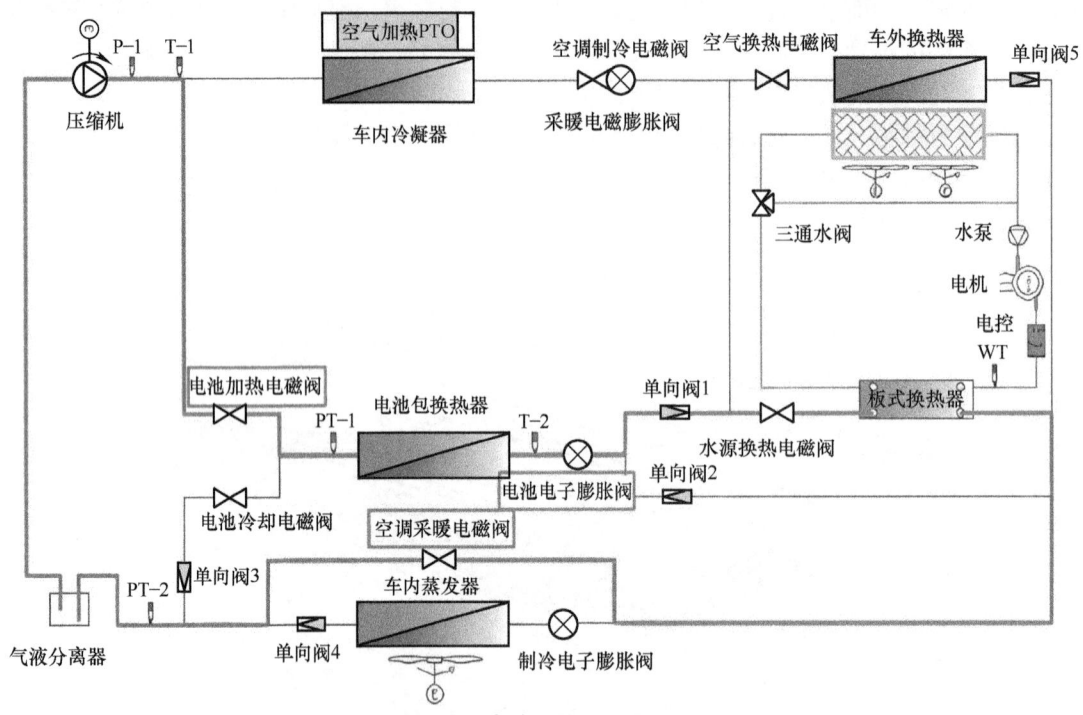

图 6-33 电池加热工作原理图

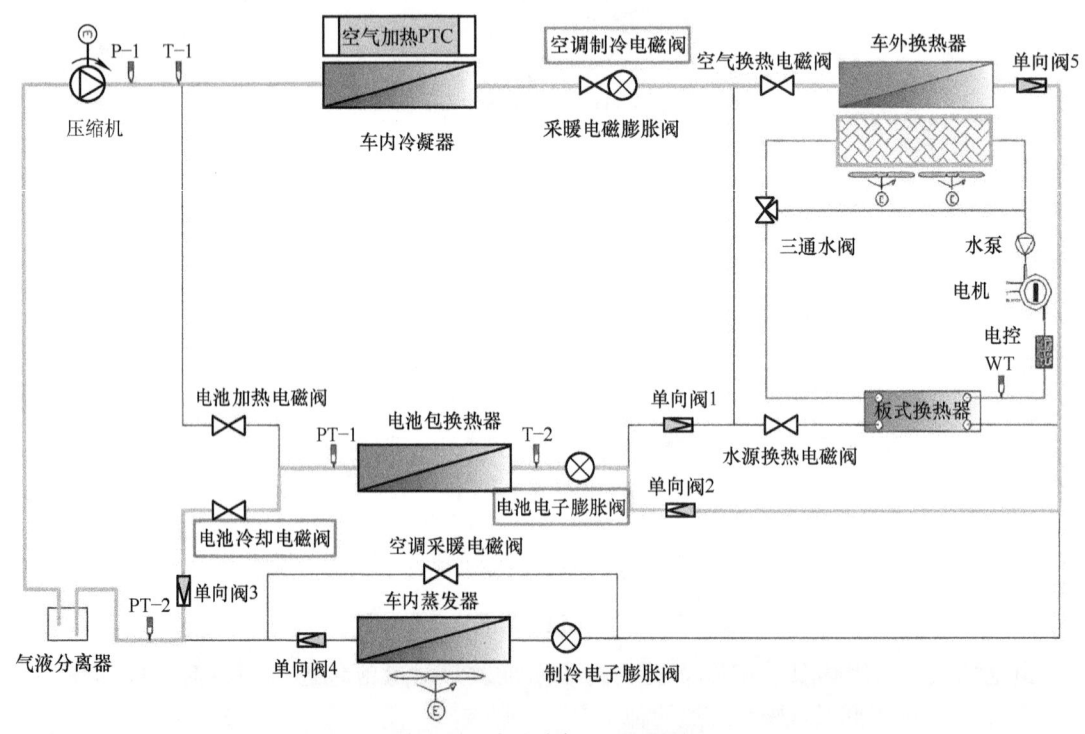

图 6-34 电池冷却工作原理图

6.4.2 特斯拉电池包系统

特斯拉汽车目前共使用三种类型电池：18650 电池、2170 电池和 4680 电池。18650 电池是特斯拉从 2012 年开始首次采用的电池，在早期的 Model S 和 Model X 车型上使用。2170 电池在 2017 年推出，用于特斯拉 Model 3 和 Model Y 车型。最新的 4680 电池是特斯拉在 2020 年的 Battery Day 上宣布推出的，这款电池可以提供更高的能量密度和更好的续驶里程。表 6-7 为三种类型电池的详细介绍。

表 6-7 三种电池对比

电池型号	18650	2170	4680
尺寸	直径 18mm 长度 65mm	直径 21mm 长度 70mm	直径 46mm 长度 80mm
搭载车型	Model S、Model X	Model 3 和 Model Y	Model Y、Cybertruck
上车年份	2012 年	2017 年	2022 年
特点	较高的能量密度、较长的使用寿命、高功率输出	更高的能量密度、更高的功率输出、更好的耐久性、更容易生产和组装	利用大电池单体、增加电池高度、采用新的晶体结构等提高能量密度，具有更高的生产效率
电池样品			

特斯拉 Model S 上采用的电池为松下 18650 电池，是日本 SONY 公司当时为节省成本而制定的一种标准性的锂离子电池型号，其中 18 表示直径为 18mm，65 表示长度为 65mm，0 表示为圆柱形电池，因为具有容量大、寿命长、安全性能高、电压高、内阻小和可串并联等的优点，在工业中被广泛使用。特斯拉 Model S 的电池组由 16 个电池模组组成，每个电池模组又由 444 个18650 型电池构成，电池组的外形如图 6-35 所示。

图 6-35 特斯拉 Model S 电池模组

1. 安装位置

电池组安放于前后轴之间的底盘位置，其重量可达 900kg，因此底盘重心较低，有利于提高车辆的高速稳定性。此外，电池组起到结构部件的作用，几乎占据车辆底盘的全部，为汽车提供刚度和强度。图 6-36 所示为电池组安装位置。

18650 型电池作为电池组中最基础的组成单位，电池结构如图 6-37 所示，其基本参数见表 6-8。通过串联和并联的方式组成电池模块，最后多个电池模块组成电池组。每个电池

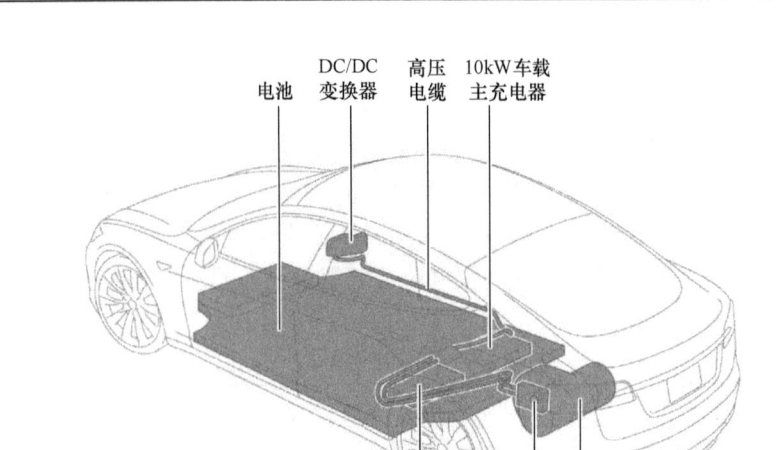

图 6-36 特斯拉 Model S 电池组安装位置

模块具有6S74P配置,即 74 个电池并联,再将 6 个这样的电池组串联。图 6-38 为电池模块具体结构,基本参数见表 6-9。

表 6-8 18650 型电池数据参数

参数	数值
容量	3.4A·h
电池能量	12.4W·h
额定电压	3.66V
体积能量密度	755W·h/L
质量能量密度	254W·h/kg
内部电阻	30mΩ
电池质量	49g
电池容积	0.0165L

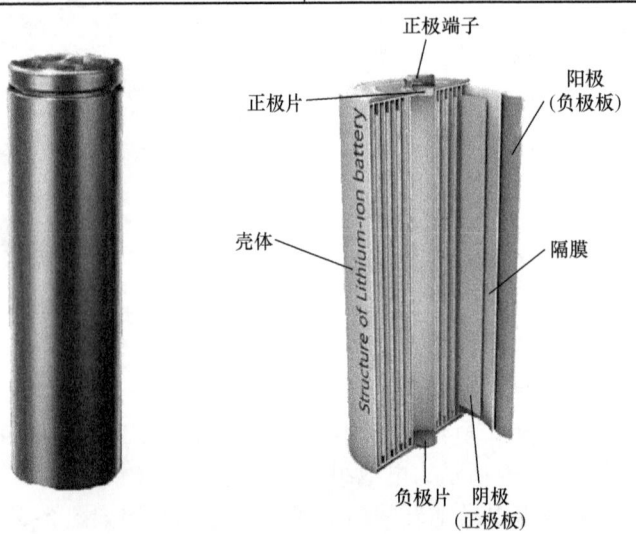

图 6-37 18650 型电池结构

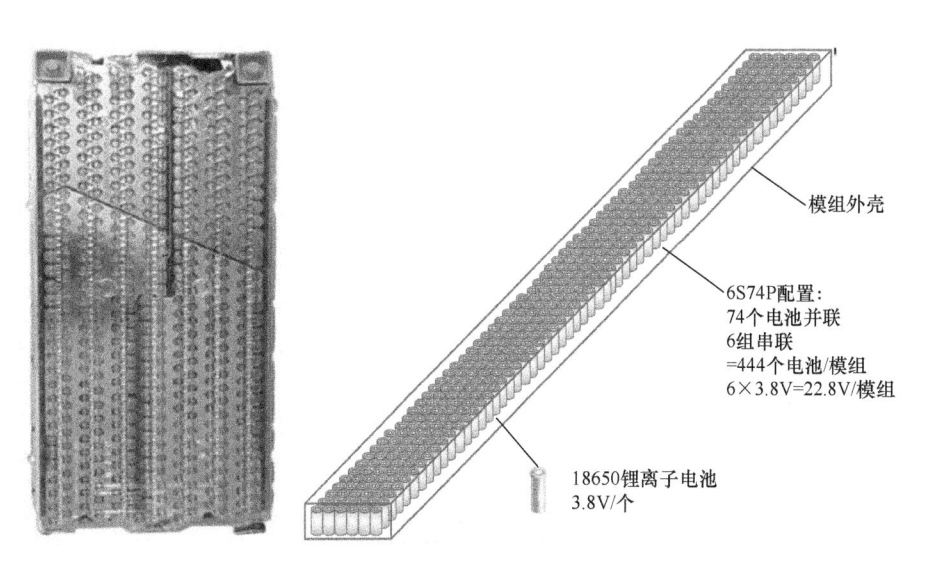

图 6-38 电池模块具体结构

表 6-9 电池模块基本参数

参数	数值
额定电压	22.8V
充电电压截止	25.2V
放电电压截止	19.8V
最大放电电流（10s）	750A
高度	3.1ft（1ft＝0.3048m）
宽度	11.9ft
长度	26.2ft
质量	55lb（1lb＝0.4536kg）

2. 电池热管理系统

特斯拉采用液冷系统对电池进行冷却，能够迅速带走大量热量，提高电池可靠性。图 6-39 所示为特斯拉于 2011 年申请的电池液冷热管理系统的专利示意图，图 6-40 所示为电池模块内部携带冷却液的热交换器管道。冷却管覆盖有导热和电绝缘材料，可调节模块内的温度，同时也将电池彼此隔离。在弯曲处，使用橙色绝缘胶带提升绝缘性能。特斯拉电池组中使用的冷却剂是水和乙二醇的溶液，并且冷却管道采用波浪设计以增加表面面积和包装效率，如图 6-41 所示。

3. 电池管理系统

特斯拉的电池管理系统（BMS）可以有效实现超过 7000 节 18650 电池的一致性管理，达到高安全性和可靠性目标。在电池冷却、安全、电荷平衡等与 BMS 相关的领域，特斯拉申请的核心专利超过 140 项，由此也造就了特斯拉超强的核心竞争力。

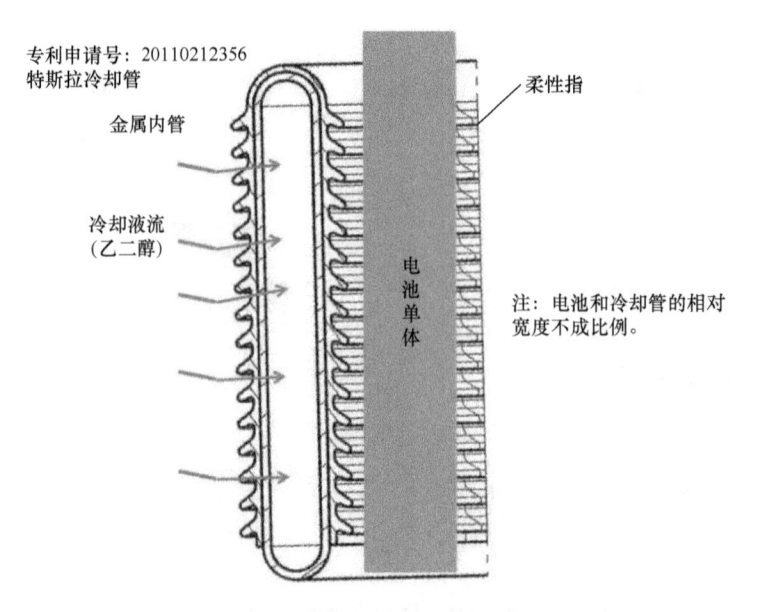

图 6-39 特斯拉电池液冷热管理系统专利示意图

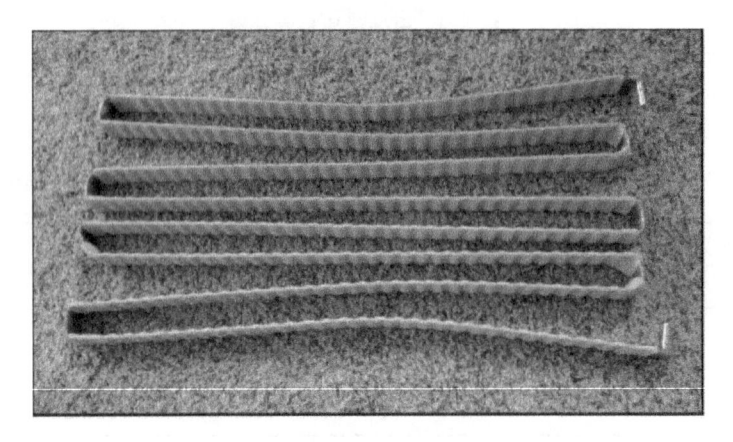

图 6-40 电池模块内部热交换器管道

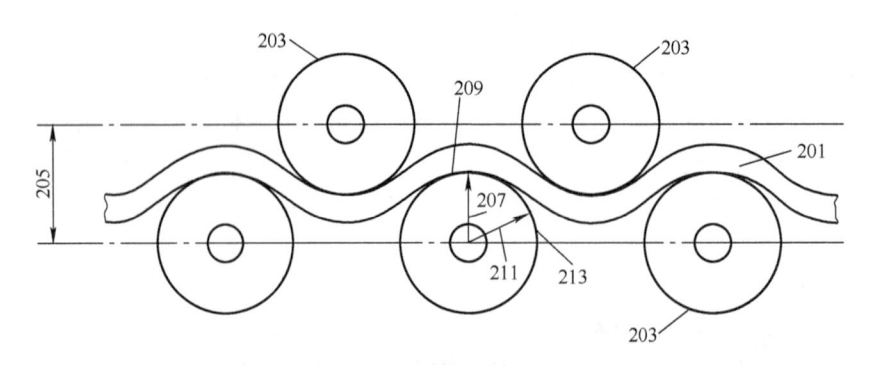

图 6-41 特斯拉冷却管波浪设计示意图

特斯拉的 BMS 通过传感器、控制器和软件来监控、控制和优化电动汽车的电池组性能。主要分为以下几个部分：

1）电池监控与平衡：BMS 监测每个电池单体的状态。特斯拉使用上千个锂电池单体组成电池组，BMS 通过监测每个单体的电压、温度和电荷状态，确保电池组在安全范围内工作，并负责电池单体之间能量的平衡。由于不同单体的使用历史或环境温度等原因，电池单体之间可能存在能量差异，BMS 通过控制充放电，确保各个单体保持相对均衡，以提高整个电池组的性能和寿命。

2）温度管理：电池的温度是影响其性能和寿命的关键因素之一。BMS 监测电池的温度，并通过控制散热系统或加热系统来维持电池在最佳工作温度范围内。过热或过冷都会影响电池的性能和安全，因此 BMS 负责确保电池保持在合适的温度范围内。

3）充电控制：BMS 管理充电过程，确保电池在充电时处于安全状态。它监测充电速率、电流和电压，并根据电池的当前状态调整充电参数。特斯拉的 Supercharger 快速充电站也通过与车辆的 BMS 系统通信，实现高速充电并确保安全性。

4）放电控制：BMS 管理电池的放电过程，确保在使用时提供所需的功率输出，并监控电池的剩余电量，以避免电量过低而损坏电池。

6.4.3　2022 冬奥会新能源汽车用全气候动力电池

面向 2022 年冬奥会新能源汽车应用，2021 年荣盛盟固利和北京理工大学合作开发了全气候动力电池，突破电池快速自加热的技术瓶颈，能够有效降低成本，快速实现产业化应用，而且可以在短时间内解决冬季电池痛点问题。全气候动力电池具有升温快速、耗能低、加热均匀等优点，能够解决电池在极寒环境下的使用"瓶颈"问题。在低温使用条件下，全气候动力电池可以实现 7℃/min 电池自加热速率，25℃下加热后放电能量保持 90%，车辆续驶里程增加 20%~30%，充电时间可缩短到 1h 完成。

在生产方面，全气候动力电池与传统电池相比，其重量增加不会超过 1%，电池成本增加不超过 5%，量产后成本增加可降至 2%。此项电池智能加热技术荣获了 2021 年"中国汽车工业科学技术奖科技进步一等奖"，并入选 2022 年度汽车十大技术趋势之一。全气候动力电池成为驱动 2022 年冬奥会电动汽车驰骋冰雪的核心技术之一。图 6-42 所示为搭载全气候动力电池的电动公交车。

全气候动力电池是基于电池-加热片堆叠夹层结构，其系统构型如图 6-43 所示，加热片置于电池系统内部、电池单体之间，电池和加热片间隔堆叠布置，组成夹层加热结构。与目前国内外新能源汽车中主流搭载的循环水加热或正温度系数加热片（PTC）相比，电池-加热片堆叠夹层结构实现加热面积扩大 15 倍以上，加热距离缩短 30 倍以上，而且不需要改变电池单体的结构，电池-加热片堆叠夹层结构的全气候电池系统如图 6-44 所示。该结构既克服了现有内、外部加热传热路径远、加热效率低的构型本质缺点，又突破了加热片内置的电池构型安全与可靠性差、难以成组的应用瓶颈难题。

图 6-42　搭载全气候电池的电动公交车 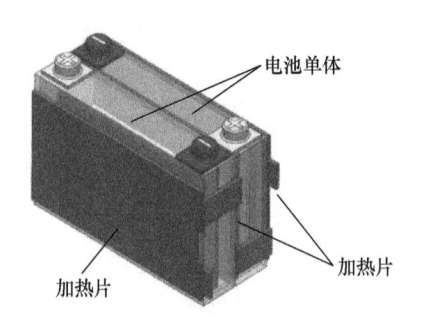　　　图 6-43　电池-加热片堆叠夹层结构原理

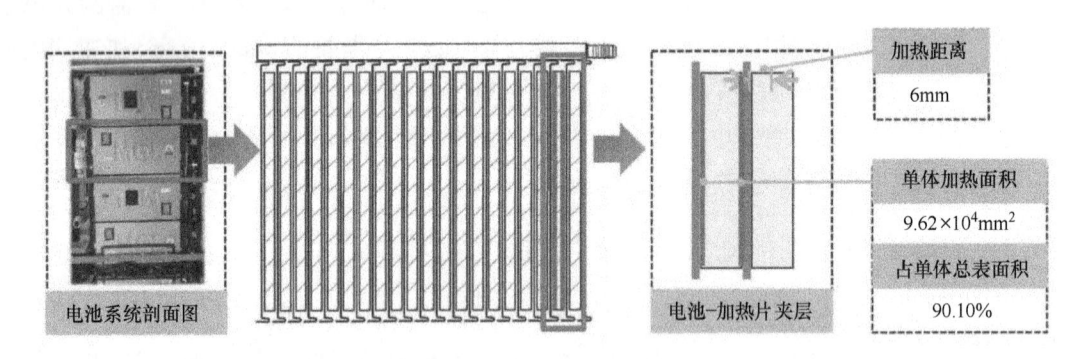

图 6-44　全气候电池系统剖面

为满足工程化及产业化要求，全气候动力电池系统采用了基于加热和工作相互独立的双回路架构。加热片经过绝缘处理后，置于箱内电池单体与单体之间，但不与相邻单体电池连接。单体正常成组，加热片之间单独成组。电池组相互连接不受数量限制，根据车辆功率和能量需求任意匹配电池组。同时，独立双回路架构实现了全气候动力电池系统加热过程与充放电过程的解耦，可靠性高。加热片设计方面，提出了超薄条栅结构加热片结构设计方法，加热片仅 0.1mm 厚，且条栅结构可实现全气候应用。低温加热时，加热片形状拓扑针对电池系统不同区域温度分布单独设计，实现高效均匀加热；高温工作时，条栅结构可实现将电池工作产热快速导出至液冷板，实现全气候应用。同时实际测算表明，在电池系统内布置加热片后，动力电池系统体积增加小于 2%、重量增加小于 3%，加热片对现有电池系统的结构和能量密度影响很小，可在现有电池系统结构上推广，降低生产成本。

控制策略方面，提出了全气候动力电池系统智能极速加热控制策略，如图 6-45 所示，工作回路与加热回路之间使用绝缘栅双极型晶体管（IGBT）功率控制开关连接，具有驻车加热和充电加热多种工作模式，并可根据电池当前状态智能调节加热速率，保证了电池系统极速加热过程的安全可靠。同时，智能极速加热控制策略采用软硬件双重触发控制，驾驶人加热控制指令为最高权限，加热接触器与智能车载终端加热开关为软硬件双重触发条件，最终实现整车控制器与电池管理系统协同控制的全气候动力电池系统智能加热逻辑。

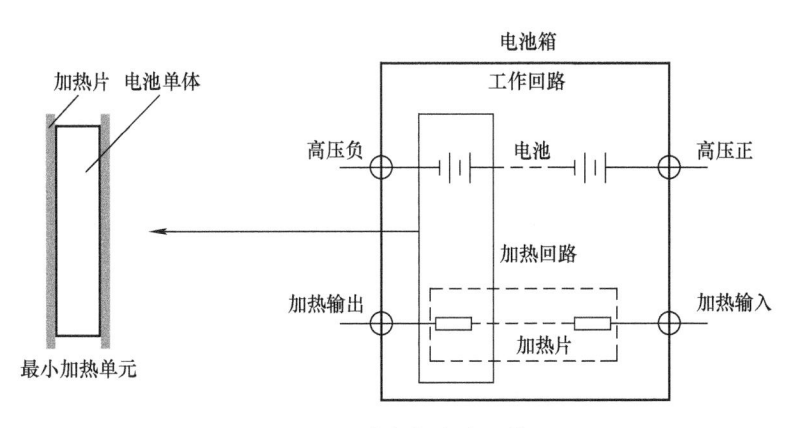

图 6-45　全气候电池系统

6.4.4　北京奥运用 BK6122EV 型电动客车电池组系统

1. 动力电池组

BK6122EV 型纯电动客车的电池组有两种类型：锰酸锂和磷酸铁锂锂离子电池。

1) 锰酸锂锂离子动力电池组由 104 个电池单元串联组成 10 箱电池模块，再由电池模块串联组成整车的动力电池组系统。电池箱有大小两种规格：大箱（16 个模块串联）3 箱；小箱（8 个模块电池串联）7 箱。锰酸锂锂离子电池组的技术参数见表 6-10。

表 6-10　锰酸锂锂离子电池组的技术参数

总电压	388V
总容量	360A·h
常用放电率	$0.2 \sim 0.3C$，最大为 $0.5 \sim 0.7C$，短时最大电流为 400A
放电深度	60%~70% DOD
使用温度（北京地区）	$-15 \sim 50$℃
单体额定电压	3.6V
单体额定容量	90A·h

2) 磷酸铁锂锂离子动力电池组由 124 个电池单元串联成 10 箱电池模块，再由电池模块串联组成整车的动力电池组系统。电池箱有大小两种规格：大箱（18 个电池单元串联）3 箱；小箱（10 个电池单元串联）7 箱。磷酸铁锂锂离子动力电池组的技术参数见表 6-11。

表 6-11　磷酸铁锂锂离子电池组的技术参数

总电压	396V
总容量	360A·h
常用放电率	$0.2 \sim 0.4C$，最大为 $0.8C$，短时最大电流为 450A
放电深度	85% DOD
使用温度（北京地区）	$-20 \sim 50$℃
单体额定电压	3.2V
单体额定容量	120A·h

2. 电池组充放电方法

充电时，打开低压电源开关和高压电源开关，机组电源开关和助力油泵电源开关处于关断位置，档位按键处于 N 位。

（1）锰酸锂锂离子电池组

1）充电。充电采用先恒流限压，后恒压限流的充电方法。

恒流充电：充电电流小于 120A，截止总电压为 423V，单体最高截止电压为 4.2V。

恒压充电：充电过程中当单组电池充电电压达到 4.2V 时转为恒压充电，以保证单组电压不超过 4.2V，充电电流逐渐减小，当充电电流小于 15A 时，充电停止。

瞬间最大充电电流为 375A，持续时间小于 10s。

充电环境温度为 0~45℃。

2）（使用）放电。电池组工作时，合适的放电电流小于 250A，瞬间放电电流最大为 450A，持续时间不超过 18s。

工作电压严禁低于 357V，单组电压严禁低于 3.0V。

电池组工作温度范围为 -15~55℃。

> **注意**：在使用过程中，如果单组电池电压差超过 200mV，则应进行电池均衡处理，以保证整组电池的压差始终小于 150mV。

（2）磷酸铁锂锂离子电池组

1）充电。充电采用先恒流限压，后恒压限流的充电方法。

恒流充电：充电电流小于 120A，截止总电压为 446V，单体最高截止电压为 3.65V。

恒压充电：充电过程中当单组电池充电电压达到 3.6V 时转为恒压充电，以保证单组电压不超过 3.6V，充电电流逐渐减小，当充电电流小于 10A 时，充电停止。

瞬间最大充电电流为 375A，持续时间小于 10s。

充电时电池温度在 0~45℃（注：当电池温度在 0~10℃时，充电电流应小于 35A；当电池温度在 10~15℃时，充电电流应小于 70A）之间。

2）（使用）放电。电池组工作时，合适的放电电流小于 250A，瞬间放电电流最大为 450A，持续时间不超过 18s。

工作电压严禁低于 347V，单组电压严禁低于 2.7V。

电池组工作温度范围为 -20~55℃。

> **注意**：在使用过程中，如果单组电池电压差超过 150mV，则应进行电池均衡处理，以保证整组电池的压差始终小于 100mV。

3. 电池箱

（1）电池箱总体技术方案　动力电池应用技术随电动汽车技术的发展而发展，逐步从简单的电池单体串并联实现高压、大容量电池组，继而发展到模块化封装、集成化应用阶段。为了满足奥运会的应用，在前期动力电池封装技术的基础上，主要针对快速更换电池方式，同时兼顾电池模块化封装，进行功能完善和细化、优化设计，成功研制出了支持快速更换的动力电池箱，并成功应用到奥运电动客车上。

BK6122EV 型纯电动客车采用的新型电池箱，具有电池模块化封装、管理系统和安全防护系统集成、可快速更换的特点，具有防水、防火、防尘的功能。动力电池箱由内、外箱体两部分组成，外箱体固定在车架上，内箱体通过外箱体内部滚轮支撑，电磁锁锁止固定在外箱上。该电池箱设计了"自动快速插接机构"，解决了插头和插孔之间的快速插接、分离及防振问题；设计了安全可靠的锁止和解锁结构，实现了整体电池组安全锁止和支持快卸；设计了重载全脱出式滑道和导向式滚轮两种拖出结构，解决了电池组快速与车体分离的问题；采用双层结构面板设计，中间层布置电池管理系统、快速熔断器、手动检测机构、通风风扇、快换系统吸盘等部件，实现了电池模块化封装，电池箱及其组件的集成便于布线、安装和维护，并且支持快速更换。电池箱总体技术结构如图6-46所示。

a) 电池内箱体　　b) 电池外箱体

c) 电池箱安全防护和管理系统　　d) 电池箱面板结构

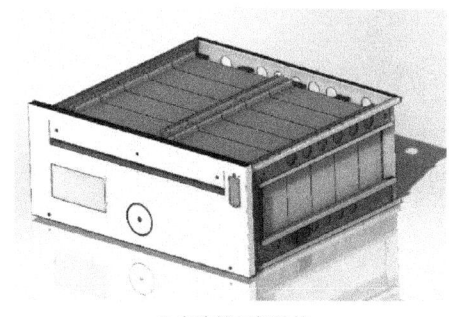

图 6-46　电池箱总体技术结构

（2）电池箱结构　BK6122EV型纯电动客车有两种电池箱规格：大箱和小箱。大箱和小箱除尺寸不同外，结构和功能均相同。完整的电池箱由外箱和内箱组成，组装好的电池箱如图 6-47 所示。

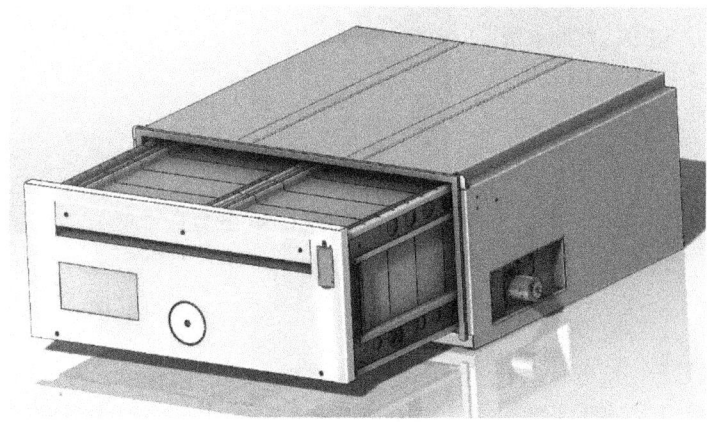

图 6-47　组装好的电池箱

1)外箱体(图 6-48):整体结构采用钢板冲压成形,外部进行喷塑处理,内部喷涂防火绝缘漆,为电池安装提供一个防水、防火、通风的空间。

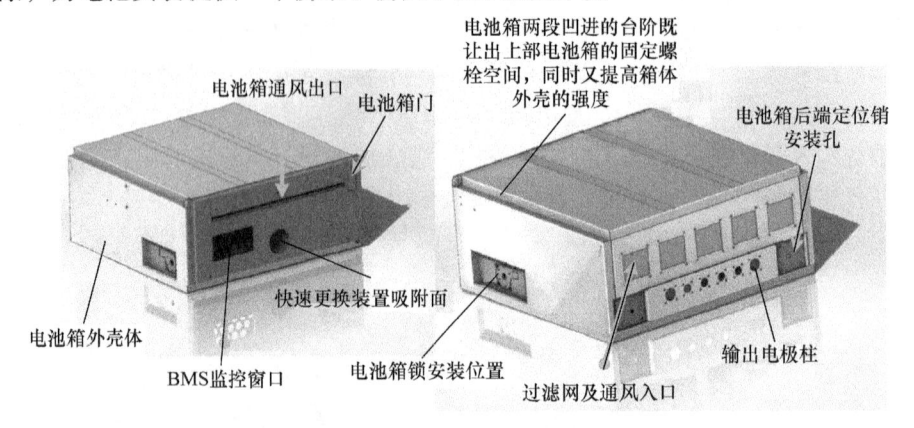

图 6-48 电池箱外箱体构造

2)内箱体(图 6-49):提供电池单体安装、固定,电池管理系统,高压防护系统,通风系统,快速更换接口等的安装空间。

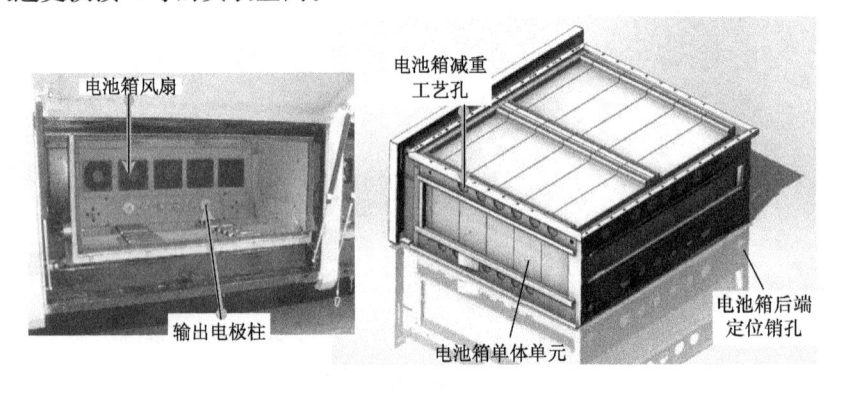

图 6-49 电池箱内箱体构造

为了保证电池充放电使用安全,实现电池使用过程中的有效管理,在电池箱面板处采用双层式结构,在中间层布置电池管理系统、快速熔断器、手动检测机构、通风风扇、快换系统吸盘等部件。同时在车辆发生碰撞时,这种结构可有效吸收碰撞能量,起到保护电池的作用。电池箱面板内部布置结构如图 6-50 所示。

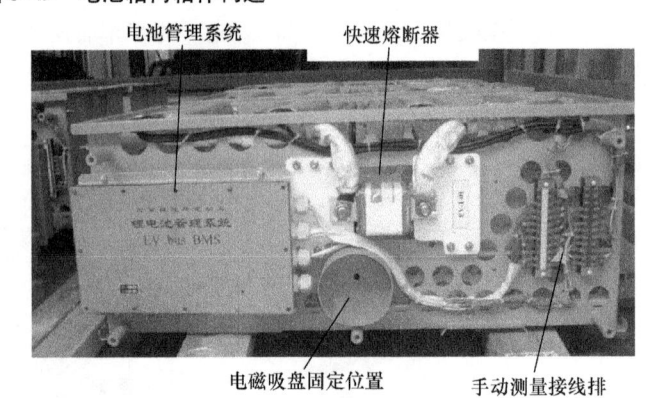

图 6-50 电池箱面板内部布置结构

电池成组后,作为电动汽车高压电源,必须满足整车的绝缘要求。电池箱必须通过采用电池单体壳体绝缘、内外箱体间绝缘辊子、箱体内部防火绝缘漆绝缘、外箱体绝缘子悬浮绝缘、电磁锁绝缘处理等多种措施实现电池与车体间二次绝缘。

（3）温度传感器安装数量和位置

1）电池的总正、总负插接件处安装两个温度传感器。

2）进风口和出风口安装两个温度传感器。

3）在电池中部的电池极柱上安装两个温度传感器。

4）每个电池箱总共安装 6 个温度传感器。

（4）风扇连接图　每箱电池的风扇采用图 6-51 所示的并行连接方式。

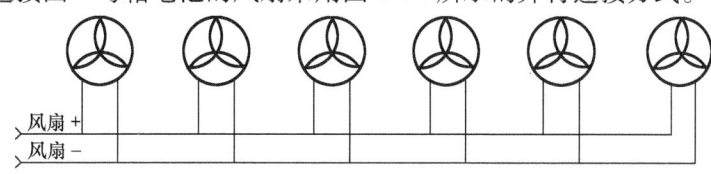

图 6-51　风扇连接图

6.5 电动汽车的其他能量源

6.5.1 锌空气电池

锌空气电池（Zinc-air）也称为锌氧空气电池，是一种体积小、电荷容量大、质量小、能在宽广的温度范围内正常工作、无腐蚀且工作安全可靠的环保电池。锌空气电池是由金属锌和空气中的氧气构成的电池。

全球金属锌资源丰富，因此生产此类电池比锂离子电池更便宜，成本更低。它们也可以存储更多的能量（理论上是锂离子电池的 5 倍以上），而且更安全，更环保。目前锌空气电池作为能源用于助听器、胶片相机以及铁路信号设备。它未获广泛应用的原因是其充电问题，这是因为在电池放电和充电过程中缺乏成功进行还原并生成氧气的电催化剂。

1. 工作原理

锌空气电池是以空气中的氧气为正极活性物质，金属锌为负极活性物质的一种新型化学电源。锌空气电池是一种半蓄电池半燃料电池。首先，负极活性物质与锌锰、铅等动力电池一样封装在电池内部，具有动力电池的特点；其次，正极活性物质来自电池外部的空气中所含的氧，理论上有无限容量，是燃料电池的典型特征。

锌空气电池可以表达为

$$(-)Zn|KOH|O_2(+)$$

锌空气电池放电时阳极和阴极发生的电化学反应为

$$Zn + 4OH^- \longrightarrow Zn(OH)_4^{2-} + 2e^-$$

$$Zn(OH)_4^{2-} \longrightarrow ZnO + 2OH^- + H_2O$$

$$O_2 + 2H_2O + 4e^- \longrightarrow 4OH^-$$

总的电化学反应为

$$2Zn + O_2 \longrightarrow 2ZnO$$

2. 特点

锌空气电池主要有以下特点：

1) 高容量。由于作为正极活性物质的氧气来源于空气，不受电池体积大小的影响，只要空气电极正常工作，正极的容量是无限的，电池容量只取决于锌电极的容量。

2) 体积比能量和质量比能量高。由于采用空气电极，其理论比能量比一般金属氧化物正极高很多。锌空气电池的理论质量比能量为 1350W·h/kg，实际质量比能量可达 220~340W·h/kg，大约是铅酸电池的 5~8 倍、金属氢化物/镍电池的 3 倍，也高于锂离子电池。

3) 工作电压平稳。因放电时阴极催化剂本身不起变化，锌电极的放电电压也很稳定，因此放电时电池电压变化很小，电池性能稳定。

4) 内阻较小。大电流放电和脉冲放电性能好。

5) 安全性好。锌空气电池与燃料电池相比，因为以金属锌替代了燃料电池的氢燃料，所以无燃烧、爆炸的危险，比燃料电池更安全可靠。

6) 价格低廉。由于锌空气电池正极活性物质是空气中的氧气，而负极锌的资源丰富，因此成本低廉，这也是其他电池体系所无法比拟的。

7) 不含有毒物质，对环境无污染。锌空气电池原料收集和制造过程对环境无污染，锌电极放电产物氧化锌可以通过电解的方式再生得到金属锌。整个过程形成一个绿色的封闭循环，既节约资源，又有利于环境保护。

3. 典型结构

20 世纪 90 年代后期，商品化的 5~30A·h 的方形锌空气电池以及适合野战条件下的军用电池问世，可实用化的圆柱形锌空气电池等产品也在研究之中。在这一期间，人们还努力使这些电池成为可充电电池，既可供便携使用又可供电动汽车使用。2016 年，工信部批复了《电动汽车用锌空气电池行业标准》，其中对锌空气电池的要求、试验方法等诸多方面做了明确规定。

图 6-52 所示为方形锌空气原电池的基本结构。它采用金属或者塑料托盘来盛装金属负极/电解质混合物。隔膜和正极则粘接于托盘的边缘。锌空气电池的负极/电解质混合物与碱性锌负极原电池中使用的负极混合物类似，都是将锌粉混入凝胶化的氢氧化钾电解质中形成的。电池的正极是一个薄层的气体扩散电极，包含活性层和阻挡层。与电解质相接触的正极活性层采用高比表面积的碳和金属氧化物催化剂，并用聚四氟乙烯黏合在一起。阻挡层与空气相接触，由聚四氟乙烯黏结的碳组成。高密度聚四氟乙烯阻止电解质从电池中渗出。方形锌空气电池可以实现中等放电率和高容量的设计。电池的厚度决定了负极的容量。

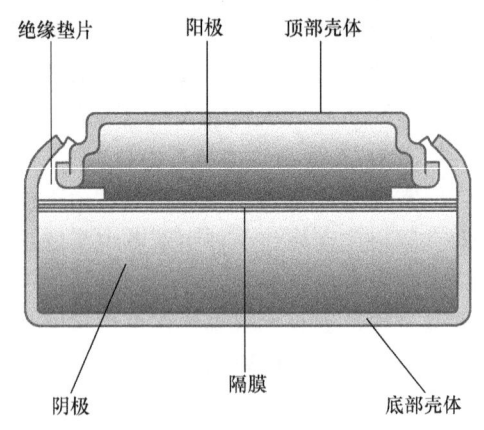

图 6-52 方形锌空气原电池的基本结构

除方形锌空气原电池外，还有圆柱形结构电池，其结构如图 6-53 所示。

6.5.2 太阳能电池

太阳能电池是利用太阳光和材料相互作用直接产生电能的，是对环境无污染的可再生能源。它的应用可以解决人类社会发展在能源需求方面的问题。太阳能是一种储量极其丰富的

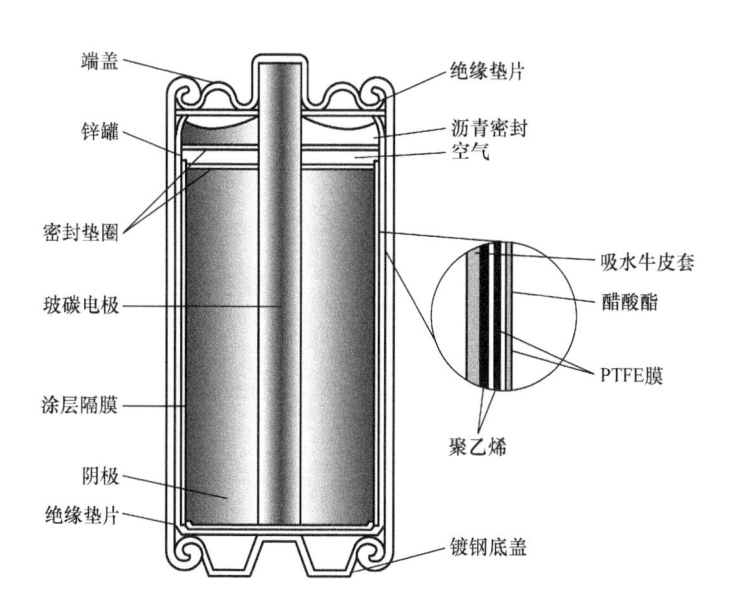

图 6-53　圆柱形锌空气电池结构示意图

洁净能源。太阳每年向地面输送的能量高达 3×10^{21} J，将太阳能电池作为人们利用可持续的太阳能资源，是解决世界范围内的能源危机和环境问题的一条重要途径。

1. 发电原理

太阳能电池的发电原理是基于半导体的光生伏特效应将太阳辐射能直接转换为电能。在晶体中电子的数目总是与核电荷数相一致，所以 P 型硅和 N 型硅是电中性的。如果将 P 型硅或 N 型硅放在阳光下照射，光的能量通过电子从化学键中被释放，由此产生电子-空穴对，但在很短的时间内（在微秒范围内）电子又被捕获，即电子和空穴"复合"。

P 型材料和 N 型材料相接时，将在晶体中 P 型和 N 型材料之间形成界面，即 PN 结。此时在界面层 N 型材料中的自由电子和 P 型材料中的空穴相对应。由于正负电荷之间的吸引力，在界面层附近 N 型材料中的电子扩散到 P 型材料中，而空穴扩散到 N 型材料中与自由电子复合。这样在界面层周围形成一个无电荷区域。通过界面层周围的电荷交换形成两个带电区，即通过电子到 P 型材料的迁移在 N 型区形成一个正的空间电荷区和在 P 型区形成一个负的空间电荷区。

对不同材料的太阳能电池，尽管光谱响应的范围是不同的，但光电转换的原理是一致的。如图 6-54 所示，在 P-N 结的内静电场作用下，N 区的空穴向 P 区运动，而 P 区的电子向 N 区运动，最后造成在太阳能电池受光面（上表面）有大量负电荷（电子）积累，而在电池背光面（下表面）有大量正电荷（空穴）积累。如在电池上、下表面引出金属电极，并用导线连接负载，在负载上就有电流通过。只要太阳光照不断，负载上就一直有电流通过。

2. 太阳能电池的特点

单晶硅太阳能电池转换效率最高，技术也最为成熟，转换效率为 15% ~ 17%。它在大规模应用和工业生产中仍占据主导地位，但由于单晶硅成本高，大幅度降低其成本很困难，为了节省硅材料，发展了多晶硅薄膜和非晶硅薄膜作为单晶硅太阳能电池的替代产品。

多晶硅薄膜太阳能电池与单晶硅比较，成本低廉，而效率高于非晶硅薄膜电池，其转换效率为12%~14%。因此，多晶硅薄膜电池将会在太阳能电池市场上占据主导地位。

非晶硅薄膜太阳能电池成本低，重量轻，转换效率为6%~10%，便于大规模生产，有极大的潜力。但受制于其材料引发的光电效率衰退效应，稳定性不高，直接影响了其实际应用。如果能进一步解决稳定性问题及提高转换率问题，那么，非晶硅薄膜太阳能电池无疑是太阳能电池的主要发展产品之一。

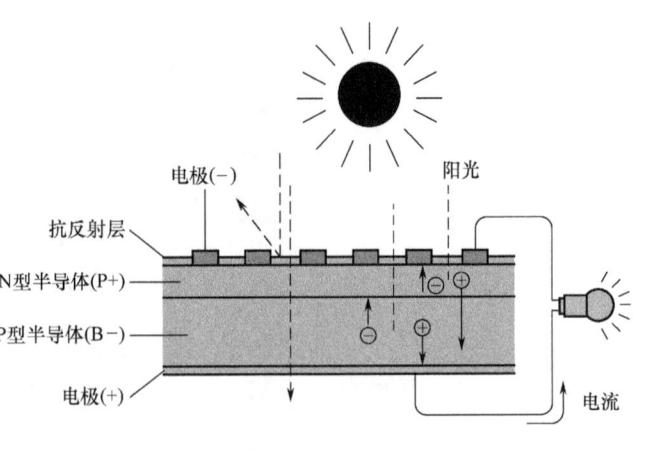

图 6-54 硅太阳能电池的发电原理

硫化镉、碲化镉多晶薄膜电池的效率较非晶硅薄膜电池效率高，成本较单晶硅电池低，并且也易于大规模生产。但镉有剧毒，会对环境造成严重的污染，因此并不是晶体硅太阳能电池最理想的替代产品。

砷化镓化合物电池的转换效率可达 28%。砷化镓化合物材料具有十分理想的光学带隙以及较高的吸收效率，抗辐照能力强，对热不敏感，适合于制造高效单体电池。但是砷化镓材料的价格不菲，因而在很大程度上限制了砷化镓电池的普及。

铜铟硒薄膜电池适合光电转换，不存在光衰退问题，转换效率和多晶硅一样，具有价格低廉、性能良好和工艺简单等优点，将成为今后发展太阳能电池的一个重要方向。但是铟和硒都是比较稀有的元素，资源较少，因此这类电池的发展又必然受到限制。

3. 太阳能电池的结构

图 6-55 所示为太阳能电池的结构和太阳能电池板，在 N 型半导体的表面形成 P 型半导体，构成 P-N 结，即形成太阳能电池。形成的 P 区厚度仅仅有 $1~3\mu m$，太阳光照射到它的表面，透过 P 区达到 P-N 结处，就能够产生电动势，产生的电压约为 0.5V。太阳能电池电流的大小与太阳光照射强度的大小、太阳能电池面积的大小成正比。

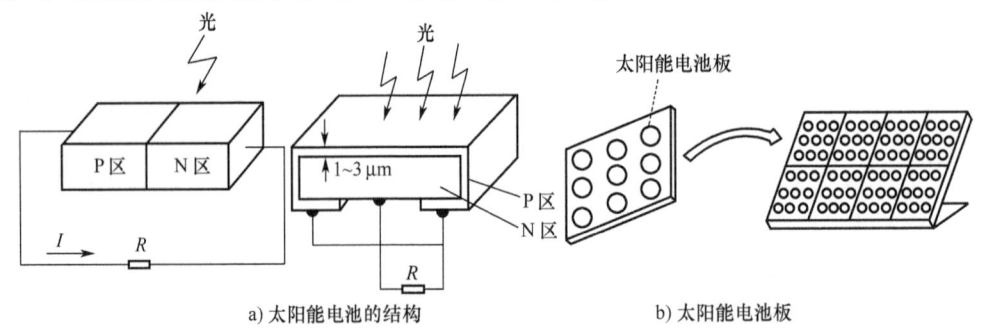

图 6-55 太阳能电池的结构和太阳能电池板

太阳能电池的形状有圆形和方形，将很多个太阳能电池排列组合成太阳能电池板，就能产生所需要的高电压和大电流。太阳能电池的转换效率约为 10%。太阳能电池对能量的转换效率较低，需要进一步采用新材料和新技术来提高。太阳能电动汽车除太阳能电池外，还需要配置电池组、电机、控制器和自动阳光跟踪系统等。

一般在太阳能电动汽车的顶篷上装置转换能力较强的单晶硅电池板组，光电转换率可达到 14.99%～15.2%，每天按 8h 的日照时间计算，太阳能电动汽车可获得 2.5～3kW·h 的电能。可供太阳能电动汽车行驶 40～60km，最高车速可达到 60～80km/h。图 6-56 所示为一辆太阳能电池汽车。

图 6-56 太阳能电池汽车

6.5.3 飞轮储能装置

飞轮储能具有转换效率和比功率高的特点，特别适用于混合动力汽车，但是其比能量较低，因此需要通过合理设计使飞轮装置可以满足功率和能量要求。

1. 飞轮储能装置的原理

飞轮储能装置，也称飞轮电池，主要适用于高速工作环境的飞轮技术、实现电能和机械能之间相互转化的高效电机技术以及实现各种工作模式之间切换的功率变换器技术。飞轮储能装置从动力源获得电能，电机驱动飞轮旋转，以机械能的形式储存能量。飞轮蓄积能量时转速升高，释放能量时转速降低，减少的机械能由发电机转换为电能，输出电路把发电机的电能输出至负载，其工作原理如图 6-57 所示。

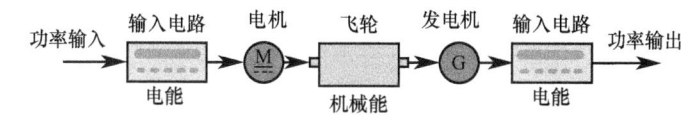

图 6-57 飞轮储能装置工作原理

飞轮储能的工作过程可分为三个阶段：飞轮充电阶段，外部电源通过输入电路给电机供电，此时电机就作为电动机使用，它的作用是使飞轮加速，储存能量；能量保持阶段，飞轮空闲运转，整个装置就以最小损耗运行；飞轮放电阶段，当负载需要电能时，飞轮给电机施加转矩，此时电机作为发电机使用，通过输出电路给外部设备供电。利用电机的四象限运行原理，把发电机和电动机合并为一台电机的方法，不但可以提高效率，还可以减少飞轮的尺寸，使飞轮储能密度大大提高。

飞轮储存的能量 E 为

$$E = \frac{1}{2}J\omega^2$$

式中，J 为飞轮的转动惯量，$J = kmR^2$，m 为飞轮质量，R 为飞轮半径，k 为常数（与飞轮形状有关，对于圆环，$k=1$；对于厚度均匀的实体盘，$k=1/2$；对于实体球，$k=2/5$）；ω 为飞轮的角速度。

由上式可知，飞轮储存的能量分别与转速的平方和转动惯量成正比。大直径小轴向尺寸的低速飞轮和小直径大轴向尺寸的高速飞轮可以储存相等的能量。飞轮转速越高，储存能量越大，但受飞轮转速和转子使用的材料强度的限制，转速不能无限提高。

衡量飞轮储能性能的另一个指标就是储能密度，即飞轮单位质量存储的能量：

$$e = \frac{E}{k} = k_s \frac{\sigma_b}{\rho}$$

式中，k_s 为形状系数；σ_b 为材料强度极限，ρ 为材料密度。

2. 飞轮储能装置的特点

飞轮储能装置的优点：储能效率高（转换效率高），与动力电池相比有很大的比功率潜力，同时，飞轮储能装置的寿命与放电电流大小无关，而且受外界温度影响小。

飞轮储能装置的缺点：目前飞轮储能装置的比能量较低，由于转子高速旋转，在断裂时释放能量的方式不可控，由此带来了安全问题。此外，与化学电池相比，飞轮储能技术不太成熟，成本高，影响了在市场上的竞争力。表 6-12 所示为各种储能技术的性能指标比较。

表 6-12 各种储能技术的性能指标比较

比较项目	飞轮储能	蓄电池	抽水蓄能	压缩空气/气体	小型超导储能	超导储能
效率(%)	90	70	60	<50	90	90
储能能量	高	中	高	高	极低	高
循环寿命	无限	几百	几千	几千	无限	无限
充电时间（计时单位）	分	时	时	时	分	时
地点可用性	极高	中	低	低	高	很低
储能测定	极好	差	极好	极好	极好	极好
建设时间	以周计	以月计	以年计	以年计	以周计	以年计
环境影响	良好	大	极大	极大	良好	很好
事故后果	低	中	高	中	低	高
环境控制	无	显著	有	有	无	无
可用性	正在开发少量应用	可用	可用，但有地理限制	可用，但有地理限制	正在开发	正在开发

3. 飞轮电池的结构

飞轮电池是由高速飞轮、高速轴承系统、集成电机、机电能量转换控制系统以及附加设备组成。它以高速旋转的飞轮作为机械能量储存的介质，利用电机和能量转换控制系统来控制能量的输入（充电）和输出（放电）。图 6-58 所示为飞轮电池的结构简图。

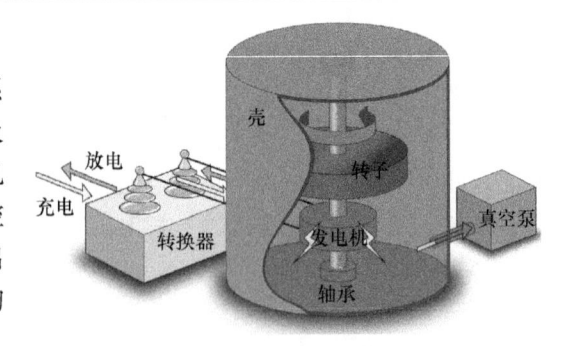

图 6-58 飞轮电池的结构简图

目前，飞轮储能系统主要由转子系统、电机、输入/输出电路和真空室四部分组成。

（1）转子系统　转子系统包括飞轮本体与支承两部分。

1）飞轮本体。基于飞轮材料要求比强度 σ_b/ρ 最大的设计原则，一般选用超强玻璃纤维（或碳纤维等）——环氧树脂复合材料作为飞轮材料，也有少量文献介绍用铝合金或优质钢材制作飞轮。从飞轮形状看，有单层圆柱状、多层圆柱状、纺锤状、伞状、实心圆盘状、带式变惯量与轮辐状等。

2）支承。飞轮的支承方式主要有超导磁悬浮、电磁悬浮、永磁悬浮和机械支承4种，也有采用4种中的某两种组合。

（2）电机　从系统结构及降低功耗的角度出发，国外研究单位一般均采用永磁同步互逆式双向电机。电机功耗还取决于电枢电阻、涡流电流和磁滞损耗等。因此，无铁定子获得广泛应用，转子选用钕铁硼永磁铁。

（3）输入/输出电路　输入/输出电路是储能飞轮系统的控制元件。它控制电机，实现电能与机械能的相互转换。美国Beacon动力公司采用脉冲宽度调制转换器，实现从直流母线到三相变频交流的双向能量转换。飞轮系统具有稳速、恒压功能，此功能是运用一个不需要指定能量转换方向的专利算法自动实现。

（4）真空室　真空室的作用主要有两个：一是提供真空环境，以降低风阻损失；二是屏蔽事故。真空度是影响系统效率的一个决定性因素。目前国际上真空度一般可达 10^5 Pa 量级。

典型的飞轮储能系统由飞轮组件（包括转子、支承轴承、电机和外壳）、电子控制设备（主要是电子电路控制器）和辅助运行系统（散热部件等）三部分组成。图 6-59 所示为 GKN 飞轮储能混合动力车。

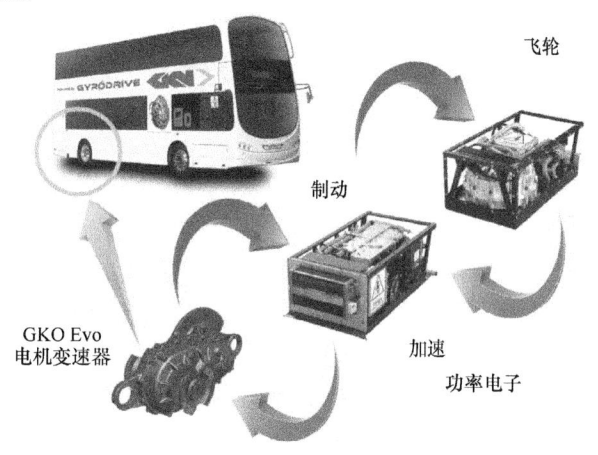

图 6-59　GKN 飞轮储能混合动力车

6.5.4　超级电容器

超级电容器（Supercapacitor，Ultracapacitor）又名电化学电容器（Electrochemical Capacitor），是一种电荷的储存器，当电源的电压连接在电容器的两端时，电源的电荷就储存在电容器中。超级电容器比能量高，功率释放能力强，清洁无污染，寿命长达百万次。电容器能够储存大量电荷，它具有快速、大电流充放电的特性，可以为电动汽车的起动提供大的电流，能够高效率地储存电动汽车制动反馈的电能，弥补动力电池的不足，延长电池的寿命。

1. 电容器的工作原理

电容器由两个彼此绝缘的平板形金属电容板组成，在两块电容板之间用绝缘材料隔开。电容器极板上所储集的电量 q 与电压成正比。电容器的计量单位为法拉（F）。当电容器充上 1V 的电压，如果极板上储存 1C 电荷量，则该电容器的电容量就是 1F。

电容器的电容量为

$$C = \varepsilon \frac{A}{d}$$

式中，ε 为电介质的介电常数（F/m）；A 为电极表面积（m^2）；d 为电容器间隙的距离（m）。

电容器的容量只取决于电容板的面积，且与面积的大小成正比，面积越大，电容器的容量也越大，与电容板的厚度无关。另外电容器的容量还与电容板之间的间隙大小成反比，电容板之间间隙越大，电容器的容量越小。当电容元件进行充电时，电压增高，电场能量增

大，电容器从电源上获得电能。电容器中储存的电量 E 为

$$E = \frac{CU^2}{2}$$

式中，U 为外加电压(V)。

当电容元件进行放电时，电容元件上的电压降低，电场能量减小，电容器释放能量，释放的电量最大为 E。

2. 电容器的结构

电容器是由两个相互绝缘的平板组成的（图 6-60）。一般在两个绝缘平板之间增加一个绝缘层。采用碳金属纤维复合物或在碳纤维布上涂导电聚合物技术，或在金属箔上包裹金属氧化物作为电容器的电极。

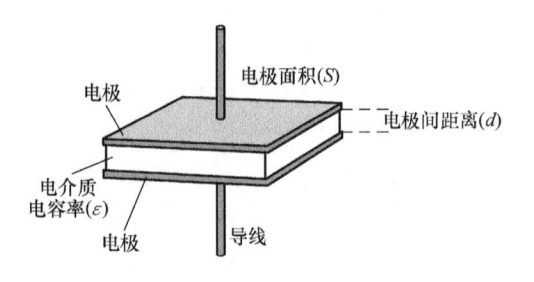

图 6-60 电容器的基本结构

电容器的介质有三类：

1）固体介质，包括纸、塑料薄膜、云母、陶瓷或固态聚合物等。
2）液体电解质，为水解有机溶液。
3）绝缘层，即在两个绝缘平板上的氧化层。为避免损坏，使用时要注意电容器的极性。

图 6-61 所示为双层超级电容器（Electric Double Layer Capacitor，EDLC）的结构。在电容器的两个电极上施加电压时，在靠近电极的电介质界面上产生与电极所携带的电荷极性相反的电荷并被束缚在介质界面上，形成事实上的电容器的两个电极。如图 6-61 所示，很明显，两个电极的距离非常小，只有几纳米。同时活性炭多孔化电极可以获得极大的电极表面积，可以达到 $200m^2/g$。因而这种结构的超级电容器具有极大的电容量并可以存储很大的静电能量。就储能而言，超级电容器的这一特性介于传统电容器与电池之间。当两个电极板间电动势低于电解液的氧化还原电极电位时，电解液界面上的电荷不会脱离电解液，超级电容器处在正常工作状态（通常在3V 以下）。如果电容器两端电压超过电解液的氧化还原电极电位，那么电解液将分解，处于非正常状态。随着超级电容器的放电，正、负极板上的电荷被外电路泄放，电解液界面上的电荷相应减少。由此可以看出，超级电容器的充放电过程始终是物理过程，没有化学反应，因此性能是稳定的，与利用化学反应的电池不同。

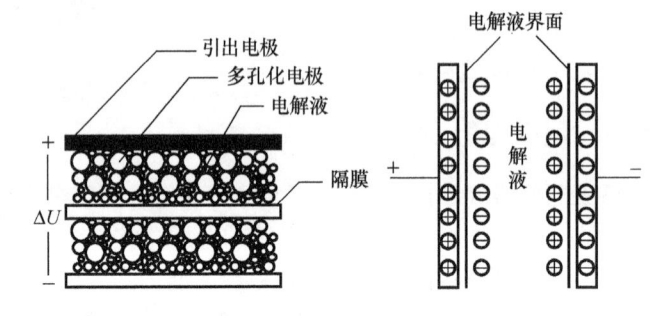

图 6-61 双层超级电容器

超级电容器的电容量从1F 到几千法，工作电压由几十伏到几百伏，放电电流可高达几千安，功率密度大于1kW/kg，充、放电次数可达 10 万次。当电动汽车起动和加速，即短时间需要大电流时，用超级电容器提供大电流，可以大大地减轻动力电池组的负荷，延长动力电池组的寿命。商品化的超级电容器有方形和卷绕形两种形状。图 6-62 所示为车用超级电

容器外部结构图。图 6-63 所示为装载超级电容器的电动大客车。

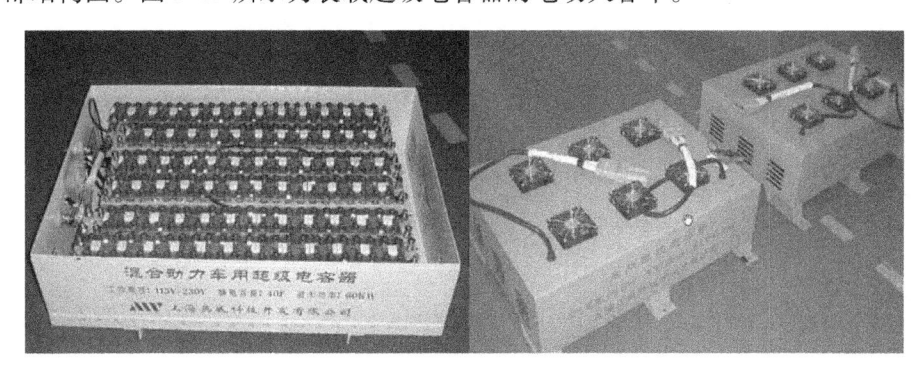

图 6-62 车用超级电容器外部结构图

图 6-63 装载超级电容器的电动大客车

3. 电容器的特点

1）超级电容器在"充电—放电"的过程中，实现电能—电能场—电能的转换。在整个过程中没有任何化学反应，不需要高速旋转的飞轮，不存在对周边环境的污染，也没有任何噪声，结构简单，质量轻，体积小，是一种非常理想的储能器。

2）在混合动力汽车或电动汽车停车时，由外接电源向超级电容器"充电"，使电容器集聚大量的电荷，然后在电动汽车行驶时，超级电容器"放电"来向驱动电机提供电能。

3）超级电容器能够实现快速充电，在极短时间内即可完成。如果超级电容器发展为用"强力微波充电"的电子储能器，将彻底改变电动汽车的车载电源面貌。

4）超级电容器要进一步提高容量，必须改进电容板的材料，目前多采用有机物高效电解质和高绝缘性的绝缘层。为了实现对超级电容器放电的精确控制，需要进一步解决智能化控制技术。

6.5.5 钠离子电池

1. 技术原理

钠离子电池本质是在充放电过程中由钠离子在正负极间嵌入脱出实现电荷转移，与锂离子电池的工作原理、结构类似，图6-64为钠离子电池工作原理示意图。

2. 优点和不足

技术性能方面，钠离子电池的能量密度与磷酸铁锂电池相比存在一定差距。另外，由于钠离子半径较锂离子大，反应过程中嵌入脱出难度大，进而造成其循环寿命较低。成本方面，是钠离子电池的主要优势，根据中科海纳官网数据，其材料成本较磷酸铁锂可降低30%。环境方面，钠离子电池原材料丰度高，钠元素在地壳中丰度是锂资源的400多倍，而且钠资源分布平均，提炼工艺较为简单。安全性方面，钠离子电池内阻比锂电池高，在短路的情况下瞬时发热量少，热失控温度高于锂电池，安全性更高。此外，锂离子电池可正常工作的温度区间为0~40℃，而钠离子电池为-40~80℃，耐热耐冷性能更好。

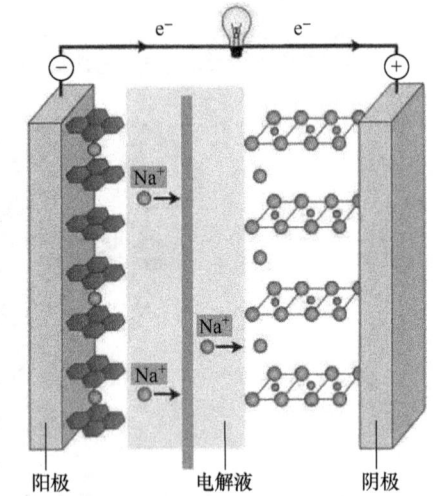

图6-64 钠离子电池工作原理

习题

一、填空题

1. 用于电动汽车和电动工具的四类电池有（　　）、（　　）、（　　）和（　　）。

2. 放电深度是电池已经放出的电量与（　　）的比值，其数学表达式为 $DOD = 100\% - SOC = 100\% - SOC_0 - \dfrac{\int_0^t I_{bat} dt}{C} \times 100\%$。

3. 电池短路故障分为（　　）和（　　）。

4. 特斯拉采用（　　）对电池进行冷却，能够迅速带走大量热量，提高电池可靠性。

5. 特斯拉的BMS通过传感器、控制器和软件来监控、控制和优化电动汽车的电池组性能。BMS的（　　）部分监测电池的温度，并通过控制散热系统或加热系统来维持电池在最佳工作温度范围内。

二、选择题

1. 以下四种电池中安全性能最好的是（　　）。
   A. 钴酸锂电池　　B. 镍钴锰酸锂电池　　C. 锰酸锂电池　　D. 磷酸铁锂电池
2. 20A·h的磷酸铁锂（LFP）锂离子电池，标准电压为3.20V，充电截止电压为（　　）。
   A. 3.65V　　B. 2.0V　　C. 5V　　D. 12V
3. 由于强烈振动、杂质腐蚀等因素导致单体电池之间的连接部位出现松动的现象称为（　　）。
   A. 电气故障　　B. 物理连接故障　　C. 老化故障　　D. 机械连接故障
4. 刀片电池设计成了长薄形似刀片的单体电池，电池采用（　　）方案设计。
   A. CTM　　B. CTP　　C. CTB　　D. CTC
5. （　　）的发电原理是基于半导体的光生伏特效应将太阳辐射能直接转换为电能。
   A. 锌空气电池　　B. 太阳能电池　　C. 飞轮储能装置　　D. 超级电容器

三、判断题

1. 与纯电动汽车相比，混合动力汽车对电池的容量要求更高。（　　）
2. 根据动力电池容量的大小和输出功率的能力，动力电池可以分为能量型动力电池、功率型动力电池、能量/功率兼顾型动力电池。（　　）
3. 电池的循环使用寿命是指以电池充电一次和放电一次为一个循环，按一定的测试标准，当电池容量降到某一规定值（我国标准规定为额定值的80%）以前，电池经历的充放电循环的总次数。（　　）
4. 比亚迪刀片电池是在磷酸铁锂电池上改进的新一代磷酸铁锂电池。（　　）
5. 锂离子电池可正常工作的温度区间为 -40~80℃，钠离子电池正常工作的温度区间为 0~40℃，锂离子电池耐热耐冷性能更高。（　　）

四、简答题

1. 请简述磷酸铁锂电池的优点。
2. 动力电池安全管理系统有哪些功能？
3. 从主动安全管理的角度，应如何制定安全有效的管理策略？
4. 从多维度对比镍镉电池、镍氢电池、铅酸电池和锂离子电池的特性，并绘制成表格。
5. 简述飞轮储能装置的工作过程，并绘制工作原理图。

五、思考题

"热失控"是指电池内部出现放热连锁反应，引起电池温升速率急剧变化的现象。动力电池在机械损伤、电滥用、热滥用等极端条件下的事故均以热失控的形式最终体现。以热失控为特征的锂离子电池系统安全事故时有发生，尤其在目前动力蓄电池能量密度越来越高的背景下，电动汽车的电芯容量一般在几十安时，甚至上百安时，因此动力蓄电池高能量密度条件下的高安全性是电动汽车商业化推广应用的首要保障。

近年来，以动力电池热特性、热失控机理、防护和控制方法为核心的动力电池热安全研究已经成为科研领域的热点和重点。我国成立了新能源汽车国家监测与管理平台，其具备亿辆级新能源汽车运行数据实时监测与安全监管能力，是全球规模最大的新能源汽车车联网大数据平台。

在大数据平台的监测与管理下，想一想：

1. 以防止动力电池系统热安全事故发生、阻断或延缓热失控扩展为目标，哪些措施或方法可以提高锂离子动力电池系统的安全性？

2. 基于新能源汽车运行监管大数据优势，如何实现动力电池过充电状态实时监控、热失控预测预警及安全事故及时防控的目标？

3. 针对大容量电动汽车电池单体，哪些措施或方法能够有效改善锂离子动力电池的安全性？

六、实践题：电动汽车动力电池 SOC 估计

目的：旨在使学生通过仿真软件搭建动力电池系统的模型并掌握动力电池 SOC 的估计方法，培养学生的统计分析能力和协作能力。

背景说明：动力电池作为电动汽车动力系统中重要的组成部分，在为电动汽车提供动力的同时也是汽车续驶里程的重要基础。由于电动汽车续驶里程至关重要，因此采取合理的方法对动力电池 SOC 进行估计具有重要意义。

要求：

1. 学生需要进行动力电池充放电实验，并选择合适的仿真软件（如 MATLAB/Simulink），建立动力电池的模型。设计并实现至少两种不同的 SOC 的估计方法（如电流积分法、放电实验法、开路电压法、Kalman 滤波法、神经网络法等），并通过实验或仿真进行动力电池 SOC 估计。

2. 学生分组进行实践，每组 3~4 人，明确分工，确保每个成员都参与到模型搭建、策略设计和仿真分析中。

3. 实践过程中，学生需要记录详细的动力电池充放电过程的实验数据和仿真数据。

4. 根据仿真结果，分析比较不同 SOC 估计方法的性能，探讨各自的优缺点，并提出改进方案。每组学生需要撰写一份实践报告，内容包括实践目的、背景、试验原理、模型建立、数据采集、方法设计、仿真分析、结果比较、改进方案和结论等。报告要求条理清晰、数据准确、分析深入。

5. 实践结束后，每组需进行口头报告，展示实践成果，听取教师和同学的提问和建议，并进行相应的修改。

通过本实践项目，理解动力电池的试验过程和 SOC 的计算方法，为将来从事相关领域的研究和工作打下基础。

第 7 章

电动汽车的电动化辅助系统

7.1 电动汽车的辅助系统

7.1.1 电动汽车辅助系统概述

电动汽车除电池组、发电机、电动机等动力传动系统之外,还有许多辅助系统以提高电动汽车的操控性、安全性和舒适性,其中包括电动转向系统、电动制动系统、电动空调系统、电动冷却系统、辅助 DC/DC 变换器等。

电动汽车与传统燃油汽车最大的区别在于动力装置的不同,由于取消了燃油箱和发动机,取而代之的是电池组、电动机和发电机,车身结构随之也发生了变化,电动汽车的辅助系统相对于传统汽车必须做出相应的改进,但正是由于这种变化也为电动汽车辅助系统的电动化提供了便利。电动汽车辅助系统电动化的原因包括:①取消发动机的需要;②结构合理的需要;③提高性能的需要;④节能的需要。

电动汽车有别于传统汽车的结构使得辅助系统的电动化更加简单,性能也有所提升。面对当今愈加苛刻的环保法规限制,辅助系统的电动化可以满足更高的环保要求。

电动汽车的辅助系统有些是电动汽车独有的,如借助驱动电机实现的再生制动系统,在减速制动时将车辆的部分动能转化为电能,转化的电能储存在储存装置中,如各种蓄电池、超级电容和超高速飞轮,最终增加电动汽车的续驶里程。而另外一些辅助措施,如空调系统、转向系统、导航系统等是电动车和燃油车所共有的,但即使是这些共有的装置,仍可以结合电动汽车的特点和需求进行优化设计。

7.1.2 电动汽车辅助系统的特点

1. 电动转向系统

传统液压助力转向系统(HPS)存在的能耗高、环境污染等不足已变得越来越突出,不能完全满足电动化的需求。电动汽车中电动转向系统有电动助力转向(EPS)、电动转向(线控转向)等方式。电动助力转向系统如图 7-1 所示。

以电动助力转向为例,它的优势在于:

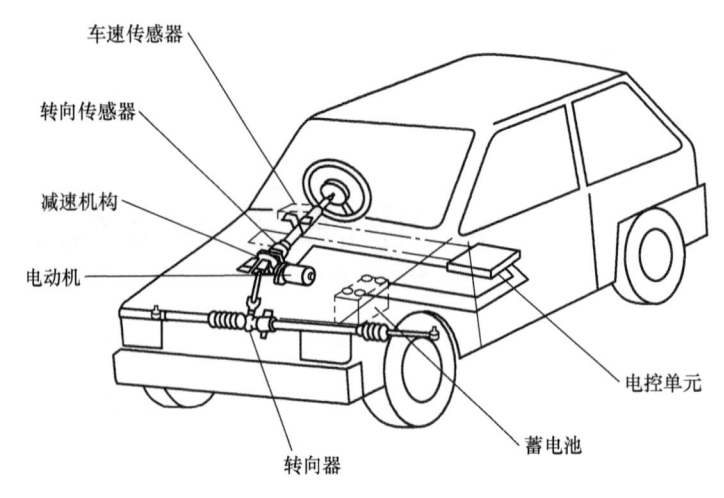

图 7-1 电动助力转向系统

1）更加节能与环保。EPS 由于没有液压装置，属于典型的"按需供能型"（on-demand）系统，即只有转向时系统才工作，而车辆没运行或者直线行驶时不消耗能量，这样将消耗相对较少的能量。因而与液压动力系统相比，在各种行驶状况下均可节能 80%～90%。

2）助力效果更好。EPS 可以针对车辆行驶的各种工况，通过优化助力特性曲线，使得助力更加精确，助力效果更加理想。另外还可以采用阻尼控制减小由路面不平产生的对转向系统的干扰，保障汽车低速行驶时的转向轻便性，提高汽车高速行驶时的转向稳定性，进而提高汽车的主动安全性。

3）重量大幅减轻。与 HPS 相比，EPS 的结构更加简单，零件数目也大幅减少，因而使得重量大幅减轻，同时 EPS 布置更加方便，并且降低了工作时的噪声。

4）安全性更好。与 HPS 比较，当 EPS 出现故障时，系统可通过电磁离合器立即切断电机与减速传动机构的动力传送，迅速转入纯机械转向状态。另外由于直接由电机提供助力，因此 EPS 独立于车辆的驱动系统的工作，只要电动汽车的 DC/DC 变换器不发生故障，即使在发动机未起动或出现其他故障时也能提供助力。

5）生产和开发周期更短。EPS 的前期研发时间较长，但是一旦设计完成，就可以通过修改相应的程序，快速实现与特定车型的匹配，因而能大幅减少针对不同车型的研发时间。

6）改善了转向系统的回正特性。在一定的车速下，当驾驶人转动转向盘一个角度后松开，车辆本身具有使车辆回到直线行驶方向的能力，这是车辆固有结构所决定的。EPS 系统可以对该回正过程进行控制，利用软件在最大限度内调整设计参数以使车辆获得最佳的回正特性。而在传统的液压控制系统中，汽车设计一旦完成，其回正特性就不能再改变，否则必须改造底盘的机械结构，实现难度较大。

7）EPS 效率一般较 HPS 高，适用车辆范围广，尤其适用于电动汽车。

2. 电动制动系统

电动制动系统是基于近年来兴起的对车辆线控系统（x-by-wire）的研究而产生的，其主要包括电动助力制动和电制动两种形式。电动助力制动不需要任何真空源，使用电机取代了传统的真空助力器从而实现制动助力功能，更加完美地契合电动车的系统布置要求。比较典型的形式为电子液压制动器（Electro Hydraulic Brake，EHB），其在传统的液压制动系统的基础上将动力源替换成电子控制系统，不再使用真空供给与助力部件，而是采用伺服电机与控制器为系统提供动力。电子液压制动系统解决了传统系统的真空依赖问题，实现了制动系统的电动化，同时保留了成熟的液压技术，是一种先进的机电液一体化电控系统。但也正是因为并未完全摆脱液压系统，该系统仍存在如制动液传输管路复杂等诸多弊端。电制动则是电动制动系统发展的最终形态，电子机械制动器（Electro Mechanical Brake，EMB）便是其中的一种形式，简单地说，电子机械制动器就是把原来由液压或者压缩空气驱动的部分改为由电动机来驱动，彻底抛弃了液压装置，取而代之的是一套电子机械系统，只以电能作为能量源，从而提高响应速度、增加制动效能，同时也大幅简化了结构、降低了装配和维护的难度。电动制动系统结构如图7-2所示。

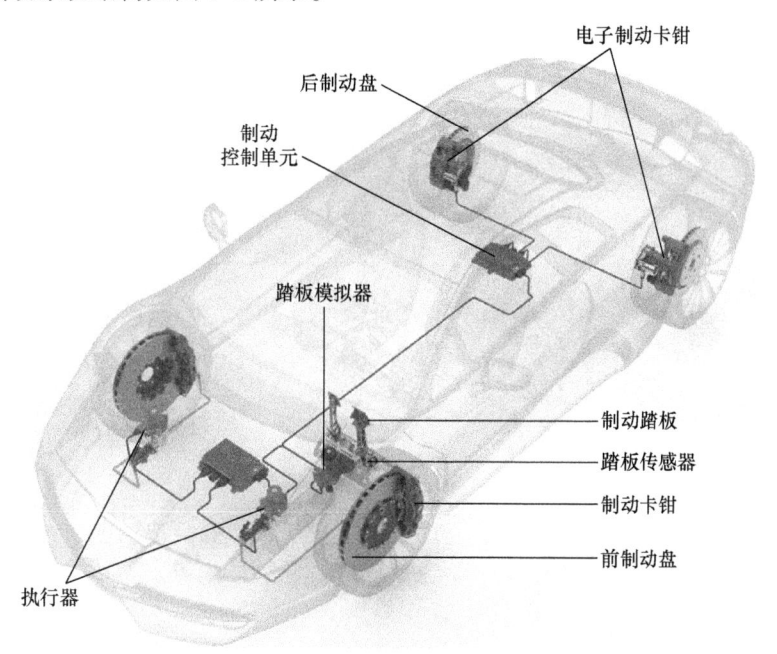

图7-2 电动制动系统结构

EMB以电能作为能量来源，由电机驱动制动垫块，由电线传递能量，数据线传递信号，它是线制动系统（brake-by-wire）的一种形式。电子机械制动是一种全新的制动理念，它简洁的结构、高效的性能极大地提高了汽车的制动安全性。相对传统的液压制动系统，EMB具有以下主要优点：

1）EMB制动系统取消了液压或气压管路、真空助力器等零部件，使制动系统结构简洁、质量小、体积小，节省了空间，便于布置其他部件，同时减少了整车质量。

2）EMB制动系统无须增加任何附件（如液压或气压调节装置），便可综合实现ABS、TCS、ESP及EBD等主动安全控制功能，消除了液压或气压制动系统由于增加附件而导致回路泄漏的隐患。

3）EMB制动系统采用电子制动踏板代替了传统的机械式制动踏板及真空助力装置等，实现对驾驶人制动意图的智能识别，而且可根据需要提供良好的踏板反馈。

4）由于采用电机而非液压作为制动动力源，EMB制动系统提高了制动效能，同时缩短了制动响应时间。

5) 传动效率高、安全可靠、节能。

6) 无须使用制动液,降低了对环境的污染。

3. 电动空调系统

传统汽车与电动汽车空调系统的区别在于:电动汽车没有发动机的余热可以利用,需采用热泵型空调系统或辅助加热器;电动空调压缩机可以采用电动机直接驱动,但对压缩机高转速性和密封性的要求较高。对于电动空调系统,目前采用的方案主要包括电动热泵式空调系统、电动压缩机制冷和电加热器混合调节空调系统。电动压缩机空调系统结构如图7-3所示。

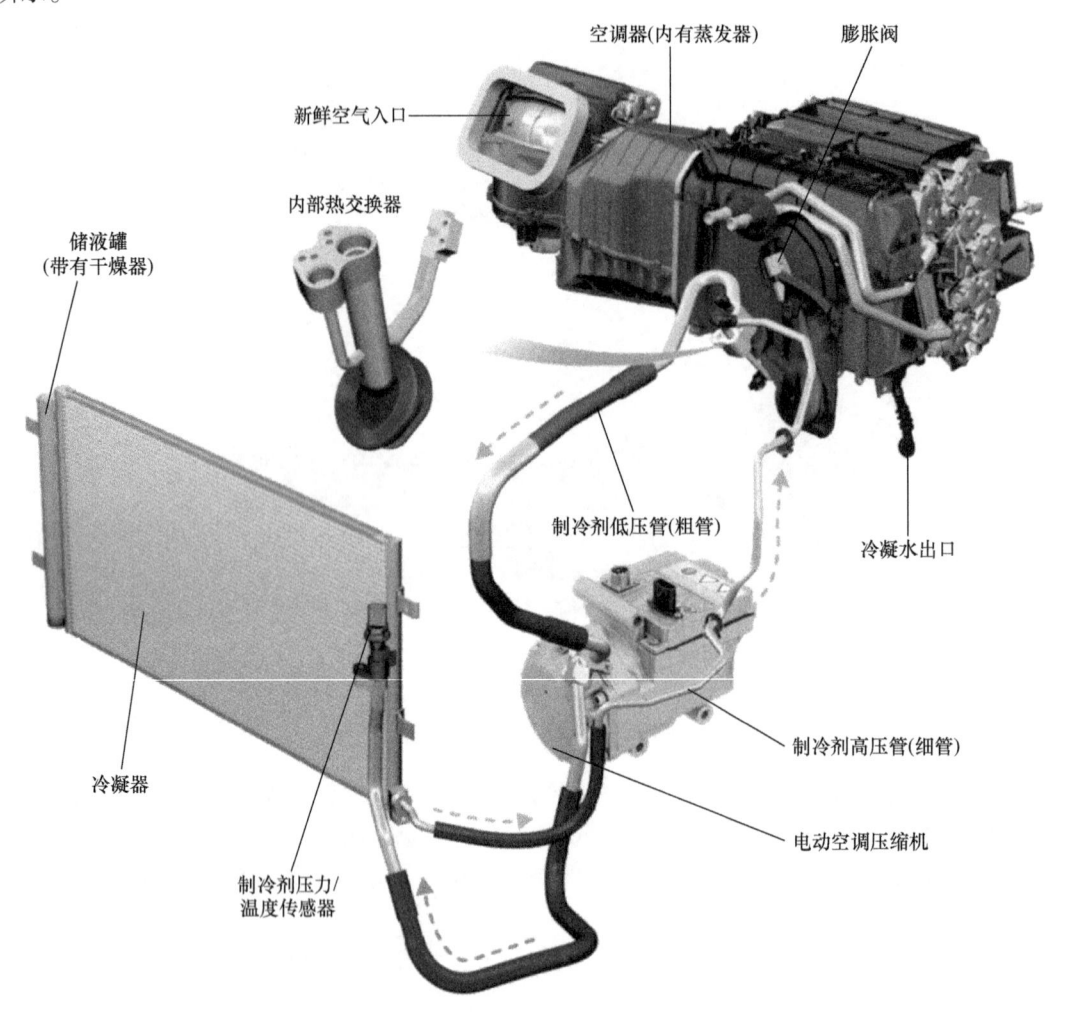

图 7-3 电动压缩机空调系统结构

相比传统空调系统,电动空调系统在环境保护、前舱结构布置以及车舱舒适性等各项指标上均处于优势,其主要优点如下:

1) 电驱动压缩机空调系统可以采用全封闭的 HFC134a(目前主要的汽车空调用制冷剂)系统及制冷剂回收技术,整体的高度密封性可以减小正常运行以及修理维护时制冷剂的泄漏损失，从而减少对环境的污染。

2）电动空调的压缩机靠电动机驱动，因此可以通过精确的控制以及在常见热负荷工况下的高效率运行来降低空调系统的能耗，从而提高整车的经济性。电动压缩机相对于传统机械式压缩机效率较高，也可以减少能量消耗，两者的效率比较见表7-1。

表7-1 传统机械式压缩机与电动压缩机的效率比较

机型	传输效率	容积效率	其他	总和
机械式压缩机	0.95	0.40	0.75	0.29
电动压缩机	0.65[①]	0.90	0.75	0.44

① 机械式压缩机的传输效率表示从发动机到发电机，再经逆变器到压缩机驱动电机的总效率。对于纯电动汽车来说，传输效率是从电池到逆变器，再到压缩机驱动电机的效率，因此如果在同样的能量传输路径下，该项值应该比列出的要高。

3）采用电驱动，噪声较低、可靠性高、使用寿命长、故障率低。

4）对于一体式电动压缩机，取消了发动机与压缩机之间的传动带，没有了张紧件的质量，相对于传统结构减少了整车质量。

5）可以在上车之前预先遥控启动电动空调，对车厢内的空气进行预先调节，相比传统空调可提升乘客的舒适性。

4. 电动冷却系统

冷却散热技术是车辆辅助系统的核心技术之一，是动力传动装置正常工作的重要技术保证，其技术水平及实车工况状态，将直接影响车辆性能指标的实现。电动汽车的冷却系统功能要求与传统内燃机车辆基本相同。但是，由于结构差异导致了热源及其散热方式的不同。因此，必须考虑热源的特点，采取相应的冷却方式来满足其使用要求。电动车辆主要的热源有动力电池、燃料电池系统、电机、控制装置等。常见的电动冷却系统结构如图7-4所示。

（1）动力电池 无论是传统的铅酸电池，还是性能先进的镍氢、锂离子动力电池，温度对电池整体性能都有非常显著影响。首先充放电过程的电化学反应都是在特定的温度范围内才能够发生，这意味着电池运行的环境温度范围是特定的。

温度会影响电池的如下性能：

1）影响电化学系统运行。

2）影响充放电效率。

3）影响电池的可充性。

4）影响电池的容量和功率。

5）影响电池的可靠性和安全性。

6）影响电池的寿命和循环次数。

在高温等复杂条件下，动力电池对散热有更高的要求。这时，采用液体作为冷却介质用于动力电池散热便成为可能。液体冷却主要分为主动式液体冷却系统和被动式液体冷却系统，主动冷却系统中使用车辆自身制冷装置，电池热量通过液体与液体交换形式送出；被动冷却系统中，采用液体与外界空气进行热交换的方式将电池热量送出。

（2）燃料电池 燃料电池的工作温度一般在60~100℃，须设有专门的冷却装置，由于冷却水的温差小，所以所需散热器的体积大。燃料电池电动汽车用的散热器体积约是相同功率内燃机用散热器体积的1.5倍。燃料电池的冷却介质为无离子水，这是由电池本身决定

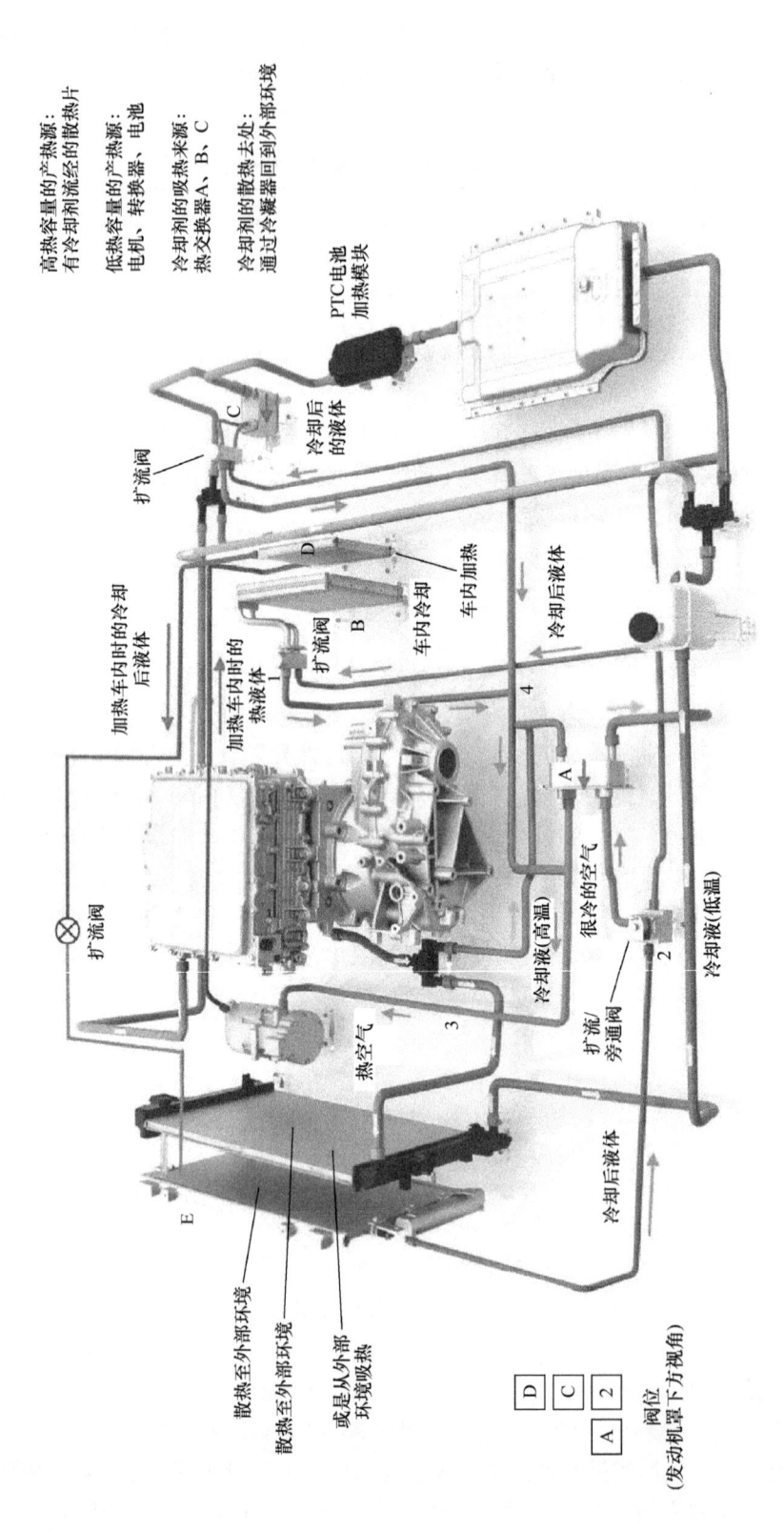

图 7-4 常见的电动冷却系统结构

的。一般其排热方式有：电池组本体外部冷却法、冷却剂通过电池组内部管道进行循环、电极气体通过外部冷却器进行循环、电解液通过外部冷却器循环等方法。

（3）电机　影响电机尺寸重量的最大因素之一就是它们的热负荷。采取有效的冷却措施会大大缩减其尺寸重量。尽管风冷电机结构简单、成本低，但与液冷相比效率低且重量体积大。而液冷需加额外的泵来提供冷却液，这将增加功耗，使结构复杂，但其工作效率高、冷却效果好、体积小。

现在已研制出一种新型的蒸发式冷却电机，这种电机是根据相变传热原理在液-气转变过程中实现高效传热。它的重量较相同功率普通电机要减轻 40% 左右。由于交流感应电机体积小、重量轻，而动力电源逆变器均使用 IGBT 大功率管，所以动力驱动控制系统应采用专用的冷却装置，一般采用油或水作为冷却液。

（4）控制装置　系统控制器除了有主逆变器驱动牵引电机外，还有几个小功率的 DC/AC 逆变器。逆变器产生的交流电用来驱动空调压缩泵电机、动力转向泵电机、制动泵电机和冷却泵电机。控制装置一般允许最高温度为 60~70℃，而最佳工作环境温度在 40~50℃。周围环境的温度较高时，很容易超出其允许温度，所以，必须采用专用的冷却装置对其温度进行控制。

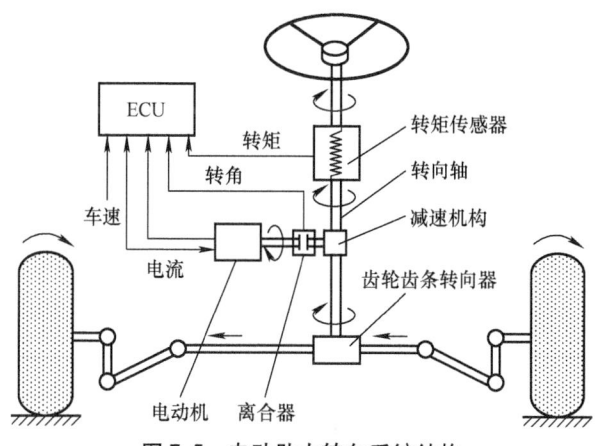

7.2 电动转向系统

7.2.1 电动助力转向系统

1. 电动助力转向系统的结构

电动助力转向系统（EPS）是利用电动机产生的动力协助驾驶人进行转向的系统。EPS 的构成一般是由转矩（转角）传感器、电子控制单元、电动机、减速器、机械转向器以及蓄电池电源构成的。电动助力转向系统结构如图 7-5 所示。

图 7-5　电动助力转向系统结构

（1）转矩传感器　转矩（转角）传感器用来测量驾驶人作用在转向盘上的力矩大小和方向，以及转向盘转角的大小和方向，目前采用较多的是扭杆式电位计传感器，它是在转向轴位置加一根扭杆，通过扭杆检测输入轴与输出轴的相对扭转位移测得转矩。转矩传感器外观及结构如图 7-6 所示。

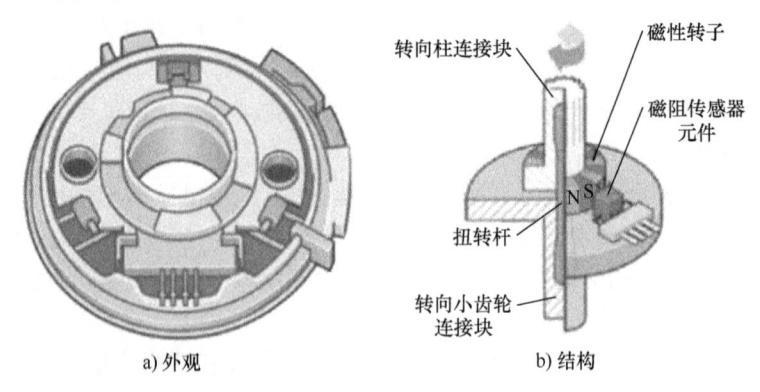

a) 外观　　b) 结构

图 7-6　转矩传感器外观及结构

（2）助力电机　助力电机分有刷直流电机和无刷直流电机。在这里重点介绍一下无刷直流电机。

无刷电机主要分为旋变式和霍尔式两种，旋变式无刷电机及控制系统价格昂贵，但它是未来的发展方向，而霍尔式无刷电机因转矩波动较大，噪声偏大，耐低温性能较差等缺点，已经逐渐被淘汰。

旋变式无刷电机及控制的优点包括：

1) 采用转子位置检测（旋转变压器），实现转子位置的实时检测。
2) 采用矢量控制技术算法，实现正弦波控制。
3) 绕组电流为正弦波、谐波分量小、转矩脉动低。
4) 运行平衡性好、噪声低、响应快、定位精度高。
5) 与方波驱动比，转矩脉动小。

助力电机的功用是根据控制器的指令产生相应的转矩输出。助力电机对 EPS 系统性能的影响很大，是 EPS 的关键部件之一，系统不仅要求电机低转速、大转矩、波动小、转动惯量小、尺寸小、质量小，而且要求可靠性高，易控制。为了增强转向操纵时驾驶人的"手感"并降低噪声和振动，需要对电机的结构作一些特殊处理，如沿转子的表面开出斜槽或螺旋槽，定子磁铁设计成不等厚。

转向助力用直流电机需要正反转控制，其正反转控制原理如图 7-7 所示，a_1、a_2 为触发端信号。当 a_1 端得到输入信号时，晶体管得到基极电流而导通，电流经 T_2、电动机 M、T_3 和搭铁（地线）而构成回路，于是电机正转；当 a_2 端得到输入信号时，电流则经 T_1、电动机 M、T_4 和搭铁而构成回路，电机则因电流方向相反而反转。控制触发信号端电流的大小来控制通过电机电流的大小。

（3）电磁离合器　图 7-8 所示为单片干式电磁离

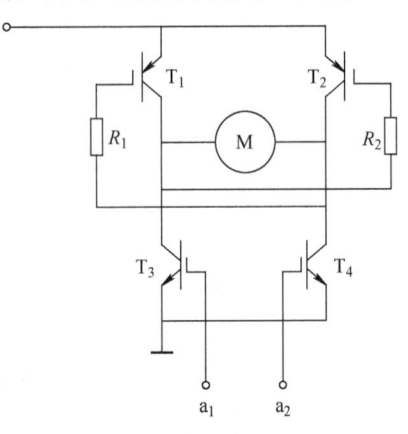

图 7-7　助力电机正反转控制原理

合器的工作原理。当电磁离合器控制电流通过滑环进入电磁离合器线圈时，主动轮产生电磁吸力，带花键的压板被吸引从而与主动轮压紧，于是电动机的动力经过轴、主动轮、压板、花键和从动轴传递给执行机构。

EPS 中的电磁离合器主要起到安全保护的作用，当 EPS 发生助力电机工作电流过大等故障时，电磁离合器会及时切断，传统的机械转向装置仍可以正常工作，从而保障整个系统和行车的安全。为了不使电动机和电磁离合器的惯性影响转向系的工作，离合器应及时分离，以切断辅助动力。

（4）减速机构　减速机构通过离合器与电动机相连，起减速增矩作用，常采用蜗轮蜗杆机构，也有采用行星齿轮机构，离合器装在减速机构一侧是为了保证 EPS 只在预先设定的车速（如 0～45km/h）范围内起作用。

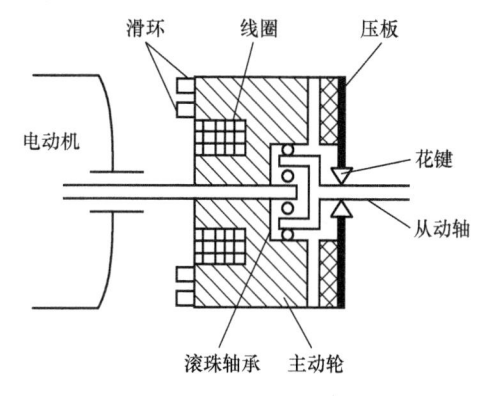

图 7-8　电磁离合器工作原理

目前实用的减速机构有多种组合方式，一般采用蜗轮蜗杆与转向轴驱动组合式，也有的采用两级行星齿轮与传动齿轮组合式。为了抑制噪声和提高耐久性，减速机构中的齿轮有的采用特殊齿形设计，有的采用树脂材料制成。

（5）电子控制单元（ECU）　ECU 的功能是根据转矩传感器信号和车速传感器信号，进行逻辑分析与计算后发出指令，控制电动机和离合器的动作。此外，ECU 还有安全保护和自我诊断功能。

电子控制单元作为关键部件，主要由微处理器、与传感器输入信号相匹配的接口电路、微处理器内置的模数转换器（A/D）和脉冲宽度调制器（PWM）、监测微处理器工作的监测电路、无刷直流电动机的驱动电路和金属氧化物半导体场效应晶体管（MOSFET）组成的放大驱动电路等部分组成。

2. 电动助力转向系统的分类

根据电动机驱动部位和机械结构的不同，将电动助力转向系统分为转向轴助力式、小齿轮助力式、齿条助力式和循环球式。

（1）转向轴助力式转向系统　转向轴助力式转向系统的转矩传感器、电动机、离合器和转向助力机构组成一体，安装在转向柱上，如图 7-9 所示。其特点是结构紧凑，所测取的转矩信号与控制直流电动机助力的响应性较好。这种类型一般在轿车上使用。

扫码观看：电动助力转向系统概述

（2）小齿轮助力式转向系统　小齿轮助力式转向系统可分为两种，一种是转矩传感器、电动机和转向助力机构仍为一体，只是整体安装在转向小齿轮处，直接给小齿轮助力，也称为单小齿轮电动助力转向系统，如图 7-10 所示；另一种是转矩传感器安装在转向器输入轴的小齿轮处，电动机和转向助力机构安装在小齿轮另一端的齿条处，转向助力机构为蜗轮蜗杆和小齿轮，也称为双小齿轮电动助力转向系统，如图 7-11 所示。后者可使各部件布置更方便，可获得较大的转向力，但电机和传感器安装在底盘上，环境恶劣，对防护等级要求高。

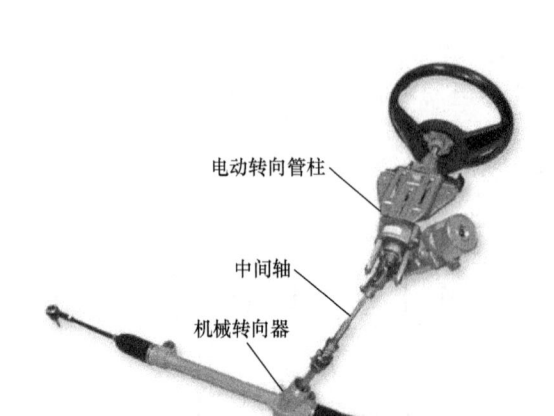

图 7-9　转向轴助力式转向系统示意图

图 7-10　单小齿轮助力式转向系统示意图

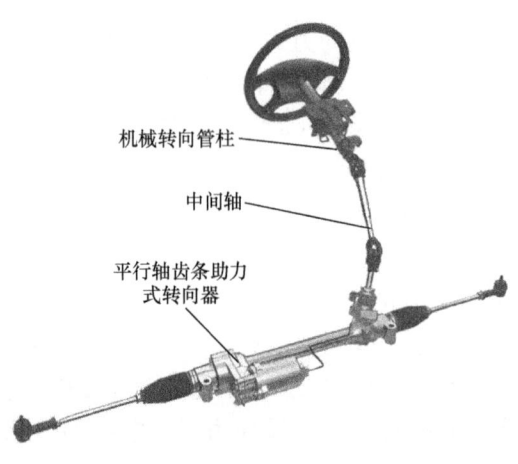

（3）齿条助力式转向系统　齿条助力式转向系统转矩传感器单独地安装在小齿轮处，电动机与转向助力机构一起安装在小齿轮另一端的齿条处，用以给齿条助力。该类型又根据减速传动机构的不同可分为两种：一种是电动机做成中空的，齿条从中穿过，电动机的动力直接经滚珠丝杠传动副传给齿条，如图 7-12 所示。这种结构是第一代齿条式电动助力转向系统，由于电动机位于齿条壳体内，结构复杂，价格高，维修也困难。另一种是电动机与齿条的壳体相互独立。电动机动力先经同步带再经滚珠丝杠传动副传给齿条，如图 7-13 所示，由于易于制造和维修，成本低，已取代了第一代产品。因为齿条由一个独立的齿轮驱动，可给系统较大的助力，主要用于轴荷较大的乘用车。

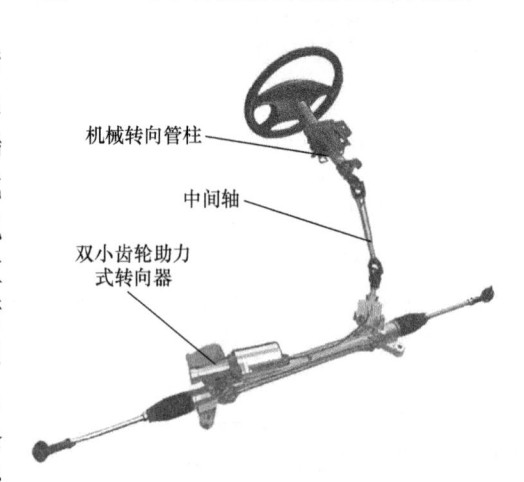

图 7-11　双小齿轮助力式转向系统示意图

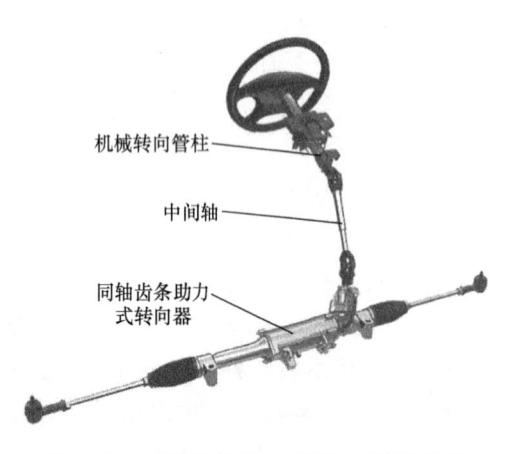

图 7-12　同轴齿条助力式转向系统示意图

图 7-13　平行轴齿条助力式转向系统示意图

(4) 电动循环球助力转向系统　为满足轻型商用车辆电动化和智能化的需要，一种电动循环球助力转向技术在近些年得到了迅速发展。这种电动循环球助力转向系统继承了电动助力转向的助力转向和主动转向控制的特点，将电动助力转向和机械循环球转向集成，如图 7-14 所示。电动循环球助力转向系统主要由助力电机及控制器、蜗轮蜗杆减速机构、循环球（滚珠丝杠）减速机构、螺母齿扇减速机构和转矩转角传感器等组成。该系统体现了电动助力转向的诸多优势，具有随速助力、主动回正等转向特性。还可以实现转矩和转角控制，为轻型商用车的辅助驾驶功能和自动转向等智能驾驶功能提供了转向系统解决方案。

3. 电动助力转向系统的工作原理

EPS 的工作分为转向、回正、休眠 3 个状态。汽车在转向时，转矩传感器收集转向盘转矩和转动方向信号，车速传感器收集汽车行驶速度信号，它们通过数据总线发给电子控制单元，ECU 根据转矩、转动的方向、行驶速度等数据信号进行综合逻辑分析与计算后，选择一条合适的助力特性曲线，向电动机控制器发出动作指令，电动机就会根据具体的需要输出大小可变的转动力矩，从而产生了助力转向，其控制原理如图 7-15 所示。

图 7-14　电动循环球助力转向器

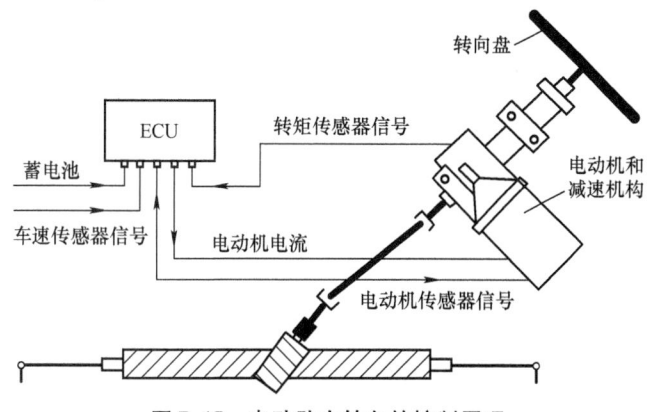

图 7-15　电动助力转向的控制原理

其具体工作原理为：转向时，控制单元根据检测到的传感器信号以及电机电压/电流信号判断汽车的转向状态（转向或回正），向驱动单元发出控制指令，通过电机驱动芯片使 MOSFET 按一定的占空比导通，使电机按转向盘转动的速度和方向产生所需的助力转矩，协助驾驶人进行转向操纵。

电控单元根据各传感器输入的信号通过查询控制策略表确定控制参数，并根据控制参数控制电动机转动。另外电控单元还需要对系统进行故障诊断，一旦发现故障，将中断对电动机供电，EPS 系统的故障指示灯点亮，并将故障以代码的形式进行存储记忆。

驱动单元主要是由无刷直流电动机驱动芯片和 MOSFET 驱动电动机正向和反向转动的驱动电路、电流传感器和控制电动机电路通断的继电器组成。电控单元对电动机的驱动电路进行监测，当驱动电流不正常时将中断向电动机供电。

转向控制（包括常规控制、回正控制和阻尼控制）是 EPS 开发的核心之一，EPS 系统根据检测到的车速、转向盘转矩和转速信号确定车辆的运动状态，以此来控制助力电机产生相应大小和方向的辅助力。

汽车在低速行驶转向时，电控单元对电动机进行常规控制，由于电动机的端电压随转向盘转速提高而增大，所以场效应管的占空比将随转向盘转速提高而增大。这样使转向机具有较好的转向响应，转向操纵灵敏轻便。

回正控制可以改善转向盘的回正性。在汽车低速行驶过程中，当转向盘转动后回到中位时，电控单元对电动机进行回正控制，电动机将产生一个与电动机转速成正比的阻力矩，电控单元控制电动机电流逐渐减小，使转向车轮迅速回正，汽车将具有良好的回正特性。

汽车高速行驶过程中，当转向盘转动后回到中位时，电控单元将电动机电流逐渐减少，对转向车轮产生回正阻尼，使汽车具有稳定的转向特性。阻尼控制可以衰减汽车高速行驶时出现的转向盘抖动现象，消除转向车轮因路面输入引起的摆振现象。其原理为电动机绕组发生短路时，电动机将产生一个大小与其转速成正比的反向转矩，电控单元就是利用这一特性对电动机进行阻尼控制的。在 EPS 系统中，由于电动机存在转动惯量，因此 EPS 系统的转动惯量要大于传统系统的转动惯量，因此，当电动机转动惯量较大时，阻尼控制是很有效的方法之一。当电动机转矩小于设定值，转速大于阻尼控制表中的数据时，如：转向盘转速很高，但没有对转向盘施加作用（引起转向盘抖动），即需要阻尼控制，以提高路感。

7.2.2 电动液压助力转向系统

1. 电动液压助力转向系统的结构

电动液压助力转向系统（EHPS）结构如图 7-16 所示，主要包括电动机、控制器、装配在小齿轮轴上的转角传感器、齿轮泵、储液罐和转向机等，其中储液罐、齿轮泵、电动机、电子控制单元集成一体，通过 CAN 总线与整车中央控制单元总线交换必要信息数据（如车速），转向机结构与 HPS 转向机相同，高效齿轮泵为 EHPS 提供液压助力，齿轮泵由小惯量、内转子、三相无刷直流电机驱动，电源来自汽车 12V 蓄电池。EHPS 系统与传统 HPS 系统相比具备良好的转向感并且能耗较低。

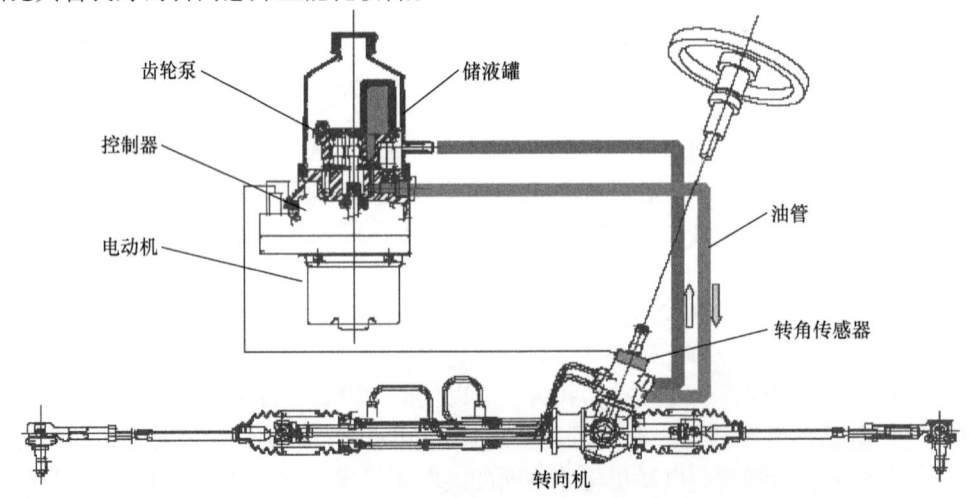

图 7-16 EHPS 系统结构示意图

转向油泵是助力转向系统的动力源。转向油泵经转向控制阀向转向助力缸提供一定压力和流量的工作油液。目前，转向油泵大多采用双作用式叶片泵。这种油泵有两种结构，一种是潜没式转向油泵，另一种为非潜没式转向油泵。潜没式油泵与储液罐是一体的，即油泵潜没在储液罐的油液中，如图7-17所示；非潜没式转向油泵的储液罐与转向油泵分开安装，用油管与转向油泵相连接。

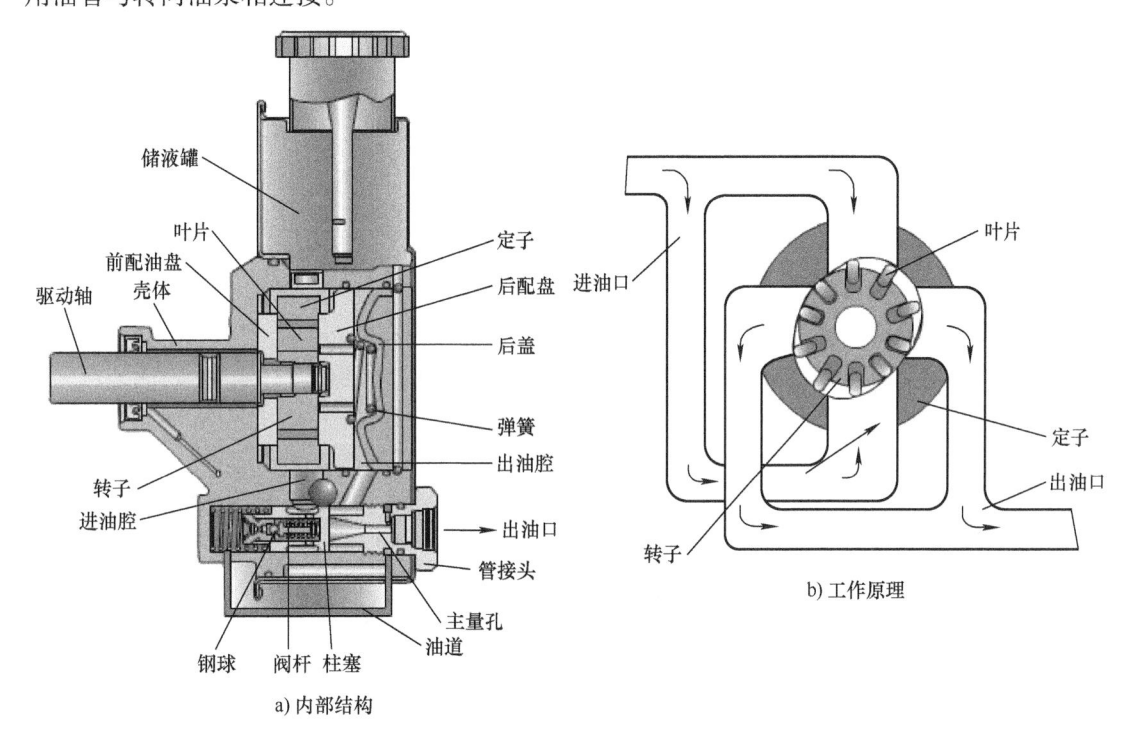

图7-17 叶片转向泵结构及原理

当驾驶人转动转向盘时，转向器输入轴带动转向器内部的转向控制阀转动，使转向动力缸产生液压作用力，帮助驾驶人操纵转向。这样，为了克服地面作用于转向轮上的转向阻力矩，驾驶人需要加于转向盘上的转向力矩比机械转向系统所需的转向力矩小得多。当转子顺时针方向旋转时，叶片在离心力及高压油的作用下紧贴在定子的内表面上。其工作容积开始由小变大，从吸油口吸进油液；而后工作容积由大变小，压缩油液，经压油口向外供油。由于转子每旋转一周，每个工作腔都各自吸、压油两次，故将这种形式的叶片泵称为双作用式叶片泵。双作用叶片泵有两个吸油区和两个压油区，并且各自的中心角是对称的，所以作用在转子上的油压作用力互相平衡。因此，这种油泵也称为卸荷式叶片泵。

2. EHPS的工作原理

电动液压助力转向系统主要通过车速传感器将车速信号传递给电子元件或微型计算机系统，控制电液转换装置改变动力转向的助力特性，使驾驶人的转向手力根据车速和行驶条件变化而改变，即在低速行驶或转急弯时能以很小的转向手力进行操作，在高速行驶时能以稍重的转向手力进行稳定操作，使操纵轻便性和稳定性达到合适的平衡状态，其工作原理如图7-18所示。

为了保证转向轻便性，要求增大转向器的传动比。但是，增大角传动比虽然可以减小转

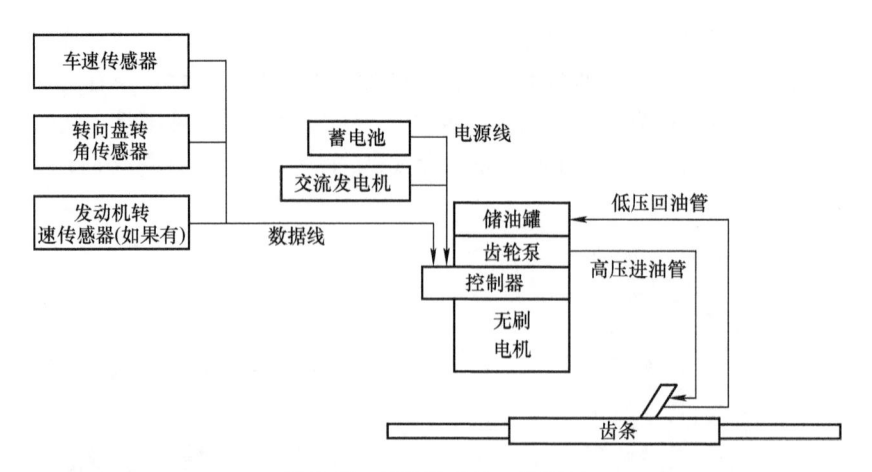

图 7-18　EHPS 系统工作原理

向盘上的手力，但同时也造成汽车对操纵的反应减慢，甚至有可能导致驾驶人没有能力来转动转向盘进行紧急避障等转向操作，即不够"灵"。机械式转向器的设计目标是保证汽车在各种行驶条件下将转向盘上的手力保持在驾驶人能接受的合理范围内，同时保证适当的转向灵敏度。但是机械式转向器的结构特点注定"轻"与"灵"矛盾的存在（包括变传动比机械转向器），而电液助力转向系在一定程度上解决了这一矛盾。EHPS 相比传统 HPS 降低了能源损耗。但电液动力转向系统 EHPS 与传统的 HPS 一样存在液压油泄漏的隐患。

EHPS 转向执行过程如下：

1）左转向：左转向时，通过转向阀的分配，高压油进入油缸的左腔。在高压油的作用下，齿条向右移动，推动车轮，如图 7-19 所示。

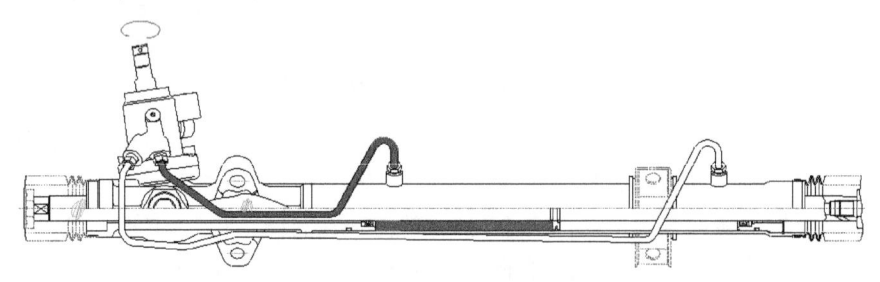

图 7-19　左转向时转向油压示意

2）右转向：右转向时，通过转向阀的分配，高压油进入油缸的右腔。在高压油的作用下，齿条向左移动，推动车轮，如图 7-20 所示。

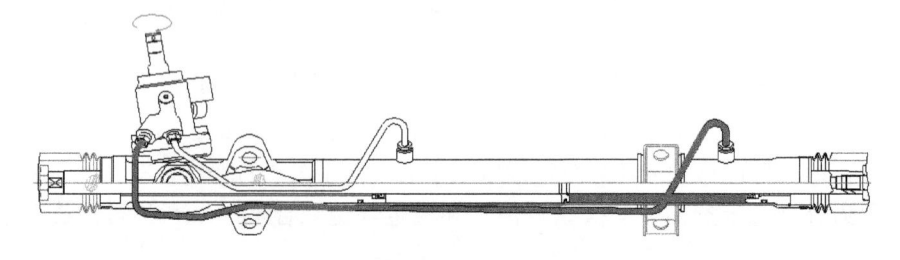

图 7-20　右转向时转向油压示意

3)直线前行:直线行驶时,转向阀处于中间位置,油缸的左右腔的油压是平衡的,没有油压推动齿条移动。右转向时,通过转向阀的分配,高压油进入油缸的右腔。在高压油的作用下,齿条向左移动,推动车轮,如图7-21所示。

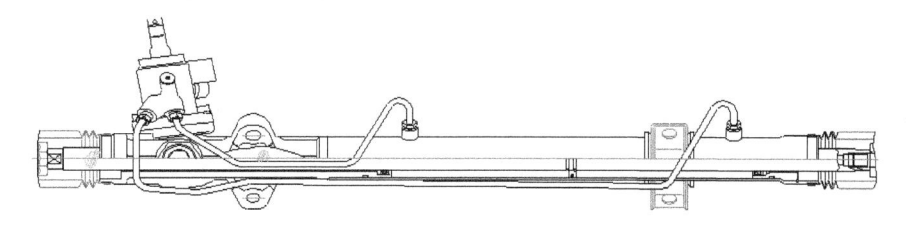

图 7-21 直线行驶时转向油压示意

7.2.3 电液复合转向系统

1. 电液复合转向系统结构

电液复合转向系统是为满足中重型商用车转向电动化和智能化需求所开发的一种新型转向系统,结构如图7-22所示,主要包括EPS模块和HPS模块。EPS模块集成有转矩和转角传感器、控制器、电机及其减速机构。HPS模块的输入端与电动助力转向模块的输出端连接。EPS模块可以提供随速助力和主动回正,也可以接收辅助驾驶和自动驾驶对转向的主动控制请求。

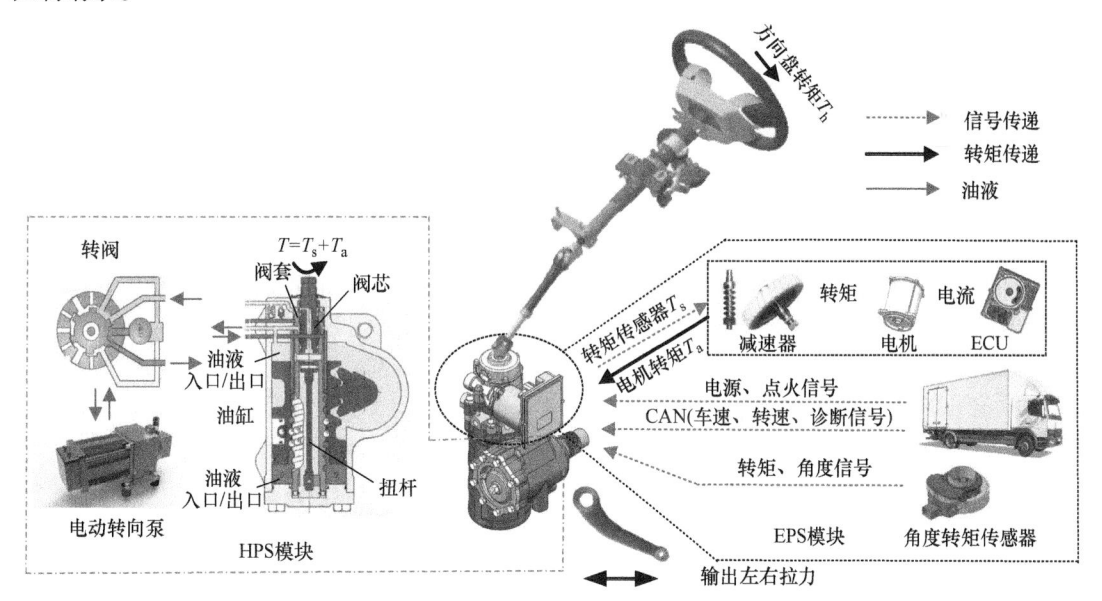

图 7-22 电液复合转向系统结构

各模块具体的结构包括:

1)EPS模块主要包括转矩和转角传感器、永磁同步电机、蜗轮蜗杆减速机构,各零部件为成熟的量产EPS用零部件。匹配的永磁同步电机通过蜗轮蜗杆减速机构连接到转向轴上,电动助力的输出轴与液压助力转向器的输入轴连接,蜗轮蜗杆减速机构设计为可逆的传动比,即使电机不工作,驾驶人仍然能够依靠手力和液压助力转动转向盘。选用大范围的转角传感器以满足商用车的转向盘转角范围需求。

2) HPS 模块为整体液压助力式循环球转向器,驾驶人对转向盘施加的转矩与电动助力装置产生的转矩经过叠加后,通过扭杆传递给转向螺杆,扭杆的变形量直接控制转阀的工作状态。在传统液压方向机基础上经过匹配设计来适应 EPS 模块,进一步以不同缸径及布置方式的转向器来适配不同轴荷的转向需求。

3) 控制器集成在电机尾部以达到良好的安装布置工艺和防水性能。常规助力模式下,根据采集的转向盘转矩、车速等车辆信息,在助力特性曲线的基础上,加上系统的摩擦、惯性、阻尼和回正补偿得到电机助力电流,达到随速助力和主动回正的功能。转角伺服(自动转向)模式下,则根据总线传递来的转角信号和转速信号,对转向盘的位置进行控制。能够通过总线提供更为详尽的车辆姿态信息,可以提高因车辆本身或路面不平度造成的直行能力差等问题。此外,这套系统还可以提供车道保持功能,根据摄像头采集车道线的信息,在车道保持辅助系统(LKA)激活的状况下,系统主动对车辆进行辅助来修正车辆方向,避免因驾驶人疲劳驾驶等原因导致车辆偏离车道而造成交通事故。

2. 电液复合转向系统的工作原理

电液复合转向器集成液压助力(HPS)模块和电动助力(EPS)模块,电动助力模块的输出连接液压转向器的输入端。其中,系统的助力主要由液压部分提供,通过发动机驱动的油泵或电动泵(EHPS)为液压转向器提供高压油,用于克服大部分转向负载,系统采用 EHPS 可以综合考虑电动与液压之间的匹配协调控制,用于得到更优的转向性能,对于双前桥车辆转向器还可以通过辅助油口连接前桥工作油缸。电动助力模块包括转矩转角传感器、电机、减速机构和控制单元(ECU)。控制单元布置在 EPS 模块的电机尾部,电动部分提供随速助力、主动转向、辅助驾驶转向及自动转向等主动控制的接口。

系统电动和液压助力的耦合主要体现在:电动助力和转向手力共同作用在液压助力系统的转阀扭杆上,以控制液压转阀的开度,转阀开度决定了液压助力系统的助力大小,电动助力增大会使得转阀开度增大,液压助力也随之增大。在驾驶人转向手力、电动助力与液压助力三者的共同作用下,转向系统令车辆前轮发生转向。为了使转向系统提供适当的转向助力来让所匹配的商用车获得良好的转向性能,需要分析电动助力和液压助力的助力特性,合理分配两者的大小。

1) 常规助力模式下,驾驶人操控转向盘,转矩转角传感器将转矩和转角信号传递给电机控制器,同时通过总线接收车速、油泵工作状态等信息。基于转向盘转矩和车速实现对转向助力的随速控制,基于转向盘转角和车速实现转向盘的主动回正,同时,通过相关补偿策略优化转向系统的性能。

当液压转向助力失效且大于一定车速时,为了实现整车的行驶安全性,仍然需要保持转向功能,此时在正常的转角范围内转向盘转矩变得很大,电机发挥全部的功率输出,提供所能输出的最大电动助力给转向系统,以防止转向功能完全丧失这类安全事件的发生。

2) 辅助驾驶转向模式下,当车辆高速直线行驶时,由于侧向风、路面颠簸或驾驶人误操作转向盘可能导致车辆无法保持当前直线行驶,那么需要通过控制 EPS 小范围的主动修正以提高车辆的直线行驶能力,或实现车道保持功能。

3) 自动驾驶模式下,有别于提供转向助力的控制方式,通过控制电动装置闭环所需的转向盘转角,实现对期望前轮转角的控制,进而实现车辆自动泊车、主动变道、自动驾驶等功能。当需要驾驶人主动介入方向的控制时，通过检测介入力矩切换到常规助力模式保证驾驶人的优先控制权。

3. 典型的电液复合转向系统

（1）沃尔沃动态转向系统　沃尔沃较早开展了电液复合转向系统的开发，称为沃尔沃动态转向系统（Volvo Dynamic Steering，VDS），如图 7-23 所示，该系统将 EPS 和 HPS 相结合，后续这种技术路线成了商用车智能转向的主流方案。该系统采用同轴式低速大转矩电机，利用检测到的转矩和转角信号，主动控制电机实现对转向系统转矩的叠加，该系统的以下性能表现优异：

1）低速行驶减小驾驶人的操纵转向盘的力，能够实现主动回正。
2）具备不规则路面激励的补偿功能，驾驶人不需要因此频繁地调整转向盘。
3）车辆高速时通过系统补偿控制，消除侧风干扰，保证转向的稳定性。
4）急转弯或有侧气流时自动调整，驾驶人无须费力转动转向盘，大幅改善安全性和舒适性。

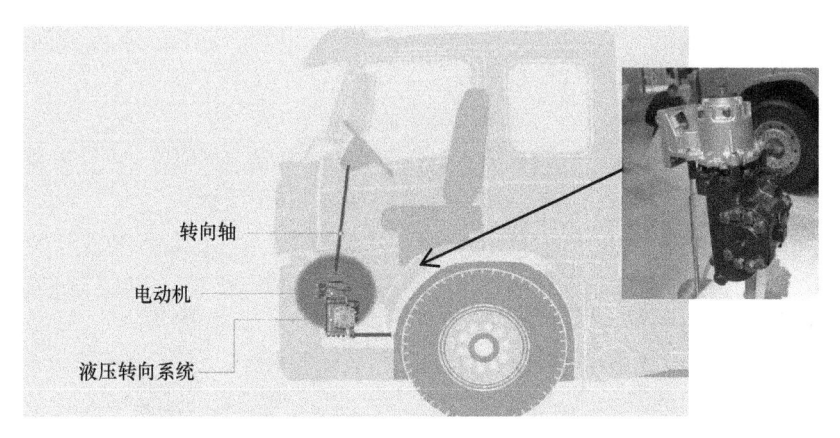

图 7-23　沃尔沃动态转向系统

（2）博世 Servotwin　博世开发了 Servotwin 叠加电液转向系统，将传统的循环球液压助力转向系统 Servocom 与电动助力转向集成在一起，系统的结构主要包括减速机构、转矩转角传感器、电机及位置传感器、转向器、液压泵及其他常见的液压转向系统组件等，EPS 模块介于转向盘和转向器之间，如图 7-24 所示。该系统低速行驶时电机提供较大的助力，高速行驶时转向电机主动调整补偿，抵消侧向风干扰以及路面颠簸的影响，还可通过分配电动助力以及液压助力的大小，达到节能减排的目的。该系统还能够支持对转向盘的主动控制，可以实现远程控制车辆，这种技术已经在很多国外的车企内得到了应用，如奔驰、沃尔沃、斯堪尼亚等。

电液复合转向系统是将 HPS 与 EPS 相结合，HPS 可提供驾驶大型商用车转向所需的转矩，EPS 则可以提供主动转向控制。这两种技术的结合可以进一步提高转向轻便性，并可以实现随速助力、惯性、摩擦、阻尼控制、回正控制等基本功能，在更高的速度下提高行驶稳定性。电液复合转向系统对于传统 HPS 能够形成替代优势，不仅能够覆盖传统转向系统的功能，传统驾驶工况下如果电机自身或液压系统发生故障时，转向系统短期内仍能正常工作，提高转向系统安全性。系统还可以为半自动驾驶功能和先进的自动驾驶功能提供转向系统解决方案,进一步提高驾驶舒适性和整车安全性。

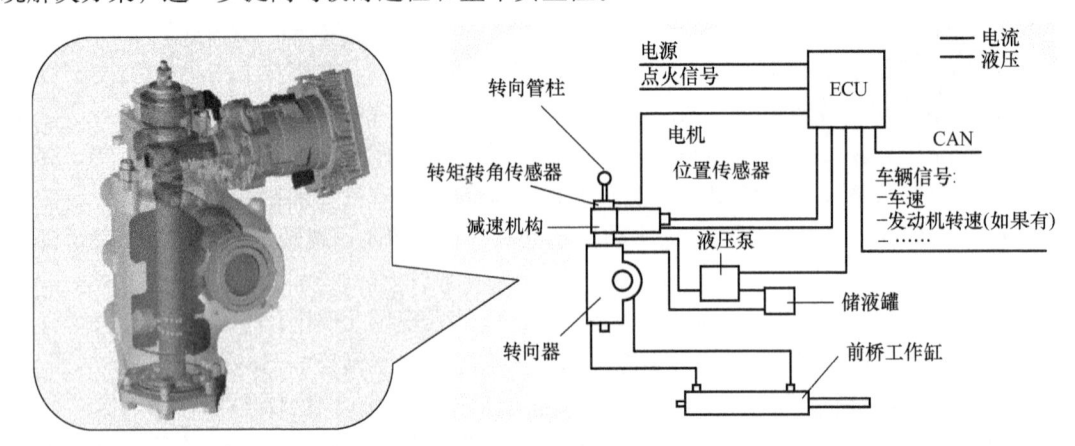

图 7-24 Servotwin 原理及其结构

7.2.4 线控转向系统

1. 线控转向系统的结构

线控转向系统由转向盘总成、转向执行总成和主控制器(ECU)三个主要部分以及自动防故障系统、电源等辅助系统组成,其系统结构如图 7-25 所示。

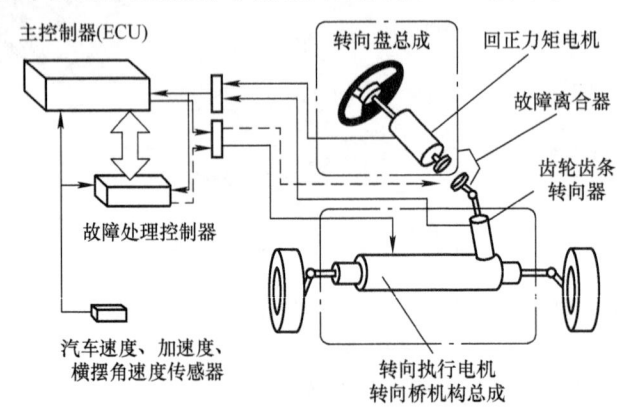

图 7-25 线控转向系统结构示意图

1)转向盘总成包括:转向盘、转向盘转角传感器、转矩传感器、转向盘回正力矩电机。转向盘总成的主要功能是将驾驶人的转向意图(通过测量转向盘转角)转换成数字信号,并传递给主控制器;同时接收主控制器送来的转矩信号,产生转向盘回正力矩,以提供给驾驶人相应的路感信息。

2)转向执行总成包括前轮转角传感器、转向执行电机、转向电机控制器和前轮转向组件等组成。转向执行总成的功能是接收主控制器的命令,通过转向电机控制器控制转向车轮转动,实现驾驶人的转向意图。

3)主控制器对采集的信号进行分析处理,判别车辆的运动状态,向转向盘回正力电机和转向电机发送指令,控制两个电机的工作,保证各种工况下都具有理想的车辆响应,以减少驾驶人对汽车转向特性随车速变化的补偿任务,减轻驾驶人负担。同时控制器还可以对驾驶人的操作指令进行识别，判定在当前状态下驾驶人的转向操作是否合理。当汽车处于非稳定状态或驾驶人发出错误指令时，线控转向系统会将驾驶人错误的转向操作屏蔽，自动进行稳定控制，从而使汽车尽快地恢复到稳定状态。

4）自动防故障系统是线控转向系的重要模块，它包括一系列的监控和实施算法，针对不同的故障形式和故障等级做出相应的处理，以求最大限度地保持车辆的正常行驶。作为应用最广泛的交通工具之一，汽车的安全性是必须首先考虑的因素，因而故障的自动检测和自动处理是线控转向系统最重要的组成系统之一。它采用严密的故障检测和处理逻辑，以最大限度地保证汽车安全性能。

5）电源系统承担着控制器、两个执行电动机以及其他车用电器的供电任务，其中仅前轮转角执行电动机的最大功率就有 500~800W，加上汽车上的其他电子设备，电源的负担已经相当沉重。要保证供电系统在大负荷下稳定工作，电源的性能就显得十分重要。在48V供电系统中这个问题将得到圆满的解决。

2. 线控转向系统的原理

传统汽车转向系统是机械系统，汽车的转向是由驾驶人操纵转向盘，通过转向器和一系列的杆件传递到转向车轮而实现的。汽车线控转向系统取消了转向盘与转向轮之间的机械连接，完全由电能实现转向，摆脱了传统转向系统的各种限制。不但可以自由设计汽车转向的力传递特性，而且可以设计汽车转向的角传递特性，给汽车转向特性的设计带来无限的空间。

汽车线控转向系统的工作原理如图7-26所示。用传感器检测驾驶人的转向数据，然后通过数据总线将信号传递给车上的ECU，并从转向控制系统获得反馈命令：转向控制系统也从转向操纵机构获得驾驶人的转向指令，并从转向系统获得车轮情况，从而指挥整个转向系统的运动。转向系统控制车轮转到需要的角度，并将车轮的转角和转动转矩反馈到系统的其余部分，比如转向操纵机构，以使驾驶人获得路感，这种路感的大小可以根据不同的情况由转向控制系统控制。

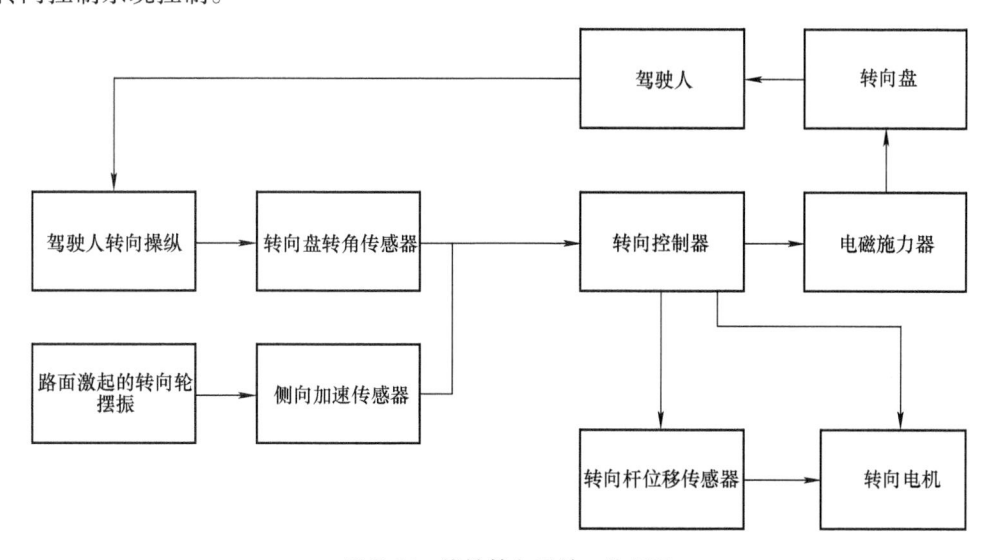

图7-26 线控转向系统工作原理

驾驶人的转向意图（通过转向柱上的转向盘角位移传感器输出转向盘左转或右转的转角信号）转换成数字信号并传递给转向控制器，在转向拉杆上安装一个线位移传感器，利用转向拉杆左、右移动的位移量 s 来反映转向车轮转角的大小（转向控制器根据转向盘转角计算出拉杆的位移量 s），当转向拉杆的位移量达到所需值 s 时，转向控制器则切断转向电机的电源，转向轮的偏转角不再改变。由于所选用的转向电机是蜗轮蜗杆式减速电机，其运动不能逆向传动，因此，转向轮可保持所设定的偏转角不变。当再次改变转向盘转角时，转向控制器便重复上述控制过程，并计算出新的转向拉杆的移动位移量 s，转向拉杆的位移量达到 s 时，转向控制器再次切断转向电机的电源，汽车便保持新的转向状态。这种转向轮偏转角随转向盘转角的变化而变化的功能，就是所谓的转向随动作用。

3. 线控转向中的特殊问题

（1）路感模拟　由于转向盘和转向车轮之间无机械连接，驾驶人获得的"路感"必须通过模拟生成。在回正力矩控制方面可以从信号中提出最能够反映汽车实际行驶状态和路面状况的信息，作为转向盘回正力矩的控制变量，使转向盘仅仅向驾驶人提供有用信息，从而为驾驶人提供更为真实的"路感"。

线控转向系统的转向盘力感模拟可以通过两种方法来实现：一种是采用驾驶模拟器中转向盘力矩模拟的方法，即转向系统动力学建模方法，模拟传统转向系统的路感特性，动力学模型中不考虑转向系统的干摩擦会更利于驾驶人感知真实的路面状况。另一种是模拟方法，通过建立基于经验的转向盘回正力矩算法模型，通过驾驶人主观评价方法确定经验模型中的参数。此种方法由于简单实用，而被大多数线控转向系统采用。

（2）执行变传动比　汽车转向传动比的控制对于整车有着非常重要的意义。因为在设计的车辆中没有设计转向盘和车辆的转动轮之间的相互运动机械连接结构，所以线控转向系统的传动比可以进行自由设计，以使其趋于理想化。根据有关汽车传动比的动力知识可知，线控转向系统的传动比的设定应该满足一些条件，即：当汽车在低速运行时，汽车的转向系统传动比应该小一些，这样转动较少的转向盘圈数就能够获得较大的汽车前轮转向角，从而很好地调节驾驶人驾驶汽车时的舒适感和汽车的稳定性；而当汽车在高速运行时，汽车的转向系统传动比就应该大一些，这样当在驾驶过程中出现危险状况时，汽车不会因为转动了较小的转向盘转角而产生较大的转动，从而导致车辆失控；当汽车转过较小的弯道时，它的传动比应该能够变得小一些，这样可以让车辆转向迅速；当汽车通过较大的弯道的时候，它的传动比要被调节得大一些，这样可以让车辆转向轻快。合理地分析设计线控转向系统的变传动比的特性，以获得更优的传动比。

（3）系统的安全性问题　作为汽车行驶安全的控制系统，转向系统必须配备安全模块和自检模块以确保系统安全可靠的运行和维修的方便。对于机械系统而言，可以通过精心设计来实现系统的安全性和可靠性，就像机械转向系统和助力转向系统一样。线控转向系统中转向盘与转向轮之间的机械连接不再存在，完全依靠电子和电气元件来工作，因此要实现系统的安全性和可靠性，就需要采用容错技术。

容错技术的实现主要依靠冗余，即所设计的系统在功能上或者数量上有一定的冗余，在某个零部件出现故障时，其冗余部分就承担起相应的功能。容错技术是近二三十年来发展起来的新技术，采用容错技术可以设计高度可靠性的产品，并且已经取得了一些应用成果，这也为线控转向系统的开发创造了条件。

线控转向系统的容错技术的研究方法主要有基于硬件结构的研究方法和基于解析冗余度的研究方法；硬件结构的方法可以用硬件冗余或者智能结构来实现；而解析冗余度则主要采用重构容错控制方法和鲁棒容错控制方法实现。其中硬件冗余、重构容错控制方法和鲁棒容错控制方法实现都依赖于冗余，重构容错控制方法以故障的检测与诊断为基础，在检测到故障后，根据系统状态与故障的严重程度来调整控制规律和重新配置硬件的功能以完成要求的任务；鲁棒容错控制方法是使设计的系统对故障不敏感，它不需要在线故障监测与诊断，但是却需要更多的冗余。考虑到成本因素，不希望有太多的冗余。二重冗余是最少的冗余结构，在二重冗余中只可采用重构容错控制方法，这样故障检测与诊断是实现系统容错功能的一项关键技术；在其中一个部件发生故障后，用重构容错控制方法重构系统（包括重新调整控制方法和分配硬件功能）的过程中，如何实现性能的平稳过渡而不至于让驾驶人感到明显不适也是一个值得研究的问题；对于发生暂时性故障的部件，如何在故障消除以后重新集成到系统中也很重要。

为了实现系统的容错功能，控制单元必须时刻监控各个零部件的工作状态，因此系统内部的通信就显得尤为重要。研究发现，现在常用的采用事件触发的通信系统（如广泛采用的 CAN、VAN、AUTOLAN 等）都不能够满足高度安全性的要求，而采用时间触发可以较好地满足这个要求。时间触发系统的控制信号起源于时间进程，它与事件触发系统的工作原理大不相同，事件触发系统的控制信号起源于事件的发生，因此，时间触发通信具有较高的可预测性和较为简便的即时测试功能。

7.3 电动制动系统

7.3.1 电动真空助力制动系统

1. 电动真空助力制动系统

图 7-27 所示为电动真空助力制动系统结构，真空助力器安装于制动踏板和制动主缸之间，由踏板通过推杆直接操纵。助力器与踏板产生的力叠加在一起作用在制动主缸推杆上，以提高制动主缸的输出压力。真空助力器的真空伺服气室由带有橡胶膜片的活塞组成，可分为常压室与变压室（大气阀打开时可与大气相通），一般常压室的真空度为 60~80kPa（即真空泵可以提供的真空度大小）。真空助力器所能提供助力的大小取决于其常压室与变压室气压差值的大小，当变压室的真空度达到外界大气压时，真空助力器可以提供最大的制动助力。真空泵所产生的真空度的大小及速度关系到真空助力器的工作状态，真空泵的容量大小关系到助力器的性能，进而决定制动系统在各种工况下能否正常工作。

（1）电动空压机　电动客车用螺杆空压机，包括空压机主机、与空压机主机相连的电机、储气槽、储油槽、油冷却器等部件，其结构如图 7-28 所示，储气槽和储油槽设在空压机主机内的阴阳转子下方。储气槽的作用是油气粗分离和储存压缩空气，储油槽能储存空压机工作所需的润滑油。

空压机主机的进气口上设有空气过滤器，空气过滤器内还设有进气控制阀，使空气经空气过滤器过滤后通过进气控制阀被吸入空压机主机。空压机主机的排气端上设有油过滤器、

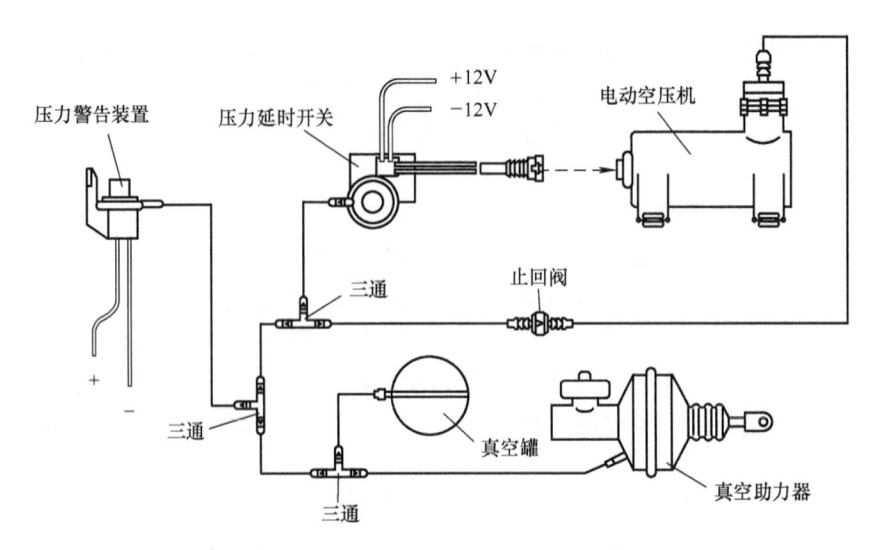

图 7-27 真空助力制动系统基本结构

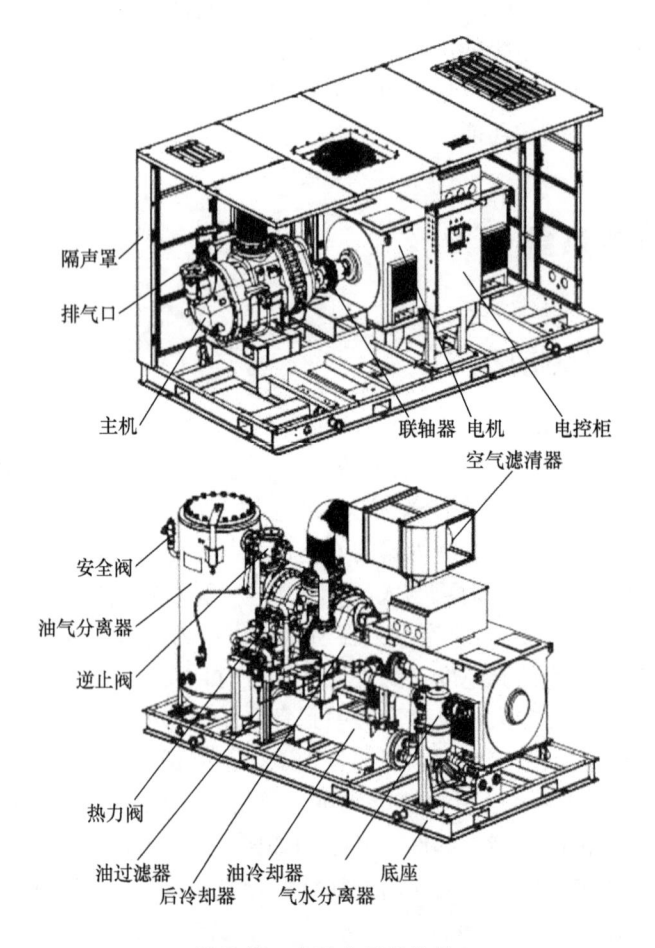

图 7-28 电动空压机结构

油气分离器座和最小压力止回组合阀，油过滤器通过接管与空压机主机的注油口相连接，油气分离器座和最小压力止回组合阀通过螺钉固定在空压机主机的排气端上，并与空压机主机的储气槽连通，该油气分离器座和最小压力止回组合阀内设有一个压缩空气排出口，通过管路接往电动客车的总风缸，保证最低的排除压力，并具有压力止回功能。油气分离器座和最小压力止回组合阀上设有油气分离器，能起到油气分离的作用。

（2）电动真空泵　传统汽车上的真空源来自于发动机的进气歧管，发动机的转速对真空度的影响较大。当发动机处于怠速的工作状态时或发动机突然熄火，进气歧管的真空度较低，这将影响真空助力器的正常使用，同时危及行车安全。另外，对于混合动力汽车、电动汽车等其他动力源的汽车来说，安装一个独立的真空源是很有必要的，它可以解决由于发动机在某些工况下无法提供真空源的问题。汽车真空泵总成作为一个独立的汽车零部件存在于整车中，它只需要车载12V电源作为能源就可以独立工作，为真空助力器提供可靠的真空源。

叶片泵由偏心地装在定子腔内的转子、转子槽内的叶片和外壳定子组成，如图7-29所示。转子带动叶片旋转时，叶片借离心力（有的还有弹簧力）紧贴定子内壁，把进排气口分割开来，并使进气腔容器周期性扩大而吸气，排气腔容积则周期性地缩小而压缩气体，借气体的压力推开排气阀排气，获得真空。

为保证电动汽车的易操纵性和安全性，考虑到真空助力制动系统中的真空泵寿命和真空系统能源的消耗，对真空发生系统的设计提出以下几点要求：

1）考虑到行车时制动的可靠性，根据对电动汽车上所需的真空泵排气量的计算，选择合适排气量的电动真空泵。

2）考虑到真空泵的使用寿命，应采用合适的真空泵控制单元，根据对该真空泵试验分析和实际的汽车操纵需要，使用合适的真空压力延时开关，对真空泵做出实时关闭或开启指令。

3）增加控制单元后，必须配备真空储能罐，以保证汽车操纵的需要。

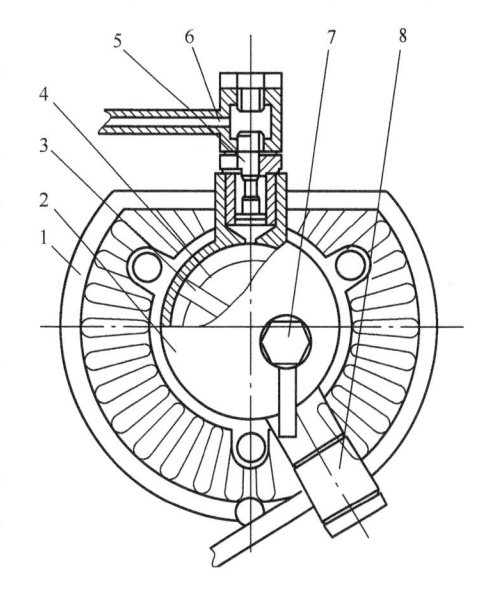

图7-29　电动真空叶片泵
1—外壳定子　2—泵体　3—叶片　4—转子
5—单向阀　6—进气口　7—润滑油口　8—排气口

（3）真空助力器　在装有真空助力器的汽车上，制动踏板推动一个连杆，该连杆穿过助力器进入主缸，驱动主缸活塞。发动机在真空助力器内的膜片两侧形成部分真空，踩下制动踏板时，连杆打开一个气门，使空气进入助力器中膜片的一侧，同时密封另一侧真空。这就增大了膜片一侧的压力，从而有助于推动连杆，继而推动主缸中的活塞。释放制动踏板时，阀将隔绝外部空气，同时重新打开真空阀。这将恢复膜片两侧的真空，从而使一切复位，真空助力器及制动主缸结构如图7-30所示。

2. 电动真空助力制动系统工作原理

电动真空助力系统中真空泵采用间歇性工作的模式，给真空泵配备一个控制单元，其控

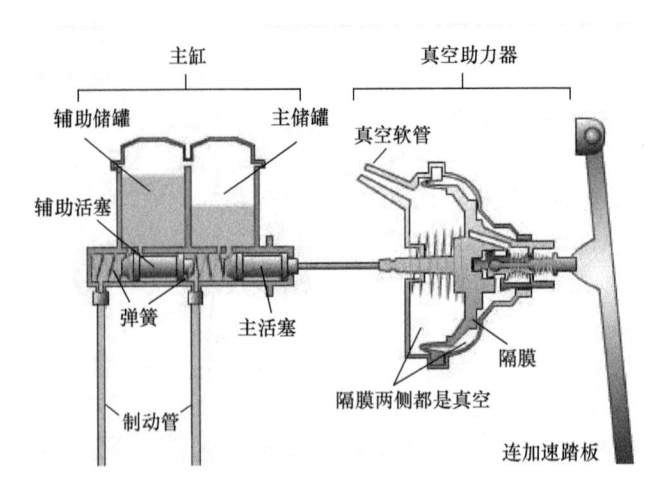

图 7-30 真空助力器及制动主缸结构

制方式为：

1）接通汽车 12V 电源，压力延时开关闭合，真空泵大约工作 30s 后开关断开，此时真空罐内压力大约为 80kPa。

2）当真空罐内压力增加到 55kPa 时，压力延时开关再次闭合。

3）当真空罐内压力增加到大约 34kPa 时，压力警告装置发出信号。如果真空泵控制开关有很明显的短时间开启和关闭，说明发生了泄漏。

当驾驶人发动汽车时，12V 电源接通，压力延时开关和压力警告装置开始压力自检，如果真空罐内的真空度小于 55kPa，压力膜片将会挤压触点，从而接通电源，真空泵开始工作；当真空度增加到 55kPa 时，压力延时开关断开，然后通过延时继电器使真空泵继续工作大约 30s 后停止；每次驾驶人有制动动作时，压力延时开关都会自检，从而判断电动真空泵是否应该工作；当真空罐内的真空度低于 34kPa 时，真空助力器不能提供有效的真空助力，此时压力警告装置将会发出信号，提醒驾驶人注意行车速度，电动真空助力制动系统原理如图 7-31 所示。

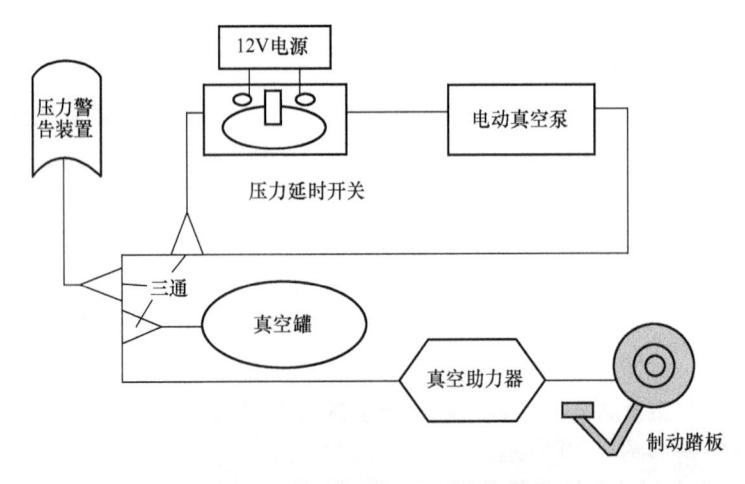

图 7-31 电动真空助力制动系统原理

7.3.2 电子液压制动系统

1. 电子液压制动（EHB）系统结构

电子液压制动系统整体结构如图7-32所示。该系统由制动踏板模块、液压调节模块、制动执行模块和控制系统四大部分组成。

（1）制动踏板模块 制动踏板模块主要包括制动踏板、踏板行程传感器、储液壶、制动主缸等。制动踏板模块的主要作用为获取驾驶人的制动意图，同时为驾驶人反馈符合当前制动工况的制动踏板感觉。EHB系统中制动踏板模块不向制动器提供制动能量，主要功用是根据踏板行程传感器采集的位移信号判断驾驶人的制动意图并模拟相应的制动感觉反馈给驾驶人。

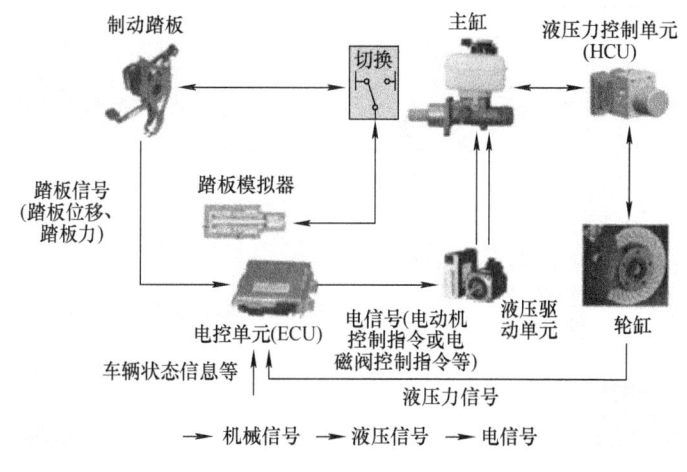

图7-32 电子液压制动系统整体结构

（2）液压调节模块 根据动力源的不同，EHB系统主要分为电液伺服（P-EHB）及电动伺服（I-EHB）两种。P-EHB由电机、泵、高压蓄能器提供制动压力源，I-EHB由电机与减速机构驱动主缸提供制动压力源。因此液压调节模块的关键部件主要包括电机、电磁阀、油泵、液压调节器、制动管路、压力传感器等，与电子稳定系统（ESP）的液压调节模块不同之处在于，EHB在制动主缸和液压调节器连接处设有隔离阀，用于隔断制动踏板模块与液压调节模块之间的物理连接。P-EHB系统使用高压蓄能器储存来自电机泵的高压制动液，并向车轮制动器提供制动能量，以实现在普通制动下的主动制动功能，高压蓄能器的高压能量提供主缸液压力或轮缸制动力实现对制动力的调节。电机泵只在蓄能器压力降低到规定极限时，才驱动电动机使液压泵工作。I-EHB系统电机输出的高速旋转运动经由减速机构转化为直线运动机构上的推力作用在主缸推杆。EHB系统通过制动踏板单元获取制动驾驶意图从而向整车控制器发送指令，以控制高压蓄能器/电机、电磁阀和液压泵产生相应的液压力。

（3）制动执行模块 制动执行模块包括主缸、液压管路、轮缸等。这些机构与传统制动系统的结构保持一致，将推动主缸的推力转化成制动器的液压力，最后通过摩擦力作用在制动盘上产生相应的制动力矩。

（4）控制系统 控制系统包括电控单元（ECU）、液压力控制单元（HCU）、液压力传感器、踏板力传感器以及踏板位移传感器等。液压力控制单元（HCU）是液压力控制的核心单元。电子控制单元与液压调节器集成在一起，主要通过 CAN 总线接收来自传感器的信号并向液压调节器发出控制指令。HCU 用以精确调节轮缸液压力，HCU 的主要元件是电磁阀，轮缸液压力控制的底层控制就是电磁阀控制。目前用于 HCU 的电磁阀主要有三类：开关阀、高速开关阀和线性阀。液压力传感器作为反馈单元将液压力实时反馈到整车控制器里，用作控制算法的输入量。踏板力传感器和踏板位移传感器用来检测驾驶人的踏板信号，从而获得驾驶人意图。

2. 典型 EHB 系统

目前国内外已有较为成熟的 EHB 产品。以电动伺服技术 I-EHB 方向为例，代表产品有 BOSCH ibooster、NSK。电液伺服技术 P-EHB 代表产品有 Continental MK C1、日立 E-ACT、ADVICS ECB 等，一些研究成果已申请了专利。

（1）BOSCH 公司 iBooster 的结构及原理 德国 BOSCH 公司与 2013 年推出 iBooster 这项制动技术，目前已经更新至第二代产品，如图 7-33 所示。在对应的新能源车型上与 ESP 系统配合作用下最多可实现 $0.3g$ 的制动减速度，且至多可以实现近 100% 的制动能量回收率。此外该系统还搭载了滑行功能，可以提升驾驶人的体验感与电动车辆的续驶里程。

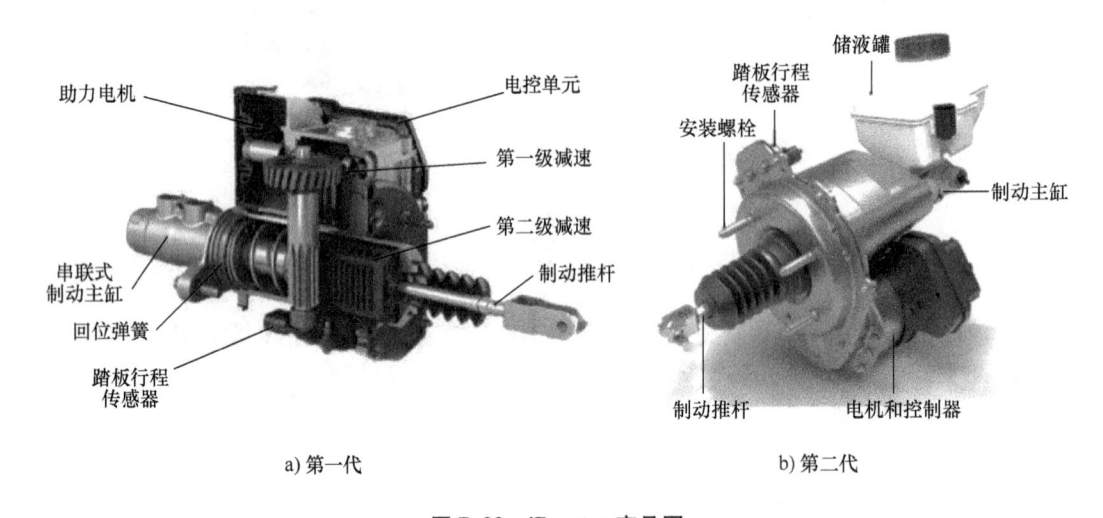

a) 第一代 b) 第二代

图 7-33 iBooster 产品图

在车辆正常工况下，iBooster 的 ECU 接收踏板位移传感器从踏板采集的制动力位移信号以及其他外部 ECU 发出的转向盘转角、轮速、横摆角速度等信号来获取驾驶人的驾驶意图，利用算法计算得出车轮所需的最佳制动力。在制动踏板与主缸完全解耦条件下，踏板感觉模拟器可以根据驾驶人的制动动作输出线性的脚感同时反馈车辆制动状态。制动力转化为电信号输出给伺服电机，电机和减速机构连接，通过减速机构将电信号大小转变为对应的推杆行程，推动制动主缸活塞，最终完成建压。制动主缸液压力信号将实时反馈给 iBooster 的 ECU，用于精确控制主缸压力以及对制动主缸保压。具体工作过程如下：

1）当驾驶人踩下制动踏板，整车控制器会根据制动踏板行程及汽车加速度信号计算前、后轴制动力，参考车辆运动、电机及电池状态参数，计算出电机助力期望值。

2）iBooster 控制单元进行制动力仲裁，控制电机运动，并将助力从踏板传递给制动主缸推杆。

3) 制动系统的液压控制单元进行前、后轴制动压力分配，并传给制动轮缸。

4) 当制动减速度小于某个阈值，电机控制器控制电机进行再生制动。再生制动力可随车速、电机转速、电池容量等参数实时变化调整。

iBooster 可在同一辆车上实现不同风格的制动模式，其通过软件灵活定义制动踏板的脚感，即通过软件调整电机助力大小，得到不同的踏板力和制动主缸压力对应关系，以满足用户差异化需求。因 iBooster 系统可根据电信号调节制动力，故能在同一辆车上实现多种模式的制动效果，驾驶人甚至可以自行调节制动灵敏度（如果厂商开放这方面权限的话）；另外，对于不同品牌和同品牌的不同车型，也能根据设计需求，调整制动的响应和反馈风格。驾驶人可根据喜好选择舒适型、运动型的制动模式，获得不同的制动脚感。

iBooster 通过软件灵活调整不同制动工况下的电机助力大小与制动踏板感觉，从而满足不同的驾驶人需求，踏板力与制动主缸压力的对应关系如图 7-34 所示。

在舒适型的助力模式下，较小的踏板力即可建立大的制动主缸压力，运动型则需要施加较大的踏板力从而建立大的主缸压力，制动踏板反馈给驾驶人的脚感更强烈。因此驾驶人可以根据自己的爱好调整软件设置对应的助力模式。

除此之外，iBooster 作为制动系统核心安全件，必须考虑在某些情况下系统发生故障时的乘客的安全保证，其采用了双安全失效模式，如图 7-35 所示。

安全失效模式一：当 iBooster 发生故障时，制动系统将交由 ESP 系统接管继续提供制动力。当车载电源电量不足无法满负载运行时，此时 iBooster 处于节能工作模式下，发电机、直流变压器、电容蓄电器会被启用以保证车载电源的正常工作。在安全失效模式一的情况下 iBooster 均能以 200N 踏板力提供 $0.4g$ 的减速度。

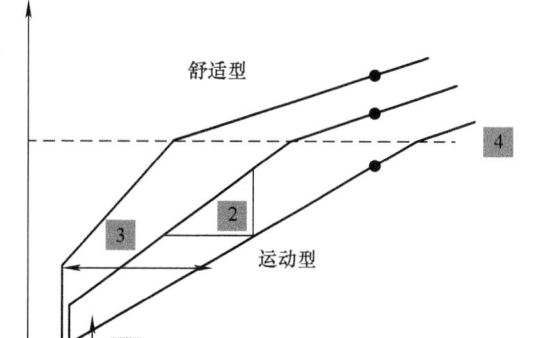

图 7-34 踏板力与制动主缸压力的对应关系
1—跳增值 2—助力比 3—滞后 4—拐点压力

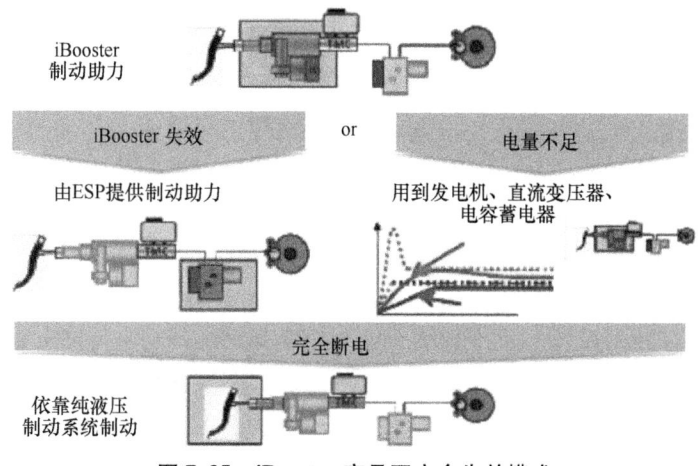

图 7-35 iBooster 产品双安全失效模式

安全失效模式二：当车载电源完全失效，此时 iBooster 处于断电状态无法提供制动助力，仅通过纯液压制动模式对车辆进行制动操作，直至车辆安全停靠。

（2）One-Box EHB 系统与 Two-Box EHB 系统　目前 EHB 的电控制动方案主要有 One-Box 和 Two-Box 两种。前文所提到的 iBooster 与 ESP 的组合即为典型的 Two-Box 方案，即 iBooster 与 ESP 两个系统互为备份冗余，当 iBooster 发生功能失效时由 ESP 系统接管制动功能。One-Box 方案则将 ESP 系统集成在 EHB 中，助力装置与 ESP 系统集成在一起，典型产品有德国 BOSCH 公司的 IPB（Integrated Power Brake），取代了 iBooster 系统与 ESP 系统的组合。

One-Box 的结构主要包括如下几个部分：

1）助力器推杆：与制动踏板连接，传递驾驶人的输入力。
2）连接板：与车身前围板连接，实现固定。
3）液压执行单元：包含传统助力器的串联式主缸、ESP 中的电磁阀（二位二通或三位三通）、压力传感器等。
4）电机：一般为无刷式交流电机。
5）踏板模拟器：正常工作时踏板感由此模拟器反馈。
6）ECU：电控单元。
7）储液壶：储存制动液。

相比于 Two-Box 方案，One-Box 方案的优点如下：

1）将电子助力器与 ESP 系统集成在一起，减少了系统所需的零部件，体积与质量减少、成本更低、安装布置方便。
2）实现踏板完全解耦，踏板感调节更加容易，不再受基础制动零件束缚，不同车型通过软件标定可实现相同的制动踏板感觉。
3）通过踏板完全解耦实现制动过程中的卡钳零拖滞，解决低拖滞卡钳导致的空行程过长等问题，从而降低能耗。
4）缩短了制动响应时间，可以更迅速地建立起制动压力。

但由于技术问题，One-Box 方案的产品量产时间较晚，现有产品中 BOSCH 的第一代、第二代 iBooster 均属于 Two-Box 方案，最新一代 IPB 属于 One-Box 方案，Continental MK C1 属于 One-Box 方案。

7.3.3　电制动 EMB 系统

1. 电制动 EMB 的结构和原理

EMB 电控制动系统有 6 大基本组成部分：安装在 4 个车轮的独立的 EMB 执行机构，制动踏板模拟器，中心控制单元，EMB 执行器的控制器，轮速、车速等各种传感器，电源系统。EMB 电控制动系统简图如图 7-36 所示。

（1）车轮制动机构　车轮制动机构由制动执行器、ECU 等组成。其中，制动执行机构有两种方案：一是集成了力或力矩传感器；二是没有集成力或力矩传感器。EMB 执行机构作为制动系统的制动执行机构，也是其核心部件，用来产生对制动盘的夹紧力，它的性能直接影响制动的效果。它一般有三个基本组成部分：电机、传动装置和制动钳。

EMB 执行机构中的电机经减速装置减速增矩，再由运动转换装置将旋转运动转换为直线运动，驱动制动钳对制动盘进行制动，电机的运动由 EMB 控制器控制。

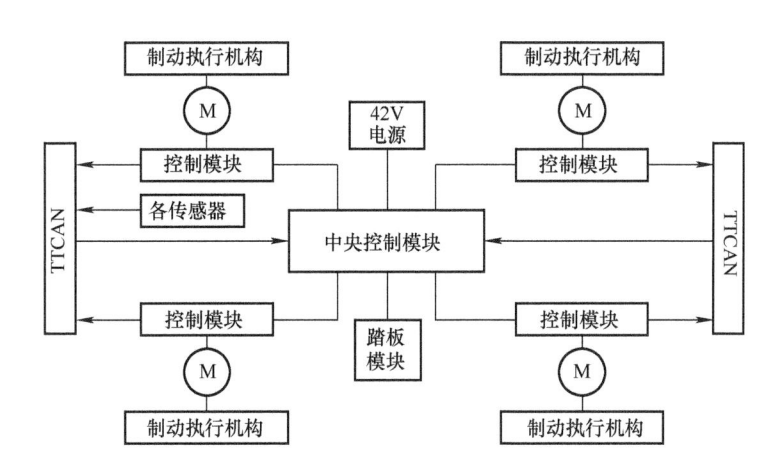

图 7-36 EMB 电控制动系统简图

对 EMB 的结构和性能有以下几点要求：
1) 电机要小巧而又能提供足够大的力矩。
2) 传动装置能减速增矩，还要将旋转运动转换为直线运动。
3) 整个机构要工作迅速，反应灵敏。
4) 能自动补偿制动间隙，并能实现驻车制动。
5) 有良好的散热性。
6) 整个执行器结构紧凑、体积小、质量轻，以便于安装。
7) 有足够的强度和寿命以保证安全可靠。

(2) 电子控制器　接收制动踏板发出的信号，控制制动；接收驻车制动信号，控制驻车制动；接收车轮传感器信号，识别车轮是否抱死、打滑等，控制车轮制动力，实现防抱死和驱动防滑。由于未来车辆采用的各种控制系统，如卫星定位、导航系统、自动变速系统、无级转向系统、悬架系统等的控制系统与制动系统高度集成，所以 ECU 还得兼顾这些系统的控制。

(3) 制动踏板模拟器　在电控机械制动系统中，已经不需要制动液，而是由无刷直流电机来产生制动力矩，但是由于长期使用传统制动器的驾驶人会形成一定的驾驶习惯，因此需要一个踏板模拟器来模拟传统制动器的驾驶感受。踏板模拟器所必须满足的条件是：能辨识出驾驶人踩踏制动踏板的程度，从而产生近似大小的制动力矩；把路面状况反馈给驾驶人，便于操纵；模拟传统制动器踏板的特性以适应驾驶人所养成的驾驶习惯。

与传统的液压制动系统相比，在电子机械制动系统中，电源代替了液压源，机电作动器代替了液压作动装置。在 EMB 系统中，常规制动系统中的液压系统（主缸、真空增压装置、液压管路等）都被电子机械系统所代替，而液压盘和鼓式制动器的调节器被电机驱动装置（制动执行器）所代替，制动力由电机产生，大小受电子控制器的控制。EMB 系统的电子控制单元根据电子踏板模块传感器的位移和速度信号，并且结合车速等其他传感器信号，向车轮制动模块的电机发出信号控制其电流和转子转角，进而产生需要的制动力，以达到制动的目的。由于没有备用的机械或液压系统，EMB 系统的可靠性变得非常重要，要求系统有备用的电源（在主电源失效时工作）和冗余的通信链路（连接制动踏板的三重冗余链路）。

EMB 系统的控制器采用高可靠度的总线协议，控制系统冗余设计。为了减小空间，可以把电子元件安装在 EMB 调节器内。EMB 系统控制框图如图 7-37 所示。

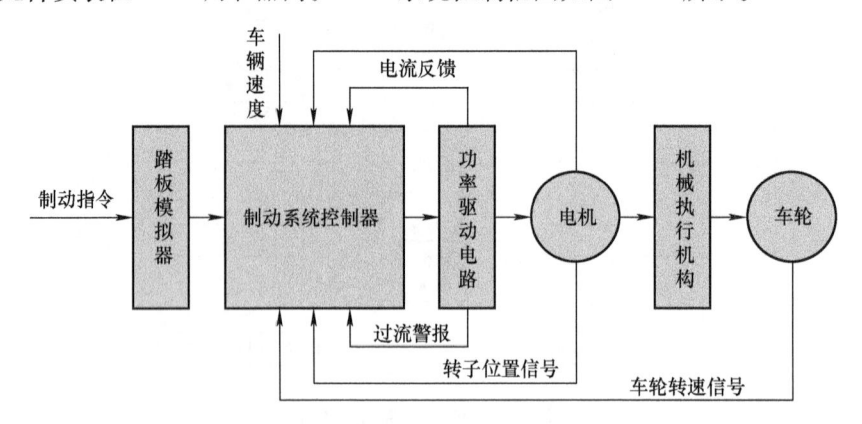

图 7-37　EMB 系统控制框图

2. 典型 EMB 系统

目前国外比较成熟的 EMB 设计样品有 BOSCH、Siemens 和 Continental Teves 三家公司的试验品，一些研究成果已申请了专利。

（1）BOSCH 公司 EMB 的结构及原理　德国 BOSCH 公司于 1996 年 10 月 23 日在美国专利局申请了第一篇关于 EMB 的专利，至今共申请了 12 项相关专利，最近的专利是于 2003 年 3 月 25 日新发布的"ELECTROMAGNETICWHEEL BRAKE DEVICE"，图 7-38 所示为此专利中描述的 EMB 系统结构简图。

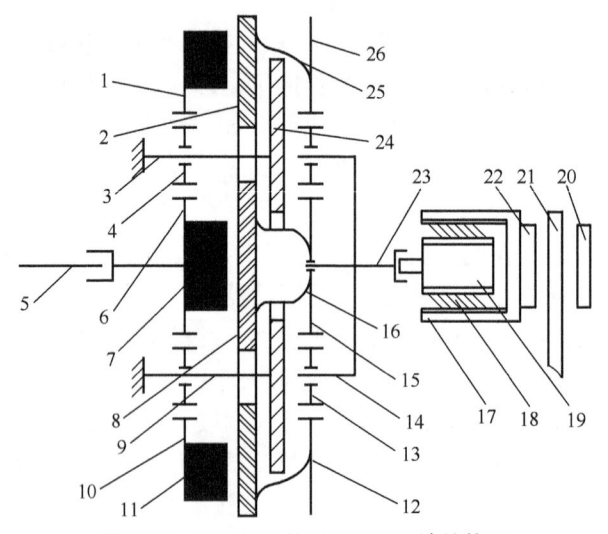

图 7-38　BOSCH 公司 EMB 系统结构图

1、26—齿圈　2、8—摩擦盘　3、9—销钉　4、13—行星轮　5—电机输入端　6、15—太阳轮
7、11—电磁离合器　10、12—行星轮系　14—行星轮架　16、25—杯形弹簧　17—螺母
18—螺纹滚柱　19—螺纹心轴　20、22—制动钳块　21—制动盘　23—输出轴　24—制动环

工作时，动力由电机输入端 5 输入内部的两个行星轮系 10 和 12，然后传递给螺纹心轴 19，再经螺纹心轴 19、螺母 17 和螺纹滚柱 18 组成的类似行星齿轮机构将电机传递来的转动

转化为螺母 17 的直线运动。螺母 17 推动制动钳块 22，将制动力施加在制动盘 21 上。摩擦盘 8 与行星轮系 12 的太阳轮 15 通过一个杯形弹簧 16 固接在一起，摩擦盘 2 与行星轮系 12 的行星齿圈 26 以同样的方式固接。在两个行星轮系 10、12 之间有两套电磁离合器 7 和 11。当两个电磁离合器通电时，摩擦盘 2 和 8 分别与母体 11 和 7 接合，同步运动。不通电时，摩擦盘受制动环限制无法转动。此执行机构有如下 4 种工作方式：

1）电磁离合器 7 通电，11 不通电。此时太阳轮 6、15 接合同步转动，齿圈 26 在制动盘 24 的作用下静止，两个太阳轮 6、15 旋转方向相同，传动比大，可提供迅速克服制动钳块 22 和制动盘 21 之间的间隙。

2）两个电磁离合器都通电。此时太阳轮 6、15，齿圈 1、26 都同步转动。由于太阳轮 6、15 转动半径相同，齿圈 1、26 转动半径也相同，而行星轮 4 的转动半径大于行星轮 13，因此行星轮架 14 转动方向仍然与太阳轮 15 相同，实现了减速增矩的功能。

3）电磁离合器 7 不通电，11 通电。此时齿圈 1、26 接合，同步转动，太阳轮 15 在制动环 24 的作用下静止，此时行星轮架 14 和齿圈 26 的旋转方向相反，在不需电机反转的情况下，即可使制动钳块 22 和制动盘 21 分离。此功能可用来调整制动间隙。

4）两个电磁离合器都不通电。此时太阳轮 15、齿圈 26 在制动环 24 的作用下都不转动，行星轮架 14 亦无法转动，因此制动力矩始终施加在制动钳块 22 上，实现制动力保持，此种工作方式可用于驻车功能。

（2）Siemens 公司 EMB 的结构及原理　德国 Siemens 公司于 1997 年 7 月 24 日在美国专利局申请了第一篇关于 EMB 的专利，到 2002 年 8 月 13 日，先后一共申请了 5 项相关专利，图 7-39 所示为 Siemens 公司研制的一种典型的带有机械磨损后，可以自动补偿制动盘和制动钳块间隙的 EMB 执行机构。

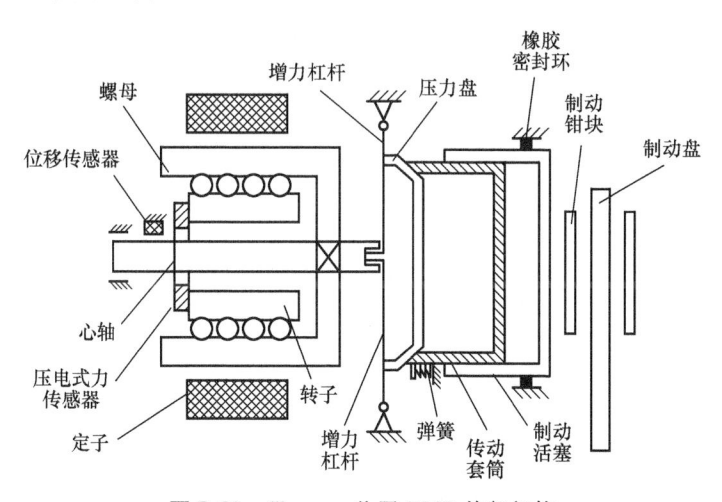

图 7-39　Siemens 公司 EMB 执行机构

这种执行机构力矩电机内置，转子与螺母相啮合，螺母和心轴固结在一起。当电机工作时，转子转动，使螺母和心轴作轴向运动，就把圆周运动转化为了直线运动。心轴轴向推动增力杠杆和压力盘。杠杆的末端插在制动器缸内的凹槽内，能够绕凹槽转动，在图中采用铰链表示。压力盘再把力传递给传动套筒，套筒和制动活塞之间通过螺纹传动，这个螺纹传动副是不自锁的。制动活塞推动浮动制动钳块，产生制动力矩。橡胶密封环和弹簧的主要作用是制动后使制动活塞等零件回位。当活塞向右移动时，活塞使橡胶环产生弹性变形，产生了作用在制动活塞上的回位力。当制动结束后，在橡胶环的弹性形变力下，传动套筒和制动活塞被推回到制动前的位置上。Siemens 公司的 EMB 还具备间隙自动调整功能。当制动钳块磨损比较严重时，制动活塞的行程超出了橡胶环形变量时，二者发生相对滑动。制动卸载时，橡胶环带动活塞回位。由于活塞和橡胶环发生相对运动，因此活塞返回的行程一定小于制动前走过的行程，于是传动套筒和压力盘之间出现了空隙。传动套筒从制动活塞的内腔中被弹簧推出，直到与压力盘再次接触，退出的行程也就恰好等于磨损掉的厚度。

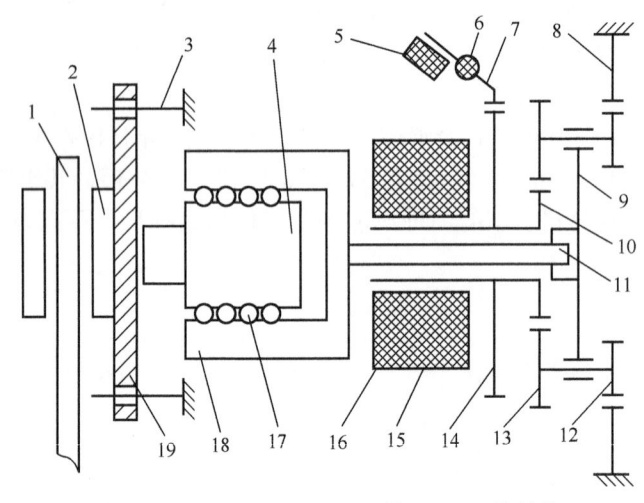

（3）Continental Teves 公司 EMB 的结构及原理　Continental Teves 公司于 1996 年 5 月 29 日在美国专利局申请了第一篇关于 EMB 的专利开始，到最近一次于 2003 年 4 月 22 日发布的最新专利，先后一共申请了 12 项相关专利，图 7-40 所示为 Continental Teves 公司研制的带有两级减速机构的 EMB 执行机构。Continental Teves 公司的执行机构也采用了电机内置的结构，它还有一个特点就是模块化，整个机构分为 3 个独立的模块，分别为驱动部分、一级丝杠螺母减速部分和二级减速齿轮部分，3 个模块在生产、安装、维修时可以独立进行，然后组装在一起工作。

图 7-40　Continental Teves 公司 EMB 的结构

1—制动盘　2—制动钳块　3—销杆　4—螺旋心轴　5—电磁铁　6—销钉　7—棘轮　8—齿圈　9—行星轮　10、14—齿轮　11—螺母轴颈　12、13—行星轮　15—转子　16—定子　17—钢珠　18—螺旋螺母　19—压盘

在驱动模块中包含有一个力矩电机，15、16 分别是电机的转子和定子。一级丝杠螺母减速部分由螺旋螺母 18、螺旋心轴 4 和大量的钢珠 17 组成，这三者构成了一个球螺旋机构。二级减速齿轮由 8、9、12、13 组成，这是一个行星轮系。当电机转子 15 转动时，其上的齿轮 10 带动二级减速齿轮部分的行星轮 13 转动，同时另一侧的齿轮 12 与齿圈 8 相啮合，这样力矩便通过旋转的行星轮架 9 传递给了一级减速机构中的螺母轴颈 11。当螺旋螺母 18 由二级减速齿轮驱动旋转时，通过球螺旋副螺旋心轴 4 产生向左的平动，推动压盘 19 和制动钳块 2，与制动盘 1 接触，产生制动力矩。在驱动部分中还有一个棘轮机构 5、6、7，用于实现驻车功能。通过电磁铁 5 的通断电，可以使棘轮 7 绕销钉 6 转动，来控制电机转子 15 是否旋转。当电机转子 15 不转动时，可以保持住制动力，达到驻车制动的目的。

（4）Siemens 公司楔块式 EMB（EWB）的结构及原理　如图 7-41 所示，Siemens EMB

的主要结构由电机、滚珠丝杠、楔块、滚柱以及驱动机构组成。楔形块由滚珠丝杠驱动。在这个机构中，作用力通过两个相邻楔形表面的挤压传递。这就允许两个电机可以一起工作也可以自由地运动对系统加载。它们同时工作的时候，一个滚珠丝杠拉着楔块向拉楔块的方向运动，而另一个滚轴丝杠与第一个滚轴丝杠推楔块，这样在消除制动间隙的过程中减小了单个电机的载荷。当楔块式 EMB 工作在临界点的时候，两个滚轴丝杠相对地向各自的方向拉楔块。

楔块机构由两个表面呈 W 形的楔块组成。靠近电机的里面的楔块相对于电机是静止的，外面的楔块可以做轴向和沿制动盘方向的运动。这种结构分担了载荷并且使车辆在向任何方向行驶时都有自增力效果。在两楔块之间加有圆柱滚子，以减小制动钳传来的滑动摩擦力。外侧安装制动衬块的楔块，通过一个预紧的弹簧连接在静止的楔块上。外面的楔块通过轴承表面传递轴向驱动力，这就允许楔块可以相对于电机中心线移动。

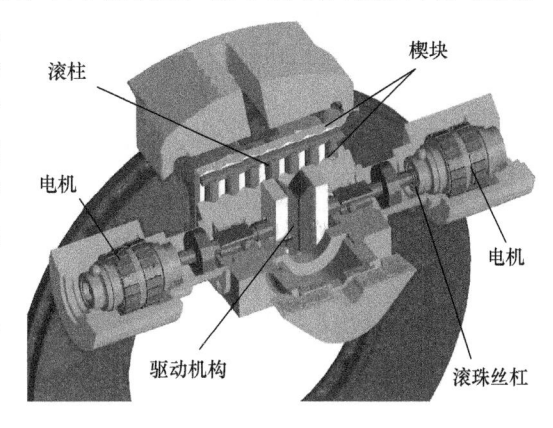

图 7-41 Siemens 公司楔块式 EMB 结构

（5）四种 EMB 的对比 以上四种 EMB 均是以钳盘式制动器为基体，考虑到传动精度的要求，都采用了滚珠丝杠副作为将转动变为平动的机构。不同之处主要有：

1）BOSCH 公司的 EMB 没有把力矩电机安装在机构内部，采用的是电机外置，而 Siemens 和 Continental Teves 公司采用的都是电机内置结构，把电机的定子和转子与其他零件接合在一起。这种布置方式能够使结构更紧凑，体积更小巧，但同时也增加了结构的复杂性。

2）BOSCH 公司研制的 EMB 内部都含有电磁离合器，但是电磁离合器的作用不尽相同，经历了一个结构由复杂到简单，功能由简单到复杂的过程。BOSCH 公司以前申请的专利中，只包含一个行星轮系，但为了实现相应的功能，增加了许多附属机构。采用了两个电磁离合器和两个行星轮系后，EMB 的工作方式变得更加清晰，功能更加多样。

3）Siemens 公司的 EMB 采用了增力杠杆结构，增力杠杆的末端插在制动器缸内的凹槽内，能够绕凹槽转动。当心轴轴向移动推动增力杠杆和压力盘时，压力盘是不转动的，由于心轴和压力盘在杠杆两侧的力臂不同，压力盘的力臂短，两个力臂之比大约是 4:1，这就使压力盘的压力大于心轴产生的轴向推力，起到了增力的作用。另外 Siemens 公司的 EMB 还具备间隙自动调整功能。这种制动盘和制动垫块的间隙自动补偿方式是其特有的结构，完全是由执行机构本身的机械结构自动实现的。Siemens 公司的 EMB 内部还带有环形压电式力传感器和位移传感器用来测量心轴移动的轴向距离，工作性能更为可靠。

4）Siemens 公司楔块式 EMB 应用的是一种全新的制动理念，结构上也与前面三种 EMB 有较大差异。传统形式的 EMB 由于需要高的制动力和能量输入，制动系统需要较大功率的电动机来提供能量，这样，电机重量大、价格昂贵。采用行星齿轮和增力杠杆机构的 EMB 结构复杂，重量大，布置不便。而 Siemens 的 EMB 将车辆的动能提供给电控驱动装置，由自增力效应获得的辅助力增加法向制动力。因此制动系统只需要向驱动机构提供很小一部分法向力即可获得高效能的制动。

7.4 电动空调系统

7.4.1 热泵式空调系统结构和原理

电动汽车热泵空调系统由电动压缩机、换热器、逆变器、四通换向阀和双向膨胀阀等组成。

将仅用电力驱动的压缩机称为全电动压缩机,其结构如图 7-42 所示。全电动压缩机的驱动方式可以分为独立式和非独立式。对于独立式,与传统压缩机的主要区别是:①传统压缩机采用主机作为动力,电动压缩机直接通过电机驱动;②传统压缩机转速受主机转速限制,电动压缩机单独驱动,转速单独可调;③传统压缩机受主机限制转速范围较小,电动压缩机驱动电机调速范围较宽。

对于非独立式,在驱动形式上传统压缩机由发动机通过传动带带动,电动压缩机则由主驱动电机通过传动带带动。

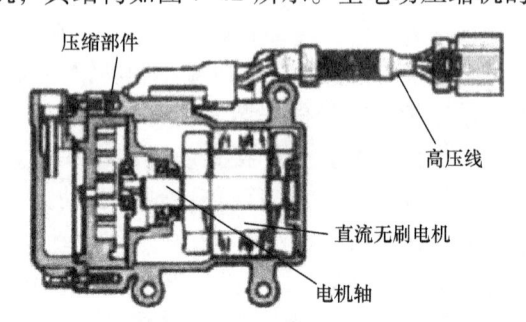

图 7-42 电动压缩机结构

对于混合动力车型来说,无论发动机模式或电动模式时都需要空调(或采暖),可以选用全电动空调形式,也可以选用混合驱动模式空调系统。

混合动力车为了节约能源,可以在发动机驱动模式和电力驱动模式之间切换。采用发动机与电机混合驱动的压缩机,电机驱动与发动机通过带轮驱动集成为一个整体。在发动机模式下,压缩机由发动机通过传动带驱动。在汽车临时停车(比如遇到红灯)或持续减速时切换到电驱动模式,由蓄电池提供能量,以确保车室内保持舒适的温度,从而不必专为带动空调压缩机而使发动机怠速运转,这样就避免了在怠速工况下燃油经济性和排放性不佳的状况,降低了油耗,减少了对环境的污染。

当驾驶人刚进入车内打开空调时,或者由于外界温度变化导致车内温度较大幅度变化时,发动机带动和电驱动可同时工作,以提供良好的制冷性能。当驾驶室内温度快要接近设定温度时,只使电机驱动压缩机工作,从而通过对电机逆变器的精确控制迅速达到目标温度。至于发动机驱动的停止点(即电机单独驱动的起始点),可以通过对系统仿真研究作详细的分析。当然,对于混合驱动的控制策略还可以作进一步的研究,以获得最有效的压缩机驱动模式,从而降低能耗。

而在空调负荷较低时,则可以区别使用带传动和电机驱动,在车辆停止时单独使用电机驱动,以最低限度的制冷性能抑制车内温度的上升。

由传动带驱动的直流无刷电机的电动汽车热泵式空调系统,其工作原理如图 7-43 所示,空调系统的制冷/制热模式由四通换向阀转换,实线箭头表示制冷工况,虚线箭头表示制热工况。

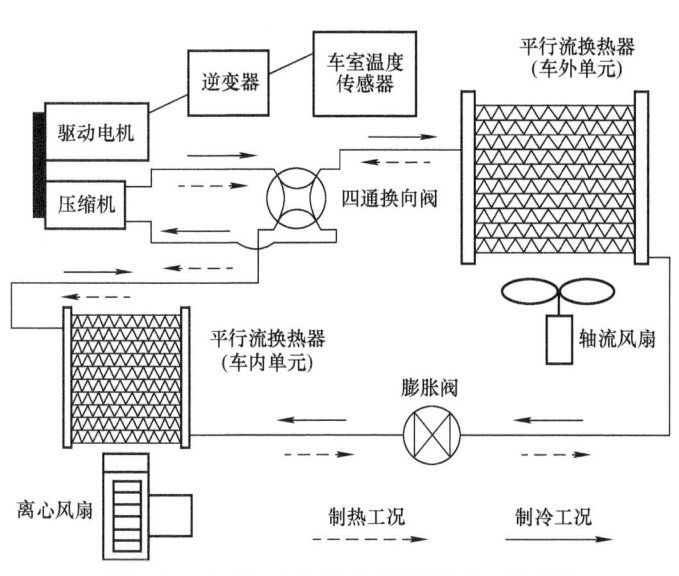

图 7-43 电动汽车热泵式空调系统的工作原理

7.4.2 电动客车一体式电动空调

电装公司开发了用于混合动力公交车的更小、更轻、更高效的一体式空调,如图 7-44 所示。空气调节系统具有集成电动压缩机,相比电装公司以前的系统,可省电 50% 左右。电动压缩机可以根据情况精确控制,从而提高运营效率,并提供更舒适的乘坐环境。电动空调系统的电动压缩机集成一个内置的逆变器,压缩机外形如图 7-45 所示。

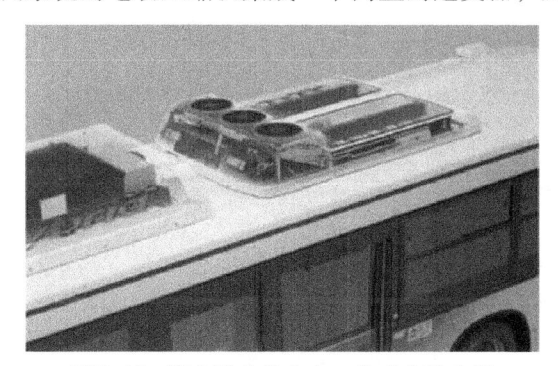

图 7-44 混合动力公交车一体式电动空调

图 7-45 电动压缩机外形

与交流电源驱动的电动压缩机相比,它们的体积非常小,缸体及其他部件都是铝制的,作为车用压缩机,其目标是最适宜的轻量化。该压缩机把压缩机和逆变器集成为一体,在混合动力车上有十分出色的表现。

电装的一体式空调主要由 4 个 ES34 电动压缩机、4 个轴流风扇、6 个离心风扇以及一套电控系统构成,如图 7-46 所示。

整个机组的尺寸是 3790mm × 1900mm × 225mm,质量仅为 240kg。电动压缩机的制冷功率为 24kW（4400m^3/h 工况,温度范围 10 ~ 40℃）、制热功率 22kW（3000m^3/h 工况,温度范围 0 ~ 20℃）,制冷剂填充量为 4400g,制冷每小时的耗电量为 11.0kW,制热时每小时的耗电量约为9.5kW。

电动空调的电源由车辆的电池提供。电动压缩机的工作电压是DC 288V/40A，鼓风机、电风扇、主ECU的工作电压是DC 24V/70A，压缩机用ECU（4个）、驱动高压继电器的工作电压是DC 12V。

该系统所采用的压缩机为涡旋式电动压缩机，排量是34mL/r，转速范围1000~8600r/min，采用的制冷剂为HFC134a。该系统的控制系统如图7-47所示。

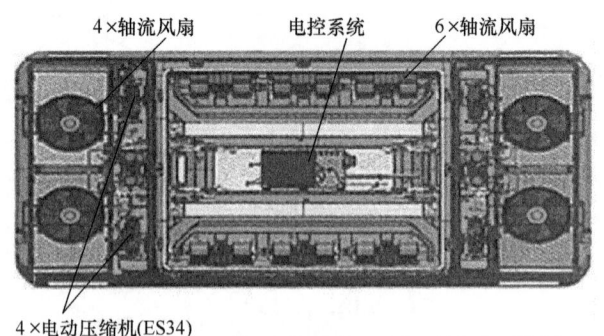

图7-46 电装电动客车用一体式电动空调的构成

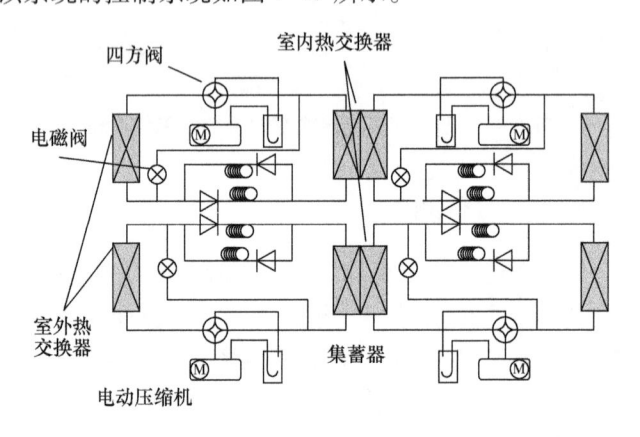

图7-47 电动空调的控制系统

根据四方阀、电磁阀的切换，使制冷、制暖、除霜分别循环运转，如图7-48所示。

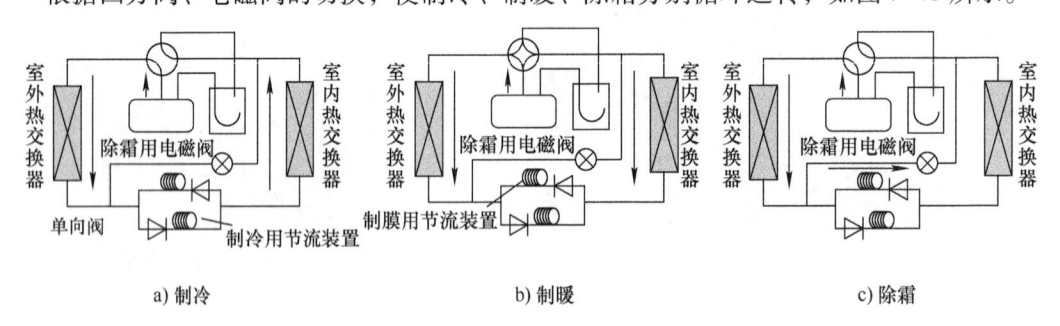

a) 制冷　　　　b) 制暖　　　　c) 除霜

图7-48 制冷、制暖、除霜分别循环运转

此系统的技术特点和优势为：
1) 轻量化设计：重量减轻了50%。
2) 更环保、更省电：能源消耗降低了50%。
3) 低噪声、更舒适。

电装一体式电动客车的节能效果与其他厂商一体式空调性能比较，如图7-49所示。

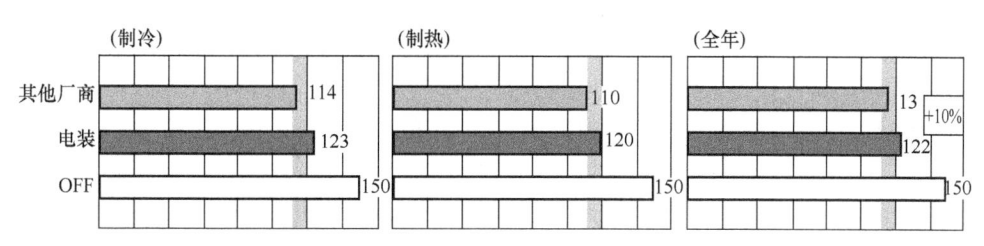

	(制冷)	(制热)	(全年)
其他厂商	114	110	13 +10%
电装	123	120	122
OFF	150	150	150

图 7-49　电动空调的节能效果（假定 A/C 关闭时运行 150km 的情况）

7.5 电动冷却系统

电动冷却系统要综合考虑车辆不同系统的热源特点、不同部件的散热特点以及冷却散热部件的体积、重量、尺寸等，以选择相应的冷却方案，采取对应的冷却措施以满足车辆的总体使用要求。除此之外，还需要具有智能控制策略以对各热源部件进行实时监控，形成对冷却系统的智能化和自动化控制，在最大限度地降低电动车辆的电能消耗同时还能延长散热设备的使用寿命。

7.5.1 电动冷却系统结构与原理

电动汽车相较之于传统汽车，由于设计的不同，其冷却方式也发生了相应的变化，风冷（强迫风冷）对于电动汽车已经不再适用，研究表明油冷的相对冷却能力为强迫风冷的 20 倍以上，水冷的冷却能力为强迫风冷的 50 倍以上。因此，采用液冷系统是适合于电动汽车运行工况的必然趋势之一。

电动汽车冷却系统一般由散热器、水泵、风扇、水泵、储液罐等组成，如图 7-50 所示。传统汽车的水泵和风扇可以由发动机直接带动，而电动汽车必须有独立的驱动源，即电动水泵和电动风扇，同时这些部件的电动化使冷却系统可以根据冷却的需要进行相应的调整。

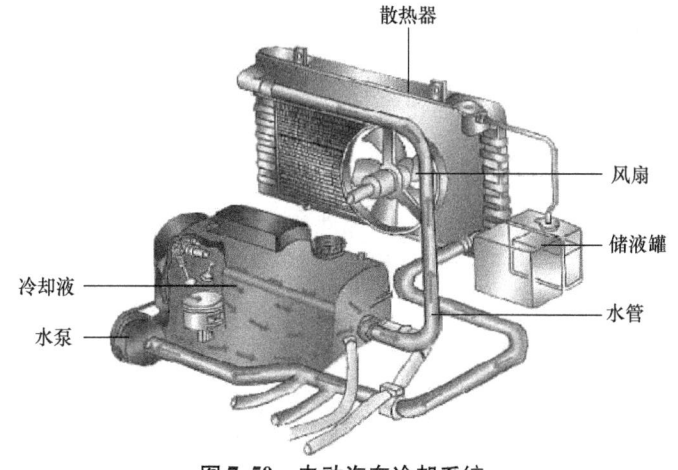

图 7-50　电动汽车冷却系统

7.5.2 典型车辆的冷却系统

法国 PSA 和雷诺公司开发研制的一种以燃料电池作为动力源的电动车，由交流电机将动力传至车轮。在此车辆中需考虑冷却散热的辅助装置还有进气中冷器（燃料电池反应中需要的氧气是由压缩外界的空气得到的,压气机将空气压缩的同时使其温度升高,所以需要一个冷却器)、空调冷凝器、电动机和控制器。

各部件的工作要求如下:燃料电池组的出口温度约为 80℃;进气中冷器出口空气温度达到 100℃以上,而要求进入燃料电池的空气温度为 80℃;电动机和控制器的允许冷却液温度为 55~60℃。由于各部件的最佳工作温度相差较大,故在此车中采用了两套冷却循环回路:一套为高温回路,用来冷却电池组;另一套为低温回路,用来冷却辅助动力装置。冷却水的循环路线如图 7-51 所示。

图 7-51 所示为用一个 400W 水泵驱动的冷却系冷却水循环路线。电池组自身组成一个回路,在此回路中还有取暖装置。另一个回路由电机和辅助装置组成,这些部件并联放置,各部件的冷却水流量、压力由各自的散热量决定,这由控制单元进行控制。

图 7-52 所示为用两个功率为 200W 水泵的冷却系冷却水循环路线。两个散热器并排放置,高温回路的散热器被分为两个部分,一部分用来冷却高温回路,另一部分辅助低温回路中的散热器共同冷却低温回路。

图 7-51 一个水泵驱动的冷却系冷却水循环路线

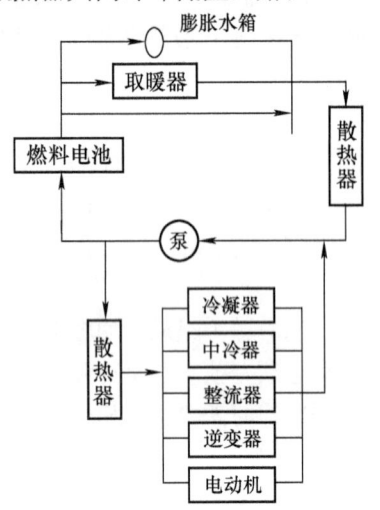

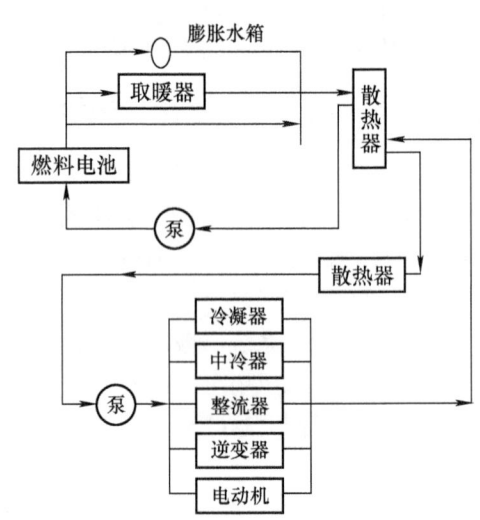

图 7-52 两个水泵的冷却系冷却水循环路线

7.5.3 电动冷却系统中的特殊问题

车辆冷却系统的设计应根据选用的不同部件的散热特点采取相应的冷却方案,形成智能化冷却系统技术。电机及控制器等关键部件要尽量借鉴国内外成功经验。在选用零部件时,尽量采用成熟技术和现在通用散热零部件,以减少开发成本。具体的设计策略如下:

1) 充分理解和掌握国外有关电动汽车的结构特点、车辆内主要热源的散热方式,按照要求选取合适的冷却形式。

2) 分析电动汽车冷却性能的影响因素和特点,分析电动汽车各总成的结构参数和布置方式对车辆散热冷却性能的影响,结合相应的试验,进行散热器的设计计算与布置。关键性能部件的设计水平达到集成化,部件结构实现模块化,重要部件形成系列化。

3) 确定温度、水泵压力及流量、风扇转速等传感器的性能参数,选择或设计加工出性能好、体积小、易于安装的传感器。

4) 将各种传感器与电动机制成一个整体,研究合理的安装位置。实现实时工况管理,

第 7 章 电动汽车的电动化辅助系统

通过车辆电子控制管理技术，实现冷却系统全工况的优化运行。

5）对所选用的散热部件进行试验，根据试验数据来修正有关设计、控制参数，以满足所提出的电动汽车的性能指标。测试技术应能根据车辆的实际运行情况实现系统及重要部件的实时监控，并进行智能化调节。

7.6 辅助 DC/DC 变换器

电动汽车中的 DC/DC 变换器有降压、升压、升降压变换器三种形式，是实现电气系统电能变换、传输和电力拖动的重要电气设备。在各种电动汽车中，DC/DC 变换器主要实现以下功能：①不同电源之间的特性匹配；②驱动直流电机；③为低电压蓄电池充电。

7.6.1 降压变换器

降压电路（Buck 电路）的原理图如图 7-53 所示，降压线路的基本特征为：输出电压低于输入电压，输出电流为连续的，输入电流是脉动的。

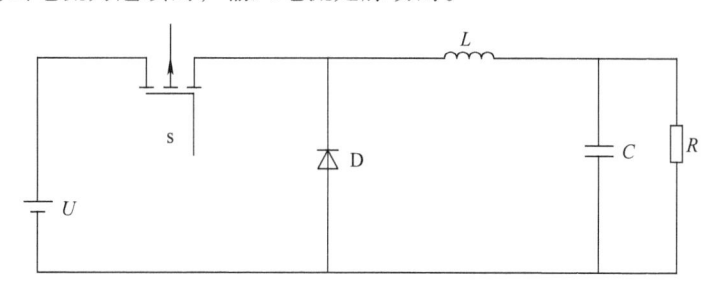

图 7-53 降压（Buck）电路原理

Buck 电路工作过程：

图 7-54 所示为降压线路工作时的理想波形。

$0 < t < DT_s$ 开关管导通时，输出电感储能，流过电感的电流线性增加，同时为负载提供能量：

$$L \frac{di}{dt} = V_g - V \quad (7-1)$$

$DT_s < t < T_s$ 开关管关断时，输出电感通过二极管进行续流，流过电感的电流线性减小。

$$L \frac{di}{dt} = V \quad (7-2)$$

依据电感伏秒平衡原理可得

$$(V_g - V)DT_s = V(1-D)T_s \quad (7-3)$$

由式（7-3）可得

$$D = \frac{V}{V_g} \quad (7-4)$$

图 7-54 降压线路工作时的理想波形

开关转换线路是否工作在 CCM（Current Continuous Mode）或者 DCM（Current Discontinuous Mode），主要取决于流过电感的电流是否连续，当电感电流连续时，则开关转换器工作

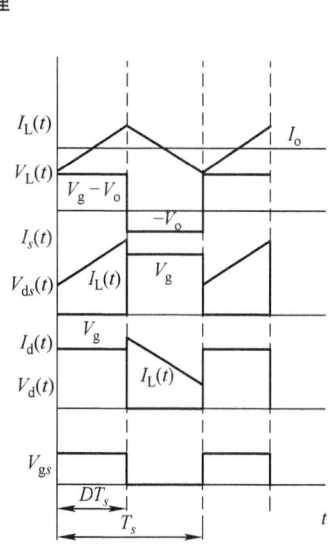

于 CCM；当电感电流不连续时，则开关转换器工作于 DCM。

当开关转换线路工作于 CCM/DCM 边界，对于 Buck 电路而言，流过电感的电流纹波与输出电流相等，即

$$\frac{V(1-D)T_s}{2L} = \frac{V}{R} \tag{7-5}$$

由式（7-5）可得边界条件为

$$K = 1 - D = \frac{2Lf_s}{R} \tag{7-6}$$

即：

当 $1-D < \frac{2Lf_s}{R}$ 时，Buck 变换器工作在 CCM 模式。

当 $1-D > \frac{2Lf_s}{R}$ 时，Buck 变换器工作在 DCM 模式。

当 $1-D = \frac{2Lf_s}{R}$ 时，Buck 变换器工作在 CCM/DCM 边界。

7.6.2 升压变换器

直流输出电压的平均值高于输入电压的变换电路称为升压变换电路，又叫 Boost 电路，Boost 电路及其波形如图 7-55 所示。

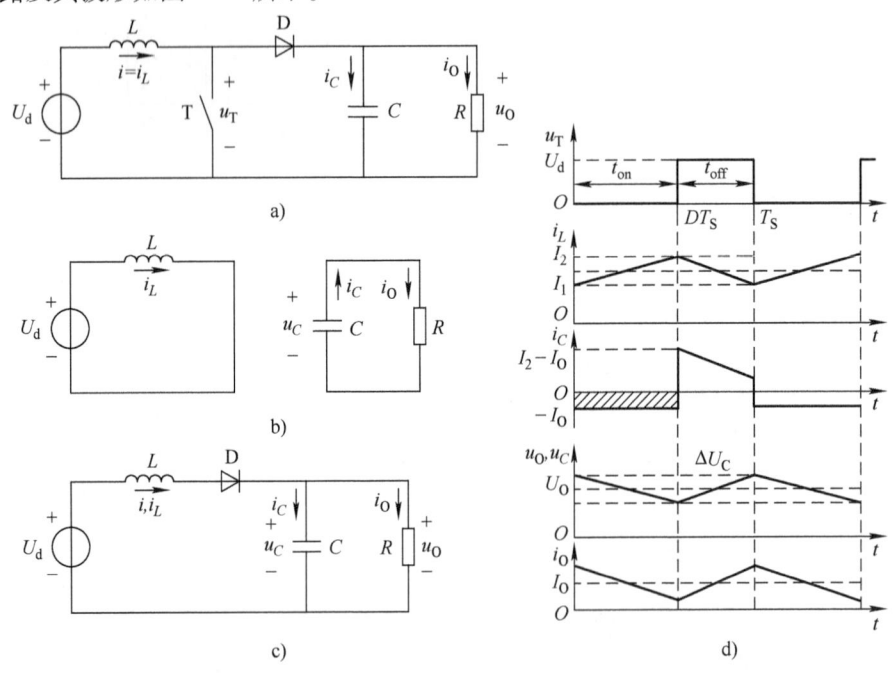

图 7-55 Boost 电路及其波形

t_{on} 工作期间：二极管反偏截止，电感 L 储能，电容 C 给负载 R 提供能量。

t_{off} 工作期间：二极管 D 导通，电感 L 经二极管 D 给电容充电，并向负载 R_L 提供能量。可得

$$U_O = \frac{t_{on} + t_{off}}{t_{off}} U_d = \frac{U_d}{1-D}$$

式中，占空比 $D = t_{on}/T_S$；当 $D = 0$ 时，$U_O = U_d$，但 D 不能为 1，因此在 $0 \leq D < 1$ 的变化范围内 $U_O \geq U_{in}$。

电感电流连续时 Boost 变换器的工作分为两个阶段：

1) T 导通时为电感 L 储能阶段，此时电源不向负载提供能量，负载靠储于电容 C 的能量维持工作。

2) T 阻断时，电源和电感共同向负载供电，同时给电容 C 充电。

总结来说，Boost 电路的特点如下：

① Boost 电路对电源的输入电流（也即通过二极管 D 的电流）就是升压电感电流，电流平均值为 $I_O = (I_2 - I_1)/2$。

② 实际中，选择电感电流的增量 ΔI_L 时，应使电感的峰值电流 $I_d + \Delta I_L$ 不大于最大平均直流输入电流 I_d 的 20%，以防止电感 L 饱和失效。

3) 没有电压闭环调节的 Boost 变换器不宜在输出端开路情况下工作：因为稳态运行时，开关管 T 导通期间（$t_{on} = DT_S$），电源输入电感 L 中的磁能，在 T 截止期间通过二极管 D 转移到输出端，如果负载电流很小，就会出现电流断流情况。如果负载电阻变得很大，负载电流太小，这时若占空比仍不减小、t_{on} 不变、电源输入到电感的磁能必使输出电压不断增加。

4) Boost 变换器的效率很高，一般可达 92% 以上。

7.6.3 升降压变换器

升降压变换电路（又称 Buck-boost 电路）的输出电压平均值可以大于或小于输入直流电压，输出电压与输入电压极性相反，其电路原理及波形如图 7-56 所示。它主要用于要求输出与输入电压反相，其值可大于或小于输入电压的直流稳压电源。

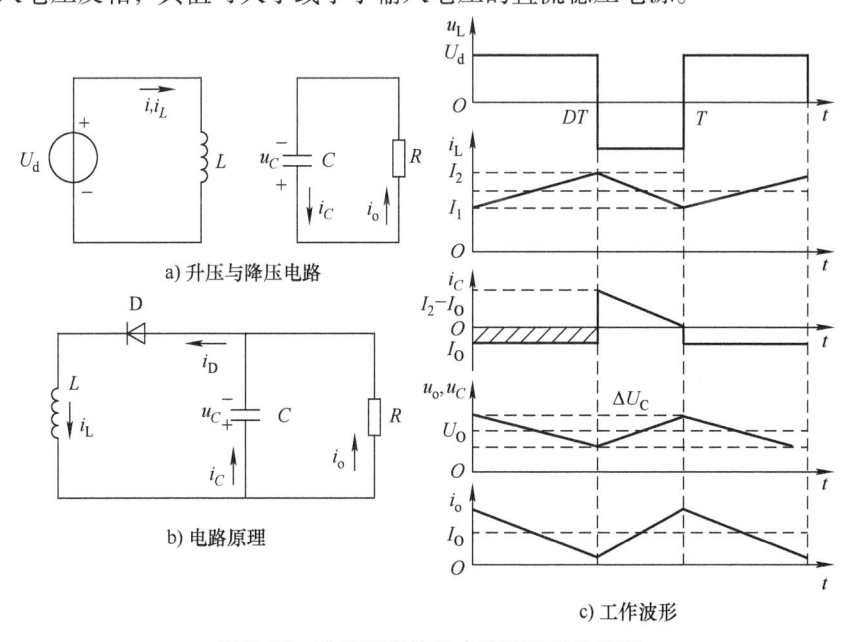

图 7-56 升降压变换器电路原理图及波形

t_{on} 期间，二极管 D 反偏而关断，电感储能，滤波电容 C 向负载提供能量。

$$U_d = L\frac{I_2 - I_1}{t_{on}} = L\frac{\Delta I_L}{t_{on}}$$

t_{off} 期间，当感应电动势大小超过输出电压 U_O 时，二极管 D 导通，电感经 D 向 C 和 R_L 反向放电，使输出电压的极性与输入电压相反。

$$U_O = -L\frac{\Delta I_L}{t_{off}}$$

在 t_{on} 期间，电感电流的增加量等于 t_{off} 期间的减少量，即

$$\frac{U_d}{L}t_{on} = -\frac{U_O}{L}t_{off}$$

由 $t_{on} = DT_S$ 和 $t_{off} = (1-D)T_S$ 的关系，求出输出电压的平均值为

$$U_O = -\frac{D}{1-D}U_d$$

式中，D 为占空比，负号表示输出与输入电压反相；当 $D = 0.5$ 时，$U_O = U_d$；当 $0.5 < D < 1$ 时，$U_O > U_d$，为升压变换；当 $0 \leq D < 0.5$ 时，$U_O < U_d$，为降压变换。

电感电流临界连续时的负载电流平均值为

$$L_O = \frac{D(1-D)}{2fI_{OK}}U_d$$

变换器的可能运行情况：实际负载电流 $I_o > I_{ck}$ 时，电感电流连续；实际负载电流 $I_o = I_{ck}$ 时，电感电流处于临界连续（有断流临界点）；实际负载电流 $I_o < I_{ck}$ 时，电感电流断流。

7.6.4 带隔离变压器的直流变换器

1. 带隔离直流变换器的作用

1）能使变换器的输入电源与负载之间实现电气隔离，提高变换器运行的安全可靠性和电磁兼容性。

2）选择变压器的变比还可匹配电源电压 U_d 与负载所需的输出电压 U_O 能使直流变换器的占空比 D 数值适中而不至于接近于零或接近于 1。

3）能设置多个二次绕组输出几个电压大小不同的直流电压。

2. 带隔离直流变换器的分类

1）反激变换器：开关管导通时电源将电能转为磁能储存在电感中，当开关管阻断时再将磁能变为电能传送到负载。反激式变换器电路原理及其波形如图 7-57 所示。

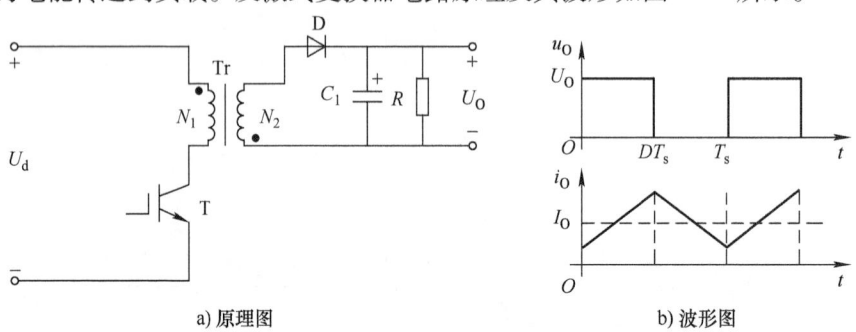

图 7-57 反激式变换器电路原理及其波形

反激式变换器工作在输出电流连续的状态下，输出电压 U_O 为

$$U_O = \frac{N_2 D}{N_1(1-D)} U_d$$

一般情况下，反激式变换器的工作占空比 D 要小于 0.5。

2）正激变换器：开关管导通时电源将能量直接传送至负载，正激变换器原理图及其波形如图 7-58 所示。

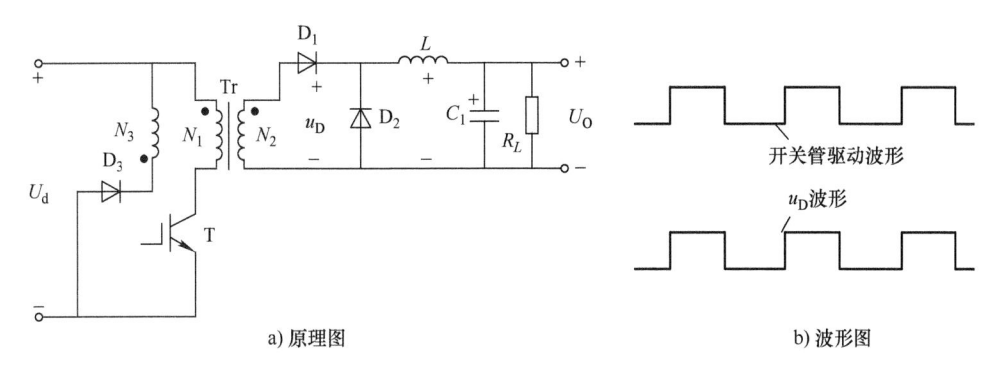

图 7-58 正激变换器原理及其波形

变换器的输出电压为

$$U_O = \frac{N_2}{N_1} D U_d$$

该电路的占空比 D 不能超过 0.5。

3）推挽式变换器（属正激式变换器）：推挽式变换器电路原理如图 7-59 所示。

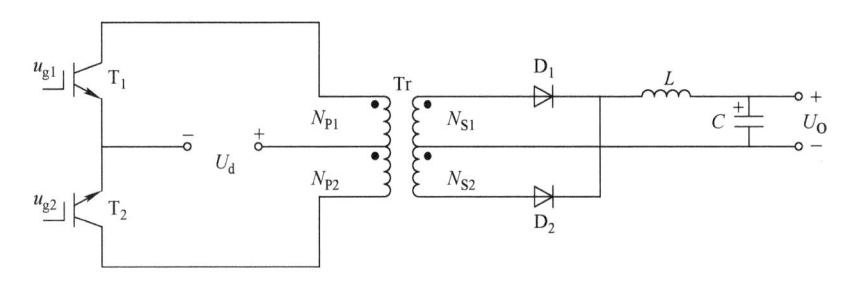

图 7-59 推挽式变换器电路原理

其工作占空比 D 必须保持小于 0.5。

习题

一、填空题

1. 电动制动系统是基于近年来兴起的对车辆线控系统的研究而产生的，其主要包括（　　　　）和（　　　　）两种形式。
2. 电子液压制动器其在传统的液压制动系统的基础上将动力源替换成（　　　　　　），不再使用真空供给与助力部件，而是采用（　　　　　）与控制器为系统提供动力。

3. 根据电动机驱动部位和机械结构的不同，电动助力转向系统可分为（　　　　）、（　　　　）、（　　　　）和（　　　　）。

4. 电动真空助力系统中真空泵采用（　　　　）的模式，给真空泵配备一个控制单元。如果真空泵控制开关出现（　　　　），则说明发生了泄漏。

5. iBooster通过软件灵活调整不同制动工况下的电机助力大小与制动踏板感觉，从而满足不同驾驶人的需求。在（　　　　）的助力模式下，较小的踏板力即可建立大的制动主缸压力。（　　　　）则需要施加较大的踏板力从而建立大的主缸压力，制动踏板反馈给驾驶人的脚感更强烈。

6. （　　　　）要综合考虑车辆不同系统的热源特点，不同部件的散热特点以及冷却散热部件的体积、重量、尺寸等，以选择相应的冷却方案。

二、选择题

1. （　　）的功能是根据转矩传感器信号和车速传感器信号进行逻辑分析与计算后发出指令。
   A. 电子控制单元　B. 电磁离合器　C. 助力电机　D. 转矩传感器

2. （　　）的主要功能是将驾驶人的转向意图（通过测量转向盘转角）转换成数字信号并传递给主控制器。
   A. 转向盘总成　B. 转向执行总成　C. 主控制器　D. 自动防故障系统

3. 转向执行总成的功能是接收（　　）的命令通过转向电机控制器控制转向车轮转动，实现驾驶人的转向意图。
   A. 前轮转角传感器　　　　B. 转向执行电机
   C. 转向电机控制器　　　　D. 主控制器

4. 电装电动客车一体式电动空调的空气调节系统优势不包括（　　）。
   A. 轻量化设计，重量减轻了50%　B. 更环保更省电，能源消耗降低了50%
   C. 低噪声更舒适　　　　　　　　D. 制造成本更低

5. 电子液压制动系统由制动踏板模块、液压调节模块、制动执行模块和（　　）4大部分组成。
   A. 控制系统　B. 辅助系统　C. 主控制器　D. 冷却系统

6. 以下（　　）是反激式变换器电路原理图。

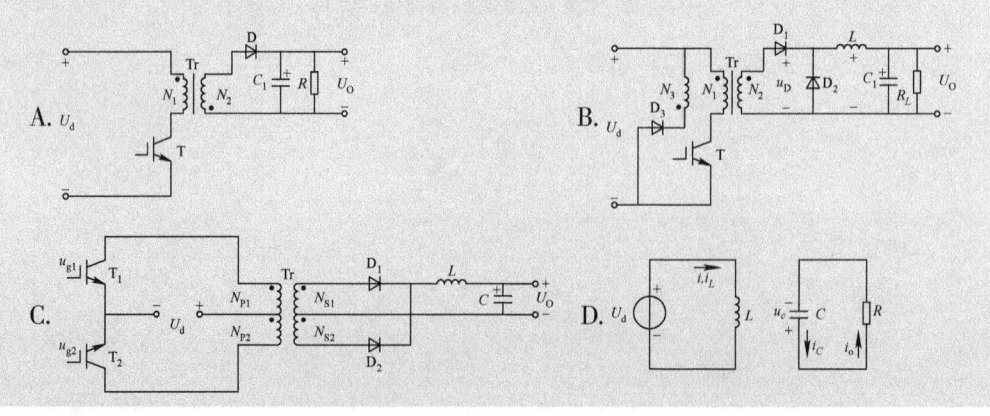

三、判断题

1. 电子液压制动器在传统的液压制动系统的基础上,将动力源替换成电子控制系统,不再使用真空供给与助力部件,而是采用伺服电机与控制器为系统提供动力。（ ）
2. 减速机构通过离合器与转矩传感器相连,起减速增矩作用。（ ）
3. 电动液压助力转向系统与传动电动助力转向系统相比具备良好的转向感,但是能耗较高。（ ）
4. 电动液压助力转向系统可以实现在低速行驶或转急弯时能以很小的转向手力进行操作,在高速行驶时能以稍重的转向手力进行稳定操作,使操纵轻便性和稳定性达到合适的平衡状态。（ ）
5. 空压机主机的进气口上设有空气过滤器,空气过滤器内还设有进气控制阀,使空气经空气过滤器过滤后通过进气控制阀被吸入空压机主机。（ ）
6. 正激变换器的开关管导通时电源将电能转为磁能储存在电感中,当开关管阻断时再将磁能变为电能传送到负载。（ ）

四、简答题

1. 简述变式无刷电机及控制的优点。
2. 沃尔沃动态转向系统的性能优异体现在哪些方面？
3. 简述独立式全电动液压机与传统压缩机的主要区别。
4. 为保证电动汽车的易操纵性和安全性,考虑真空助力制动系统中的真空泵寿命和真空系统能源的消耗,对真空发生系统的设计有哪些要求？

五、思考题

电动化辅助系统是电动汽车的关键组成部分,它包括电动转向、电动制动、电动空调和电动冷却等系统,这些系统不仅影响车辆的性能,还直接关系到驾驶人和乘客的舒适度和安全性。其中电动转向系统包括电动助力转向（EPS）和电动转向（线控转向）等方式,电动助力转向系统是现代汽车主流的转向系统之一。通过助力电机提供助力转矩,以减轻驾驶人转动方向盘所需的力矩。电动助力转向系统通过感知驾驶状况,通过电子控制单元（ECU）对助力电机进行实时控制,调整提供的助力矩,从而使得驾驶人在转向时感到更轻松,提高操控舒适性。想一想：

1. 相比于传统液压动力转向系统,电动助力转向系统有哪些优势？
2. 调研电动助力转向系统的分类,思考针对轴荷较大的乘用车,哪种类型的转向系统更合适？
3. 为提升电动助力转向系统实时响应速度,思考一下未来转向系统的发展方向。

六、实践题

1. 请查询资料,简述一种使用电液复合转向系统的车型,并进行详细介绍。
2. 请举例说明线控转向中的特殊问题,并根据问题提出改进意见。

第 8 章 电动汽车的智能与网联

8.1 电动汽车的智能化技术

随着新能源、物联网、云计算、大数据、人工智能、5G 技术等新兴科技在中国汽车行业的渗透率不断提升,汽车的电动化和智能化迎来黄金发展时期。电动汽车因数据信息收集、处理、反馈等方面高效、快捷的优势,成为智能化技术的良好载体。电动汽车智能化一方面能够提升车辆整车安全性和可靠性,另一方面也要求车辆具有先进的底层操作系统、电子电器设备架构和信息网络平台,是智能化网联化汽车特征的概括。

8.1.1 电动汽车智能化发展现状

随着智能化技术的广泛应用,用户对数字交互技术的接受程度和需求的日益增加,电动汽车的发展趋向于智能化。依据中国《车联网白皮书》和国家智能网联汽车创新中心数据显示,截至 2020 年,中国智能汽车市场总体市场容量为 2000 亿元,到 2025 年,我国智能网联汽车产业仅汽车部分新增产值就将超 1 万亿元。汽车的智能化极大提升了车辆行驶的安全性,保障了人民生命财产安全。电动汽车作为汽车智能化的最佳载体,很大程度上降低了车辆操控的难度,电动汽车的电力平台也更适合搭载智能设备,更符合汽车智能化发展的要求和方向。

2022 年 6 月 7 日,L4 级自动驾驶科技公司文远知行 WeRide 正式发布全新一代自动驾驶传感器套件 WeRide Sensor Suite 5.0(简称 WeRide SS 5.0),如图 8-1 所示。基于广汽埃安纯电动汽车搭载该套件的 Robotaxi 车队已全面投入规模化测试与应用。WeRide SS 5.0 拥有 12 个摄像头、7 颗固态激光雷达,它们布局在车身不同位置,共同构成 6 大感知模组,让自动驾驶套件真正与汽车融为一体,最大化保留车身原有造型的同时实现全方位的强大感

图 8-1 文远知行在广州进行商业化试点

知能力。

WeRide SS 5.0 共采用了 7 颗车规级固态激光雷达，分别安装于车顶、车尾和车身四周，大幅缩小了套件的尺寸，并提高了可靠性。其中，顶部前感知模组配有 3 颗固态激光雷达、5 个中距离相机以及 2 个长距离摄像头，整体组件告别了过往的"帽子"形态。车尾感知模组配有 1 颗固态激光雷达及 1 个中距离摄像头，与顶部前感知模组相辅相成，负责后方的感知；加上车身四周多个由盲区激光雷达和鱼眼摄像头组成的补盲感知模组，完整地构成了 WeRide SS 5.0 的革新设计。

8.1.2 智能电动汽车电子电气系统

汽车电子电气架构（EEA）把汽车中的各类传感器、电子控制单元（ECU）、线束拓扑和电子电气分配系统整合在一起完成运算、动力和能量的分配，进而实现整车的各项功能。如果将汽车比作人体，汽车的机械结构相当于人的骨骼，动力、转向相当于人的四肢，电子电气架构则相当于人的神经系统和大脑，是汽车实现信息交互和复杂操作的关键。电子电气架构涵盖了车上计算和控制系统的软硬件、传感器、通信网络、电气分配系统等。它通过特定的逻辑和规范，将各个子系统有序结合起来，构成实现复杂功能的有机整体。汽车电子电气架构的发展阶段如图 8-2 所示。此外，汽车电子占整车制造成本比重也越来越大，如图 8-3 所示。

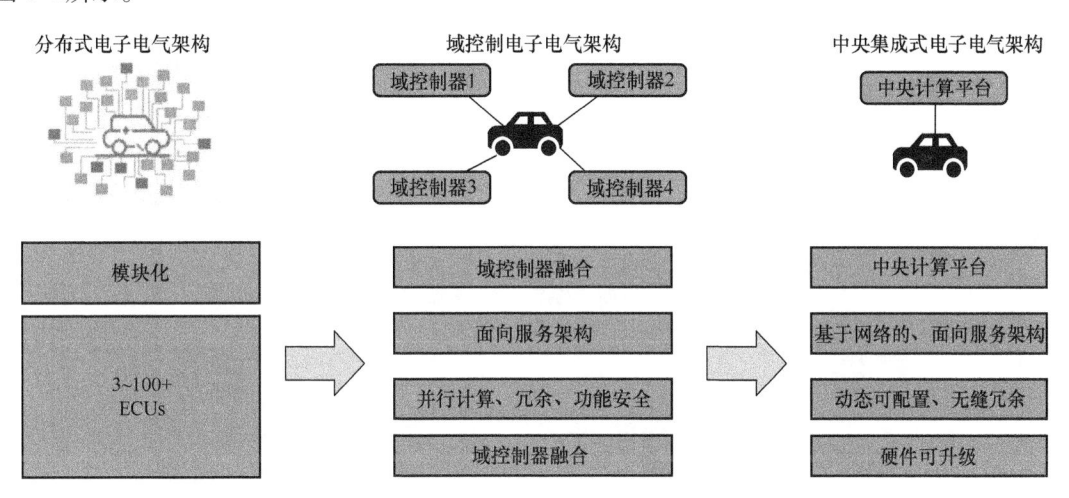

图 8-2 汽车电子电气架构的发展阶段

1）分布式电子电气架构：早期的汽车每个 ECU 只负责控制单一的功能单元，彼此独立，通过 CAN 或 LIN 总线连接在一起。这种架构导致了线束过长、重量过重、通信带宽不足、软硬件耦合深、功能迭代困难等问题。

2）域控制电子电气架构：为了解决分布式架构的弊端，部分功能开始集中到功能域控制器中，如自动驾驶域、娱乐域、网关域等，同时采用 FlexRay 或以太网等高速总线提高通信效率。这种架构虽然减少了 ECU 的数量和线束的长度，但仍然存在多个域之间的协调和兼容性问题。

3）中央集成式电子电气架构：为了实现软件定义汽车和智能化功能的持续更新，汽车电子电气架构开始向中央集成式电子电气架构演进，即基于少量高性能处理器打造汽车的

"大脑",通过一套新型的电子电气架构形成快速传递信息的"神经网络"和"血管",以控制和驱动所有电子器件和传感器。这种架构可以实现更高的算力和通信效率、更低的时延和功耗、更强的协同和稳定性。

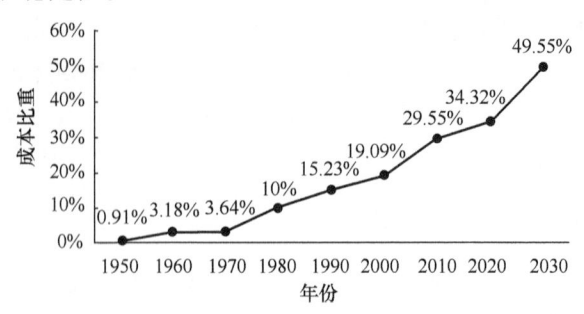

图 8-3　汽车电子占整车制造成本比重发展趋势

零跑发布的"四叶草"中央集成式电子电气架构是其中的典型代表,"四叶草"代指该架构集成了四个控制域(座舱域、智驾域、动力域和车身域),如图 8-4 所示。"域"是指整车的控制采用了中央集成式的控制,但具体到各个零部件,均具有相应的控制器。车企在开发控制功能时,会把相关的控制功能放在一起,这就形成了不同的域,类似动力域+车身域等。

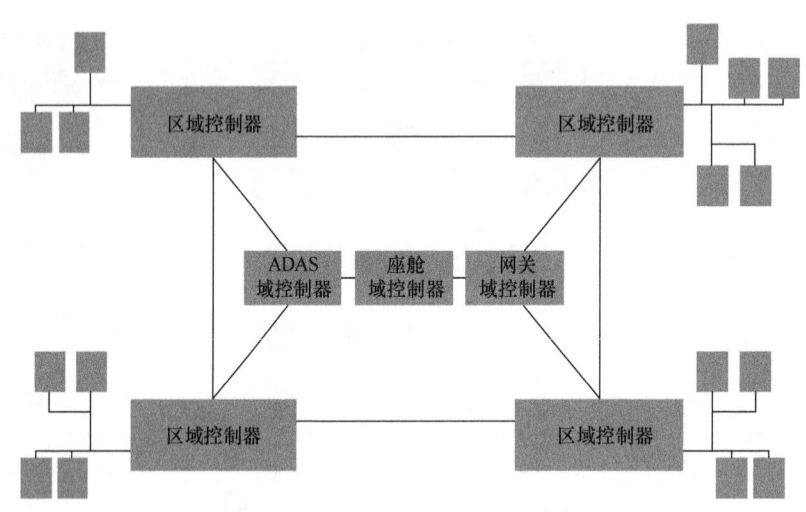

图 8-4　零跑"四叶草"中央集成式电子电气架构

动力域主要包括电机、发动机系统、电池管理系统、电驱控制系统、热管理、车载充放电、DC 控制器、压缩机控制、加热控制模块等。

座舱域主要包括 AR-HUD、氛围灯、扬声器、屏幕、T-Box、DMS 摄像头、拾音器、行人警示喇叭、监控摄像头控制模块等。

车身域主要包括玻璃升降开关、玻璃升降电机组合开关、刮水器电机、门锁、天窗开关、天窗控制、座椅位置、座椅加热通风、后视镜控制模块等。

智驾域主要包括环视摄像头、超声波雷达、前向毫米波雷达、前视摄像头、盲区毫米波雷达控制模块等。

8.1.3 车辆行驶状态传感器

车辆行驶状态感知，简称为态势感知（SA），其定义为：对环境要素的感知、理解以及预测。态势感知理论的运用提高了车辆的智能水平，使车辆更加"拟人化"。车辆状态的准确获取是态势感知的前提，目前主流的车辆行驶状态传感器有：加速度传感器、横摆角速度传感器、车轮转速传感器、转向盘转角传感器等。

1. 加速度传感器

加速度传感器是一种能够测量加速度的传感器。通常由质量块、阻尼器、弹性元件、敏感元件和适调电路等部分组成。传感器在车辆加速过程中，通过对质量块所受惯性力的测量，利用牛顿第二定律获得加速度值。根据传感器敏感元件的不同，常见的加速度传感器包括电容式、电感式、应变式、压阻式、压电式等。

加速度传感器是一种将加速度转换为电信号的电子设备。加速度传感器有两种：一种是角加速度计，基于陀螺仪（角速度传感器）改进的，另一种是线加速度计。

加速度传感器在车辆上主要应用于汽车安全气囊、防抱死制动系统（ABS）、牵引控制系统等安全相关的系统中。在安全应用中，加速度传感器的响应时间非常重要。安全气囊应在碰撞后第一时间充气，所以加速度传感器必须在瞬间做出反应。采用能够迅速达到稳定状态的传感器设计能够缩短系统的响应时间。其中，压阻式加速度传感器在汽车工业中得到了广泛应用，如图 8-5 所示。

2. 横摆角速度传感器

横摆角速度传感器也叫偏转率传感器或偏航率传感器，一般装在汽车行李舱前部，与汽车垂直轴线平行，用于检测汽车横摆率，即汽车绕垂直轴线旋转的角速度。图 8-6 所示为博世的一款横摆角速度传感器。横摆角速度传感器检测汽车沿垂直轴的偏转，该偏转的大小代表汽车的稳定程度。以汽车电子稳定系统（ESP）应用为例，如果偏转角速度达到一个阈值，说明汽车发生侧滑或者甩尾的危险工况，则触发 ESP 控制。当车身绕垂直方向轴线偏转时，传感器内的微音叉的振动平面发生变化，通过输出信号的变化计算横摆角速度。

图 8-5　压阻式加速度传感器　　图 8-6　博世的一款横摆角速度传感器

横摆角速度、纵向/横向加速度传感器的安装位置基本相同，输出都是 0~5V 的模拟量，由于汽车颠簸造成的信号波动特性一致，故封装在同一模块中。通过硬件模拟前置滤波抑制来自传感器的模拟信号中的高频噪声成分，防止在采样过程中出现混叠现象。

3. 车轮转速传感器

车轮转速传感器（简称轮速传感器）是用来测量汽车车轮转速的传感器。对于现代汽车而言，车轮转速信息必不可少，汽车动态控制系统（VDC）、ABS、自动变速器的控制系统等都需要车轮转速信息，所以轮速传感器是现代汽车中最为关键的传感器之一。

一般而言，所有的转速传感器都可以作为轮速传感器，但是考虑到车轮的工作环境以及空间大小等实际因素，常用的轮速传感器主要有磁电式轮速传感器和霍尔式轮速传感器。

磁电式轮速传感器是利用电磁感应原理设计的，其主要部件如图8-7所示。它具有结构简单、成本低、不怕泥污等特点，在现代轿车的ABS中得到广泛应用。但是磁电式轮速传感器也存在一些缺点：①频率响应不高，当车速过高时，传感器的频率响应跟不上，容易产生误信号；②抗电磁波干扰能力差，尤其是输出信号振幅值较小时。

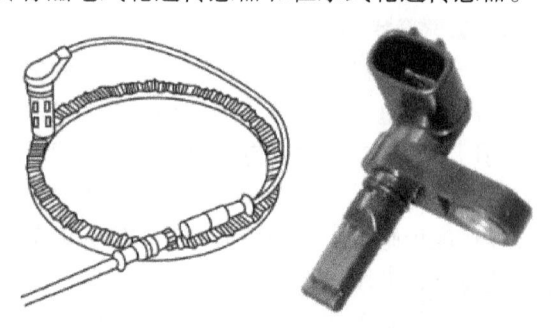

图8-7 磁电式轮速传感器主要部件

霍尔式轮速传感器利用霍尔效应原理制成，如图8-8所示。霍尔式轮速传感器在汽车上的应用较多。霍尔式轮速传感器具有如下特点：①输出信号电压振幅值不受转速的影响；②频率响应高；③抗电磁干扰能力强。

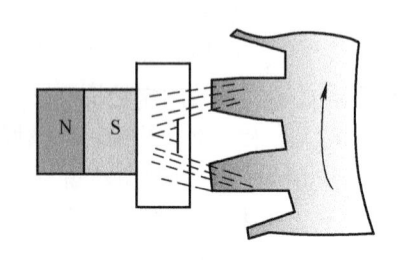

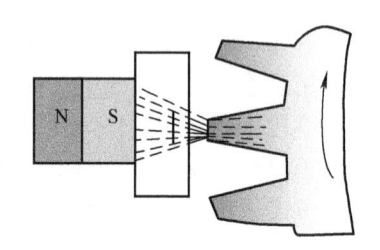

a) 霍尔元件磁场较弱　　b) 霍尔元件磁场较强

图8-8 霍尔轮速传感器

4. 转向盘转角传感器

转向盘转角传感器是车辆稳定性控制系统的一个组成部分，主要安装在转向盘下方的方向柱内，一般通过CAN总线和动力总成控制模块（Powertrain Control Module，PCM）相连，可以分为模拟式方向盘转角传感器和数字式转向盘转角传感器。

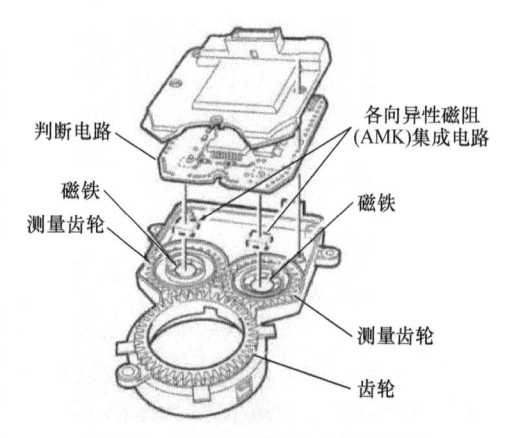

通常使用的转向盘转角传感器采用三个齿轮的机械结构来测量转角和转过的圈数，如图8-9所示。大齿轮随转向盘管柱一起转动，两个小齿轮齿数相差1个，与传感器外壳一起固定在车

图8-9 转向盘转角传感器示意图

身,不随转向盘转动而转动。两个小齿轮分别采集到随转向盘转动的转角,由于相差一个齿,不同的圈数就会相差特定的角度,通过计算得到转向盘的绝对转角。

另外还可以通过光电编码器的方式采集转角,但是在实际应用中,由于光电传感器的可靠性等问题,使用较少。

8.1.4 环境感知传感器

环境感知就是利用各种设备获取环境信息,并将获取的信息传输给智能决策中心,为决策提供依据的技术。因此,环境感知技术是自动驾驶的先决条件。在自动驾驶中,车辆环境信息的感知主要依赖于车载传感器。目前,常用的自动驾驶车用环境感知传感器有激光雷达、摄像头、毫米波雷达、超声波雷达等。

1. 激光雷达

激光雷达是一类使用激光进行探测和测距的设备,它能够每秒钟向环境发送数百万次光脉冲,它的内部是一种旋转的结构,这使得激光雷达能够实时建立起周围环境的三维地图。通常,激光雷达以10Hz左右的速度对周围环境进行旋转扫描,其扫描一次的结果为密集的点构成的三维图,每个点具备坐标信息,这个图被称为点云图。激光雷达因其精度非常高,是无人驾驶系统中常用的传感器。然而,在现实使用中,激光雷达并不是完美的:往往存在点云过于稀疏、甚至丢失部分点的问题;对于不规则的物体表面,使用激光雷达很难辨别其外形;在诸如大雨天气这类情况下,激光雷达也会受到较大影响。为了理解点云信息,通常对点云数据进行分割和分类。分割是为了将点云图中离散的点聚类成若干个整体,分类则是区分出这些整体属于哪一个类别(例如行人、车辆、障碍物等)。点云的分割聚类方法较多,但是点云的处理算法会对最终的结果产生较大影响。

激光雷达可以为绘制地图、定位和避障提供环境信息。由于激光雷达的精度非常高,因此在无人驾驶系统设计中通常被作为主传感器使用。激光雷达可以生成高精度地图,并用于移动车辆的定位以及避障。

激光雷达按驱动方式可分为机械式、半固态(MEMS,图8-10)、相控阵、泛光面阵式(FLASH)。

目前,理想、蔚来、智己、极狐阿尔法、哪吒、广汽埃安等一系列国产品牌的某些车型,都搭载了激光雷达。

2. 摄像头

摄像头广泛应用于物体识别和追踪等场景,如车道线检测、交通信号灯检测和人行道

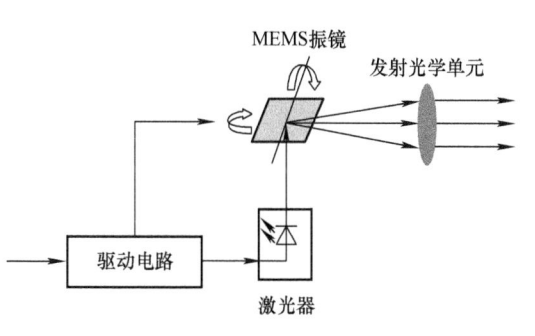

图8-10 MEMS激光雷达

检测。为了增强安全性,无人车通常配备至少八个摄像头,分别从前、后、左、右四个方向完成物体发现、识别和追踪等任务。这些摄像头通常以60Hz频率工作,当多个摄像头同时工作时,会产生高达1.8GB/s的庞大数据量。摄像头可细分为:单目摄像头、双目摄像头以及RGB-D深度摄像头。

单目摄像头获得的是二维图像信息,缺失了三维世界中的深度信息,保留了颜色信息,是密集矩阵,在图像上用像素点描绘物体,基本类型是采用RGB三通道表达并且呈现出颜色。

双目摄像头顾名思义，就是由两个摄像头完成环境感知，这样的结构类似于人类的双眼，通过两个视角的视差原理可以恢复物体在三维世界中的深度信息，但双目立体视觉需要在标定的基础上进行立体校正、立体匹配、深度计算等步骤，具有较高的计算量。

RGB-D深度摄像头能够实时测量每个像素点的距离。不同于双目摄像头，RGB-D深度摄像头采用主动测距的方式（结构光法和飞行时间法）获得被测物体距离。但深度信息获取效果受深色物体、（半）透明物体、镜面反射物体、视差影响，在成本、功耗方面也存在一些劣势。

3. 毫米波雷达

毫米波雷达指工作在毫米波波段探测的雷达，利用高频电路产生特定调制频率的电磁波，并通过天线发送和接收从目标反射回来的电磁波，通过发送和接收电磁波的参数来计算目标的各个参数。测距是通过向目标连续发送毫米波信号，并用传感器接收从物体返回的毫米波，探测毫米波的飞行（往返）时间来计算目标物距离。测速是根据多普勒效应，通过计算返回接收天线的雷达波的频率变化得到目标相对于雷达的运动速度。测方位角是通过并列的接收天线收到同一目标反射的雷达波的相位差计算得到目标的方位角。毫米波雷达可以同时对多个目标进行测距、测速和方位测量。毫米波在大气中衰减弱，可以探测感知到更远的距离。其中，远距离雷达的探测距离可以超过200m。

相较于摄像头和激光雷达，毫米波雷达对环境适应性强，在不良天气环境下仍能正常工作，穿透能力强，雨、雾、灰尘等对毫米波雷达干扰较小。毫米波雷达的组成结构如图8-11所示。

图8-11 毫米波雷达组成结构

近年来，随着技术的不断突破，毫米波雷达在探测距离、角度、体积、识别精度、车速上限和应用场景等方面均有大幅提升。博世、大陆、电装、海拉等国外一级供应商占据行业73%的市场份额，行业集中度较高。德赛西威、华域汽车、森思泰克等该领域中国代表企业起步较晚，但发展势头迅猛。

4. 超声波传感器

超声波传感器也称超声波雷达，它是利用超声波的特性研制而成的传感器，是在超声波频率范围内将交变的电信号转换成声信号或将外界声场中的声信号转换为电信号的能量转换器件。超声波传感器的测距原理如图8-12所示，超声波传感器有一个发射头和一个接收头，安装在同一面上。在有效的检测距离内，发射头发射特定频率的超声波，遇到检测面反射部分超声波；接收头接收返回的超声波，由芯片记录声波的往返时间，并计算出距离值；

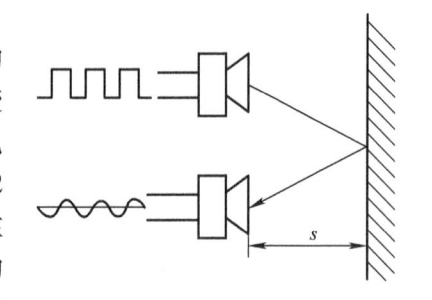

图8-12 超声波传感器的测距原理

超声波测距传感器可以通过模拟接口和IIC接口两种方式将数据传输给控制单元。

超声波传感器适合于低速场景，在速度较高的情况下测距具有一定的局限性。这是由于当汽车高速行驶时，使用超声波测距无法跟随汽车的车距实时变化，误差较大。另一方面，超声波散射角大，方向性较差，在测量较远距离的目标时，其回波信号比较弱，测量精度较差。但是，在短距离低速测量中，超声波传感器具有强大的优势。

8.2 电动汽车的网联系统

8.2.1 电动汽车网联技术发展现状

车联网通过先进的通信技术与智能控制系统，实现了人、车、路与云平台的信息交互和共享，为复杂条件下车辆环境感知、智能决策、协同控制提供基础，是实现智能交通、智慧路网、车路协同等技术的必要条件。

扫码观看：汽车智能网联技术路线

车联网作为汽车网联化的重要发展方向，受到了各国政府的广泛关注。我国交通运输部于2010年7月首次提出车联网建设。2019年9月，中共中央、国务院在《交通强国建设纲要》中明确，将推动大数据、互联网等信息产业与交通行业的深度融合。目前，我国车联网建设仍处于起步阶段，许多关键技术问题与法规制度亟须解决和完善。

车联网总体架构如图8-13所示，我国已在智能网联汽车系统及部件、5G与车联网通信技术、高精度地图、北斗高精度定位、智能交通基础设施等核心技术领域取得突破并积极开展试验和示范应用，在上海、重庆、北京、西安等地建立了10余个智能网联示范区开展相关测试工作。

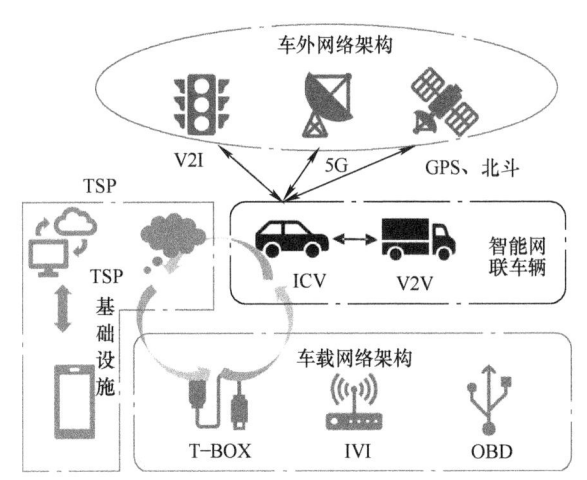

图8-13 车联网总体架构

注：车路协同系统（Vehicle to Infrastructure，V2I）；全球定位系统（Global Positioning System，GPS）；智能网联汽车（Intelligent Connected Vehicle，ICV）；车车通信技术（Vehicle to Vehicle，V2V）；车载信息娱乐系统（In Vehicle Infotainment，IVI）；车载自动诊断系统（On Board Diagnostics，OBD）。

8.2.2 地图技术

1. 高精地图

随着汽车智能化程度的提升，网联汽车对地图的精度要求也逐步提高。车载电子地图的发展经历了导航电子地图、高级驾驶辅助系统（ADAS）地图以及自动驾驶高精度地图，它们的对比见表 8-1。地图精度上，从米级发展至亚米级，甚至厘米级；更新频率上，从年度更新到季度更新，逐步升级至月/日更新，甚至实时更新；地图内容上，从道路级到车道级静态数据，逐步升级至车道级动态与静态实时数据。数据内容不断增多，从而导致自动驾驶高精度地图数据量达到普通地图的 10 倍以上。自动驾驶高精度地图可以理解为：面向自动驾驶实际应用需求，通过精细化描述车道线、交通标志、停止线、人行横道、减速带、路沿、地面标线等高精度静态道路要素以及实时动态交通等信息，构建精度更高、内容更丰富、现势性更高的多层地图，如图 8-14 所示，相对精度达到厘米级，为自动驾驶导航定位、规划、决策等相关技术提供基础支撑。

表 8-1　导航电子地图、ADAS 地图与自动驾驶高精度地图对比

对比特性	导航电子地图	ADAS 地图	高精度地图
使用者	驾驶人（有显示）	辅助驾驶系统	自动驾驶系统（无显示）
功能	导航为主	驾驶辅助功能，包括 ACC、LDW、LKA、FCW	辅助环境感知、高精定位、车道级路径规划决策等
路径规划	全局路径规划	局部与全局路径规划	局部路径规划
数据精度	5～20m	米级/分米	0.1～0.2m
更新频率	永久静态数据（更新频率：约 1 个月），半永久静态数据（更新频率：约 1h）	永久静态数据（频率约为 1 个月），半永久静态数据（频率约为 1h），半动态数据（频率约为 1min），动态数据（频率约 1s）	
道路结构	重要	重要	重要
道路名称	重要	次要	次要
定位	GPS	高维数据匹配	—
内容	道路级数据，例如道路形状、方向等	高精度道路水平数据，包括道路形状、坡度、曲率、方向等	高精度且丰富的道路级别数据，包括车道模型、道路组成、道路属性、道路目标等。多个信息层，包括感知层、定位层、动态层等

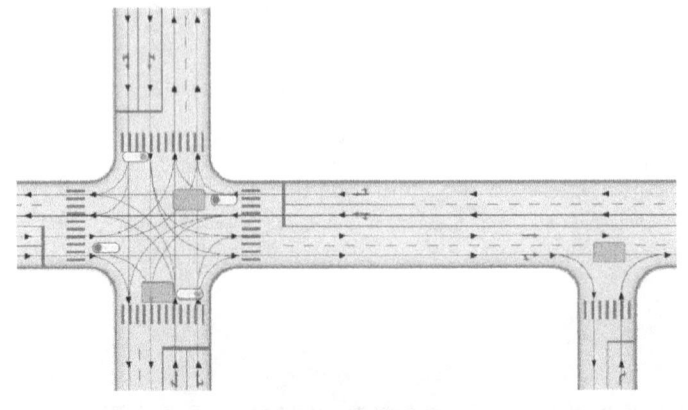

图 8-14　高精地图

随着高级别自动驾驶的发展,厘米级、高实时性的高精度地图逐渐成为无人驾驶技术的关键支撑。高精度地图的内涵随着自动驾驶分级不同也有各种差异。针对L4高级自动驾驶,高精度地图精度在20cm以内,而且在高精度静态地图的基础上,增加了动态地图、动态交通及交通事件信息。L5属于完全自动驾驶,在L4级所需高精度地图的基础上,L5所需的高精地图增加了实时数据智能分析能力。自动驾驶高精度地图作为实现无人驾驶落地应用的关键基础设施,相比传统导航电子地图,拥有更丰富的道路要素信息(动态要素与静态要素)、高精度的空间位置(厘米级)与时空关联关系,为智能驾驶精确感知、高精定位、自主决策、精准控制等关键环节提供先验知识。尤其在面对复杂恶劣环境时,自动驾驶高精度地图起到构建类似人脑对真实道路的整体记忆与认知的功能,令智能汽车预知路面复杂信息,从而有效规避潜在风险。

众源式是地图数据采集与更新的重要方式。自动驾驶地图众源更新,即利用普通量产车上搭载的低成本传感器作为数据来源,通过有效融合多车多源数据,进行大数据分析与挖掘,主动发现自动驾驶地图变化要素,实现基于视觉数据进行地图变化数据的重建与动态更新,这种方式成本低、效率高,具备实时地图更新潜力,甚至有望具备每天百万千米的数据采集能力,比较适合全国范围离散分布的变化要素快速更新工作。图8-15所示为一种针对交通标志的众源更新基础架构。

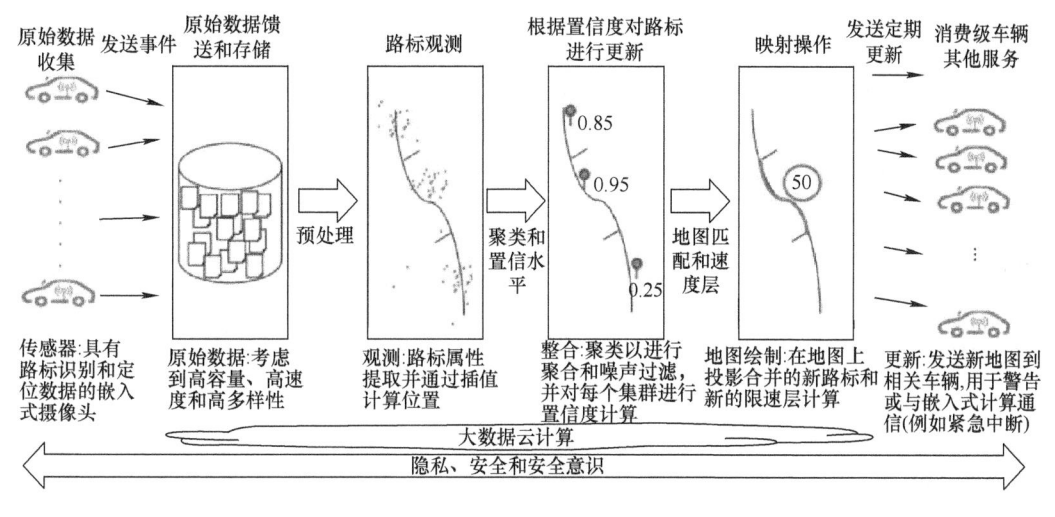

图8-15 针对交通标志的众源更新基础架构

众源数据来源于不同传感器(激光雷达、摄像头、毫米波雷达等),目前最具潜力的是车端普及率较高的摄像头,但低成本视觉数据建图精度有限。目前较为有效的方式,即以集中式制作的高精度地图作为底图,利用众源视觉数据对地图变化要素进行动态更新。集中式为众源更新提供基础支撑,众源式为集中式建图提供实时动态信息,两者优势互补,确保地图的鲜度与精度。集中式与众源式相结合的方式成了目前高精地图发展的主流,为解决集中式更新成本高、效率低等技术瓶颈提供了突破口,有望将地图数据的使用者转变为地图数据的更新者,但目前以视觉为主的众源更新仍处于起步探索阶段。

2. SLAM技术

同时定位与建图(SLAM)主要集中于两种方法,一种是基于便携式激光测距仪的方法，即激光 SLAM，另一种是基于计算机视觉的方法，即视觉 SLAM。采用激光雷达构建的点云地图，在某种程度上无法展现较好的环境细节信息。随着计算机技术以及视觉传感器技术的发展，视觉 SLAM 采用相机来替代激光雷达重构周围环境的 3D 地图，图像中包含更加丰富的环境特征信息。视觉 SLAM 主要由特征提取、特征跟踪、运动跟踪、闭环检测、地图构建、位姿估计等部分组成。图 8-16 所示为视觉 SLAM 算法效果。

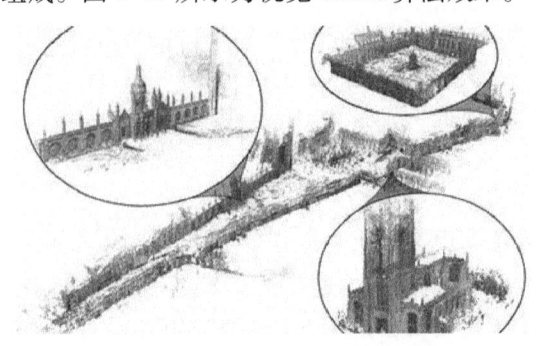

图 8-16 视觉 SLAM 算法效果

经典视觉 SLAM 框架如图 8-17 所示，通常包含传感器数据输入、前端里程计、后端优化、地图构建以及回环检测。前端获取传感器原始数据，并对数据进行预处理。例如特征提取、短期和长期数据关联等操作，以便将几何信息转换为数学模型并将其发送到后端。后端对前端的输入模型进行优化、最小化相机姿态的累计误差以及地图信息的优化调整。回环检测将相机图像的检测结果送到后端处理，通过计算图像相似性，对场景进行识别比对，从而实现累计误差的消除。

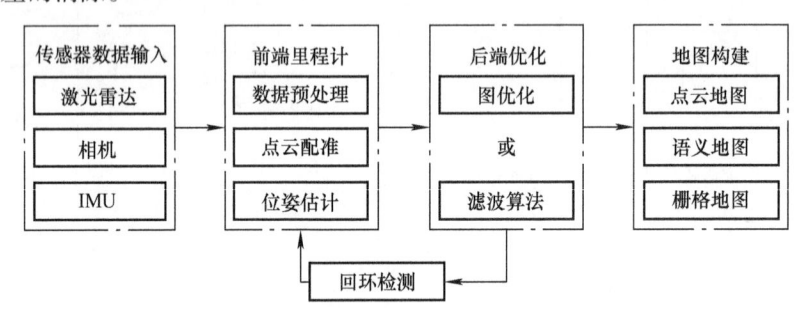

图 8-17 经典视觉 SLAM 框架

根据视觉传感器的不同，视觉 SLAM 主要分为单目、RGB-D、立体视觉 SLAM 等方法。其中，采用单相机解决 SLAM 问题的方案称为单目 SLAM；RGB-D SLAM 方法不仅需要单相机，并且需要用到红外传感器；立体视觉 SLAM 需要在不同方位安装多个相机。视觉传感器一般具有视觉里程测量功能，具有足够的稳定性和鲁棒性，而且易于实现。

8.2.3 车载网络

1. 控制器局域网络

控制器局域网络（CAN）是当前国内外应用最普遍的网络总线之一。汽车 CAN 总线由德国博世公司开发，用以解决汽车电控系统中不同控制单元相互之间交换信息的问题。在

CAN 总线通信系统中，节点之间是线型连接，全部的节点都并联在总线上，CAN 总线架构如图 8-18 所示。

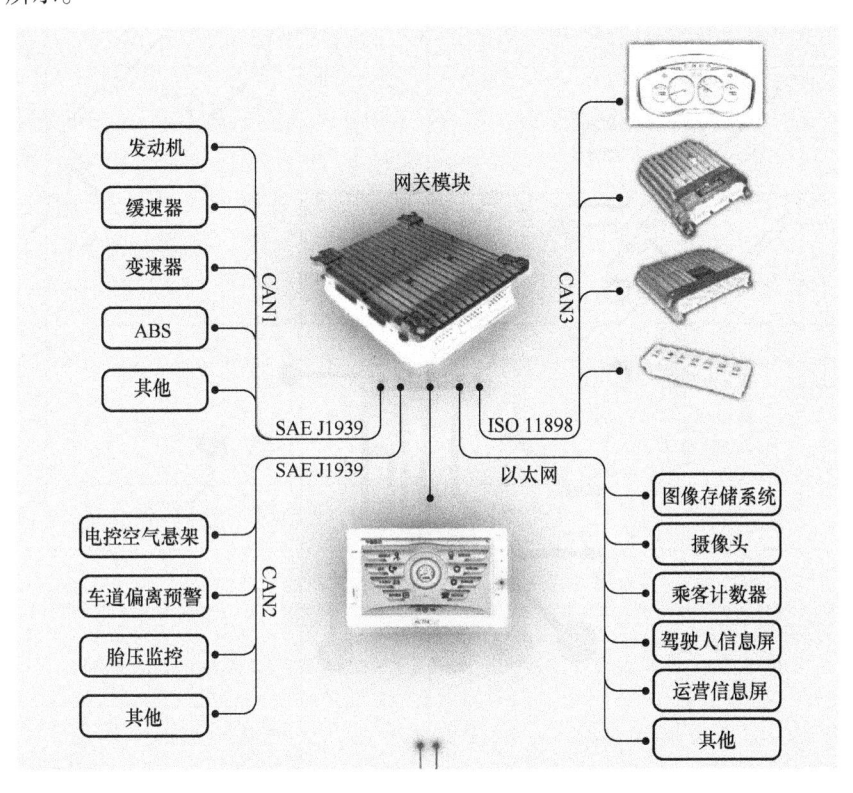

图 8-18 CAN 总线架构

CAN 总线协议有 ISO 11898 标准和 ISO 11519-2 标准两种，分别对应高速 CAN 总线和低速 CAN 总线。高速 CAN 总线的传输速率最高为 1Mbit/s，支持的传输最长距离为 40m；低速 CAN 总线又叫容错 CAN 总线，总线上 1 根数据传输线失效时总线依然能够通信，它的传输速率不超过 125kbit/s。CAN 总线可通过双绞线、同轴电缆或光纤传输数据。由于 CAN 总线采用差分电压信号传输数据，需要用 2 根电缆（CAN 高线和 CAN 低线）连接设备，为了提高 CAN 总线的抗干扰能力，通常将 2 根电缆缠绕在一起，形成双绞线。CAN 总线通信接口对其物理层及数据链路层做了功能定义，可完成包括位填充、数据块编码、循环冗余校验（CRC）、优先级判别等工作。CAN 总线中有数据帧、远程帧、错误帧、过载帧及帧间空间等，通常情况下只使用数据帧，数据帧包含帧起始、仲裁部分、控制部分、数据部分、CRC 部分、响应部分及帧结束等。

CAN 总线报文格式除了标准格式外，还有扩展格式，两者唯一的区别是前者标识符长度是 11 位，后者的标识符长度是 29 位。CAN 总线上的节点能够进行自诊断，并且为保证总线上别的节点免受影响，在诊断出错时，会自动关闭其与总线的联系。此外，在实际使用中，CAN 总线一般将其负载率控制在 30% 以下，否则错误帧、信号延退等将会出现，设备连接的稳定性也可能出问题。

汽车电控系统中不断增加的控制单元要求汽车 CAN 总线传输速率更快、负载能力更强，基于 CAN 总线升级的 CANFD 不仅继承了 CAN 总线的优点，而且缩短了位时间，加长了数据场的数据长度至 64 字节，传输速率可达 15Mbit/s，并确保了传输信息的安全可靠。

2. 局域互联网络

局域互联网络（LIN）是一种开放式的单线串行通信网络，适用于对传输速率、带宽和容错等要求不高，低成本的系统。LIN 总线通信基于 SCI（UART）数据格式，采用单主多从通信模式，LIN 总线在 40m 长的总线上支持 19.2kbit/s 的通信。LIN 总线也被称为"局域网子系统"，通过 CAN 总线实现汽车 LIN 总线系统内的数据交换，是 CAN 总线的辅助总线，它普遍应用在汽车车身控制系统，如汽车后视镜、座椅调节、电动车窗及车内灯等。图 8-19 所示为一汽大众奥迪轿车刮水器 CAN 总线和 LIN 总线的控制电路。LIN 总线采用星型拓扑结构，节点数一般不超过 16 个。

```
┌──────────┐  ┌──────────┐  ┌──────────┐        动力CAN总线
│刮水器电动机│  │车库门开启 │  │多功能转向盘│         500kbit/s
└────┬─────┘  └────┬─────┘  └────┬─────┘  ─────────────────
  LIN总线       LIN总线       LIN总线
  20kbit/s      20kbit/s      20kbit/s
┌────┴─────┐  ┌────┴─────┐  ┌─────┴──────┐  ┌──────────┐
│ 供电模块 │  │ 供电模块 │  │转向柱电子装置│  │转向角传感器│
└──────────┘  └──────────┘  └────────────┘  └──────────┘
```

图 8-19　一汽大众奥迪轿车刮水器 CAN 总线和 LIN 总线的控制电路

LIN 总线由 1 个主控单元及若干个从控单元构成，从控单元通常不超过 15 个，主控单元除包含 1 个主控任务外，还包含 1 个接发的从控任务。在 LIN 总线中，主控单元控制总线并发起全部的通信，根据任务进度表确认当前所要传输的通信内容，然后由主控单元发出帧头，从控单元根据接收到的帧头，给出相应的响应。LIN 总线的报文由起始部分和响应部分组成，同步间隔域、同步域、标识符域、数据域、校验和域构成了 LIN 总线完整的信息帧，其中同步间隔域、同步域和标识符域构成起始部分，数据域、校验和域构成响应部分。

LIN 总线由于采用单线通信，具有以下特点：成本相对较低；单主多从结构、无须总线仲裁；在无晶振或陶瓷振荡器的情况下，可实现主、从节点的同步；改动其中 1 个或多个节点时，其他节点无须做任何改动。

3. FlexRay 总线

随着用户对车辆安全性、功能性及舒适性要求逐渐提高，通信系统对车载数据传输带宽、可靠性等要求越来越高，传统的 CAN 总线和 LIN 总线无法满足需求，因此 FlexRay 总线应运而生。FlexRay 总线是一种传输速率快、容错性和确定性好的汽车网络总线技术，FlexRay 总线结合时间触发和事件触发两种方式，因此传输速率更快、数据处理灵活性更强、拓扑结构更全面、容错性更好。FlexRay 总线主要应用在对误差容限和时间确定性要求极高的线控（X-By-Wire）领域，如线控驱动、转向、制动等。FlexRay 总线采用的拓扑结构有总线型、星型及混合型，实际使用中主要采用总线型和星型混合的连接形式。FlexRay 总线基于差分信号传输，使用双绞线进行通信，可支持 2 条相互独立的通信通道，使用单通道系统时，数据传输速率可达 10Mbit/s，明显高于 CAN 总线；使用双通道系统时，传输速率可达 20Mbit/s。

FlexRay 总线的通信协议，其数据帧由起始部分、有效负载部分和结束部分构成。帧的识别及触发优先级的确认由起始部分完成，起始部分包含 5 个字节共 40 位，有效负载部分包含最大 255 个字节的有效传输数据，结束部分有 3 个字节 24 位的校验域用来检测错误，包含起始部分与有效负载部分循环冗余校验（CRC）。与 CAN 总线相比，FlexRay 总线具有更高的安全性和可靠性，但成本较高。

4. MOST 总线

MOST（Media Oriented Systems Transport）总线是一种基于塑料光纤的网络传输总线，主要面向汽车多媒体和影音娱乐设备，MOST 总线的拓扑结构主要包括星型和环型，大多数汽车采用环型拓扑结构。MOST 总线使用光纤传输数据，传输速率可达 24.8Mbit/s，远高于 CAN 总线等其他总线。MOST 总线定义有同步信道、异步信道与控制信道，MOST 总线数据帧包含 64 字节，由同步数据、异步数据和控制数据组成。

采用 MOST 总线能够减轻线束的质量，降低传输噪声，且无电磁兼容问题，但 MOST 总线成本依然较高。随着智能网联汽车技术的快速发展，汽车传输的数据呈爆发式增加，MOST 总线也在不断发展，第 2 代 MOST（50）总线的带宽能达到原标准 2 倍，而第 3 代 MOST（150）总线的传输速率可达 150Mbit/s。

5. 车载以太网

随着汽车"新四化"（电动化、智能化、网联化、共享化）的发展，尤其是汽车先进驾驶辅助系统（ADAS）、车载影音娱乐系统、自动驾驶、远程升级（OTA）、云数据、V2X 通信等技术的发展，汽车通信数据量快速增长，传统 CAN 总线或 FlexRay 总线等车载网络已经无法满足新形势下的通信需求，车载以太网（Ethernet）应运而生。

车载以太网的传输速率非常高，可实现 100Mbit/s 甚至 1Gbit/s 的数据传输速率，传输数据使用非屏蔽双绞线及小型的线束连接器，在满足汽车电磁兼容要求的同时，降低车内连接成本和车内线束重量。车载以太网可同时支持 TCP/IP、DOIP 等多种协议。此外，车载以太网 1Gbit/s 传输速率通信标准还支持 POE（Power Over Ethernet）功能，终端不需要额外的外接电源线束，从而节省成本，降低供电的复杂度。

车载以太网完全能够满足先进驾驶辅助系统、娱乐影音系统、车联网、大数据等所要求的传输速率，同时能够满足自动驾驶大量数据的传输。随着车载以太网的发展和成熟，车载网络将会发展成为基于域控制器的混合车载网络架构，车载以太网将成为主干网络，传统 CAN 总线、LIN 总线不会消失，将继续在低容量通信场景下使用。

8.2.4 车际网络及通信系统

1. 通信技术

传统的单传感器感知或多源传感器融合技术存在感知空间广度与时间纵向深度不足等问题，无法应对复杂交通环境下的感知任务与多车协同控制任务，且无法与云端、道路端进行实时通信与数据交互。V2X 通信技术的发展则为解决上述问题提供了新的技术手段。

基于车联网的环境感知技术主要在传统车载传感器数据的基础上，运用专用短程通信技术（DSRC），通过 V2X 车载通信手段与远程服务提供商（TSP）基础设施，完成人、车、路之间的信息交互与共享。DSRC 技术采用 5.9GHz 车用环境无线通信，包含 IEEE 1609 与 IEEE 802.11p 相关协议，由于具备较高的可靠性与低延迟性能，其被广泛应用于车联网通信。在 V2V 网络中，车辆之间可以相互交换安全关键信息，如自身传感器探测到的道路交通状况、交通信号等。此外，通过 V2I 通信技术，车辆可以与附近的基础设施通信，并获得道路信息、路线规划、交通信息等。

由于 DSRC 的普及成本较高，且容易出现丢包与网络拥堵等问题，其大规模应用面临瓶颈。蜂窝车联网（C-V2X）是融合蜂窝通信与直通通信的车联网通信技术，可以较好地弥补 DSRC 的缺陷。C-V2X 既可以进行终端间的直通通信，如 V2V、V2I、V2P（车对人），又可以实现终端与基站之间，即车辆与互联网进行信息交换（V2N），再经由基站将通信数据发送到其他终端，实现数据共享，之后又逐渐发展为基于 4G 设计的车联网无线通信技术（LTE V2X）和基于 5G 设计的车联网无线通信技术（NR-V2X）。但蜂窝通信的网络带宽、传输性能依然制约着其应用。DSRC 方案与 C-V2X 方案的对比见表 8-2。

表 8-2　DSRC 方案与 C-V2X 方案的对比

无线设计	DSRC 802.11p	C-V2X 第 14/15 版
同步化	异步	同步
信道大小	10/20MHz	第 14 版：10/20MHz 第 15 版：10/20MHz x20MHz
多车资源复用	仅时分复用（TDIM）	TDM 和频分多址（FDM）
数据信道编码	卷积	Turbo
混合自动重传请求（HARO）重传	否	第 14/15 版：是 第 15 版：可进行超高可靠性通信
波形	正交频分复用（OFDM）	单载波 FDM（SC-FDM）
资源选择	载波监听多址接入/避免冲突（CSMA-CA）	半持久性频域传输
支持 MIMO	不支持标准化	必须使用 2 个天线的接收分集 支持 2 个天线的发射分集
部署时间	自 2017 年开始，2019 年开始 OEM 推广	2020/2021 年
路线图	802.11NGV：后在实现与 802.11p 的互操作性	C-V2X 第 16 版以 5G 新空口标准为基础，第 16 版将使用与第 14/15 版不同的信道

2. 云控系统

云控系统利用新一代通信系统，将车联网物理层、信息层、应用层连为一体，可全面提高感知、计算、决策、控制等能力。云控系统使用统一的标准，对车辆及其他交通参与者和路侧基础设施进行信息采集和处理，与管理机构、汽车企业、第三方机构实现数据交流，并与相关支撑平台进行信息交互，实现车辆、交通系统、服务机构、辅助系统的多维度、多领域的数据互通。

云控系统主要由云控基础平台、云控应用平台、路侧基础设施、车辆及其他交通参与者、相关支撑平台和通信网组成，其架构及基本组成如图 8-20 所示。云控基础平台是云控系统的核心，它由边缘云、区域云、中心云三部分组成，呈现金字塔结构。边缘云位于金字塔底层，直接获取道路上车辆及路侧设施的数据并进行实时计算，向汽车提供实时服务。因此，云控系统需要布置多个边缘云对道路进行覆盖。区域云位于中间部位，汇集多个边缘云数据，对城市范围内行政片区的交通数据进行采集和计算，主要负责为区域级交通管理提供数据服务。中心云位于"金字塔"顶层，汇集多个区域云数据，对省级行政区划的交通数据进行汇总处理，把握全局交通实时状态，为国家管理部门和相关企业、科研院所提供多维度宏观交通数据服务。

云控应用平台是指行业监管、服务、交通等业务在云控系统的支持下进行协同应用的平台。传统行业通过云控系统的数据支持，打破了以往的信息孤岛，能够快速、及

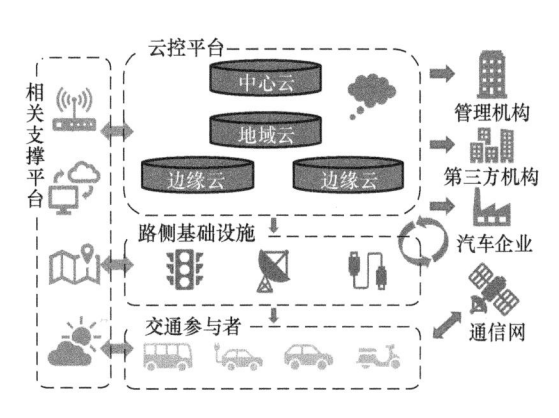

图 8-20 云控系统架构及组成

时地获取数据并进行相应反馈，实现交通部门、企业、第三方机构的差异化管理。路侧基础设施主要用来追踪道路交通状况，辅助车辆定位，采集道路数据，实现车与云互联互通。相关支撑平台以其他行业为主体，与云控基础平台使用标准化协议进行数据交互，为交通参与者和交通管理者提供其行业自身的业务数据，增加车联网要素，丰富服务内容，以实现辅助参考的功能。通信网是通过有线和无线传输协议，实现数据从终端到云端相互传输的通信网络。

8.3 电动汽车智能网联技术应用模式

8.3.1 车联网技术在电动汽车中的应用历史

车联网构建了连接车与车、车与人、车与道路环境之间的通信网络。通过在车辆上配备传感器、控制部件和决策部件，融合网络通信技术的同时搭建信息交互通道，最终实现模拟驾驶人行为的智能驾驶。智能车辆的传感器接收道路环境信息，决策部件根据所接收到的信息对车辆行为进行判断并发出指令，控制部件根据所接收的命令来控制车辆，信息交互通道完成了信息交换共享。车联网则是通过新一代的无线网络通信技术，将无数智能车辆连接在一起，完成车辆间的信息共享和信息利用，从而构建一个提供多样化功能服务的系统网络。

发达国家的车联网技术发展相对较为成熟完善。1996 年，美国通用汽车在 Cadillac 轿车安装 OnStar 车联网终端，率先推出了车联网服务，保障了汽车的安全行驶。在电气化时代，如何将智能交通系统应用于电动车辆，提高电动车辆的性能，以促进电动车辆的快速发展，如今这一研究领域得到广泛关注。其中欧盟对此支持较早，如 ICT4FEV（Information and Communication Technology for Fully Electric Vehicle）为第一个欧盟框架下的清洁能源研究项目（European Green Cars Initiative），该项目旨在征集利用信息通信技术提高电动车辆的各项性能。随后包括 ELVIRE、eCoFEV、ECOGEM、Mobility2.0、OpEneR 等研究项目均受到了欧盟清洁能源研究项目的支持。

ELVIRE 项目全称为 Electric Vehicle Communication to Infrastructure, Road Services and Electricity Supply，该项目旨在利用信息通信技术解决驾驶人所面临的里程忧虑问题和当前充

电站位置稀少的情况,其系统结构如图 8-21 所示。电动车辆在出行前与信息服务商(Service Provider)进行通信,获知车辆附近所有充电站的位置;同时信息服务商与电力运营商(Electricity Utility)进行通信,获知所有充电站当前的运行状况,并将此信息发送给电动车辆,车辆根据自身估计的可达范围判断是否能够到达目的地。如果不能到达,则预测充电站充电负荷,在可达范围内选择一个运行状态良好并有空位的充电站,对充电位进行预定,并前往进行充电。

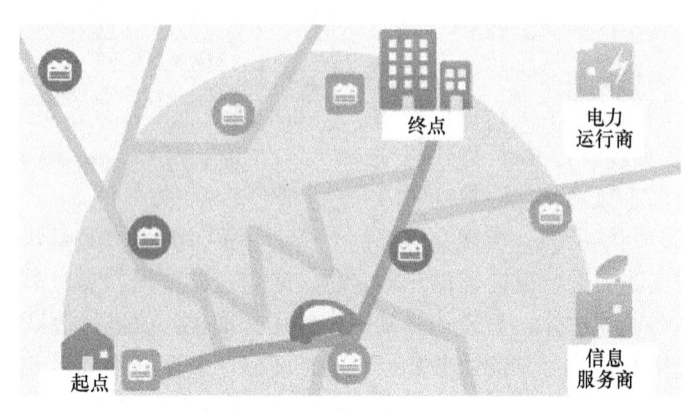

图 8-21 ELVIRE 项目的系统结构

与之类似,eCoFEV(Combining Infrastructures for Efficient Electric Mobility)项目着眼于建立一个交互式的通信平台,将各项基础设施与电动车辆进行信息互联互通,其系统结构如图 8-22 所示。该项目利用 Wi-Fi、IEEE 802.11p、蜂窝通信等方式,将包括路侧基站、电动车辆服务商、充电站设施、行驶中充电设施等交通系统和电网系统的各个基础设施都引入该通信平台,进而为驾驶人提供可用充电位信息和道路交通拥堵等信息,为驾驶人安排出行计划提供信息基础。

图 8-22 eCoFEV 项目的系统结构

如今,车联网技术已经与人工智能、大数据、区块链等信息领域前沿技术实现了紧密融合。2020 年 3 月,美国交通部发布《智能交通系统(ITS)战略规划 2020—2025》,明确了智能交通发展的重点任务和保障措施,着重推动新技术与智能交通的互联互通。在全球车联网变革的大背景下,美国先后在 26 个州开展车用无线通信技术(V2X)试点,全力推进车联网技术的发展。

中国科技部在 2001 年正式推出《中国智能交通系统体系框架》(第 1 版),这是智能交通首次以国家文件的形式列入我国政府的发展规划。2018 年 12 月,中国工业和信息化部发布《车联网(智能网联汽车)产业发展行动计划》,旨在突破车联网关键技术,形成深度融合、安全可信、竞争力强的车联网产业新生态。此外,2021 年 7 月,中国互联网大会上发布的《中国互联网发展报告》中指出,我国车联网标准体系建设基本完备,车联网成为汽车工业产业升级的创新驱动力。2022 年 1 月,国务院在《"十四五"数字经济发展规划》中提到,加大 6G 技术研发支持力度,积极参与推动 6G 国际标准化工作。相比于 5G 技术的应用部署,6G 技术的研究探索进一步提升了传输速度和带宽。国家有关部门在相关战略目标、产业指导、标准体系建设等方面出台了一系列指导性文件,指明了我国车联网技术的战略方向与相关措施。

8.3.2 基于车联网技术的电动汽车典型应用

通过无线通信网络对电动汽车的运行参数进行监控管理,是目前技术水平下提高电动汽车安全性的一个切实可行的途径,而车联网正是非常好的可利用资源。中国市场车联网产品的功能比较见表 8-3。

利用车联网技术来监管电动汽车的运行参数能够提高电动汽车的安全性、优化能量使用效率。例如,目前市场上销量最大的前装车联网产品是安吉星系统。2019 年,全球有 1200 万辆车搭载了安吉星系统,在中国有 200 万活跃用户,拥有中国第一用户量和服务总量。它可以提供碰撞自动求助、紧急救援协助、安全气囊爆开自动求助、车况检测报告、车载信息手机应用、实时按需检测、爱心援助路人、被盗车辆定位、远程车门应急开启、车停位置提示、路边救援协助、全音控免提电话、兴趣点向导、全程音控领航、目的地设置协助等服务功能。

表 8-3 中国市场车联网产品的功能比较

产品名称	汽车制造商	导航	上网	呼叫中心	安防	远程遥控	手机应用	语音识别	收费标准	上市
安吉星	通用	✓		✓	✓	✓	✓	✓	✓	✓
G-Book	丰田	✓		✓	✓		✓		✓	✓
InkaNet/iVoka	上汽	✓	✓	✓				✓	✓	✓
CAR-WINGS	日产	✓			✓				✓	✓
SYNC	福特						✓	✓	✓	✓
G-NetLink	吉利	✓	✓	✓	✓				✓	✓
D-Partner	一汽	✓		✓	✓				✓	✓
Incall	长安	✓	✓		✓				✓	✓

为了保证通用汽车开发的增程式电动车沃蓝达的安全行驶,安吉星推出 Remotelink 手机应用程序,其应用界面如图 8-23 所示,可以在 iOS、安卓系统上运行,安吉星也在国内推出专为沃蓝达设计的手机应用功能。

Remotelink 手机应用程序除了集成远程车门上锁/解锁、远程起动、车辆定位等应用,还向车主显示电池电量、电动续驶里程、充电开始(完成)时间、电压、充电状态等一系列包含电池信息的车况数据；沃蓝达的车主还可以通过手机浏览充电模式（立即充电模式、基于出发时间和费率充电模式、基于出发时间充电模式），甚至通过手机一键启动充电。

8.3.3 网联电动汽车的节能驾驶技术

电动车辆在行驶过程中的能量消耗受到行驶速度、道路坡度、前方车辆运动、交通灯信号等多种因素的影响。随着智能交通系统的快速发展，电动车辆能够与周围车辆、道路基站、交通灯基站、GPS 和 GIS 等信息源进行信息互通，使得电动车辆能够获得更为准确的前方交通环境信息，并依据此信息进一步优化电动车辆的行驶速度和电机转矩，在保证行车安全的情况下，降低电动车辆的行驶能量消耗。

1. 基于信息互联的单车节能辅助控制方法

利用车车通信与车路通信技术，道路中行驶的车辆可以获得周围车辆的速度、位置、加速度、转向盘转角等信息，以及道路曲率、道路坡度、路面附着、交通信号灯配时等道路信息，这些信息为车辆的节能辅助控制提供了信息基础，有助于降低车辆的能量消耗。对于电动车辆而言，由于其续驶里程受限，利用车车通信与车路通信技术实现电动车辆的节能辅助控制，提高电动车辆的能量利用率，对于提升电动车辆的使用性能具有积极的意义。

图 8-23 Remotelink 手机应用程序应用界面

（1）基于全局信息的车辆节能控制方法　针对电动车辆的节能辅助控制，假设在交通信号灯配时、全程道路坡度变化或自车未来速度变化规律等信息全程已知的前提下，为电动车辆进行能量分配和转矩优化。通过合理优化车辆行驶速度，使车辆能够顺利通过各个路段并使电机高效率运行，避免不必要的加速、减速或停车行为，以达到节约能量和顺畅通行的目标。

（2）基于前方交通场景的车辆节能控制方法　当前方交通环境不能全程已知，无法预先优化速度谱的情况下，需要将前方车辆的运动信息引入自车的节能控制中。利用前方道路的微观和宏观交通信息，对前方交通情况进行预测，可以实现车辆的节能辅助驾驶。其中，在考虑微观交通信息的研究中，可利用马尔可夫链等方法建立前方车辆位置变化模型，利用模型预测控制等方法跟随前方车辆，并对前车的可能位置进行预测，以降低行驶过程中的能量消耗。利用无线通信技术，获知前方车辆运动以及交通信号灯信息，对前方车辆的运动进行建模，根据前车当前位置和前方交通灯配时信息，对前车未来运动行为进行预测，以实现对自车的行驶速度和功率输出的优化。

（3）前车运动行为预测研究　利用车车通信技术获知前方车辆运动预测信息，使得自车在每个控制周期中均能够准确推断出前方车辆未来的运动状态，将有助于提高自车的控制效果。对于车辆运动进行建模并预测是驾驶辅助系统中的重要组成部分，通过预测驾驶人操作行为，可以为前撞预警、车道保持、变道辅助等功能提供预测信息，使这些系统能够提早动作，保证车辆行驶安全，同时能够提高自车控制效果，避免过度的加速与制动行为，有效节约行驶能量。

2. 基于信息互联的车队节能辅助控制方法

随着雷达与车车通信技术的进步，车队控制研究的快速发展对于提高交通通行效率、降低交通拥堵、保证行驶安全、降低能量消耗等方面具有明显作用。车队控制的主要目标是在单一车道内，保证车队内的所有相邻车辆间的相对距离符合期望相对距离，各辆车的速度协同一致。

（1）基于信息交互的车队控制　现有的车队控制技术重点在车辆动力学、信息传输拓扑结构、车间相对距离、车队稳定性、稳定性裕度等方面的内容。在车队控制中，为了能够解析地分析队列的性能与特性，通常忽略车辆的非线性特性，采用线性模型对车队内的车辆进行描述。例如，在单积分器中将车速作为控制输入，位移作为车辆唯一状态，或在双积分器中将车辆假设为质量块，将加速度作为车辆的控制输入。信息传输拓扑结构用于描述车队内部各辆车之间的信息传输过程，在早期的车队队列中，由于仅使用雷达探测车辆运动，意味着车辆仅能获取紧邻的前后方车辆运动。随着车车通信的快速发展，车辆可以与车队中的各个车辆进行通信，从而产生了多种通信形式，包括前车跟随式、前车-领航者跟随式、双向跟随式、双前车跟随式等多种形式。

（2）基于信息交互的车队节能辅助控制　在高速行驶过程中，克服空气阻力是车辆能量消耗的主要部分。车辆列队控制是降低行驶能耗的主要手段，即在车队高速行驶过程中，缩短车间相对距离，利用流体力学中的"雁阵效应"，以减小后方车辆所受的空气阻力，从而降低车队总体的能量消耗。例如，在重型货车车队的节能控制方法中，考虑到重型车辆的迎风面积大，高速行驶时受到的风速阻力大的特点，有学者提出两层控制结构，其控制流程如图8-24所示，上层作为车队协调控制器，以车队总能耗为优化目标，对车队的平均速度进行限制，优化得到车队速度变化规律曲线，用于车队内的所有车辆进行跟随；在下层控制中，利用分布式模型预测控制方法对各辆车进行控制，实现每辆车对于速度谱的跟随误差均最小，同时保证各辆车之间的相对安全距离。这一结构将车队总能耗作为优化目标，并且每一辆车跟随的速度谱均相同，将显著降低算法搜索维度，降低优化时间。

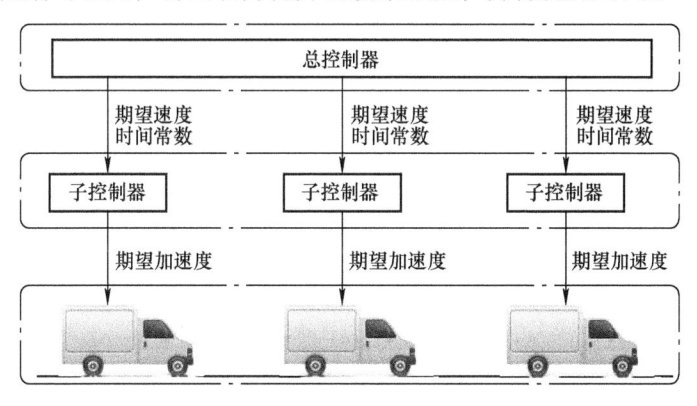

图8-24　节能车队控制流程

在现有的车队控制方面，针对车队特性主要集中于车队稳定性控制，在考虑降低车队总能量消耗的方法中，主要是降低车间距离以降低风阻。类比于单车节能辅助控制方法，利用车车通信对车队外的头车运动进行预测，进而在车队控制的每个周期，能够更准确地得到该车的未来运动信息，有助于提高车队整体控制效果，避免过度加速和减速过程，从而降低行驶过程中的能耗。

习 题

一、填空题

1. 汽车电子电气架构（EEA）把汽车中的各类传感器、电子控制单元、线束拓扑和（　　　　　）整合在一起完成运算、动力和能量的分配，进而实现整车的各项功能。
2. 在域控制电子电气架构中，各个功能域之间的通信通常通过（　　　　　）和（　　　　　）等高速总线进行。
3. 高精地图的创建涉及多种数据源，包括（　　　　）、（　　　　）和（　　　　　），以确保地图的精度和实时性。
4. SLAM 技术的主要步骤包括（　　　　）、（　　　　）、运动跟踪、闭环检测和地图构建。
5. 汽车"新四化"分别是（　　　　）、（　　　　）、（　　　　）、（　　　　）。

二、选择题

1. （　　）最能实现软件定义汽车和智能化功能的持续更新。
   A. 分布式电子电气架构　　　　B. 域控制电子电气架构
   C. 中央集成式电子电气架构　　D. 传统机械架构
2. 以下（　　）对环境适应性更好。
   A. 激光雷达　　B. 相机　　C. 超声波传感器　　D. 毫米波雷达
3. 以下（　　）适用于对传输速率、带宽和容错要求不高的低成本系统。
   A. CAN 总线　　B. LIN 总线　　C. FlexRay 总线　　D. MOST 总线
4. 以下（　　）方法不属于 SLAM（同时定位与建图）技术。
   A. 激光 SLAM　　B. 视觉 SLAM　　C. 声波 SLAM　　D. RGB-D SLAM
5. FlexRay 总线的主要应用领域是（　　）。
   A. 多媒体和影音娱乐设备　　　　B. 低成本的车身控制系统
   C. 高安全性和确定性的线控驾驶　D. 简单的信号传输
6. 域控制电子电气架构的一个主要优点是（　　）。
   A. 提高单个 ECU 的计算能力　　B. 减少 ECU 的数量和线束的长度
   C. 增加系统的复杂性　　　　　　D. 降低通信带宽

三、判断题

1. 车队节能控制的主要方法是通过缩短车间距离来降低空气阻力，从而减少能耗。（　　）
2. 中央集成式电子电气架构的优势在于其能够实现高度的硬件集成，但系统的更新和维护较为复杂。（　　）
3. 车载以太网的主要优势在于其高传输速率和低成本线束设计，但在电磁兼容性方面存在一定挑战。（　　）
4. SLAM 技术中，视觉 SLAM 比激光 SLAM 具有更高的环境适应性和鲁棒性。（　　）

5. 高精地图的创建需要依赖于单一的数据源,以确保数据的统一性和一致性。（ ）
6. 域控制电子电气架构通过减少 ECU 数量和线束长度提高系统的通信效率和协调性。
（ ）

四、简答题
1. 简述 SLAM 技术在自动驾驶中的应用及其挑战。
2. 解释域控制电子电气架构在实现自动驾驶功能时的优势和潜在问题。
3. 分析 C-V2X 通信技术在车联网中的应用及其与 DSRC 的对比。
4. 简述自动驾驶高精度地图的优点与技术难点。
5. 简述多源传感器融合技术的工作原理。

五、思考题
中国政府高度重视新能源汽车和智能网联技术的发展，出台了一系列政策支持其推广和应用，《新能源汽车产业发展规划（2021—2035 年）》中明确提出要加快新能源汽车与智能交通系统的深度融合，提升智能网联技术水平，推动自动驾驶技术的发展。《智能网联汽车技术路线图 2.0》提出了到 2035 年中国智能网联汽车的发展目标，包括自动驾驶技术、车路协同技术的发展路径和时间表。随着电动汽车技术的不断进步，智能网联技术在电动汽车中的应用不仅在现有技术的基础上得到了提升，还开辟了许多新的研究方向和应用场景。这些前沿技术的创新，不仅提升了电动汽车的整体性能，还推动了智能交通系统的发展。

1. 探讨当前基于人工智能的智能驾驶系统的发展现状和存在的技术挑战，以及未来人工智能技术在智能驾驶中的潜在应用和挑战。
2. 车载边缘计算技术在电动汽车中的应用前景如何？请详细讨论其技术原理和实际应用案例，并分析其对提高系统实时性和可靠性的影响。
3. V2X 通信技术的未来发展方向是什么？请查阅资料，讨论 5G 技术的普及对 V2X 通信的影响，并预测其在智能交通系统中的应用前景。
4. 智能网联技术的安全性和隐私保护是未来发展的重要挑战。请查阅相关研究，分析当前存在的主要安全隐患和隐私保护问题，并提出可能的解决方案。

六、实践题：智能电动汽车的传感器数据融合与环境感知优化
实验目的：通过学习对智能电动汽车传感器数据融合与环境感知系统的优化，学生将深入理解多传感器数据融合技术及其在自动驾驶中的应用，掌握先进的环境感知算法，提高环境感知的准确性和鲁棒性，从而提升自动驾驶系统的安全性和可靠性。

实验背景：智能电动汽车依赖于多种传感器（如激光雷达、摄像头、毫米波雷达等）来获取环境信息，然而，每种传感器都有其自身的局限性。单一传感器的数据可能存在噪声、不完整或失真等问题，难以全面反映复杂的驾驶环境。多传感器数据融合技术通过综合处理来自不同传感器的数据，能够提高环境感知的准确性和可靠性。这对于自动驾驶和高级驾驶辅助系的性能提升具有重要意义。

实验要求：
1. 设备准备
1) 一辆配备多种传感器的智能电动汽车，包括但不限于激光雷达、摄像头、毫米波雷达等。

2）数据采集与处理工具，如 ROS、MATLAB、Python 等。

3）高性能计算平台，用于实时数据处理和算法优化。

2. 数据收集

1）在多种驾驶场景下（如城市道路、高速公路、乡村道路等）运行智能电动汽车，收集多传感器同步数据。

2）收集的数据应包括激光雷达点云、摄像头图像、毫米波雷达反射数据以及车辆状态数据（如速度、加速度、转向角等）。

3. 数据融合

1）应用卡尔曼滤波、扩展卡尔曼滤波、无迹卡尔曼滤波等方法进行多传感器数据融合。

2）实施贝叶斯滤波和粒子滤波技术，以提高数据融合的鲁棒性和实时性。

4. 环境感知优化

1）开发和优化深度学习算法（如卷积神经网络、循环神经网络）用于环境感知，提升障碍物检测、物体分类和道路识别的准确性。

2）利用语义分割和目标检测算法，进一步增强环境感知的精细度和可靠性。

5. 系统测试

1）在相同的驾驶场景下，运行优化后的环境感知系统，重新采集多传感器数据，验证优化效果。

2）对比优化前后的系统性能，评估环境感知系统的改进情况，分析系统的精度、鲁棒性和实时性。

6. 实验报告

撰写实验报告，详细描述实验目的、背景、数据处理方法、结果分析和优化建议。报告应结构严谨、逻辑清晰、数据准确，并包含实验数据的详细分析和可视化展示。

第 9 章

电动汽车的基础设施

9.1 电动汽车的充电站

电动汽车领域经历了数十年的演变,实现了显著的技术飞跃。随着其商业化进程的推进,亟需加强基础设施的建设与发展,以确保电动汽车运营的顺畅与效率。电动汽车的基础设施主要指与大批量电动汽车正常运行有关的基本配套设施和维修服务等。基础设施是影响电动汽车产业化与推广应用的一个非常关键的因素。电动汽车充电基础设施的建设是一项巨大的工程,必须有政府、社会组织、电动汽车厂商、电力部门和电池厂商等各方面的通力合作。

9.1.1 电动汽车充电站建设的现状

(1)美国 美国总统拜登在其任期内提出了一系列政策以推动电动汽车产业的发展,其中包括计划将美国政府车队的约 65 万辆车全部换成在美国本土组装的电动汽车,这背后需要庞大、复杂和广泛的充电站基础设施。2021 年 11 月,美国参议院通过了拜登的 75 亿美元基础设施法案,用于在全美建设约 50 万座公共充电桩,特别是在州际公路上,政府的目标是每 50mile(约 80km)至少配备一个新能源充电站,并确保每个充电站至少有 4 个快充充电桩。2022 年 9 月 14 日,拜登在底特律车展上宣布批准第一批 9 亿美元基础设施法案资金,用于在 35 个州建造电动汽车充电站。图 9-1 所示为美国特斯拉公司设立的超级充电站。

图 9-1 美国 Tesla 超级充电站

（2）法国　近年来，法国将电动汽车产业视为推动绿色转型和再工业化的战略产业之一，推出多项举措推动电动汽车产业发展。2021年，法国出台"法国2030"投资计划，其中一项目标是，要在2030年前实现每年生产200万辆电动汽车。2022年，法国政府进一步明确要为该目标投资36亿欧元，以促进整个行业发展。法国《巴黎人报》指出，法国正计划在本土建立一个完整的电动汽车产业体系。2023年上半年，法国加快了电动汽车配套设施安装步伐，全国范围内公共场所充电桩数量于5月份突破10万大关。法国电动汽车充电站，尤其是超级快充终端领域的初创企业吸引大量资金，成为投资热土，在政府相关政策的推动下，电动汽车市场加快发展，电动汽车充电站等配套设施的建设也得到充分的重视和落实。

（3）德国　截至2023年10月1日，德国的公共充电桩已经增长至11.31万个，总装机容量为5.2GW，较年初以来充电桩数量增长30%，充电容量增长40%。德国政府于2023财年批准了一项计划，将在三年内花费63亿欧元迅速扩大电动汽车充电站的数量，预计2030年德国的充电站数量将增加到100万个。在充电费用方面，充电服务商BMW Charging/MINI Charging Active以每年1317欧元的平均充电费用荣获2023年度德国最低充电成本第一名。在2023年9月4日开幕的德国国际车展（IAA MOBILITY 2023）上，德国总理奥拉夫·朔尔茨表示，未来几周，德国将成为"欧洲首个出台法律，要求80%的服务区运营商为电动汽车提供功率至少为150kW的快速充电桩的国家"。他还补充说，在充电站数量扩充之后，电动汽车车主的续航里程焦虑将不复存在。

（4）日本　日本企业已经对电动汽车快速充电站实施标准化。东京电力、丰田汽车、本田汽车、日产汽车、三菱汽车等企业于2010年3月份共同成立了CHAdeMO协会，制定了日本统一的电动汽车充电标准。2023年10月18日，日本经济产业省发文称，计划到2030年将全国电动汽车充电桩的数量增加到30万，较此前目标15万翻番。目前日本全国的充电桩数量约3万个。除了增加充电桩设施数目外，为了提高充电速度，日本政府还要求设置在高速公路的快速充电桩输出功率要达90kW以上、其他区域为50kW以上。

在国内，新能源转型布局推动绿色经济深度发展。电动汽车是全球汽车产业转型升级、绿色发展的主要方向，也是我国汽车产业高质量发展的战略选择。

国家及地方相继出台相关政策以加快推进并支持电动汽车充电站及相关基础设施建设。科学布局、适度超前建设充电基础设施体系，加快换电模式推广应用，有效满足居民出行充换电需求。浙江省推出相关方案，预计到2025年，全省累计建成充电桩230万个以上、乡村不少于90万个；深圳市预计在3年内建设300个电动汽车超充站，实现超充站和加油站达到1:1的目标，初步建成"超充之城"。图9-2所示为电动汽车超充站。

2020年，中国政府启动了新一轮的基建投资。新型基础设施是以新发展理念为引领，以技术创新为驱动，以信号网络为基础，面向高质量发展需要，提供数字转型、智能升级、融合创新等服务的基础设施体系。新基建主要构建三张基础网络，涉及七大基本领域。2020年4月，国家发改委对新型基础设施建设发布官方定义，将其分为信息基础设施建设，融合基础设施建设和创新基础设施建设三部分。

在新能源汽车充电桩领域，到2025年预计建成超过3.6万座充换电站，实现全国车桩比例达到1:1的目标。截至2022年底，全国累计建成充电桩521万台、换电站1973座。按照每年公共充电桩增长15万台，私人充电桩增长30万台统计，预计到2025年，新能源汽车充电桩投资规模将达到 900 亿元以上。新能源汽车充电桩新基建项目将带动充电桩，充电站零部件快速发展、充电运营更趋合理化。新能源汽车保有量不断增加，预计到 2025 年，将会带动相关投资累计超 2700 亿元。

图 9-2 电动汽车超充站

总体来看，我国纯电动汽车在其技术领域、销售市场规模及配套基础设施建设等方面稳步发展，已进入全面市场化拓展期。基于此，加快完善相关标准，保障充换电站布局和建设，进一步推动我国电动汽车长远向上发展，最终实现我国汽车产业高质量发展。

9.1.2 电动汽车充电站的功能

电动汽车充电站主要是为各种电动汽车提供动力电池电能补充服务的基础设施，为提高车辆的使用效率和使用方便性，除采用动力电池车载充电以外，还可采取电动汽车动力电池系统与备用电池系统更换的方案使电动汽车获得行驶必需的电能。电动汽车的充电可以由地面充电站完成，也可以由车载充电机完成。地面充电站和车载充电机的主要功能是有效地完成电动汽车电池的电能补给。

地面充电站的结构按功能可划分为 4 个子系统模块：配电系统、充电系统、电池调度系统和监控系统，如图 9-3 所示。

车载充电机安装在电动汽车上，当需要充电时，通过电缆与地面交流电源连接完成充电。与地面充电站比较，车载充电机省去了地面电池调度系统和充电站监控系统，并可利用地面已有的供电系统提供充电机电源，但充电机容量会受到限制。下面介绍地面充电站各部分的功能。

1. 充电站配电系统

配电系统为充电站的运行提供电源，它不仅提供充电所需电能，也是整个充电站正常运行的基础。

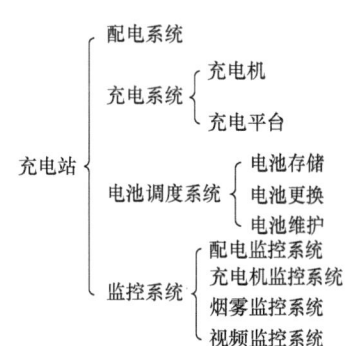

图 9-3 充电站功能简图

配电系统的容量应包括动力用电、监控用电和办公用电等。配电站的电力负荷级别确定为 2 级，即采用双路供电，但不配置后备电源。该系统符合常规配电系统设置，其输出为

0.4kV、50Hz。

2. 充电站充电系统

充电系统是实现动力电池电能补给的区域，可包括充电平台、充电机以及充电站监控系统网络接口，是充电站的主要功能区域之一。

3. 充电站电池调度系统

电池调度系统对所有的电池实时进行数量、质量和状态的监控和管理，实现电池存储、电池更换、电池重新配组、电池组均衡、电池组实际容量测试、电池故障的应急处理等功能。

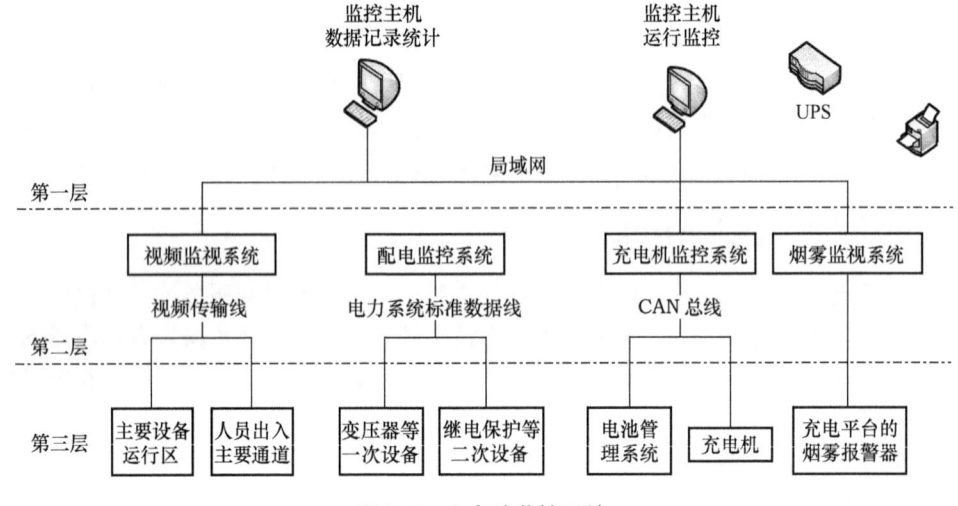

4. 充电站监控系统

充电站监控系统是充电站高效安全运行的保证，它对整个充电站进行监控、调度和管理。该系统包括充电桩监控、充电机监控、配电监控、烟感监视、电池维护监控、快速更换设备监控和系统数据交换与转发功能。各部分通过局域网和TCP/IP协议与中央监控室进行连接，实现数据汇总、统计、故障显示以及监控功能。视频监视系统对整个充电站的主要设备运转以及人员进行安全监视。充电站监控系统如图9-4所示。

图9-4 充电站监控系统

监控系统的设计要求要满足以下几点：

1) 系统应满足不同模式充电站对监控功能的需求。

2) 系统应具备良好的可伸缩性，能够根据各种充电站的特定模式，满足其功能的要求，方便对系统功能模块进行裁剪。

3) 系统应具备良好的可扩展性，以满足逐渐变化的充电站监控应用需求。

4) 系统应具备一定的先进性，应采用当前主流的系统平台和语言进行开发。

5) 系统应具备良好的可靠性，且核心模块应能够在分布式应用环境下运行。

9.1.3 电动汽车充电站的运行模式

以快换充电站为例，充电站的总体运行原理为：将需要更换电池的车辆驶入电池更换区，进行故障诊断，出具故障诊断报告，然后更换上电池库的整组电池，最后驶离。更换下来的电池按有无故障就地分离，故障电池送维护车间，无故障电池送充电区。充电区充满电后就地编组，如果缺电池箱，就到维护车间的备用电池库补齐后送电池库。车上卸载下来的故障电池到达维护车间后，进行筛选、维护、充电和装箱。可见这个过程中的主要工作可以划分为四个部分：电池更换、电池充电、电池维护和电池编组。整个充电站运作流程如图 9-5 所示。

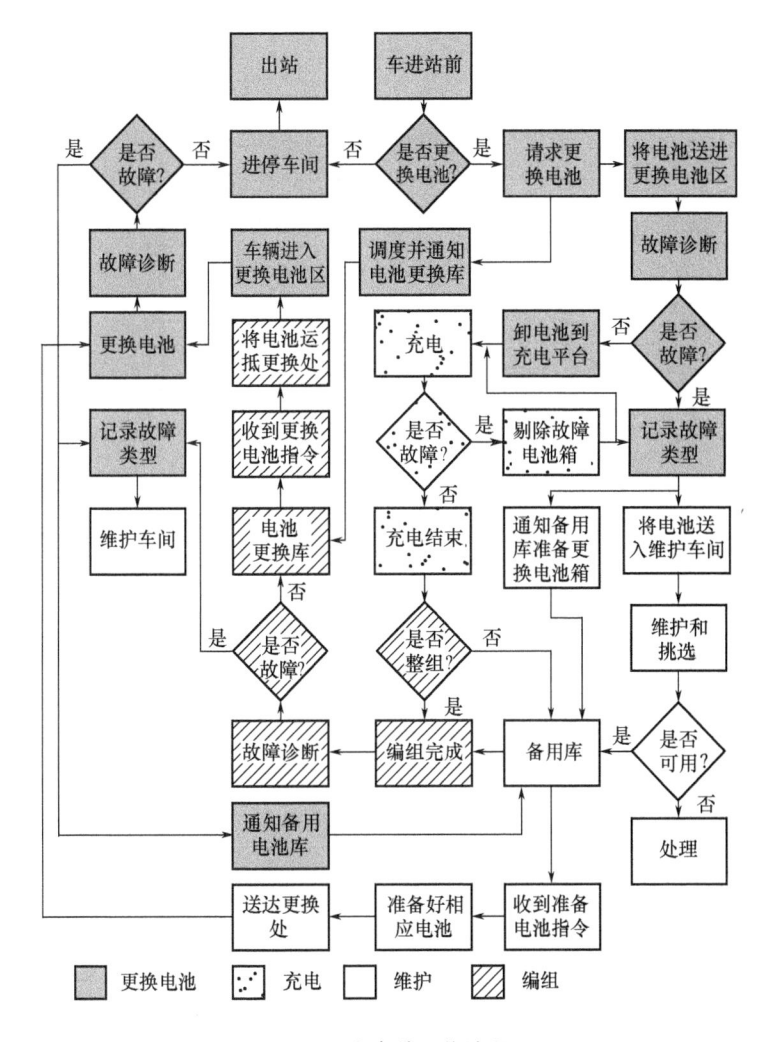

图 9-5 充电站运作流程

1. 电池更换

需要进行电池更换的电动汽车进站后，换上充满电的电池，更换过程要求快捷。电池更换流程如图 9-6 所示。

（1）更换请求　需要更换电池的车辆向调度室提出电池更换请求，以便安排停车位置，通知电池更换库准备更换电池并运至更换电池区，准备卸载设备。

（2）车辆进入更换区　已经提出更换请求的车辆进站后，根据调度指令将车开到更换电池区准确位置，准备更换电池。

（3）故障诊断　更换电池前，仔细翻阅车载监控装置故障记录，检查车辆电池在运营

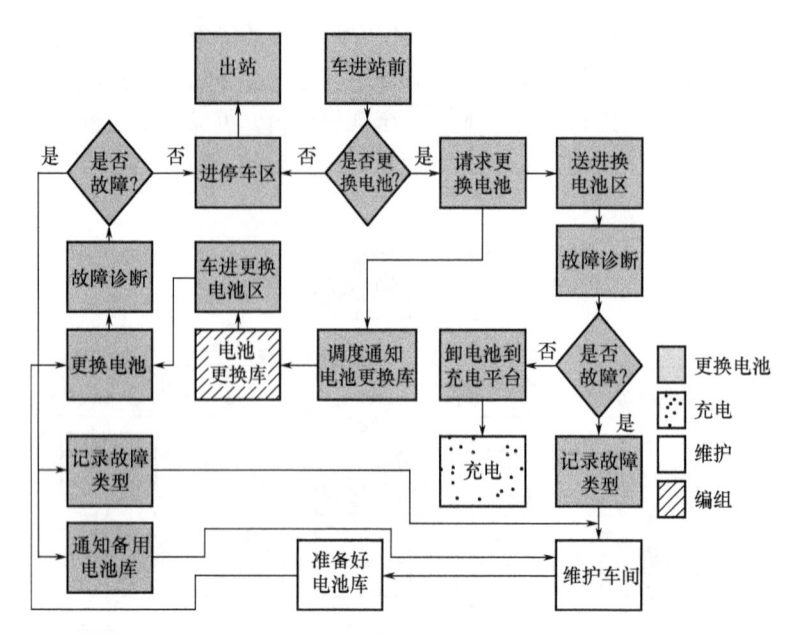

图 9-6　电池更换流程

过程中是否有故障。如果有故障记录，则记录故障信息，然后清除故障记录。

（4）更换电池　首先断开整车的高低压供电，然后才能卸载电池。卸载的时候，将故障电池和无故障电池分开摆放。卸载完毕后，将已经准备好的电池装车。

更换电池区是车辆更换电池的场所，需要配备电池更换设备，同时应建设电池存储间用于存放备用电池。更换电池的关键动作和用时分布见表 9-1。

表 9-1　更换电池的关键动作和用时分布

序　号	工 作 内 容	时间/s	累计时间/s
1	抽取电动车辆前部电池	58	
2	移动并旋转	22	
3	安装电动车辆前部电池	30	
4	将电池输送并放置到充电架	56	320
5	取充电架上充满电的电池	58	
6	取电动车辆上后部电池	36	
7	移动并旋转	24	
8	安装电动车辆后部电池	36	

（5）故障诊断　接通整车的高低压供电，再进行一次故障诊断，确保更换完电池且整车运行正常后将车驶出更换电池区，转到步骤（7）。如果仍然出现故障，则转到步骤（6）。

（6）故障排除　仔细阅读车载监控的故障诊断结果，查找故障原因，进行故障排除。

（7）更换后处理　对于故障电池箱，将故障电池和故障信息一并送维护车间，将无故障的电池箱送充电区充电。

2. 电池充电

充电系统是整个充电站的核心部分，它必须能满足多种形式的充电需求，提供方便、安全和快捷的全方位服务。根据电能补给方式的不同，充电系统可分为地面充电和整车充电两种。

（1）地面充电系统　地面充电系统即电池组快速更换系统，也称机械充电，通过直接更换电动汽车的电池组来达到为其充电的目的。由于电池组重量较大，更换电池的专业化要求较强，需配备专业人员借助专业器械来快速完成电池的更换、充电和维护。

采用这种模式，具有如下优点：

① 电动汽车用户可租用充满电的动力电池组，更换已经耗尽的动力电池组，有利于提高车辆使用效率，也提高了用户使用的便捷性。

② 对更换下来的动力电池组可以利用低谷时段进行充电，降低了充电成本，提高了车辆运行经济性，也解决了充电时间乃至蓄存电荷量、电池质量、续驶里程及价格等难题。

③ 可以及时发现电池组中单电池的问题，对于电池的维护工作将具有积极意义。电池组放电深度的降低也将有利于电池寿命的提高。

这种模式应用面临的几个主要问题是：电池与电动汽车的标准化，电动汽车的设计改进，充电站的建设和管理以及电池的流通管理等。这种模式的适用条件如下：

① 车辆电池组设计标准化和易更换。

② 车辆运营中需要及时更换电池，因此在充电站中，电池应能与车辆快速且专业化地分开。

③ 由于电池组快速更换需要专业化，电池组快速更换模式只适用于专用的充电站。

当车辆采用电池更换充电方式进行电能补给时，充电系统的结构可设计为单箱充电或者整组充电。地面单箱充电结构如图9-7所示。每台充电机对一箱电池充电，并和该箱的电池管理单元通信，完成充电控制。采用这种方式，有利于提高电池组的均衡性，延长电池组的使用寿命，但应用充电机数量多，电池组与充电机间的连线多，监控网络复杂，成本较高。

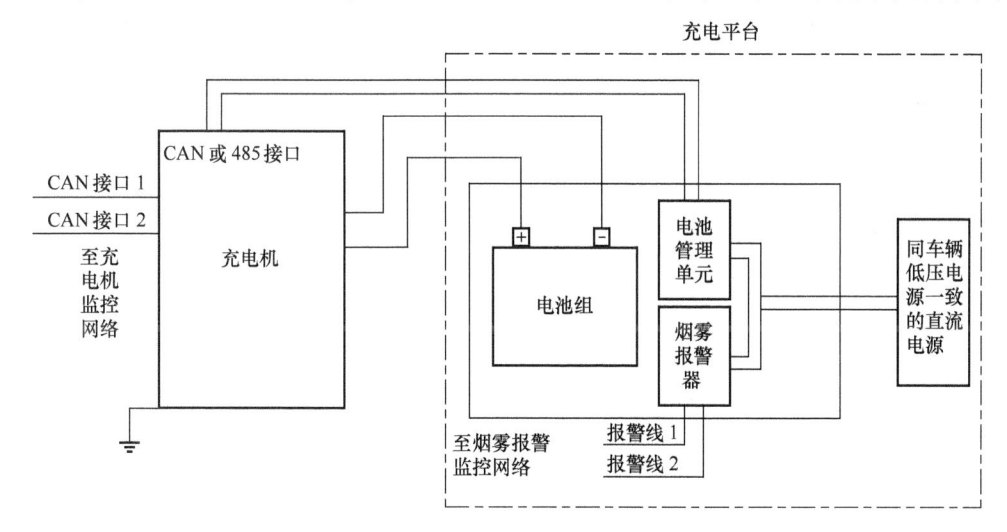

图9-7　地面单箱充电结构图

单箱充电的充电平台包括与车辆低压电源一致的直流电源、电池存储架、充电机通信接口插接器、充电机输出插接器和烟雾传感器。当单箱电池放置在充电平台上时，低压电源为电池管理单元提供供电电源，充电机和电池管理单元通信实现充电控制，能量通过充电机输出插接器从充电机传输到电池。烟雾传感器实现在充电过程中的现场监视。

地面整组充电结构如图9-8所示。在地面将组成整组电池的各箱串联，通过一台充电机给整组电池进行充电，所有的电池管理单元通过电池管理主机与充电机进行通信，完成充电控制。采用这种方式，充电机数量较少，监控网络简单，成本较低，但是相对单箱充电方式而言，电池组的均衡性及使用寿命较低。地面整组充电平台包括与车辆低压电源一致的直流电源、多个电池存储架、充电机通信接口插接器、充电机输出插接器、烟雾报警器及其接口电路、电池管理主机。将整车的所有电池箱放置在充电平台上，低压电源为电池管理单元供电，电池管理系统和电池管理主机连接，充电机和电池管理主机通信实现充电控制，一台充电机给串联连接的电池箱进行充电，烟雾报警器实现充电过程中的现场安全监视。

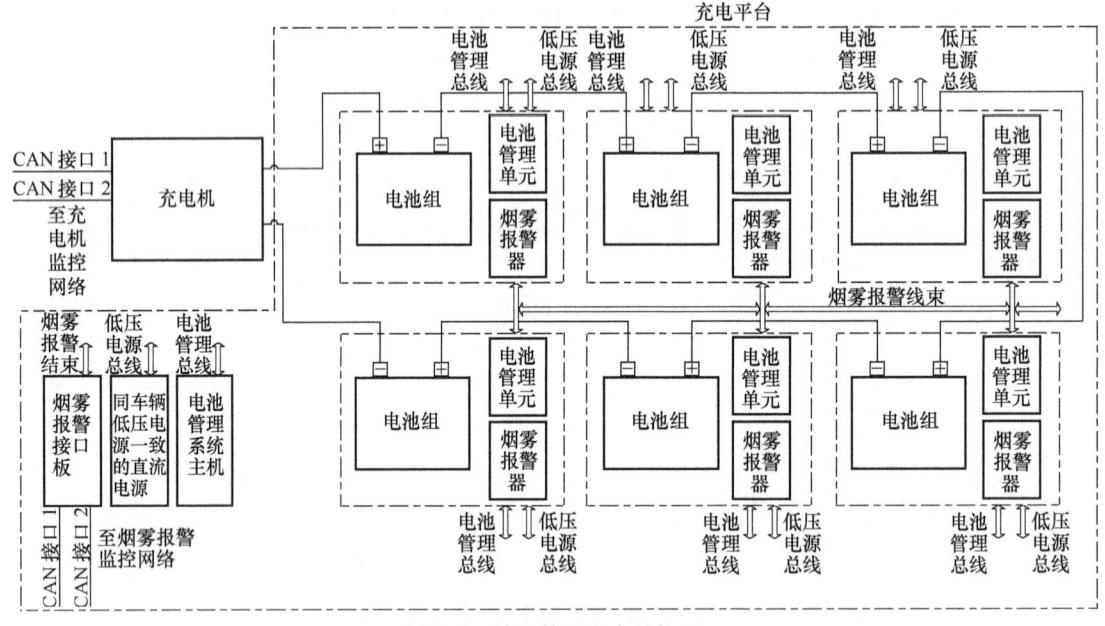

图 9-8 地面整组充电结构图

(2) 整车充电系统　整车充电系统包括常规充电和快速充电两种。

1) 常规充电。在动力电池放电完成后，应立即进行充电过程，在特殊情况下，充电电流也不超过 15A，该充电电流水平定义为常规充电模式，亦称为标准充电方式。常规充电一般采用小电流的恒压或恒流充电，充电时间为 5~8h，甚至长达 10~20h。

常规充电模式的优点：

① 尽管充电时间较长，但因为所用功率和电流的额定值不是关键因素，所以充电器和安装成本比较低。

② 可充分利用电力低谷时段进行充电，降低充电成本。

③ 可提高充电效率，延长电池的使用寿命。

常规充电模式的主要缺点为充电时间过长，当车辆有紧急运行需求时难以满足。

这种充电模式通常适用于：

① 设计电动汽车的续驶里程尽可能大，需满足车辆一天使用需要，仅利用晚间停运时间充电。

② 常规充电模式采用相对低的电流对动力电池充电，这使得该充电模式不仅适用于停车场和公共充电站，也适用于家庭环境。

③ 常规充电站一般规模较大，以便能够同时为多辆电动汽车进行充电。

2）快速充电。常规充电一般时间较长，给实际使用带来许多不便。快速充电的出现，为纯电动汽车的商业化提供了技术支持。

快速充电又称应急充电，是以较大电流短时间（在电动汽车停车的 20min～2h 内），为电动汽车提供短时充电服务，一般充电电流为 150～400A。

快速充电模式的优点：

① 充电时间短。

② 没有记忆性，可以大容量充电及放电。

③ 充电在短时间内（10～30min）就能使电池储电量达到 80%～90%，与加油时间相仿，因此，建设相应充电站时可不配备大面积停车场。

但是，相对常规充电模式，快速充电也存在一定的缺点：

① 充电器充电效率较低，且相应的工作和安装成本较高。

② 由于采用快速充电，充电电流大，这就对充电方法以及充电的安全性提出了更高的要求，同时计量收费设计也需特别考虑。

这种充电模式适用情况如下：

① 电动汽车续驶里程适中，即在车辆运行的间隙进行快速补充电量，来满足运营需要。

② 相应的大电流需求可能会对公用电网产生有害的影响，因而快速充电模式只适用于专业的充电站。

当需要采用整车充电方式进行电能补给的车辆进入充电站时，车辆接入整车充电系统。该系统的结构可设计为充电插头上的 CAN 网络连接线与电动汽车内部 CAN 网络进行连接，与车载电池管理系统进行通信，完成充电控制。该系统与车辆的连接图如图 9-9 所示，其通信网络结构图如图 9-10 所示。

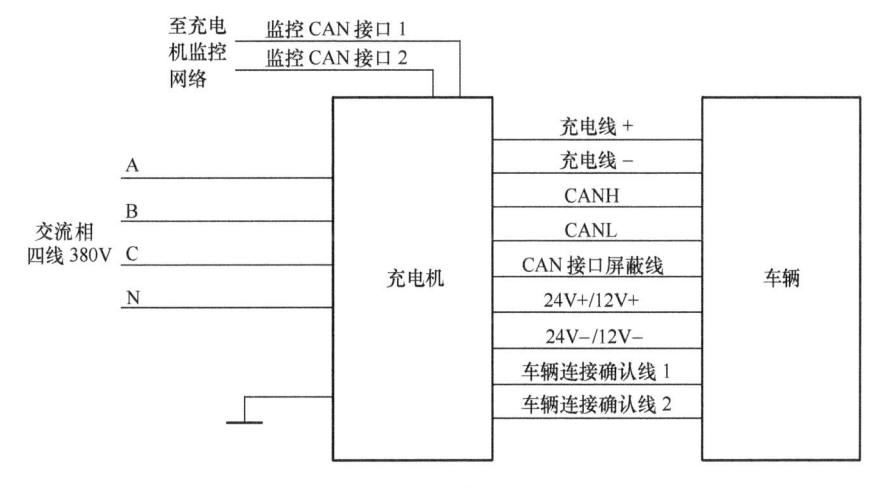

图 9-9 整车充电系统与车辆的连接图

3. 电池维护

维护车间的运作流程如图 9-11 所示。维护车间的主要任务是对运营过程中的故障电池进行维护和挑选。挑选完成后，对不能再使用的电池进行妥善处理，对能用的电池进行必要的维护后充满电，以电池单体的形式送备用电池库。备用电池库将电池分组装箱，为编组提

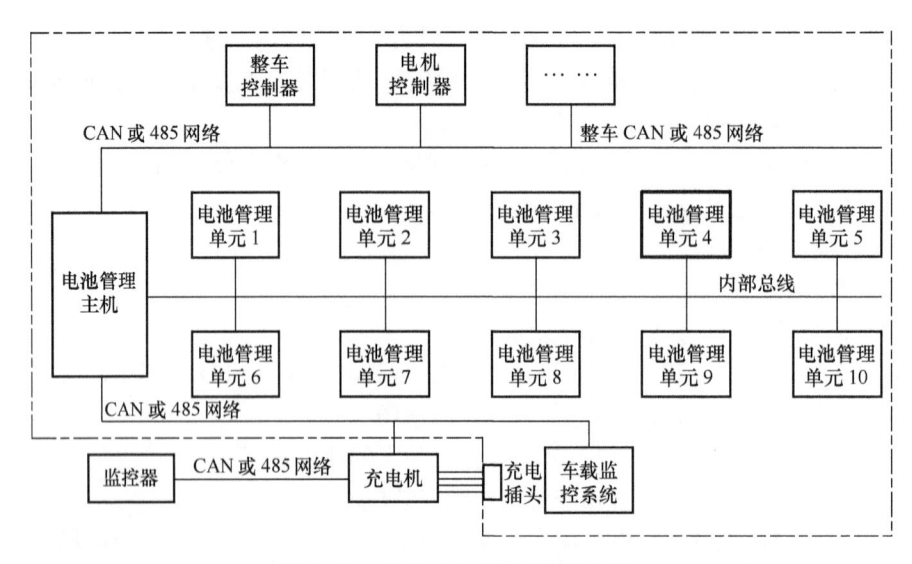

图 9-10 整车充电通信网络结构图

供电池箱。维护车间安放适当的仪器为电池的筛选提供依据，为电池的维护提供便利。维护车间的充电间安放一定数量的充电机，以满足单体电池充电的需求。充满电的电池送备用电池库进行装箱和电池管理的初始化工作。

另外，维护车间还应具有定期维护电池的能力。电动车辆运营一段时间以后（如1个月），需要均衡充电等维护，这些工作在维护车间完成。

4. 电池编组

电池编组完成，按整车为单位准备电池。编组完毕的电池（包括电池管理系统以及电池自身完全正常，电池箱编号完毕）可以直接更换到电动车辆上。

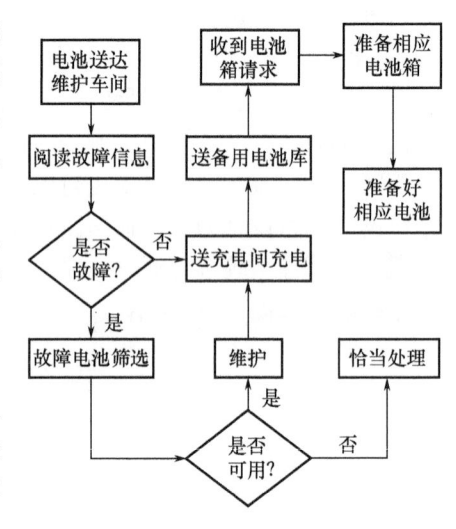

图 9-11 维护车间的运作流程图

编组电池来源：充电平台和备用电池库。电池编组在如下几个地方实现：

（1）充电平台　充电结束后，就地编组，不足的电池箱从备用电池库补齐，利用充电平台诊断电池及其管理系统，确保送往电池更换库的电池和电池管理系统无故障后，送电池更换库。

（2）电池更换库　备用电池库的电池具有编组能力的时候（备用电池数量较多，达到整车数量），对电池箱进行编组，诊断无故障后，送电池更换库。

9.1.4　电动汽车充电机

电动汽车充电机从供电电源提取能量，以合适的方式传递给动力

扫码观看：电动汽车充电设备的类型

电池,从而建立了供电电源与动力电池之间的功率变换接口。根据不同的分类方式,可以将充电机分成多种类型,见表9-2。

表 9-2 电动汽车充电机类型

分 类 标 准	充电机类型		分 类 标 准	充电机类型	
安装位置	车载充电机	地面充电机	连接方式	传导式充电机	感应式充电机
输入电源	单相充电机	三相充电机	功能	普通充电机	多功能充电机

1. 车载充电机和地面充电机

车载充电机是指安装在电动汽车上、可采用地面交流电网电源对电池组进行充电的装置。由于只需将车载充电机的插头插接到停车场或其附近的交流电源插座上或专用的充电桩上即可进行充电,也称为交流充电机,非常适合用户在家里为纯电动汽车充电。采用车载充电机充电速度较慢,只需几千瓦的功率,充电时间通常为5~8h。对于用户来说,只需安装一个专用的充电电源插座即可,而且利用夜间充电电费较为便宜。图9-12所示为标准的充电桩系统。

地面充电机一般安装于固定的地点,已事先做好输入电源的连接工作,而直流输出端与需要充电的电动汽车相连接,因此也称之为直流充电机。地面充电机可以提供多达上百千瓦的功率处理能力,可以对电动汽车进行快速充电。

图 9-12 标准的充电桩系统

2. 传导式充电机和感应式充电机

传导式充电机的输出直接连接到电动汽车上,两者之间存在实际的物理连接。这种充电方式结构简单,能量传递效率高且造价低,目前大多数充电机采用的都是传导式。

感应式充电机利用了电磁感应耦合方式向电动汽车传输电能。如图9-13所示,充电机分为地面部分和车载部分,两者之间没有实际的物理连接。它利用高频变压器将公用电网与电动汽车隔离,高频变压器的一方绕组装在地面充电机上,充电机将50Hz的市电变换为高频电,通过装在电动汽车上的另一方绕组将电能传送到电动汽车一方。在整流电路的作用下,将高频电流变换为能够为

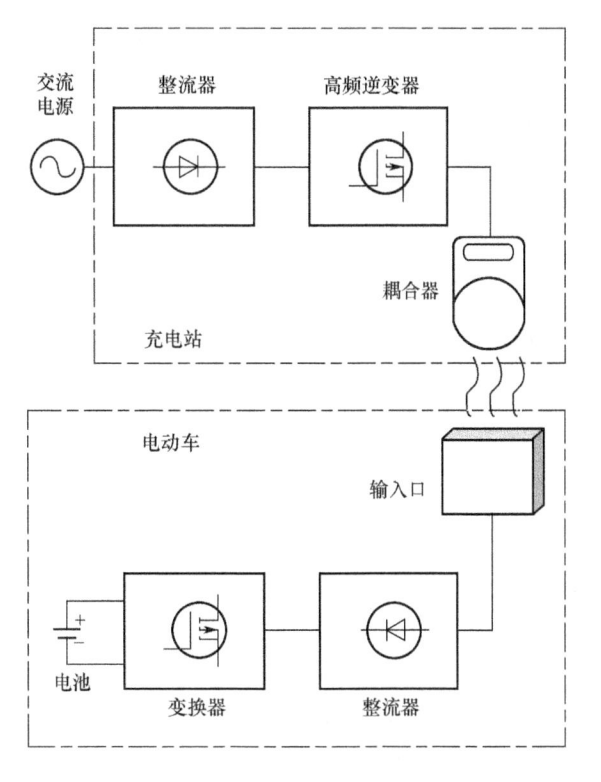

图 9-13 感应式充电机结构图

动力电池充电的直流电。由于感应式充电机与电动汽车之间没有任何金属的接触，即没有接触式充电所必需的插头插座，使得电动汽车的充电更为安全可靠。但是由于变压器的损耗，使其充电效率略逊于传导式充电。

如果将感应式充电机的变压器一次绕组埋设在一段路面之下，而二次绕组装在电动汽车车体之下，则当电动汽车从这段路面驶过时，在电磁感应的作用下，可以为电动汽车进行快速充电。这种充电方式就是所谓的移动式感应充电（图9-14）。

图 9-14　移动式感应充电

3. 普通充电机和多功能充电机

普通充电机只提供对电池的充电功能，而多功能充电机除了能对电池充电以外，还能够对电池进行容量测试，对电网进行谐波抑制、无功功率补偿和负载平衡等。因为当前实际运用的充电机基本以交流电源作为输入电源，所以充电机的功率变换单元本质上是一个 AC/DC 变换器。

4. 地面充电机的功能模块

如前所述，充电机的拓扑结构有多种，下面介绍最为常用的地面充电机的功能模块。地面充电机以三相交流电为输入电源，采用高频隔离型桥式 DC/DC 变换器，根据预先设定的充电过程参数对电动汽车动力电池组进行充电。

电动汽车地面充电机的功能模块组成如图 9-15 所示，主要包括输入整流装置，DC/DC 变换器，驱动脉冲生成、调节及保护系统，单片机（CPU）控制系统和人机接口等。

输入整流装置对三相交流电进行整流，经过滤波后，形成稳定的直流母线电压，以提供给后级 DC/DC 变换器。DC/DC 变换器在控制系统的控制下，采用脉宽调制（PWM）技术，提供恒定电流输出或恒定电压输出，满足电池组的充电要求。驱动脉冲生成、调节及保护系统为充电机的底层控制系统，直接控制 DC/DC 变换器完成功率变换，并且提供完善的保护功能。单片机控制系统为充电机的顶层控制系统，接收人工输入或其他设备的控制指令，控制驱动脉冲生成系统的启动与停止，从而控制充电机的起动与停机，并可将充电机运行数据显示或传输给上层监控计算机。

5. 充电接口

目前，国外电动汽车的充电接口标准主要分为三大体系：国际电工委员会（IEC）、美国汽车

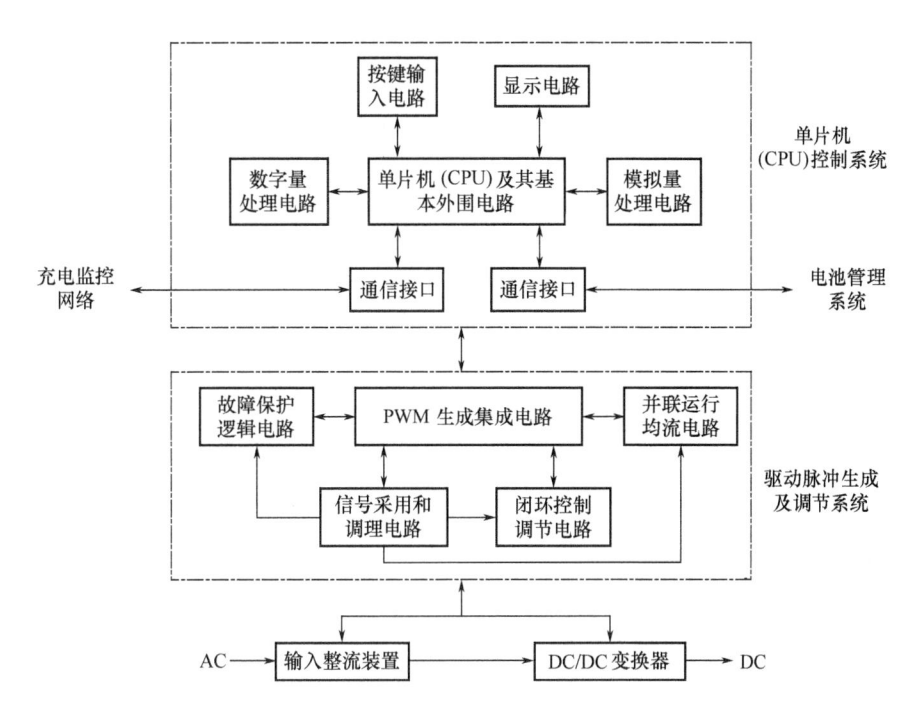

图 9-15 电动汽车地面充电机的功能模块组成

工程师协会（SAE）以及日本电动汽车协会（JEVS）和日本电动车充电协会（CHADEMO）。

电动汽车充电接口对于国内充电站的建设和电动汽车的发展具有重要影响，规定统一的接口结构是保证电动汽车充电安全性、互换性的基础。目前参照的国标有 GB/T 20234.1—2023《电动汽车传导充电用连接装置 第 1 部分：通用要求》、GB/T 20234.2—2015《电动汽车传导充电用连接装置 第 2 部分：交流充电接口》和 GB/T 20234.3—2023《电动汽车传导充电用连接装置 第 3 部分：直流充电接口》。

（1）交流充电接口 考虑民用充电设施的安全、能源供给端的合理规划及乘用车辆的实际能源补给需求等问题，采用额定电流不超过 32A 的单向交流供电方式。在端子件物理尺寸上，选择外圆柱面为 6mm 的端子芯件，一是因为较大的功率端子符合长周期寿命要求，二是因为增大端子芯件直径可有效降低插接器在插合后的温升，可显著提高使用的安全性。

交流充电接口是为具有车载充电机的乘用车辆提供能源补给的连接接口。交流充电接口包含 7 个端子，其功能定义见表 9-3。交流充电接口插头和插座的各个端子布置方式如图 9-16 所示。

表 9-3 交流充电接口端子定义

额定标识	额定电压/V	额定电流/A	功 能 定 义	额定标识	额定电压/V	额定电流/A	功 能 定 义
L	250	16/32	交流电源	CP	36	2	控制确认
N	250	16/32	中线	CC	36	2	充电连接确认
PE			保护接地，连接供电设备地线和车辆底盘地线	NC1			预留通信端子
				NC2			预留通信端子

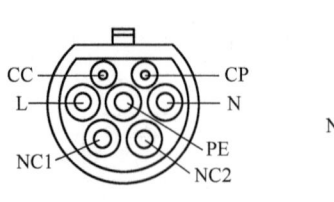

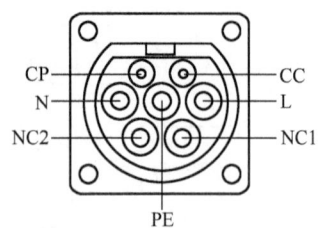

图 9-16　交流充电接口插头和插座的各个端子布置方式

（2）直流充电接口　为了实现对商用车辆及乘用车辆的快速能源补给，可利用非车载充电机将交流电变换成直流电，通过直流充电接口完成充电过程。直流充电接口一般情况下承载的电流远高于交流充电，同时在充电过程中需通过直流充电接口中的通信端子（CAN）连接车载电池管理系统（BMS）与非车载充电机的控制器，完成对充电过程的控制及其他相关信息的交互。此外，商用车辆在充电过程中需要外部提供低压直流电源，以供其内部电气控制及环境控制设备使用，因此采用直流充电的车辆需要充电设施提供辅助电源。

直流充电接口包含 9 个端子，其功能定义见表 9-4。直流充电接口插头和插座的各个端子布置方式如图 9-17 所示。

表 9-4　直流充电接口端子定义

触点编号	触点标识	额定电压/V	额定电流/A	功能定义
1	DC+	750	125/250	直流电源正，连接直流电源正与电池正极
2	DC-	750	125/250	直流电源负，连接直流电源负与电池负极
3	PE			保护接地，连接供电设备地线和车辆底盘地线
4	S+	36	2	充电通信 CAN-H，连接非车载充电机与电动汽车的通信线
5	S-	36	2	充电通信 CAN-L，连接非车载充电机与电动汽车的通信线
6	CC1	36	2	充电连接确认 1
7	CC2	36	2	充电连接确认 2
8	A+	36	20	低压辅助电源正，非车载充电机为电动汽车提供低压辅助电源正
9	A-	36	20	低压辅助电源负，非车载充电机为电动汽车提供低压辅助电源负

9.1.5　充电站的监控网络系统

充电站监控网络是进行充电站设计不可或缺的部分。目前充电站监控网络的可实现方案有多种。需要根据电池充电和电动车辆的特点进行分析比较，才能确定一种既能满足功能需要又比较经济的网络结构。对于通信协议，需要在分析大量不同电动汽车充电需求上和不同充电站的功能上总结出共性特点，才能够制定出具有普遍适用性的通信协议。为保证电动汽车所用动力电池安全和最佳充电曲线，充电机在充电过程中需要实时获取电池数据，所以充

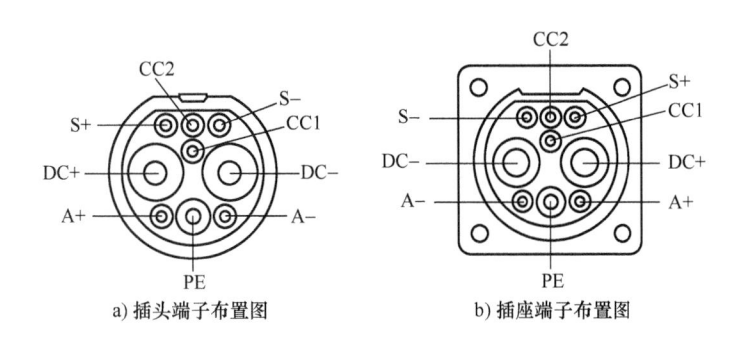

图 9-17 直流充电接口插头和插座的各个端子布置方式

电机和电池管理系统之间必须建立数据通信。目前，不同的电池管理系统的通信协议和通信接口各有不同，还没有统一，这些为推广充电站的大规模建设带来了很大的困难。

1. 充电站网络功能

(1) 监控 CAN 网络　监控 CAN 网络实时完成充电机和监控站的数据交换。监控 PC 机开机后，监控系统开始扫描充电机工作情况，并将充电机的运行数据记录到自身数据库。当某台充电机上电后，监控系统能迅速地检测到该充电机，并将其作为一个新的节点加入到当前网络进行充电机的控制和实时监控，如充电机的启停、充电机充电阶段数的设定、充电参数修改、数据按充电机编号或车辆编号写入数据库等。

(2) 车载 CAN 网络　车载 CAN 网络平时主要是完成车上各设备之间的数据交换，更方便地对车载设备实施操作和管理。当电动汽车进入充电站与充电机连接后，车载 CAN 网络将充电机作为一个节点，加入到自身网络，并实时地与充电机进行数据交换，将充电和统计所必需的参数（包括车辆编号、电池类型、充电电流、单体电池电压、各个电池箱温度、总电压以及剩余电量等）告知充电机，以便选择更加合适的充电模式。当电池出现异常情况时，告知充电机及时停止充电，防止过充电等因素而影响电池寿命。

2. 通信协议设计原则

通信协议对于充电机（站）监控网络的建设至关重要，它不仅必须先行制定，而且还应该统一并具有一定的稳定性。下面根据目前通用的标准 CAN 2.0B 接口和商用车监控通信协议 J1939 的相关规定，介绍通信协议设计原则。

(1) 物理层遵循的原则

1) 动力电池管理系统与整车控制器之间的接口采用标准 CAN 2.0B 接口。

2) 网络系统支持热插拔，电源应具有反接保护和掉电检测功能。

3) 位时间（bit time），即每一位占用的时间。在这个位时间中进行总线管理，包括 ECU（电子控制单元）同步、网络传输延时补偿、采样点定位等。这个时间可以由 CAN 协议的集成电路来设定。网络上所有节点的位时间必须设置为相同值。整车网络推荐位时间为 $4\mu s$，对应的传输速率为 250kbit/s，网络长度为 40m。

4) 网络的接线拓扑应该是一个尽量紧凑的线形结构以避免电缆反射。ECU 接入总线主干网的电缆要尽可能短。为使驻波最小化，节点不能在网络上等间距接入，接入线也不能等长，且接入线的最大长度应小于 1m。

5) 屏蔽终端是一点搭铁。

6）通信电缆应尽量离开动力线（0.5m 以上），离开低压控制线（0.1m 以上）。

（2）数据链路层应遵循的原则　数据链路层的规定主要参考 CAN 2.0B 和 J1939 的相关规定。

1）使用 CAN 扩展帧的 29 位标识符并进行了重新定义。在分配方案中，优先级为 3 位，可以有 8 个优先级；R 一般固定为 0；DP 现固定为 0；8 位的 PF 为报文的代码；8 位的 PS 为目标地址或组扩展；8 位的 SA 为发送此报文的源地址。

2）接入网络的每一个节点都有名称和地址。名称用于识别节点的功能和进行地址仲裁，地址用于节点的数据通信。

3）每个节点应至少有一种功能，可能会有多个节点具有相同的功能，也可能一个节点具有多个功能。

4）节点的编址规则：如果 J1939 已有定义，则尽量使用 J1939 已定义的地址；具有多个功能的 ECU，可以使用多个地址，也可以重新定义新的地址；新定义地址，应使用 208～231 这段属于公路用车的预留地址。

5）采用广播和点对点相结合的方式进行数据传输，点对点报文主要用于解决相同功能节点的控制问题，其他情况下尽量使用广播报文。

6）采用数据块编码和节点编码相结合的方式进行数据通信。

7）数据帧采用 CRC 校验。

8）总线错误严重时具有自动关闭功能。

（3）应用层应遵循的规定　应用层的规定主要参考 J1939 的相关规定。

1）应用层定义了协议数据单元（PDU）的两种格式 PDU1 和 PDU2。

2）采用 PGN 对数据块（参数组）进行编号。在广播方式下，ECU 根据 PGN 来识别数据块的内容。

3）使用远程请求报文来获取主动请求其他节点的参数组。

4）采用周期发送和事件驱动的方式来发送数据。

5）定义新的参数组时，尽量将相同功能的参数、相同或相近刷新率的参数和属于同一个子系统内的参数放在同一个参数组中；同时，新的参数组既要充分利用 8 个字节的数据宽度，尽量将相关的参数放在同一个组内，又要考虑扩展性，预留一部分字节或位，以便将来进行修改。

6）修改 J1939 已定义的参数组时，不要对已定义的字节或位的定义进行修改；新增加的参数要与参数组中原有的参数相关，不要为了节省 PGN 的数量而将不相关的参数加入到已定义的 PGN 中；对于功能相近的 ECU，可以在已定义的 PGN 中利用未定义部分来增加识别位，判断出 ECU 的功能，充分利用原来已定义的参数。

9.1.6　充电机（站）安全

保护人员和设备安全是在充电机（站）设计和建设中必须考虑的，充电机（站）应有防御雨、雪、沙的设施，并考虑如下问题。

1. 允许温度及温度监视

在 40℃ 环境温度下，充电机（站）可用手接触部分允许的最高温度应是：金属部分为 50℃，非金属部分为 60℃；可以用手接触但不必紧握部分，在同样条件下允许的最高温度应是：金属部分为 60℃，非金属部分为 85℃。

充电机装设温度监控装置，在任何情况下，应监视充电机箱内温度，不能超过允许值。必要时，应采取减小充电电流或自动切断充电主回路等措施。

2. 联锁措施

充电机（站）使用的插头应带有联锁装置或保持装置，联锁装置或保持装置与开关装置的操作连接，应保证插销处于带电状态时不会从插座或插接器中拔出，或开关装置处于 ON 位置时不会被插入插座或插接器。

对于整车充电方式，须有充电线插头与通信线插头的联锁措施。当充电机与车辆连接时，必须保证通信线插头确实插入插座并连接无误，然后才能实现充电线的连接；充电机与车辆脱离时，必须保证充电线插头拔出后，才能断开通信线。应保证联锁装置或保持装置的可靠性。

3. 防护等级（IP）

电动车辆直流充电机（站）应遵循 IP44（在室内）或 IP54（在室外），充电机（站）必要时按照 GB/T 4208—2017《外壳防护等级（IP 代码）》的规定确定是否提高防护等级。对专用的插孔、插接器、插头、插座和充电电缆等要求最小的 IP 防护等级是 IP44，应按照 GB/T 4208 进行测试。

4. 充电机控制安全

在满足以下要求时才允许充电机工作：

1）充电机起动要求充电插接器可靠连接，充电监控系统（含网络及通信）工作正常，并给出允许充电信号。

2）充电过程中要求充电监控系统（含网络及通信）工作正常，信号显示正常。

3）发生充电监控系统（含网络及通信）异常、充电设备及电路故障、异常温升时不允许起动充电，或立即自动关闭充电机、断开与交流电网连接，防止电击、起火或爆炸。

5. 保护措施

充电机（站）需保证具有以下保护措施：

1）充电机应具有输入欠电压、输入过电压、输出短路、电池反接、输出过电压、温度过高、电池故障等保护功能。

2）充电机应具有故障报警功能，能主动向监控系统发送故障信息。

3）充电站配电系统的保护应与所在供电网协调一致。充电站配电系统的所有操作应符合《电力安全工作规程》的相关规定。

9.1.7 充电站实例——北京公交电动汽车充电站

北京奥运会期间，为保障纯电动客车运行的能源供给，在奥运中心区建设了规划面积为 5000m^2 的电动汽车充电站。该充电站配备电池箱快速自动更换设备，8min 内就可以完成整车所有电池箱的更换，更换后的电池箱采取分箱充电，有利于动力电池的集中维护与保养，提高了车辆的利用效率。充电站主要包括配电区、充电车间、停车区、维修保养区、办公区和车辆调度区。充电站充电车间对称布置 240 台 9kW 充电机，实施电池分箱充电，充电数据通过充电监控系统传输并记录在监控终端。在配电站外配备 4 台 75kW 大功率充电机，以供应急情况下整车充电使用。该纯电动公交车充电站充分考虑了功能性、技术要求、经济效益和社会效益等多方面因素,在奥运期间为 50 辆纯电动客车提供全天候充电、动力电池更换服务以及相应的整车和电池维护保养服务。奥运会结束后,该充电站一直在继续使用,为北京公交线路的纯电动客车和环卫系统的纯电动环卫车辆提供服务。

纯电动公交充电站由配电系统、充电系统、电池调度系统和充电站监控系统组成。整个充电站平面结构如图 9-18 所示,充电站内部结构如图 9-19 所示。

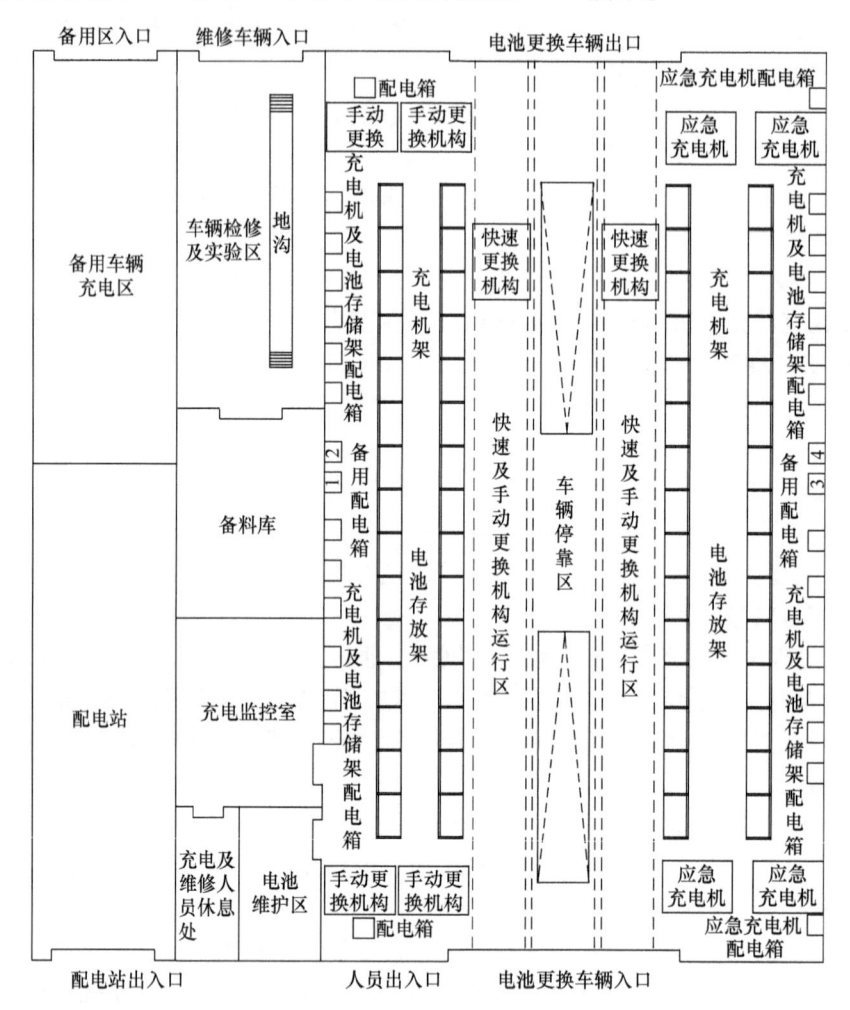

图 9-18 充电站平面结构

1. 充电站配电系统

配电系统为充电站的运行提供电源,它不仅提供充电所需电能,而且还要满足照明、控制设备的需要,包括变/配电等所有设备、配电监控系统等。

2. 充电站充电系统

充电系统是整个充电站的核心部分,根据电能补给方式的不同,分为地面单箱充电和整车充电两种充电系统。在通常情况下,充电站采用单箱充电方式为更换下来的电池进行充电。单箱充电方式有利于提高电池组的均衡性,延长电池使用寿命。在配电站外配备 4 台 75kW 的大功率充电机,以供应急情况下整车充电使用。

图 9-19　充电站内部结构

3. 充电站电池调度系统

电池调度系统对所有的电池实时进行数量、质量和状态的监控和管理，实现电池存储、电池更换、电池重新配组、电池组均衡、电池组实际容量测试、电池故障的应急处理等功能。

电池更换是电池调度系统的核心。自动更换方式是动力电池快速更换的主要方式，由更换机械装置和控制系统组成的更换机器人完成。更换机器人由底盘、垂直举升装置、托盘、充电架、电磁吸取装置、液压传动等组成，如图 9-20 所示。

图 9-20　电池更换机器人

电池自动更换系统工作原理：当电动汽车进站停到指定位置（由车辆定位系统完成）后，更换机器人自动循迹找到车体一侧电池箱的位置，同时平衡式机械臂的两个伸缩臂也分别对正车体上的电池箱吊架和充电架上的电池舱架，并将伸缩臂由托架上伸出一段距离使伸缩臂上搭桥柱，分别插入吊架、舱架的搭桥柱上，使伸缩臂上的滚轮平面分别和吊架及舱架上的滚轮平面保持一致。然后伸缩臂上的推拉装置将电池箱拉至伸缩臂上，此时举升臂将根据拉伸电池箱时车体高度的变化来调整托架的高度，使伸缩臂滚轮平面始终与吊架上滚轮平面保持一致。电池箱被拉出后，伸缩臂和电池箱一同回到伸缩臂在托架的原始位置上。此时另一侧的伸缩臂以同样的方式从充电架上取出已充好电的电池箱，回转平台进行180°旋转。将充电架上充好的电池箱与车上电池箱吊架对正，同时伸缩臂重复取电池箱动作，伸动伸缩臂，将搭桥柱孔插入搭桥柱座上，再将电池箱推入车辆电池舱内，另一侧伸缩臂也同时将更换下来的电池箱放入充电架上，然后伸缩臂缩回到托架上的原始位置。

动力电池存储平台和更换系统及充电机相互配合，成为储存、充电为一体的充电平台，实现动力电池存储、充电和快速更换。存储平台采用6层叠放存储结构，有效地减小了占地面积；统一车辆的电池成组编制；同组电池左右集中正对布置，减少了更换机构的运行距离；在每个充电架都预留了两个备用电池箱，且充分考虑到电池箱有大箱和小箱的区别。

4. 充电站监控系统

充电站监控系统是充电站高效安全运行的保证，它实现对整个充电站的监控、调度和管理。该系统包括充电机监控、烟雾报警监视、配电监控和视频监控等。

9.2 燃料电池汽车的加氢站

9.2.1 燃料电池汽车加氢站的发展现状

为实现碳中和目标，全球许多国家已经开始战略布局氢能与燃料电池相关技术，将氢能作为达成联合国气候变化纲要公约缔约国大会减碳要求的重要策略，日本、韩国、德国、美国等逾20个国家或地区颁布了氢能相关发展政策，形成了较为清晰的氢能发展战略与路线，并通过氢能多元化应用及产业链上的关键技术研发与商业化来带动经济发展。

加氢站是氢能在交通领域进行大规模应用的重要基础设施，加氢站作为氢能供应和氢能应用的连接节点，技术发展与氢供应链和燃料电池电动汽车用氢需求密不可分。随着燃料电池汽车需求的增长，世界各国开始加快加氢站的建设步伐。截至2022年底，全球主要氢能国家和地区共建成并运营加氢站727座，如图9-21所示。中国累计建成381座加氢站，运营加氢站数量245座。近几年全球加氢站数量持续增长，所有建成和规划的加氢站，多采用外供高压气氢加氢站模式。美国、欧洲、日本从液氢的储存到使用，产业链比较完备，国外将近有1/3的加氢站为液氢加氢站。截至2022年底全球主要氢能国家和地区燃料电池汽车总保有量达到67315辆。中国燃料电池汽车保有量达到12682辆，接入国家监管平台氢燃料电池车10564辆。

美国、日本、欧洲等国家和地区在加氢站技术开发方面起步较早，90%以上加氢站具有70MPa加氢能力，以液氢储存的大容量加氢站日加氢量可超过2000kg，加氢站全负荷、高

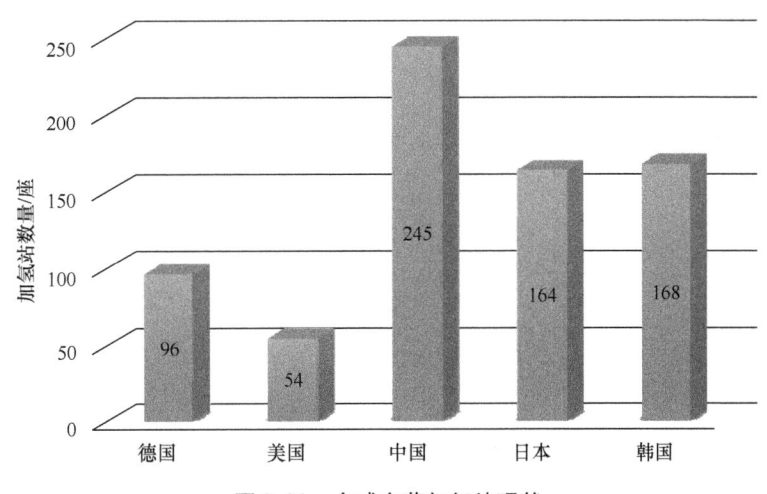

图 9-21 全球在营加氢站现状

可靠运行技术持续进步,支撑氢能基础设施全周期成本逐步降低。我国重点发展燃料电池商用车,采用 35MPa 的 Ⅲ 型瓶用于车载储氢,氢能供应以 20MPa 的高压管束形式为主,尚无液氢加氢站运行经验,同时站内制氢加氢站受法规与标准限制,因此我国当前建成的加氢站绝大多数为外供高压气态氢的 35MPa 加氢站。随着我国燃料电池车的规模化应用,我国加氢站将逐步由当前的低负荷、粗放式加氢运行状态过渡至高密度、快速加氢的全负荷运行状态;燃料电池车在大负载、长续驶里程场景下拓展应用,将出现储氢密度更高的 70MPa 加氢需求。

9.2.2 加氢站的构成

典型加氢站由卸氢柱、压缩机橇、储氢设备、顺序控制盘、换热系统、加氢机、冷水/冷冻机组成,如图 9-22 所示。

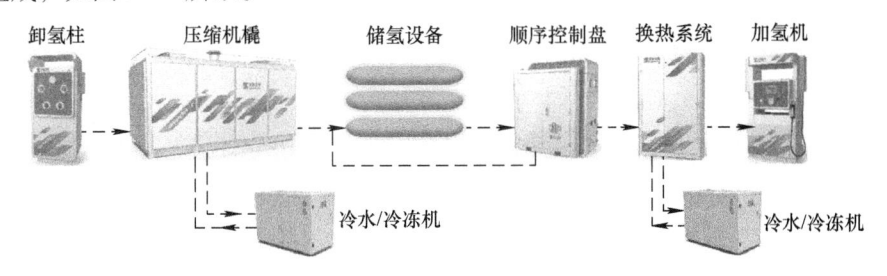

图 9-22 典型加氢站构成

1. 卸氢柱

卸氢柱是一种氢气卸车设备,卸车压力等级分为 20MPa、30MPa,该产品主要由高压氢气管路及安全附件、高压软管、拉断阀、单向阀、入口截止阀、过滤器、质量流量计、出口截止阀、气动球阀、管阀件组成。它主要用于 20MPa/30MPa 车载氢气槽车储罐、管束车、鱼雷车等氢气卸车,氢气源经过输送管道进入卸氢柱,卸气时,氢气依次流经高压软管、拉断阀、单向阀、入口截止阀、过滤器、质量流量计、出口截止阀、气动球阀到压缩机或顺序控制盘。卸气过程中,质量流量计测出的密度、质量等计量信号传送到计算机控制系统,当压力或流量达到设定值时，自动停止卸气，或手动关闭入口截止阀，即实现手动停止卸气，从而完成一次卸气计量过程，卸氢柱及其原理如图 9-23 所示。

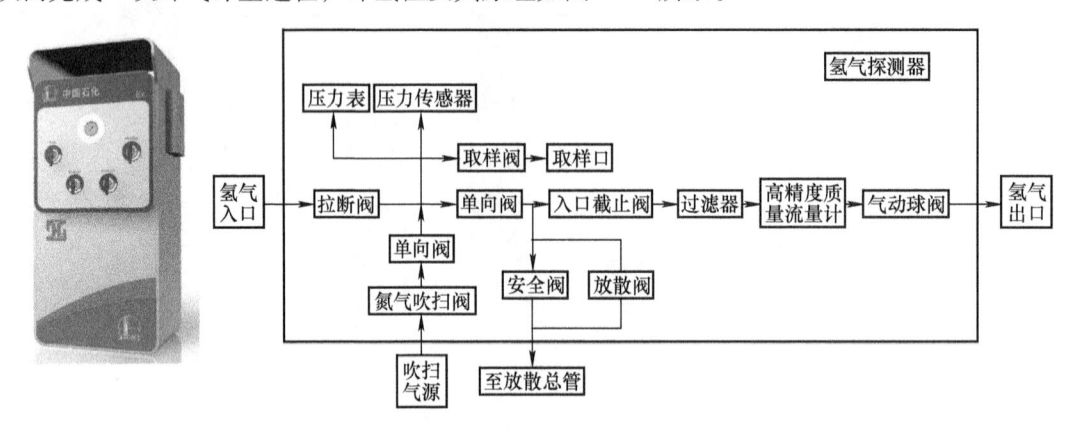

图 9-23 卸氢柱及其原理

2. 氢气压缩机橇

氢气压缩机橇将氢气管束车运输来的 5～20MPa 低压氢气增压至 45MPa，通过外接管口储存于橇外的高压储氢罐内，以便为燃料电池车辆提供加注服务。氢气压缩机橇设备适用于介质为氢气的加氢站或油氢合建站。除氢气外禁止接入其他介质。45MPa 氢气压缩机橇通常用于物流车、客车等车辆的加注。

氢气压缩机橇工作流程如下：氢气管束拖车运输到位后，通过卸车软管将管束拖车与卸气柱管线连接完毕，使用氮气置换卸车管线中的空气，氢气通过卸车管线进入氢气压缩机橇内，压缩机橇入口有压力传感器判断氢气管束车压力，压缩机系统可根据排气端及储氢罐压力，自动判断运行状态；压缩机系统排气端及储氢罐压力达到 45MPa 时，压缩机进入停机或者大循环工作状态，整个压缩机运行过程自动控制运行。

压缩机包括隔膜压缩机和液驱压缩机两种，其性能对比如图 9-24 所示。

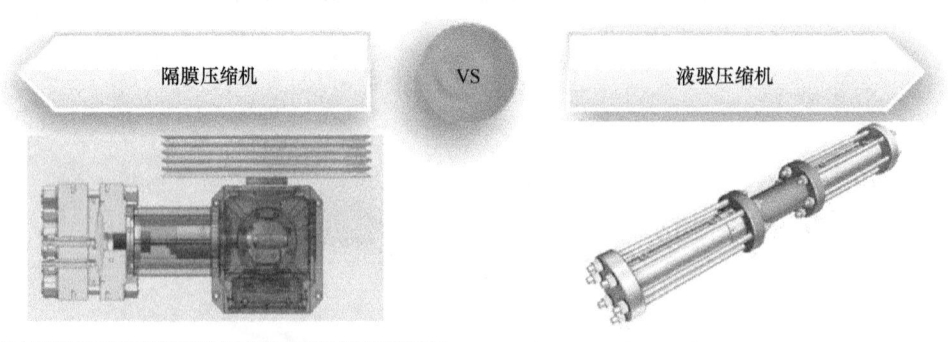

图 9-24 隔膜压缩机及液驱压缩机性能对比

(1) 隔膜压缩机　隔膜压缩机及其构成如图 9-25 所示。

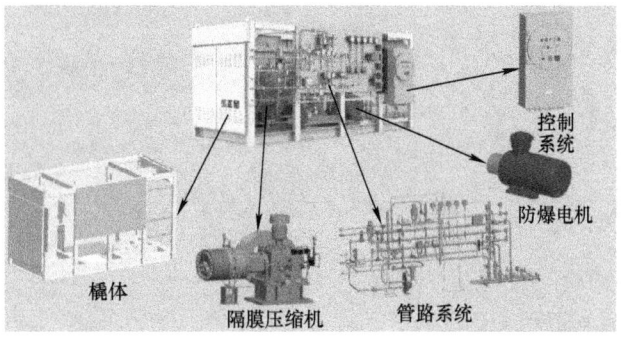

图 9-25　隔膜压缩机及其构成

氢气压缩机橇原理框图如图 9-26 所示。

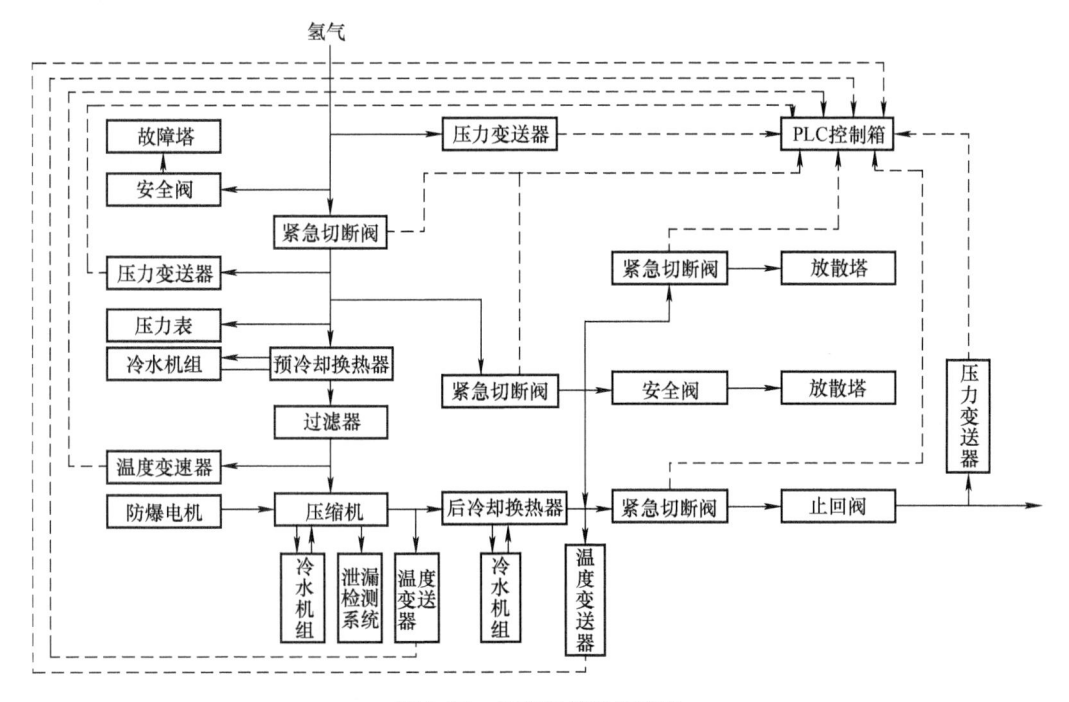

图 9-26　氢气压缩机橇原理

(2) 液驱压缩机橇　液驱压缩机橇及其原理框图如图 9-27 所示。

3. 顺序控制盘

顺序控制盘是用于给加氢站站内储气瓶（罐）组实现分组顺序充氢及为加氢机分级取气的重要设备，主要由气控球阀、电磁阀、压力变送器、安全阀、氢气探测器、压力表等组成。该设备组成了一个按规定程序动作的气动控制系统，实现了对储氢瓶/罐组的分组顺序充气。顺序控制盘及其原理框图如图 9-28 所示。

顺序控制阀组连接压缩机系统、储氢瓶组和加氢机设备，采用三级加注模式，高压氢气经压缩机去往顺序控制阀组，经顺序控制阀组顺序控制后分三路进入高、中、低压储氢罐。氢气加注时，加氢机通过顺序控制阀组按照低、中、高压顺序从储氢罐中取气，达到压差设

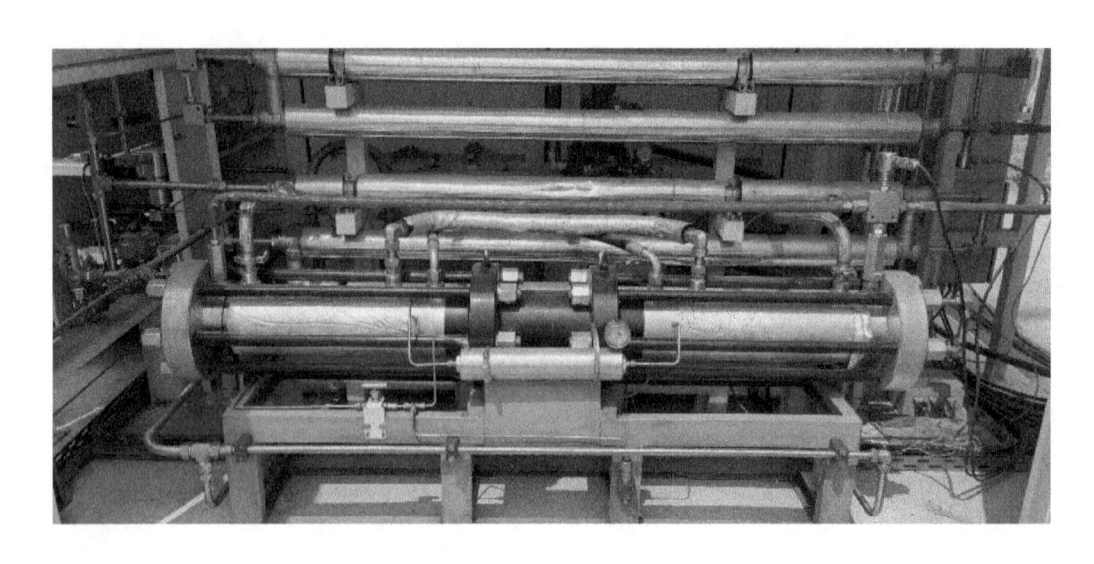

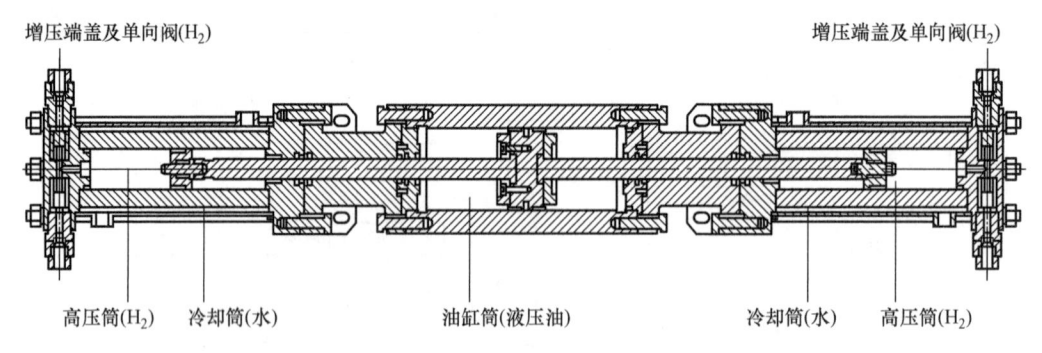

图 9-27 液驱压缩机橇及其原理框图

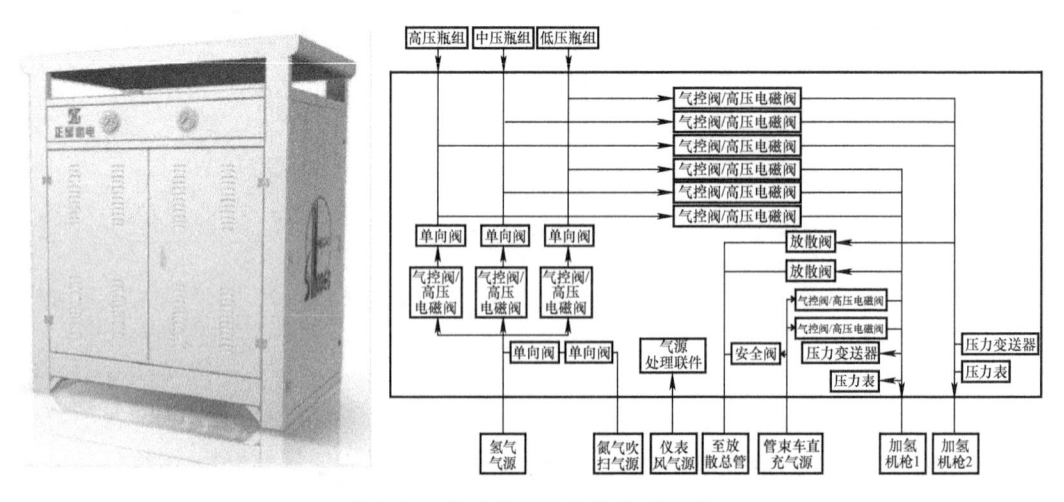

图 9-28 顺序控制盘及其原理框图

定值后切换瓶组顺序,保证加氢速度。氢气顺序控制盘有整机防爆合格证,配备全不锈钢压力表,工作过程中能直接显示压力,设置氮气吹扫口,方便设备维护和保养。其具有氢气泄漏检测传感器，如有泄漏立即停机，保证安全，自动控制储氢系统分组顺序充装，加氢时可自动控制低压、中压、高压的切换。当加氢过程中意外泄漏导致压力降低时可自动停机，压力变送器故障或温度传感器信号线断线时，具有自动停机功能；可以同任何压缩机配套使用，采用模块化接入压缩机 PLC 中的 ESD 系统，实现加氢机与压缩机的联动。

4. 储氢设备

不同储氢设备的技术参数见表9-5。

表9-5 不同储氢设备的技术参数

技术参数	设备图片
20MPa 储氢瓶组主要技术参数 适用介质：氢气 设计压力：22MPa 工作压力：20MPa 设计温度：-40/85℃ 工作温度：-40~85℃ 试验压力：27.5MPa 单瓶容积：2.36m^3 气瓶数量：4 支	
45MPa 储氢瓶组主要技术参数 适用介质：氢气 设计压力：50MPa 工作压力：45MPa 设计温度：-40/85℃ 工作温度：-40~85℃ 试验压力：56.3MPa 单瓶容积：1m^3 气瓶数量：9 支	
90MPa 储氢瓶组主要技术参数 适用介质：氢气 设计压力：99MPa 工作压力：90MPa 设计温度：-40/85℃ 工作温度：-40~85℃ 试验压力：112.5MPa 单瓶容积：1m^3 气瓶数量：9 支	
45MPa 储氢罐主要技术参数 • 适用介质：氢气 • 设计压力：50MPa • 最高工作压力：45MPa • 单罐容积：5.0m^3 • 压力波动范围：10~45MPa • 工作环境温度范围：-40~60℃ • 设计压力循环次数：50000 次（15 年） • 安装方式：卧式安装	

(续)

技术参数	设备图片
90MPa 储氢罐主要技术参数 • 适用介质：氢气 • 设计压力：98MPa • 最高工作压力：90MPa • 单罐容积：1.0m³ • 工作环境温度范围：-19~80℃ • 安装方式：卧式安装	高压 90MPa储氢罐

5. 加氢机

加氢机是一种氢气加注压力等级为 35/70MPa 的加注设备。该产品主要由高压管路及安全附件、质量流量计、流量调节阀、拉断阀、加氢软管、加氢枪、压力变送器、温度变送器、控制系统和显示系统组成，主要用于 35/70MPa 车载储氢瓶充装氢气。目前，35MPa 车载储氢瓶应用在公交车、物流车和工程机械车等，具有储氢量大、加注方便的特点；70MPa 车载储氢瓶应用在乘用车、客车等，具有压缩比高、续驶里程长的特点。

35MPa 加氢机工作原理：压缩氢气经过输送管道进入加氢机。加氢时，由计算机控制系统按工作状态自动控制气控阀的打开或关闭。氢气依次流经单向阀、过滤器、质量流量计、流量调节阀、气控阀、拉断阀、加氢软管、加氢枪后通过汽车加氢口充入汽车储氢瓶。当压力或流量达到设定值时，计算机控制系统关闭气控阀；质量流量计测出质量、流量等计量信号传送到计算机控制系统，经运算处理后得出相应的质量、金额并由显示屏实时显示给用户，从而完成一次加氢计量过程。35MPa 加氢机及其原理框图如图 9-29 所示。

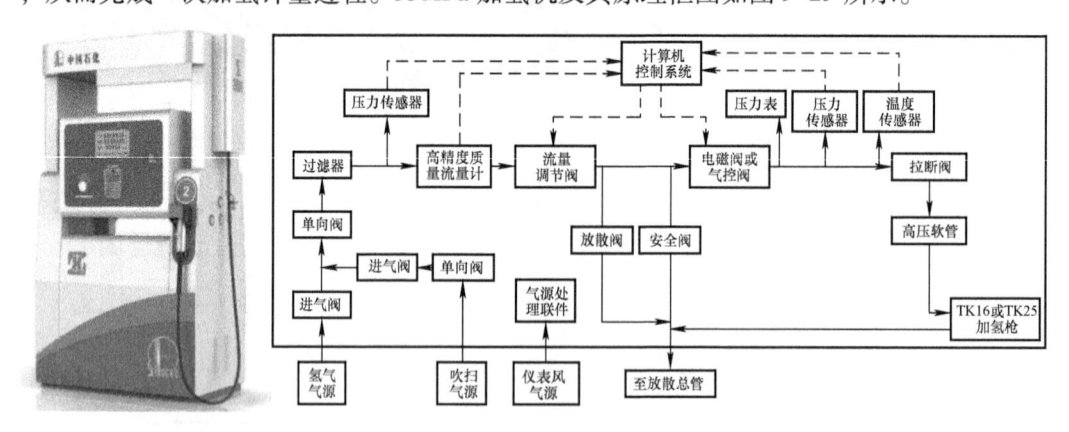

图 9-29 35MPa 加氢机及其原理框图

70MPa 加氢机工作原理：压缩氢气经过输送管道进入加氢机。加氢时，由计算机控制系统按工作状态自动控制气控阀的打开或关闭。氢气依次流经过滤器、质量流量计、流量调节阀、换热器、单向阀、气控阀、拉断阀、加氢软管、加氢枪后通过汽车加氢口充入汽车储氢瓶。当压力或流量达到设定值时，计算机控制系统关闭气控阀；质量流量计测出质量、流量等计量信号传送到计算机控制系统，经运算处理后得出相应的质量、金额并由显示屏实时显示给用户，从而完成一次加氢计量过程。70MPa 加氢机原理框图如图 9-30 所示。

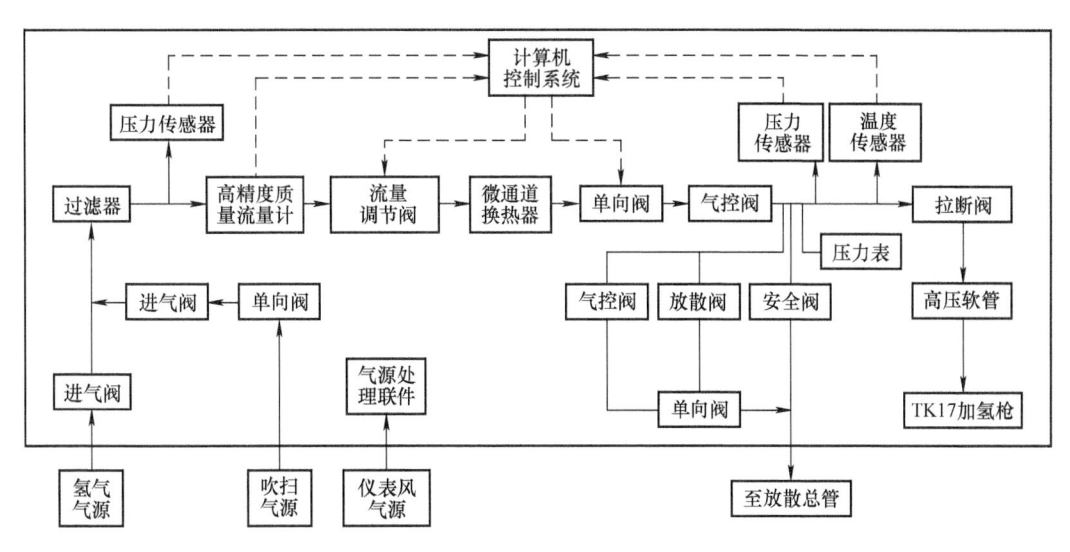

图 9-30　70MPa 加氢机原理框图

6. 换热系统

氢气换热器与冷水机组配套使用，为进入加氢机内的氢气进行预冷，用以控制加注时车载气瓶的温升。图 9-31 所示为氢气换热器实物图。

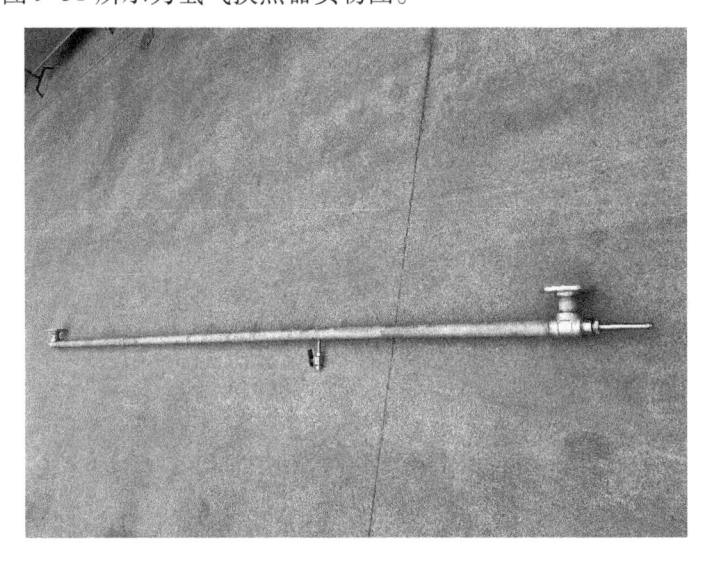

图 9-31　氢气换热器实物

7. 仪表风氮气吹扫系统

在加氢站的运营过程中，需要对各设备的气动阀门供气，设备维护时需要对设备管道内的气态进行吹扫置换，两种驱动气源均可采用氮气。仪表风氮气吹扫系统可根据不同的压力需求来调整氮气供气压力，且可对设备内压力信号进行采集、监测，及时发现异常状况，便于维修及使用。仪表风氮气吹扫原理如图 9-32 所示。

氮气集装格中高纯氮气经过高压软管进入仪表风氮气吹扫系统，经过调压阀降压之后，分别进入后段各设备的氮气吹扫管道和仪表风管道，为后段设备提供吹扫气源及驱动气源。

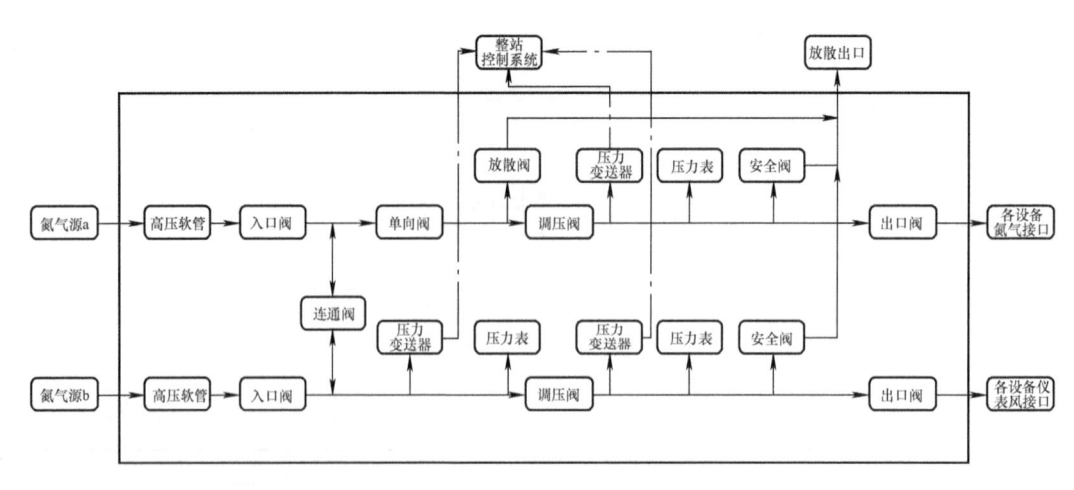

图 9-32 仪表风氮气吹扫原理框图

仪表风氮气吹扫系统设有入口、出口压力变送器,可以实时监测氮气集装格气源、吹扫气源及仪表风气源压力。设备采用箱式结构,具备防晒、防雨功能;配备全不锈钢压力表,加氢过程中能直接显示压力;设备装有安全阀,当设备管道内的压力超过设定值时,安全阀会自动开启并卸压,保证设备的安全;设备装有入口阀、出口阀,若设备需要检修或维护,可方便地关闭球阀切断气源进行检修。

8. 冷水/冷冻机

(1) 冷水机　冷水机工作原理如图 9-33 所示。压缩机用冷水机组参数见表 9-6,加氢机用冷水机组参数见表 9-7。

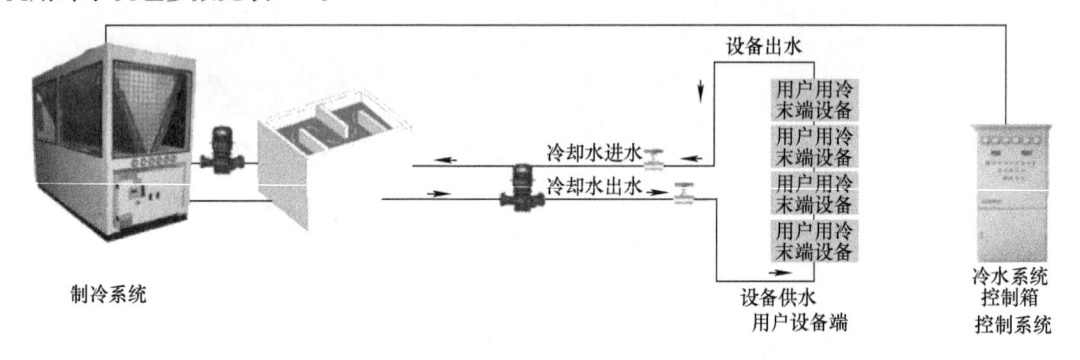

图 9-33 冷水机工作原理

表 9-6　压缩机用冷水机组参数

性能指标	具体参数	
冷冻水进出水温度	入口冷却	出口冷却
	$-10 \sim 5℃$ 可调	$5 \sim 25℃$ 可调
制冷量	$\geqslant 30kW$	$\geqslant 50kW$
机组电气形式	非防爆式常规机组	
氢气预冷要求	冷却系统要考虑一定的设计冗余,充分考虑管道的冷量损失,压缩机排气温度 $<40℃$,满足压缩机和储氢容器安全使用要求	

表 9-7　加氢机用冷水机组参数

性能指标	具体参数
冷冻水出水温度	-20~25℃可调
制冷量	≥100kW
机组电气形式	非防爆式常规机组
氢气预冷要求	冷却系统要考虑一定的设计冗余，充分考虑管道的冷量损失，满足加氢机加注温度 -10~0℃

机组安全保护装置包括水泵连锁保护、漏电保护、缺相与错相保护、过/欠电压保护、系统高低压与安全阀保护、压缩机马达超温控制、缺水保护等。设备预留了设备运行状态信号、设备故障状态信号、进出口温度信号，并且通过 RS-485 Modbus 协议通信。设备的整体防护等级不低于 IP55。

（2）冷冻机　冷冻机外观如图 9-34 所示。

70MPa 加氢站蒸发冷式低温撬装冷冻机组主要服务于加氢站 70MPa 加氢机高压氢气的冷却，加氢站加氢设备压缩氢气时因耗功会使高压氢气升温膨胀，加氢机应用冷冻机组对高压氢气进行冷却降温，以提高高压氢气单位体积的质量，实现容积小型化的目标，短时间内以更快的速度与更高的质量流量向氢能源车辆加注氢气，实现商业化连续运行。

70MPa 加氢机撬装冷冻机组主要由机组框架、压缩机、二次油分离器、蒸发式冷凝器、储液器、干燥过滤器、膨胀阀、蒸发冷凝器、蒸发器、膨胀阀、冷冻蓄水箱、水泵、电气控制系统等组成。其结构如图 9-35 所示。

图 9-34　冷冻机外观

高温级压缩机将蒸发冷凝器中低温低压制冷剂蒸汽吸入，压缩成高温高压气体，经二次油分离器进入蒸发式冷凝器，制冷剂放出热量逐步转变为高压液体（该过程称为冷凝），所放出的热量被流经蒸发式冷凝器的空气及蒸发的水带走，释放到周围环境中。高压液态制冷剂继续向前流动经储液器、干燥过滤器、经膨胀阀节流后变为低温低压气液混合状态，再进入蒸发冷凝器的低温侧，气液混合状态制冷剂吸收流经蒸发冷凝器中高温侧制冷剂蒸气的热量，逐步蒸发为气态，气态制冷剂流经气液分离器后被吸入高温级压缩机进入下一次循环。低温级压缩机将蒸发器中低温低压制冷剂蒸汽吸入，压缩成高温高压气体，经二次油分离器进入蒸发冷凝器，制冷剂放出热量逐步转变为高压液体（该过程称为冷凝），所放出的热量被流经蒸发冷凝器低温侧蒸发的制冷剂带走。高压液态制冷剂继续向前流动经储液器、干燥过滤器、经膨胀阀节流后变为低温低压气液混合状态，再进入蒸发器，气液混合状态制冷剂

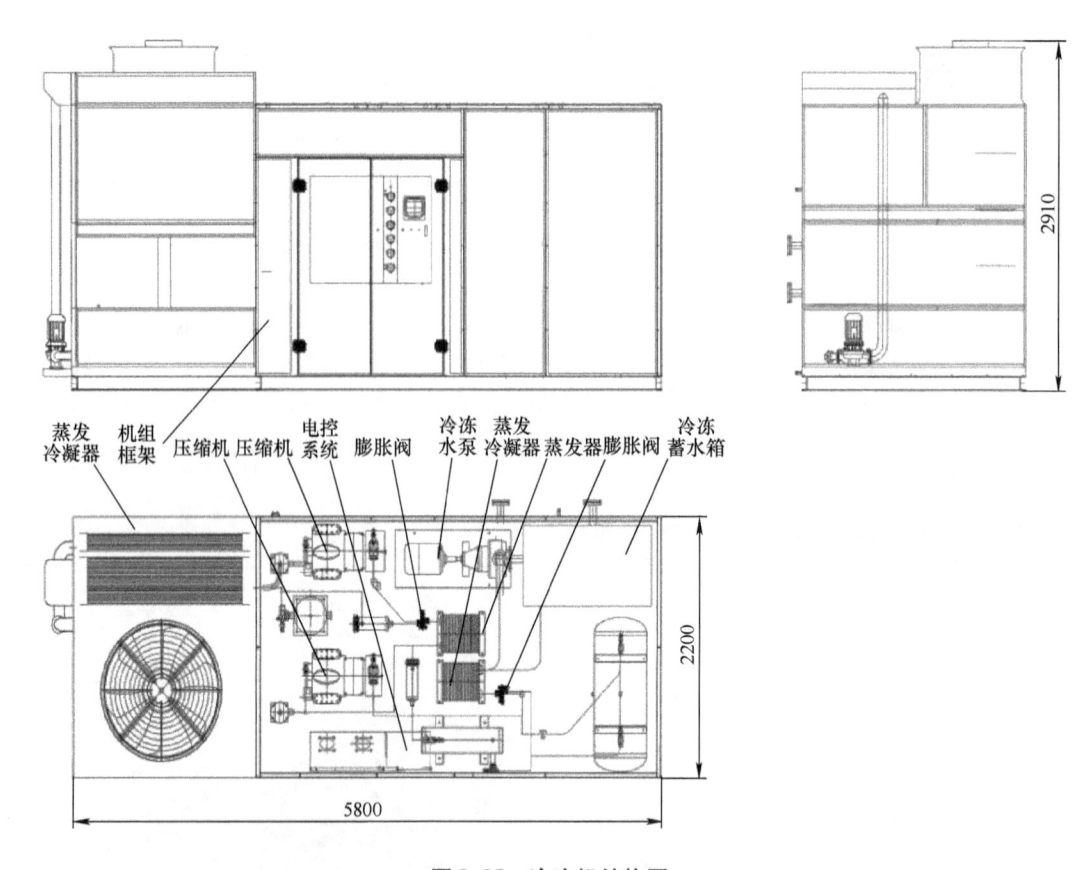

图 9-35 冷冻机结构图

吸收流经蒸发器中冷冻水的热量，逐步蒸发为气态，气态制冷剂流经气液分离器后被吸入高温级压缩机进入下一次循环。流经蒸发器中的冷冻水被冷却降温后送入用冷设备。

9.2.3 加氢站监控系统介绍

加氢站监控系统包括智能站级控制系统、可燃气体报警控制系统、火灾报警控制系统、视频监控系统和紧急切断联锁系统等，具有泄漏监测、火焰报警及其联动保护装置，并完成对各个区域的氢气泄漏、火焰探测、视频监控和声光报警功能。当发生氢气泄漏警报、站区着火或者按下站级急停，系统自动触发 ESD 紧急停车系统，执行全站紧急切断联锁程序，停止所有动力设备运行，同时切断站内氢气管线，确保站场人员和设备安全。监控系统布置方案如图 9-36 所示，主工艺流程如图 9-37 所示，安全监控系统界面如图 9-38 所示。

1. 泄漏监测系统

泄漏监测系统由可燃气体报警控制器（图 9-39）和可燃气体探测器（图 9-40）组成，完成对站内可燃气体浓度的实时监控。泄漏监测系统结构如图 9-41 所示。

泄漏监测系统的可燃气体探测器采用催化燃烧式，连接在可燃气体报警控制器上，控制器的低报、高报信号通过开关量连接至 PLC，泄漏浓度数据通过 RS485 通信接口 MODBUS RTU 协议上传至 PLC。在卸车区、压缩机橇区、储氢容器区和加氢区设置可燃气体探测器，完成对可燃气体泄漏的检测和声光报警，具备报警联锁关断控制功能。

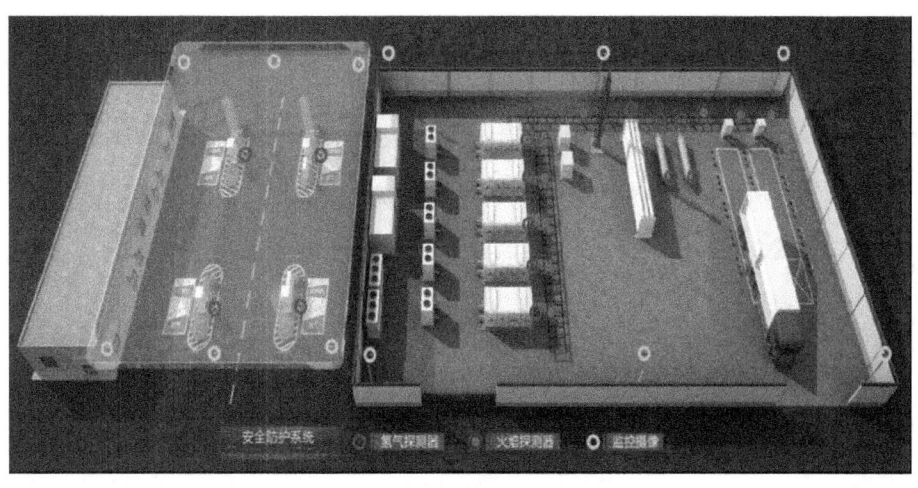

图 9-36　监控系统布置方案

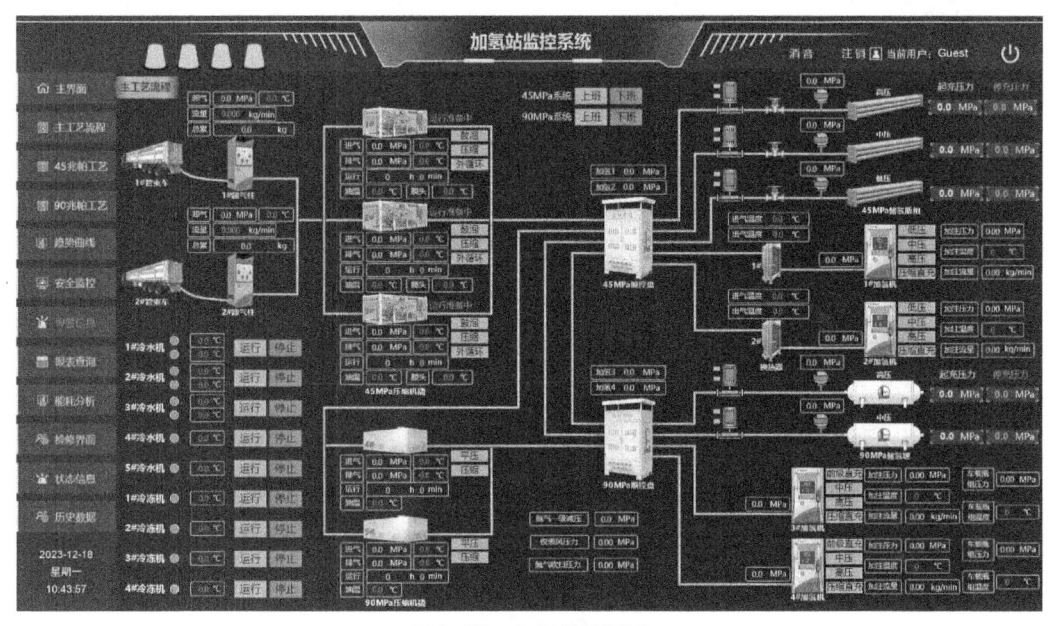

图 9-37　主工艺流程图

当检测到空气中的氢气含量达到 10% 氢气爆炸下限（LEL）（体积比 0.4%）时，在现场和控制室实现声光报警；当检测到空气中的氢气含量达到 25% LEL（体积比 1%）时，联锁启动相应的事故排风机；当检测到空气中的氢气含量达到 40% LEL（体积比 1.6%）时，系统触发 ESD 紧急切断系统，联锁关断设备的主电源，同时关闭紧急切断阀以切断氢气管线，将设备停止在安全可控状态。

在开机时，控制器主动检查其面板上的指示灯和蜂鸣器的功能。仪器自检菜单还可以对状态指示灯、蜂鸣器和继电器进行功能自检。

2. 火灾报警控制系统

火灾报警控制系统由火灾报警控制器（图 9-42）和火焰探测器（图 9-43）组成，完成站内各设备的火灾探测。其系统结构如图 9-44 所示。

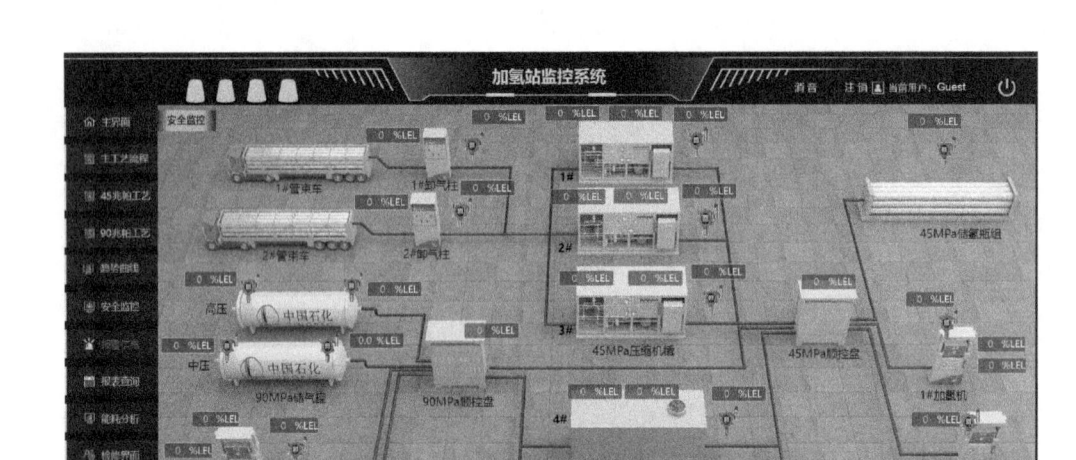

图 9-38 安全监控系统界面

图 9-39 可燃气体报警控制器

图 9-40 可燃气体探测器

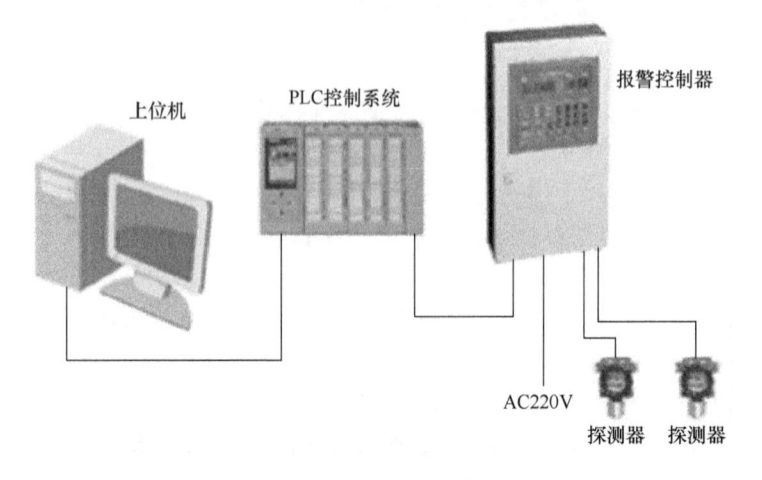

图 9-41 泄漏监测系统结构

图 9-42 火灾报警控制器

图 9-43 火焰探测器

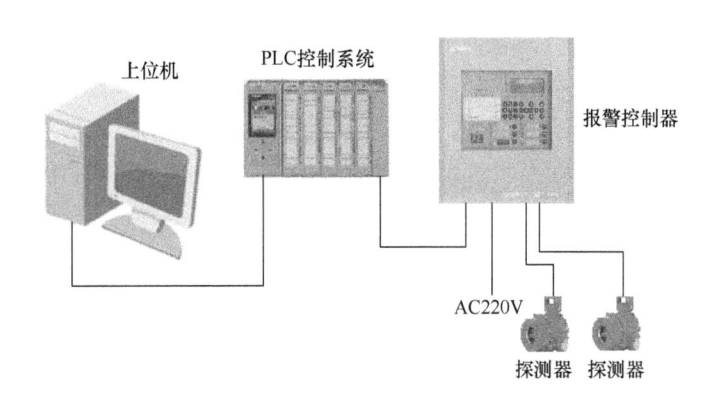

图 9-44 火灾报警系统结构

在火灾初期,通过火焰探测器将燃烧产生的红外线辐射和紫外线辐射变成电信号,该信号经过连接导线传至火灾报警控制器,发出声、光报警信号,同时该信号经火灾报警控制器同步传输给 PLC 控制系统,PLC 控制系统检测到火灾信号并触发 ESD 紧急切断系统,联锁关断设备的主电源,同时关闭紧急切断阀以切断氢气管线,将设备停止在安全可控状态。火焰探测器采用一紫外双红外复合型探测器,完成火焰探测和声光报警。

火灾报警系统信号联锁 PLC 控制系统,将检测到的火灾信号同步传输到 PLC 控制系统,触发 ESD 紧急切断系统,联锁关断设备的主电源,同时关闭紧急切断阀以切断氢气管线。

3. PLC 站控系统

加氢站 PLC 站控系统由 PLC、I/O 模块、通信模块、触摸屏、变频器、上位机等部分组成,可对加氢站现场运行设备进行数据采集、监视、控制,具备参数调节、信号报警、安全联锁等功能,可自动或手动控制。其系统实物及原理如图 9-45 所示。

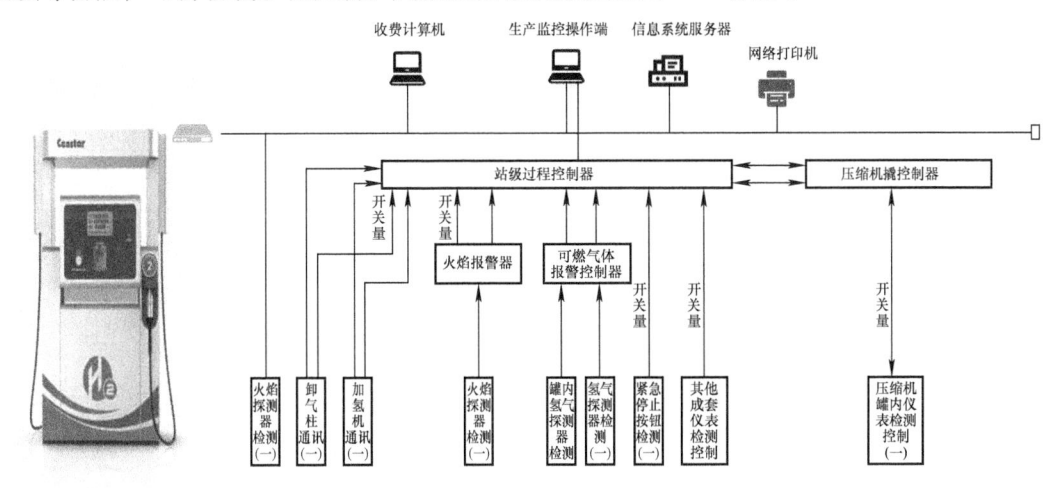

图 9-45 PLC 站控系统实物及原理

PLC 站控系统采用可编程序控制系统(PLC),包括 PLC 柜、启动柜(电气)、工控机、压力变送器、温度变送器、流量计、控制阀等设备。对生产过程中的工艺过程信号进行采集、控制、显示、报警等操作,同时 PLC 站控系统具备参数查询、历史记录查询等功能。

此外，该系统还负责管束车卸车压力的检测、报警和联锁储氢容器压力的检测、报警以及联锁压缩机、冷水机组远程启停，主要运行参数的检测、报警和联锁各设备能耗监测可燃气体超限报警和联锁火灾报警、紧急停车功能氢气泄漏检测和报警。

4. 视频监控系统

视频监控系统采用高清网络摄像机，无作业盲区，分别设置在加氢站出入口、加氢区通道、氢气压缩机、储氢容器等处，在爆炸危险区域采用隔爆型高清网络摄像机。加氢站在营业厅和办公室设置非防爆半球摄像头，站房区设置非防爆枪式摄像头，在卸车区、储氢区、压缩机橇区、加氢机通道区设置防爆枪式摄像头。其主要组成如图9-46所示。

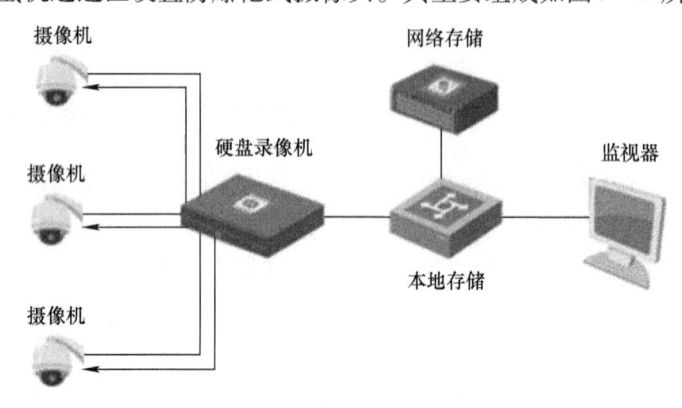

图 9-46　视频监控系统主要组成

摄像机通过同轴视频电缆将视频图像传输到控制主机，控制主机再将视频信号分配到各监视器及录像设备，同时可将需要传输的语音信号同步录入录像机内。监控系统可获得监控区域内清晰的实时监控图像，实现24h不间断监控，为站内人员提供各区域高品质、高画质的数据。前端摄像的视频信号接入硬盘录像机存储数据，达到前端存储的需要，录像保存时间达到90天以上，以供事后查阅。

系统可实现视频图像动态侦测、遮挡报警、视频丢失报警和外部监控系统联动，可接入周界、门禁等报警系统，配合视频监控等第一时间发现事故点，相关人员可以迅速反应，把事故损失控制到最小范围。

5. 收费管理系统

收费管理系统由工控机、IC卡管理系统、小票打印机、报表打印机组成，如图9-47所示。

收费管理系统具有数据远传、联网功能，站机数据可通过VPN网络传输给收费管理系统，系统数据协议可对用户开放，站内设备运行数据能够实时将交易信息发送到相关人员的手机终端，并统计日报表。

系统除了传统的账号、密码、权限等安全认证之外，新增了二级随机密钥认证，对关键操作需再次输入二级密钥确认，密钥每次变化不固定，即使超级管理员密码被泄露，未经授权者在未掌握二级密钥的情况下也无法进行关键操作，更好地保障了系统安全。

9.2.4　典型加氢站案例介绍

1. 北京庆园街站

庆园街公交场站位于北京市延庆区京银路西侧、妫川路东侧、延琉路北侧。项目所在地

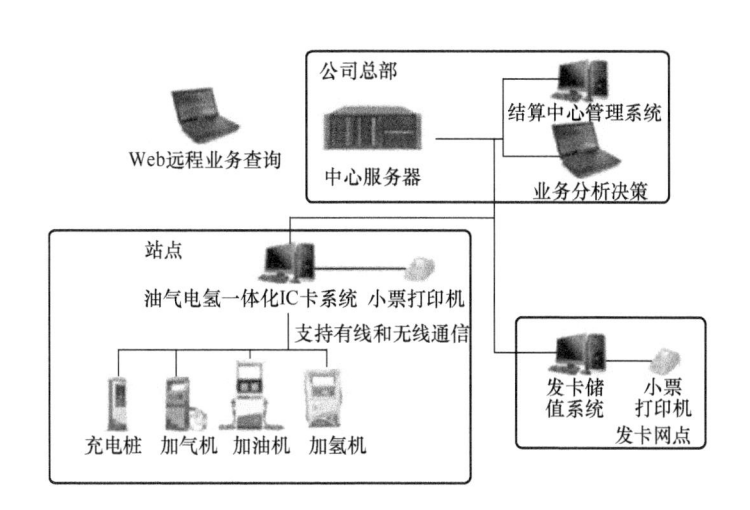

图 9-47 收费管理系统

总用地 39876.55m²，站内现有充电站、LNG 加气站、办公楼、库房等配套设施。

加氢站采用固定装置 + 移动装置储氢，建成后设计规模为日加注氢气 1500kg（12h，下同）。固定装置的总储氢能力 550kg，移动装置的储氢能力为 380kg。日加注 35MPa 氢气量 500kg、70MPa 氢气量 1000kg。该储氢站储氢系统参数见表 9-8。

表 9-8 庆园街加氢站储氢系统参数

最大储存压力/MPa	容积/m³	储罐规格	数量/具	储氢量/kg
45	15	45MPa 储氢瓶组	1	450
90	2	90MPa 储罐	2	100

加氢站主要由气源系统（氢气长管拖车）、压缩系统（氢气压缩机）、储气系统（45MPa 储氢系统、90MPa 储气系统）、售气系统（35MPa 加氢机、70MPa 加氢机）、控制系统、技防系统（包括视频监控、氢气泄漏报警、火焰探测报警、防雷、防静电、消防系统等）、辅助系统（仪表驱动、吹扫、排空系统等）组成。加氢站内设有氢压机罩棚、加氢机罩棚、站房（变配电室、临时休息间、机柜间）等设施。加氢流程如图 9-48 所示。

2. 上海中石化青卫油氢合建站

中石化氢能源（上海）有限责任公司上海卫家角加氢站位于上海市青浦区沪青平公路 1538 号，本项目为加油站改造成一座油氢合建站，提供 35/70MPa 高压氢加注服务的加氢站，35MPa 日加氢能力为 1000kg（12h 计），70MPa 日加氢能力为 200kg（12h 计）。固定氢气长管拖车储氢量为 372kg，长管拖车储存压力不大于 20MPa，三台 45MPa 储氢罐储氢量约为 433kg，90MPa 储氢罐储氢量约为 58kg，总储氢量为 866kg。该加氢站外观如图 9-49 所示，储氢系统参数见表 9-9。

项目采用固定装置 + 移动装置储氢，建成后设计规模为日加注氢气 1200kg（12h，下同）。固定装置的总储氢能力 490kg，移动装置的储氢能力为 370kg。

图 9-48 加氢流程

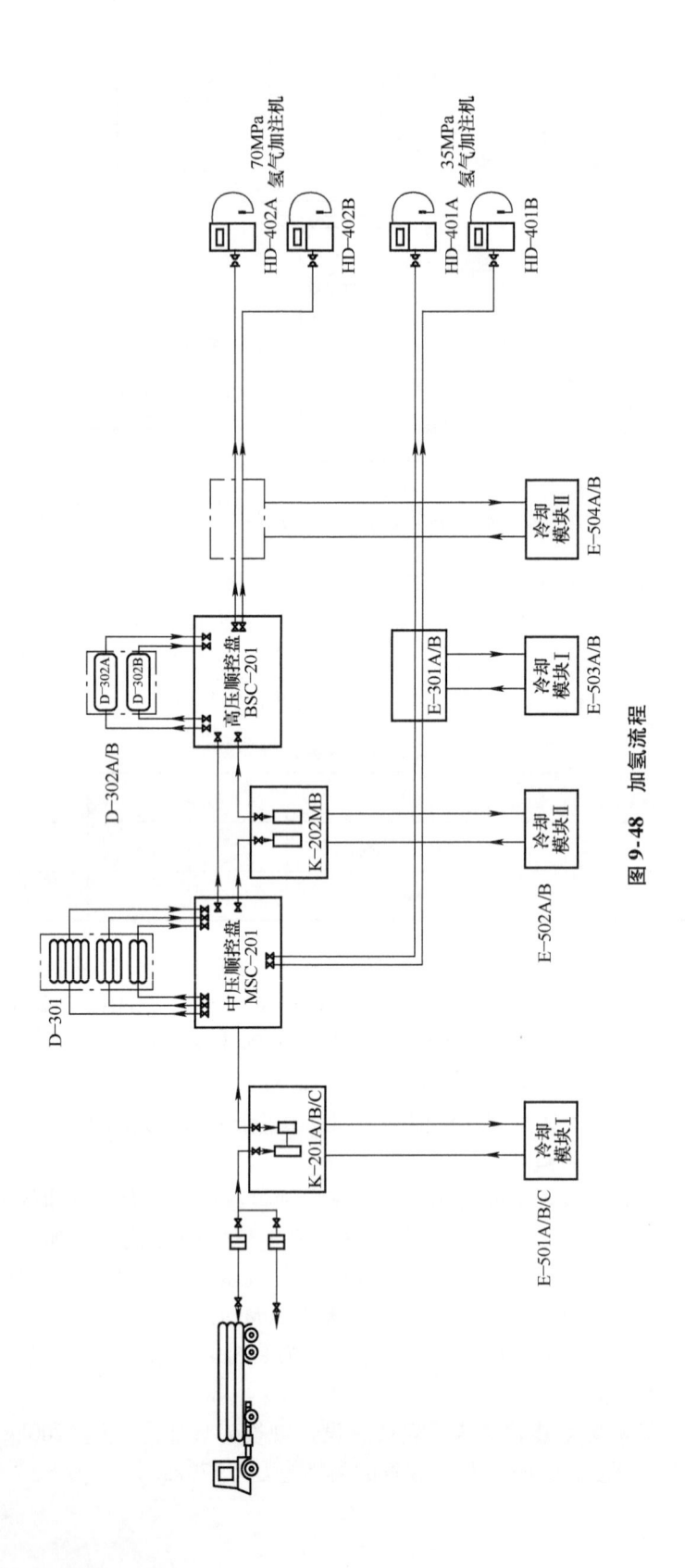

图 9-49 上海中石化青卫油氢合建站

表 9-9 上海中石化青卫油氢合建站储氢系统参数

最大储存压力/MPa	容积/m³	储罐规格	数量/具	储氢量/kg
45	15	45MPa 储氢罐	3	433
90	1	90MPa 储氢罐	1	58

3. 中石化新乡南二环油氢电合建站

中石化河南新乡南二环油氢电合建站位于新乡市南二环与东环路交叉口东南侧，提供 35/70MPa 双模式高压氢加注、加油服务，日供氢能力约为 860kg，可为 50 辆燃料电池大巴车、轿车（预留）提供加氢服务，设置 7.3m³ 储氢罐（储氢压力 45MPa）3 具，1m³ 储氢罐（储氢压力 90MPa，预留）2 具，总容量为 1160.6kg，设置 3 具 30m³ 汽油储罐，1 具 30m³ 柴油储罐，总罐容 120m³，该油氢电合建站外观如图 9-50 所示，储氢系统参数见表 9-10。

图 9-50 中石化新乡南二环油氢电合建站

表 9-10 中石化新乡南二环油氢电合建站储氢系统参数

最大储存压力/MPa	容积/m³	储罐规格	数量/具	储氢量/kg
45	7.3	50MPa 储罐	3	668.8
22	25	长管拖车	1	393.9
90	1	99.75MPa 储罐	2	97.9

加氢站内设有 2 台 45MPa 氢气压缩机，1 台 90MPa 氢气压缩机（预留），2 个氢气长管拖车停车位，3 具 45MPa 储氢罐，2 具 90MPa 储氢罐（预留），2 台 35MPa 两枪加氢机，1 台 70MPa 单枪加氢机（二期）。加氢站内设备结构如图 9-51 所示。

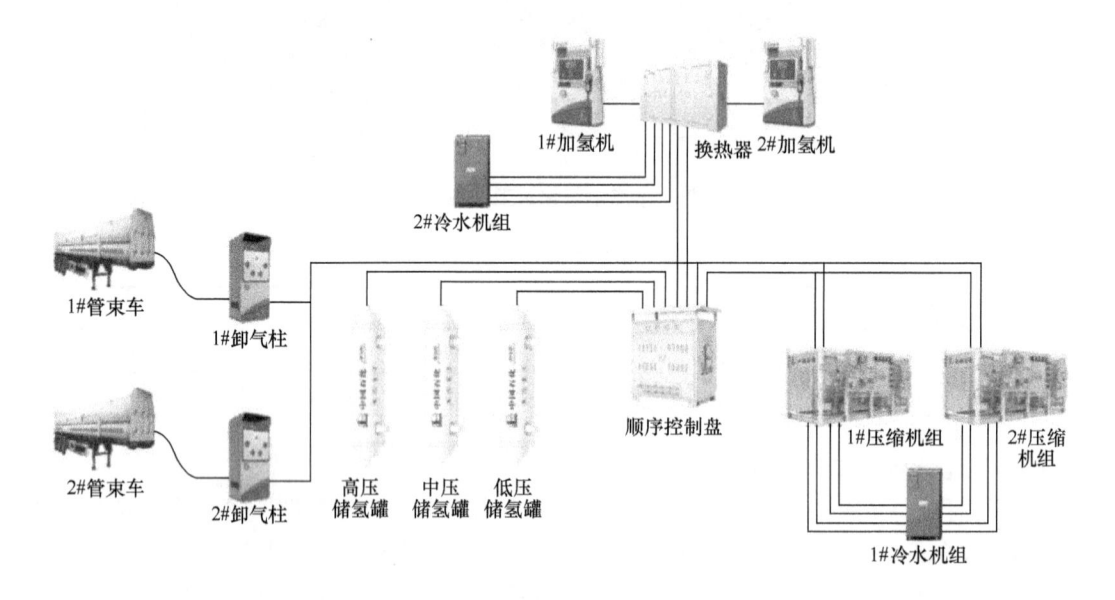

图 9-51 加氢站内设备结构

习 题

一、填空题

1. 地面充电站的结构按功能可划分为（　　　）、（　　　）、（　　　）和（　　　）。
2. 根据电能补给方式的不同，充电系统可分为（　　　）和（　　　）两种。
3. 电动汽车的快速充电模式充电电流一般为（　　　），这种模式的优点包括（　　　），缺点是（　　　）。
4. 电动汽车感应式充电机利用（　　　）将公用电网与电动汽车隔离，通过高频电流转换为（　　　），在充电过程中无实际的物理连接，但效率略低于传导式充电。
5. 在加氢站中，氢气主要通过（　　　）方式储存，常用的储氢方式包括（　　　）和（　　　）。

二、选择题

1. 地面整组充电结构中，充电机的数量较少但监控网络较为简单，其主要缺点是（　　）。
   A. 电池组均衡性低　B. 成本高　C. 操作复杂　D. 安全性低
2. 地面充电机通常采用的拓扑结构是（　　）。
   A. 单相交流输入
   B. 高频隔离型桥式 DC/DC 变换器
   C. 低频隔离型桥式 AC/AC 变换器
   D. 直流直流变换器
3. 电动汽车充电机的分类不包括（　　）。
   A. 车载充电机和地面充电机
   B. 单相充电机和三相充电机
   C. 普通充电机和多功能充电机
   D. 内置充电机和外置充电机
4. （　　）是用于给加氢站站内储气瓶组实现分组顺序充氢及为加氢机分级取气的重要设备。
   A. 温度变送器　B. 紧急切断阀　C. 压力变送器　D. 顺序控制盘
5. 在地面充电站中，配电系统的主要功能是（　　）。
   A. 提供充电电能　B. 监控电池状态　C. 提供备用电源　D. 调度电池

三、判断题

1. 在地面充电站的充电系统中，单箱充电的结构需要每台充电机对多箱电池进行充电。（　　）
2. 地面充电站的配电系统必须配置后备电源以保障充电站的正常运行。（　　）
3. 在加氢站的运营过程中，需要对各设备的气动阀门供气，设备维护时需要对设备管道内的气态进行吹扫置换，两种驱动气源均可采用氮气。（　　）
4. 电动汽车的基础设施主要指与大批量电动汽车正常运行有关的基本配套设施和维修服务等。（　　）
5. 车载 CAN 网络平时主要是完成车上各设备之间的数据交换，更方便地对车载设备实施操作和管理。（　　）

四、简答题

1. 分别说明电动汽车传导式充电机和感应式充电机的工作原理及其优缺点。
2. 快速充电模式在实际应用中有何优缺点？如何在不同应用场景下优化充电基础设施布局？
3. 以快换充电站为例，分析充电站的总体运行原理。
4. 从氢气储存、安全性和成本等角度，讨论加氢站建设过程中面临的主要挑战和解决方案。
5. 请简述电动汽车充电站和燃料电池汽车加氢站在基础设施建设和运营方面的异同点。

五、思考题

国务院办公厅印发的《关于进一步构建高质量充电基础设施体系的指导意见》指出，到 2030 年，将基本建成覆盖广泛、规模适度、结构合理、功能完善的高质量充电基础设施体系。这一体系将涵盖城市、城际和农村地区，满足不同场景的需求。未来的发展重点包括智能化和高功率快充技术，同时推动无线充电和车网互动（V2G）技术的研究和应用。地方政府将制定细化布局规划，确保新建和既有充电设施的高效利用，并通过政策支持和资金投入，促进充电基础设施的快速发展。

1. 请查阅相关文献，分析智能充电网络的技术原理及其在提升充电效率和降低电网负荷方面的应用效果。讨论未来智能充电网络的发展方向和挑战。

提示：关注物联网、大数据和人工智能在智能充电网络中的应用。

2. 高功率快充技术的发展现状如何？请详细描述其技术原理，并分析高功率快充对电动汽车电池寿命和电网负荷的影响。

提示：考虑电池热管理、充电接口标准化和电网负荷管理等问题。

3. 无线充电技术在电动汽车中的应用前景如何？请查阅资料，介绍无线充电的工作原理及其在效率和成本方面的挑战，并提出可能的解决方案。

提示：参考电磁感应和磁共振的原理，以及相关的实验数据和应用案例。

4. 针对不同的充电场景（如城市公共充电站、高速公路快充站、农村可再生能源充电站等），分别讨论其设计和建设要求，以及各自的优缺点。

提示：关注充电基础设施的布局规划、技术要求和经济。

六、实践题：电动汽车充电桩的选址与布局分析

实验目的：通过对电动汽车充电桩的选址和布局分析，使学生能够理解充电基础设施建设中选址和布局的重要性，并掌握相关分析方法和技术，培养实际解决问题的能力。

实验背景：电动汽车充电桩的选址和布局直接影响其使用效率和用户体验。通过对选址和布局的分析，学生可以了解如何优化基础设施建设，提高服务质量和用户满意度。

实验要求：

1. 团队组成：学生需要分组进行实验，每组4~5人。团队成员之间需要相互协作，分工明确，确保实验项目的顺利进行。

2. 实验内容

1）选定实验区，收集区域内的交通流量数据、人口密度数据和现有充电桩分布数据。使用 GIS（地理信息系统）工具，分析区域内充电桩的最佳选址。

2）根据选址分析的结果，规划充电桩的布局，包括充电桩的数量、类型和具体位置。分析不同布局方案的可行性和效果，评估其对用户体验和使用效率的影响，并提出优化建议。

3. 实验报告：学生需要根据实验项目的要求撰写实验报告，包括实验目的、背景、过程、结果分析和改进建议等。报告要求条理清晰、数据准确、分析深入。

参 考 文 献

[1] 孙逢春，张承宁，祝嘉光．电动汽车——21世纪的重要交通工具［M］．北京：北京理工大学出版社，1997．
[2] 孙逢春，张承宁．装甲车辆混合动力电传动技术［M］．北京：国防工业出版社，2008．
[3] 王文伟，毕荣华．电动汽车技术基础［M］．北京：机械工业出版社，2010．
[4] 陈全世，仇斌，谢起成，等．燃料电池电动汽车［M］．北京：清华大学出版社，2005．
[5] 安东尼·所左曼诺夫斯基．混合动力城市公交车系统设计［M］．何洪文，编译．北京：北京理工大学出版社，2007．
[6] 李兴虎．混合动力汽车结构与原理［M］．北京：人民交通出版社，2008．
[7] Mehrdad Ehsani，Yimin Gao，Ali Emadi．现代电动汽车、混合动力汽车和燃料电池车—基本原理、理论和设计［M］．倪光正，倪培宏，熊素铭，译．北京：机械工业出版社，2010．
[8] 滕乐天，姜久春，何维国．电动汽车充电机（站）设计［M］．北京：中国电力出版社，2009．
[9] 陈清泉，孙逢春，祝嘉光．现代电动汽车技术［M］．北京：北京理工大学出版社，2002．
[10] 松本廉平．汽车环保新技术［M］．曹秉刚，康龙云，贾要勤，等译．西安：西安交通大学出版社，2005．
[11] 胡骅，宋慧．电动汽车［M］．2版．北京：人民交通出版社，2006．
[12] 祝占元．电动汽车［M］．郑州：黄河水利出版社，2007．
[13] HODKINSON R，FENTON J．Lightweight electric/hybrid vehicle design［M］．Warrendale：Society of Automotive Engineers，Inc．，2001．
[14] 邹国堂，程明．电动汽车的新型驱动技术［M］．北京：机械工业出版社，2010．
[15] 康云龙，胡习之．生态能源电动汽车的构造原理与设计制作［M］．西安：西安交通大学出版社，2010．
[16] 陈清泉，孙逢春．混合电动车辆基础［M］．北京：北京理工大学出版社，2001．
[17] 衣宝廉．燃料电池—原理·技术·应用［M］．北京：化学工业出版社，2003．
[18] 徐国凯，赵秀春，苏航．电动汽车的驱动与控制［M］．北京：电子工业出版社，2010．
[19] 陈全世．先进电动汽车技术［M］．北京：化学工业出版社，2007．
[20] 张梦欣．混合动力汽车结构原理与维修［M］．北京：中国劳动社会保障出版社，2010．
[21] WAKEFIELD E H．History of the eectric automobile hybrid electric vehicles［M］．Warrendale，Pennsylvania：Society of Automotive Engineers，Inc，1998．
[22] 上海市石油学会．车用燃气与加气站建设［M］．北京：中国石化出版社，2001．
[23] 孙济美．燃气和液化石油气汽车［M］．北京：北京理工大学出版社，1993．
[24] 沈沉．汽车电子机械制动系统的控制算法及仿真研究［D］．北京：北京理工大学，2007．
[25] 申荣伟．电动客车电动助力转向系统开发与试验技术研究［D］．北京：北京理工大学，2006．
[26] 曾群．纯电动汽车电动助力转向系统机理研究与设计［D］．南昌：南昌大学，2009．
[27] 胡爱军．电动助力转向系统匹配优化及控制［D］．北京：北京理工大学，2008．
[28] 石培吉．电控液压动力转向匹配优化与控制研究［D］．北京：北京理工大学，2009．
[29] 高建平．基于工况识别的混合动力汽车优化控制策略研究［D］．北京：北京理工大学，2009．
[30] 吴智强．基于嵌入式实时操作系统的电动汽车充电站网络监控系统的研究［D］．北京：北京交通大学，2007．
[31] 曹中义．电动汽车空调系统解决方案［J］．汽车电器，2008(3)：1-4．
[32] 李建秋，田光宇，卢青春，等．利用V型开发模式研制燃料电池混合动力客车的整控制车控制器［J］．机械工程学报，2005，41(12)：30-36．